Elke Langhammer

# „Ist Gott drin?!“

# Kommunikative Theologie – interdisziplinär

# Communicative Theology – Interdisciplinary Studies

herausgegeben von
edited by

Prof. Dr. Bernd Jochen Hilberath
(Universität Tübingen, Germany)

Prof. Dr. Bradford E. Hinze
(Marquette University, U.S.A.)

Prof. Dr. Matthias Scharer
(Universität Innsbruck, Austria)

Band / Volume 15

LIT

Elke Langhammer

# „Ist Gott drin?!“

## Erfahrungen der Gottespräsenz im pastoralen Alltag von Gemeindeseelsorgerinnen

LIT

Gedruckt mit Unterstützung des Bundesministeriums für Wissenschaft und Forschung in Wien, dem Vizerektorat für Forschung der Universität Innsbruck, dem Institut für Praktische Theologie, Innsbruck, sowie der Erzdiözese Freiburg.

**Bibliografische Information der Deutschen Nationalbibliothek**
Die Deutsche Nationalbibliothek verzeichnet diese Publikation in der Deutschen Nationalbibliografie; detaillierte bibliografische Daten sind im Internet über http://dnb.d-nb.de abrufbar.

ISBN 978-3-643-50286-5
Zugl.: Innsbruck, Univ., Diss., 2009


Krotenthallergasse 10/8
A-1080 Wien
Tel. +43 (0) 1-409 56 61
Fax +43 (0) 1-409 56 97
e-Mail: wien@lit-verlag.at
http://www.lit-verlag.at

LIT VERLAG Dr. W. Hopf
Berlin 2011
Verlagskontakt:
Fresnostr. 2
D-48159 Münster
Tel. +49 (0) 2 51-620 320
Fax +49 (0) 2 51-922 60 99
e-Mail: lit@lit-verlag.de
http://www.lit-verlag.de

**Auslieferung:**
Deutschland: LIT Verlag Fresnostr. 2, D-48159 Münster
Tel. +49 (0) 2 51-620 32 22, Fax +49 (0) 2 51-922 60 99, e-Mail: vertrieb@lit-verlag.de
Österreich: Medienlogistik Pichler-ÖBZ, e-Mail: mlo@medien-logistik.at
Schweiz: B + M Buch- und Medienvertrieb, e-Mail: order@buch-medien.ch

# Vorwort der Herausgeber

Wie kann man wissen, ob „Gott" im pastoralen Alltag von (Gemeinde-) Seelsorgerinnen „drin" ist? Wie soll man in deren Leben und Handeln Erfahrungen von „Gottespräsenz" von Erfahrungen unterscheiden, die ausschließlich säkular verortet werden? Was sind typische Erfahrungen von Gemeindeseelsorgerinnen, die sie mit Gottespräsenz in ihrem Leben verbinden und welche Erfahrungen fallen in diesem Zusammenhang aus oder treten in den Hintergrund? Und vor allem: Wie kann an dieser Thematik nachvollziehbar geforscht werden? Die hier als Band 15 in der Reihe Kommunikative Theologie-interdisziplinär veröffentlichte Dissertation von Frau Dr. Elke Langhammer geht für die inhaltliche und methodische Bearbeitung der Thematik einen authentischen kommunikativ-theologischen Weg. Neben der inhaltlichen Relevanz der Thematik für das Handeln der Kirche, leistet die Autorin einen kompetenten Beitrag zur Weiterentwicklung einer qualitativen empirischen Theologie, welche für ein kommunikativ-theologisches Forschungsparadigma unverzichtbar ist. Die Forschung ist im Fachbereich der Pastoraltheologie angesiedelt.

Die Grundthematik der Arbeit, nämlich die Erfahrungen der Gottespräsenz im pastoralen Alltag von Gemeindeseelsorgerinnen zu untersuchen, ist von weitreichender Brisanz. Bestimmen doch im pastoralen Alltag alle möglichen Versatzstücke von weltanschaulich relevanter Praxis die Organisation und das Handeln der christlichen Kirchen und ihrer hauptamtlichen MitarbeiterInnen: Beratungs- und Therapiekonzepte, Organisationsentwicklung, Managementkonzepte u.v.A. Das wissenschaftliche in den Blick nehmen von Erfahrungen der Gottespräsenz im pastoralen Alltag von Seelsorgerinnen ist ein waghalsiges Forschungsunternehmen. Wie kann man Erfahrungen der Gottespräsenz bei Menschen, in diesem Fall bei Frauen, überhaupt bestimmen und über eine spekulative Vergewisserung hinaus auch empirisch verorten?

Der Autorin gelingt es in Rückgriff auf korrelativ-theologische Ansätze die Beschreibbarkeit von religiösen Erfahrungen bzw. Gotteserfahrungen soweit kritisch und nachvollziehbar zu klären, dass diese in ein qualitativ-empirisches Forschungsdesign eingebracht werden können. Bei der Bestimmung religiöser Erfahrung stützt sie sich neben inzwischen klassisch gewordenen Konzepten wie dem von E. Schillebeeckx auch auf neueste einschlägige Arbeiten zum Erfahrungsverständnis wie der von B. Grümme.

Die zentrale Forschungsleistung des Projekts von Frau Langhammer stellt zweifellos der empirische Forschungsteil dar. Schlüssig und nachvollziehbar verankert im Diskurs um die qualitative Sozialforschung in der Praktischen

Theologie arbeitet sich die Autorin mit einem gut belegten Forschungsdesign an den Tagebuchaufzeichnungen von sechs Seelsorgerinnen ab. Das Design der Fallbeschreibungen ist klar auf die Forschungsfrage ausgerichtet und erlaubt durch seine Übersichtlichkeit nicht nur eine Einzelanalyse der jeweiligen Tagebuchaufzeichnungen sondern auch eine komparative Analyse, die nochmals im Kontext des kommunikativ-theologischen Forschungsdesigns systematisiert wird.

Die klar ausgewiesene dokumentarische Methode nach Ralph Bohnsack entspricht dem Forschungsgegenstand, nämlich der Interpretation der Tagebuchaufzeichnungen; gleichzeitig kommt er der Ausbildung der Autorin als Germanistin entgegen bzw. kommt das Germanistikstudium der Qualität der Auswertung zu Gute. Die kommunikativ-theologische Systematisierung des empirischen Befundes, der eine kurze Einführung in die Kommunikative Theologie vorangestellt ist, stellt eine kreative Möglichkeit dar, einerseits Übereinstimmungen und Unterschiede und andererseits blinde Flecken in den Erfahrungen von Gottespräsenz von Seelsorgerinnen aufzudecken.

Als Ergebnis zeigen sich u.a. die „Nachrangigkeit der Dimension des gesellschaftlichen Kontextes und der Welterfahrung“ und die „vorrangige Situierung der Erfahrung der Gottespräsenz im ummittelbaren Nahbereich der Seelsorgerinnen“. Damit wird eine theologisch bedenkenswerte Ich-Zentrierung von Seelsorgerinnen offenkundig, die durchaus einem Trend in anderen kirchlichen und religiösen Gruppen entspricht. Die Präzisierung der Gotteserfahrung im „Zwischen“ (der Dimensionen Kommunikativer Theologie) und der Versuch einer Präzisierung der Rede vom „geschenkten Wir“ stellen eine bereichernde Perspektive für die kommunikativ-theologischen Reflexionen dar.

Innsbruck, im Jänner 2011

Matthias Scharer

# Inhaltsverzeichnis

# Vorwort

> „Zuerst: ganz einfach ein Abstandnehmen von der Rede *über* Gott zu Erfahrungen, wo und wie wir […] mit ihm geredet oder geschwiegen haben, wo wir glauben, daß er hilfreich oder beschädigend, heilend oder schmerzlich ‚vorübergegangen' ist. […] Unsere eigenen Grenzen werden wir in diesen Geschichten einholen, jenseits der oft grellen generellen Großspurigkeit unserer theologischen Reden. Gott gibt es nur im Fragment, sobald es ihn gibt: Eine Wirklichkeit, die in der Spannung zwischen zwei ‚Erfahrungen' hängt, nämlich zwischen Erfahrung und Nichterfahrung […].“[1]

Ein persönliches existenzielles Grundthema für mich als Christin, Seelsorgerin und Theologin liegt dieser Arbeit zu „Erfahrungen der Gottespräsenz im pastoralen Alltag von (Gemeinde-)Seelsorgerinnen“ zu Grunde. Für Begleitung, Stärkung, Unterstützung und Ermutigung während der Entstehungszeit meiner Dissertation möchte ich Dank sagen:

Mein Dank gilt Univ.-Prof. Dr. Franz Weber, der mich ermutigt hat, neben meiner pastoralen Tätigkeit das Wagnis zu unternehmen, eine Dissertation zu schreiben, und der mich zusammen mit Ass.-Prof.[in] Dr.[in] Anna Findl-Ludescher in den Jahren der Entstehung meiner Dissertation im persönlichen Gespräch und im Forschungsseminar menschlich-engagiert und konstruktiv-kritisch begleitet hat. Die bewusst biographische Orientierung und die geschlechtersensible und kontextuelle Ausrichtung des Arbeitens im weltkirchlich-bunten Forschungsseminar hat mir – nicht nur für meine eigene Forschungsfrage – Horizonte eröffnet. Univ.-Prof. Dr. Matthias Scharer danke ich für wertvolle Hinweise während der Entstehung meiner Dissertation, für das Zweitgutachten und für die Aufnahme meiner Arbeit in die Reihe „Kommunikative Theologie – interdisziplinär“.

Mein Dank gilt in besonderer Weise auch den Pastoral- und Gemeindereferentinnen, die sich bereit erklärt haben, ein Pastoraltagebuch zu führen und es mir für meine Forschungstätigkeit zur Verfügung zu stellen. Sie haben damit mir und allen, die diese Arbeit lesen werden, Anteil gegeben am reichen Schatz ihrer seelsorglichen Erfahrungen und an den Spuren Gottes, die sie in ihrem pastoralen Alltag wahrgenommen haben.

Für die kritische Reflexion meiner Interpretationsarbeit an den Pastoraltagebüchern waren mir das Gespräch in zwei „Resonanzgruppen“ (Theologinnen unterschiedlichen Alters sowie ehrenamtlich in der kirchlichen Frauenarbeit Engagierte) ausgesprochen hilfreich: Für ihre reichen Anregungen und für hilfreiche „Sicht-Korrekturen“ danke ich Mag.[a] Gudrun Guerrini, Mag.[a] Romana Thurnes, Mag.[a] Monika Pedrini und dem Leitungsteam der kfd im

---

[1] FUCHS, OTTMAR, Gotteserfahrungen und Gottesfinsternis. Herausforderungen an uns PastoraltheologInnen, in: Pastoraltheologische Informationen 16 (1996) Heft 1, 13-14.

Dekanat Baden-Baden mit der Vorsitzenden Elsbeth Höll. In der Endphase meiner Dissertation und bei der Veröffentlichung standen mir Barbara Frank, Mag.ª Gotlind Hammerer und Dr. Klaus Bernhard Schnurr – insbesondere beim Korrekturlesen der Arbeit und in der Diskussion der Forschungsergebnisse – hilfreich und tatkräftig zur Seite. Magdalena Prem unterstützte mich bei den Layoutarbeiten für die Veröffentlichung zuvorkommend und kompetent. Allen ein herzliches „Vergelts Gott"!

Dem Österreichischen Bundesministerium für Wissenschaft und Forschung, der Erzdiözese Freiburg, der Universität Innsbruck und dem Institut für Praktische Theologie der Katholisch-Theologischen Fakultät Innsbruck danke ich für die Gewährung von Druckkostenzuschüssen, die die Veröffentlichung meiner Dissertation ermöglicht haben.

Die vorliegende Arbeit stellt die geringfügig überarbeitete Fassung meiner im Sommer 2009 an der Leopold-Franzens-Universität Innsbruck eingereichten theologischen Dissertation dar. Aus Gründen der Lesefreundlichlichkeit habe ich mich entschieden, im Anhang lediglich die Tagebuchaufzeichnungen selbst, nicht aber die kompletten Auswertungsschritte der empirisch-theologischen Forschungsarbeit zu veröffentlichen. Die Nachvollziehbarkeit der Forschungsergebnisse wird jedoch durch die ausführlichen Fallbeschreibungen und die detaillierte Darstellung der komparativen Analyse gewährleistet. Nach 2008 erschienene Publikationen zum Themenfeld konnten für die Veröffentlichung lediglich in Auswahl berücksichtigt werden.

Innsbruck/Freiburg, im Januar 2011 Elke Langhammer

# 1 Zugänge – Standortbestimmungen – Standpunkte

Wissenschaftliche Arbeit ereignet sich nicht standortungebunden, sie ist nicht „objektiv“. Die Fiktion wissenschaftlicher Neutralität gilt es aufzugeben, so eine der wesentlichen Grundeinsichten feministischer Forschung[1]. Der eigene Standpunkt des/der Forschenden, die persönliche Betroffenheit und Involviertheit dürfen nicht übersehen oder gar geleugnet werden, sondern müssen im Forschungsprozess deklariert und beständig reflektiert werden.[2] Subjektivität wird dabei nicht als Störfaktor, sondern als notwendiges und unumgängliches Moment im Erkenntnisprozess begriffen.

Im Ringen um die Klärung meines wissenschaftlichen Standpunktes bietet dieses Eingangskapitel eine explizite Reflexion der biographischen Erfahrungshintergründe (1.1) und die Offenlegung meiner (pastoral-)theologischen Grundoptionen (1.2).[3] Zudem werden in einem ersten Überblick Grundanliegen und Forschungsdesign dieser Untersuchung zu „Erfahrungen der Gottespräsenz im pastoralen Alltag von (Gemeinde-)Seelsorgerinnen“ skizziert (1.3).

## 1.1 Eine Theologie unter dem „Primat der Praxis“ – Biographische Erfahrungshintergründe und theologische Standortbestimmungen

Theologie „unter dem ’Primat der Praxis’“[4] (Johann Baptist Metz) zu treiben – das gilt für mein Dissertationsprojekt und die hier vorliegende Arbeit in besonderem Maße. Meine pastorale Praxis als Pastoralreferentin bildete in vielfältiger Weise die Basis für die hier vorliegenden wissenschaftlichen pastoraltheologischen Suchbewegungen. Die Praxis hatte dabei in mehrfachem

---

[1] Vgl. Kapitel 4.2.1.

[2] Der reflektierte methodische Umgang mit dem Moment der Standortgebundenheit des/der Forschenden spielt auch in der dokumentarischen Methode eine wesentliche Rolle, die im empirisch-theologischen Teil dieser Arbeit in der Auswertung der Tagebuchaufzeichnungen der Seelsorgerinnen die methodische Grundlage bildet.

[3] Der expliziten Reflexion der biographischen Erfahrungshintergründe, der Offenlegung (pastoral-)theologischer Grundoptionen und damit der Standortklärung dient das gesamte Eingangskapitel dieser Arbeit. Die Aufmerksamkeit auf persönliche Betroffenheiten und Involviertheiten hat mich jedoch im gesamten Verlauf der Arbeit beständig begleitet. Dabei war mir der Arbeitsstil im DoktorandInnenseminar eine wertvolle Hilfe, der den Fokus des gemeinsamen Lernens immer wieder auf die persönliche Standortgebundenheit der Teilnehmenden legte. Während meiner empirisch-theologischen Forschungstätigkeit half mir das Führen eines Forschungstagebuchs bei der Reflexion der persönlich-biographischen Anteile im Forschungsprozess.

[4] METZ, JOHANN BAPTIST, Glaube in Geschichte und Gesellschaft, Mainz 1977, 47.

Sinne „Vorrang“, reklamierte beständig und unüberhörbar eine „Vorrangstellung“: Wie oft drängten sich ganz elementar konkrete, unmittelbar und gleich zu erledigende Erfordernisse in der Gemeindearbeit in den Vordergrund und ließen mich die Arbeit an der Dissertation zurückstellen. Wie oft blieb der Platz in der Studierstube leer, weil am Ende eines anstrengenden Arbeitstags einfach nicht mehr genug „freier Kopf“ da war, um noch produktiv wissenschaftlich tätig zu werden. Wie oft geschah es allerdings auch, dass bei der wissenschaftlichen Erarbeitung von Teilbereichen dieser Arbeit – gerade zu den Fragen der zukünftigen Gestalt ekklesialer Sozialität oder beim Themenbereich „Frauen als Seelsorgerinnen“ – meine Wahrnehmungen und Erfahrungen aus der pastoralen Praxis „ein gewichtiges Wort mitzureden“ hatten und mir halfen, die „Geister zu unterscheiden“.

Als Frau Ende dreißig, als finanziell relativ gut abgesicherte Mitteleuropäerin, als Germanistin und Theologin bin ich seit gut zehn Jahren in der katholischen Kirche als Pastoralreferentin tätig. Meine pastorale Tätigkeit in der Gemeindepastoral (im ländlichen und städtischen Raum) und in der Studienbegleitung von Theologiestudierenden in und für zwei westösterreichische und eine süddeutsche Diözese(n) machte mich mit unterschiedlichen lokalen kirchlichen Kontexten vertraut. In welcher Weise näherhin persönliche Lebensumstände, biographische Prägungen und vielfältige pastorale Praxiserfahrungen mein (pastoral-)theologisches Denken und damit auch den Forschungsprozess meines Dissertationsprojektes beeinflusst haben, soll im Folgenden dargestellt werden.

#### 1.1.1 Von Halbtagstheologie und dem Theologietreiben in fragmentierter Zeit

Als „denkende Pastoralarbeiterin“ und „denkende Hausfrau“[5] treibe ich „Theologie in der fragmentierten Zeit“[6] – manches Mal leidend an der Zerstückelung der Zeit, an den Unkonzentriertheiten, der Ineffektivität des Einsatzes meiner wissenschaftlichen Arbeitskraft; in immer neuen Anläufen Zeit für die wissenschaftliche Arbeit aussparend und den vielfältigen Erfordernissen des beruflichen und privaten Alltags abringend; oft dem Ideal einer „unendlichen, gleichmäßigen Zeit“,[7] einer Zeit der konzentrierten, ungestörten Hinwendung zur wissenschaftlichen Arbeit anhängend bzw. hinterher

[5] PRAETORIUS, INA, Theologie in der fragmentierten Zeit. Reflexionen, ausgehend vom Begriff der ‚Postmoderne’, in: PRAETORIUS, INA, Skizzen zur Feministischen Ethik, Mainz 1995, 37.

[6] PRAETORIUS, Theologie in der fragmentierten Zeit, 33.

[7] PRAETORIUS, Theologie in der fragmentierten Zeit, 45.

eilend. Doch: Für mich und für viele andere Frauen, die neben Familienarbeit und pastoraler Tätigkeit wissenschaftlich tätig sein wollen, ist die Realität eine andere.[8] Ich betreibe „Halbtagstheologie“[9]. Welche Bedeutung könnte in diesem Kontext der folgende „Ratschlag“ von Ina Praetorius erlangen?

> „Frauen tun [...] gut daran, die durch Herrschaft und elementare, unabschaffbare Menschlichkeit fragmentierte Zeit nicht mit einem prinzipiellen ‚Nur‘ und damit eindimensional mit einem negativen Vorzeichen zu versehen.“[10]

Ich denke zweierlei: Zum einen gilt es, die geschlechtsbedingten strukturellen Beeinträchtigungen und Benachteiligungen kritisch zu analysieren und zu reflektieren und davon die persönlich-individuellen Anteile zu unterscheiden. Zum anderen geht es um die Anerkennung einer prinzipiellen, ganz fundamentalen und elementaren Fragmentarität menschlicher Zeit, die mir unter meinen gegenwärtigen Lebens- und Arbeitsbedingungen lediglich deutlicher vor Augen und ins Bewusstsein tritt.

„Halbtagstheologie“ zu treiben, das bedeutet schließlich aber auch, das Konzept einer Theologie zu verfolgen „mit dezidiert lebenspraktischem Interesse“[11]. Es bedeutet eine Theologie, die an den „Erfahrungen realexistierender Frauen (und auch Männer) ausgerichtet ist“[12]. So gesehen ist „Halbtagstheologie“ ein Gewinn: Sie kann ein Mehr an Erkenntnisgewinn aus einer differenzierteren und vielgestaltigeren Wirklichkeitswahrnehmung bedeuten, und zwar sowohl für diejenigen, die selbst „Halbtagstheologie“ treiben, als auch für diejenigen, denen eine solchermaßen entstandene theologische Theoriebildung in Praxis und Theorie zugänglich gemacht wird und „zugutekommt“.

Doch der konkreten Erfahrung haftet etwas Unfassbares, Chaotisches, Verstörendes und Subversives an. Sie „gelten“ zu lassen und nicht vorschnell zu

---

[8] Vgl. KLEIN, STEPHANIE, Der Alltag als theologiegenerativer Ort, in: HASLINGER, HERBERT (Hg.), Handbuch Praktische Theologie I, Grundlegungen, Mainz 1999, 65. – „Die Alltagsbedingungen der Reflexion wie die Fragen, wer für den Lebensunterhalt finanziell aufkommt, wer das Essen besorgt und zubereitet, wer die Wohnung in Ordnung bringt, wer sich um die Kinder kümmert [...], den alltäglichen ‚Kleinkram‘ erledigt, wer die Texte tippt und korrigiert, wer in Phasen des Durchhängens Ermutigung spendet, sind nicht nur eine Voraussetzung für das Nachdenken, sie bestimmen auch die Reflexionen selbst.“

[9] Vgl. JÜNGST, BRITTA, Halbtagstheologie. Die Bedeutung der Geschlechterdifferenz für die theologische Rede von Erfahrung, in: Pastoraltheologie 88 (1999) 301-308. – Britta Jüngst hat den Begriff der „Halbtagstheologie“ einem Gespräch zwischen den Theologinnen Ina Praetorius, Doris Strahm und Luzia Sutter Rehmann entnommen. Vgl. PRAETORIUS, INA / STRAHM, DORIS / SUTTER REHMANN, LUZIA, „Manchmal stehen wir auf...“. Gespräch über Auferstehung, in: Evangelische Theologie 57 (1997) 225-241.

[10] PRAETORIUS, Theologie in der fragmentierten Zeit, 45.

[11] JÜNGST, Halbtagstheologie, 302.

[12] JÜNGST, Halbtagstheologie, 302.

zähmen oder zu domestizieren, ist immer wieder eine nicht zu unterschätzende Herausforderung.

### 1.1.2 Die subversive Kraft konkreter Erfahrungen

Die subversive, bisweilen auch verstörende Kraft konkreter pastoraler Erfahrungen galt es in der Arbeit an meinem Dissertationsprojekt ins Spiel zu bringen. Einer konkreten gemeindepastoralen seelsorglichen Realität ausgesetzt zu sein, sie mitzugestalten, aber auch zu erleiden, schärft den Blick für die Aporien und Ausweglosigkeiten der gegenwärtigen pastoralen Realität im deutschsprachigen Raum, lässt (pastoral-)theologische Theoriebildung kritischer anfragen. Vieles wird im unmittelbareren Erleben pastoraler Realität widersprüchlicher, komplexer und zweideutiger. Da mag Aurelia Spendels Plädoyer für eine nomadische Pastoraltheologie ermutigen:

> „Frauen, die so Theologie treiben, wie das II. Vatikanum es wollte, eben als 'Pastoral'-theologie, lassen sich nicht nur in die intellektuelle Weite theologischer Räume und Zeiten locken, sondern auch in den unruhigen Raum des Handelns, der Gestaltung von Kirche und Welt.“[13]

Was würde es bedeuten, Pastoraltheologie tatsächlich als eine „radikal (‚wurzelhaft') erfahrungsorientierte Theologie“[14] zu begreifen und zu betreiben und die „unberechenbare Unübersichtlichkeit der Lebenswirklichkeit zur eigenen Signatur“[15] werden zu lassen?

### 1.1.3 In der Anerkennung der eigenen Standortgebundenheit und im Wissen um die Partikularität des eigenen Erfahrungshorizonts

Persönliche Erfahrung hat immer einen subjektiven, relationalen, kontextuellen, situationsabhängigen und einmaligen Charakter. Die vorliegende pastoraltheologische Untersuchung zu „Erfahrungen der Gottespräsenz im pastoralen Alltag von (Gemeinde-)Seelsorgerinnen“ ist entstanden in einer Haltung, die um die Partikularität des eigenen Erfahrungshorizontes weiß und sich darum müht, sich „der zeitgeschichtlichen und kulturellen Partiku-

---

[13] SPENDEL, AURELIA, Frauen unternehmen Leben. Plädoyer für eine nomadische Pastoraltheologie, in: ECKHOLT, MARGIT / HEIMBACH-STEINS, MARIANNE (Hg.), Im Aufbruch – Frauen erforschen die Zukunft der Theologie, Ostfildern 2003, 127.

[14] KARRER, LEO, Erfahrung als Prinzip der Praktischen Theologie, in: HASLINGER, Handbuch Praktische Theologie I, 209.

[15] HASLINGER, HERBERT / STOLTENBERG, GUNDELINDE, Ein Blick in die Zukunft der Praktischen Theologie, in: HASLINGER, HERBERT (Hg.), Handbuch Praktische Theologie II. Durchführungen, Mainz 2000, 517.

larität von Fragestellungen und Glaubensreflexionen bewusst zu bleiben"[16]. Sie versucht damit eine Theologie zu treiben, die sich „bescheidet".

Zu dieser „bescheidenen" Theologie gehört es, den Ort und das Interesse der theologischen Reflexion zu benennen, dezidiert die Fiktion der Neutralität wissenschaftlichen Forschens aufzugeben und die eigene Standortgebundenheit anzuerkennen und zu deklarieren. Darüber hinaus gilt es, die eigene Standortgebundenheit und die Standortgebundenheit anderer am wissenschaftlichen Diskurs Teilnehmender schätzen zu lernen. Dass es sich lohnt, den „theologischen Erkenntnisfortschritt in einem gemeinsamen Diskurs zu suchen"[17] und zu finden, dass die fremde Sichtweise des/der anderen meinen beschränkten und partikularen Denkhorizont bereichern und erweitern kann, dass sie „Welten" eröffnet, diese Erfahrung konnte ich im Verlauf meines Dissertationsprojektes häufig machen – im multikulturellen Austausch unseres „bunten" DoktorandInnenseminars, in der anregenden Diskussion der Befunde aus meiner empirischen Interpretationsarbeit mit Theologinnen und anderen an Pastoral und Theologie interessierten Frauen und nicht zuletzt im persönlichen (pastoral-)theologischen Gespräch mit vertrauten WeggefährtInnen.

### 1.1.4 Mit wachem Interesse am Konkreten, Nicht-Eindeutigen und Vielgestaltigen

Eine bescheidene Theologie zu treiben, in der das Moment des Partikularen, Perspektivischen, Unabgeschlossenen und Kontextuellen eine große Rolle spielt, äußert sich für mich im Bemühen um Konkretion und um das Konkrete, und das heißt auch: um das Nicht-Eindeutige, das Vielgestaltige.[18] „Gott hat einen Zug ins Detail"[19] – und die (Pastoral-)Theologie und die pastorale Praxis hoffentlich auch.

In einer immer unübersichtlicheren und komplexeren Welt – und an dieser Nicht-Eindeutigkeit, Vielgestaltigkeit und Unübersichtlichkeit partizipiert ja auch die Kirche – sind Forschungsstrategien gefragt, die „zunächst genaue

---

[16] KLEIN, STEPHANIE, Erfahrung – (auch) eine kritische Kategorie der Praktischen Theologie, in: NAUER, DORIS / BUCHER, RAINER / WEBER, FRANZ (Hg.), Praktische Theologie. Bestandsaufnahme und Zukunftsperspektiven. Ottmar Fuchs zum 60. Geburtstag, Stuttgart 2005, 133.

[17] KLEIN, Erfahrung, 133.

[18] Vgl. HARTLIEB, ELISABETH, Zwischen Wissenschaft und Weisheit. Feministische Theologie ist konkret und überschreitet Grenzen, in: Zeitzeichen 3 (2002) Heft 12, 55-57.

[19] FUCHS, OTTMAR, Gott hat einen Zug ins Detail, „Inkulturation" des Evangeliums hierzulande, in: FUCHS, OTTMAR U.A. (Hg.), Das Neue wächst. Radikale Veränderungen in der Kirche, München 1995, 55-95.

und dichte Beschreibungen liefern", die „die Sichtweisen der beteiligten Subjekte, die subjektiven und sozialen Konstruktionen ihrer Welt berücksichtigen" und dabei offen sind „für das Neue im Untersuchten, das Unbekannte im scheinbar Bekannten"[20]. Qualitativ-empirische Forschungsstrategien können das leisten. Ein Forschungsdesign, in dem die qualitativ-empirische Forschungstätigkeit breiten Raum einnimmt, erschien mir deshalb als das für meinen Forschungsgegenstand angemessene Vorgehen.

Die empirisch-theologische Forschungsarbeit, die langen Phasen der intensiven Arbeit an und mit den Textdokumenten der Seelsorgerinnen, der notwendigerweise genaue Blick und die Sorgfalt im Detail, zu der ich bei dieser Interpretationsarbeit angehalten war, haben mich in meinem Bemühen um das Konkrete unterstützt. Ich glaube zu beobachten, dass durch diese Einübung des genauen Blicks sich auch mein „Detailblick" in der pastoralen Arbeit geschärft hat – und dies gilt dort nicht nur (aber auch) für den Umgang mit Sprache und Texten.

### 1.1.5 Engagiert und parteilich

Als praktische Theologin und „Pastoralarbeiterin" erfahre ich mich als engagiert und „parteilich" und spüre in mir einen ganz ursprünglichen feministisch-theologischen Impuls: Glaubens- und Lebenserfahrungen von Frauen scheinen mir im Bereich der deutschsprachigen katholischen Kirche noch längst nicht ausreichend gehoben und zugänglich gemacht. Frauen gehören auch heute noch zu den kirchlich und gesellschaftlich Bedeutungslosen, obwohl sie die Mehrheit derer darstellen, die Kirche ausmachen.[21] Die von der Pastoraltheologie reflektierte Praxis ist „de facto eine ‚Weiberwirtschaft'"[22] – Doch wie lange noch? Wie lange noch werden Frauen um ihren Platz in der Kirche kämpfen? Der Prozess der Feminisierung der Kirche, der im 19. Jahrhundert seinen Anfang genommen hat, kommt immer deutlicher sichtbar an ein Ende.[23] Dringlicher denn je ist es deshalb die Aufgabe „einer in ihrer

---

20 FLICK, UWE / VON KARDOFF, ERNST / STEINKE, INES, Was ist qualitative Forschung? Einleitung und Überblick, in: FLICK, UWE / VON KARDOFF, ERNST / STEINKE, INES (Hg.), Qualitative Forschung. Ein Handbuch, Reinbek b. Hamburg $^4$2005, 17.

21 Vgl. PRÜLLER-JAGENTEUFEL, VERONIKA, Frauen, in: HASLINGER, Handbuch Praktische Theologie II, 125.

22 MEYER-WILMES, HEDWIG, Praktische Theologie als kontextuelle Theologie. Eine kritisch-feministische Selbstvergewisserung, in: Pastoraltheologische Informationen 18 (1998) Heft 1, 193.

23 Vgl. BUCHER, RAINER, Die neue Ordnung der Geschlechter und die Ohnmacht der Kirche, in: GIELEN, MARLIES / KÜGLER, JOACHIM (Hg.), Liebe, Macht und Religion. Interdisziplinäre Studien zu Grunddimensionen menschlicher Existenz. Gedenkschrift für Helmut Merklein,

öffentlichen Artikulationsfähigkeit männlich dominierten Kirche (und Theologie), erst einmal wirklich wahrzunehmen, welches Leben Frauen heute führen und welche Rolle darin Kirche und Religion spielen"[24]. Was für die Situation von Frauen in der Kirche insgesamt gilt, dies gilt für Frauen, die in pastoralen oder theologischen Berufen tätig sind, in verstärktem Maße. Der Einschätzung Veronika Prüller-Jagenteufels ist beizupflichten, dass sich die Widersprüche, in denen Frauen in der Kirche stehen, für pastoral oder theologisch tätige Frauen noch einmal verstärken.[25]

Die vorliegende Arbeit zu den „Erfahrungen der Gottespräsenz im pastoralen Alltag von (Gemeinde-)Seelsorgerinnen" sieht sich in der Tradition einer optionalen Praktischen Theologie,[26] die ihren Beitrag dazu leisten will, „die Erfahrungen und den Glauben gerade der bislang unbeachteten, der gesellschaftlich bedeutungslosen und randständigen Menschen sichtbar zu machen, zur Sprache zu bringen, wichtig zu nehmen und in den theologischen Diskurs einzubringen."[27] Dabei war es mir Anliegen und Herausforderung, nicht von der Einheitlichkeit weiblicher Seelsorgeerfahrungen auszugehen, sondern deren Vielgestaltigkeit und Unterschiedlichkeit wahr und ernst zu nehmen und mich ihnen respektvoll und wertschätzend zu nähern.[28]

### 1.1.6 Gott suchend und transzendenzhungrig

Das Leiden an der Transzendenzarmut des pastoralen Alltags bildet einen weiteren wesentlichen Erfahrungshintergrund für die vorliegende Arbeit. Sicher: Ich bin – in theologischer Reflexion und aus eigener spiritueller Erfahrung – mit dem Moment der schweigenden Unbegreiflichkeit Gottes vertraut. Gott drängt sich nicht auf; die Spuren seiner Gegenwart sind zumeist unauffällig und leicht zu übersehen. Zudem glaube ich mit einer nüchternrealitätsbezogenen, inkarnatorisch-erdverbundenen theologischen und pastoralen Grundorientierung ausgestattet zu sein. Und dennoch: Die Transzendenzarmut aktueller pastoraler Praxis, so wie ich sie um mich herum – land-

---

Stuttgart 2003, 353; AIGNER, MARIA ELISABETH / BUCHER, RAINER, „Nicht länger Planeten um männliche Fixsterne…" Warum verlassen die Frauen die Kirche?, in: BUCHER, RAINER (Hg.), Die Provokation der Krise. Zwölf Fragen und Antworten zur Lage der Kirche, Würzburg 2004, 63-85.

[24] BUCHER, Die neue Ordnung, 354.

[25] Vgl. PRÜLLER-JAGENTEUFEL, Frauen, 124.

[26] Vgl. zur Optionalität Praktischer Theologie: HASLINGER / STOLTENBERG, Blick in die Zukunft, 527-530.

[27] KLEIN, Erfahrung, 132-133.

[28] Vgl. FUCHS / HASLINGER, Die Perspektive der Betroffenen, in: HASLINGER, Handbuch Praktische Theologie I, 227-230.

auf, landab – erlebe, gibt mir zu denken, ja mehr noch: Sie macht mir zu schaffen.

Die geistige und geistliche Dürre der gegenwärtigen kirchlichen Landschaft tritt mir in meiner pastoralen Praxis in den unterschiedlichsten Zusammenhängen entgegen: Viel vom immer gleichen Trott, von pastoraler Routine und Geschäftigkeit, die im Grunde ganz gut ohne den auskommt, von dem sie laufend spricht und den sie wortreich in eingeschliffenem Vokabular verkündet. Wo geschieht Pastoral und Seelsorge als „Arbeit im und am Sanctum“[29]? Wo ist da „Gott drin“?

### 1.1.7 Leidenschaftlich interessiert an der kommunitären Dimension des Glaubens

Biographisch betrachtet, spielte und spielt die Einbettung in kirchliche Gemeinden und Gemeinschaften für mich eine herausragende Rolle: Gemeinden und Gemeinschaften sind Orte, an denen ich Glauben gelernt und in meiner Lebendigkeit gestützt und gefördert wurde, Orte, die meine Theologie auf den Prüfstand stellen und erden. Als Kind war ich selbstverständlich eingebettet in den Lebensvollzug einer dörflich geprägten Pfarrgemeinde, geprägt vom „aufgeklärten Katholizismus“ der 70er Jahre (viel nachvatikanisches Gemeindeleben, aber auch vitale Reste von Volksfrömmigkeit), als Jugendliche erlebte ich das Herausfallen aus dieser Gemeinde, das Fremdwerden in einer akuten persönlichen Krisensituation. Andere Gemeinschaften erwiesen sich in dieser Situation als tragfähig: die Gemeinschaft unter Jugendlichen in der verbandlichen und offenen Jugendarbeit und die Gemeinschaft und Beheimatung, die mir eine katholische Privatschule anbot. Mit dem Theologiestudium erwuchsen mir neue Gemeindebezüge: die Gemeinschaft unter den Studierenden im „Begegnungszentrum für Theologiestudierende“ und ganz wesentlich und elementar die Gemeindeerfahrung in der „Basisgemeinde Micha“ in Innsbruck, in der ein verbindliches, gesellschaftspolitisches waches Gemeindeleben für mich Gestalt annahm. Glauben und Leben gehören zusammen, lernte ich dort, wollen in eine kreativspannungsvolle Konfrontation gebracht werden, und das Gemeindeleben und der gemeinschaftliche, allsonntägliche Austausch über die Schrift sind Dreh- und Angelpunkt dazu. Der Berufseinstieg als Pastoralassistentin in einer großen Innsbrucker Stadtrandpfarrei mit über 10.000 KatholikInnen brachte mich in andere, aber gleichwohl reizvolle „Gemeindewelten“: Da lebte und erlebte ich komplexe, spannungsreiche Pluralität und bunte Vielfalt von

[29] BURBACH, CHRISTIANE, Seelsorge in der Kraft der Weisheit. Perspektiven einer Re-Vision der Konzeptualisierung von Poimenik, in: Wege zum Menschen 52 (2000) 62.

Gemeinschaften und Gruppierungen unter einem Dach – inmitten eines bunten, spannungsreichen, sozial ausgesprochen disparaten Stadtteils. Ich erlebte Weltoffenheit und Verbundenheit mit den eigenen Glaubenswurzeln, begleitete und gestaltete Lernbewegungen hin zu einem Mehr an partizipativer Gemeindeleitung in Zeiten der Bedrängnis (Erkrankung und Tod des Pfarrers). In den drei Gemeinden am Stadtrand von Baden-Baden, in denen ich anschließend sechs Jahre als Pastoralreferentin – unter den Bedingungen einer Seelsorgeeinheit – tätig war, bot sich wiederum ein anderes, ein uneinheitliches und widersprüchliches Bild: Da waren schleichende, aber unaufhaltsame Erosionsprozesse ehemals tragfähiger kirchlicher Vergesellschaftungsformen (z.B. der katholischen Verbände und Relikten der „Standesseelsorge“, bestimmter liturgischer Feierformen, geselliger Treffpunkte u.a.m.) zu beobachten, vielfältige gemeindliche „Sterbeprozesse“[30], Abschiede, die begleitet und erlitten werden wollten. Da zeigten sich aber hier und da auch das Interesse an und der Wille zu neuen Vergemeinschaftungsformen des Glaubens – Communio von oft flüchtigem, vorläufigem, aber vitalem Charakter. Zu beobachten waren auch ein überdurchschnittlich hohes ehrenamtliches Engagement von Männern und Frauen, die wollten, dass „ihre Kirche vor Ort bleibt“, und zwangsweise notorische Flüchtigkeit bei den hauptamtlich Tätigen, für die die Seelsorge und das Pastoralmanagement in drei Gemeinden eine kaum – zur eigenen Zufriedenheit – zu bewältigende Aufgabe war. In all dem wurde ich unruhig, in all dem stellte sich für mich die Frage nach einer zukunftsfähigen Gestalt ekklesialer Sozialität immer dringlicher. Verbunden damit war und ist die Frage, wo mein „Hunger nach einem erfüllten geistlichen Leben“[31] und der geistliche Hunger anderer tatsächlich (kräftige) Nahrung finden. Wo ist „Gott drin“ in unseren Gemeinden?

## 1.2 Pastoraltheologische Positionierungen

Keine umfassenden methodologischen pastoraltheologischen Überlegungen, wohl aber vier pastoraltheologische Positionierungen sollen im Folgenden zur Darstellung kommen. Auf dem Hintergrund meiner theologischen Lernerfahrungen im Rahmen dieses Dissertationsprojektes ist es mir wichtig geworden, Pastoraltheologie in feministischer und gendersensibler Perspektive zu denken (1.2.1), Pastoraltheologie als „Schwellenkunde“ (1.2.2) und

---

[30] WEBER, „Auf Leben und Tod“. Hoffnungszeichen und Sterbeprozesse in österreichischen Pfarrgemeinden, in: Bibel und Liturgie 79 (2006) 87. – Franz Weber spricht in seiner Charakterisierung der gegenwärtigen Gemeindelandschaft in Österreich von „Hoffnungszeichen“ und „Sterbeprozessen“ in österreichischen Pfarrgemeinden.

[31] WEBER, Auf Leben und Tod, 91.

als „Wahr-nehmungswissenschaft" (1.2.3) zu begreifen und Pastoraltheologie in kommunikativ-theologischer Grundausrichtung zu betreiben (1.2.4).

### 1.2.1 Pastoraltheologie in feministischer und gendersensibler Perspektive

Feministische Theologie scheint in die Jahre gekommen und steht doch immer noch ganz am Anfang. – Diese gegensätzlichen Einschätzungen haben wohl beide ihre Richtigkeit. Auf der einen Seite wird man sagen können, dass der feministisch-theologische Diskurs bereits eine reiche Entwicklungsgeschichte aufweist, seine Gestalt modifiziert und ausdifferenziert hat und heute längst „nicht mehr im Gestus der Abgrenzung"[32] daher kommt, sondern sich selbstbewusst und selbstverständlich im Gesamt des theologischen Diskurses positioniert und sich zusehends selbstverständlich mit Kernthemen der „klassischen" Theologie auseinandersetzt.[33] Eine Entwicklung von der „Rebellion an der Grenze" zur „Metamorphose des theologischen Raums" ist zu beobachten.[34] Auf der anderen Seite steht feministisch-theologische Theoriebildung immer noch am Anfang – insbesondere in der kreativ-kritischen Rezeption des feministischen und genderbewussten wissenschaftlichen Diskurses der Geistes-, Sozial- und Kulturwissenschaften.

Im Folgenden sollen ein Einblick in meine persönliche feministisch-theologische Lerngeschichte gegeben, Entwicklungslinien des Genderbegriffs angedeutet sowie Konturen einer feministischen und gendersensiblen Pastoraltheologie umrissen werden.

#### *1.2.1.1 Biographische Verortung: Von Orientierungen im feministisch-theologischen Diskurs und Lernbewegungen hin zu einer gendersensiblen Theologie*

Das Interesse an und die Neugier auf feministische Theologie sind bei mir mit zunehmendem Alter gewachsen. – Gendersensibilität scheint wohl auch

---

[32] Hartlieb, Elisabeth, Nicht mehr im Gestus der Abgrenzung. Trends und Entwicklungen der Feministischen Theologie, in: Herderkorrespondenz 58 (2004) 517.

[33] Vgl. Pohl-Patalong, Uta / Hermelink, Jan, Die Genderdifferenz auf dem Weg in die Praktische Theologie. Einige Beobachtungen und Vermutungen, in: Praktische Theologie 41 (2006) 45. – Nach der Einschätzung von Uta Pohl-Patalong und Jan Hermelink habe es „sich im Bewusstsein der feministischen Forschung weitgehend durchgesetzt, dass es nicht darum gehen kann, Frauenforschung als gesondertes Gebiet zu betreiben – denn dies kann ungewollt die Stigmatisierung und Marginalisierung von Frauen verstärken […]."

[34] Meyer-Wilmes, Hedwig, Art. Feministische Theologie. Programm Feministischer Theologie(n), in: Gössmann, Elisabeth u.a. (Hg.), Wörterbuch der Feministischen Theologie, 2., vollständig überarbeitete und grundlegend erweiterte Auflage, Gütersloh 2002, 150.

eine Frage des Lebensalters zu sein und steht im Zusammenhang mit persönlichen biographischen Lernprozessen.[35] Während der Adoleszenzzeit waren für mich in meiner subjektiven Wahrnehmung geschlechtsbedingte Benachteiligungen nicht spürbar; dies änderte sich mit Ende des Studiums und dem Eintritt in die pastorale Praxis. Die Phase des Doktoratsstudiums nutzte ich für mich auch in der Weise, mich verstärkt im feministisch-theologischen Diskurs zu orientieren und zu einer klareren Profilierung meiner persönlichen theologischen Positionierung zu gelangen. Immer neu bin ich herausgefordert, für mich durchzubuchstabieren, was es für mich bedeutet, in der Kirche, im Wissenschaftsbetrieb, in der pastoralen Praxis, im gesellschaftlich-öffentlichen Bereich und im Bereich des privaten Lebens eine Frau zu sein. Immer wieder gilt es wahrzunehmen, welche Rollenzuschreibungen in meinem Umfeld wirksam sind, welchen Rollenvorstellungen ich entspreche und welchen ich mich entziehe. Selbstkritisch gilt es zu prüfen, welche Bilder und Vorstellungen von Weiblichkeit und Männlichkeit in meinem pastoralen und seelsorglichen Handeln wirkmächtig sind und welche Auswirkungen sie zeitigen.[36]

#### *1.2.1.2 „Geschlecht" wahrnehmen – Gendersensibilität als grundlegende wissenschaftliche Analysekategorie feministischer Forschung*

Die Kategorie „Geschlecht" wirkt – sie ist wohl eine der wichtigsten Kategorien unserer Wahrnehmung. Vorstellungen und Konzepte von Weiblichkeit und Männlichkeit sind zentrale Strukturprinzipien aller gesellschaftlichen und kulturellen Vorgänge. Mit dem Dual von Frau und Mann sind spätestens seit der klassischen antiken Philosophie auch andere Duale verknüpft (hell-dunkel, weich-hart, emotional-rational usw.).

Doch Geschlecht wird „gemacht", ist keine bloße Naturgegebenheit. Freilich nicht im Sinne einer „individuell bewussten, intentionalen oder beliebig veränderbaren Tat"[37], sondern eher in dem Sinne, dass sich Individuen an gesellschaftlich und kulturell ausgeprägten Geschlechterrollen orientieren, diese vorwegnehmen, modifizieren und weiterentwickeln. Einem biologistisch-

---

[35] Vgl. POHL-PATALONG / HERMELINK, Genderdifferenz, 43. – Uta Pohl-Patalong und Jan Hermelink halten Gendersensibilität für ein ausgesprochen generationenabhängiges Phänomen: „Für jüngere Frauen sind in den ersten Lebensphasen subjektiv kaum noch Benachteiligungen spürbar; erst der Berufseinstieg, vielleicht die Familiengründung und vor allem die Gleichzeitigkeit der Lebensbezüge führen verstärkt geschlechtsspezifische Differenzen vor Augen – und auch diese erscheinen nicht selten als individuell lösbar."

[36] Vgl. PRÜLLER-JAGENTEUFEL, Frauen, 125.

[37] HARTLIEB, ELISABETH, Art. Gender, in: GRÄB, WILHELM / WEYEL, BIRGIT (Hg.), Handbuch Praktische Theologie, Gütersloh 2007, 306.

naturalistischen Verständnis von „Geschlecht“ ist eine klare Absage zu erteilen, wenn auch die Dimension Materialität/Körperlichkeit nicht aus dem gendersensiblen feministischen Diskurs ausgeklammert werden darf. Es bedeutet Aufgabe und Anstrengung, die Kategorie „Geschlecht“ zunächst einmal wahrnehmen zu lernen, denn der Prozess der sozialen Konstruktion von „Geschlecht“ verschwindet gleichsam hinter einer Wahrnehmung, die Unmittelbarkeit, Evidenz und Selbstverständlichkeit suggeriert. Uta Pohl-Patalong spricht in diesem Zusammenhang von einer starken „unreflektierten permanenten Wahrnehmung der Kategorie ‚Geschlecht'“, die mit einer langen „Tradition der Vernachlässigung seiner bewussten Wahrnehmung und des Bewusstseins seiner Konsequenzen“[38] korrespondiert. Dies gilt und galt auch für Kirche und Theologie.

Anliegen der Frauenbewegungen und des Feminismus war es zunächst, die Kategorie „Geschlecht“ überhaupt ins Bewusstsein zu rücken, denn eine Nicht-Beachtung der Kategorie „Geschlecht“ bedeutet in einer patriarchal strukturierten Gesellschaft Androzentrismus.[39] Mittlerweile hat sich die feministische Theoriebildung und mit ihr die Wahrnehmung der Kategorie „Geschlecht“ ausdifferenziert; vereinfacht können drei Positionen unterschieden werden: Gleichheitsfeminismus, Differenzfeminismus und feministische Dekonstruktion.[40] Elisabeth Hartlieb identifiziert im wissenschaftlichem Diskurs der letzten Jahre drei kontroverse Themenkreise: den „Streit um die Differenz“[41] als die Debatte zwischen gleichheits- und differenzfeministischen Ansätzen, „die Radikalisierung der Konstruktion von Geschlecht“[42] als die Entwicklung des Genderbegriffs von einer Struktur- zu einer Prozesskategorie („doing gender“) und – im Anschluss an die Überle-

---

[38] POHL-PATALONG, UTA, „Geschlecht“ wahrnehmen. Auf dem Weg zu einer Methodologie feministischer Praktischer Theologie, in: HAUSCHILDT, EBERHARD / LAUBE, MARTIN / ROTH, URSULA (Hg.), Praktische Theologie als Topographie des Christentums. Eine phänomenologische Wissenschaft und ihre hermeneutische Dimension (Hermeneutika; 10), Rheinbach 2000, 307.

[39] Vgl. PRÜLLER-JAGENTEUFEL, Frauen, 113. – In prägnanter Weise gibt Veronika Prüller-Jagenteufel hier eine erste Begriffsumschreibung der feministischen Zentralbegriffe „Patriarchat“ und „Androzentrismus“. Unter „Patriarchat“ sei nicht nur die Herrschaft von Männern über Frauen zu verstehen, sondern „das komplexe System multipler Unterdrückung und Diskriminierung, in dem rassische, nationale, soziale Unterschiede sowie verschiedene Geschlechter, sexuelle Orientierungen etc. vielfache Abstufungen von Herrschaft konstituieren“ (113). Unter „Androzentrismus“ versteht sie „die oft unbewußt reproduzierte Vorentscheidung, daß ‚der Mann' als das Maß des Menschlichen gesetzt wird. Frauen sind demgegenüber stets das Andere, Abgeleitete.“ (113)

[40] Vgl. POHL-PATALONG, Geschlecht, 315.

[41] HARTLIEB, Gender, 305.

[42] HARTLIEB, Gender, 305.

gungen Judith Butlers – den „Streit um Materialität/Körper, Subjekt und Subversion“[43].

Während in der amerikanischen Frauenforschung schon seit langem mit dem Genderbegriff als Zentralkategorie feministischer Theoriebildung gearbeitet wird und die Unterscheidung von „sex“ und „gender“ auf sexualwissenschaftlich-psychiatrische Studien zur Transsexualität in den 50er Jahren des 20. Jahrhunderts zurückgeht, kam es verspätet, erst Anfang der neunziger Jahre des 20. Jahrhunderts, zu einer langsamen Aufnahme des Genderbegriffs in die feministische Theologie.[44] Auch die „methodische und inhaltliche Durcharbeitung des praktisch-theologischen Feldes unter Genderperspektive“[45] befindet sich noch in den Anfängen.

#### *1.2.1.3 Methodologische Bausteine einer feministischen und gendersensiblen Pastoraltheologie*

Praktische Theologie wie Theologie im Allgemeinen hat teil an dem „gesellschaftlichen Ineinander von Wahrnehmung und Nicht-Wahrnehmung von ‚Geschlecht‘“[46]. Die dezidierte Thematisierung der Kategorie „Geschlecht“ in der Praktischen Theologie erfolgte bislang nur zögerlich bzw. in eingeschränktem Maß,[47] eine ausgearbeitete Methodologie praktisch-theologischer Wahrnehmung von „Geschlecht“ bzw. eine Methodologie feministischer Praktischer Theologie stehen noch aus.[48] Beachtenswert erscheinen mir im Hinblick auf die vorliegende Arbeit die Überlegungen Uta Pohl-Patalongs, die Entwicklungsperspektiven einer Methodologie feministischer Praktischer Theologie aufzeigt und dabei eine mittlere Position zwischen differenzfeministischen und dekonstruktiv-feministischen Überlegungen einzunehmen versucht. Ihrer Einschätzung nach gilt es,

> „zwei Blickwinkeln gleichzeitig zu folgen. Einerseits wird der alltagsgewohnte, Frauen und Männer als verschieden wahrnehmende, beibehalten. Aus diesem wird das Material

---

[43] HARTLIEB, Gender, 307.

[44] Vgl. HARTLIEB, Gender, 301-304.

[45] HARTLIEB, Gender, 302.

[46] POHL-PATALONG, Geschlecht, 314.

[47] Wie kontrovers die Genderthematik im Bereich der Pastoraltheologie (und nicht nur dort) diskutiert wird, mit wie viel Widerständen bei einer Annäherung an dieses Thema zu rechnen ist, wie fruchtbar es allerdings auch ist, sich mit den Veränderungsprozessen, die sich gesellschaftlich im Bereich der Geschlechtsverhältnisse vollziehen, auseinanderzusetzen und sie als „Zeichen der Zeit“ zu begreifen, dokumentiert der Sammelband: AIGNER, MARIA ELISABETH / POCK, JOHANN (Hg.), Geschlecht quer gedacht. Widerstandspotenziale und Gestaltungsmöglichkeiten in kirchlicher Praxis (Werkstatt Theologie; 13), Wien-Münster 2009.

[48] Vgl. HARTLIEB, Gender, 302.

für den zweiten gewonnen, der von dem Konstruktionscharakter von ‚Geschlecht' ausgeht."[49]

Uta Pohl-Patalong nimmt dabei Bezug auf die Erziehungswissenschaftlerin Carol Hagemann-White, deren Überlegungen sich ihrer Ansicht nach konstruktiv im Hinblick auf die Praktische Theologie modifizieren lassen. Carol Hagmann-White plädiert für eine Forschungsstrategie,

> „welche die Differenzperspektive abwechselnd ernst nimmt und außer Kraft setzt. Ernstnehmen heißt, die Unterscheidbarkeit und vermutete Unterschiedlichkeit von Frauen gegenüber Männern vorauszusetzen und sich auf deren einfühlsame Beschreibung einzulassen. Außer Kraft setzen müssen wir aber diese Perspektive, wenn wir die Befunde interpretieren und sie dann in einen weiterführenden Forschungsprozeß einspeisen wollen: Im Lichte dieses Vorhabens wird all das, was ‚geschlechtstypisch' vorkam, als Mittel der Herstellung, Fortschreibung und persönlichen Darbietung von Geschlechterpolarität gelten müssen."[50]

Uta Pohl-Patalongs Einschätzung ist zuzustimmen, dass sich eine feministische Praktische Theologie nicht „mit der Identifizierung von Geschlechtscharakteren an der Fortschreibung einer einengenden Entgegensetzung der Geschlechter beteiligen"[51] dürfe und so indirekt das Geschlechterverhältnis zementiere, das zu verändern sie angetreten sei. Gleichzeitig müsse eine feministische Praktische Theologie ernst nehmen, dass sich „Akteure und Akteurinnen der Praxis […] als Männer und Frauen wahrnehmen"[52]. Auf der Grundlage differenzorientierter Forschungen müsse die „Geschlechterrelevanz eines Verhaltens oder einer Äußerung identifiziert werden, um erkennen zu können, in welcher Weise jemand ‚Geschlecht tut'"[53].

Pastoraltheologie in feministischer und gendersensibler Perspektive in einer Haltung zu betreiben, die die Differenzperspektive abwechselnd ernst nimmt und außer Kraft setzt – diese Haltung grundiert die vorliegende Arbeit zur Frage nach den Erfahrungen von Gottespräsenz im pastoralen Alltag von (Gemeinde-)Seelsorgerinnen; sie erfuhr mit der fortschreitenden Entwicklung meines Dissertationsprojektes manche Modifizierung und Präzisierung. Seelsorge, ja jedes praktische Handeln in der Kirche „hat ein Geschlecht",

---

49 POHL-PATALONG, Geschlecht, 321.

50 HAGEMANN-WHITE, CAROL, Die Konstrukteure des Geschlechts auf frischer Tat ertappen? Methodische Konsequenzen aus einer theoretischen Einsicht, in: PASERO, URSULA / BRAUN, FRIEDERIKE (Hg.), Konstruktion von Geschlecht, Pfaffenweiler 1995, 193.

51 POHL-PATALONG, Geschlecht, 319.

52 POHL-PATALONG, Geschlecht, 20.

53 POHL-PATALONG, Geschlecht, 20.

Ähnlich auch HAGEMANN-WHITE, Konstrukteure, 191. – „Ich muß methodisch die ‚Aufladung' eines Verhaltens oder einer Äußerung mit Geschlechtsbedeutung erfassen […]. Ich muß wissen, daß sich jemand als Frau zu erkennen gibt, wenn sie in einer betont emotionalen Sprache (‚sehr liebevolle Unterstützung') berufliche Vorgänge schildert."

das nicht naturgegeben ist, sondern gemacht wird (doing gender).[54] Deshalb tut auch die Pastoraltheologie als eine mit dieser Praxis untrennbar verbundene theologische Disziplin gut daran, sich in eine gendersensible Perspektive einzuüben – eine „kritische geschlechtsspezifische Betrachtung" gehört „noch lange nicht zu den Selbstverständlichkeiten Praktischer Theologie"[55].

Grundlegend für eine Pastoraltheologie in gendersensibler Ausrichtung ist für mich ein ganz ursprünglich feministischer und in meinen Augen noch längst nicht überholter Impetus: die engagierte Parteilichkeit, der Stimme von Frauen mehr Gewicht zu verleihen und der Marginalisierung von Frauenerfahrungen, die auch heute noch im Bereich der katholischen Kirche keineswegs der Vergangenheit angehört,[56] mit meiner bescheidenen Kraft und meinem geringen Vermögen entgegen zu wirken.

### 1.2.2 Pastoraltheologie als „Schwellenkunde"

An einer Türschwelle stehend, beobachte ich bei mir – und bei anderen – häufig ein kurzes Zögern, einen Augenblick des Innehaltens. Es gilt, mit Bedacht die Schwelle zu überschreiten, um die Gefahr des Stolperns kleiner werden zu lassen oder um nicht mit der Tür ins Haus zu fallen... Was bedeutet es, Pastoraltheologie als „Schwellenkunde" zu betreiben? „Schwellen", die PastoraltheologInnen als GrenzgängerInnen zu überschreiten haben, und Haltungen, die dabei vonnöten sind, sollen im Folgenden skizziert werden.

#### *1.2.2.1 Biographische Verortung: Grenzgänge zwischen Universität und pastoraler Praxis*

> „Es muss Luft und Leben in die Studierstube kommen, die Tür muß auf- und zugehen, es muß ein dauernder Wechsel zwischen dem alltäglichen Handeln, Erleben, Erleiden und Mitleiden als Quelle des Nachdenkens und der Reflexion stattfinden. Andernfalls verödet und vertrocknet das Denken, kreist um sich selbst, verzettelt sich in Gedankenspielereien und verliert den Bezug zur lebendigen Wirklichkeit."[57]

„Luft und Leben in die Studierstube"... Angesichts des Stichwortes „Studierstube" komme ich ins Nachdenken, an welchen Orten meine Dissertation entstanden ist. Und mir fallen einige ein: Bibliotheken in Innsbruck und Freiburg, lange Zugfahrten, der Schreibtisch im Pfarrbüro, eine Ecke des

---

[54] Vgl. http://www.gender-kirche.de/menu4/proitaetensetzung.asp?link=4 (9.6.2009)

[55] PRÜLLER-JAGENTEUFEL, Frauen, 111.

[56] Der Reflexionsstand zur Genderdifferenz in der Praxis der evangelischen Kirche und in der evangelischen Praktischen Theologie erscheint mir im Vergleich mit der katholischen Kirche weiter fortgeschritten. Vgl. POHL-PATALONG / HERMELINK, Genderdifferenz, 41-47.

[57] KLEIN, Alltag als theologiegenerativer Ort, 66.

Wohnzimmers – an vielen Orten stand mein Laptop. Erst in der Schlussphase des Dissertationsprojektes gab es eine Studierstube im eigentlichen Sinne, einen kleinen Raum im Dachgeschoss unseres Pfarrhauses, einen Ort des notwendigen Rückzugs und der Konzentration. Mit Luft und Leben, mit viel alltäglicher Praxis ist meine Dissertation tatsächlich in Berührung gekommen. Als ausgesprochene Grenzgängerin zwischen universitärer Welt und pastoraler Praxis habe ich mich in diesen Jahren der Arbeit an meinem Dissertationsprojekt erlebt. Es waren herausfordernde, spannende, entdeckungsreiche, aber auch kräftezehrende Grenzgänge. Phasen, in denen sich wissenschaftliche und pastorale Arbeit sehr kreativ befruchteten, Phasen aber auch, in denen die wissenschaftliche und die pastorale Arbeit einander kaum berührten und ich mich lieber für einige Monate in „Klausur“ begeben hätte, um in der konzentrierten Arbeitsatmosphäre einer Bibliothek ungestört und mit wenig Ablenkungen an der Dissertation voranzukommen. Manches Mal habe ich mich gefragt, ob ich ein solches Wagnis – eine Dissertation neben bzw. während der pastoralen Tätigkeit in der Gemeindeseelsorge – wohl noch einmal auf mich nehmen würde. Denn eine solche pastoraltheologische GrenzgängerInnenschaft birgt zwar große Chancen, aber eben auch große Risiken und Zumutungen in sich.

#### *1.2.2.2 Chancen und Zumutungen pastoraltheologischer GrenzgängerInnenschaft*

Auf dem Hintergrund meiner Erfahrungen als Grenzgängerin zwischen universitären und pastoralen „Welten“ – aber auch durch die Erfahrung meiner „Erkundigungen“ und „Grenzgänge“ im Bereich sozialwissenschaftlicher Theoriebildung – erscheint es mir erhellend, Pastoraltheologie in einem umfassenderen Sinn als „Schwellenkunde“[58] zu begreifen: der Schwellen, Übergänge, des Hin- und Herwechselns zwischen den Welten kundig…

Pastoraltheologie als „Schwellenkunde“ erfordert Übung in pastoraltheologischer GrenzgängerInnenschaft. Die Praxis der Menschen als „theologiegene-

[58] Vgl. WAGNER-RAU, ULRIKE, Praktische Theologie als „Schwellenkunde“. Fortschreibung einer Anregung von Henning Luther, in: HAUSCHILDT, EBERHARD / SCHWAB, ULRICH (Hg.), Praktische Theologie für das 21. Jahrhundert, Stuttgart 2002, 177-191. – Ulrike Wagner-Raus Zugang zur Praktischen Theologie ist vom „beruflichen Grenzgang zwischen Kirche und Universität“ (177) bestimmt. Die dort entstehenden Schwellenerfahrungen prägen ihr Selbstverständnis als praktische Theologin. Den von Henning Luther entlehnten Begriff der „Schwellenerfahrung“ buchstabiert sie insbesondere im Hinblick auf Kasualpraxis und Kasualtheorie aus.

rativen Ort"[59] fruchtbar zu werden lassen, ist tatsächlich eine Kunst, die eingeübt werden will.[60] Aber Pastoraltheologie kann sich von dieser Übung nicht dispensieren: „Die Praxis der Menschen ist [...] ein Ort, dem selbst in einer nicht anders rekonstruierbaren Weise Fragen und Antworten des christlichen Glaubens erwachsen, welche die gesamte Theologie als Herausforderung ihrer selbst erkennen muß."[61] Welche wechselseitigen Zumutungen und Chancen eröffnen sich nun für kirchliche Praxis und den wissenschaftlich-theologischen Diskurs aus der Übung pastoraltheologischer GrenzgängerInnenschaft? – Ulrike Wagner-Rau formuliert im Hinblick auf die pastorale Praxis:

> „[...] die Zumutung der wissenschaftlichen Perspektive, sich immer wieder von der Frage der unmittelbaren Verwertbarkeit und Handlungsanweisung zu distanzieren, gäbe denen, die der kirchlichen Praxis verpflichtet sind, die Chance, nicht zu kurzatmig zu werden, in der Reaktion auf das jeweilige Tagesgeschehen."[62]

Pastorale Praxis braucht die kritische Reflexion, den Schritt zurück, um im Abstand manches klarer und deutlicher erkennen zu können. Pastorale Praxis braucht heute – mehr denn je – das Hintanstellen des Impulses, alles einer kurzatmigen, unmittelbaren Verwertbarkeit zu unterwerfen.

Mit Blick auf die wissenschaftlich-theologische Reflexion meint Ulrike Wagner-Rau:

> „Und die Zumutung der Themen der Praxis gäbe der Wissenschaft die Chance, ihre Problemstellungen nicht zu weit zu entfernen von den Fragen, die im Umfeld kirchlicher und religiöser Praxis vorhanden sind und einer vertieften Reflexion bedürfen."[63]

---

59 Vgl. HASLINGER, HERBERT u.a., Praktische Theologie – eine Begriffsbestimmung in Thesen, in: HASLINGER, Handbuch Praktische Theologie I, 386-387.

60 Vgl. zur Klärung des für die Pastoraltheologie zentralen, aber auch schillernden Praxisbegriffs: HASLINGER, HERBERT, Die wissenschaftstheoretische Frage nach der Praxis, in: HASLINGER, Handbuch Praktische Theologie I, 102-121. HASLINGER, HERBERT u.a., Ouvertüre: Zu Selbstverständnis und Konzept dieser Praktischen Theologie, in: HASLINGER, Handbuch Praktische Theologie I, 24. – „Praxis meint [...] *nicht nur* das aktive, positiv gewollte, einen angezielten Zustand herstellende Handeln und meint auch nicht nur – in Unterscheidung gegenüber der rein handlungstheoretischen Konzeption – den bereits normativ aufgeladenen und inhaltlich spezifizierten Begriff des kommunikativen bzw. intersubjektiven Handelns. Unter Praxis verstehen wir den umfassenden Geschehenskomplex der Gestaltung von Wirklichkeit, insofern sie von Menschen ausgeht bzw. insofern Menschen in ihr mit einem erlittenen Einwirken anderer Wirklichkeiten umgehen. Praxis in diesem Sinne beinhaltet z.B. auch passive Vollzüge wie Leiden oder Genuß, darstellendes symbolisches Handeln oder diffus motivierte Akte."

61 HASLINGER, Praktische Theologie, 387.

62 WAGNER-RAU, Praktische Theologie, 178.

63 WAGNER-RAU, Praktische Theologie, 178.

Den Kontakt zur Praxis nicht nur zu wollen oder theoretisch zu behaupten, sondern real zu pflegen, erscheint mir für die Pastoraltheologie eine beständige, bleibende Herausforderung. Zumutung und Chance der kreativkritischen Auseinandersetzung zwischen pastoraler Praxis und (pastoral-) theologischer Theoriebildung sind für beide Seiten im Grunde genommen lediglich die andere Seite der einen Medaille.

#### *1.2.2.3 In Krisenzeiten: Pastoraltheologie als theologische Disziplin an der Schwelle zur Zukunft*

Bereits von ihren Ursprüngen her ist Pastoraltheologie eine „Krisenbewältigungswissenschaft“[64], die Einführung des Faches in den theologischen Studienkanon „verdankt sich der Einsicht in den Bruch von Kultur und Religion“[65]. Die Aufgabe der Pastoraltheologie sollte es fortan sein, „die Brüche zwischen Religion und Kultur ‚im eigenen Hause' dingfest zu machen“[66].

Dieser Bruch zwischen Religion und Kultur ist heute dramatischer denn je, die Exkulturation des Christentums in den westlichen Kulturen ebenso unübersehbar und doch kirchlicherseits weithin übersehen und ignoriert.[67] Die gegenwärtige Lage der Kirche erscheint unübersichtlich; Ratlosigkeit, hektischer Aktionismus oder Vogel-Strauß-Politik allerorten. Wege in die Zukunft sind für die Kirche im europäischen Kontext nur mit Mühe auszumachen. Mit dieser Rat- und Orientierungslosigkeit partizipiert die Kirche an einer umfassenden gesellschaftlichen Rat- und Orientierungslosigkeit, die aus fundamentalen gesellschaftlichen Umwälzungs- und Veränderungsprozessen resultiert.[68] „Wir sind mitten in einem Übergang von einer Welt und Gesellschaft zu einer anderen. Eine Welt erlischt und eine andere ist dabei, aufzutauchen, ohne dass es schon ein feststehendes Modell dafür gibt, wie sie aufzubauen wäre.“[69] Die Zeiten, in denen wir gegenwärtig leben, sind tat-

---

[64] MEYER-WILMES, Praktische Theologie, 190.

[65] MEYER-WILMES, Praktische Theologie, 190.

[66] MEYER-WILMES, Praktische Theologie, 191.

[67] Vgl. BUCHER, RAINER, Gegenwart. Nicht Exil. Zur Wahrnehmung des Unbekannten in der katholischen Pastoraltheologie, in: Tübinger Theologische Quartalschrift 185 (2005) 184-187.

[68] Vgl. Kapitel 2.2.4.

[69] Les Éveques de France: Proposer la foi dans la société actuelle. Lettre aux Catholiques de France, Paris 1996, 22 (in der Übersetzung von Hadwig Müller), zitiert nach: MÜLLER, HADWIG, Im Übergang zu einer noch nicht gewussten Kirche, in: Theologisch-praktische Quartalschrift 149 (2001) 34.

sächlich von ungeheurer Neuheit.[70] Die Gegenwart wird „sich selbst zur unbekannten Gegend“, ist sich „neu zur Entdeckung aufgegeben“ und damit „in eine radikale Präsenz, in ein radikales Präsens gestellt“.[71]

Radikale Zeitgenossenschaft ist da von Pastoraltheologinnen und Pastoraltheologen gefragt. Pastoraltheologie braucht einen „leistungsstarken Begriff von dieser Gegenwart“[72], sie darf sich nicht mit Allgemeinplätzen und den gängigen Chiffren und Metaphern zur Charakterisierung der Gegenwart begnügen. Nur so kann sie sich als eine „theologische Disziplin auf der Schwelle zur Zukunft“[73] begreifen. Nur so leistet sie ihren Beitrag dazu, dass Pastoral als „kreative Konfrontation des Evangeliums mit aktueller individueller und kollektiver Existenz“[74] gelingen kann.

### 1.2.3 Pastoraltheologie als „Wahr-Nehmungswissenschaft“

Pastoraltheologie als „Wahr-Nehmungswissenschaft“[75] – das ist eine Theologie, die sich in der Kunst der Wahrnehmung übt, die Lebens- und Glaubenswirklichkeit heutiger Menschen in ihrer Disparatheit und Vielgestaltigkeit in den Blick nimmt und darin deren Bezeugungen Gottes in der Gegenwart unserer Zeit aufspürt.

#### *1.2.3.1 Biographische Verortung: Von gehaltenen Augen und den Entdeckungen des genauen Blicks*

Sich in der Kunst der Wahrnehmung von Wirklichkeit einzuüben, ist wohl eines meiner entscheidenden Lebensthemen. Es begegnet mir auf der persönlich-existenziellen Ebene, es ist wohl auch eine der bestimmenden Grundhaltungen meiner pastoralen Arbeit. Da gibt es die Erfahrung, dass die Augen gehalten sind, dass ich sehe und doch nicht sehe, oft quälend lange brauche, um zur Wahrnehmung dessen, was ist und was sich zeigen will, vorzudringen. Und es gibt die Erfahrung, dass sich Wirklichkeit in ihrer Schönheit und Widersprüchlichkeit, in ihrem Schrecken und ihrer Faszination plötzlich und ungeahnt eröffnet. Durch ein Wort, das mich aufhorchen lässt, eine Episode

---

[70] Vgl. BUCHER, RAINER, Eine alte Kirche in ziemlich neuen Zeiten. Zu den Reaktionsmustern der katholischen Kirche auf ihre aktuelle Transformationskrise, in: Theologisch-Praktische Quartalschrift 156 (2008) 396-405.

[71] BUCHER, Gegenwart, 190.

[72] BUCHER, Gegenwart, 187-188.

[73] BUCHER, Gegenwart, 187.

[74] BUCHER, Gegenwart, 187.

[75] HASLINGER / STOLTENBERG, Blick in die Zukunft, 518.

am Rand, die mir Zusammenhänge erschließt u.a.m. Sich in die Kunst des genauen, aufmerksamen Blicks einzuüben, dazu war ich sicherlich auch angehalten im Rahmen meiner empirisch-theologischen Forschungstätigkeit und bei der Interpretationsarbeit an den Tagebuchaufzeichnungen.

#### *1.2.3.2 „Wahr-nehmen, was sich zeigen will" – Wahrnehmung als praktisch-theologische Basistugend*

Pastoraltheologie als „Wahr-Nehmungswissenschaft" müht sich darum, wahrzunehmen, was sich zeigen will und was in der Lebenswirklichkeit von Menschen in Erscheinung tritt. Sie bemüht sich, hellhörig und sensibel dafür zu werden, „in welchen Ausdrucksformen die vielfältigen Dimensionen des Daseins und Soseins von Menschen, ihre Hoffnungen und Ängste, ihre Potentiale und Begrenztheiten, ihre Vergangenheit und Zukunft, ihre schöpferischen und destruktiven Kräfte, Gestalt gewinnen"[76]. Das Bemühen um Wahrnehmung von Wirklichkeit muss dabei methodisch reflektiert und verantwortet geschehen und sich der immer schon mitgegebenen subjektiven Bedingtheit der Erkenntnis und Standortgebundenheit des/der wahrnehmenden ForscherIn bewusst sein.

Eine Pastoraltheologie, die sich als „Wahr-Nehmungswissenschaft" versteht, hat das von ihr Wahrgenommene „auch wirklich als Wahrheit ernst zu nehmen"[77]. Die Frage nach dem, was sich als wahr erweist, kann nicht mehr auf rein spekulativem oder deduktivem Weg beantwortet werden, sondern „nur noch auf dem steinigen Weg der Begegnung mit einer in sich vielschichtigen, widersprüchlichen und sich wandelnden Wirklichkeit"[78]. Pastoraltheologie als „Wahr-Nehmungswissenschaft" entwirft sich in einer induktiven Grundhaltung. Empirisch-theologische Forschungstätigkeit, vor allem in ihrer qualitativen Ausformung, kann einen wichtigen Beitrag leisten zu einer differenzierteren Wahrnehmung von Wirklichkeit, die sich zeigen will.

#### *1.2.3.3 „Wahr-nehmen, wo sich Gott ereignet" – Pastoraltheologie als „Sammlungsbewegung menschlichen Transzendenzpotentials"*

Die Bestimmung der Pastoraltheologie als „Wahr-Nehmungswissenschaft" kann in einem nächsten Schritt noch dahingehend präzisiert werden, dass es eine ihre zentralen Aufgaben ist, wahrzunehmen, „wo sich Gott ereignet",

---

76 HASLINGER / STOLTENBERG, Blick in die Zukunft, 519.

77 HASLINGER / STOLTENBERG, Blick in die Zukunft, 520.

78 HASLINGER / STOLTENBERG, Blick in die Zukunft, 520.

und so „einen wissenschaftlich reflektierten Zugang zu den Erfahrungen Gottes im Leben der Menschen zu schaffen“[79].

Eine Pastoraltheologie, die sich als „Sammlungsbewegung des Transzendenzpotentials bei den Menschen“[80] versteht, nimmt ihren Ausgangspunkt im Wahrnehmen, Benennen und Reflektieren eigener Erfahrungen, von denen die Pastoraltheologie Treibenden glauben, dass Gott „hilfreich oder beschädigend, heilend oder schmerzlich 'vorübergegangen' ist“[81]. Dies mögen unter Umständen auch Geschichten sein, in denen „die Lücke seiner Nichterfahrung“[82] klafft und uns Gottes Unbegreiflichkeit erschreckend nahe kommt.

Eine pastoraltheologische Reflexion, die solchermaßen ihren Ausgangspunkt in der Besinnung auf die eigenen fragmentarischen und brüchigen Gotteserfahrungen nimmt, wird sich der weit verbreiteten grellen „Großspurigkeit“[83] theologischer Gott-Rede bewusst und entwickelt eine Hellhörigkeit für die und eine Ehrfurcht vor den „suchenden, ansatzhaften und manchmal ursprünglich-evidenten Erfahrungen Gottes im Auf und Ab des Lebens“[84] der Menschen von heute. Glaubenserfahrungen der Gläubigen haben eine ursprünglich-eigenständige konstitutive, normative Kraft – sie gilt es wahrzunehmen und wahrhaben zu wollen. Denn: „Wenn der offizielle Glaube nicht mit dem Glauben des ‚kleinen Mannes' und der ‚kleinen Frau' zu tun bekommt, macht er sich selbst für die letzteren entbehrlich.“[85]

### 1.2.4 Kommunikativ-theologisch Pastoraltheologie treiben

An dieser Stelle kann es nicht darum gehen, einen differenzierten methodologischen Entwurf einer Pastoraltheologie in kommunikativ-theologischer Ausrichtung zu entwickeln, wohl aber darum, einige Konturen einer Pastoraltheologie zu skizzieren, die sich dem kommunikativ-theologischen Forschungsparadigma verbunden fühlt, wie es Matthias Scharer, Bernd Jochen Hilberath u.a. entwickelt haben und noch weiterentwickeln. Die folgenden Überlegungen fußen auf der Reflexion des Forschungsprozesses, dessen Er-

---

[79] KLEIN, Erfahrungen der Spuren Gottes, 53.

[80] FUCHS, OTTMAR, Gotteserfahrungen und Gottesfinsternis. Herausforderungen an uns PastoraltheologInnen, in: Pastoraltheologische Informationen 16 (1996) 29.

[81] FUCHS, Gotteserfahrungen, 13.

[82] FUCHS, Gotteserfahrungen, 14.

[83] FUCHS, Gotteserfahrungen, 14.

[84] FUCHS, Gotteserfahrungen, 14.

[85] FUCHS, Gotteserfahrungen, 14.

gebnis die vorliegende Untersuchung zu „Erfahrungen der Gottespräsenz im pastoralen Alltag von (Gemeinde-)Seelsorgerinnen" ist.[86]

#### *1.2.4.1 Biographische Verortung: Kommunikative Theologie – eine immer wieder neu zu übende „theologische Selbstverständlichkeit"*

Die Berührungspunkte mit „Kommunikativer Theologie" in meiner theologischen Lernbiographie sind vielfältig und reichen in die Zeit meines theologischen Grundstudiums in den 1990er Jahren zurück. Während der Arbeit an meinem Dissertationsprojekt stellte die Teilnahme an zwei Forschungsseminaren unter der Leitung von Matthias Scharer und Bernd Jochen Hilberath für den Fortgang meiner Arbeit eine große Hilfestellung und Bereicherung dar. Wenn ich mir selbst die Frage stelle, in welcher Weise die „Kommunikative Theologie" meine wissenschaftliche Arbeit und meine pastorale Praxis geprägt hat, dann fällt es mir schwer, einzelne Momente zu benennen. Es scheint mir vielmehr so: Zum einen ist es mir eine theologische Selbstverständlichkeit, kommunikativ-theologisch Theologie zu treiben. Zum anderen habe ich den Eindruck, dass ich immer wieder von neuem beginne, mich in dieser Art des Theologietreibens zu üben. Kommunikative Theologie ist offenbar tatsächlich eine „Theologie im Prozess, die niemals fertig und abgeschlossen ist"[87], sondern immer wieder am Anfang steht.

#### *1.2.4.2 Konturen einer kommunikativ-theologischen Pastoraltheologie*

Aus der kommunikativ-theologischen Theoriebildung werden im Folgenden drei Momente – Theologie im Prozess, die Haltung theologischer "Awareness", Kontextsensibilität und Optionalität – ausgewählt und daraufhin befragt, was sie für eine Pastoraltheologie in kommunikativ-theologischer Ausrichtung bedeuten könnten.

##### 1.2.4.2.1 Theologie im Prozess

Eine Pastoraltheologie in kommunikativ-theologischer Ausrichtung versteht sich als "Theologie im Prozess"[88]. Sie achtet, fördert und gestaltet Prozesse

[86] Eine ausführlichere Darstellung des Anliegens und der Zielsetzungen Kommunikativer Theologie findet sich in Kapitel 5.3; deshalb kann an dieser Stelle darauf verzichtet werden.

[87] FORSCHUNGSKREIS KOMMUNIKATIVE THEOLOGIE, Kommunikative Theologie. Selbstvergewisserung unserer Kultur des Theologietreibens (Kommunikative Theologie interdisziplinär; 1/1), Berlin/Wien 2007, 24.

[88] FORSCHUNGSKREIS KOMMUNIKATIVE THEOLOGIE, Kommunikative Theologie, 24.

gemeinsamen theologischen Lernens. Sie weiß um die und rechnet mit der Prozesshaftigkeit individueller theologischer Lernprozesse. Sie lässt sich von der "Dynamik der offenen Fragen"[89] leiten und reflektiert die (notwendige) Unabgeschlossenheit und Fragmentarität (praktisch-)theologischer Theoriebildung.

#### 1.2.4.2.2 Einübung in eine Haltung theologischer „Awareness"

Pastoraltheologie in kommunikativ-theologischer Ausrichtung übt sich ein in eine Haltung theologischer "Awareness"[90], in eine Haltung der Aufmerksamkeit "im Sinne des Gewahrwerdens, das mit Anteilnahme und Bewusstheit verbunden ist"[91]. In dieser Haltung begegnen PastoraltheologInnen den individuellen und kollektiven Lebens- und Glaubenserfahrungen von Menschen, der Geschichte des/der anderen. Sie entwickeln ehrliche Anteilnahme und ehrliches Interesse an und einen „möglichst vorurteilsbewussten Umgang" [92] mit individuell und kulturell verschiedenen Lebens- und Glaubenserfahrungen von Menschen. Statt eines objektiv-distanzierenden wissenschaftlichen Zugriffs ist hier eine wissenschaftliche Zugangsweise zu wählen, in welcher „die Freiheitsdimension des Menschen, seine Relationalität, aber auch seine Geheimnishaftigkeit"[93] respektiert und geachtet werden. Eine Haltung theologischer Achtsamkeit erschöpft sich jedoch sicherlich nicht im Umgang mit Lebens- und Glaubenserfahrungen von Menschen. Was eine Haltung theologischer "Awareness" im Hinblick auf das Gesamt theologischer Forschungsprozesse bedeuten könnte, ist – in einer an dieser Stelle nicht zu leistenden Weiterentwicklung kommunikativ-theologischer Theoriebildung – noch zu klären.

#### 1.2.4.2.3 Kontextsensibel und optional

Pastoraltheologie in kommunikativ-theologischer Ausrichtung müht sich um eine hohe Kontextsensibilität und weiß um die Perspektivität und Standortgebundenheit der eigenen theologischen Erkenntnis.[94] Sie ringt um eine „wa-

---

[89] FORSCHUNGSKREIS KOMMUNIKATIVE THEOLOGIE, Kommunikative Theologie, 132.

[90] SCHARER, MATTHIAS, Wie „wirkt" Gott im Leben einzelner Menschen? Zu einer theologischen Kriteriologie persönlicher Lebens-/Glaubenserfahrung in kairologischer Absicht, in: BOSCHKI, REINHOLD u.a. (Hg.), Religionspädagogische Grundoptionen. Elemente einer gelingenden Glaubenskommunikation, Freiburg 2008, 79.

[91] SCHARER, MATTHIAS, Wie wirkt Gott, 79.

[92] FORSCHUNGSKREIS KOMMUNIKATIVE THEOLOGIE, Kommunikative Theologie, 62.

[93] SCHARER, MATTHIAS, Wie wirkt Gott, 80-81.

[94] Vgl. FORSCHUNGSKREIS KOMMUNIKATIVE THEOLOGIE, Kommunikative Theologie, 28.

che Aufmerksamkeit für und eine sensible Einübung in die Wahrnehmung der gesellschaftlichen Lebenssituationen, sowie um eine Beachtung dieser Dimension in den Prozessen des Theologisierens“[95].

Pastoraltheologie in kommunikativ-theologischer Ausrichtung ist eine optionale Theologie.[96] In der vorliegenden Arbeit kommen die „Option für die Contemplatio und das Mystisch-Mystagogische“[97] sowie die „Option für die Armen und Marginalisierten“[98] in besonderer Weise zum Tragen.

## 1.3 Grundanliegen der Arbeit und Forschungsdesign

Wo ist „Gott drin“ in den alltäglichen Vollzügen der pastoralen Praxis in den Gemeinden? Welche Gottesorte und welche Erfahrungen der Gottespräsenz benennen Seelsorgerinnen, wenn sie sich mit dieser Fragestellung auf den Weg machen und ihre alltäglichen Seelsorgeerfahrungen unter dieser Rücksicht „unter die Lupe nehmen“? Was würde passieren, wenn man/frau in der alltäglichen pastoralen Praxis mit dem „Mehrwert“ göttlicher Präsenz in (Seelsorge-)Beziehungen rechnen würde? Mit der Möglichkeit, dass Gott in und zwischen Menschen gegenwärtig, präsent, lebendig und wirkmächtig wird/werden kann? – Dies waren die zentralen Forschungsfragen, die die Arbeit an meinem Forschungsprojekt leiteten. In sechs Kapiteln sind Lernprozess und Forschungsergebnisse dokumentiert:

In Kapitel 1 werden biographische Erfahrungshintergründe der vorliegenden Arbeit ausgelotet und – darauf aufruhend – einige wesentliche, die Arbeit bestimmende (pastoral-)theologische Positionierungen vorgenommen.

Kapitel 2 widmet sich einer polyperspektivischen Annäherung an den Forschungsgegenstand. Das Kapitel dient so zum einen der Präzisierung der Fragestellung, zum anderen ihrer Kontextualisierung. Zunächst wird geklärt, in welcher Weise – theologisch verantwortet – vor dem Hintergrund der Lebenserfahrungen heutiger Menschen von „Erfahrungen der Gottespräsenz“ bzw. von „Gotteserfahrung“ gesprochen werden kann und gesprochen werden muss (2.1) In einem zweiten Schritt werden zentrale Signaturen der ge-

---

95 FORSCHUNGSKREIS KOMMUNIKATIVE THEOLOGIE, Kommunikative Theologie, 70.

96 Vgl. FORSCHUNGSKREIS KOMMUNIKATIVE THEOLOGIE, Kommunikative Theologie, 106-113.

97 Vgl. FORSCHUNGSKREIS KOMMUNIKATIVE THEOLOGIE, Kommunikative Theologie, 112.

98 Vgl. FORSCHUNGSKREIS KOMMUNIKATIVE THEOLOGIE, Kommunikative Theologie, 108. – Die Mitglieder des Forschungskreises Kommunikative Theologie verwenden die klassische Formel der „Option für die Armen“, die ich meinerseits gerne im Hinblick auf andere marginalisierte Gruppen erweitern möchte. Damit kann dann auch die immer noch existente Marginalisierung von Glaubens- und Lebenserfahrungen von Frauen im Bereich der Kirche in den Blick genommen werden.

genwärtigen Situation der Gemeindepastoral im deutschsprachigen Raum benannt und Grundlinien der pastoraltheologisch kontroversen Diskussion um eine zukunftsfähige Gestalt ekklesialer Sozialität dargestellt, um auf diesem Hintergrund zu formulieren, in welcher Weise Seelsorgerinnen und Seelsorger von den Umbrüchen in der Gemeindepastoral in ihrer Arbeit betroffen sind bzw. betroffen sein könnten (2.2). In einem dritten Schritt wird sodann gefragt, was die Situation von Frauen in der (Gemeinde-)Seelsorge charakterisiert, und dargestellt, aus welchen Gründen die Seelsorgearbeit von Frauen, insbesondere deren Erfahrungen von Gottespräsenz, in den Mittelpunkt des Forschungsinteresses dieser Arbeit rückt (2.3).

Kapitel 3 dient der Konturierung und Präzisierung des in dieser Arbeit grundgelegten Seelsorgebegriffs. Dies geschieht in Auseinandersetzung mit ausgewählten Seelsorgekonzepten (Begegnende Seelsorge, Mystagogische Seelsorge und Feministische Seelsorge).

In Kapitel 4 werden wichtige methodologische und methodische Klärungen in der Vorbereitung der konkreten empirisch-theologischen Forschungsarbeit vorgenommen. Dabei werden zunächst Grundanliegen und Grundzüge qualitativer Sozialforschung – auch in ihrer feministischen Ausformung – dargestellt (4.1 und 4.2), um daraufhin auch das Verhältnis von empirischer Sozialforschung und Praktischer Theologie zu beleuchten (4.3). Darauf aufruhend wird das Forschungsdesign der von mir unternommenen empirisch-theologischen Forschungsarbeit entfaltet: Zielsetzung der Studie und zentrale Forschungsfrage, Zugang zum Forschungsfeld und Fallauswahl, Erhebungsdesign (Tagebuch als Forschungsinstrument) und Auswertungsdesign der Studie (dokumentarische Methode nach Ralf Bohnsack). Zudem werden die Beweggründe für die Auswahl der Erhebungsmethode und des Auswertungsverfahrens erörtert.

In Kapitel 5 werden zunächst Erfahrungen in der Auswertungspraxis reflektiert und Form und Schwerpunktsetzungen der Darstellung der Arbeitsergebnisse begründet (5.1). Daraufhin kommen die Ergebnisse der empirisch-theologischen Forschungsarbeit zur Darstellung. Dies geschieht zunächst in Form von sechs ausführlichen Fallbeschreibungen (5.2). Zentrale Grundorientierungen der Tagebuchaufzeichnungen – in den Themenfeldern „Gotteserfahrung“ und „seelsorgliches Selbstverständnis“ – und ausgewählte Einzelaspekte werden darauf in komparativer Analyse vertieft, „Deutevorgänge“ werden näher beleuchtet und es wird damit gezeigt, in welch unterschiedlicher Art und Weise die Seelsorgerinnen Erfahrungen als Erfahrungen von Gottespräsenz qualifizieren. Abschließend und zusammenfassend wird auf dem Hintergrund des Forschungsansatzes der „Kommunikativen Theologie“ der Versuch einer kommunikativ-theologischen Systematisierung der empirisch-theologischen Forschungsergebnisse unternommen (5.3).

Am Beginn des abschließenden Kapitels 6 steht eine Relecture des Forschungsdesigns der vorliegenden Arbeit in kommunikativ-theologischer Perspektive (6.1), danach werden die Ergebnisse der empirisch-theologischen Forschungsarbeit in einen wechselseitig-kritischen Dialog mit den im ersten Teil der Arbeit herausgearbeiteten polyperspektivischen Zugängen zum Forschungsgegenstand gebracht (6.2). Drei pastoralpraktische Ermutigungen stehen am Ende der Arbeit (6.3).

# 2 „Erfahrungen der Gottespräsenz im pastoralen Alltag von (Gemeinde-)Seelsorgerinnen“ – Polyperspektivische Annäherungen an den Forschungsgegenstand

Welche Erfahrungen der Gottespräsenz machen Gemeindeseelsorgerinnen in ihrem seelsorglichen Arbeiten? (Wo) ist „Gott drin“? – Diesen Fragen möchte die vorliegende Arbeit im Gespräch und in der Auseinandersetzung mit hauptberuflich in der Gemeindeseelsorge tätigen Frauen nachgehen.

Im vorliegenden Kapitel soll in einer polyperspektivischen Annäherung an das Thema eine Präzisierung und Kontextualisierung dieser Fragestellung unternommen werden. Auf einem ersten Zugangsweg wird der Frage nachgegangen, in welcher Weise – theologisch verantwortet – vor dem Hintergrund der Lebenserfahrungen heutiger Menschen von „Erfahrungen der Gottespräsenz“ bzw. von „Gotteserfahrung“ gesprochen werden kann und gesprochen werden muss (2.1). Auf einem zweiten Zugangsweg wird der Versuch unternommen, in einer Durchsicht aktueller Diskussionsbeiträge und in wechselseitig-kritischer Rückbindung an aktuelle persönliche gemeindepastorale Erfahrungen einige wesentliche Grundkennzeichen gegenwärtiger Gemeindepastoral zu skizzieren und zu formulieren, vor welche Herausforderungen Seelsorgerinnen und Seelsorger in der Gemeindearbeit gestellt sind (2.2). Auf einem dritten Zugangsweg soll der Fragestellung nachgegangen werden, was die Situation von Frauen in der (Gemeinde-) Seelsorge charakterisiert und wieso die Seelsorgearbeit von Frauen, insbesondere deren Erfahrungen von Gottespräsenz, in den Mittelpunkt des Forschungsinteresses dieser Arbeit rückt (2.3).

## 2.1 „Gott erfahren?!“ – Religionssoziologische Beobachtungen zur religiösen Erlebnisorientierung und (pastoral-)theologische Differenzierungen eines Grundbegriffs gegenwärtiger Theologie

„Wer heute eine Untersuchung zur Gotteserfahrung vorlegt, liegt thematisch ausgesprochen im Trend.“[1] – Gerade im westeuropäischen und nordamerikanischen Kontext ist ein geradezu „inflationäres Reden von Gotteserfahrung“[2] zu beobachten, so Matthias Zeindlers Zeitdiagnose. „Gotteserfah-

---

[1] ZEINDLER, MATTHIAS, Gotteserfahrung in der christlichen Gemeinde. Eine systematisch-theologische Untersuchung (Forum Systematik; 13), Stuttgart-Berlin-Köln 2001, 11.

[2] ZEINDLER, Gotteserfahrung, 11.

rung“ ist zu einem „Grundbegriff gegenwärtiger Theologie“[3] avanciert; von der (prinzipiellen Möglichkeit der) Gotteserfahrung wird gegenwärtig auch in vielen praktisch-theologischen Handlungszusammenhängen – wie zum Beispiel im katechetischen Bereich (Sakramentenvorbereitung) oder im Bereich der Exerzitienarbeit – ganz selbstverständlich ausgegangen.[4]

In einer ersten Annäherung an diesen Begriff soll den folgenden Fragestellungen und Problemkreisen nachgegangen werden: Welche Korrespondenzen und inneren Verbindungslinien lassen sich zwischen dem großen Interesse an „Gotteserfahrung“ oder „religiöser Erfahrung“ und einem Grundkennzeichen unserer gegenwärtigen Gesellschaft, der Erlebnisorientierung, aufzeigen?[5] (2.1.1) Ist die starke Präsenz des Themas „Gotteserfahrung“ als Problemanzeige zu deuten, dass viel von dem gesprochen wird, was eigentlich „Mangelware“ ist? – Von der Erfahrung Gottes, von seiner Nähe und Präsenz, ist im kirchlichen Bereich oft (allzu oft?) die Rede – doch ist es oft ein Sprechen über Gott, das sich mit der bloßen Behauptungsebene begnügt und stets von der Gefahr theologischer Geschwätzigkeit – einer Weise der professionellen Deformation – bedroht ist.[6] (2.2.2) Um in einem theologisch verantworteten und nicht naiven, vereinfachenden und verkürzten Sinn von „Gotteserfahrung“ zu sprechen, gilt es in einem nächsten Schritt, wesentliche systematisch-theologische Voraussetzungen zu klären (2.2.3): Wie sind Transzendenz und Immanenz Gottes zu denken? (2.2.3.1 und 2.2.3.2) Welchen spezifischen Beitrag leisten feministisch-theologische Denkerinnen in der Erörterung der Frage nach der Möglichkeit der Gotteserfahrung im menschlichen Leben und in dieser Welt? (2.2.3.3) In welcher Weise sind Glaubens- und Lebenserfahrungen heutiger Menschen genuine Orte der Gotteserfahrung? (2.2.3.4) Und schließlich: Was sind heute besondere Orte der Gotteserfahrung? Und welche spezifische Signatur eignet der christlichen Gotteserfahrung? (2.2.3.5)

---

[3] Vgl. die kritische Abhandlung von HOYE, WILLIAM J., Gotteserfahrung? Klärung eines Grundbegriffs der gegenwärtigen Theologie. Zürich 1993. – Nach Hoyes Einschätzung nimmt der Begriff „Gotteserfahrung“ in der gegenwärtigen Theologie die Rolle eines Grundbegriffes ein (12). Bei seinem Gebrauch sei eine derartige Selbstverständlichkeit festzustellen, dass man sagen könne, dass dieser Begriff im Bewusstsein der meisten BenutzerInnen existiere „in der elementaren Weise eines ‚Vor-Urteils‘, d.h. in der Weise einer Überzeugung, die unzähligen weiteren Entscheidungen und Ansichten zugrunde liegt, die aber selbst unbegründet bleibt, oder, besser gesagt: die scheinbar gar keiner Begründung bedarf, da ihre Richtigkeit unmittelbar einleuchtet“ (11).

[4] Vgl. LENTZEN-DEIS, WOLFGANG, Art. Erfahrung, praktisch-theologisch, in: LThK III ($^{3}$1995), 756.

[5] Vgl. SCHULZE, GERHARD, Die Erlebnisgesellschaft. Kultursoziologie der Gegenwart. Frankfurt a. Main-New York 1992.

[6] Vgl. FUCHS, Gotteserfahrungen, 23.

In den folgenden Ausführungen wird ein umfassendes und ganzheitliches Erfahrungsverständnis vorausgesetzt, das die Engführung eines auf berechenbare Empirie ausgerichteten Erfahrungsbegriffes der neuzeitlichen Naturwissenschaften überschreitet.[7] Zudem wird vorausgesetzt, dass eine Erfahrung, auch eine religiöse Erfahrung oder Gotteserfahrung, nie unvermittelt gemacht wird, sondern immer in der „Polarität von unmittelbarem Widerfahrnis und vermittelnder Interpretation, die auslegen will“[8], steht und somit immer kontextabhängig und situationsabhängig ist.

### 2.1.1 Auf der Suche nach der unmittelbaren Erfahrung des Religiösen – Erlebnisreligion in der Erlebnisgesellschaft

Anfang der 90er Jahre des vergangenen Jahrhunderts prägte der Bamberger Soziologe Gerhard Schulze den Begriff „Erlebnisgesellschaft“. Seine Analyse der Gegenwartsgesellschaft, die breit rezipiert wurde, stieß auch in der theologischen Diskussion auf Resonanz.[9] Hans-Joachim Höhn attestiert Gerhard Schulze, dass er mit seiner Deutung der gegenwärtigen Gesellschaft weit über den Kreis der soziologischen ExpertInnen hinaus Zustimmung finde,[10] und nimmt dessen Zeitdiagnose zum Ausgangspunkt, um aufzuzeigen, dass auch die religiösen Bedürfnislagen vielen ZeitgenossInnen ähnlich strukturiert seien: Die starke Subjektorientierung und Erlebnisorientierung in der Lebensgestaltung habe längst auch den religiösen Bereich erreicht. Nicht wenige Frauen und Männer von heute, die auf ihrer Suche nach sinnerfüll-

---

[7] Vgl. WERBICK, JÜRGEN, Art. Erfahrung, systematisch-theologisch, in: LThK III ($^3$1995), 754-755. – Gegen eine Ausgrenzung und Verdrängung der religiösen Erfahrung durch positivistische und szientistische Strömungen und gegen eine Verurteilung der religiösen Erfahrung zur „Unwirklichkeit“ setzen sich christliche Theologie und christlicher Glaube vehement zur Wehr. Vgl. auch ZEINDLER, Gotteserfahrung, 20; FUCHS, Gotteserfahrungen, 25. – Ottmar Fuchs versteht hier unter Erfahrung „alles [...], was der Mensch wahrnimmt und übersieht, weiß und tut, wünscht und erleidet, glaubt und bezweifelt, hofft und woran er verzweifelt, und dies alles im interaktiven Sinn der Wirkung auf Personen und Kontexte und der jeweiligen Rückwirkung des Umfeldes auf ihn.“

[8] WERBICK, Erfahrung, 755.

[9] In Auswahl seien folgende evangelische und katholische Autoren benannt: HÖHN, HANS-JOACHIM, Erlebnisgesellschaft! – Erlebnisreligion? Die Sehnsucht nach dem frommen Kick, in: HOFMEISTER, KLAUS / BAUERNOCHSE, LOTHAR (Hg.), Die Zukunft der Religion. Spurensicherung an der Schwelle zum 21. Jahrhundert, Würzburg 1999, 11-22; HEMPELMANN, HEINZ-PETER, Gott in der Erlebnisgesellschaft. Postmoderne als theologische Herausforderung (Systematische theologische Monographien; 6), Wuppertal u.a. 2001; BECKS, HELMUT, Der Gottesdienst in der Erlebnisgesellschaft. Zur Bedeutung der kultursoziologischen Untersuchung Gerhard Schulzes für Theorie und Praxis des Gottesdienstes (Wechselwirkungen: Ergänzungsreihe; 13), Waltrop 1999.

[10] Vgl. HÖHN, Erlebnisgesellschaft, 13.

tem, glücklichem Leben immer schneller von einem schönen Erlebnis zum anderen eilten, und dennoch „missmutig vergnügt" seien,[11] entdeckten den religiösen Bereich neu: „Religion ist plötzlich wieder ‚in', weil sie das im Angebot hat, was allen fehlt, die schon alles hinter sich haben: Grenzverkehr mit dem Unendlichen."[12]

Ist diese erneute Hinwendung zum Religiösen Ausdruck für einen „neuartigen, noch kaum erkennbaren Gotteshunger der Menschen"[13], wie Paul M. Zulehner und Regina Polak vermuten? Oder wird man kritisch nachfragen müssen, was es mit dem diagnostizierten „Megatrend Spiritualität" tatsächlich auf sich hat, wie das Ulrich Körtner tut?[14] Die gegenwärtigen spirituellen Suchbewegungen zielen in ganz verschiedene Richtungen – Regina Polak und Paul M. Zulehner benennen in Anlehnung an die Religionsethnologin Ariane Martin:[15] (1) die „Reise ins Innere" oder den „Exodus ins Ego",[16] (2) die „Reise ins Weite, die nach kosmischer Vernetzung und Verwebung sucht" [17], (3) die „Suche nach umfassender Heilung"[18], (4) die „Suche nach Strenge, Struktur und Ordnung"[19], (5) die „Suche nach Gemeinschaft mit einer Ethik der Liebe"[20]. Die oft beschriebene „Renaissance der Religion"[21] ist also durch religiösen Pluralismus (auch bei Kirchenmitgliedern!) gekennzeichnet[22], ebenso durch „Prozesse des individuel-

---

[11] Vgl. HÖHN, Erlebnisgesellschaft, 17.

[12] HÖHN, Erlebnisgesellschaft, 18.

[13] POLAK, REGINA / ZULEHNER, PAUL M., Theologisch verantwortete Respiritualisierung: Zur spirituellen Erneuerung der christlichen Kirchen, in: ZULEHNER, PAUL. M. (Hg.), Spiritualität – mehr als ein Megatrend. Gedenkschrift für Kardinal DDr. Franz König, Ostfildern 2004, 217.

[14] Vgl. KÖRTNER, ULRICH H.J., Wiederkehr der Religion? Das Christentum zwischen neuer Spiritualität und Gottvergessenheit, Gütersloh 2006.

[15] Vgl. MARTIN, ARIANE, Sehnsucht – der Anfang von allem. Dimensionen zeitgenössischer Spiritualität, Ostfildern 2005.

[16] MARTIN, Sehnsucht, 207.

[17] MARTIN, Sehnsucht, 209.

[18] MARTIN, Sehnsucht, 209.

[19] MARTIN, Sehnsucht, 210.

[20] MARTIN, Sehnsucht, 211.

[21] JÖRNS, KLAUS-PETER, Renaissance der Religion? Was Menschen heute glauben, in: HOFMEISTER, KLAUS / BAUERNOCHSE, LOTHAR (Hg.), Die Zukunft der Religion. Spurensicherung an der Schwelle zum 21. Jahrhundert, Würzburg 1999, 23-33. Vgl. zu diesem von vielen Seiten beschriebenen Prozess der Respiritualisierung unserer Gesellschaft und dem Comeback des Religiösen auch die Beträge in: ZULEHNER, PAUL M. (Hg.), Spiritualität – mehr als ein Megatrend. Gedenkschrift für Kardinal DDr. Franz König, Ostfildern 2004.

[22] Vgl. JÖRNS, Renaissance, 26-28.

len Neuarrangements bzw. der privaten Neukomposition“[23] von religiösen Inhalten und Praktiken. Außerdem ist beobachtbar, dass sich mit der Hinwendung zur Religion ein vitales Interesse verbindet: der Wunsch, „mit göttlicher Hilfe ein Leben, das gut und sinnvoll genannt werden kann, finden und bewahren zu können“[24].

Doch diese neue Hinwendung zur Religion bleibt in aller Regel dem Erlebnisimperativ verhaftet. Auch hier lautet die zentrale Frage: „Kann man das erleben, was zu glauben ist? Kann ich es *selbst, an mir selbst* erleben?“[25] Gesucht wird die unmittelbare Erfahrung des Religiösen, Göttlichen, Mystischen. Und die religiöse Erlebnisorientierung macht auch vor dem Christlichen nicht halt[26] – eine Entwicklung, die Hans-Joachim Höhn mit durchaus gemischten Gefühlen beobachtet: Er benennt zwar klar, dass eine Glaubensverkündigung, die ein Wissen von Gott bloß behauptet, keine Zukunft habe, mahnt aber gleichzeitig die „Notwendigkeit religiöser Nachdenklichkeit“[27] an: „Was der christliche Glaube nicht verträgt, ist Gedankenlosigkeit.“[28] Mit seiner kritischen Beurteilung der religiösen Erlebnisorientierung ist Hans-Joachim Höhn nicht allein; auch Ottmar Fuchs, der ein erklärtes Interesse daran hat, „Kirche und nicht zuletzt praktische Theologie als Sammlungsbewegung des Transzendenzpotentials bei den Menschen, als Versammlung ihrer diesbezüglichen Erfahrungen und Geschichten“[29] zu verstehen, möchte den Begriff der Gotteserfahrung nicht im Sinne der Erlebnisgesellschaft verstehen, „wo die Erfahrungssuche und -sucht inflationär in eine gehetzte Erfahrungstrunkenheit hinein explodiert, mit all den konsumistischen und narzißtischen Überschussanteilen“[30].

---

[23] HÖHN, HANS-JOACHIM, Auf dem Weg in eine postsäkulare Kultur? Herausforderungen einer kritischen Phänomenologie der Religion, in: ZULEHNER, PAUL. M. *(Hg.)*, Spiritualität – mehr als ein Megatrend. Gedenkschrift für Kardinal DDr. Franz König, Ostfildern 2004, 16.

[24] JÖRNS, Renaissance, 29.

[25] HÖHN, Erlebnisgesellschaft, 18. Vgl. auch POLAK / ZULEHNER, Respiritualisierung, 215. – Polak und Zulehner weisen darauf hin, dass Erfahrungen des Menschen in der Erlebnisgesellschaft nicht mehr im Modus des Widerfahrnisses gemacht, sondern bewusst und gezielt geplant und gleichsam hergestellt würden.

[26] Man denke nur an so gegensätzliche Phänomene wie die Weltjugendtagstreffen, die Hunderttausende von Jugendlichen wohl nicht zuletzt wegen ihres Eventcharakters und ihrer Erlebnisqualität anziehen, oder aber an die Renaissance der Exerzitienarbeit, die auf ganz andere Weise durch Subjekt- und Erfahrungsorientiertheit gekennzeichnet sind.

[27] HÖHN, Erlebnisgesellschaft, 21.

[28] HÖHN, Erlebnisgesellschaft, 21-22.

[29] FUCHS, Gotteserfahrungen, 29.

[30] FUCHS, Gotteserfahrungen, 24.

### 2.1.2 „Behaupten allein genügt nicht!" – Defizite gängigen kirchlichen Redens von Gott

Religiös interessierte Männer und Frauen von heute suchen nicht „das vorgefertigte Bekenntnis, das man nur zu übernehmen braucht, auch nicht ein dogmatisches Lehrgebäude, das bei Häresieverdacht mit Sanktionen droht"[31], sondern Möglichkeiten und Wege unmittelbarer Gotteserfahrung und Menschen, die authentisch und erfahrungsgesättigt von Gott sprechen. Was sie in den etablierten christlichen Großkirchen jedoch immer noch häufig antreffen, ist ein Reden über Gott, das sich oft lediglich mit der Behauptungsebene begnügt,[32] das die Rückbindung an den Bereich des Erfahrenen, Erlittenen und Erlebten – individuell und kollektiv – vernachlässigt und außer Acht lässt. Es ist dies – um eine prägnante Formulierung Ottmar Fuchs' zu gebrauchen – ein „sattsam bekanntes Transzendenzgeschwätz, das nur noch sprachliche Form ist, nichts dahinter"[33]. Solch eine inflationäre und leichtfertige Gottesrede, die Gott rationalistisch, moralisch und bedürfnispsychologisch „im Haben verobjektiviert"[34] und dingfest machen möchte, wird Gott, ihrem Gegenstand, nicht gerecht, sie erreicht aber auch nicht ihre Adressatinnen und Adressaten.

In Zukunft zählt die „Gotteserfahrung aus erster Hand"[35]. Wenn es „Religiosität nur noch im Modus der Überzeugung, nicht mehr im Modus des autoritativen Zwangs"[36] gibt – und dieser Einschätzung Herbert Haslingers schließe ich mich an –, dann stellt das Mühen um eine „Theologie des unvermittelbaren inneren Erlebens und Suchens nach Lebensweisheit"[37] tatsächlich eine dringliche Herausforderung unserer Zeit dar.

### 2.1.3 Von der Möglichkeit der Gotteserfahrung und den Kennzeichen religiöser Erfahrung – Systematisch-theologische Voraussetzungen

Gott ist bleibendes Geheimnis, kein menschliches Auge hat ihn je gesehen – wie ist Gott da dem Menschen in dieser Welt, in seinem irdischen Leben erfahrbar? Gott unverhüllt von Angesicht zu Angesicht zu sehen, ist uns Menschen erst in der Vollendung bei Gott möglich – ist also im Hinblick auf die

---

[31] HÖHN, Erlebnisgesellschaft, 19.

[32] Vgl. FUCHS, Gotteserfahrungen, 23.

[33] FUCHS, Gotteserfahrungen, 23.

[34] FUCHS, Gotteserfahrungen, 23.

[35] POLAK / ZULEHNER, Respiritualisierung, 226.

[36] HASLINGER HERBERT, Lebensort für alle. Gemeinde neu verstehen, Düsseldorf 2005, 52.

[37] POLAK / ZULEHNER, Respiritualisierung, 222.

voreschatologische Existenz des Menschen eine sinnvolle Verwendung des Begriffs der „Gotteserfahrung" überhaupt denkbar? – Obgleich einiges dafür spricht, dass das Sprechen und Nachdenken über Gotteserfahrung häufig im Modus der Sehnsucht und des Verlangens nach einem noch Ausstehenden erfolgt, so ist doch der Einschätzung des Systematikers William J. Hoye nicht beizupflichten, der davon spricht, dass Gotteserfahrung „ausschließlich in der eschatologischen Existenzweise des ewigen Lebens"[38] gemacht werden könne. Dennoch tut man gut daran, sich vor einer naiven und vereinfachenden Verwendung des Begriffs der „Gotteserfahrung" zu hüten.[39]

Statt von der Unmöglichkeit von Gotteserfahrung in der voreschatologischen Existenzweise auszugehen, gibt es ebenso gute Gründe anzunehmen, dass Gott sich in dieser Welt und Zeit Menschen erschließt und zur Erfahrung bringt: Der Gott der christlichen Offenbarung ist ein „kommunikativer" Gott,[40] ein beziehungsreiches und „kommunikatives Wesen"[41], dessen Offenbarungshandeln in Schöpfung und Geschichte wirkmächtig ist. Jesus von Nazareth ist der „Höhepunkt der Selbstmitteilung Gottes"[42]. Diese unüberbietbare Selbstmitteilung Gottes wird bleibend in der Gemeinschaft der Gläubigen im Heiligen Geist kommuniziert und im Leben der Gemeinschaft der Kirche und der einzelnen Glaubenden lebendig. Einige wesentliche Denkvoraussetzungen einer verantworteten und angemessenen Rede von Gotteserfahrung sollen im Folgenden skizziert werden.

---

[38] HOYE, Gotteserfahrung, 21.

[39] Vgl. SCHOLL, NORBERT, Art. Gotteserfahrung, in: LThK IV ($^{3}$1995), 907-908.

[40] Vgl. HILBERATH, BERND-JOCHEN / SCHARER, MATTHIAS, Kommunikative Theologie. Eine Grundlegung, Mainz 2002, 76-95.

[41] HILBERATH / SCHARER, Kommunikative Theologie, 76.

[42] HILBERATH / SCHARER, Kommunikative Theologie, 83.

Vgl. FORSCHUNGSKREIS KOMMUNIKATIVE THEOLOGIE, Kommunikative Theologie. Selbstvergewisserung unserer Kultur des Theologietreibens (Kommunikative Theologie interdisziplinär; 1/1), Münster-Wien 2007, 46. – „Im Leben und Geschick Jesu hat die berührende und heilende Kommunikation Gottes mit den Menschen ihren besonderen Ort und ihre Verdichtung in der Geschichte bekommen: angefangen von der anbrechenden Gottesherrschaft in der Verkündigung des Reiches Gottes, in seinen Berührungen und Heilungen, in der Krise des Kreuzestodes und seiner Auferweckung durch Gott bis hin zur neuen Sammlung im Heiligen Geist. Selbst der gewaltsame Tod bricht die Heilskommunikation Gottes in Jesus Christus nicht ab; vielmehr wird im Kreuz die Unbedingtheit der Liebe Gottes zu allen Menschen sichtbar."

### *2.1.3.1 „Bestimmte Erfahrungen mit weltlichen Erfahrungen" (Edward Schillebeeckx) – Was religiöse Erfahrungen charakterisiert*

Religiöse Erfahrung bildet keinen Sonderbereich der Erfahrung. Sie ist vielmehr eine Erfahrung, „die wir mit der Erfahrung machen und machen müssen"[43] (Eberhard Jüngel), eine „Erfahrung *mit* der profanen Erfahrung"[44] (Gerhard Ebeling). Oder in der Diktion von Edward Schillebeeckx: „Religiöse Erfahrungen sind bestimmte Erfahrungen mit weltlichen Erfahrungen"[45]. Religiöse Erfahrungen macht ein Mensch „an und mit alltäglichen einzelnen menschlichen Erfahrungen"[46], aber er tut es „im Licht und aufgrund der bestimmten religiösen Tradition, in der man steht und die als sinngebender Interpretationsrahmen dient."[47]

#### *Exkurs: Erfahrung – Von einem der „unaufgeklärtesten" und rätselhaftesten Begriffe schlechthin*

„Erfahrung" ist ein überaus vielgestaltiges Phänomen – „einer der zentralen, aber völlig ungeklärten Begriffe der Wissenschaft",[48] dem „Spuren einer reichen und komplexen philosophischen Vergangenheit anhaften"[49]. Die Literatur zum Thema ist praktisch unübersehbar. „Erfahrung" meint ganz Verschiedenes, je nachdem ob der Begriff vorwissenschaftlich-alltäglich, naturwissenschaftlich, ästhetisch, psychologisch, philosophisch oder religiös gebraucht wird. Bernhard Grümme folgend scheint es mir im Kontext dieser Arbeit sinnvoll, mit einem mehrdimensionalen Begriff von Erfahrung zu operieren, der „affektive, kognitive, volitive und praktische Elemente"[50] integriert. Bereits die Etymologie des Wortes verweist auf eine solche Mehrdimensionalität des Begriffs und verbindet das Moment des Reisens und Fahrens, der Grenzüberschreitung und Horizonterweiterung mit dem der Erkundung, Entdeckung und Erforschung und dem des Erkenntniszugewinns:

---

[43] JÜNGEL, EBERHARD, Unterwegs zur Sache. Theologische Bemerkungen, München 1972, 132.

[44] EBELING, GERHARD, Die Klage über das Erfahrungsdefizit in der Theologie als Frage nach ihrer Sache, in: EBELING, GERHARD, Wort und Glaube III, Tübingen 1977, 22.

[45] SCHILLEBEECKX, Art. Erfahrung und Glaube, in: CGG XXV (1980), 81.

[46] SCHILLEBEECKX, Erfahrung, 81.

[47] SCHILLEBEECKX, Erfahrung, 81.

[48] KLEIN, Erfahrung, 128.

[49] QUELQUEJEU, BERNARD / JOSSUA, JEAN-PIERRE, Art. Erfahrung, in: Neues Handbuch theologischer Grundbegriffe II (1991), 349.

[50] GRÜMME, BERNHARD, Vom Anderen eröffnete Erfahrung. Zur Neubestimmung des Erfahrungsbegriffs in der Religionsdidaktik, Gütersloh-Wien u.a. 2007, 64.

> „Das Verb ‚erfahren' kommt vom althochdeutschen ‚irfaran' und dem mittelhochdeutschen ‚ervarn' und bedeutet ursprünglich ‚reisen, durchfahren, -ziehen, um nur einige Bedeutungen zu nennen. Daraus entwickelte sich in der spätalthochdeutschen Zeit ‚kennenlernen, erforschen, erkunden' sowie ‚ein Land kennenlernen'. Erfahrung hat nach dem Grimm'schen Wörterbuch die Bedeutung von Durchwanderung, Untersuchung, Erforschung (s. mhd ervarunge). Die philosophische Bedeutung verbindet den Begriff mit der Fähigkeit, Kenntnis und Einsicht zu erlangen."[51]

Für den Erfahrungsprozess sind drei Faktoren konstitutiv, die in dialektischer Wechselwirkung ineinander spielen: das Erfahrungssubjekt, der Erfahrungsgegenstand und der subjektive Interpretationsrahmen.

> „Das Subjekt nimmt das Erfahrungsobjekt wahr, deutet es vor dem Hintergrund seines Interpretationsrahmens und eignet es sich produktiv an, was wiederum auf diesen Interpretationsrahmen zurückwirkt, das Subjekt selber verwandeln und auch das Erfahrungsobjekt in einem anderen Licht erscheinen lassen kann."[52]

Erfahrung meint weit mehr als das „bloße Registrieren von Fakten", mehr auch als „den bloß unmittelbaren, überwältigenden Eindruck"[53]. „Erfahrung will verarbeitet sein"[54], meint Jürgen Werbick, und realisiert sich als ein Überraschungen in sich bergender, riskanter Lernprozess: „Der ‚Gegenstand' wird mir neu, da ich mich in neuer Weise zu ihm in Beziehung setze; und ich bin ‚gezwungen', mich neu auf ihn einzustellen, weil ich die Unzulänglichkeit und Einseitigkeit meiner bisherigen Einstellung zu ihm ‚erfahren' habe."[55] Nach Hans-Georg Gadamer birgt jede Erfahrung eine „grundsätzliche Negation"[56] in sich, insofern sie eine im bisher geltenden Interpretationsrahmen gesetzte Erwartung durchkreuzt. Das Moment der Irritation des Selbstverständlichen und der Rekonstruktion von Wirklichkeit betont auch Edward Schillebeeckx: Relevante Erfahrungen, die offenbarenden, erschließenden Charakter haben, durchbrechen die alltägliche Routine und führen Menschen „durch eine Desintegration des Alltäglichen zu einer neuen, beglückenden, heilbringenden oder heilmachenden Reintegration"[57] Und

---

[51] MAAẞEN, MONIKA, Biographie und Erfahrung von Frauen. Ein feministisch-theologischer Beitrag zur Relevanz der Biographieforschung für die Wiedergewinnung der Kategorie der Erfahrung (Theologische Frauenforschung in Europa; 2), Münster 1993, 16-17. Ähnlich auch GRÜMME, Vom Anderen eröffnete Erfahrung, 64. – „'Erfahrung' besagt: durch Fahren, Erkunden, Einholen eine Sache wahrnehmen, aber auch mit einer Sache konfrontiert werden, sich ihr aussetzen, etwas erleiden, sich dabei gar einer Gefahr überantworten."

[52] GRÜMME, Vom Anderen eröffnete Erfahrung, 65.

[53] WERBICK, JÜRGEN, Glaubenlernen aus Erfahrung. Grundbegriffe einer Didaktik des Glaubens, München 1989, 118.

[54] WERBICK, Glaubenlernen, 118.

[55] WERBICK, Glaubenlernen, 120.

[56] GADAMER, HANS-GEORG, Wahrheit und Methode. Grundzüge einer philosophischen Hermeneutik, Tübingen ²1965, 362.

[57] SCHILLEBEECKX, Erfahrung, 76.

Jürgen Werbick meint: „Signifikante Erfahrungen belehren, indem sie überraschen und enttäuschen. Die Erfahrung nimmt hier einen anderen Verlauf, als man nach Maßgabe bisheriger Erfahrungen [...] erwarten durfte."[58]

Vernunft und Bewusstsein spielen eine konstitutive Rolle im Prozess des Erfahrens. Erfahrung vollzieht sich in einem dialektischen Prozess, im komplexen „Zusammenspiel von Wahrnehmen (innerhalb eines bestimmten Interpretationsrahmens) mit Denken und von Denken mit Wahrnehmen"[59]. Wenngleich Denken erst Erfahrung möglich macht, ist doch auch eine kognitive Engführung des Erfahrungsbegriffs zu vermeiden. Neben der Kognition sind auch Momente des leiblichen Wahrnehmens und Affektivität im Vorgang des Erfahrens wirksam.[60]

Der Erfahrung ist immer auch ein sprachlich vermitteltes Moment inhärent;[61] sie ist interessengeleitet und der Interpretationsrahmen unterliegt einer je persönlich-individuellen und geschichtlich-gesellschaftlichen Prägung.[62] Das Erfahrungsgeschehen ist deshalb „grundsätzlich von Kontextualität, Zeitlichkeit und Jemeinigkeit geprägt"[63].

*Exkurs Ende*

Aufruhend auf diesem mehrdimensionalen Begriff von Erfahrung, der affektive, kognitive, volitive und leibliche Elemente beinhaltet, soll ein Begriff der religiösen Erfahrung entwickelt werden, der diese als eine „inmitten und unter der Alltagserfahrung im Horizont des – vom Subjekt in persönlicher Entscheidung übernommenen – religiösen Interpretationsrahmens gemachte Erfahrung"[64] charakterisiert.

In welchem Verhältnis stehen näherhin alltägliches Erleben und religiöse Erfahrung? – Alltagserfahrungen erleichtern „durch ihre von Routine und Gewohnheit geprägte Pragmatik"[65] das alltägliche Leben, sie bergen aber zu-

---

[58] WERBICK, Glaubenlernen, 119.

[59] SCHILLEBEECKX, Erfahrung, 90.

[60] Vgl. GRÜMME, Vom anderen eröffnete Erfahrung, 66.

[61] Vgl. QUELQUEJEU / JOSSUA, Erfahrung, 354. – Die Ebene des sprachlichen Ausdrucks kann jedoch nicht ohne „Verlust" betreten werden: „das Erzählen vermag den Reichtum und die Komplexität des Erlebten, selbst des bewußten, nicht auszuschöpfen".

[62] Vgl. EBELING, Klage, 16-20. – Gerhard Ebeling trifft eine ähnlich geartete Differenzierung und spricht vom „Lebensbezug" (17), „Geschichtsbezug" (18) und „Wirklichkeitsbezug" (18) von Erfahrung.

[63] GRÜMME, Vom anderen eröffnete Erfahrung, 68.

[64] GRÜMME, Vom anderen eröffnete Erfahrung, 68-69.

[65] GRÜMME, Vom anderen eröffnete Erfahrung, 69.

gleich die Tendenz in sich, „durch ihre Unbewusstheit und ihre alltagssprachliche Zurückdrängung des Singulären, Nichttypisierten, Poetischen“[66] Wirklichkeit tendenziell „abzuschließen“ und zu nivellieren. Religiöse Erfahrungen werden nun als Erfahrungen gedacht, die „diese gewohnte Alltagswelt aufschließen können“, als Schlüsselerfahrungen oder „Grenzerfahrungen in ‚Erschließungssituationen‘ (J.T. Ramsey), in denen das Leben auf die ganze Wirklichkeit durchlässig und die Frage nach dem Sinn aufgeworfen wird“[67]. So wird nicht das Selbstverständliche, sondern das „Ärgernis der widerspenstigen Wirklichkeit“[68] in den Erfahrungen von Sinnlosigkeit, Unrecht und Leid, aber wohl auch in den Erfahrungen von unerwartetem Glück zum Einfallstor für die religiöse Erfahrung. – Wenngleich es auch gute Gründe geben mag, einen Begriff von religiöser Erfahrung zu entwickeln, der die Kontinuität und Übereinstimmung zwischen Alltagserfahrung und religiöser Erfahrung stärker betont, so möchte ich in der hier vorliegenden Arbeit doch mit einem Begriff von religiöser Erfahrung operieren, wonach religiöse Erfahrung zwar auf der gewöhnlich-alltäglichen, allgemeinmenschlichen Erfahrung aufruht und keinen Sonderbereich der Erfahrung darstellt und doch zugleich eine Erfahrung meint, die das Alltägliche durchbricht, das „Unvertraute im Vertrauten, das Außerordentliche im Ordentlichen, das Außeralltägliche im Alltäglichen“[69] entdeckt. Religiöse Erfahrung ist an „den Rändern, Schnittstellen, Übergängen, Kontrasten zwischen Alltäglichem und Unalltäglichem“[70] lokalisiert.

Fokussiert man nun den Blick auf die spezifisch christliche Erfahrung, so stellt sich die Frage, in welchem Verhältnis eine christliche Glaubenserfahrung zur Verkündigung von christlichen Glaubensinhalten steht. Es wäre eine verfälschende und verkürzende Vorstellung, wenn man annehmen würde, dass die bloße Verkündigung eines christlichen Glaubensinhalts bereits eine christliche Glaubenserfahrung evozieren würde. Vielmehr verhält es sich so: „Ich mache unter dem bestimmenden Licht des mir dargebotenen Glaubensinhaltes aus der christlichen Erfahrungsgeschichte in und an heutigen menschlichen Erfahrungen eine persönliche christliche Erfahrung, in der ich hier und jetzt in Jesus Heil von Gott her erfahre“.[71] Zu beachten ist dabei, dass der Glaubensinhalt selbst schon „reflexiver Ausdruck einer Gruppe von

---

[66] GRÜMME, 69.

[67] GRÜMME, 69.

[68] SCHILLEBEECKX, Erfahrung, 91.

[69] GRÜMME, Vom anderen eröffnete Erfahrung, 69-70.

[70] BIEHL, PETER, An Schlüsselerfahrungen lernen. Schlüsselerfahrungen in hermeneutischer, theologischer und religionspädagogischer Perspektive, in: Jahrbuch der Religionspädagogik 16 (1999) 25.

[71] SCHILLEBEECKX, Erfahrung, 81.

Menschen"[72] ist, derer, die in der Nachfolge Jesu Christi stehen und Kirche bilden. Die neutestamentlichen ChristInnen sprechen zu uns von ihren Erfahrungen mit Jesus von Nazareth; ihre Glaubenserfahrung findet Niederschlag in den neutestamentlichen Schriften. Und auch ihre Glaubenserfahrung ist immer schon interpretierende Wahrnehmung. „Die kirchliche Darstellung der christlichen Erfahrungstradition ist [...] Voraussetzung für die Erfahrbarkeit des christlichen Evangeliums durch andere, aber erst in menschlichen Erfahrungen hier und jetzt kommen Menschen zu einer persönlichen christlichen Erfahrung."[73]

Auch wenn der Begriff der Korrelation insbesondere in der religionspädagogischen Debatte verschiedentlich problematisiert und auch präzisiert worden ist,[74] so beinhaltet die Einschätzung Edward Schillebeeckxs im Kern doch wohl Gültigkeit: „Christlich gesehen haben ‚Erfahrungen' daher Autorität erst im lebendigen Kontext einer wechselseitigen theoretisch-kritischen und praktisch-kritischen Korrelation der apostolischen Glaubenserfahrungen und unserer Erfahrungen heute, wobei die dazwischenliegende Periode eine besondere vermittelnde Rolle spielt."[75] Oder um es mit der feministischen Theologin Christine Schaumberger zu sagen, die auch den Aspekt der verborgenen, verdeckten, verdrängten und korrumpierten Erfahrung in den Blick nimmt: Christliche Offenbarung ist kein „starrer Block abgesicherter kontext- und subjektunabhängiger Gewißheiten", sondern muss „in der Spannung zwischen in den Traditionen erinnerten (oder verborgenen) Erfahrungen und gegenwärtigen (oft verdrängten) Erfahrungen gesucht und erfahren"[76] werden.

Nachdem zunächst gefragt wurde, was religiöse Erfahrung ausmacht und der Begriff der religiösen Erfahrung – aufruhend auf einem allgemeinen Begriff von Erfahrung – entwickelt wurde, konzentriert sich der Fortgang der Darstellung auf die (christliche) Gotteserfahrung und benennt im Folgenden einige wesentliche, ausgewählte Grundkonturen.

---

[72] SCHILLEBEECKX, Erfahrung, 81.

[73] SCHILLEBEECKX, Erfahrung, 81.

[74] Vgl. zur Problematisierung und Präzisierung des Korrelationsbegriffs in der religionspädagogischen Debatte GRÜMME, Vom anderen eröffnete Erfahrung, 29-79.

[75] SCHILLEBEECKX, Erfahrung, 93-94.

[76] SCHAUMBERGER, CHRISTINE, Art. Erfahrung, in: GÖSSMANN, ELISABETH u.a. (Hg.), Wörterbuch der Feministischen Theologie, Gütersloh 1991, 74.

### *2.1.3.2 „Semper maior" – Gott als unverfügbares Geheimnis*

Für die theologische Reflexion der Erfahrung Gottes ist es unerlässlich, zunächst und zuerst davon auszugehen, dass sich der Mensch vor Gott immer als vor dem „absoluten Geheimnis"[77] vorfindet. Gott ist dem Menschen der bleibend Fremde, Unbegreifliche und Unverfügbare. Gott ist der „ganz Andere", der alles übersteigt, was wir uns nur vorstellen können, er ist „immer größer – semper maior".[78] Gott ist kein Gegenstand dieser Welt, kein raumzeitlicher Erfahrungsgegenstand neben den anderen.[79] Welt und Gott liegen nicht auf einer Erfahrungsebene.[80] Es gibt keine unmittelbare, unvermittelte, direkte, „reine" Erfahrung Gottes.[81] Verantwortliches und sorgsames theologisches Denken und Sprechen nimmt bei der bleibenden Transzendenz Gottes seinen Ausgangspunkt: „Alles, was wir mit und von Gott sagen können, schwimmt wie eine Insel auf einem Meer von Nicht-Sagen-Können, auf dem Meer des Geheimnisses auf".[82]

### *2.1.3.3 „Die Transparenz der Welt" – Der Mensch und die Dinge dieser Welt werden durchscheinend auf Gott (Leonardo Boff)*

Gott ist uns Menschen der bleibend Fremde, der sich unserem Denken, Wünschen und Wollen entzieht. Doch Gott ist zugleich auch der Gott, der uns zutiefst zuinnerst ist, der uns besser kennt, als wir uns selbst kennen. „Gelebter Glaube hat von Gott immer als von dem gesprochen, der uns inwendiger ist, als wir es uns selbst sind: *intimior intimo meo*."[83] Gott ist überall zugegen, er ist im Kern aller Dinge.

Gottes Transzendenz und Gottes Immanenz – beide Zugangsweisen und Perspektiven auf das Geheimnis Gottes haben nach der Einschätzung Leonardo Boffs ihre Gefährdungen und spezifischen Einseitigkeiten. Ein theologisches Denken, das die Transzendenz Gottes überbetont, steht in der Gefahr, Gott

---

[77] RAHNER, KARL, Grundkurs des Glaubens. Einführung in den Begriff des Christentums, Freiburg $^{5}$1984, 54.

[78] Vgl. BOFF, LEONARDO, Gott erfahren. Die Transparenz aller Dinge, Düsseldorf 2002, 18. – Leonardo Boff greift in seinen Ausführungen zur Transzendenz Gottes das ignatianische „semper maior" auf.

[79] Vgl. ZEINDLER, Gotteserfahrung, 63.

[80] Vgl. SCHOLL, Art. Gotteserfahrung, 907.

[81] Vgl. SPLETT, JÖRG, Gotteserfahrung im Denken. Zur philosophischen Rechtfertigung des Redens von Gott, 4., überarbeitete Auflage, Freiburg-München 1995, 29-31.

[82] FUCHS, Gotteserfahrungen, 29.

[83] BOFF, Gott erfahren, 21.

als einen „Gott über der Welt“[84] oder als einen „Gott außerhalb der Welt“[85] zu entwerfen und letztlich auch eine „Welt ohne Gott“[86] zu denken. Gott wird dann tatsächlich nicht mehr in der Welt erfahrbar, kann nur mehr als Gegenstand einer Offenbarung gedacht werden, die von außen in die Welt einbricht,[87] und auch die Menschwerdung Gottes in Jesus Christus kann dann nicht mehr angemessen theologisch gedacht und bedacht werden. Die spezifische Gefährdung eines Denkens, das die Immanenz Gottes überbetont, besteht nach Leonardo Boff darin, einerseits der Welt ihren Charakter als Welt zu nehmen[88] und andererseits Gott zu einem „Phänomen der Welt“[89] zu degradieren.

Um aus diesen Engführungen einen Ausweg zu finden und um Immanenz und Transzendenz nicht mehr als zwei sich wechselseitig ausschließende Kategorien denken zu müssen, führt Leonardo Boff als dritte, vermittelnde Kategorie den Begriff der „Transparenz“ ein:[90] „Transparenz bedeutet die Präsenz der Transzendenz in der Immanenz [...] bedeutet die Gegenwart Gottes in der Welt und der Welt in Gott.“[91] Die wechselseitige Anwesenheit der Welt in Gott und Gottes in der Welt denkt er in Analogie zum perichoretischen Ineinander der drei göttlichen Personen der Dreifaltigkeit,[92] und beschreibt dies in einer mehr poetisch-mystischen, denn argumentativ-rationalen Sprache: Der Mensch und die Dinge dieser Welt werden durchscheinend auf Gott, Gott „lebt [...] im Herzen der Welt“[93]. Die Welt „ankert in Gott“[94] und ist „der sichtbare Körper Gottes“[95]. Wesentliche Bedeutung kommt der konkreten „Geschichtlichkeit des Menschen“[96] zu, der Tatsache, dass sich jeder Mensch in einer ganz bestimmten, durch persönlich-individuelle und überindividuelle sozial-gesellschaftliche Faktoren bestimmten Situation vorfindet und darin bewähren muss. Auch Gott erlangt nur dann wirkliche Bedeutung, „wenn er in der konkreten geschichtlichen Situa-

---

84 BOFF, Gott erfahren, 19.

85 BOFF, Gott erfahren, 19.

86 BOFF, Gott erfahren, 21.

87 Vgl. BOFF, Gott erfahren, 19.

88 Vgl. BOFF, Gott erfahren, 22.

89 BOFF, Gott erfahren, 22.

90 Vgl. BOFF, Gott erfahren, 24-30.

91 BOFF, Gott erfahren, 25.

92 Vgl. BOFF, Gott erfahren, 26.

93 BOFF, Gott erfahren, 25.

94 BOFF, Gott erfahren, 25.

95 BOFF, Gott erfahren, 25.

96 BOFF, Gott erfahren, 26.

tion des Menschen Konturen annimmt",[97] wenn Menschen in den Widerfahrnissen ihrer persönlichen Geschichte, der Geschichte ihres Volkes oder ihrer Gruppe Gott entdecken können.[98]

### 2.1.3.4 *„Praesentia Dei" – Gott ereignet sich in und zwischen Menschen (Dorothee Sölle und Carter Heyward)*

In einer Zeit, in der Gotteserfahrungen rar geworden zu sein scheinen, beobachtet Mary Grey, dass eine Fülle „lebenssprühender Bilder des Göttlichen" erscheinen, „uralte wie neue, die den Familien der globalen feministischen Theologie entstammen".[99] Diese neuen „Benennungen" Gottes werden zumeist „aus der Weisheit beseelter Erfahrung geboren"[100], so Elaine Wain-

---

[97] BOFF, Gott erfahren, 27.

[98] Vgl. BERNHARDT, REINHOLD, Was heißt Handeln Gottes? Eine Rekonstruktion der Lehre von der Vorsehung, Gütersloh 1999, 440-442. – Dem Gedanken Leonardo Boffs von der „Transparenz Gottes" ähnlich sind Reinhold Bernhardts Überlegungen zum Modell einer „operativen Präsenz" (441) Gottes. Er versteht darunter ein an „übernaturalen, übermechanischen und überpersonalen Kraftwirkungen" (441) gewonnenes Modell, das sich in einer Metaphorik „inter- und transpersonaler Energien" (441), der „tröstenden, schützenden, bergenden Gegenwart einer signifikanten Bezugsperson" (441) oder des „stabilisierenden Umgebenseins von einem heilsamen Umfeld" (441) äußert und zu einer „pan*en*theistischen Ausdeutung" (441) der Gott-Welt-Relation tendiert. Demgegenüber haben zwei andere Vorstellungen vom Wirken Gottes in der Welt defizitäre Aspekte: Das „aktuale Modell" (440), in dem Gott als „transzendente, personale Aktinstanz" (440) erscheint, hat seine Problematik vor allem in der Vorstellung „spontaner, individuell-spezifischer Interventionen" (440) Gottes, die „nach dem Muster der Zweck-Mittel-Relation absichtsvoll konkrete Veränderungen im Weltgeschehen herbeiführen" (440). Beim „sapiential-ordinativen Modell" (440), das an „logoshaften Strukturen der Wirklichkeit" (440) orientiert ist und dem bildhafte Beschreibungen aus dem Bereich des „strukturbildenden, teleologisch-ordnenden Wirkens" (440) zugeordnet werden können, liegt die Gefahr in einer „Zurückdrängung des göttlichen Weltwirkens auf die Ebene der Schöpfungs*konstitution*" (441).

[99] GREY, MARY, Geschlecht und Gotteserfahrung. Leidenschaft für Leben und Gerechtigkeit, in: Concilium 30 (2001) 8-9. – Mary Grey verweist hier auf das Ringen feministischer Theologinnen, sich von einem verzerrten patriarchal geprägten, männlichen Gottesbild (Gott Vater) zu lösen (9-10), auf die Bemühungen um die Rückgewinnung des Gottesbildes der Mutter/Muttergöttin (11-12), auf feministische Theologinnen, die Gott als „unsere Leidenschaft für Gerechtigkeit" (12), als barmherzigen und mitleidenden Gott (14-15) und als Weisheit, Sophia, Chokmah (15-16) entdecken.

[100] WAINWRIGHT, ELAINE, „Gott" in feministischer Theologie. Ein neues Wagnis der religiösen Imagination, in: Concilium 37 (2001) 88. – Nach ihrer Einschätzung und auch der Einschätzung anderer feministischer Theologinnen ist es eines der wesentlichen Schlüsselmerkmale feministischer Theologie, induktiv vorzugehen und bei der Erfahrung von Frauen anzusetzen (82). Vgl. auch SCHULENBURG, ANDREA, Feministische Spiritualität. Exodus in eine befreiende Kirche? Stuttgart/Berlin/Köln 1993, 93-100; SÖLLE, DOROTHEE, Gott denken. Einführung in die Theologie, München 1997, 231.

wright. Aus der Fülle weiblicher Gotteserfahrungen und deren feministisch-theologischer Reflexion treffe ich eine Auswahl und möchte im Folgenden exemplarisch auf zwei feministische Theologinnen, Dorothee Sölle und Carter Heyward, eingehen.

„Ist Souveränität das essentielle Wesensmerkmal Gottes – oder ist es die Beziehungsfähigkeit?"[101] – Diese Streitfrage hält Dorothee Sölle für einen der wesentlichen Kernpunkte der Auseinandersetzung zwischen der herkömmlich männlich-patriarchal dominierten Theologie und der feministischen Theologie. Während in der traditionellen Theologie Gott „jenseits von uns als in sich selbst Ruhendes, Unbezogenes"[102] und als „der absolute, weltüberlegene Herr, der auch Auschwitz zulässt oder verantwortet"[103] gedacht werden kann, und Gottes wesentliche Attribute seine Allmacht, Allwissenheit und Allgegenwart sind,[104] wird in vielen feministisch-theologischen Entwürfen, so auch bei Dorothee Sölle, die Vorstellung von der Aseität Gottes zurückgewiesen:[105] „So wie wir Gott brauchen, so braucht Gott uns"[106], meint sie aphoristisch verknappt. Der feministischen Theologie geht es ihrer Ansicht nach um „eine andere Art, Transzendenz zu denken"[107]: Transzendenz wird erlebt und gedacht als „Transzendenz-in-Immanenz"[108] oder, wie sie an anderer Stelle formuliert, als „radikale, das heißt von der Wurzel her bejahte, geliebte Immanenz"[109]. Transzendenz ist „eingebunden in das Gewebe des Lebens"[110]. Das menschliche Leben, die menschliche Existenz ist gottvoll, „das Leben selber ist von dieser Qualität, die wir Gott nennen, so durchdrungen, daß wir gar nicht umhin können, von ihr zu zehren und nach ihr zu hungern"[111]. Gottes Gegenwart, die Praesentia Dei, ist erfahrbar in der Fülle des Lebens, in Glück und Ekstase und in der Leere der Gottverlassen-

---

101 SÖLLE, Gott denken, 235.

102 SÖLLE, Gott denken, 235.

103 SÖLLE, Gott denken, 235.

104 SÖLLE, Gott denken, 225.

105 Vgl. LEHMANN, CHRISTINE, Wie heute von Gott sprechen? Ein Plädoyer, feministische Gottesrede für den RU fruchtbar zu machen, in: ru Ökumenische Zeitschrift für den Religionsunterricht 33 (2003) Heft 2, 43.

106 SÖLLE, Gott denken, 236.

107 SÖLLE, DOROTHEE, Es muss doch mehr als alles geben. Nachdenken über Gott, Freiburg im Breisgau ²2003, 49.

108 SÖLLE, Gott denken, 225.

109 SÖLLE, Gott denken, 249. – Nach Sölles Einschätzung „enthält unsere Immanenz die Transzendenz" (249) immer dann, wenn wir in unserer Existenz tatsächlich in die Radikalität der Liebe einsteigen.

110 SÖLLE, Mehr als alles, 49-50.

111 SÖLLE, Mehr als alles, 40.

heit.[112] Das kommt freilich nur derjenigen zu Bewusstsein, die sich von der alten, patriarchal geprägten Gottessprache und von der von Männern ausgeübten Trivialisierung des Alltags (von Frauen) lösen kann.[113]

„Transzendenz-in-Immanenz“ zu denken und Gott als „Gott-in-uns“[114] zu erfahren, dies versucht Dorothee Sölle in vielerlei z.T. ungewöhnlichen sprachlichen Formulierungen in Worte zu fassen: Sie spricht von der „Gotteskraft“[115], die Menschen in sich tragen, und häufig greift sie auf die von den Quäkern stammende Formulierung „that of god“, das von Gott in uns, zurück.[116] Anderenorts spricht sie davon, dass die traditionellen Fragen nach der Existenz Gottes und nach dem Glauben an Gott anders zu stellen seien: „Nicht: Gibt es Gott? ist die Frage feministischer Befreiungstheologie, sondern: Ereignet sich Gott bei uns?“[117] Ebenso müsse an die Stelle der Frage „Glaubst du an Gott?“ die Frage „Lebst du Gott?“ treten.[118] Gott werde nicht gefunden, sondern er ereigne sich. „An diesem Dienstagnachmittag passierte Gott mit mir – das ist ein sinnvoller Satz, ein Versuch, die Erfahrung, die Begegnung, die uns in Beziehung setzt, zu benennen.“[119]

Carter Heyward entwickelt in ihrem Buch „Und sie rührte sein Kleid an. Eine feministische Theologie der Beziehung“[120], das in der feministisch-theologischen Diskussion große Bedeutung und großen Einfluss erlangt hat, die Vorstellung von Gott als „Macht in Beziehung“[121], einen Gottesbegriff also, der – so die Einschätzung und das Urteil im „Wörterbuch Feministischer Theologie“ – Gott als „transpersonale schöpferische Macht“ versteht, „die unter uns und durch unser Handeln erfahrbar wird“[122].

---

[112] Vgl. SÖLLE, Mehr als alles, 44.

[113] Vgl. SÖLLE, Mehr als alles, 40.

[114] SÖLLE, Mehr als alles, 49.

[115] SÖLLE, Mehr als alles, 9.

[116] Vgl. SÖLLE, Mehr als alles, 16. Vgl. auch: SÖLLE, Gott denken, 252.

[117] SÖLLE, Mehr als alles, 48.

[118] SÖLLE, Gott denken, 242.

[119] SÖLLE, Gott denken, 242.

[120] HEYWARD, CARTER, Und sie rührte sein Kleid an. Eine feministische Theologie der Beziehung. Stuttgart 1986. – Die amerikanische Originalausgabe erschien 1982 unter dem Titel „The Redemption of God. A Theology of Mutual Relation“.

[121] HEYWARD, Kleid, 49. – Auch in Carter Heywards Denken finden sich deutliche Bezüge zur Dialogphilosophie Martin Bubers.

[122] STRAHM BERNET, SILVIA, Art. Gott/Göttin. Systematische Theologie, in: GÖSSMANN, ELISABETH u.a. (Hg.), Wörterbuch der feministischen Theologie, 2., vollständig überarbeitete und grundlegend erweiterte Auflage, Gütersloh 2002, 246.

Carter Heyward entwickelt diesen Transzendenzbegriff, indem sie von der Wortetymologie ausgeht: „Transzendieren bedeutet wörtlich überschreiten, hinübergehen, Brücken bauen oder Verbindungen schaffen. Transzendieren heißt aus begrenzten Räumen ausbrechen“[123]. In Schlussfolgerung daraus ist ein „wahrhaft transzendenter Gott“[124] dann einer/eine, der/die Beziehungen und Verbindungen schafft zwischen Menschen, allem Lebendigen und allen Dingen dieser Welt, der/die selbst diese Beziehung und Verbindung ist.[125] Das Göttliche ereignet sich zwischen den Menschen und allem Seienden. „Gott ist die Geistin, die Gegenseitigkeit feiert, die Energie, die Gerechtigkeit schafft, die Wurzel des Mitgefühls, die Macht in der Sehnsucht, in der Anstrengung und im Engagement.“[126] Transzendenzerfahrungen machen Menschen „in der Beständigkeit, mit der Gott zwischen uns Brücken baut“[127]. Dabei insistiert Carter Heyward darauf, dass Transzendenzerfahrungen kein individualistisches Moment anhaftet, sondern dass sie stets kollektive, gemeinschaftliche Erfahrungen sind, denn „Gott ist nicht mein, sondern unser“[128]. Menschen sind dazu ermächtigt, Gott „in der Welt leibhaftig zu machen“[129]. – Carter Heyward spricht dann im amerikanischen Original von „to god“ oder „to make God incarnate“.[130] Menschen verwirklichen Gott, indem sie lieben, wobei Liebe dem Wesenskern nach Gerechtigkeit ist und nicht unbedingt ein glückliches, romantisches Gefühl.[131] Wie ist Gott uns Menschen und in dieser Welt erfahrbar? – „Mit uns, von uns, durch uns lebt Gott, wird Gott, wandelt sich Gott, spricht Gott, handelt Gott, leidet Gott und stirbt Gott in der Welt.“[132]

#### *2.1.3.5 „Wenn Gott sich dem Menschen zur Erfahrung bringt...“ – Gotteserfahrung als Widerfahrnis*

In einer Re-Interpretation des im Ersten Vatikanischen Konzil formulierten Dogmas von der prinzipiellen Erkennbarkeit Gottes kraft der natürlichen

---

[123] HEYWARD, Kleid, 167.

[124] HEYWARD, Kleid, 167.

[125] Vgl. HEYWARD, Kleid, 30. – So kann sie davon sprechen, dass „Gott die Macht in Beziehung zwischen Pflanzen und Hunden und Walen und Bergen und Städten und Sternen“ ist.

[126] HEYWARD, CARTER, Godding. Gott als Kraft in Beziehung, in: Schlangenbrut 18 (2000) 7.

[127] HEYWARD, Kleid, 30.

[128] HEYWARD, Kleid, 30.

[129] HEYWARD, Kleid, 52.

[130] Vgl. Dorothee Sölles Vorwort zu der deutschen Ausgabe „Und sie rührte sein Kleid an. Eine feministische Theologie der Beziehung“ (12).

[131] Vgl. HEYWARD, Kleid, 61.

[132] HEYWARD, Kleid, 52.

Vernunft (DH 3026) postuliert Roman Siebenrock eine „grundsätzliche Gott-Fähigkeit aller Menschen“[133]. Der Glaube sei dem Menschen gemäß, Offenbarung dem Menschen kongenial.[134] Obgleich Gott kein „gewöhnlicher Erfahrungsgegenstand“ unter anderen ist, so bringt er sich doch uns Menschen – damals und heute – immer wieder in Raum und Zeit in Erfahrung. Freilich darf diese prinzipielle Erkennbarkeit Gottes nicht rationalistisch missverstanden werden, sondern muss als „Lebenshandeln“[135] bestimmt werden, das eine grundsätzliche Orientierung des Lebens auf Gott, ja die Bekehrung mit einschließt.[136]

Es scheint deshalb angemessen, die Glaubenserfahrungen heutiger Menschen als unverzichtbare theologische Erkenntnisquellen zu betrachten[137] und ihnen eine „ursprünglich-eigenständige konstitutive, wenn nicht sogar normative Kraft“[138] zuzugestehen, ja ihr Leben als einen Ort der Selbstmitteilung Gottes zu verstehen.[139] Glaubens- und Lebenserfahrungen von Menschen können – auch heute – als „Ort und Vollzugsform göttlicher Selbstkundgabe“[140] gedacht werden. Um nicht in naiver Weise Projektionen und Wunschphantasien zu authentischen Gotteserfahrungen zu erklären, ist hier freilich wohl auch immer die Gabe der Unterscheidung der Geister vonnöten: Gott offenbart sich dem Menschen „als Widerfahrnis, als nichthergestellte Gegebenheit“[141]. Angemessener wird es wohl sein, davon zu sprechen, dass „Gott sich beim Menschen zur Erfahrung bringt“, als dass „der Mensch eine Erfahrung Gottes macht“.[142] Die prinzipielle Erschlossenheit Gottes für den Menschen ist also als ein „Sich-Erschliessen Gottes“[143] zu denken; jede Erschlossenheit Gottes für den Menschen verdankt sich der göttlichen Initia-

---

133 SIEBENROCK, ROMAN, Umgang mit der Wirklichkeit angesichts der Gottesfrage und Gotteserfahrungen der Gegenwart. Versuch einer fundamentaltheologischen Klärung, in: Pastoraltheologische Informationen 14 (1994) 228.

134 Vgl. SIEBENROCK, ROMAN, Erfahrungen der Spuren Gottes als Perspektive der Fundamentaltheologie, in: Pastoraltheologische Informationen 16 (1996) Heft 1, 48.

135 SIEBENROCK, Erfahrungen der Spuren Gottes, 48.

136 Vgl. SIEBENROCK, Erfahrungen der Spuren Gottes, 48.

137 Vgl. KLEIN, STEPHANIE, Erfahrungen der Spuren Gottes als Perspektive der Praktischen Theologie, in: Pastoraltheologische Informationen 16 (1996) Heft 1, 53.

138 FUCHS, Gotteserfahrungen, 28.

139 Vgl. KLEIN, Erfahrungen der Spuren, 53. – Stephanie Klein formuliert das vor allem im Hinblick auf das Leben der Bedeutungslosen und Marginalisierten.

140 ZEINDLER, Gotteserfahrung, 25.

141 FUCHS, Gotteserfahrungen, 18-19.

142 Vgl. ZEINDLER, Gotteserfahrung, 24.

143 ZEINDLER, Gotteserfahrung, 65.

tive. Und jede Erfahrung Gottes enthält immer auch zugleich ein Moment der Erfahrung von Gottes „ursprünglicher Nichterfahrbarkeit“[144].

Doch wie bringt sich Gott Menschen in Erfahrung und was lässt er Menschen dabei erfahren? – Die Erfahrung Gottes korrespondiert mit ihrem „Gegenstand“. So spricht Ottmar Fuchs davon, dass Gotteserfahrung – formal und prinzipiell an ihrem Gegenstand orientiert – überschreitenden Charakter habe und an bestimmten inhaltlichen Qualitäten festzumachen sei, die auch Gott selbst auszeichnen.[145] Exemplarisch benennt er „Liebe, Gerechtigkeit, Überstieg zu Fremden und Feinden“[146]. Nur wenn diese Inhalte – wenigstens in der Sehnsucht – im Menschen präsent seien, erreiche er „den Erfahrungsmodus, der mit Gott zu tun haben könnte“[147], womit „spirituelle und soziale Transzendenz“[148] zusammengehören und einander bedingen. Roman Siebenrock verweist darauf, dass die dem Christentum eigentümliche Gotteserfahrung „der Ruf in das Tun der Wahrheit in Verantwortung und Freiheit“[149] sei und sich im „Mitvollzug des Abstiegs Gottes in die Welt“[150], in der Annahme der persönlichen und kollektiven menschlichen Wirklichkeit und im Vernehmen des Anrufs der Armen, Schwachen und Marginalisierten ereigne. „Die Gottesfrage entscheidet sich [...] nicht am religiösen Stimmungsbarometer [...], sondern im Tun der Wahrheit des Evangeliums [...].“[151]

#### *2.1.3.6 „Zwischen Erfahrung und Nichterfahrung“ – Kennzeichen menschlicher Gotteserfahrung heute*

In einer religionsfreundlichen, aber gott-losen Zeit (Johann Baptist Metz) stellt für viele ZeitgenossInnen die Erfahrung der Abwesenheit Gott bzw. die Nicht-Erfahrung Gottes den kulturellen Normalfall dar.[152] Menschen, die auf

---

[144] ZEINDLER, Gotteserfahrung, 65.

[145] Vgl. FUCHS, Gotteserfahrungen, 24-25.

[146] FUCHS, Gotteserfahrungen, 24-25.

[147] FUCHS, Gotteserfahrungen, 25.

[148] FUCHS, Gotteserfahrungen, 25.

[149] SIEBENROCK, Umgang mit der Wirklichkeit, 229.

[150] SIEBENROCK, Umgang mit der Wirklichkeit, 229.

[151] SIEBENROCK, Umgang mit der Wirklichkeit, 229.

[152] Vgl. ZEINDLER, Gotteserfahrung, 13; HÖHN, HANS-JOACHIM, Im Zeichen des Verschwindens. Thesen zum Reden von Gott am Ende der Moderne, in: Lebendige Katechese 16 (1994) 69. – Hans-Joachim Höhn spricht von der „Tatsache, dass die religiöse Grunderfahrung vieler Zeitgenossen ist, keine Erfahrung des Unbedingten, der Transzendenz mehr zu machen. Viele können ihren Gottglauben nur noch im Kontrast leben, als eine Widerstandshaltung gegen eine geheimnisleere Moderne. Die Erfahrung der Gottfinsternis bleibt ihnen nicht erspart.“

einem christlichen Deutungshintergrund ihr ganzes Leben und das Weltgeschehen von Gottes Spuren durchwaltet sehen, werden zusehends weniger, diese traditionsgebundene Form religiöser Erfahrung ist im Verschwinden begriffen.[153] Nach der Einschätzung von Stephanie Klein erlangt jedoch eine andere Form der religiösen Erfahrung Bedeutung: Gotteserfahrung bricht dort auf, wo die unhinterfragte Routine des Alltags ins Stocken gerät, in der „Unterbrechung“ (Johann Baptist Metz), in den Brüchen und Erschütterungen des Lebens: „Gerade die Bruchstellen des Lebens sind Einfallstore der Transzendenten [...].“[154] Angesichts dieses Befundes scheint es angemessen zu sein, nicht zu vollmundig von Gotteserfahrungen zu sprechen, sondern besser mit der Metapher der „Spur“ zu arbeiten: Wo können Menschen heute Gottes Spuren („vestigia Dei“) in ihrem Leben und in der sie umgebenden Welt entdecken?[155] Wo spüren Menschen, dass Gott „hilfreich oder beschädigend, heilend oder schmerzlich ‚vorübergegangen' ist“[156]?

Ein herausragender Ort der Gotteserfahrung der Gegenwart scheint die Spur Gottes in der Erfahrung des/der Anderen zu sein.[157] Die Wiederentdeckung des Anderen – in ihrer persönlich-individuellen und in ihrer gesellschaftlichen Dimension – verdankt unsere Kultur jüdischen Denkern des 20. Jahrhunderts, wie etwa Martin Buber (1878-1965), Ferdinand Ebner (1882-1931), Franz Rosenzweig (1886-1929) und Emmanuel Levinas (1906-1995), dessen Denken seinen Ausgangspunkt bei der Erfahrung des Holocausts

---

153 Vgl. KLEIN, Erfahrungen der Spuren, 54. Ähnlich auch BOFF, Gott erfahren, 15. – „Es gab Zeiten, in denen die Menschen dadurch zu einer wirklichen Gotteserfahrung fanden, dass sie einfach einen vitalen Kontakt pflegten mit den traditionellen Lehren, wie sie von der Religion formuliert und von der Gesellschaft sanktioniert wurden. In dieser Vermittlung erlebten sie die Un-mittelbarkeit des Geheimnisses Gottes, und ihre Existenz empfanden sie als sinnerfüllt.“

154 KLEIN, Erfahrungen der Spuren, 54.

155 Vgl. SIEBENROCK, Erfahrungen der Spuren Gottes, 37. – Roman Siebenrock weist darauf hin, dass das Thema der Spuren Gottes, obgleich es eine klassische systematische Fragestellung („vestigia Dei“) darstellt, gegenwärtig kaum beachtet und bearbeitet werde.

156 FUCHS, Gotteserfahrungen, 13.

157 Vgl. SIEBENROCK, Erfahrungen der Spuren Gottes, 43-45. – Daneben benennt Roman Siebenrock die „Rückkehr der Apokalypse und die Sterblichkeit der Welt“ (42) und die Leidgeschichte des 20. Jahrhunderts und die Frage nach der „Zukunft der Opfer“ (45) der großen humanitären Katastrophen des 20. Jahrhunderts (Auschwitz, Hiroshima). Vgl. auch SIEBENROCK, Umgang mit der Wirklichkeit, 233. – Hier benennt Roman Siebenrock als gegenwärtige Orte qualifizierter Gotteserfahrung: „Stille, Wüste, Umgang mit Versagen, Krankheit und Tod; Suche nach gelingendem Leben in der Erfahrung der scheinbaren Unmöglichkeit; der Protest gegen Tod und Gewalt; Sinnerfahrung und Versöhnung mit der nackten Realität; Sehnsucht nach Gerechtigkeit und gelingendem Leben auch für die Vergessenen der Geschichte“.

nimmt.[158] Für Levinas trifft den Menschen in der Begegnung mit dem Anderen, im Schauen in dessen Antlitz, ein unmittelbarer Anspruch, er findet sich in einer unableitbaren Verantwortung vor („Leibbürgenschaft"). Vom Antlitz des Anderen erfährt er den Anspruch der Ewigkeit („tiefes Einst"); diese immer schon bestehende Verpflichtung kommt unmittelbar auf den Menschen zu. In dieser Betroffenheit trifft er auf die Spur des Unendlichen, macht sich der Unendliche geschehen, fällt Gott ins Denken ein.[159]

### 2.1.4 Spirituell erfahrene Gottesfrauen und Gottesmänner in einer spirituell starken Kirche oder KirchenfunktionärInnen im gottvergessenen Seelsorgealltag? – Bündelung und Fokussierung auf das Forschungsinteresse der Arbeit

Der Einblick in die pastoraltheologische, religionssoziologische und systematisch-theologische Diskussion zeigt es: Die vorliegende Arbeit, die sich mit der Frage nach Erfahrungen der Gottespräsenz in seelsorglichen Beziehungen beschäftigt, behandelt eine komplexe und hochaktuelle Fragestellung.

Für die vorliegende Arbeit sind folgende Voraussetzungen im Hinblick auf die Möglichkeit der Gotteserfahrung zu beachten:

- Religiöse Erfahrungen sind keine Sondererfahrungen abseits der gewöhnlichen Erfahrung. Religiöse Erfahrungen machen Menschen an und mit alltäglichen einzelnen menschlichen Erfahrungen und tun dies im Licht und aufgrund der bestimmten religiösen Tradition, in der sie stehen und die ihnen als Sinn gebender Interpretationsrahmen dient. (*Edward Schillebeeckx)*
- Religiöse Erfahrung oder Gotteserfahrung werden nie unvermittelt gemacht, sondern sind immer im Spannungsverhältnis von unmittelbarem Widerfahrnis und vermittelnder, auslegender Interpretation zu begreifen.[160]

---

[158] Vgl. STEGMAIER, WERNER, Levinas, Freiburg 2002.

[159] Vgl. zum philosophischen Denken von Emmanuel Levinas: GREISCH, JEAN, Die Hermeneutik der Spur und die Spuren des lebendigen Gottes, in: KRUCK, GÜNTER (Hg.), Gottesglaube – Gotteserfahrung – Gotteserkenntnis. Begründungsformen religiöser Erfahrung in der Gegenwart, Mainz 2003, 223-232; CASPER, BERNHARD, Denken im Angesicht des Anderen – Zur Einführung in das Denken von Emmanuel Levinas, in: HENRIX, HANS HERMANN, Verantwortung für den Anderen und die Frage nach Gott. Zum Werk von Emmanuel Levinas, Aachen 1984, 17-36.

[160] Die Kommunikative Theologie unterscheidet drei Ebenen des Theologisierens: die unmittelbare Beteilungsebene, die Erfahrungs- und Deutungsebene und die wissenschaftliche Re-

- Glaubens- und Lebenserfahrungen heutiger Menschen können Ort und Vollzugsform göttlicher Selbstkundgabe sein und sind damit unverzichtbare theologische Erkenntnisquellen.
- Jede Erschlossenheit Gottes für den Menschen verdankt sich göttlicher Initiative: Gott „bringt sich zur Erfahrung", „ereignet sich" (*Dorothee Sölle*), Gott „erschliesst sich" *(Matthias Zeindler)*.
- In einer Zeit, in der für viele Männer und Frauen die Erfahrung der Abwesenheit Gott bzw. die Nichterfahrung Gottes den kulturellen Normalfall darstellt, ist es angemessen, nicht zu vollmundig von Gotteserfahrung zu sprechen. – Die Metapher der „Spur" scheint hier eine Richtung des angemessenen Sprechens aufzuzeigen und behält zugleich die Dimension der bleibenden Transzendenz und Unverfügbarkeit Gottes im Blick.
- Gott ist unverfügbares Geheimnis, der „ganz Andere" (Dimension der Transzendenz Gottes), es gibt keine unvermittelte reine Gotteserfahrung. Zugleich ist Gott uns Menschen und dieser Welt zutiefst zuinnerst (Dimension der Immanenz Gottes).
- Als bedenkenswerte, hilfreiche Versuche, das Verhältnis von Gottes Transzendenz und Immanenz und die Weise, wie Gott sich den Menschen erfahrbar macht, zu denken, können die Vorstellungen von der „Transparenz der Welt" *(Leonardo Boff)*, der „Transzendenz-in-Immanenz" bzw. „Gottes-in-uns" *(Dorothee Sölle)* die Vorstellung von Gott als transpersonaler Macht und als „Macht-in-Beziehung" *(Carter Heyward)* angesehen werden, ebenso die Vorstellung, dass sich in der Begegnung mit dem Anderen und in dem unmittelbaren ethischen Anspruch, der an mich in der Begegnung mit dem Anderen ergeht, Gotteserfahrung ereignet *(Emmanuel Levinas)*.
- Die dem Christentum eigentümliche Gotteserfahrung erschöpft sich nicht im religiösen Gefühl, sondern führt ins Tun der Wahrheit des Evangeliums, im Vernehmen des Anrufs der Schwachen, Armen und Marginalisierten.

Von einer „spirituell starken Kirche"[161] mit spirituell kompetenten Personen, mit „Gottesmännern und Gottesfrauen"[162], träumen Paul M. Zulehner und Regina Polak, von einer Kirche, die so wieder zur gefragten Anlaufstelle für

---

flexionsebene. Diese methodische Unterscheidung scheint mir gerade für den Forschungsgegenstand der vorliegenden Arbeit ausgesprochen hilfreich und zielführend zu sein. Vgl. zu Anliegen und Grundzügen der Kommunikativen Theologie Kapitel 5.3.4.1 und zur Relecture des Forschungsdesigns der Arbeit im Licht der Kommunikativen Theologie Kapitel 6.1.

[161] POLAK / ZULEHNER Respiritualisierung, 221.

[162] POLAK / ZULEHNER, Respiritualisierung, 226.

spirituell suchende Menschen wird. Von der Notwendigkeit einer mystagogischen Pastoral, die die Menschen lehrt, die Gotteserfahrungen im eigenen Leben zu erkennen, zu verstehen und zu deuten, sind viele PastoraltheologInnen und PastoralpraktikerInnen überzeugt.[163] Fraglich ist jedoch, ob dabei auch die „mystische und mystagogische Kompetenz“[164] der Seelsorgerinnen und Seelsorger und deren Erfahrungen des Göttlichen im Blick sind. In welcher Weise ist der seelsorgliche Alltag von in der Pastoral Tätigen „gottvoll“[165], und in welcher Weise ist er vielleicht „gottlos“?

Im weiteren Fortgang der Untersuchung möchte ich der Frage nachgehen, welche Erfahrungen der Gottespräsenz (Gemeinde-)Seelsorgerinnen in ihrem pastoralen Alltag, in der Begegnung mit und in der Beziehung zu den unterschiedlichsten Menschen machen. Wo wird Gott für sie gegenwärtig, wo bringt sich Gott zur Erfahrung? – Im eigenen Inneren, im menschlichen Gegenüber, zwischen Menschen, die miteinander in Beziehung stehen? Im Modus der Abwesenheit oder als alles Arbeiten und Leben grundierende Kraft? Möglicherweise weisen die Erfahrungen der Gemeindeseelsorgerinnen auch andere, neue Orte und Gegenwartsweisen Gottes auf, die augenblicklich nicht im Blickfeld meiner Überlegungen sind. Und schließlich: Es könnte auch der Fall sein, dass sich im Berufsalltag von (Gemeinde-) Seelsorgerinnen anderes in den Vordergrund drängt und die Frage nach den Erfahrungen von Gottespräsenz im Seelsorgealltag von Gemeindeseelsorgerinnen eine untergeordnete oder marginale Rolle spielt.

Eine Untersuchung darüber, welche Erfahrungen von Gottespräsenz Gemeindeseelsorgerinnen machen, muss notwendigerweise kontextsensibel geschehen, denn Erfahrungen von Gottespräsenz ereignen sich nicht im „luftleeren“ Raum, sondern immer unter ganz konkreten raumzeitlichen Voraussetzungen. Deshalb gilt es, in einem nächsten Schritt Voraussetzungen und Bedingungen seelsorglicher Tätigkeit im Kontext der gegenwärtigen Umwälzungen innerhalb der Gemeindepastoral zu skizzieren und der Frage nachzugehen, was den Seelsorgealltag von Gemeindeseelsorgerinnen gegenwärtig ausmacht und bestimmt.

---

[163] Vgl. POLAK / ZULEHNER, Respiritualisierung, 227.

[164] POLAK / ZULEHNER, Respiritualisierung, 226.

[165] Vgl. zu dieser Formulierung: ZULEHNER, PAUL M. / BERANEK, MARKUS / KÖNIG, MARCUS, Gottvoll und erlebnisstark. Für eine neue Kultur und Qualität unserer Gottesdienste, Ostfildern 2004.

## 2.2 Ekklesiale Sozialität auf dem Prüfstand – Herausforderungen der Gemeindepastoral der Gegenwart

Mit welchen Herausforderungen sind Seelsorgerinnen und Seelsorger, die in der Gemeindepastoral tätig sind, konfrontiert? Was sind wesentliche Rahmenbedingungen ihrer Arbeit? Was sind zentrale Signaturen der aktuellen Situation der Gemeindepastoral im deutschsprachigen Raum und wie werden sie (pastoral-)theologisch qualifiziert? – Einige wesentliche Eckdaten der aktuellen gemeindepastoralen Entwicklungen und der (pastoral-) theologischen Diskussion dieser Entwicklungen zu skizzieren, ist Anliegen dieses Unterkapitels.

Die Begeisterung für die Gemeinde, die nach dem 2. Vatikanischen Konzil die pastorale Arbeit einer ganzen Generation von SeelsorgerInnen beeinflusst, geleitet und beflügelt hat, ist vielerorts der Ernüchterung, wenn nicht sogar der Resignation oder Mutlosigkeit gewichen. Krisenstimmung macht sich breit, die Probleme sind vielfältig und vielschichtig (2.2.1). Von einer generellen Krise *der* Gemeinde zu sprechen, ist jedoch sicherlich verkürzt, weil Gemeindewirklichkeiten äußerst vielfältig sind und von den unterschiedlichsten Faktoren beeinflusst werden und weil die Situation der Gemeinden im deutschsprachigen Gebiet große Unterschiede aufweist. Deshalb ist die Vielfältigkeit von Gemeindewirklichkeiten und individueller Frömmigkeit in den Blick zu nehmen und differenziert wahrzunehmen. In diesem Zusammenhang erweist sich auch ein theologisch reflektierter Umgang mit den Ergebnissen der Sinus-Milieu-Studie als hilfreich (2.2.2). Territorialgemeinden unterschiedlichster Prägung sind seit einigen Jahren durch Maßnahmen der Umstrukturierung (Regionalisierungsprozesse, Schaffung von Seelsorgeräumen) bedeutsamen und einschneidenden Veränderungsprozessen unterworfen, deren Auswirkungen noch nicht abzusehen sind. Diese weit reichenden Umstrukturierungsprozesse beeinflussen notwendigerweise das konkrete pastorale Handeln und das Selbstverständnis von in der Gemeindepastoral Tätigen und haben tief greifende Auswirkungen auf die Arbeitsbedingungen von Seelsorgerinnen und Seelsorgern, insbesondere darauf, wie seelsorgliche Beziehungen gelebt und gestaltet werden. Das Augenmerk der Darstellung liegt auf den konkret-praktischen Auswirkungen dieser strukturellen Veränderungen auf die Seelsorge und Pastoral vor Ort (2.2.3). Nicht nur unter den PraktikerInnen vor Ort, sondern auch in der universitären theologischen Auseinandersetzung sind die aktuellen Entwicklungen auf der Ebene der Pfarrgemeinden höchst umstritten. Zu beobachten ist eine engagiert und kontrovers geführte Diskussion über die „Orte von Kirche“ und das mögliche „Ende der Gemeindetheologie“. Dahinter konturiert sich die Suche nach einer zukunftsfähigen Gestalt ekklesialer Sozialität (2.2.4). An geistlichen Deutungsversuchen dieser radikalen Umbruchssituation mangelt es nicht. Doch wie glaubwürdig und tragfähig sind sie? (2.2.5)

### 2.2.1 Die Gemeinde in der Krise? – Ein Kaleidoskop der Krisenphänomene

„Die Kirche ist in der Krise“[166] – diese knappe, doch weit reichende Behauptung stellt die evangelische praktische Theologin Uta Pohl-Patalong an den Anfang ihrer Überlegungen, ob die Sozialformen, in denen sich im Augenblick Kirche in Deutschland ereignet, geeignet seien, um ihrem Auftrag zu entsprechen. Näherhin stellt sie fest, dass es sich hierbei um eine „Finanzkrise“ und um eine „Bedeutungskrise“ handle.[167] Mit dieser Einschätzung steht sie nicht allein, und ihre Beobachtungen lassen sich sicherlich in weiten Teilen auf die Situation der katholischen Kirche im deutschsprachigen Raum übertragen.[168] Auch im Bereich der katholischen (Pastoral-) Theologie finden sich ähnliche Einschätzungen.[169] Der systematische Theologe Jürgen Werbick zeichnet ein düsteres Krisenszenario:

> „Die Lage ist dramatisch, man muss sie nicht ausmalen: stark sinkende Priesterzahlen, wenig Hoffnung auf einen quantitativ und qualitativ starken Nachwuchs unter den bisherigen Bedingungen zum Priesteramt; eine stark sinkende Nachfrage nach den gemeindlichen Angeboten an sakramentalen Feiern, Verkündigung und Seelsorge; und überdies stark sinkende Kirchensteuereinnahmen, die zu Einschnitten in den bisherigen pastoralen Strukturen führen. Es liegt offenkundig nahe, diese quantitativen Entwicklungen zu parallelisieren und dem ‚Priestermangel' einen ebenso gravierenden ‚Gemeindemangel' gegenüberzustellen, soziologische Analysen zur Relativierung der Wohnortzentrierung (post-)modernen Lebens hinzunehmen und so aus der Not eine Tugend zu machen. Die vielerorts gezogene Konsequenz läuft immer auf das Gleiche hinaus: Ortsgemeinden werden zusammengelegt; Selbstverantwortung und ehrenamtliches Engagement der Gemeindemitglieder werden eingefordert, ebenso ihre Mobilität und Flexibilität, da nicht mehr jedes Angebot vor Ort bereit gestellt werden könne; die Zahl der hauptamtlich oder nebenamtlich in der Seelsorge Tätigen wird zurückgefahren.“[170]

---

[166] POHL-PATALONG, UTA, Von der Ortskirche zu kirchlichen Orten. Ein Zukunftsmodell, Göttingen 2004, 7.

[167] Vgl. POHL-PATALONG, Von der Ortskirche zu kirchlichen Orten, 7.

[168] Vgl. POHL-PATALONG, Die Zukunft der evangelischen Gemeinde. Einblicke in den gegenwärtigen Diskurs, in: Pastoraltheologische Informationen 28 (2008) Heft 1, 126. – „Gleichzeitig dürfte deutlich werden, dass sich die Fragen und Probleme in den beiden großen Konfessionen mehr gleichen, als theologisch – sprich: aufgrund der jeweiligen Ekklesiologie – erwartbar wäre.“

[169] Vgl. KNOBLOCH, STEFAN, Veränderte Rahmenbedingungen in der Seelsorge – was tun, was lassen? in: Praxis in der Gemeinde 27 (2005) 33-37. – Der emeritierte Pastoraltheologe stellt fest: „Gegenwärtig steht im Bereich der Kirche vieles auf dem Prüfstand.“ (33)

[170] WERBICK, JÜRGEN, Auslaufmodell Ortsgemeinde? Rückfragen eines systematischen Theologen, in: Diakonia 37 (2006) 168.

Auch der Pastoraltheologe Stefan Knobloch diagnostiziert einen Mangel an Personen bzw. einen Personalmangel, spricht von einem „deutlich spürbaren demographisch bedingten Rückgang an Kirchenmitgliedern“[171], vom „Einbruch der Priesterzahlen“[172], der flankiert werde von ebenso nachlassenden BewerberInnenzahlen für die Berufe der Pastoral- und GemeindereferentInnen. – Ein Personalmangel, der sich auch im ehrenamtlichen Bereich fortsetzt: Ist doch auch das ehrenamtliche Engagement in den letzten Jahren einem tief greifenden Wandel unterworfen.[173] Die zeitlichen und psychischen Anforderungen in Beruf und Privatbereich werden – gerade auch für Frauen, die ja den Großteil der ehrenamtlichen MitarbeiterInnen in Pfarrgemeinden stellen[174] – immer größer; bevorzugt werden zeitlich befristete, klar inhaltlich umschriebene, eigenverantwortliche Formen der Freiwilligenarbeit; ein kooperativer und respektvoller Umgangsstil von Seiten des Pfarrers und der anderen Hauptamtlichen werden erwartet.

Sonntägliche Gottesdienstgemeinden bieten eher ein Bild der Zerstreuung, denn der Sammlung, so Franz-Peter Tebartz-van Elst:

> „An nicht wenigen Orten wird die gähnende Leere in den Kirchenbänken an Sonntagen zu einer bedrückenden Erfahrung für alle, die kommen und denen der Gottesdienst viel bedeutet. Aber wenn der Gesang immer dünner wird, der Altersdurchschnitt der Mitfeiernden immer höher und die Erinnerung an früher einmal gefüllte Kirchen immer wehmütiger – erscheint dann nicht manche Versammlung auf den ersten Blick eher wie eine Zerstreuung?“[175]

„In die Perspektive des ‚Immer weniger' eingesperrt“,[176] in der die gegenwärtige Situation der Gemeinde im Vergleich mit den „guten alten Zeiten“ als defizitär und mangelhaft erlebt wird, machen sich allenthalben Visionsarmut, Ängstlichkeit, Resignation, abgründige Entmutigung und eine defensive Grundstimmung breit. Die Aufbruchstimmung im Anschluss an das 2.

---

171 Vgl. KNOBLOCH, Rahmenbedingungen, 33.

172 KNOBLOCH, Rahmenbedingungen, 33.

173 Vgl. VÖGELE, RUDOLF, Mut zum Aufbrechen. Impulse für die Zukunft der Gemeinde, Freiburg u.a. 2003, 59-62; WIDL, MARIA, Kleine Pastoraltheologie. Realistische Seelsorge, Graz u.a. 1997, 66-70.

174 Der Prozess der Feminisierung der Kirche, der im 19. Jahrhundert begonnen hatte, kommt allmählich an sein Ende. Ehrenamtliches Engagement und Gottesdienstbesuch der jüngeren Frauengeneration (bis zu etwa 50 Jahren) nehmen signifikant ab. Zu beobachten ist zudem, dass jüngere Frauen gar nicht mehr um einen Ort in der Kirche kämpfen oder ringen, wie das ältere Frauen noch vermehrt getan haben. Zum gewandelten weiblichen Selbstverständnis, den „neuen“ Frauenbiographien und den Problemen der Kirche mit diesen neuen weiblichen Lebensentwürfen vgl.: BUCHER, Ordnung der Geschlechter, 339-356.

175 TEBARTZ-VAN ELST, FRANZ-PETER, Gemeinden werden sich verändern. Mobilität als pastorale Herausforderung, Würzburg 2001, 9.

176 WERBICK, Auslaufmodell, 168.

Vatikanische Konzil scheint verflogen, die vitalen Aufbrüche in der Gemeindetheologie (Ferdinand Klostermann u.a.) scheinen im Sande verlaufen zu sein.[177] Ist Gemeinde von einem Ort, an dem man Glauben lernen kann, tatsächlich zu einem Ort geworden, „wo man Glauben braucht, um es aushalten zu können", zu einem „Ort beharrlichen Kreisens um sich selber, um den Kirchturm, das Pfarrfest und die wenigen Personen, die derzeit (und wie lange schon?) im Pfarrgemeinderat das Sagen haben", zu einem Ort eines „beklemmend unpolitischen Bewusstseins und einer mitunter erschreckenden Selbstherrlichkeit (besonders gegenüber Gescheiterten, Geschiedenen, Fernstehenden oder solchen, die nicht glauben können)",[178] wie Rolf Zerfass und Klaus Roos bereits 1986 provokativ formulierten? Ist auch die Einschätzung von Rainer Bucher zutreffend, der der katholischen Kirche in Österreich und in Deutschland eine „zunehmend schwächelnde Gemeindekirche"[179] auf der einen Seite und „ein Bündel relativ unabhängiger kirchlicher Service-Einheiten" in den Bereichen Wohlfahrtssystem, Bildungssystem und Schule auf der anderen Seite attestiert? Ist es tatsächlich kirchliche Realität in weiten Teilen Deutschlands und Österreichs, dass „eine gottesdienstzentrierte Ritenkirche, eine (klein-)gemeindliche Insiderkirche und eine von ihr weitgehend wegprofessionalisierte ‚Sozialkirche' bzw. Kategorialpastoral ziemlich ungestört und unverbunden nebeneinander her"[180] existieren?

Manches davon trifft sicherlich die Realität kirchlicher Wirklichkeit im deutschsprachigen Raum und benennt damit scharfsichtig und scharfzüngig Krisenphänomene. Doch scheint mir die Lage noch differenzierter und vielschichtiger zu sein; neben Krisenphänomenen und gemeindlichen „Sterbeprozessen" sind wohl auch hie und da „Hoffnungszeichen" auszumachen.[181]

---

[177] Vgl. BUCHER, RAINER, Jenseits der Idylle. Wie weiter mit den Gemeinden? in: BUCHER, RAINER (Hg.), Die Provokation der Krise. Zwölf Fragen und Antworten zur Lage der Kirche, Würzburg 2004, 109-113. Zur These vom Scheitern der Gemeindetheologie vgl. auch: BUCHER, RAINER, Die Gemeinde nach dem Scheitern der Gemeindetheologie. Perspektiven einer zentralen Sozialform der Kirche, in: Pastoraltheologische Informationen 28 (2008) Heft 1, 66-90. EBERTZ, MICHAEL N., Anmerkungen zum Scheitern der Gemeindebewegung. Plädoyer für die Entflechtung von Pastoraltheologie und Gemeindetheologie, in: Pastoraltheologische Informationen 28 (2008) Heft 1, 91-109.

[178] ZERFASS, ROLF / ROOS, KLAUS, Gemeinde, in: BITTER, GOTTFRIED / MILLER, GABRIELE (Hg.), Handbuch religionspädagogischer Grundbegriffe I, München 1986, 133.

[179] BUCHER, Idylle, 115.

[180] BUCHER, Idylle, 115.

[181] Vgl. WEBER, Leben und Tod, 87-93. Vgl. auch Kapitel 1.1.7 – In der Reflexion meiner persönlichen Gemeindeerfahrungen benenne ich „Sterbeprozesse" und „Hoffnungszeichen".

### 2.2.2 Von der Vielfalt und Ungleichzeitigkeit gemeindlicher Realitäten und individuellen Christseins

Von einer generellen Krise *der* Gemeinde zu sprechen,[182] stellt wohl deshalb eine vereinfachende Verkürzung der Problemlage dar, weil es *die* Gemeinde als solche nicht gibt. In der Annäherung an die vielschichtige Wirklichkeit von Gemeinde allein im deutschsprachigen Raum erscheinen mir die Unterscheidungen, die Maria Widl getroffen hat, hilfreich zu sein: Sie verweist auf die ganz unterschiedlichen Gemeindesituationen in der Stadt und im ländlichen Raum,[183] auf die Auswirkungen, die die Personalsituation (Alter und pastorale Prägung des Pfarrers, Existenz von hauptamtlichen MitarbeiterInnen, Zuständigkeit des Pfarrers für mehrere Gemeinden, Mitprovisionen etc.) haben, und auf die Möglichkeit spezieller theologischer oder spiritueller Profilierungen einzelner Gemeinden, und unterscheidet dabei sechs verschiedene Pfarrsituationen: die traditionelle Stadtpfarre, die gemeindliche Stadtpfarre, die städtische Schwerpunktpfarre, die traditionelle Landpfarre, die Landpfarre im Übergang und die mitversorgte Landpfarre.[184] Zudem unterscheidet Maria Widl vier „Entwicklungsstufen"[185] von Pfarrgemeinden, die gegenwärtig nebeneinander existieren:

(1) die „Pfarrerpfarre"[186], die durch das Ideal der Ganzhingabe des Priesters charakterisiert ist, der seinen LaienmitarbeiterInnen ebenfalls in ähnlicher Weise Lasten aufbürdet, sowie durch eine streng hierarchische Ordnung der Gemeinde und eine dualistische Aufteilung in einen weltlichen und einen geistlichen Bereich mit klar festgelegten Zuständigkeiten;

---

[182] Vgl. BUCHER, Idylle, 115.

[183] Zu den gegenwärtigen Herausforderungen kirchlichen Lebens im ländlichen Raum vgl. auch: BUCHER, RAINER, Kristallisationspunkt werden. Zur Zukunft der Kirche auf dem Land, unter: www.neu-land-kirche.de/bund-v4.1.1/uploads/media/Bucher-Landpastoral-Nov2003_01.pdf (22.05.2009). – Rainer Bucher konstatiert mit Verweis auf Ernst Werner, dass das Land keineswegs mehr ein Hort traditioneller Kirchlichkeit sei, dass religiöse Individualisierungsprozesse längst auch die im ländlichen Raum lebenden Menschen erreicht hätten. „Jenseits der traditionalen Wucht des alten Landes und diesseits der fragilen, aber faszinierenden Chancen der verdichteten Stadt" konstituiere sich Kirche im ländlichen Raum gegenwärtig als „Kirche in einem Entwicklungs-Land". In dieser Situation gilt es nach der Einschätzung von Rainer Bucher, jegliche Kontinuitätsfiktion zu beenden, von einer Volkskirche zu einer Kirche des Volkes zu werden und Neugier zu entwickeln, welche Bedeutung das Evangelium im neuen Leben der Menschen auf dem Lande erhalten könne.

[184] Vgl. WIDL, Pastoraltheologie, 31-35.

[185] WIDL, Pastoraltheologie, 45.

[186] WIDL, Pastoraltheologie, 45.

(2) das gegenwärtig gängigste Gemeindemodell der "Aktivistenpfarre"[187], das durch eine Vielfalt von gemeindlichen Lebensäußerungen und breite Mitverantwortung, aber auch durch Arbeitsüberlastung der Haupt- und Ehrenamtlichen, zunehmenden TeilnehmerInnenmangel und den Verlust an geistlicher Intensität gekennzeichnet ist;

(3) die „verbindliche Gemeinde"[188], die die persönliche Berufung des/der einzelnen und die verlässliche Bindung an die Gemeinde und unter den Gemeindemitgliedern kultiviert und an der Prägung des persönlichen Alltagslebens eines/r jeden einzelnen durch den christlichen Glauben arbeitet;

(4) das „schöpferische Netzwerk"[189], ein optionales, visionäres und laiengeprägtes Gemeindekonzept, eine „Kirchenvision des alltäglichen Christseins nach den Spielregeln Gerechtigkeit, Wahrheit, Lebensqualität und Verbindlichkeit"[190].

Aber nicht nur in der Gestalt und in der theologischen Ausrichtung heutiger Gemeinden, sondern auch in der Ausprägung der persönlichen Frömmigkeit des/der einzelnen Christen/Christin und den je individuellen Vorstellungen und Deutungen von Welt, Kirche und Glaube zeigen sich große Ungleichzeitigkeiten. Dies hat Maria Widl in ihrer „Kleinen Pastoraltheologie" bereits 1997 detailliert ausgeführt – also lange bevor die Ergebnisse der Sinus-Milieu-Studie von ReligionssoziologInnen, PastoraltheologInnen und pastoralen PraktikerInnen vor Ort engagiert diskutiert und auf ihre möglichen Konsequenzen für die Pastoral befragt wurden.[191] Maria Widl unterscheidet

---

[187] WIDL, Pastoraltheologie, 48.

[188] WIDL, Pastoraltheologie, 50.

[189] WIDL, Pastoraltheologie, 52.

[190] WIDL, Pastoraltheologie, 56.

[191] Aus der Vielfalt der Veröffentlichungen zu der im Auftrag der Deutschen Bischofskonferenz 2006 veröffentlichten Sinus-Milieu-Studie seien exemplarisch benannt: EBERTZ, MICHAEL N., Anschlüsse gesucht. Ergebnisse einer neuen Milieu-Studie zu den Katholiken in Deutschland, in: Herderkorrespondenz 60 (2006) 173-177; BUCHER, RAINER, Die Provokation annehmen. Welche Konsequenzen sind aus der Sinusstudie zu ziehen?, in: Herderkorrespondenz 60 (2006) 450-454; HAIMERL, HELMUT, Die Sinus-Milieu-Studie: Chance für künftige religiöse Kommunikation, in: Communicatio socialis 39 (2006) 229-252; EBERTZ, MICHAEL N. / HUNSTIG, HANS-GEORG (Hg.), Hinaus ins Weite. Gehversuche einer milieusensiblen Kirche, Würzburg ²2008; BIEGER, ECKHARD u.a. (Hg.), Pastoral im Sinus-Land. Impulse aus der Praxis/für die Praxis (KirchenZukunft konkret; 4), Berlin/Münster 2008; HAUSCHILDT, EBERHARD / KOHLER, EIKE / SCHULZ, CLAUDIA, Milieus praktisch. Analyse- und Planungshilfen für Kirche und Gemeinde, Göttingen 2008; HAUSCHILDT, EBERHARD / KOHLER, EIKE / SCHULZ, CLAUDIA, Milieus praktisch II. Konkretionen für helfendes Handeln in Kirche und Diakonie, Göttingen 2010. BAUER, CHRISTIAN, Gott im Milieu? Ein zweiter Blick auf die Sinus-Milieu-Studie, in: Diakonia 39 (2008) 123-129. – Der Einschätzung von Christian Bauer ist zuzustimmen, der davon spricht, dass die Ergebnisse der 2006 veröffentlichten Sinus-Studie zu

fünf Deutungsmuster, komplexe Weltwahrnehmungsschemata, die gegenwärtig bei Kirchenmitgliedern anzutreffen sind:

(1) die „Traditionellen“[192], die der vormodernen Weltwahrnehmung zugeordnet werden können, und für die die hierarchisch verfasste Kirche und traditionell christliche Werte wie Familie, Aufopferungsbereitschaft u.a.m. wichtig sind;

(2) die „Gemeindlichen“[193], die der modernen Weltwahrnehmung zugeordnet werden, und für die demokratische Strukturen in Kirche und Gemeinde, Geschwisterlichkeit, Mitverantwortung und Volk-Gottes-Theologie eine wesentliche Bedeutung haben;

(3) die „Liberalen“[194], die ebenfalls der modernen Weltwahrnehmung zugeordnet werden, und für die die Kirche wichtige Kulturträgerin, Bewahrerin humanistischer Werte und Servicestation für religiöse Dienstleistungen ist;

(4) die „Politischen“[195], die Maria Widl der modernen oder der postmodernen Weltwahrnehmung zuordnet, und für die die Option für die Armen und Benachteiligten sowie der Einsatz für Frieden, Gerechtigkeit und Bewahrung der Schöpfung im Zentrum christlicher Existenz und kirchlichen Selbstvollzugs steht;

(5) die „Alternativen“[196], die der postmodernen Weltwahrnehmung zuzurechnen sind, für die das Christentum in unserem Kulturkreis eine wesentliche Kraft ist, um das Spirituelle und Transzendente unter den Menschen und in der Gesellschaft wach zu halten und die Ganzheitlichkeit und den Vorrang des Lebendigen vor dem Industriellen zu betonen.

Jede dieser Sichtweisen habe ihre spezifischen Stärken, so die Einschätzung Maria Widls, und sei deshalb gegenwärtig ein „wichtiger Beitrag zur ‚Katholizität' der Kirche“[197]. – Doch wie pluralismusfähig ist die Kirche tatsächlich? Wo treten ProtagonistInnen der von Maria Widl beschriebenen verschiedenen „Spielarten“ des Katholischen in einen konstruktiven Dialog und in eine fruchtbare Auseinandersetzung? – Pfarrgemeinden und andere kirchliche Orte (Bildungshäuser, Klöster u.a.m.) erweisen sich in der Realität oft

---

„Religiösen und kirchlichen Orientierungen in den Sinus-Milieus“ mittlerweile „zum ‚Kleinen Einmaleins' pastoraler Gegenwartsdeutung“ (123) gehören, dass aber wirklich theologische Analysen dieser Ergebnisse Mangelware sind.

[192] WIDL, Pastoraltheologie, 22.

[193] WIDL, Pastoraltheologie, 22.

[194] WIDL, Pastoraltheologie, 22.

[195] WIDL, Pastoraltheologie, 23.

[196] WIDL, Pastoraltheologie, 23.

[197] WIDL, Pastoraltheologie, 25.

als nur eingeschränkt pluralismusfreudig; sie sprechen in ihrer „Inszenierung“ des Christlichen und Katholischen in der Regel nur ein spezifisches Segment der Gesellschaft an und schließen andere aus.[198] Stellt man den Überlegungen Maria Widls die Ergebnisse der Sinus-Milieu-Studie zur Seite, so spricht einiges für die Einschätzung von Michael N. Ebertz, dass die „Kommunikationsschwellen“ und die „Communio-Schwellen“[199] zwischen den VertreterInnen der verschiedenen gesellschaftlichen Milieus tatsächlich hoch sind. Welche Konsequenzen sind daraus zu ziehen, wenn die „Unwahrscheinlichkeit wächst, alle Milieus gewissermaßen auf einer Ebene – etwa der Interaktionsebene der Pfarrgemeinde – vereinen oder über ein Kommunikationsmedium – etwa die Bistumszeitung – erreichen zu können“?[200] – Meiner Einschätzung nach ist es für kirchliche VerantwortungsträgerInnen und pastorale PraktikerInnen sicherlich ein Gebot der Stunde, „kulturelle Mehrsprachigkeit“ zu üben und eine experimentierfreudige, kreative und wagemutige Ausdifferenzierung des pastoralen Angebots anzustreben – im aufmerksamen Hinhören darauf, was uns „kirchenfernere“ Milieus von Gott zu sagen haben.[201] Gleichzeitig muss freilich auch im Auge behalten werden, ob eine noch differenziertere Milieuorientierung nicht doch auch bereits bestehende „Desintegrationstendenzen“ und die Polarisierungen in der Kirche noch weiter verstärkt.

### 2.2.3 Von der Pfarrgemeinde zum erweiterten pastoralen Raum

Pfarrgemeinden in ihren ganz unterschiedlichen Prägungen, Christen und Christinnen mit ihren ganz unterschiedlichen Vorstellungen davon, wie Glaube und christliche Gemeinschaft heute gestaltet werden sollen, Priester, Pastoral- und GemeindereferentInnen, Diakone, PfarrsekretärInnen und Pfarrgemeinderäte sehen sich vielerorts im deutschsprachigen Raum mit der Tatsache von Regionalisierungsprozessen konfrontiert. Während es anderswo in der Weltkirche einen „starken Trend zu kleinen, überschaubaren und erfahrbaren Glaubensgemeinschaften innerhalb der Pfarrei“[202] gibt – Small Christian Communities (SCC) in Afrika, Basisgemeinden in Lateinamerika,

---

[198] Vgl. EBERTZ, MICHAEL N., Anschlüsse, 176. – Die Sinus-Milieu-Studie postuliert, dass die katholische Kirche im Wesentlichen in drei der zehn Milieus verankert ist, die tendenziell schrumpfend sind: bei den „Traditionsverwurzelten“, den „Konservativen“ und einem Teil der „Bürgerlichen Mitte“.

[199] EBERTZ, Anschlüsse, 177.

[200] EBERTZ, Anschlüsse, 177.

[201] Vgl. BAUER, Gott, 129.

[202] MÜLLER, HADWIG / WEBER, FRANZ, Gemeindeleben anders. Ein Blick in die Weltkirche, in: Pastoraltheologische Informationen 28 (2008 ) Heft 1, 119.

Basic Ecclesial/Human Communities (BEC) in Asien[203] – nehmen im deutschen Sprachraum diözesan Verantwortliche „Zuflucht in pastorale Megaräume“[204]. Mancherorts spricht man in diesem Zusammenhang von der Bildung von „Seelsorgeeinheiten“, anderenorts von „Seelsorgeräumen“ oder „Pfarreiengemeinschaften“ oder schlicht von „Regionalisierung“. Die Reaktionen der Betroffenen auf diesen Umstand fallen höchst unterschiedlich aus und reichen vom erbitterten Widerstand und lautstarken Protest über ein resignatives Sich-Dreinfügen oder den Versuch, im Grunde so weiter zu machen, als bliebe alles beim Alten, bis hin zum überzeugten Mitgestalten der sich verändernden Strukturen.[205]

Wie sind diese Vorgänge zu bewerten? Forcieren sie das Ende der Volkskirche und haben damit eine Totengräberfunktion, wie Maria Widl meint?[206] Sind diese umfassenden Veränderungen im Bereich unserer Gemeinden eine kreative Antwort auf die gegenwärtigen gesellschaftlichen Veränderungen und somit Antwort auf die „Zeichen der Zeit“? Oder eine schlichte „Notlösung“ angesichts des akuten Personal- und Finanzmangels?[207]

Rudolf Vögele, bis 2007 Referent für Gemeindeentwicklung in der Erzdiözese Freiburg, hat als Reaktion und Antwort auf kritische Anfragen vieler

---

[203] Vgl. WEBER, FRANZ / FUCHS, OTTMAR, Gemeindetheologie interkulturell. Lateinamerika – Afrika – Asien (Kommunikative Theologie; 9), Ostfildern 2007.

[204] MÜLLER / WEBER, Gemeindeleben, 119.
Auch in Europa geht man bisweilen andere Wege, so z.B. in der Diözese Poitier/Frankreich. Zu den dortigen Versuchen der Bildung von „örtlichen Gemeinden“ oder „Gemeinden der Nähe“ und zu den Aufbrüchen in der französischen Kirche vgl. MÜLLER, HADWIG, Netze des Evangeliums knüpfen. Berufung „örtlicher Gemeinden“, in: Lebendige Seelsorge 58 (2007) 162-167; MÜLLER, Übergang, 33-42; MÜLLER, HADWIG, Wenn Vertrauen zum Baustein einer Kirche wird. Impulse aus ‚Proposer la foi dans la societété actuelle“, in: BOEHME, KATJA / HERKERT, THOMAS (Hg.), Proposer la foi – Dem Glauben einen Weg bereiten, Freiburg 2006, 133-154.

[205] So meine aktuellen Beobachtungen in der Erzdiözese Freiburg, wo die Errichtung von Seelsorgeeinheiten flächendeckend vollzogen ist und gegenwärtig – angesichts der drastisch zurückgehenden Zahlen der Priester im aktiven Dienst – Überlegungen angestellt werden hinsichtlich der Bildung neuer, noch größerer Seelsorgeeinheiten.

[206] Vgl. WIDL, MARIA, „Sucht den Herrn, dann werdet ihr leben“ (Am 5,6). Die Diaspora-Chiffre als Herausforderung postmoderner Kirchenentwicklung, in: Pastoraltheologische Informationen 26 (2006) Heft 1, 85.

[207] Vgl. ZOLLITSCH, ROBERT, Was erwartet eine Diözese von der Einrichtung von Seelsorgeeinheiten? In: Lebendige Seelsorge 54 (2003) 4-8. – Robert Zollitsch, der Erzbischof der Erzdiözese Freiburg, formuliert in diesem Artikel, dass die Konzeption von Seelsorgeeinheiten sehr wohl als Reaktion und Antwort auf eine konkrete Notsituation entstanden sei, jedoch einen kreativen Antwortversuch auf diese Notsituation darstelle, in diesem Sinne nach den „Zeichen der Zeit“ frage und eine Beitrag zur stärkeren Profilierung von Kirche und Gemeinde leiste.

KatholikInnen an die diözesanen Initiativen im Zusammenhang mit der Bildung von Seelsorgeeinheiten folgende „Rechnung" entwickelt,[208] die die gegenwärtige Diskussion und die ins Treffen geführten Argumente (nicht nur in und für die Erzdiözese Freiburg) meines Erachtens gut zur Anschauung bringt:[209]

> Die Trends der Gegenwart (Auflösung des „Kirchlichen Milieus", die Enttraditionalisierung von Kirche und Gesellschaft, gesellschaftliche Pluralität der Religionen und Weltanschauungen, wachsende Mobilität und Freizeitorientierung)
> \+ der zunehmende Personalmangel (düstere Prognosen für die zur Verfügung stehende Anzahl von Pfarrern und hauptberuflichen MitarbeiterInnen)
> \+ die Verfassung der katholischen Kirche nach dem 2. Vatikanischen Konzil und auf den Grundlagen des katholischen Kirchenrechts nach dem CIC von 1983 (Gemeindeleitung ist dem Priester bzw. Pfarrer vorbehalten, zur Gemeinde gehört konstitutiv ein Priester, nur zölibatäre Männer mit Theologie-Studium können Priester werden, eine Änderung der Verfassung der katholischen Kirche liegt außerhalb unseres Kompetenzbereiches als Bistum)
> = die „unumgängliche Notwendigkeit der Errichtung von Seelsorgeeinheiten"[210], was „als reine ‚Notlösung' gesehen werden kann [...] oder als Chance zur Gemeindeentwicklung und gegenseitigen Ergänzung"[211].

Doch was bedeutet diese Neuorientierung am erweiterten pastoralen Raum konkret? An welchen Orten werden sich zukünftig ChristInnen versammeln, wo werden sie zum Gebet, zum Gottesdienst, zum Hören und Antworten auf das Gotteswort zusammen kommen?[212] Welche konkreten Menschen werden zukünftig authentische ZeugInnen der christlichen Botschaft, Kristallisations- und Anziehungspunkte im pastoralen Netzwerk sein?[213] Wo ereignet

---

208 Vgl. VÖGELE, Mut, 89-90.

209 Einen Einblick in die pastoralen Umstrukturierungsprozesse zehn deutscher Diözesen bietet: SPIELBERG, BERNHARD, Kann Kirche noch Gemeinde sein? Praxis, Probleme und Perspektiven der Kirche vor Ort (Studien zur Theologie und Praxis der Seelsorge; 73), Würzburg 2008.
Johann Pock entwickelt aus der Analyse der neutestamentlichen Gemeindetheologie Kriterien, an denen er Pastoralpläne und Pastorale Leitlinien Deutschlands und Österreichs misst: POCK, JOHANN, Gemeinden zwischen Idealisierung und Planungszwang. Biblische Gemeindetheologien in ihrer Bedeutung für gegenwärtige Gemeindeentwicklungen. Eine kritische Analyse von Pastoralplänen und Leitlinien der Diözesen Deutschlands und Österreichs (Tübinger Perspektiven zur Pastoraltheologie und Religionspädagogik; 26), Berlin 2006.

210 VÖGELE, Mut, 90.

211 VÖGELE, Mut, 90.

212 Vgl. WERBICK, JÜRGEN, Plädoyer für die Verörtlichung des Glaubens, in: Lebendige Seelsorge 55 (2004) 2-6.

213 In der aktuellen Diskussion wird sehr viel Wert auf das Moment der Strukturen und der gemeindlichen Orte gelegt; das Nachdenken über die konkreten Menschen, die dort leben, arbeiten und ChristIn sein sollen, und die doch wohl ebenfalls mindestens so entscheidend sind, ob der christliche Glaube in unserer gegenwärtigen Situation eine (gute) Zukunft hat, tritt für mein Empfinden zu sehr in den Hintergrund.

sich künftig Pastoral als „kreative und handlungsbezogene Konfrontation von Evangelium und Existenz“[214]? Welche konkreten Chancen und welche konkreten Risiken birgt diese Entwicklung in sich?

Gemeinsame Flurprozessionen und Festgottesdienste werden organisiert, pfarreiübergreifende ökumenische Initiativen gestartet, Kooperationen im Bereich der Jugendarbeit angezielt u.a.m. – manche Gemeinden vor Ort machen die erstaunliche Erfahrung, dass Zusammenarbeit und Kooperation erfreuliche Synergieeffekte hervorrufen.[215] Diözesanleitungen erwarten sich einen effektiveren Einsatz von Personal und finanziellen Mitteln und hoffen darauf, dass durch die angestoßenen Umstrukturierungen pastorale Optionen reflektiert werden und der bewussten Pastoralplanung vor Ort ein größeres Gewicht zukommt.[216] Doch die angestrebten Umstrukturierungen der Pastoral rufen nicht nur positive Reaktionen hervor: Pfarrgemeindlich Engagierte und Beheimatete reagieren verletzt, zornig und empört, wenn „ihre“ Pfarrgemeinden als „geschlossene Gesellschaften“ bezeichnet werden, die „an den Menschen vorbei kommunizieren“, unter „Infantilisierungsrisiko“ leiden und „die religiös Musikalischeren“ vernachlässigen würden.[217] Bislang engagierten sie sich mit hohem persönlichen Einsatz für ihre Gemeinde und empfanden das als „Beitrag zum lebendigen Kirche-Sein in unserer Gesellschaft“[218]. Nun fragen sie sich, ob das nun alles plötzlich keinen Wert mehr haben soll.[219]

Nicht wenige ChristInnen stellen angesichts der größer und unüberschaubarer werdenden Seelsorgeräume die „bange Frage nach *religiöser Behei-*

---

[214] BUCHER, Eine alte Kirche, 402-403.

[215] Vgl. WOLLASCH, HANS JOSEF, Prozession über Grenzen: Ein Weg nach vorne, in: Lebendige Seelsorge 54 (2003) 42-43; ZOLLITSCH, Diözese, 7.

[216] Vgl. ZOLLITSCH, Diözese, 5-7.

[217] EBERTZ, MICHAEL N., Geschlossene Gesellschaften. Der Freiburger Religionssoziologe Michael N. Ebertz: Große pastorale Räume bieten neue Gestaltungschancen, in: Konradsblatt 89 (2005) vom 27.02.05, 22.

[218] So Johannes Beck als Reaktion auf den oben genannten Ebertz-Artikel in einem Leserbrief im Konradsblatt 89 (2005) vom 04.04.05, in dem sich noch mehrere andere Leserbriefe finden, die einheitlich der negativen Sicht von Michael N. Ebertz auf die Situation der Pfarrgemeinden nicht beipflichten wollen.

[219] Vgl. WEBER, Leben und Tod, 89. – „Hauptamtliche PfarrseelsorgerInnen, aber auch Frauen und Männer jeden Alters in Pfarrgemeinderäten und Arbeitskreisen, denen das Leben und Überleben des Glaubens und der Gemeinde ein Herzensanliegen ist, verunsichert und verletzt nichts mehr als scharfsinnige Analysen von Theologen und Religionssoziologen, die ihnen ständig die Lebensunfähigkeit ihrer eigenen Pfarrei vor Augen stellen.“

*matung*"[220]. Fraglich ist, ob die immer größer werdenden Seelsorgeräume noch Gemeinschaft unter Menschen erlebbar machen können, die „Beheimatung durch Verlässlichkeit"[221] und „heilsame Nähe" als „Abbild und Verheißung der heilsamen Nähe Gottes"[222] ermöglicht. – Pfarrgemeindlich Engagierte und Hauptamtliche leiden darunter, dass kaum mehr Zeit für informelle Begegnungen etwa beim Einkaufen, auf der Straße oder nach dem Gottesdienst bleibt, dass der Pfarrer nur wenige Minuten vor dem Gottesdienst in der Sakristei „einfliegt" und im Anschluss an den Gottesdienst sogleich zum nächsten Termin weitereilt.[223] Viele pastorale und seelsorgliche Vollzüge ereignen sich notwendigerweise oberflächlich und flüchtig. Ratsuchende machen zunehmend die Erfahrung, dass SeelsorgerInnen weder inneren noch äußeren Raum für ihre Anliegen bieten können.[224] Hauptamtlich in der Pastoral Tätige optimieren ihre berufliche Tätigkeit nach funktionalen Gesichtspunkten (wo bin ich unbedingt nötig und wo nicht?), Gemeindemitglieder werden oftmals ebenfalls nach funktionalen Gesichtspunkten wahrgenommen und behandelt.[225] All das leistet einem funktionalen Kirchenverständnis und womöglich sogar einem funktionalen Gottesverständnis

---

[220] BLUM, DOMINIK, Das Volk Gottes in der Fremde – und die Kirche im Dorf?! Die Sehnsucht nach religiöser Beheimatung als Herausforderung, in: Lebendige Seelsorge 54 (2003) 19.

[221] HASLINGER, Lebensort, 260.

[222] KLEYMANN, SIEGFRIED, Heilsame Nähe. Gedanken zur Spiritualität einer Ortsgemeinde, in: Diakonia 37 (2006) 162.

[223] Vgl. WINDOLPH, JOACHIM, Der Abstand zur Gemeinde wächst: Konsequenzen aus den neuen pastoralen Strukturen, in: Lebendige Seelsorge 54 (2003) 36. – Joachim Windolph weist darauf hin, dass ein gewisses Maß an Distanznahme zwar generell hilfreich sei, um symbiotischen Konstellationen entgegenzuwirken, dass aber Distanznahme in Beziehungen nur bis zu einem gewissen Maße förderlich sei, denn „ohne ein Mindestpensum an Berührung, nährender wie reibender" würden Beziehungen zerbrechen. (36)

[224] Diese Entwicklung zu einem flüchtigen und oberflächlichen pastoralen Arbeitsstil steht im Kontrast zu einem der zentralen soziokulturellen Trends der Gegenwart, dem Wunsch nach sog. „High-Touch". Vgl. SPIELBERG, BERNHARD, Kreisquadrat und Pfarrgemeinde. Zwei unlösbare Probleme, in: Lebendige Seelsorge 57 (2006) 96. – „Als Gegentrend zur High-Tech der Umwelt wächst in Menschen das Bedürfnis, als Person, und nicht als zahlende Teilnehmer oder gar Potenzial zur Erfüllung von Aufgaben wahrgenommen werden. Für einen kleinen Kreis von Ehrenamtlichen kann das vor Ort noch geleistet werden. Die faktische Zuständigkeit für mehrere tausend Katholiken macht einen von persönlicher Nähe geprägten Beziehungsstil unmöglich." Wird Nähe lediglich suggeriert, aber nicht tatsächlich gelebt, dann hat das unter Umständen eine noch größere Distanznahme der solchermaßen nicht tatsächlich Wahr- und Ernstgenommenen zur Folge. Vgl. hierzu die Internetkolumne von Karin Peschka, die sich über einen Serienbrief des Wiener Kardinals mit fingierter Unterschrift anlässlich der Firmung ihres Sohnes mokiert. PESCHKA, KARIN, Ich bin's, dein Kardinal. Gott riecht nach Weihrauch, http://oe1.orf.at/highlights/107153.html (02.07.09)

[225] Vgl. WINDOLPH, Abstand zur Gemeinde, 36-37.

Vorschub.[226] Wer sind die GewinnerInnen, wer die VerliererInnen der strukturellen Veränderungen im Bereich der Gemeindepastoral? – Joachim Windolph meint: „Gewinner sind diejenigen, denen an einer Entfernung gelegen ist, alle Begegnungsmenschen verlieren."[227]

Doch nicht nur unter den PraktikerInnen vor Ort, sondern auch in der universitären theologischen Auseinandersetzung sind die aktuellen Entwicklungen auf der Ebene der Pfarrgemeinden höchst umstritten. Eine engagiert und kontrovers geführte Diskussion über die „Orte von Kirche", das mögliche „Ende der Gemeindetheologie" und die Frage nach einer zukunftsfähigen Gestalt ekklesialer Sozialität ist in den letzten Jahren zu beobachten. Einige Grundkonturen und Argumentationslinien der Diskussion sollen im Folgenden skizziert werden.

### 2.2.4 Die Gemeinde nach dem Scheitern der Gemeindetheologie oder: Auf der Suche nach einer zukunftsfähigen Gestalt ekklesialer Sozialität

Jahrzehntelang war sie eine selbstverständliche, unhinterfragte Größe: die Gemeinde als basisnahe, allgegenwärtige „Kirche am Ort"[228]. In den letzten Jahren ist die „gewöhnliche" Gemeinde zusehends in Misskredit geraten; nicht wenige haben sich auf die Suche nach „neuen Orten" der Kirche begeben. VertreterInnen des parochialen und des nichtparochialen Prinzips liefern sich in der akademischen Diskussion heftige Wortgefechte.

#### *2.2.4.1 Von der notwendigen Verörtlichung des Glaubens und der Suche nach neuen Orten von Kirche und Seelsorge*

Repräsentativ, wenn nicht sogar von paradigmatischer Qualität,[229] erscheint mir für die gegenwärtige Diskussion die Kontroverse zwischen dem Funda-

---

[226] Vgl. WINDOLPH, Abstand zur Gemeinde, 37. – Nach Ansicht Joachim Windolphs brauchen SeelsorgerInnen und Gemeindemitglieder „Berührungsräume" (37), um erfüllt leben zu können, weshalb es pastoral klarer Optionen bedürfe, die Kräfte nicht in die Optimierung von Strukturen, sondern in „Räume personaler Begegnung" (37) zu investieren.

[227] WINDOLPH, Abstand zur Gemeinde, 36.

[228] KARRER, LEO, Orte der Kirche: die Menschen, in: Diakonia 37 (2006) 153. – Kennzeichend für die nachkonziliare Theologie war ein Verständnis von Diözese als „Ortskirche" und von Gemeinde als „Kirche am Ort". Damit war qualitativ in jedem quantitativen Teil der Kirche die ganze Kirche präsent. Für Leo Karrer liegt in dieser Betonung der Orthaftigkeit der Kirche ein „Realitätszuwachs und Basisgewinn" (153).

[229] Vgl. BUCHER, RAINER, Kirchenpolitik und pastoraltheologischer Diskurs. Beiläufige Beobachtungen über ihren Zusammenhang am Beispiel einer jüngeren Kontroverse zwischen M.N. Ebertz und J. Werbick zur Gemeindeproblematik, in: BUCHER, RAINER / KROCKAUER,

mentaltheologen Jürgen Werbick und dem Religionssoziologen Michael N. Ebertz, die um den Themenbereich „Verörtlichung des Glaubens/Neue Orte von Kirche und Seelsorge“ ringen.[230] Für den Fundamentaltheologen Jürgen Werbick realisiert sich Kirche in „solidarisch-sakramentalen Weg- und Feiergemeinschaften des Glaubens“[231], die sich „elementar in ortsgebundenen Face-to-face-Kommunikationen ‚inkarnieren'“[232], wobei die Feier der Eucharistie „Ursprungsereignis“[233] der Kirche sei und auch in Zukunft im Zentrum kirchlicher Vergemeinschaftung stehen solle. Es brauche zugängliche SeelsorgerInnen, „gute Orte zum Ein- und Ausgehen, zum Bleiben und Ausruhen“[234], das „Zeugnis der offenen Tür“[235], die „Gemeinde als Herberge“[236] (Jan Hendriks). Der Fundamentaltheologe äußert den Verdacht, dass „gegenwärtige Konzepte von Pfarreiengemeinschaften [...] einen pastoralen Rückbau betreiben, weil sie die Frage der Ämter und der Aufgaben der Kirche umschiffen wollen“[237] und weil so zudem die existentielle Relation von kirchlicher Vergemeinschaftung und Feier der Eucharistie gefährdet sei.[238]

Michael N. Ebertz hingegen plädiert für „neue Orte“[239] der Kirche: Würde man wie bisher ausschließlich am Modell der Pfarrgemeinde festhalten, würde das Risiko wachsen, „den Glauben am Leben vieler heutiger Men-

---

RAINER (Hg.), Pastoral und Politik. Erkundungen eines unausweichlichen Auftrags (Werkstatt Theologie; 7), Münster / Wien 2006, 322.

[230] Vgl. WERBICK, Plädoyer, 2-6; EBERTZ, MICHAEL N., Neue Orte braucht die Kirche, in: Lebendige Seelsorge 55 (2004) 7-12; WERBICK, JÜRGEN, Wider die Virtualisierung des Glaubens. Jürgen Werbicks Antwort auf „Neue Orte braucht die Kirche“, in: Lebendige Seelsorge 55 (2004) 13-15; EBERTZ, MICHAEL N., Wider den Wohn-Territorialismus. Michael N. Ebertz' Replik auf „Plädoyer für die Verörtlichung des Glaubens“, in: Lebendige Seelsorge 55 (2004) 16-17. – Jürgen Werbick ist ein dezidierter Vertreter der Position, dass das Territorialismusprinzip nicht aufgegeben werden dürfe und die Kirche „vor Ort“ bleiben müsse. Vgl. WERBICK, JÜRGEN, Warum die Kirche vor Ort bleiben muss, Donauwörth 2002.
Die Kontroverse zwischen Jürgen Werbick und Michael N. Ebertz hat offensichtlich einigen Widerhall in der fachwissenschaftlichen Diskussion erhalten und wurde selbst Gegenstand wissenschaftlicher Reflexion. Vgl. HASLINGER, Lebensort, 101-109. BUCHER, Kirchenpolitik, 322-332.

[231] WERBICK, Plädoyer, 3.

[232] WERBICK, Plädoyer, 3.

[233] WERBICK, Virtualisierung, 14.

[234] WERBICK, Plädoyer, 6.

[235] WERBICK, Plädoyer, 6.

[236] WERBICK, Plädoyer, 6. – Jürgen Werbick greift hier einen Grundgedanken des niederländischen Theologen Jan Hendriks auf. Vgl. HENDRIKS, JAN, Gemeinde als Herberge. Kirche im 21. Jahrhundert – eine konkrete Utopie, Gütersloh 2001.

[237] WERBICK, Plädoyer, 2-3.

[238] Vgl. WERBICK, Virtualisierung, 14.

[239] EBERTZ, Orte, 7.

schen vorbei zu kommunizieren"[240]. Heutige Pfarreien könnten der „Sorgen- und Geschmacksvielfalt"[241] der Kirchenmitglieder kaum mehr gerecht werden, sie seien „strukturell notorisch unterdifferenziert und tendenziell communiofeindlich"[242] und unterforderten „die ‚religiös Musikalischen'"[243]. Deshalb gehe es darum, die Pfarreien innerhalb eines größeren und vielfältigen pastoralen Verbundsystems in „funktionale Knotenpunkte"[244] zu verwandeln. Pfarreien müssten sich in Zukunft spezialisieren und arbeitsteilig kooperativ mit anderen Pfarreien und anderen kirchlichen Orten (Klöstern, Geistlichen Zentren, Bildungseinrichtungen, Stationen der City-Seelsorge u.a.m.) vernetzen.[245]

#### 2.2.4.2 *Der Streit um eine angemessene Sozialgestalt von Kirche – Ein Konflikt zwischen VertreterInnen des parochialen und des nichtparochialen Prinzips?*

Die evangelische Pastoraltheologin Uta Pohl-Patalong deutet die hitzig geführte gegenwärtige Diskussion um eine angemessene Sozialgestalt der Kirche als einen Konflikt zwischen VertreterInnen des parochialen und des nichtparochialen Prinzips:[246] Die einen bezeichnen die Ortsgemeinde als „Problem, manchmal sogar als Auslaufmodell"[247], die anderen betonen den Wert der Ortsgemeinde. In Zeiten leerer werdender Kassen stehen "parochiale und nichtparochiale Organisationsprinzipien [...] nicht nebeneinander, sondern sind durchaus Konkurrenz füreinander"[248].

Uta Pohl-Patalong unternimmt den – meines Erachtens sehr gelungenen – Versuch, die Argumentation und die Anliegen beider Positionen zu sichten und zu analysieren,[249] um schließlich die Stärken beider Konfliktpositionen

---

[240] EBERTZ, Orte, 10.

[241] EBERTZ, Orte, 10.

[242] EBERTZ, Orte, 10.

[243] EBERTZ, Orte, 10.

[244] EBERTZ, Orte, 11.

[245] Vgl. EBERTZ, Orte, 11.

[246] Vgl. POHL-PATALONG, Ortskirche, 20-23.

[247] POHL-PATALONG, Ortskirche, 21.

[248] POHL-PATALONG, Ortskirche, 22.

[249] Vgl. POHL-PATALONG, Ortskirche, 111-126. – Die nichtparochiale Seite wolle „als Kirche gesellschaftlich wirksam sein, eine Vielfalt von Aufgaben erfüllen, unterschiedliche Menschen erreichen, deutlich machen, dass die Kirche für alle Menschen da ist, auf die unterschiedlichen Bedürfnisse von Menschen eingehen, eine kirchliche Monokultur aufheben, in den kirchlichen Strukturen der mobilen Gesellschaft entsprechen, selbstbestimmte Formen von Gemeinschaft ermöglichen, den Opfern der Gesellschaft – auf spezialisierte Weise – hel-

zu vereinen und daraus einen kreativen „dritten Weg“ zu entwickeln. Erhellend sind ihre Ausführungen unter der Rücksicht, welche grundsätzliche Haltung zur modernen Gesellschaft, welches Menschenbild und welches Kirchenbild hinter den beiden Positionen liegen: VertreterInnen des parochialen Prinzips sehen die moderne Gesellschaft tendenziell eher kritisch, empfinden gesellschaftliche Entwicklungen der letzten Jahrzehnte ethisch fragwürdig, betrachten den Menschen eher als Objekt kirchlichen Handelns, haben vor allem diejenigen im Blick, die unter den gesellschaftlichen Veränderungen leiden und zu den ModernisierungsverliererInnen zählen, denken Kirche viel stärker lokal und betrachten die Ortsgemeinde als eine Art Gegenentwurf zur heutigen Gesellschaft. VertreterInnen der nichtparochialen Position stehen den gegenwärtigen gesellschaftlichen Entwicklungen neutral bis positiv gegenüber, sehen den Menschen als selbstbestimmtes Subjekt, das seine sozialen und religiösen Bezüge und Bindungen selbst wählt und gestaltet, verstehen Kirche eher von den Funktionen und nicht so sehr von den Orten her und wollen Kirche nicht als gesellschaftlichen Gegenentwurf denken, sondern möchten den Anschluss an die gegenwärtige Gesellschaft und deren Menschen halten.[250]

Welchen Ausgang wird der Konflikt zwischen den VertreterInnen des parochialen und des nichtparochialen Prinzips zu nehmen? – Die „herkömmliche“ Gemeinde scheint zusehends an Terrain zu verlieren. Ist sie tatsächlich ein „Auslaufmodell“?

---

fen, einem von Wahl bestimmten Teilnahmeverhalten entsprechen, sich an Subjektivität orientieren und Subjektivität fördern, den (segmentierten) heutigen Lebenswelten entsprechen, dem Teilnahmeverhalten einer segmentierten Gesellschaft entgegenkommen, einen ökumenischen Horizont sicherstellen, in der gesellschaftlichen Öffentlichkeit präsent sein“. (111-112) Die parochiale Seite wolle „ein klares und profiliertes Angebot gestalten, deutlich machen, dass die Kirche für alle Menschen da ist, die Kommunikation Verschiedener fördern, ein wohnortnahes Angebot für wenig mobile Bevölkerungsgruppen machen, der bleibenden Bedeutung des Wohnortes entsprechen, kirchliche Heimat anbieten, der gesellschaftlichen Mobilität entgegenstehen, sicher stellen, dass Kirche erreichbar ist, Gemeinschaft ermöglichen, die Opfer der Gesellschaft betreuen, sich an Subjektivität orientieren und Subjektivität fördern, einer übermäßigen Orientierung am Subjekt entgegentreten, sich im Widerspruch zur Segmentierung an Ganzheit orientieren, Kirche als Segment der Lebenswelt gestalten, einen ökumenischen Horizont sicherstellen, in der gesellschaftlichen Öffentlichkeit präsent sein“ (112).

[250] Vgl. POHL-PATALONG, Ortskirche, 123-125.

#### *2.2.4.3 Die „herkömmliche" Gemeinde als „Auslaufmodell"? – Genese, Anliegen und Grenzen des gemeindetheologischen Diskurses*

Parallel zu den großen pastoralen Umstrukturierungsprozessen im deutschsprachigen Raum, die den klassischen Pfarrgemeinden immer weniger Bedeutung zubilligen, mehren sich die Stimmen im pastoraltheologischen Diskurs, die ein „Scheitern der Gemeindetheologie"[251] oder gar ein „Scheitern der Gemeindebewegung"[252] diagnostizieren. „Der Versuch der ‚Vergemeindlichung' kirchlicher Territorialstrukturen nach dem Motto ‚Unsere Pfarreien müssen zu Gemeinden werden' (Ferdinand Klostermann) hat sich – so verständlich das Anliegen war – dreißig Jahre nach der Würzburger Synode als ein schwieriges, wenn nicht gar unlösbares Unterfangen herausgestellt"[253] und gleiche einer „Quadratur des Kreises"[254], so die Einschätzung Bernhard Spielbergs.

Eine ganze Generation von SeelsorgerInnen und engagierten ChristInnen wurde in ihrem Selbstverständnis zutiefst von der Gemeindetheologie geprägt; konzeptionell war der gemeindetheologische Diskurs zumindest im deutschsprachigen Raum bis in die jüngste Vergangenheit praktisch alternativlos, [255] nun steht er im Kreuzfeuer der Kritik und ist unter Ideologieverdacht geraten.

Um Genese, Anliegen und Grenzen des gemeindetheologischen Diskurses zu skizzieren, greife ich im Folgenden auf Überlegungen Rainer Buchers zurück: Pastoraltheologen, allen voran der Wiener Pastoraltheologe Ferdinand Klostermann, initiierten den gemeindetheologischen Diskurs, der die „Umformatierung der kirchlichen Basisstruktur hin zu ‚überschaubaren Gemeinschaften mündiger Christen'"[256] zum Ziel hatte und ab der Mitte der 60er Jahre weithin praxiswirksam wurde. „Gemeinde" wurde als „Nachfolgestruktur der als anonym, bindungs- und entscheidungsschwach wahrgenommen volkskirchlichen Pfarrstruktur"[257] konzipiert. Nach der Einschätzung von Rainer Bucher handelt es sich beim gemeindetheologischen Diskurs um einen dezidiert theologisch und nicht etwa kirchenrechtlich-administrativ begründeten Diskurs.[258] „Gemeinde" wurde zum „Losungswort

---

[251] BUCHER, Die Gemeinde nach dem Scheitern, 66.

[252] EBERTZ, Anmerkungen, 91.

[253] SPIELBERG, Kreisquadrat, 92.

[254] SPIELBERG, Kreisquadrat, 92.

[255] Vgl. BUCHER, Die Gemeinde nach dem Scheitern, 75.

[256] BUCHER, Die Gemeinde nach dem Scheitern, 71.

[257] BUCHER, Die Gemeinde nach dem Scheitern, 71.

[258] Vgl. BUCHER, Die Gemeinde nach dem Scheitern, 71-72.

einer umfassenden Erneuerung der kirchlichen Basisarbeit"[259]. Konzeptionell wurden alle kirchlichen Handlungsstrategien auf den Umbauprozess hin zur Gemeinde konzentriert.[260] Der Begriff „Gemeinde" stand für „ein Projekt, das bei der Gleichheit der Würde aller Getauften ansetzte und damit bei ihrem Subjektsein als Fundament des konkreten kirchlichen Lebens"[261]. Das Gemeindekonzept unterbreitete nach Einschätzung Buchers ChristInnen ein attraktives dreifaches Versprechen: das der anspruchsvollen Konkretion des christlichen Glaubens, das der kommunikativ überschaubaren und erlebbaren Gemeinschaft und das der Emanzipation.[262] Es versprach,

> „das alte, tendenziell repressive Katholizismuskonzept der pianischen Epoche zu überwinden, zudem einen anspruchsvollen Konkretionsweg des Christlichen aufzuzeigen und ihn in dem und nicht gegen den Modernitätsstrudel der Gegenwart mit anderen, ebenfalls gegenwartssensiblen Mitchristen finden zu können."[263]

Der Umformatierungsprozess von der Pfarrei zur Gemeinde hatte zugleich extensiven wie intensiven Charakter: Möglichst viele Menschen sollten ein möglichst intensives Gemeindeleben erleben können.[264] Zentrale Bezugsgröße für die Kirchenmitgliedschaft war nicht mehr die Gesamtheit der katholischen Kirche mit dem Papst als Oberhaupt, sondern „der überschaubare Nahraum einer kommunikativ verdichteten, letztlich nach dem Modell einer schicksalhaft verbundenen Großfamilie gedachten Gemeinde."[265]

Der gemeindetheologische Diskurs stellte eine deutliche Reaktion auf die Säkularisierungserfahrung des sich auflösenden katholischen Milieus dar – mit der Absicht, der nachlassenden Bindekraft der Kirche gegenzusteuern.[266] Kennzeichen der volkskirchlichen Gestalt von Kirche war das quasi natürliche Zueinander von kirchlicher Sozialform, religiösem Sinnsystem und gesellschaftlicher Wirklichkeit gewesen. Mit der Auflösung des katholischen Milieus zerfiel die „Einheitsimagination"[267] dieser drei Größen. Das gemeindetheologische Konzept bringt nun zwei dieser drei Größen – kirchliche Sozialform und religiöses Sinnsystem – in eine neue Zuordnung, indem es beide Größen subjekt- und (klein-)gruppenorientiert reintegriert; die

---

[259] BUCHER, Jenseits der Idylle, 110.

[260] Vgl. BUCHER, Die Gemeinde nach dem Scheitern, 72.

[261] BUCHER, Jenseits der Idylle, 110.

[262] Vgl. BUCHER, Jenseits der Idylle, 111-112.

[263] BUCHER, Die Gemeinde nach dem Scheitern, 73.

[264] Vgl. BUCHER, Die Gemeinde nach dem Scheitern, 72.

[265] BUCHER, Die Gemeinde nach dem Scheitern, 73.

[266] Vgl. BUCHER, Die Gemeinde nach dem Scheitern, 74.

[267] BUCHER, Die Gemeinde nach dem Scheitern, 75.

Eigenständigkeit und Unabhängigkeit im Verhältnis zur gesellschaftlichen Umgebung aber eher positiv begrüßt.[268]

Nach Ansicht Buchers scheitert das ambitionierte Projekt der Gemeindetheologie, „die katholische Kirche von einer amtszentrierten Heilsinstitution zu quasi-familiären gemeindlichen Lebensgemeinschaft umzuformatieren“,[269] gegenwärtig an dessen Charakter als „halbierte, ja selbstwidersprüchliche Modernisierung“[270]. Die Gemeindetheologie verspricht Vergemeinschaftung „jenseits der Repression einer unverlassbaren Schicksalsgemeinschaft und doch diesseits der unheimlichen und ungebändigten Freiheit des Einzelnen“[271]. Sie hat damit ein im Letzten ambivalentes Verhältnis zur Freiheit. Dies steht jedoch im Widerspruch zur „Realität einer radikal individualisierten Gesellschaft“,[272] in der sich Individuen zum einen als radikal freigesetzt erfahren, aber zum anderen diese ihre Freiheit auch leben wollen und leben müssen.[273] Heutige Menschen erleben in der ihnen strukturell zugemuteten Freiheit die „Möglichkeit der subjektiven Selbstentfaltung und -verwirklichung ebenso [...] wie das Scheitern von Freiheit, massenkulturelle Vereinheitlichung, Entfremdung, Abhängigkeit von Konjunkturen und Moden, oder Optionsparalyse“[274]. Statt das Unbehagen und die Angst vor der modernen Freiheitskultur zu pflegen oder ängstlich zu fragen, „wie viel Gemeinschaft [...] gegen den Freiheitsdrang des Einzelnen noch gerettet werden“[275] kann, ist es ein dringliches Gebot der Stunde, mit der Frage zu ringen: „Wie stiftet Freiheit ekklesiale Sozialität?“[276]

Doch wie sieht eine zukunftsfähige Gestalt ekklesialer Sozialität aus – „jenseits ihrer autoritativen Einforderung“, aber auch „diesseits [...] einer situativ vergemeinschaftenden Event-Orientierung“[277]? – Von der Gemeinde als „Basissozialform der Kirche“[278] will sich auch Rainer Bucher nicht verab-

---

[268] Vgl. BUCHER, Die Gemeinde nach dem Scheitern , 75.

[269] BUCHER, Die Gemeinde nach dem Scheitern, 78.

[270] BUCHER, Die Gemeinde nach dem Scheitern, 78.

[271] BUCHER, Die Gemeinde nach dem Scheitern, 79.

[272] BUCHER, Jenseits der Idylle, 109.

[273] Vgl. DUBACH, ALFRED, Die Communio-Ekklesiologie – eine zeitadäquate Konzeption von Kirche?, in: HILBERATH, BERND JOCHEN (Hg.), Communio – Ideal oder Zerrbild von Kommunikation? (Quaestiones disputatae; 176), Freiburg-Basel-Wien 1999, 60. – „Die strukturelle Individualisierung moderner Gesellschaften wird von kirchlichen Autoritäten in ihrer institutionserosiven Kraft als beängstigend und bedrohlich erfahren.“

[274] DUBACH, Communio-Ekklesiologie, 66.

[275] BUCHER, Die Gemeinde nach dem Scheitern, 83.

[276] DUBACH, Communio-Ekklesiologie, 83.

[277] BUCHER, Die Gemeinde nach dem Scheitern, 69.

[278] BUCHER, Die Gemeinde nach dem Scheitern, 84.

schieden, wenn er sie auch „nachvatikanisch entmythologisieren", „gesamtpastoral relativieren" und „gnadentheologisch reformulieren" möchte.[279] Die territoriale Fassung der kirchlichen Basisorganisation erscheint ihm als „Element einer selbstlosen Angebotsstruktur der christlichen Botschaft, die auch dorthin geht, wo die Kirche endgültig alle religionsgemeinschaftliche Macht verloren hat"[280]. – Was bedeutet das konkret? Welche Gestalt nimmt eine erneuerte und zeitgenössische Form der christlichen Gemeinde an? – Die pastoraltheologischen Überlegungen und Skizzen dazu sind oft reichlich vage und unkonkret, die pastoralsoziologischen „Probebohrungen"[281] und eindrücklich beschworenen „Experimentierorte" und „Feldversuche"[282] eher rar und dünn gesät. Wie geht der Wandel von der „Utopie" der nachkonziliaren Gemeinde zur „'Heterotopie' (M. Foucault) eines Netzwerks pastoraler Orte"[283] konkret vonstatten? Wie ist eine „weit verzweigte Netzwerkpastoral"[284] in der Praxis vorstellbar? – Schließlich handelt es sich bei der Frage nach der zukünftigen Gestalt ekklesialer Sozialität um kein rein akademisches Problem. Die Frage ist nicht geeignet für eine akademische Elfenbeinturm-Diskussion oder für die Zur-Schau-Stellung akademischer Eitelkeiten, denn sie betrifft an der kirchlichen Basis eine sehr große Zahl an haupt- und ehrenamtlich Tätigen.

### *2.2.4.4 Im Übergang zu einer noch nicht gewussten Kirche*

Dass die fachwissenschaftliche Diskussion über die Zukunft der Gemeinde bisweilen mehr Unklarheiten schafft als beseitigt, mag auch daran liegen, dass die Thematik so viele brisante hochaktuelle kirchenpolitische Implikationen aufweist, und der fachtheologische Diskurs dadurch „politisch ablenkbar" wird.[285] Dennoch spricht viel dafür, dass sich hinter der Fragestellung nach einer zukunftsfähigen Gestalt ekklesialer Sozialität noch mehr

---

[279] BUCHER, Die Gemeinde nach dem Scheitern, 84-85.

[280] BUCHER, Die Gemeinde nach dem Scheitern, 85.

[281] BAUER, CHRISTIAN, Von der Pfarrei zum Netzwerk? Eine pastoralsoziologische Probebohrung, in: Diakonia 40 (2009) 119-126.

[282] SPIELBERG, Kirche noch Gemeinde, 420.

[283] BAUER, Pfarrei, 125.

[284] BAUER, Pfarrei, 125.

[285] Vgl. BUCHER, Kirchenpolitik, 329. – Rainer Bucher deutet die Kontroverse zwischen Jürgen Werbick und Michael N. Ebertz als ein „schönes Exempel für das, was man die ‚politische Ablenkbarkeit des theologischen Diskurses' nennen könnte". Beide Kontrahenten würden knapp, aber doch deutlich aneinander vorbei argumentieren, weil sie sich weniger mit der realen Argumentation des Gesprächspartners denn mit den möglichen kirchenpolitischen Konsequenzen der anderen Position beschäftigen würden.

verbirgt: Was Hadwig Müller für die französische Kirche beschreibt, dies könnte auch für die Kirche im deutschsprachigen Raum zutreffen: dass sie sich „im Übergang zu einer noch nicht gewussten Kirche“[286] befindet. In einer Gesellschaft, die im radikalen Wandel begriffen ist, wird auch der Kirche, die an diesen gesellschaftlichen Entwicklungen Anteil hat, die Gegenwart unvertraut und der Weg in die Zukunft vage. „Wir sind mitten in einem Übergang von einer Welt und Gesellschaft zu einer anderen. Eine Welt erlischt und eine andere ist dabei, aufzutauchen, ohne dass es schon ein feststehendes Modell dafür gibt, wie sie aufzubauen wäre.“[287] Die Zeiten, in denen wir gegenwärtig leben, sind tatsächlich von ungeheurer Neuheit.[288]

Was bedeutet dieses Sich-Vorfinden in einem radikalen Wandlungsprozess für die Kirche? Welchen „Platz“ wird sie einnehmen, welchen „Ort“ wird sie für sich neu entdecken? – Sie ist „Kirche in der Welt dieser Zeit“, hinabgestiegen vom „Olymp des unbeteiligten Beobachters [...] in die Relativitäten von Welt und Geschichte“[289]. Diesen Ort hat sie sich in der Pastoralkonstitution „Gaudium et spes“ selbst gegeben; dieser Ortsbestimmung gilt es, neu und deutlicher als bisher, Gewicht zu verleihen. Für die Frage nach der Zukunftsgestalt kirchlicher Sozialformen könnte das bedeuten, den Blickwinkel zu verändern und „nicht zuerst Sozialformen [...] zu reflektieren und dabei zu fragen, wie in ihnen Pastoral (noch) möglich ist, [...] sondern umgekehrt zu reflektieren, wo und warum Pastoral im konziliaren Sinne heute dem Volk Gottes gelingt, um dann an der Weiterentwicklung jener Sozialformen mitzuhelfen, welche bessere Chancen für die Pastoral bieten“[290]. Und Pastoral wird hier immer verstanden als „kreative und handlungsbezogene Konfrontation von Evangelium und Existenz“[291].

---

[286] MÜLLER, Übergang, 33.

[287] Les Éveques de France: Proposer la foi dans la société actuelle. Lettre aux Catholiques de France, Paris 1996, 22 (in der Übersetzung von Hadwig Müller), zitiert nach: MÜLLER, Übergang, 34.

[288] Vgl. BUCHER, Eine alte Kirche, 396-397. – „Die Zeiten sind so neu, dass wir noch gar nicht begriffen haben, wie neu sie sind. Dieses Nichtbegreifen, genauer: die Einsicht in das Nichtbegreifen stellt das Neue dar. Denn modern war man sich einer Gegebenheit sicher: der Zukunft. Wenn es eine postmoderne Erkenntnis gibt, dann jene, dass wir nicht die souveränen Herren der Zukunft sind, wie die Moderne uns weismachen wollte.“ Zu den revolutionären Umbrüchen in der gegenwärtigen Gesellschaft zählt Rainer Bucher als verstörendsten die „Neuordnung der Geschlechterverhältnisse“, als verführerischsten die „mediale Verflüssigung unserer Wahrnehmungs- und Symbolsysteme“ und als weitest reichenden die „ökonomische Globalisierung“ (397).

[289] BUCHER, Eine alte Kirche, 402.

[290] BUCHER, Eine alte Kirche, 403.

[291] BUCHER, Eine alte Kirche, 403.

Nicht um den bloßen Erhalt einer geschichtlich gewachsenen Sozialgestalt geht es und nicht um eine bloß äußerliche Lokalisierung, sondern um „existenzielle Orthaftigkeit“ und eine Haltung solidarischen Mitseins, die hilft, menschliche Ortlosigkeiten und Heimatlosigkeiten zu überwinden. Die Menschen sind die Orte der Kirche:[292] „Orte der Kirche sind überall dort zu suchen und zu finden, wo Menschen sich selber suchen und sich auf unterschiedlichen Wegen um Gerechtigkeit, Freiheit und solidarische Gesellschaft bemühen.“[293] Aufgabe der Kirche ist es, in Wort und Tat Hoffnung zu säen und den Mut von Menschen stärken, nicht nur „passiver Passagier des Lebensschiffes“, sondern „aktiver Pilger“ auf den Wegen dieses Lebens zu sein.[294] Alle Orte des menschlichen Lebens und alle existentiellen Erfahrungen sind „'Passagen' Gottes, wo sich Gott gleichsam im ‚Vorübergang' (passah) zeigt“[295].

Doch was macht das Leben der Menschen heute aus? Was empfinden sie möglicherweise als lebensdienlich? Woran kann sich eine zukunftsfähige Gestalt ekklesialer Sozialität orientieren? – Pauschale soziologische Allgemeinplätze aus einer lediglich beobachtenden Zuschauerposition sind hier sicherlich fehl am Platz. Stattdessen ist es für PastoralpraktikerInnen ein dringendes Gebot der Stunde, wache Zeitgenossenschaft zu leben. Als Deutungshilfe mag hier Bernhard Spielbergs Auseinandersetzung mit aktuellen soziokulturellen Trends wie Clanning,[296] Verankerung,[297] High-Touch,[298] Ge-

---

[292] Vgl. KARRER, Orte, 156. – Leo Karrer entwickelt den Ortsbegriff vom existenziellen Erleben des Individuums her, das nicht ort-los sein kann, sich ins Verhältnis zu der es umgebenden Welt setzen muss und sich selbst als Zentrum seiner Welt lokalisiert.

[293] KARRER, Orte, 157.

In ähnlicher Weise plädiert auch Christian Bauer für einen „missionarischen Ortswechsel“ – weg von einer „Komm-her-Kirche“ hin zu einer „Geh-hin-Kirche“. Vgl. BAUER, CHRISTIAN, Lerne am Herd die Würde des Gastes. Für den missionarischen Ortswechsel einer Geh-hin-Kirche, in: Diakonia 41 (2010) 351-358.

[294] KARRER, Orte, 157.

[295] KARRER, Orte, 157.

[296] Vgl. SPIELBERG, Kirche noch Gemeinde, 397. – „Clanning“ meint den Trend zur „Gruppenbildung in selbstgewählten Netzwerken“. Vgl. zum postmodernen Bindungsverhalten und zu neuen Formen der Vergesellschaftung jenseits der radikalen Individualisierung: RAABE, THORSTEN / VELLGUTH, KLAUS, Kirche als zukunftsfähige Gemeinschaft. Missionarische Reflexionen über postmodernes Bindungsverhalten, in: Diakonia 40 (2009) 127-134.

[297] Vgl. SPIELBERG, Kirche noch Gemeinde, 399. – Im soziokulturellen Trend der „Verankerung“ drückt sich die Sehnsucht aus, „sich der eigenen Identität angesichts der Pluralität an Lebens- und Sinnkonzeptionen zu vergewissern, um welche herum der eigene Horizont im Rahmen der – auch kulturellen – Globalisierung gewachsen ist“.

[298] Vgl. SPIELBERG, Kirche noch Gemeinde, 402. – Der soziokulturelle Trend des „High-Touch“ meint die Sehnsucht nach „wirklicher menschlicher Nähe“ gerade in einer hochtech-

staltung,[299] Lebensberatung,[300] Cocooning[301] und Erlebnis- und Erfahrungsorientierung[302] wegweisend sein.[303] (Auch) für die Kirche in Deutschland, Österreich und der Schweiz ist es an der Zeit, dass sie „zurückgebracht wird zum alltäglichen Leben und den Sorgen der Menschen, dahin, wo sie tatsächlich leben“[304].

### 2.2.5 „Nehmt Neuland unter den Pflug…“ – Die Aufbruchs- und Wegmetaphorik in den Versuchen einer geistig-spirituellen Deutung der gegenwärtigen Umbrüche und Veränderungsprozesse

An Versuchen, die gegenwärtigen Veränderungen im Bereich der Gemeindepastoral – manches Mal erhellend, manches Mal wohl eher verschleiernd – geistlich-spirituell zu deuten, mangelt es nicht. Auffällig ist, dass bei diesen geistig-spirituellen Deutungsversuchen die Aufbruchs- und Wegmetaphorik dominiert. Während die Aufbruchsstimmung in Folge des 2. Vatikanischen Konzils verflogen zu sein scheint, sich vielerorts Resignation, diffuse Traurigkeit und Hoffnungslosigkeit breit machen, ebenso das Gefühl, dem fortschreitenden gesellschaftlichen Bedeutungsverlust von christlichem Glauben und von Kirche, der Überalterung oder Verödung der Gemeinden hilflos

---

nisierten und hochökonomisierten Welt, die Sehnsucht, mit je eigenen Sorgen, Ängsten, Hoffnungen, Wünschen und Bedürfnissen wahr- und ernst genommen zu werden.

[299] Vgl. SPIELBERG, Kirche noch Gemeinde, 403-404. – Die Ästhetisierung des Alltags hat für heutige Menschen eine große Bedeutung; deshalb darf die äußere Gestalt eines Kirchenraumes, eines Gottesdienstes, eines Plakates oder Werbe-Flyers für eine Veranstaltung nicht als bloße Äußerlichkeit abgetan werden.

[300] Vgl. SPIELBERG, Kirche noch Gemeinde, 404-406. – Der Bedarf an qualifizierten Beratungsangeboten steigt – angesichts des zunehmenden Zwangs zur Wahl und der „Pflicht“ zur individuellen Lebensgestaltung. Das Auseinanderdriften von Lebenshilfe und Verkündigung stellt deshalb eine besondere Herausforderung für eine zukunftsorientierte Gemeindeentwicklung dar.

[301] Vgl. SPIELBERG, Kirche noch Gemeinde, 406. – Der soziokulturelle Trend des „Cocooning“ meint die Tendenz, die eigene Wohnung zum Kokon werden zu lassen, der vor der kalten und unwirtlichen Welt schützt. „Sie wird zentraler Lebensort inmitten vieler Nicht-Orte.“ – Wie könnte eine Wertschätzung der Wohnung durch die Kirche aussehen?

[302] Vgl. SPIELBERG, Kirche noch Gemeinde, 406-410. – Zur Erlebnis- und Erfahrungsorientierung vgl. auch Kapitel 2.1.1.

[303] Bernhard Spielberg greift hier vor allem zurück auf: FUCHS, BRIGITTE, Der Blick nach vorne. Pastoraltheologische Überlegungen zur zweiten Sonderfallstudie, in: DUBACH, ALFRED / FUCHS, BRIGITTE (Hg.), Ein neues Modell von Religion. Zweite Schweizer Sonderfallstudie – Herausforderung für die Kirchen, Zürich 2005, 167-253.

[304] So formulieren die ostafrikanischen Bischöfe der AMECEA im Jahr 1979 im Hinblick auf die positiven Erfahrungen mit den SCCs. Zitiert nach WEBER / FUCHS, Gemeindetheologie, 200.

ausgeliefert zu sein, ist paradoxerweise gerade in dieser Situation viel vom „Mut zum Aufbrechen“[305], vom „Aufbruch im Umbruch“[306] die Rede. Gerade jetzt müsse man „den missionarischen Aufbruch wagen“[307], es sei „Zeit zur Aussaat“, nun müsse man „missionarisch Kirche sein“[308] – so die Deutschen Bischöfe in ihrem Schreiben vom 26. November 2000. Die Aufforderung des Propheten Hosea, Neuland unter den Pflug zu nehmen (Hos 10,12), nutzt Franz-Peter Tebartz-van Elst zu einer „geistlichen Annäherung“[309] und Deutung von „Kirche in mobiler Gesellschaft“[310] und der Zukunft ihrer Gemeinden. Sich bewusst dazu zu entscheiden, nicht mehr alle erfassen zu wollen, nicht mehr alle an Kirche und Gemeinden herangetragenen Bedürfnisse befriedigen zu wollen, sondern in der Gesellschaft, in den vielfältigen menschlichen Lebensräumen „darzustellen, was Christen glauben, wofür sie leben und was allen Menschen aus der Fülle dieses Glaubens verheißen ist“[311], weite den Blick für die Zukunft, entlaste und nehme Neuland unter den Pflug.

Rolf Zerfaß, durch dessen ganzes Werk sich die Leitmetapher des Exils zieht,[312] vermutete in seiner Abschiedsvorlesung „Das Volk Gottes auf dem Weg in die Minderheit?“[313], dass ChristInnen das Bild vom „Volk Gottes auf dem Weg“, das die „spirituelle Schlüsselmetapher“[314] des Zweiten Vatikanums darstelle, bislang nur halb verstanden hätten, indem sie sich lediglich

---

305 So der Titel des bereits zitierten Buches von Rudolf Vögele.

306 Der Konsultationsprozess über zukünftige pastorale Optionen in der Erzdiözese Freiburg trägt diesen Titel.

307 TEBARTZ-VAN ELST, Gemeinden, 16.

308 Vgl. SEKRETARIAT DER DEUTSCHEN BISCHOFSKONFERENZ (Hg.), Zeit zur Aussaat. Missionarisch Kirche sein, Bonn 2000.

309 TEBARTZ-VAN ELST, Gemeinden, 9.

310 TEBARTZ-VAN ELST, Gemeinden, 9.

311 TEBARTZ-VAN ELST, Gemeinden, 19.

312 Die von Rolf Zerfaß geprägte Exilsmetapher als biblische Deutungsfolie der gegenwärtigen Lage der Kirche wurde wohlwollend-kritisch diskutiert. Vgl. BAUER, CHRISTIAN, Heimat in Ruinen. Praktische Theologie des Exils nach Rolf Zerfaß, in: Pastoraltheologische Informationen 26 (2006) Heft 1, 52-69; KLEIN, STEPHANIE, Die Erinnerung an Lernerfahrungen im Exil als eine Perspektive für die Pastoral heute, in: Tübinger Theologische Quartalschrift 185 (2005) 196-203; NAUER, DORIS, „Pastoral der Präsenz unter den Anderen“. Plädoyer für ein multiperspektivisches Seelsorgeverständnis, in: Tübinger Theologische Quartalschrift 185 (2005) 204-213; BUCHER, Gegenwart, 182-195; WIDL, Sucht den Herrn, 70-86; ZULEHNER, PAUL M., Volk Gottes im Exil, in: Pastoraltheologische Informationen 26 (2006) Heft 1, 87-102.

313 ZERFASS, ROLF, Das Volk Gottes auf dem Weg in die Minderheit? Zur pastoralen Aktualität einer zentralen Erfahrung Israels, in: Katechetische Blätter 125 (2000) 42-52.

314 ZERFASS, Volk Gottes, 43.

die Erfolgsgeschichte Israels, den Auszug aus Ägypten, nicht aber die Exils- und Diasporaerfahrung, seinen „Abstieg in die Zerstreuung unter die fremden Völker“, zu eigen gemacht hätten. Es sei eine „im Glaubensgehorsam anzunehmende Tatsache“[315], dass sich Kirche als das wandernde Gottesvolk augenblicklich auf dem Weg in die Minderheit unter den Völkern befinde, doch diese Zumutung sei eine „Zumutung voller Verheißungen“[316].

Dies stellt eine „immense Herausforderung an die Sehnsucht nach religiöser Beheimatung“[317] (und wohl auch nach existentieller Beheimatung) dar.[318] Wo können Menschen auf diesem Weg in die Fremde ein Obdach für ihre Seele finden? Gibt es die Herbergen am Wegrand, die ausruhen und verweilen lassen?[319]

Unsere Pfarrgemeinden sind heute vielfach zum Inbegriff von Stabilität, Unbeweglichkeit und Veränderungsresistenz geworden. Da erscheint es höchst fraglich, ob sie sich auf einen solch radikalen Umwandlungsprozess einlassen können, der aus festgemauerten Gotteshäusern Nomadenzelte machen wird.[320] Und doch wird es entscheidend darauf ankommen, dass ChristInnen auch hierzulande sich wieder darauf einlassen, „in der Fremde zu wohnen“, Heimat im Ungewissen zu finden und „Unruhe, Sehnsucht, Fernweh nicht als Gegensatz, sondern als *Bestandteil von Heimat* ins Herz zu pflanzen“[321].

---

[315] ZERFAß, Volk Gottes, 47.

[316] ZERFAß, Volk Gottes, 47. – Zerfaß nimmt hier auf den französischen Theologen Jean Rigal Bezug, der auf dem Hintergrund von Erfahrungen im basisgemeindlichen Untergrund der französischen Kirche drei Lernchancen benennt: 1. Kirchliche Vitalität gründet nun nicht mehr in der Anzahl ihrer Mitglieder, sondern in der Kraft und Dynamik des Evangeliums. 2. Kirche hat die Chance, sich in Zukunft nicht mehr von ihrer Umwelt abgrenzen zu müssen oder mit ihr rivalisieren zu müssen, sondern kann offen an dem teilnehmen, was die Menschen bewegt. 3. Kirche wird fähig, „von einer Pastoral der Eroberung Abschied zu nehmen zugunsten einer Pastoral der Präsenz unter den anderen, besonders den Bedürftigen“ (48).

[317] BLUM, Volk, 20.

[318] Zur Fraglichkeit des Heimatbegriffs im religiösen wie im existenziell menschlichen Bereich vgl. BAUER, Heimat, 58-60.

[319] Vgl. HENDRIKS, JAN, Gemeinde als Herberge. Kirche im 21. Jahrhundert – eine konkrete Utopie, Gütersloh 2001.

[320] Vgl. HALBE, JÖRN, Die dünne Haut der Zelte. Gemeinde als transitorischer Ort – nicht nur in Diensten und Werken, in: Wege zum Menschen 55 (2003) 92-104.

[321] BLUM, Volk, 20.

### 2.2.6 „Wenn Gott Wohnung nähme im Brachland und in den Ruinen blühender Städte…" – Bündelung und Fokussierung auf das Forschungsinteresse der Arbeit

Lange bewährte Formen ekklesialer Sozialität stehen auf dem pastoraltheologischen Prüfstand oder müssen sich schlicht der faktischen Macht diözesaner Entscheidungen beugen. Wo vielerorts Gemeinden den Ruinen ehemals blühender Städte gleichen, wo so viel von geistlicher und geistiger Öde wahrnehmbar ist, da stellt sich ganz neu die Frage, wo und in welcher Weise Gott „sein Zelt unter den Menschen" aufschlägt, wo er „Wohnung nehmen" will.

Im Hinblick auf SeelsorgerInnen in der Gemeindepastoral ist anzunehmen, dass sie von den gegenwärtig sich vollziehenden gravierenden strukturellen Veränderungen nicht unberührt bleiben und dass ihr bisheriges Rollenprofil und ihr Selbstverständnis in Krise geraten: Immer größere Seelsorgeräume mit immer mehr Menschen erschweren seelsorgliche Nahkontakte zusehends.[322] Das, was für Seelsorge konstitutiv und unverzichtbar ist, die „Verwurzelung in der Lebenswelt der Menschen und ihre Vertrautheit mit deren alltäglicher Lebenswirklichkeit"[323], gerät mehr und mehr in Gefahr. Als Alarmzeichen ist es außerdem zu werten, dass sich Seelsorge als „signifikante Tätigkeit" pastoraler Berufe zusehends aus dem Bereich der Gemeinde verlagert in kategoriale Felder der Seelsorge bzw. sogar in außerkirchliche Professionen.[324] Unter der Voraussetzung, unter Seelsorge vor allem auch ein Beziehungsgeschehen zwischen Menschen zu verstehen, stellen sich deshalb die folgenden Fragen:

- (Wie) ist es unter den gegenwärtigen Rahmenbedingungen der Gemeindepastoral Seelsorgerinnen und Seelsorgern möglich, – wenigstens partiell – das Leben derer zu teilen, die ihnen anvertraut sind, und ein Stück des Lebens- und Glaubensweges gemeinsam zu gehen, Gemeinde als „solidarisch-sakramentale Weg- und Feiergemeinschaft" (Jürgen Werbick) und als Gemeinschaft, die „Beheimatung durch Verlässlichkeit" (Herbert Haslinger) stiftet, zu (er-)leben?
- Welchen Raum können unter den gegenwärtigen Rahmenbedingungen der Gemeindepastoral verbindliche, tragfähige Seelsorgebeziehungen noch haben? Besitzen SeelsorgerInnen, die „randvoll mit Terminen und mit Arbeit" sind, genügend Offenheit für spontane seelsorgliche Begeg-

---

[322] Vgl. HASLINGER, Lebensort, 99. – Herbert Haslinger spricht von der „System gewordenen Alltagsferne" seelsorglichen Handelns.

[323] HASLINGER, Lebensort, 100.

[324] Vgl. HASLINGER, Lebensort, 74.

nungen? Oder gilt es die flüchtig-passageren, vorläufigen, aber oft doch auch intensiven seelsorglichen Begegnungen mehr zu schätzen und bewusster gestalten zu lernen?

- Was müsste man tun und was müsste man lassen, damit Menschen hierzulande in unserer Kirche Orte finden, an denen der christliche Glaube ein menschliches Gesicht hat, und Menschen, die in authentischer Zeugenschaft gemeinschaftlich das „Feuer des Glaubens hüten"[325]?

Mit einer wachen Aufmerksamkeit für diese Fragen gilt es, an die empirische Untersuchung zu den Erfahrungen von Gottespräsenz im beruflichen Alltag von Gemeindeseelsorgerinnen heranzugehen.

## 2.3 Zwischen Alltag und Ausnahme: Zur Situation von (Gemeinde-) Seelsorgerinnen im deutschsprachigen Raum

„Zwischen Alltag und Ausnahme"[326] – so betitelt Sabine Pemsel-Maier den von ihr 2001 herausgegebenen Sammelband zur Geschichte, Theologie und gegenwärtigen Praxis von Frauen in der Seelsorge. Frauen als Seelsorgerinnen sind in ihrem ehrenamtlichen oder hauptberuflichen Engagement in den Kirchengemeinden im deutschsprachigen Raum mittlerweile unverzichtbar geworden und schlicht nicht mehr wegzudenken. Doch würde die Frau, die ehrenamtlich in der Erstkommunionvorbereitung tätig ist, ihr Tun als ein seelsorgliches qualifizieren? Oder würde die ältere Frau, die Mitglied im pfarrgemeindlichen Besuchsdienst ist und Woche für Woche alte und kranke Gemeindemitglieder besucht, sich selbst als Seelsorgerin bezeichnen? Auch

---

[325] Vgl. von Ballestrem, Monica, Schreiben gegen das Überhören. Für eine plurale und basisorientierte Theologie und Praxis der Kirche (Studien zur Theologie und Praxis der Seelsorge; 54), Würzburg 2003, 554. – „Überlieferung des Glaubens erfordert Begegnungen und dauerhafte Kontakte in kleinen überschaubaren Einheiten, in denen sich Glaube erfahren und erleben lässt. Nicht Pluralität allein ist also die Antwort auf die Frage nach der Zukunft unserer Kirche, sondern, ob innerhalb dieser Pluralität unserer Kirche Gruppen und Gemeinschaften zu finden sind oder entstehen, die – auch für die anderen – das ‚Feuer des Glaubens' hüten und weitergeben können."

Vgl. Müller, Petro, Von der Gottesfähigkeit des Menschen und ihrem vorrangigen Erfahrungsort, der christlichen Gemeinde, in: Lebendiges Zeugnis 59 (2004) 40-51. – Petro Müller spricht im Anschluss an Alfred Delp SJ von der „Gottesunfähigkeit" des postmodernen Menschen. Bei der Frage, wie das Gottvertrauen für die heutigen Menschen zurückzugewinnen sei, spricht er den christlichen Gemeinden vor Ort eine herausragende Bedeutung zu: „Theologisch, genauer: ekklesiologisch betrachtet, sind kirchliche Gemeinden in ihrer Vielfalt als Kirche vor Ort für das Wachsen der Gottesfähigkeit des postmodernen Menschen unverzichtbar." (50).

[326] Pemsel-Maier, Sabine (Hg.), Zwischen Alltag und Ausnahme: Seelsorgerinnen. Geschichte, Theologie und gegenwärtige Praxis, Ostfildern 2001.

Pastoral- oder Gemeindereferentinnen werden – im Vergleich mit ihren männlichen Kollegen, die als ordinierte Priester pastoral tätig sind, – immer noch als „Seelsorgerinnen zweiter Klasse“ behandelt.

Anliegen dieses Unterkapitels kann es nicht sein, den Themenkomplex „Frauen als Seelsorgerinnen“ erschöpfend zu behandeln. Aber um die in der vorliegenden Arbeit fokussierte Fragestellung nach Erfahrungen von Gottespräsenz, die (Gemeinde-)Seelsorgerinnen in ihrem seelsorglichen Alltag machen, ausreichend zu kontextualisieren, sollen zentrale Frage- und Problemstellungen des Themenkomplexes „Frauen als Seelsorgerinnen“ in der gebotenen Kürze dargestellt sowie wesentliche Argumentationslinien umrissen werden.

Dabei soll den Fragen nachgegangen werden, ob Seelsorgerinnen Seelsorge in anderer Weise ausüben als ihre männlichen Kollegen und ob es vielleicht sogar so etwas wie typisch weibliche Seelsorgetugenden und einen spezifischen Beitrag von Frauen in der Seelsorge gibt. In welchen Situationen stellt sich für Frauen in der Seelsorge die Frage nach einer Legitimation und kirchlichen Bestätigung ihres Tuns durch ein Weiheamt?

### 2.3.1 Einst selbstverständlich – lange verdrängt – spät wiederentdeckt: Frauen in der Seelsorge in Geschichte und Gegenwart

Ob als Missionarin, als Vorsteherin von Hausgemeinden, als Diakonin, Prophetin oder „Apostolin der Apostel“ – in den Anfängen des Christentums waren Frauen in der Seelsorge durchaus eine relevante Größe und auf allen Ebenen pastoral und seelsorglich tätig. Unverzichtbar waren Frauen im „Dienst an den Frauen“, insbesondere im Bereich der Taufvorbereitung und der Taufassistenz (Salbung von Frauen im Rahmen der Taufhandlung).[327] Doch schon bald setzte ein Prozess der Zurückdrängung ein, der folgende Momente umfasste:

- Verdrängung aus dem öffentlichen Bereich (im Zuge der Herausbildung der kirchlichen Ämterstruktur),

[327] Vgl. PEMSEL-MAIER, SABINE, Frauen in der Seelsorge – theologische Begründung und praktische Konkretion, in: Theologisch-Praktische Quartalschrift 148 (2000) 71; STEICHELE, HANNELIESE, „Auf das Wort der Frau hin kamen sie zum Glauben“ (Joh 4,39) Die Rolle der Frau in der urchristlichen Seelsorge, in: PEMSEL-MAIER, SABINE (Hg.), Zwischen Alltag und Ausnahme: Seelsorgerinnen. Geschichte, Theologie und gegenwärtige Praxis, Ostfildern 2001, 21-39; SYNEK, EVA M., Die Zweite Phöbe. Zur Frage von Frauenämtern in der Katholischen Kirche, in: Geist und Leben 70 (1997) 218-232; KÖNIG, HILDEGARD, „... eine Frau zum Dienste der Weiber“. Seelsorge von Frauen an Frauen in frühchristlicher Zeit, in: PEMSEL-MAIER, SABINE (Hg.), Zwischen Alltag und Ausnahme: Seelsorgerinnen. Geschichte, Theologie und gegenwärtige Praxis, Ostfildern 2001, 40-57.

- Verdrängung aus dem liturgischen Bereich (durch die Orientierung an jüdischem Kultdenken und jüdischen Vorstellungen von kultischer Reinheit/Unreinheit),
- Verdrängung aus dem Bereich der offiziellen Seelsorge (durch die Gleichsetzung von Seelsorge und Weiheamt).[328]

Frauen als Seelsorgerinnen hat es im weiteren Verlauf der Kirchengeschichte trotzdem gegeben: Als Nonnen oder Klosterfrauen waren sie geistliche Begleiterinnen und Seelenführerinnen und wirkten vor allem im sozial-karitativen Bereich, freilich „ohne Amt und öffentlichen Auftrag“[329], ausgestattet nur mit ihrer persönlichen Autorität und ihrer geistlich-theologischen Kompetenz.[330]

Zu Beginn des 20. Jahrhunderts zeichnet sich eine neue Entwicklung ab:[331] Frauen werden hauptamtlich in der Gemeindeseelsorge tätig; sie werden zunächst als „Gemeindehelferin“ bezeichnet, später dann als „Seelsorgehelferin“. Ab den 70er Jahren werden sie „Gemeinde- bzw. Pastoralreferentin“ (in Österreich: Pastoralassistentin) genannt.[332] Dieses neu aufkeimende hauptamtliche Engagement von Frauen in der Pfarrseelsorge verdankt sich im Wesentlichen zwei Faktoren: Zum einen war die Berufstätigkeit von Frauen im sozial-karitativen Bereich – und dazu zählte auch der Tätigkeitsbereich einer Seelsorgehelferin – auf Grund des sich verändernden Frauenbildes im gesellschaftlichen und auch im kirchlichen Bereich denk- und lebbar geworden.[333] Zum anderen stand die Pastoral an der Wende vom 19. zum 20. Jahrhundert – bedingt durch die großen gesellschaftlichen Umwälzungen (Industrialisierung, Modernisierung, Urbanisierung, prekäre Lebensverhältnisse

---

[328] Vgl. PEMSEL-MAIER, Frauen, 71-72.

[329] PEMSEL-MAIER, Frauen, 72.

[330] Vgl. MUSCHIOL, GISELA, „Den Weinberg der Seele bebauen“. Seelsorge vom Mittelalter bis zur Gegenwart, in: PEMSEL-MAIER, SABINE (Hg.), Zwischen Alltag und Ausnahme: Seelsorgerinnen. Geschichte, Theologie und gegenwärtige Praxis, Ostfildern 2001, 58-80.

[331] Zur Frage, welche Handlungsspielräume sich Frauen in Deutschland, Österreich und der Schweiz seit dem 19. Jahrhundert bis heute in Seelsorge, Caritas, Bildung, theologischer Wissenschaft und Medien erobert haben, vgl. SOHN-KRONTHALER, MICHAELA / SOHN, ANDREAS, Frauen im kirchlichen Leben. Vom 19. Jahrhundert bis heute, Kevelaer 2008.

[332] Vgl. MUSCHIOL, Weinberg, 71.

[333] Vgl. PRÜLLER-JAGENTEUFEL, VERONIKA, In doppelter Differenz: Seelsorge als Frauenberuf. Von den Seelsorgehelferinnen zur heutigen Situation von Frauen in pastoralen Berufen, in: PEMSEL-MAIER, SABINE (Hg.), Zwischen Alltag und Ausnahme: Seelsorgerinnen. Geschichte, Theologie und gegenwärtige Praxis, Ostfildern 2001, 140. – Veronika Prüller-Jagenteufel weist im Rückgriff auf Herrad Schenk darauf hin, dass eine solche hauptberufliche Tätigkeit im sozial-caritativen Bereich als „soziale Mütterlichkeit“ begriffen werden konnte und sich so legitimierte. Frauen, die als Lehrerinnen, Fürsorgerinnen oder eben als Seelsorgehelferinnen arbeiteten, lebten unverheiratet.

der ArbeiterInnen und wachsende Entfremdung zwischen ArbeiterInnen und der Kirche) – vor enormen Herausforderungen und machte neue seelsorgliche Akzentsetzungen unumgänglich (individuellere seelsorgliche Arbeitsformen, Hausbesuche, verstärktes sozial-karitatives Engagement). Hier schien der Einsatz von Frauen in der Seelsorge hilfreich und sinnvoll.[334] Später unterstützt auch das erneuerte Seelsorgeverständnis des Zweiten Vatikanischen Konzils die Herausbildung von theologischen Laienberufen für Frauen (und Männer), das Seelsorge von der Fixierung auf das Weiheamt befreit und die Solidarität mit den Menschen in Angst und Hoffnung, Freude und Leid zur Aufgabe des gesamten Gottesvolks erklärt.[335] Für die Würzburger Synode ist ein „partnerschaftliches Verhältnis von Mann und Frau in der Kirche und in den Gemeinden"[336] eine erstrebenswerte, aber noch weithin nicht erreichte Zielvorstellung. Im Synodenbeschluss „Dienste und Ämter" ermutigt sie Gemeinden, Priester und Kirchenleitungen in ihrem Verantwortungsbereich an der „Überwindung der geschichtlich bedingten faktischen und rechtlichen Ungleichheit der Frauen"[337] mitzuwirken. Pionierinnen und prägende Persönlichkeiten bei der Konturierung des sich neu herausbildenden Berufs der Seelsorgehelferin waren Margarete Ruckmich (1894-1985) in Freiburg und Hildegard Holzer (1904-1995) in Wien, die beide an der Gründung von Seminaren für die Ausbildung von Seelsorgehelferinnen maßgeblich beteiligt waren, diese Seminare über Jahrzehnte leiteten und damit das neue Berufsbild der Seelsorgehelferin ganz entscheidend prägten.[338]

Rechtlich ungesichert und in vielfältiger Weise belastet waren die Anfangsjahre für Frauen in diesem neuen Berufsfeld.[339] Die ersten Seelsorgehelferinnen hatten häufig mit der mangelnden Anerkennung von Seiten der Kleriker, aber auch von Seiten der Gemeindemitglieder zu kämpfen. Von der Grundkonzeption war der Beruf der Seelsorgehelferin ganz auf die Unterstützung

---

[334] PRÜLLER-JAGENTEUFEL, In doppelter Differenz, 140-141.

[335] Vgl. PEMSEL-MAIER, Frauen, 73.

Zur „Rehabilitierung der ‚Laien'" durch das Zweite Vatikanische Konzil vgl. KARRER, LEO, Die Stunde der Laien. Von der Würde eines namenlosen Standes, Freiburg / Basel / Wien 1999, 95-145.

[336] Gemeinsame Synode der Bistümer in der Bundesrepublik Deutschland. Beschluss: Dienste und Ämter 3.2.2

[337] Gemeinsame Synode der Bistümer in der Bundesrepublik Deutschland. Beschluss: Dienste und Ämter 3.2.2

[338] Vgl. PRÜLLER-JAGENTEUFEL, VERONIKA, Werkzeug und Komplizin Gottes: Hildegard Holzer und die Seelsorgehelferinnen in Österreich 1939-1968 (Tübinger Perspektiven zur Pastoraltheologie und Religionspädagogik; 17), Münster 2002; RUMSTADT, ALMUT, Margarete Ruckmich (1894-1985): Pionierin der hauptberuflichen Seelsorge durch Frauen (Studien zur Theologie und Praxis der Seelsorge; 56), Würzburg 2003.

[339] Vgl. PRÜLLER-JAGENTEUFEL, In doppelter Differenz, 142-143.

des Klerus ausgerichtet; Seelsorgehilfe war eine „Hilfstätigkeit“[340], leistete Vorfeldarbeit, die „eigentliche“ Seelsorge blieb Sache des Klerus. Vielen Seelsorgehelferinnen der ersten Generation war der geschlechtsspezifische Aspekt ihrer Tätigkeit wichtig: „Nicht (nur), weil es zu wenige Priester gibt, sondern weil alle Priester Männer sind, braucht es Frauen in der Seelsorge.“[341] Viele Seelsorgehelferinnen reklamierten für sich spezifisch „weibliche“ Qualitäten in der Ausübung ihrer Tätigkeit (insbesondere in der Begegnung mit Menschen, in der Begleitung von Kindern und Frauen, im Umgang mit Menschen in sozialen Notlagen), die sie als komplementäre Ergänzung zur Seelsorgetätigkeit der Kleriker deuteten.[342]

Im Laufe des 20. Jahrhunderts machte dieser weibliche Seelsorgeberuf verschiedene Phasen der Professionalisierung durch: Christiane Bender unterscheidet in der 1995 veröffentlichten berufssoziologischen Studie zur Erwerbsarbeit von Frauen in der Diözese Rottenburg-Stuttgart vier Professionalisierungsphasen in der Entwicklung des Berufs der Seelsorgehelferin/Gemeindereferentin:

(1) erste Ansätze der Berufsausbildung und erste Einsätze von Frauen in der Seelsorge (Anfang des 20. Jahrhunderts),

(2) Integration von Frauen in das kirchliche Berufsspektrum, Errichtung von Ausbildungseinrichtungen, Verwendung der Berufsbezeichnung „Seelsorgehelferin“ (1920-1968),

(3) stärkere Professionalisierung von Berufsbild und Berufsausbildung auf dem Hintergrund der Impulse des 2. Vatikanischen Konzils, Einführung der Berufsbezeichnung „Gemeindereferentin“, Zulassung von Männern in den Ausbildungseinrichtungen (1968-1978),

(4) Formulierung eines verbindlichen Qualifikations- und Tätigkeitsprofils (1978-heute).[343]

Obgleich das Berufsbild diese Professionalisierungsphasen durchlaufen hat, konstatiert Christiane Bender Professionalisierungsdefizite und spricht von der Bildung einer „Semiprofession“[344], da ein höchstmöglicher Qualifikationsgrad (Universitätsabschluss), ein spezialisiertes und spezifisches und damit auch konkurrenzloses Tätigkeitsfeld und eine Interessensvertretung mit

---

[340] PRÜLLER-JAGENTEUFEL, In doppelter Differenz, 142.

[341] PRÜLLER-JAGENTEUFEL, In doppelter Differenz, 143.

[342] Vgl. PRÜLLER-JAGENTEUFEL, In doppelter Differenz, 150.

[343] Vgl. BENDER, CHRISTIANE, Machen Frauen Kirche? Erwerbsarbeit in der organisierten Religion, Mainz 1996, 154-176.

[344] BENDER, Machen Frauen Kirche, 174.

Definitions- und Durchsetzungsmacht nicht gegeben seien.[345] Problematisch seien, so Christiane Bender, diese Defizite im Professionalisierungsprozess deshalb, weil damit geschlechtsspezifische Ungleichheitsstrukturen verbunden sind:

> „Über die Zuschreibung typisch weiblicher Eigenschaften werden den Frauen in allen vier Phasen der Professionalisierung diejenigen Tätigkeitsfelder des Seelsorgespektrums zugewiesen, die inhaltlich an Hausfrauen- und Familienarbeit erinnern. Diese Arbeiten werden gleichzeitig als Hilfsdienste bewertet, denen wenig Autonomie und Verantwortung eigen ist."[346]

Der Beruf der GemeindereferentIn ist bis heute ein „typischer" Frauenberuf,[347] während der Laienberuf der PastoralreferentIn, der sich seit den 70er Jahren des vergangenen Jahrhunderts entwickelt hat und aufgrund des erforderlichen theologischen Hochschulstudiums die einzige formal gleichqualifizierte Alternative für Laien zum Priester- und Pfarrerberuf darstellt, ein „Männerberuf" ist.[348]

> „Die Position der Frauen im Seelsorgebereich ist nicht nur durch den Ausschluß von Klerikerberufen bestimmt, die mit hohem Einkommen und Sozialstatus verbunden sind [...]. Frauen sind fast ausschließlich in denjenigen Seelsorgeberufen tätig, die formal niedriger qualifiziert werden, ein niedrigeres Durchschnittseinkommen aufweisen und auch im Sozialprestige geringer eingestuft werden."[349]

In seelsorglichen Leitungspositionen und in diözesanen Führungspositionen sind Frauen nur marginal vertreten; problematisch sind für Frauen dabei vor allem die „Old-Boys-Networks" (von Männern dominierte soziale Netze) und das fehlende Mentoring.[350] Probleme von Frauen in der Seelsorge sind auch im Kontext der Laienproblematik, des „ungeklärten Verhältnisses von Laiendiensten und Weiheamt"[351], zu sehen und betreffen die Bereiche Wahrnehmung von Leitungsvollmacht und die Problematik mangelnder Eigenständigkeit bzw. der Abhängigkeit vom zuständigen Pfarrer.[352] In Zeiten knapper Kassen, in der mancherorts auch die pastoralen Laienberufe in Fra-

---

345 Vgl. BENDER, Machen Frauen Kirche, 174-177.

346 BENDER, Machen Frauen Kirche, 175.

347 Vgl. BENDER, Machen Frauen Kirche, 287. – Bender u.a. errechnen für die Diözese Rottenburg-Stuttgart Mitte der 90er Jahre einen Frauenanteil von 90 Prozent. Für andere deutschsprachige Diözesen liegen keine ähnlichen Studien vor, doch ist zur vermuten, dass die Sachlage ähnlich ist.

348 Vgl. BENDER, Machen Frauen Kirche, 198. – 64 Prozent der PastoralreferentInnen der Diözese Rottenburg-Stuttgart sind zum Zeitpunkt der Untersuchung durch Christiane Bender Männer.

349 Vgl. BENDER, Machen Frauen Kirche, 286.

350 Vgl. BENDER, Machen Frauen Kirche, 288-289.

351 PEMSEL-MAIER, Frauen, 77.

352 Vgl. PEMSEL-MAIER, Frauen, 77.

ge gestellt sind, drohen Frauen als hauptamtliche Seelsorgerinnen – wieder einmal – aus der Pastoral verdrängt zu werden.[353]

### 2.3.2 „Typisch weiblich?!" – Gibt es einen spezifischen Beitrag von Frauen in der Seelsorge?

Heiß umstritten und heftig diskutiert ist die Frage, ob Frauen auf eine spezifische Art und Weise seelsorglich tätig sind und ob sich ihre Seelsorge von der herkömmlichen, männlich dominierten Seelsorge unterscheidet. Sind Frauen, eben weil sie Frauen sind, andere oder sogar bessere Seelsorgerinnen als ihre männlichen Kollegen? Bereits in den Anfängen der professionellen Seelsorgetätigkeit von Frauen spielte die Frage nach spezifisch weiblichen Seelsorgequalitäten eine Rolle (2.3.2.1). Heute könnte sie – jenseits geschlechtsstereotyper Vorstellungen – unter differenzfeministischen Gesichtspunkten erneut aktuell werden (2.3.2.2). Hat Seelsorge tatsächlich „ein Geschlecht"? (2.3.2.3)

#### *2.3.2.1 „Sie wollen und haben etwas Eigenes zu geben, die Frauen für die Seelsorge." (Margarete Ruckmich) – Geschlechterdifferenz als Eingangstor in den Raum der Seelsorge*

Schon die ersten Pionierinnen im neu entstehenden Beruf der Seelsorgehelferinnen legitimierten ihre Arbeit zu einem guten Teil aus dem Bewusstsein, als Frauen einen spezifischen Beitrag in der Pfarrseelsorge zu leisten und damit eine notwendige Ergänzung zur Seelsorgetätigkeit des Pfarrers darzustellen.

Im Denken Hildegard Holzers, der Gründerin und Leiterin des Seminars für kirchliche Frauenberufe in Wien, erscheint „die weibliche Differenz gewissermaßen als Eingangstor, das Frauen Zutritt zur Bühne der Seelsorge verschaffen sollte"[354]. Die Geschlechterdifferenz wurde dort betont, wo es um die Existenzberechtigung von Seelsorgehelferinnen ging.[355] Nach der Einschätzung von Veronika Prüller-Jagenteufel finden sich bei Hildegard Holzer dennoch kaum stereotype Vorstellungen von Weiblichkeit bzw. Frausein, mit Ausnahme der Vorstellung von der „besonderen weiblichen Nähe zum Leben"[356] und ihrem „besonderen Auftrag, dem Leben zu dienen"[357]. In der

---

[353] Vgl. PEMSEL-MEIER, Keine Pastoral ohne Theologinnen, in: Pastoraltheologische Informationen 25 (2005) Heft 1, 131.

[354] PRÜLLER-JAGENTEUFEL, Werkzeug, 387.

[355] Vgl. PRÜLLER-JAGENTEUFEL, Werkzeug, 387.

[356] PRÜLLER-JAGENTEUFEL, Werkzeug, 380.

Frage, ob es spezifisch weibliche Aufgabenbereiche in der Seelsorge gäbe, werden bei Hildegard Holzer die Beziehungspflege im Allgemeinen sowie die Arbeit mit Kindern, die Frauen- und Mädchenseelsorge und der Bereich des Caritativen benannt.[358] Freilich wehrt sich Hildegard Holzer gegen eine Engführung und Festlegung des neu entstehenden Seelsorgeberufs für Frauen auf eben diese Bereiche und versteht den Beruf der Seelsorgehelferin immer als auf das Gesamt der Pfarrseelsorge hingeordnet.[359]

Bei Margarete Ruckmich, die sich bereits seit Mitte der 20er Jahre des 20. Jahrhunderts intensiv für den neu entstehenden Seelsorgeberuf für Frauen engagiert, finden sich detailliertere Hinweise zur „fraulichen Eigenart"[360] in der Seelsorge und den damit im Zusammenhang stehenden spezifischen seelsorglichen Einsatzbereichen für Frauen. In ihrer 1925 unter dem Pseudonym Maura Philippi veröffentlichten programmatischen Schrift „Die katholische Gemeindehelferin" spricht Margarete Ruckmich davon, dass es den Frauen „vom lieben Gott gegeben" sei, „still und hingebend zu sein und geduldig auszuharren, fein und sorglich nachzugehen und zurückzuholen, was sich verirren will, und sich in pfleglicher Liebe denen verbunden zu fühlen, die schwach und schutzbedürftig sind"[361]. Als „rechte Frauenarbeit" und somit als spezifische Arbeitsgebiete für die weibliche Gemeindehelferin nennt sie in dieser frühen Veröffentlichung das Führen der Pfarrkartei, Hausbesuche im Auftrage des Pfarrgeistlichen, die Sorge um das Ehesakrament und die Kinderseelsorge.[362] In der 1936 erschienenen Schrift „Die Helferin in der Seelsorge", in die Ruckmichs Erfahrungen mit der Ausbildung von Seelsorgehelferinnen seit Gründung der „Katholischen Gemeindehelferinnenschule" in Freiburg im Jahr 1928 und Erfahrungen der dort ausgebildeten Gemeindehelferinnen eingeflossen sind, schreibt Ruckmich, dass der Beruf der Gemeindehelferin ein "moderner religiöser Frauenberuf"[363] sei. Margarete Ruckmich benennt – wie schon in ihrem ersten Buch – Pfarrkartei, Hausbesuche, Kinder- und Jugendarbeit, Frauenarbeit und Caritasarbeit als Arbeitsfelder der Gemeindehelferin und charakterisiert dann zusammenfassend die Gemeindehelferin folgendermaßen: „Sie steht helfend, beratend, werbend, tragend und fördernd im katholischen Gemeindeleben. Sie sucht und sam-

---

357 PRÜLLER-JAGENTEUFEL, Werkzeug, 341.

358 Vgl. PRÜLLER-JAGENTEUFEL, Werkzeug, 200.

359 Vgl. PRÜLLER-JAGENTEUFEL, Werkzeug, 201-202.

360 Vgl. PHILIPPI, MAURA, Die katholische Gemeindehelferin, Freiburg 1925, 3. Zitiert nach: RUMSTADT, Pionierin, 35.

361 PHILIPPI, Gemeindehelferin, 3. Zitiert nach: RUMSTADT, Pionierin, 35.

362 Vgl. PHILIPPI, Gemeindehelferin, 15-16. Zitiert nach: RUMSTADT, Pionierin, 37.

363 RUCKMICH, MARGARETE, Die Helferin in der Seelsorge, Freiburg 1936, 9-10. Zitiert nach: RUMSTADT, ALMUT, Pionierin, 117.

melt, sie lehrt und mahnt, sie teilt aus und weist zu."[364] Nach dem 2. Weltkrieg beschreibt sie in der Schrift „Die berufliche Mitarbeit der Frau" (1950) als natürliche Seelsorgehaltungen der Frau „ihre Neigung zum lebendig-persönlichen Dienst, ihr ganz natürlich-mütterliches Verlangen zu bergen, zu hüten, zu bewahren, zu nähren und Wachstum zu fördern"[365]. Und noch 1961 findet sich bei Margarete Ruckmich die folgende Einschätzung: „Auch einen Ersatz will die Frau nicht leisten, für fehlende priesterliche Seelsorgearbeit. [...] Sie wollen und haben etwas Eigenes zu geben, die Frauen für die Seelsorge."[366] Nach Einschätzung Almut Rumstadts war es ein wesentliches Grundanliegen Margarete Ruckmichs – in Ergänzung zum und in Hinordnung auf den priesterlichen Dienst – „den spezifischen Dienst und Beitrag von Frauen in der Seelsorge zu fördern und zu profilieren"[367], wobei sie in ihrem Denken und Handeln von einer großen Sensibilität für gesellschaftliche Umwälzungen und den sich daraus ergebenden notwendigen Veränderungen im seelsorglichen Handeln geprägt war.

Margarete Ruckmich und Hildegard Holzer haben in ihrem Einsatz für die hauptamtliche Berufstätigkeit von Frauen in der Seelsorge über Jahrzehnte wertvolle, bewundernswerte und unersetzliche Pioniersarbeit geleistet.[368] Freilich fällt auch die Zeitbedingtheit mancher der von ihnen propagierten Vorstellungen von Weiblichkeit ins Auge. Dass Frauen einer qualifizierten Erwerbsarbeit nachgingen, war in der ersten Hälfte des 20. Jahrhunderts gesellschaftlich keinesfalls eine Selbstverständlichkeit. Vertreterinnen des bürgerlichen Teils der ersten Frauenbewegung legitimierten Berufstätigkeit und öffentliches Wirken von Frauen zumeist mit der Vorstellung von der „sozialen bzw. auf die Welt übertragenen Mütterlichkeit"[369], – eine Argumentationslinie, die ebenso zur Legitimation des hauptberuflichen Engagements von Frauen in der Pfarrseelsorge eingesetzt werden konnte.

---

364 RUCKMICH, MARGARETE, Helferin, 10-11. Zitiert nach: RUMSTADT, ALMUT, Pionierin, 117.

365 RUCKMICH, MARGARETE, Die berufliche Mitarbeit der Frau, Freiburg 1950, 39. Zitiert nach: PRÜLLER-JAGENTEUFEL, VERONIKA, Werkzeug, 377.

366 RUCKMICH, MARGARETE, Die berufliche Frauenarbeit innerhalb der kirchlichen Seelsorge, in: FISCHER, ALFONS (Hg.), Seelsorge zwischen gestern und heute, Freiburg 1961. Zitiert nach: RUMSTADT, Pionierin, 272.

367 RUMSTADT, Pionierin, 272.

368 Vgl. PRÜLLER-JAGENTEUFEL, Werkzeug; RUMSTADT, Pionierin. – Die Arbeiten von Almut Rumstadt zu Margarete Ruckmich und von Veronika Prüller-Jagenteufel zu Hildegard Holzer geben einen guten Eindruck in Leben, Persönlichkeit, und Gedankenwelt dieser beiden Frauen und machen umfangreiches Archivmaterial, im Falle von Hildegard Holzer auch aufschlussreiches Interviewmaterial, zugänglich.

369 Vgl. PRÜLLER-JAGENTEUFEL, Werkzeug, 31-33.

Vermeintlich typisch weibliche Seelsorgetugenden verschafften Frauen einen Zugang zum Bereich der Seelsorge, doch zeigt die Geschichte des Berufs der Seelsorgehelferin / Gemeinde- und Pastoralreferentin eben auch, dass gerade die Zuschreibung dieser vermeintlicher typisch weiblichen Seelsorgetugenden zur Festschreibung und Fixierung eines ganz bestimmten, einseitigen Frauenbildes führen kann und so erneut Ausschließung produziert: „Qua Frausein wurden nämlich Seelsorgehelferinnen in die Struktur integriert, qua Frausein jedoch von den entscheidungsmächtigen Positionen ausgeschlossen."[370]

#### 2.3.2.2 *Auf der Suche nach einer spezifisch weiblichen Identität jenseits stereotyper Vorstellungen von Weiblichkeit – Differenzfeministische Suchbewegungen*

Ihr Frausein mit den vermeintlich typisch weiblichen Seelsorgetugenden hat Frauen den Zugang zum Raum der Seelsorge eröffnet. Das Frausein und eine damit verbundene Fixierung auf ein ganz bestimmtes, einseitiges Frauenbild schließt Frauen bis heute von entscheidungsmächtigen Positionen in der Kirche aus. Bei der Bestimmung spezifischer Qualitäten der Seelsorge durch Frauen ist deshalb also Vorsicht geboten. Die Einschätzung Andrea Bielers, dass der Bestimmung von Geschlechtscharakteren die zentrale Funktion eines „sozialen Platzanweisers" zukommt,[371] erscheint mir in diesem Zusammenhang als sehr erhellend: Mit der Zuweisung bestimmter geschlechtsspezifischer Eigenschaften werden Männern und Frauen auch bestimmte soziale Orte oder bestimmte Positionen in der sozialen Hierarchie zugeteilt. Seit dem 19. Jahrhundert ist dabei die öffentliche Sphäre dem Mann, der private Bereich aber der Frau zugeordnet – ein Schema, was sich bis in die Gegenwart hinein als wirkmächtig erweist.[372] Stereotype Vorstellungen von Weib-

---

[370] Vgl. PRÜLLER-JAGENTEUFEL, Werkzeug, 390.

[371] Vgl. BIELER, Konstruktionen des Weiblichen. Die Theologin Anna Paulsen im Spannungsfeld bürgerlicher Frauenbewegungen der Weimarer Republik und nationalsozialistischer Weiblichkeitsmythen, Gütersloh 1994, 45-50. – Die Hypothesen Bielers greift auch Veronika Prüller-Jagenteufel in ihrer Arbeit über Hildegard Holzer auf.

[372] Vgl. ESSER, Interkontexte feministischer Spiritualität. Eine enzyklopädische Studie zum Begriff religiöser Erfahrung in ökumenischer Perspektive, Berlin 2007 (Theologische Frauenforschung in Europa, 23), 182. – Annette Esser stellt mit Verweis auf die Analyse des französischen dekonstruktivistischen Denkers Jacques Derrida ein Liste binärer Begriffspaare zusammen, die im vorherrschenden Denken und Sprechen (immer noch) dem Mann / dem Männlichen bzw. der Frau / dem Weiblichen zugeordnet werden, wobei die der männlichen Sphäre zugeordneten Begriffe den weiblichen übergeordnet sind:

lichkeit – so die These Bielers – abstrahieren jedoch von den konkreten Frauen und von deren vielfältigen realen Lebensverhältnissen und wirken eben durch die Abstraktion in hohem Maße entfremdend.

Die Frage nach einem spezifischen Beitrag von Frauen in der Seelsorge sollte deshalb nicht ohne Beachtung des Grundaxioms der Gender-Forschung diskutiert werden, dass „Weiblichkeit" und „Männlichkeit" immer kulturell und gesellschaftlich bedingte Konstruktionen sind und deshalb die Unterscheidung zwischen dem biologischen Geschlecht (sex) und dem soziokulturell geformten Geschlecht (gender) notwendig und unumgänglich ist.[373]

| **Mann / männlich** | **Frau / weiblich** |
|---|---|
| Geist | Materie |
| Idee | Gegenstand |
| Form | Inhalt |
| Wesen | Erscheinung |
| Original | Kopie |
| aktiv | passiv |
| geben | nehmen |
| Kultur | Natur |
| Aktivität | Passivität |
| Sonne | Mond |
| Tag | Nacht |
| Vater | Mutter |
| Kopf | Herz |
| Verstand | Gefühl |
| verständlich | greifbar |
| Logos | Pathos |
| Aktion | Passion |

[373] Vgl. ROSENBERGER, SIEGLINDE, Geschlechter – Gleichheiten – Differenzen. Eine Denk- und Politikbeziehung, Wien 1996. Vgl. im Kontext (feministisch-)theologischer Forschung die Ausführungen von BURBACH, CHRISTIANE, Dimensionen des Gender-Begriffes, in: Wege zum Menschen 56 (2004) 291-297; HUML, WILTRUD, Geschlechtergerechtigkeit in der Kirche. Der Differenzansatz der „Italienerinnen" in der Frauenseelsorge, in: Stimmen der Zeit 130 (2005) 377-380; PRÜLLER-JAGENTEUFEL, Werkzeug, 11-12.
Aufschlussreich sind auch diverse Diskussionsbeträge einer Fachtagung zum Thema „Geschlechtergerechtigkeit", die im März 2005 im Auftrag der Pastoralkommission der Deutschen Bischofskonferenz stattfand: GERL-FALKOVITZ, HANNA-BARBARA, Gender-Theorien in kritischer Sicht, in: ARBEITSSTELLE FÜR FRAUENSEELSORGE DER DEUTSCHEN BISCHOFSKONFERENZ (Hg.), Geschlechtergerechtigkeit in Beruf und Familie für Frauen in verantwortlichen Positionen in der Kirche. Dokumentation der Fachtagung am 17./18. März 2005 im Kardinal-Wendel-Haus, München 2005, 9-15; WENDEL, SASKIA, Kritische Würdigung der Gender-Debatte, in: ARBEITSSTELLE FÜR FRAUENSEELSORGE DER DEUTSCHEN BISCHOFSKONFERENZ (Hg.), Geschlechtergerechtigkeit in Beruf und Familie für Frauen in verantwortlichen Positio-

Dennoch lassen neuere Tendenzen in der feministischen Forschung und Literatur aufhorchen, die den „Gleichheitsfeminismus" kritisieren, ganz neu nach der Bedeutung der Geschlechterdifferenz fragen und eine Neuentdeckung und Betonung der weiblichen Eigenart propagieren („Differenzfeminismus", ausgehend von den Frauen des Mailänder Frauenbuchladens und einer Gruppe von Philosophinnen an der Universität Verona mit dem Namen „Diotima").[374] Der sog. Differenzansatz im feministischen Denken ist als Reaktion auf die starken (gesellschaftspolitisch ausgerichteten) Gleichheitsforderungen der Frauenbewegung in den 60er und 70er Jahren des vergangenen Jahrhunderts zu begreifen. „Nicht (soziale) Gleichheit mit den Männern ist die Forderung, sondern es wird eine (Neu)Entdeckung und Betonung weiblicher Eigenart propagiert."[375] Es ist das Anliegen der Differenzfeministinnen, nicht an die traditionellen, männlich präformierten Konzepte von einer sogenannten „Natur" der Frau anzuknüpfen oder diese zu übernehmen, sondern weibliche Identität in der Begegnung und Auseinandersetzung, in Nachahmung und Abgrenzung zu anderen Frauen zu entwickeln.[376] Die Differenzdenkerinnen verweigern dabei eine inhaltliche Füllung von „Weiblichkeit" im Sinne der Erstellung eines Katalogs von weiblichen Eigenschaften, Verhaltens- und Handlungsweisen, wenngleich sie auch die Entwicklung einer weiblichen Identität als Ziel benennen.[377]

#### *2.3.2.3 „Seelsorge hat ein Geschlecht!" – Die Fiktion der Geschlechtsneutralität enttarnen helfen*

Die Grundeinsichten der Gender-Forschung und das Grundanliegen der Differenzfeministinnen im Blick behaltend, möchte ich im Folgenden einige gängige Grundannahmen über „typisch" weibliche Seelsorgetugenden skizzieren: So benennt Benedikta Hintersberger, die sich dessen bewusst ist, dass es ein schwieriges Unterfangen ist – auch im religiös-spirituellen Bereich –

---

nen in der Kirche. Dokumentation der Fachtagung am 17./18. März 2005 im Kardinal-Wendel-Haus, München 2005, 16-25; LEHMANN, KARL, Theologie und Genderfragen, in: ARBEITSSTELLE FÜR FRAUENSEELSORGE DER DEUTSCHEN BISCHOFSKONFERENZ (Hg.), Geschlechtergerechtigkeit in Beruf und Familie für Frauen in verantwortlichen Positionen in der Kirche. Dokumentation der Fachtagung am 17./18. März 2005 im Kardinal-Wendel-Haus, München 2005, 49-60.

[374] Vgl. HUML, Geschlechtergerechtigkeit, 380-382; PRÜLLER-JAGENTEUFEL, Werkzeug, 31-42.

[375] PRÜLLER-JAGENTEUFEL, Werkzeug, 35.

[376] Vgl. HUML, Geschlechtergerechtigkeit, 381.

[377] Vgl. PRÜLLER-JAGENTEUFEL, Werkzeug, 36.

Aussagen über geschlechtsbedingte Besonderheiten zu machen,[378] im Rückgriff auf Hildegunde Wöller folgende „Elemente, Strukturformen und Lebensmuster einer weiblichen Spiritualität“[379]:

- die Nähe zum Alltäglichen und eine daraus resultierende Erdung und Konkretion der Theologie,[380]
- die Fähigkeit zur Empathie und zum Mitleiden,[381]
- die größere „Empfänglichkeit der Frauen für spirituelle Erlebnisse“[382],
- die Betonung von Leibhaftigkeit und Sinnenhaftigkeit,[383]
- das „Bedürfnis nach Ganzheit/Ganzheitlichkeit“[384],
- die Beziehungsorientierung[385].

Silvia Becker formuliert auf dem Hintergrund ihrer Kontakte mit Frauenseelsorgerinnen die Beobachtung, dass Frauen häufig „den begleiteten Personen viel mehr Nähe anbieten als männliche Seelsorger“[386], wobei sie darauf hinweist, dass es sich dabei um ein gängiges Verhaltensmuster einer Mehrheit von Frauen in unserer Gesellschaft handelt, und es dahingestellt sein lässt, ob es sich dabei um eine gesellschaftlich erworbene oder um eine gleichsam angeborene Fähigkeit handelt. In seelsorglichen Begegnungen und Kontakten menschliche Nähe und Wärme anbieten zu können, sei – so

---

[378] Vgl. HINTERSBERGER, BENEDIKTA, Elemente und Strukturformen weiblicher Spiritualität, in: SPENDEL, STEPHANIE (Hg.), Weibliche Spiritualität im Christentum, Regensburg 1996, 24. – „Ob Frauen also anders glauben und spirituell anders leben als Männer, das weiß ich einfach nicht. Aber die Zahl der Frauen nimmt zu, die feststellen, daß ihnen bestimmte Glaubensweisen eher zusagen als andere, bisher selbstverständlich gepflegte ‚männliche‘ Ausdrucksformen und Strukturen geistlichen Lebens.“

[379] HINTERSBERGER, Elemente und Strukturformen, 27.

[380] Vgl. HINTERSBERGER, Elemente und Strukturformen, 22.

[381] Vgl. HINTERSBERGER, Elemente und Strukturformen, 27.

[382] HINTERSBERGER, Elemente und Strukturformen, 28.

[383] Vgl. HINTERSBERGER, Elemente und Strukturformen, 28.

[384] HINTERSBERGER, Elemente und Strukturformen, 29. – „Lebendiger Glaube will sehen, kommt vom Hören, verlangt Zeichen, möchte Nähe spüren, braucht Hände und Füße, Herz und Verstand, Bewußtes und Unbewußtes, eben die ganze menschliche Existenz.“

[385] Vgl. HINTERSBERGER, Elemente und Strukturformen, 29.

[386] BECKER, SILVIA, Eine Chance für die Kirche. Der spezifische Beitrag von Frauen für die Seelsorge, in: PEMSEL-MAIER, SABINE (Hg.), Zwischen Alltag und Ausnahme: Seelsorgerinnen. Geschichte, Theologie und gegenwärtige Praxis, Ostfildern 2001, 173.

die Einschätzung Silvia Beckers – zum einen eine wertvolle Begabung,[387] zum anderen aber auch eine Falle:[388]

> „Frauen, die immer noch die Hauptlast der Familien- und Beziehungsarbeit tragen, werden [...] mit den kleinen und großen Katastrophen viel unmittelbarer konfrontiert und entwickeln dadurch lebenspraktische Kompetenzen, aber auch Kompetenzen des Tröstens, Schützens und Aufrichtens, von denen Männer nur träumen können."[389]

Sowohl Benedikta Hintersberger als auch Silvia Becker benennen hiermit Werte, die sowohl der häuslichen Privatsphäre zuzuordnen sind als auch einem traditionellen weiblichen Geschlechterrollenkonzept entsprechen.[390]

Grundsätzlich leisten Frauen in der Kirche Seelsorgearbeit „ohne Amtsbonus" – auch das ist wohl ein Spezifikum weiblicher Seelsorge.[391] Diese zugemutete Freiheit erfordert von Seelsorgerinnen „Phantasie, Kreativität, Mut, Humor und einen gesunden Selbstand, der sich nicht an kirchlichen Strukturen, sondern an Gott selbst festmacht."[392]

Hat Seelsorge ein Geschlecht?[393] – Auf dem Hintergrund meiner mehrjährigen praktischen Erfahrungen in der Seelsorgearbeit würde ich dies bejahen und Anna Findl-Ludescher zustimmen, dass es auch im Bereich der praktischen Seelsorgearbeit darum gehen muss, „die ‚Fiktion der Geschlechtsneut-

---

387 Vgl. BECKER, Eine Chance für die Kirche, 173. – „Empathie, Herzlichkeit, Zuwendung, selbstvergessenes Dasein für andere: All diese für die Seelsorge unverzichtbaren Fähigkeiten müssen Frauen häufig nicht erst lernen."

388 Vgl. BECKER, Eine Chance für die Kirche, 173-175. – Als Gefahren dieser Haltung benennt Silvia Becker mögliche Distanzlosigkeit und den Aspekt einer persönlichen Überforderung. Außerdem stellt sie kritische Anfragen nach den im Hintergrund wirksamen Beweggründen, spricht von einer möglichen „typisch weiblichen Unfähigkeit, sich vor Überforderungen und wuchernden Ansprüchen anderer Menschen zu schützen" (174) und vom „weiblichen Bedürfnis, ständig gebraucht zu werden und gleichsam unersetzbar zu sein" (174).

389 BECKER, Eine Chance für die Kirche, 179.

390 Vgl. PRÜLLER-JAGENTEUFEL, Frauen, 120. – Veronika Prüller-Jagenteufel verweist darauf, dass im Rahmen einer dualen Ökonomie Kirche in den „haushaltsnahen" Bereich gehöre, der für das Engagement von Frauen prädestiniert zu sein scheine und in dem Werte wie Beziehungspflege, Sensibilität, Sorge füreinander, Rücksicht und Selbstlosigkeit einen hohen Stellenwert hätten.

391 Vgl. PRÜLLER-JAGENTEUFEL, Frauen, 169. – „Eine Seelsorgerin – und sei sie noch so gut ausgebildet – wird durch keine Amtsvollmacht, durch keine Weihe gestützt, die ihr einen Vertrauensvorschuss einräumen würde."

392 PRÜLLER-JAGENTEUFEL, Frauen, 181.

393 Vgl. FINDL-LUDESCHER, ANNA, Hat Seelsorge ein Geschlecht? Perspektiven einer gendersensiblen Seelsorge, in FINDL-LUDESCHER, ANNA / PANHOFER, JOHANNES / PRÜLLER-JAGENTEUFEL, VERONIKA (Hg.), Die Welt in der Nussschale. Impulse aus den Ortskirchen im Horizont der Weltkirche, Würzburg 2005, 85-99.

ralität' enttarnen"[394] zu helfen. Die geschlechtliche Verschiedenheit spielt in der praktischen Seelsorgearbeit neben den persönlich-individuellen Aspekten im seelsorglichen Geschehen tatsächlich eine bedeutende Rolle, ob es nun Gestaltung der Rollen- und Arbeitsverteilung in gemischtgeschlechtlichen Seelsorgeteams geht (Wer ist für die „Beziehungsarbeit" in der Gemeinde zuständig, wer für die „repräsentativen" Aufgaben? Wer bevorzugt welche Weisen des Umgangs mit Konflikten? etc.) oder um die Frage, mit welcher Erwartungshaltung, mit welchen Anliegen und Bedürfnissen Gemeindemitglieder Männern oder Frauen im Seelsorgeteam begegnen. In meinem persönlichen sich über die Jahre entwickelnden und ausdifferenzierenden beruflichen Selbstverständnis habe ich meine „typisch weibliche" Begabung im Bereich der Beziehungsarbeit zu schätzen und zu nutzen gelernt, habe zugleich im Laufe der Jahre aber auch eine wachere Aufmerksamkeit für geschlechtsstereotype Zuweisungen und Zumutungen entwickelt.

### 2.3.3 Seelsorgearbeit und Gotteserfahrung von Frauen sichtbar machen, „damit die Kirche nicht auf der Strecke bleibt..." – Bündelung und Fokussierung auf das Forschungsinteresse der Arbeit

Frauen in der Seelsorge leisten – ehrenamtlich oder hauptberuflich – wertvolle, unverzichtbare Seelsorgearbeit; dennoch erfährt ihr Tun wenig Aufmerksamkeit oder Wertschätzung im öffentlichen kirchlichen Bewusstsein und wird oftmals auch nicht sichtbar gemacht.[395] Frauen als Seelsorgerinnen gehören in der Kirche vielfach zu den Bedeutungslosen, Machtlosen und Marginalisierten, so möchte ich pointiert formulieren. Eine verhängnisvolle und folgenschwere Tatsache, denn „wo eine Frau [...] in ihrer spirituellen Entwicklung auf der Strecke bleibt, weil ihr der Freiraum in der Kirche fehlt, weil ihr ekklesiale Förderung und Forderung vorenthalten bleiben, bleibt nicht nur diese eine Frau, sondern bleibt diese Kirche auf der Strecke".[396]

Seelsorgearbeit von Frauen sichtbar zu machen, einen Raum zu eröffnen, in dem sie ihre Erfahrungen der Spuren Gottes in ihrem seelsorglichen Tun ar-

---

[394] FINDL-LUDESCHER, Hat Seelsorge ein Geschlecht, 93.

[395] Vgl. TAFFERNER, ANDREA, „Wer Gott dient, wird nicht krumm." (Klara von Assisi). Aus der Praxis der Frauenseelsorge, in: SPENDEL, STEFANIE (Hg.), Weibliche Spiritualität im Christentum, Regensburg 1996, 110. – Andrea Tafferner verweist darauf, dass es viel bezahlte und unbezahlte Seelsorgearbeit von Frauen gibt, dass diese Arbeit aber auf der Ebene der öffentlichen Repräsentation ihr weibliches Antlitz verliert.

[396] SPENDEL, STEFANIE, Wenn Frauen sich vergeistigen. „Neuland" christlicher Spiritualität, in: SPENDEL, STEFANIE (Hg)., Weibliche Spiritualität im Christentum, Regensburg 1996, 17.

tikulieren können,[397] diese Erfahrungen theologisch zu würdigen und für den (pastoral-)theologischen Diskurs fruchtbar werden zu lassen,[398] ist deshalb ein wesentliches Anliegen der vorliegenden Arbeit:[399]

> „Die Kirche der Männer wird lernen müssen, endlich auszusteigen aus dem alten Spiel der patriarchalen Zuschreibungen und einzusteigen in das Spiel der aufmerksamen Wahrnehmung. Sie wird schlicht schweigen und hören müssen, hören auf jene Kirche, die es bei den Frauen schon gibt."[400]

Anliegen des zweiten Kapitels war es, in drei Annäherungen die Fragestellung und das Grundanliegen der vorliegenden Arbeit zu präzisieren und zu kontextualisieren. Dabei wurde zunächst geklärt, wie – theologisch verantwortet – vor dem Hintergrund der Lebenserfahrungen heutiger Menschen von „Erfahrungen der Gottespräsenz" gesprochen werden kann. In einem zweiten Schritt wurden wesentliche Grundsignaturen gegenwärtiger Gemeindepastoral benannt und die virulente Diskussion um ein mögliches Ende der Gemeindetheologie skizziert, um auf diesem Hintergrund zu formulieren, vor welche Herausforderungen SeelsorgerInnen in der Gemeindepastoral gegenwärtig gestellt sind. In einem dritten Schritt wurde die Situation von Frauen in der (Gemeinde-)Seelsorge dargestellt und erläutert, warum ihre Seelsorgearbeit, näherhin ihre Erfahrungen von Gottespräsenz, in den Mittelpunkt des Forschungsinteresses der vorliegenden Arbeit rücken.

---

[397] Vgl. KLEIN, STEPHANIE, Theologie und empirische Biographieforschung. Methodische Zugänge zur Lebens- und Glaubensgeschichte und ihre Bedeutung für eine erfahrungsbezogene Theologie (Praktische Theologie heute; 19), Stuttgart-Berlin-Köln 1994, 62. – Ein Weg der Befreiung aus dem androzentrischen System, das Frauen unsichtbar macht, marginalisiert oder ausgrenzt, ist dadurch möglich, „dass die Frauen ihre Erfahrungen artikulieren und ihr Leben ansehen und reflektieren, und daß sie sich aufeinander beziehen".

[398] Ich situiere mich damit innerhalb des feministischen Diskurses, zu dessen zentralen Anliegen es gehört, die Erfahrungen von Frauen, die in der Vergangenheit vielfach missachtet und diskreditiert wurden, sichtbar zu machen und zu würdigen. Vgl. ESSER, ANNETTE, Interkontexte, 68-69. – In der Einschätzung von Annette Esser ist der Erfahrungsbegriff „Schlüssel und Norm" (68) feministischer Theologie: „Die Bedeutung, die dem Erfahrungsbezug im feministischen Diskurs zukommt, hat dabei ihre Wurzeln in der feministischen Kritik am patriarchalen Umgang mit Erfahrung. Diese richtet sich auf zweierlei: erstens auf den Objektivitätsanspruch männlicher Theoriebildung und Wissenschaft und damit verbunden auf ihren mangelnden oder bewusst abgelehnten Erfahrungsbezug; und zweitens auf den bewussten oder unbewussten Androzentrismus eines vermeintlich wissenschaftlich ‚objektiven' Erfahrungsbegriffes, welcher als menschliche Erfahrung behauptet wird und sich als männliche Erfahrung konkretisiert." (69)

[399] Vgl. KLEIN, STEPHANIE, Erfahrungen, 59-61. – Ich orientiere mich hier auch an Überlegungen von Stephanie Klein, die es für eine herausragenden Aufgabenbereich der Praktischen Theologie hält, die Erfahrungen der Wirklichkeit Gottes im Leben von (bedeutungslosen) Menschen sichtbar zu machen, da sie eine wichtige theologische Erkenntnisquelle darstellen.

[400] BUCHER, Ordnung der Geschlechter, 354.

Im folgenden dritten Kapitel soll ein Einblick in die Theoriebildung ausgewählter Seelsorgekonzeptionen (Personale oder Begegnende Seelsorge, Mystagogische Seelsorge, Feministische Seelsorge) eröffnet werden, um in Auseinandersetzung mit diesen Seelsorgekonzeptionen den in dieser Untersuchung zugrunde gelegten Seelsorgebegriff zu erarbeiten und ergänzende Perspektiven für die Fragestellung der Arbeit zu gewinnen.

# 3 „Wie geht Seelsorge?“ – Eine Konturierung des Seelsorgebegriffs in Auseinandersetzung mit ausgewählten zeitgenössischen Seelsorgekonzeptionen

Seelsorge der Gegenwart ereignet sich im Plural,[1] die Seelsorgelandschaft zu Beginn des 21. Jahrhunderts ist – in Theorie und Praxis – von einer sich immer weiter ausdifferenzierenden konzeptionellen Pluralität gekennzeichnet, so die Einschätzung Doris Nauers in ihrem Kompendium „Seelsorgekonzepte im Widerstreit“.[2] Innerhalb dieser Arbeit auch nur einen knappen Überblick über die wichtigsten Seelsorgekonzeptionen zu geben, würde ohne Zweifel den Rahmen und die Zielsetzung der vorliegenden Untersuchung sprengen. Deshalb wurde aus dem breiten Spektrum gegenwärtiger Seelsorgekonzeptionen eine Auswahl getroffen. Im Folgenden werden drei Ansätze skizziert, die mir für mein Forschungsvorhaben besonders interessant erscheinen, weil sie einen expliziten Bezug zum Themenbereich „Gotteserfahrung“ aufweisen, weil die Kategorie „Gemeinschaft(lichkeit)“ einen zentralen Stellenwert hat oder weil in besonderem Maße die Situation von Frauen in der Seelsorge in den Blick genommen wird.

Unter folgenden Gesichtspunkten werden die von mir ausgewählten Seelsorgekonzeptionen dargestellt: Was ist das Grundanliegen des jeweiligen Ansatzes? Von welchen gesellschaftlichen und (religions-)soziologischen Voraussetzungen und Grundannahmen geht er aus? Was wird unter „Seelsorge“ verstanden und wer sind die TrägerInnen der Seelsorge? Welche ekklesiologischen und gemeindetheologischen Implikationen hat der jeweilige Ansatz? Welchen Stellenwert haben Erfahrungen von Gottespräsenz? – In Auseinandersetzung mit den ausgewählten Seelsorgekonzeptionen soll der in dieser Arbeit Verwendung findende Seelsorgebegriff konturiert und darauf aufruhend eine weitere Präzisierung des Forschungsanliegens vorgenommen werden.

---

[1] Vgl. POHL-PATALONG, UTA / MUCHLINSKY, FRANK (Hg.), Seelsorge im Plural. Perspektiven für ein neues Jahrhundert, Hamburg 1999.

[2] Vgl. NAUER, DORIS, Seelsorgekonzepte im Widerstreit. Ein Kompendium (Praktische Theologie heute; 55), Stuttgart u.a. 2001, 14. – Doris Nauer stellt in ihrem umfangreichen Kompendium insgesamt dreißig Seelsorgekonzepte evangelischer, katholischer und interkonfessioneller Prägung vor und unterscheidet Seelsorgekonzepte mit theologisch-biblischer Perspektivendominanz, theologisch-psychologischer Perspektivendominanz und theologisch-soziologischer Perspektivendominanz. (439) Sie selbst entwickelt abschließend ein kombinatorisches Seelsorgekonzept auf der Basis theologisch-philosophischer Perspektivenpluralität, das sie auch als „multiperspektivische, postmoderne Seelsorge“ (376) bezeichnet.

## 3.1 „Gott ist Beziehung“ – Begegnende Seelsorge nach Peter F. Schmid

Als erster Ansatz soll die „Begegnende Seelsorge“[3] nach Peter F. Schmid dargestellt werden. Für die vorliegende Untersuchung ist Schmids Ansatz deshalb von Interesse, weil dort den Kategorien „Beziehung“ und „Begegnung“ zentrale Bedeutung beigemessen wird und die Dimension des Kommunitär-Gemeinschaftlichen in der Seelsorge wesentliche Beachtung findet.

### 3.1.1 Grundanliegen der Begegnenden Seelsorge

Als Psychotherapeut und Pastoraltheologe ist es Peter F. Schmid ein Anliegen, einen Beitrag im interdisziplinären Gespräch zwischen Theologie und Psychotherapie, zwischen Praktischer Theologie und dem Personzentrierten Ansatz von Carl Rogers zu leisten.[4] In verschiedenen Veröffentlichungen aus den 90er Jahren des 20. Jahrhunderts[5] versucht er aufzuweisen, dass der „oft zu Unrecht als individualistisch (dis)qualifizierte Personzentrierte Ansatz“ ein „wesentlich und ursprünglich sozialer und daher Gruppen-Ansatz“[6] sei. In seiner Habilitationsschrift „Im Anfang ist Gemeinschaft. Personzentrierte Gruppenarbeit in Seelsorge und praktischer Theologie“ beleuchtet er das Thema „Menschsein in Gruppen“ unter den Grundkategorien Solidarität und Autonomie aus praktisch-theologischer Sicht und setzt es in eine wechselseitig-kritische Beziehung zur Communio-Ekklesiologie in der Folge des 2. Vatikanums und zu einem erneuerten sozialen Verständnis von Trinität.[7]

„Begegnung und Verkündigung, Beziehung und Inhalt, Praxis und Botschaft sind nicht voneinander zu trennen“,[8] lautet sein pastoraltheologisches Credo. Den Menschen versteht er als Beziehungswesen;[9] seine anthropologisch-

---

[3] Der Ansatz von Peter F. Schmid wird bei Doris Nauer auch als „Personale Seelsorge“ bezeichnet. Vgl. NAUER, Seelsorgekonzepte im Widerstreit, 158.

[4] Vgl. SCHMID, PETER F., Im Anfang ist Gemeinschaft. Personzentrierte Gruppenarbeit in Seelsorge und praktischer Theologie. Beitrag zu einer Theologie der Gruppe, Stuttgart u.a. 1998, 11.

[5] Vgl. SCHMID, Solidarität und Autonomie. Personzentrierte Gruppentherapie. Ein Handbuch I. Autonomie und Solidarität, Köln 1994; SCHMID, PETER F., Personzentrierte Gruppentherapie. Ein Handbuch II. Die Kunst der Begegnung, Köln 1996.

[6] SCHMID, Anfang, 11.

[7] Vgl. SCHMID, Anfang, 11.

[8] SCHMID, PETER F., Die Gruppe als locus theologicus. Kairologische Aspekte zum Verständnis von Seelsorge und zur Konzeption der Pastoraltheologie als Praktischer Theologie, in: Pastoraltheologische Informationen 18 (1998) 295.

[9] SCHMID, PETER F., Der Mensch ist Beziehung. Personalität aus sozialpsychologischer und philosophisch-anthropologischer Perspektive, in Diakonia 29 (1998) 229-239.

philosophische Grundannahme lautet: Zum Menschen als Person „gehören Selbständigkeit *und* Beziehungsangewiesenheit, Souveränität *und* Engagement, Autonomie *und* Solidarität“[10]. „Bei-sich-Sein, Aus-sich-Sein [...] und Mit-Sein [...], Souveränität und Engagement, Autonomie und Solidarität sind, in unaufgebbarer Spannung, gleichermaßen konstitutiv“[11] für die Personalität des Menschen. Der Mensch sei, so Schmid, ausgezeichnet „durch unaustauschbare Individualität und die von allem Anfang an mitgegebene Relationalität“[12], durch Selbstständigkeit und Beziehungsangewiesenheit. Philosophisch nimmt er dabei Bezug auf Denker des Personalismus (Begegnungsphilosophie, Dialogisches Denken), insbesondere nennt er Martin Buber und Emmanuel Levinas.[13] „Personale Begegnung“ ist für ihn die wesentliche anthropologische Schlüsselkategorie in seinem Verständnis vom Menschen,[14] wobei personale Begegnung ein „Betroffensein vom Wesen des Gegenüberstehenden als eines Anderen“[15] meint. In der personalen Begegnung werde der Andere als ein „zutiefst Anderer“ erfahren, „der sich nicht in Bekanntes, Vertrautes einordnen und somit in die Ich-Erfahrung integrieren läßt“[16]. Personale Begegnung stehe jeder Form der Verobjektivierung, Versachlichung und Instrumentalisierung des Gegenübers entgegen.[17]

### 3.1.2 (Religions-)soziologische Grundannahmen der Begegnenden Seelsorge

Das Hauptaugenmerk der pastoraltheologischen Publikationen von Peter F. Schmid liegt sicherlich nicht auf einer detaillierten religionssoziologischen Gegenwartsanalyse. Nur sporadisch findet sich der ein oder andere Hinweis zu den (religions-)soziologischen Rahmenbedingungen, auf deren Hintergrund er seine Überlegungen zur Gestalt gegenwärtiger Seelsorge entwickelt. Die gegenwärtige Gesellschaft bezeichnet Peter F. Schmid als pluralistisch: Die „Einheitszeiten“ in Gesellschaft und Kirche seien endgültig vorbei, weshalb es dringend geboten sei, „Andersdenkende und Andersle-

[10] SCHMID, Mensch, 237.
[11] SCHMID, Anfang, 61.
[12] SCHMID, Mensch, 233.
[13] Vgl. SCHMID, Mensch, 235-236.
[14] Vgl. SCHMID, Anfang, 56.
[15] SCHMID, Anfang, 56.
[16] SCHMID, Anfang, 56.
[17] Vgl. SCHMID, Anfang, 56.

bende in ihrem Anderssein wirklich wahrzunehmen, zu verstehen und wertzuschätzen“[18].

Peter F. Schmid sieht eine große gesellschaftliche Revolution im Gange: Ein neues Paradigma im Hinblick auf den Umgang mit Macht, aber auch ein neues Verständnis vom Zusammenleben und den Beziehungen zwischen Menschen zeichneten sich ab. „Kooperation, Partizipation, Teamarbeit, ‚Durchflutung aller gesellschaftlichen Bereiche mit Demokratie‘ (wie es der langjährige, österreichische Bundeskanzler Bruno Kreisky ausdrückte), synodales und kollegiales Prinzip sind einige der Schlagworte.“[19] Werte wie Gemeinschaft und Gemeinwohl gewännen einen neuen Stellenwert in Politik, Kultur, Wirtschaft und Wissenschaft.[20] Dies bedeute einen tief greifenden gesellschaftlichen Wandel, da das neuzeitliche europäische Denken vorwiegend subjekt- und individuumsbezogen gewesen war.[21]

### 3.1.3 Seelsorge und SeelsorgerInnen im Verständnis der Begegnenden Seelsorge

Was versteht Peter F. Schmid unter „Seelsorge“? – Aufschlussreich sind seine etymologischen Überlegungen zum Wort Seelsorge: Im Wort Seelsorge sei das Wort „Sorge“ enthalten, das jene Haltung bezeichne, „die das Konzil mit seiner Rede von der Verbundenheit der Kirche mit der Menschheit meint“[22]. „Sorge“, „Kummer“ (lateinisch „cura“) meine dabei immer zweierlei: Unruhe und Angst und gleichzeitig das Bemühen um Abhilfe.[23] Schon von der Wortbedeutung lasse sich ablesen, dass in der Seel-Sorge „Selbst-Betroffensein und Handeln aus Betroffenheit“[24] nicht voneinander zu trennen seien. „Anfang aller Veränderung ist die Sorg-fältigkeit, d.h. es sind die Sorgenfalten auf der Stirn, auf der eigenen und der der anderen.“[25]

Von einem althergebrachten Seelsorgeverständnis, das Pastoral auf dem Hintergrund des dreifachen Amtes Christi (Prophetentum, Priestertum, Königtum) denkt, Seelsorge als „Kunst der Pastoren“[26] versteht und den Akzent in

---

[18] SCHMID, Gruppe, 296. – Gruppen in ihrer Heterogenität seien dabei herausragende Orte, wo dieser Umgang mit Pluralität exemplarisch und antizipatorisch gelernt werden könne.

[19] SCHMID, Anfang, 36.

[20] Vgl. SCHMID, Anfang, 36-37.

[21] Vgl. SCHMID, Mensch, 229.

[22] SCHMID, Gruppe, 269.

[23] Vgl. SCHMID, Gruppe, 269.

[24] SCHMID, Gruppe, 269.

[25] SCHMID, Gruppe, 269.

[26] SCHMID, Gruppe, 276.

der Seelsorgetätigkeit auf „Belehrung, Verwaltung und Betreuung, bestenfalls Beratung“[27] setzt, nimmt Peter F. Schmid Abstand. Seine Sympathien gelten einem heute weit verbreiteten Seelsorgeverständnis, das auf der theoretischen Grundannahme von den drei (bzw. vier) Grundfunktionen von Kirche und Gemeinde – Verkündigung, Liturgie, Diakonie und Koinonia – aufruht und Seelsorge als „Kunst der Gemeinde“[28] betrachtet. Seelsorge ist für Peter F. Schmid eine „beziehungsstiftende und –fördernde Aufgabe“[29] und zu verstehen als „wechselseitige Begegnung [...], als Kunst (und niemals als Technik), einander beim Christsein zu begleiten, zu fördern und dazu herauszufordern“[30]. Seelsorge ist also wesentlich dialogisch, sie ist „personale Begegnung“[31], mit dem Christsein selbst zutiefst verbunden als ein „von Christus her in der Gemeinschaft und aus und in ihrem Auftrag geleisteter Dienst am einzelnen und der Gemeinschaft“[32]. Oder nochmals anders gewendet: „Seelsorge ist der Dienst der Christen aneinander und an der ‚Welt‘, die Praxis der Förderung im Leben aus dem Glauben“[33].

An anderer Stelle leitet Schmid dieses Verständnis von Seelsorge, „dem es um Begegnung statt um Betreuung und Beratung geht“,[34] ab vom Gedanken der „actuosa participatio“ des ganzen Gottesvolkes im Kontext des gemeinsamen Priestertums aller Getauften.[35] Alle ChristInnen seien „Subjekt, nicht Objekt der Seelsorge“[36]; keine/r sei „Experte im Glauben“[37]. SeelsorgerIn sein bedeutet demnach, „füreinander Facilitator sein“[38]: FörderIn, UnterstützerIn und BegleiterIn im Entwicklungsprozess des Glaubenslebens. Ein solch weiter Begriff von Seelsorge und SeelsorgerIn impliziert freilich als Konsequenz „die Überwindung der Zweiteilung in Laien und Klerus“[39].

Dieses Verständnis von Seelsorge als beziehungsstiftendes und beziehungsförderndes Handeln betrifft grundsätzlich alle Bereiche seelsorglichen Han-

---

27 SCHMID, Gruppe, 277.
28 SCHMID, Gruppe, 277.
29 SCHMID, Mensch, 239.
30 SCHMID, Gruppe, 278.
31 SCHMID, Gruppe, 279.
32 SCHMID, Gruppe, 279.
33 SCHMID, Gruppe, 279.
34 SCHMID, Anfang, 82.
35 Vgl. SCHMID, Anfang, 82.
36 SCHMID, Anfang, 82.
37 SCHMID, Anfang, 82.
38 SCHMID, Anfang, 82.
39 SCHMID, Anfang, 83.

delns, sowohl die Einzelseelsorge, als auch die Gemeindeseelsorge.[40] Obgleich die individuelle Beziehung des einzelnen Menschen zu Gott wichtig sei und in Folge dessen auch die Individualseelsorge, so ist bei Peter F. Schmids Publikationen in den 90er Jahren auf den Hintergrund der Communio-Ekklesiologie des 2. Vatikanums doch die „Gemeinschaft der Glaubenden“[41] im Mittelpunkt des Interesses und – als Konsequenz daraus – ein Seelsorgeverständnis, das die Dimension des Gemeinschaftlichen betont.

### 3.1.4 Ekklesiologische und gemeindetheologische Implikationen

„Der dreieinige Gott ist Urbild, Grund und Ursprung der Kirche.“[42] – Ausgehend vom trinitarischen Gottesbild, wonach Gott Beziehung und Gemeinschaft (Koinonia, communio) ist,[43] versteht Peter F. Schmid „Koinonia als Grundprinzip der Ekklesiologie“[44]. Kirche ist Sakrament, „Zeichen und Symbol Gottes in der Welt“[45], insofern sie Beziehung und Gemeinschaft ist. Im Anschluss an das 2. Vatikanum, in dem Communio-Ekklesiologie und eine hierarchisch-christomonistisch orientierte Ekklesiologie noch relativ unvermittelt nebeneinander stünden, habe sich die Kirche „auf den Weg gemacht, ihre wesenhafte Form als Gemeinde wiederzuentdecken“[46].

Doch was meint nun Kirche als Koinonia? Welche Konsequenzen ergeben sich aus dem Communio-Prinzip für das Verständnis von Kirche und die Praxis kirchlichen Lebens? – Koinonia meint eine „Gemeinschaft von Verschiedenen“, nicht die „Geselligkeit von Gleichgesinnten“[47], bedeutet „Einheit in Vielfalt“. Kirche wird ein „Ort des lebendigen Austauschs, und nicht länger monolithisch und starr“[48]. Das Communio-Prinzip hat als eine der wichtigsten Konsequenzen die Bemühungen im ökumenischen Bereich um „Einheit in versöhnter Verschiedenheit“[49]. Communio entsteht schließlich nur durch Communicatio; Kirche als Communio realisiert sich als „Kommu-

---

[40] Vgl. SCHMID, Mensch, 239.

[41] SCHMID, Anfang, 77.

[42] SCHMID, Anfang, 74.

[43] Vgl. SCHMID, Anfang, 23.

[44] Vgl. SCHMID, Anfang, 67.

[45] SCHMID, Anfang, 67.

[46] SCHMID, Anfang, 73.

[47] SCHMID, Anfang, 79. – So formuliert Peter F. Schmid im Anschluss an Martina Blasberg-Kuhnke.

[48] SCHMID, Anfang, 79.

[49] SCHMID, Anfang, 80. – So formuliert er im Anschluss an Lothar Lies.

nikationsgemeinschaft“[50], als „Begegnungsraum“, der „strukturelle Offenheit für das andere und den Anderen, die Suche nach Dialog und Gespräch, eine einfühlsame, empathische Haltung“[51] erfordert. Der Dialog ist „das wesentliche Grundmuster kirchlicher Kommunikation nach innen und außen“, er gehört zum „auf den dreieinigen Gott verweisenden Wesen der Kirche“[52]. Aus der Communio-Ekklesiologie folgt die „fundamentale Gleichrangigkeit aller Mitglieder“[53] und die daraus folgende verantwortliche Teilnahme aller (Partizipation). In der Seelsorge geht es dann nicht mehr bloß um Betreuung oder Beratung, sondern um Begegnung, es geht darum, „einander wechselseitig beim Christsein zu unterstützen, bei der Arbeit am Reich Gottes zu helfen“[54] – ein Verständnis von Seelsorge, was dann natürlich auch Konsequenzen für das Verständnis kirchlicher Ämter und Dienste hat.[55] Kirchliche Strukturen sind daraufhin zu überprüfen, ob sie „für die gemeinschaftliche Teilhabe förderlich sind“[56]. Innerstes Wesen der Kirche als Communio ist die Pro-Existenz, Grundgestalt der Gemeinde als Koinonia sind Glaube, Hoffnung und Liebe.[57] Leben und Glauben der Kirche als Communio verwirklichen sich konkret in der „Ekklesia“, in der Versammlung der Herausgerufenen, in der Gemeinde.[58] Die Gemeinde ist „Lebensraum des Glaubens, in dem man die Kirche als Koinonia-Gemeinschaft der Glaubenden konkret am Ort erfährt“[59].

Peter F. Schmid ist freilich Realist genug, auf die sichtbare und spürbare „Gebrochenheit der konkreten Praxis“[60] kirchlichen Lebens und Handelns hinzuweisen: „An den Hoffnungen und Träumen der unmittelbaren Nachkonzilszeit gemessen, sieht die Realität ernüchternd aus.“[61] Gründe sieht er in übersteigerten Erwartungen an die Gemeinde und an ihre „bisweilen zu beobachtende Idealisierung“[62] und in dem Umstand, dass der einzelne, kon-

---

[50] SCHMID, Anfang, 80.

[51] SCHMID, Anfang, 81.

[52] SCHMID, Anfang, 81.

[53] SCHMID, Anfang, 82.

[54] SCHMID, Anfang, 82.

[55] Vgl. SCHMID, Anfang, 84-85. – Wird Seelsorge als wechselseitige Hilfe zum Christsein verstanden, ist es spezifische Aufgabe der „stets an die Gemeinde rückgebundenen, ihr aber ebenso gegenüberstehenden Amtsträger, dies möglich zu machen und zu fördern.“ (85)

[56] SCHMID, Anfang, 86.

[57] Vgl. SCHMID, Anfang, 86.

[58] Vgl. SCHMID, Anfang, 87.

[59] SCHMID, Anfang, 108.

[60] SCHMID, Anfang, 109.

[61] SCHMID, Anfang, 109.

[62] SCHMID, Anfang, 109.

krete Mensch angesichts der Vorrangstellung der Gemeinde und des Gemeinschaftlichen teilweise aus dem Auge verloren worden sei.[63] Er sieht auch die „immer stärker fehlende Unterstützung, ja zum Teil Gegenbewegung seitens der Kirchenleitung“[64] sowie den gesamtgesellschaftlichen Trend zur Privatisierung und zum abnehmenden zivilgesellschaftlichen Engagement[65]. Schließlich sei eine solch grundlegend erneuerte Gemeindepraxis zu wenig fachlich begleitet und reflektiert worden,[66] was sich z.B. bei hauptamtlichen SeelsorgerInnen in „mangelnder Ausbildung der Fähigkeiten und mangelndem Rüstzeug für die Arbeit mit Gruppen“[67] äußerte.

Eine wesentliche Möglichkeit, Gemeinde und Koinonia tatsächlich erfahrbar werden zu lassen, sieht Peter F. Schmid darin, das Augenmerk verstärkt auf die Gruppe und auf Gruppen in der Gemeinde zu legen.[68] Gruppen seien – soziologisch betrachtet – sowohl „Tradierungsinstanzen“[69], die Werte, Überzeugungen, Glaubenseinstellungen übermittelten, wie auch „Transformationspotentiale“[70], die die je neue und kritische Aneignung der überkommenen Traditionen ermögliche. Sozialpsychologisch seien Gruppen „Orte religiöser beziehungsweise kirchlicher Sozialisation“[71]. In theologischer Perspektive seien Gruppen Orte gemeindlicher Glaubenserfahrung, indem sie Abhilfe gegen die Anonymität großer Pfarrgemeinden leisteten und die „Wirhaftigkeit des Glaubens“[72] erleben ließen. Gruppen würden zu Orten der Gotteserfahrung – gerade deshalb, weil man in ihnen Erfahrungen des unbedingten Angenommenseins machen könne.

Schmids theologische Definition der Gruppe lautet: Gruppe ist

> „Ort der Koinonia (communio, Gemeinschaft) Gottes mit den Menschen und der Koinonia der Menschen untereinander. Sie ist damit gleichsam ‚sacramentum trinitatis' als ‚Zeichen und Werkzeug' (LG 1) der Gemeinschaft des dreieinigen Gottes, der Gemeinschaft ist, Gemeinschaft anbietet und sucht und Gemeinschaft ermöglicht und schafft“[73].

---

63 Vgl. SCHMID, Anfang, 109.

64 SCHMID, Anfang, 109.

65 Vgl. SCHMID, Anfang, 109.

66 Vgl. SCHMID, Anfang, 109.

67 SCHMID, Anfang, 15.

68 Vgl. SCHMID, Anfang, 111.

69 SCHMID, Anfang, 136.

70 SCHMID, Anfang, 136.

71 SCHMID, Peter F., Anfang, 136.

72 SCHMID, Anfang, 136.

73 SCHMID, Anfang, 153-154.

Trotz der deutlichen Wertschätzung der Gruppe ist für Peter F. Schmid Kritik an Tendenzen zur Idealisierung der Gruppe und zu deren Funktionalisierung unumgänglich.[74]

### 3.1.5 Von der Möglichkeit der Gotteserfahrung

Von der Möglichkeit der Gotteserfahrung spricht Peter F. Schmid in erster Linie im Zusammenhang mit Gruppen. Die Gruppe ist „herausragender Ort der Begegnungserfahrung"[75] – nicht nur der Menschen untereinander, sondern auch mit dem Gott, der Gemeinschaft ist und Gemeinschaft stiftet (trinitarische Perspektive). „Was Gott mit seiner Gemeinschaft, die er uns anbietet, meint, kann vielleicht am intensivsten in ‚guten' Gruppen erfahren werden."[76] „Gute Gruppen" sind Gruppen, in denen sich Menschen unbedingt angenommen wissen, sich einander bedingungslos zuwenden und vertrauen. Sie werden so zum „‚Spiegel und Gleichnis' von ‚Gotteserfahrung'"[77]. Jede Gruppe, die beiträgt zur Personalisierung eines Menschen, lässt das Geheimnis des dreieinigen Gottes aufleuchten, ist „Bild und Gleichnis"[78] des dreieinigen Gottes, ist „gleichsam ‚Sakrament' seiner Gegenwart, Präsenz seines Sohnes, Wirkungsort des Geistes"[79]. Dabei ist es so, dass die anderen Menschen der Gruppe nicht Mittel und Zweck der Gotteserfahrung sind, also für die persönliche Transzendenzerfahrung des einzelnen instrumentalisiert würden, sondern „diese ‚Erfahrung Gottes' selbst *‚sind'*"[80].

### 3.1.6 Kritische Würdigung des Seelsorgekonzepts der Begegnenden Seelsorge

Seelsorge als „Kunst der Gemeinde"[81] und nicht als „Kunst der Pastoren"[82] zu begreifen und damit mit einem „demokratisierten" und am Communio-Gedanken orientierten Seelsorgebegriff zu operieren, ist – meiner Einschätzung nach – eines der herausragenden Kennzeichen des Seelsorgekonzepts der „Begegnenden Seelsorge" nach Peter F. Schmid. Mit dieser deutlichen

---

[74] Vgl. SCHMID, Anfang, 157-158.
[75] SCHMID, Anfang, 149.
[76] SCHMID, Anfang, 149.
[77] SCHMID, Anfang, 153.
[78] SCHMID, Anfang, 155.
[79] SCHMID, Anfang, 155.
[80] SCHMID, Anfang, 155.
[81] SCHMID, Gruppe, 276.
[82] SCHMID, Gruppe, 277.

Profilierung überwindet Schmid ein bis heute gängiges Seelsorgeverständnis, das unter Seelsorge in erster Linie das (betreuende und beratende) Handeln von Amtsträgern versteht. Schmids Seelsorgeverständnis kann hauptamtlich in der Gemeindeseelsorge tätigen Männern und Frauen eine visionäre Handlungsorientierung und Ermutigung sein, die seelsorglichen Kompetenzen ihrer Gemeindemitglieder zu fördern. Freilich werden PraktikerInnen wohl auch nüchtern zu bedenken geben, dass ein solch demokratisiertes Seelsorgeverständnis für viele ChristInnen – auch heute, über 40 Jahre nach dem 2. Vatikanum – als höchst ungewöhnlich, revolutionär oder gar anstößig empfunden werden wird.

Ein weiteres Kennzeichen und auch eine Stärke dieses Ansatzes ist es, Seelsorge eben nicht bloß als Individualseelsorge zu begreifen, sondern explizit und mit viel Sorgfalt die gemeinschaftliche Dimension von Seelsorge zu entfalten und den Blick für die Gruppe als pastoral und spirituell relevante Größe zu schärfen. Das ist keine Selbstverständlichkeit in einer Zeit, in der individualisierte, unverbindliche Formen von Seelsorge (z.B. Cityseelsorge) oder aber religiöse Massenveranstaltungen (z.B. Weltjugendtag) Konjunktur haben, verbindliche und überschaubare religiöse Vergesellschaftungsformen jedoch nicht im Zentrum pastoralen Interesses zu stehen scheinen.

## 3.2 „Den Menschen vor das Geheimnis seines Lebens hinführen, das wir Gott nennen" – Mystagogische Seelsorge

Der zweite hier vorgestellte Ansatz ist die „Mystagogische Seelsorge", die seit den 80er Jahren von Autoren wie Paul M. Zulehner, Isidor Baumgartner, Stefan Knobloch, Herbert Haslinger, Thomas Henke, Hermann Kochanek, Wolfram Rösch und Andreas Wollbold in Anlehnung an Karl Rahner entwickelt wurde.[83] Diese Seelsorgekonzeption ist für die vorliegende Untersuchung deshalb von Interesse, weil in ihr dem Moment der Gotteserfahrung zentrale Bedeutung zukommt.

### 3.2.1 Grundanliegen der Mystagogischen Seelsorge

Grundanliegen der Mystagogischen Seelsorge ist es, „über alles rationale Andozieren der Existenz Gottes hinaus"[84] (Karl Rahner) die lebendige Erfah-

---

[83] Vgl. NAUER, Seelsorgekonzepte, 91-99.

[84] RAHNER, KARL, Strukturwandel in der Kirche als Aufgabe und Chance. Neuausgabe mit einer Einführung von J.B. Metz, Freiburg-Basel-Wien 1989, 103.

rung Gottes des einzelnen Menschen aufzuspüren und aufzusuchen,[85] eine Erfahrung Gottes, die nicht als etwas Fremdes an den Menschen herangetragen wird, sondern „aus der Mitte der eigenen Existenz aufsteigt"[86]. Die Kirche und ihre MitarbeiterInnen müssen keinen „Import Gottes"[87] betreiben, sondern lediglich die Menschen vor jenen Gott bringen, der in deren Leben immer schon anwesend ist. Mystagogische Seelsorge bedeutet, „den Menschen vor das Geheimnis seines Lebens hinzuführen, das wir Gott nennen"[88]. Mystagogie als Prozess seelsorglicher Begleitung ist – in der Diktion von Herbert Haslinger – „die bewußtseinsbildende Hinführung eines Menschen zur immer reflexeren Wahrnehmung seiner unableitbaren Verwiesenheit auf das Geheimnis, das wir ‚Gott' nennen"[89].

Doch Seelsorge als Mystagogie versucht nicht nur, die Erfahrung Gottes im Leben von Menschen aufzuweisen. Mystagogische Seelsorge möchte auch mit Menschen bewusst an deren Subjektwerdung vor den Augen Gottes arbeiten.[90] Es geht Mystagogischer Seelsorge um das eine Entscheidende: „um die Vertiefung der Selbsterfahrung in Dimensionen hinein, aus denen ohne Peinlichkeiten, echt und glaubwürdig die Ahnung des im eigenen Leben von Gott Betroffenseins aufkommt"[91].

Mystagogie / Mystagogische Seelsorge sei keine partikulare Methode, kein neuer theologischer Ansatz neben vielen anderen, so betonen die Vertreter der mystagogischen Seelsorge, sondern eine „theologische ‚Mentalität'"[92], eine notwendige „durchgehende Perspektive kirchlicher Seelsorge und pas-

---

[85] Vgl. KNOBLOCH, STEFAN, Mystagogie und Subjektwerdung. Eine Anforderung an die Seelsorge im Kontext der modernen Gesellschaft, in: Theologisch-praktische Quartalschrift 141 (1993) 153.

[86] RAHNER, Strukturwandel, 103.

[87] ZULEHNER, PAUL M., Denn du kommst unserem Tun mit deiner Gnade zuvor. Zur Theologie der Seelsorge heute, Paul M. Zulehner im Gespräch mit Karl Rahner, unter Mitarbeit von Andreas Heller, Ostfildern 2002, 68.

[88] RÖSCH, WOLFGANG, Mystagogie unter der Herausforderung der Gemeindepraxis, in: Pastoraltheologische Informationen 17 (1997) 255.

[89] HASLINGER, HERBERT, Was ist Mystagogie? Praktisch-theologische Annäherung an einen strapazierten Begriff, in: KNOBLOCH, STEFAN / HASLINGER, HERBERT (Hg.), Mystagogische Seelsorge. Eine lebensgeschichtlich orientierte Pastoral, Mainz 1991, 64.

[90] Vgl. KNOBLOCH, STEFAN, Mystagogie und Subjektwerdung. Eine Anforderung an die Seelsorge im Kontext der modernen Gesellschaft, in: Theologisch-praktische Quartalschrift 141 (1993) 153.

[91] KNOBLOCH, STEFAN, Wieviel ist der Mensch wert? Einzelseelsorge – Grundlagen und Skizzen, Regensburg 1993, 88.

[92] HASLINGER, Mystagogie, 19.

toraler Praxis“[93], ein „Paradigma“[94], das die Praxis der Kirche tiefgreifend prägen solle.

Vertreter der Mystagogischen Seelsorge nehmen ausnahmslos alle Bezug auf Karl Rahner und dessen Rede von der „Notwendigkeit einer neuen Mystagogie“[95] und referieren ausführlich verschiedene theologische Grundannahmen Karl Rahners:[96] Sie benennen dessen Verankerung in der weltfreudigen und realitätsnahen Mystik seines Ordensgründers Ignatius von Loyola,[97] die anthropologischen Voraussetzungen des Rahnerschen Denkens (der Mensch als Person und Subjekt, als Wesen der Transzendenz, als Wesen der Verantwortung und Freiheit, als Wesen der Interkommunikation, der Geschichtlichkeit und Weltlichkeit, als Wesen der Zukünftigkeit, des Scheiterns und der Hoffnung),[98] den transzendentalen Ansatz,[99] die Überlegungen zur ungeschuldeten Selbstmitteilung Gottes und des übernatürlichen Existentials[100] und die Ausführungen zur Gotteserfahrung als dem Kristallisationspunkt des Rahnerschen Denkens[101].

### 3.2.2 (Religions-)soziologische Grundannahmen der Mystagogischen Seelsorge

Von welchen (religions-)soziologischen Grundannahmen die Mystagogische Seelsorge ausgeht und auf welche gesellschaftliche Herausforderungen sie mit ihrer Profilierung seelsorglicher Tätigkeit reagieren möchte, wird bei den Vertretern der Mystagogischen Seelsorge unterschiedlich ausführlich beschrieben.

Stefan Knobloch benennt Anfang der 90er Jahre des vergangenen Jahrhunderts die Situation in der „größer gewordenen Bundesrepublik mit dem Vie-

---

93 KOCHANEK, HERMANN, Mystagogie – eine bleibende Herausforderung für Kirche und Theologie. Aspekte und Elemente einer mystagogischen Seelsorge und Pastoral, in: KOCHANEK, HERMANN (Hg.), Heil durch Erfahrung und Erkenntnis. Die Herausforderung der Gnosis und Esoterik für das frühe Christentum und seine Gegenwart (Veröffentlichungen des Missionspriesterseminars St. Augustin b. Bonn; 42), Nettetal 1993, 118.

94 HASLINGER, Mystagogie, 65.

95 RAHNER, KARL, Die grundlegenden Imperative für den Selbstvollzug der Kirche in der gegenwärtigen Situation, in: ARNOLD, FRANZ X. u.a. (Hg.), Handbuch der Pastoraltheologie II/1, Freiburg 1966, 269.

96 Vgl. HASLINGER, Mystagogie, 28-63; KOCHANEK, HERMANN, Mystagogie, 117-122.

97 Vgl. HASLINGER, Mystagogie, 33-34.

98 Vgl. HASLINGER, Mystagogie, 35-40.

99 Vgl. KOCHANEK, Mystagogie, 118-119.

100 Vgl. HASLINGER, Mystagogie, 45-49.

101 Vgl. HASLINGER, Mystagogie, 50-60.

lerlei an Eindrücken, Vorgängen, Bewegungen, Unüberschaubarkeiten, neuen Problemkonstellationen"[102] als gesellschaftlichen Kontext, auf den eine Neubestimmung der Seelsorge als Mystagogie reagiere. Er skizziert unser „gesellschaftliches Heute"[103] mit Stichworten wie (1) der Ausdifferenzierung der Gesellschaft, die für den/die einzelne(n) zwar freiere Lebensverhältnisse geschaffen habe, aber zugleich auch zu Irritationen und Orientierungsstress geführt habe,[104] und (2) dem Trend zur Individualisierung mit den negativen Auswirkungen, die dieser Trend auf sozial Schwache habe.[105] Er verweist auf (3) Gerhard Schulzes Diagnose einer „Innen- und Erlebnisorientierung" der gegenwärtigen Gesellschaft, auf (4) die fortschreitenden Ästhetisierungstendenzen des alltäglichen Lebens und benennt (5) Tendenzen einer verbreiteten konsumistischen Lebenshaltung,[106] erinnert aber auch an (6) die wachsende „neue Armut"[107].

Hermann Kochanek diagnostiziert, dass das Geheimnis Hochkonjunktur habe, dass viele Menschen Sehnsucht nach dem entwickelten, was nicht machbar und planbar sei, und sich die Frage nach dem Woher und Wohin des Menschen nicht erledigt habe.[108] Mystagogie als „Paradigma einer postmodernen Seelsorge und Pastoral"[109] sei, so Kochanek, eine adäquate und angemessene Antwort auf die Suche der Menschen nach dem Mehr in ihrem eigenen Leben. Auch Thomas Henke verweist auf das Phänomen der „neuen Religiosität"[110], mahnt aber gleichzeitig ein, dass die Großkirchen nicht einer Täuschung verfallen und mit einer gewissen Selbstgefälligkeit die Rückkehr der Religion diagnostizieren sollten; das sich neu entwickelnde religiöse

---

[102] KNOBLOCH, STEFAN, Seelsorge als Mystagogie. Zur Hermeneutik des pastor bonus, der „pastor bona" unter den heutigen Verhältnissen in Kirche und Gesellschaft, in: Trierer Theologische Zeitschrift 100 (1991) 261.

[103] KNOBLOCH, Seelsorge als Mystagogie, 261.

[104] Vgl. KNOBLOCH, Seelsorge als Mystagogie, 261.

[105] Vgl. KNOBLOCH, Seelsorge als Mystagogie, 262; Vgl. RÖSCH, WOLFGANG, Mystagogie unter der Herausforderung, 254. – Mit den Begriffen „Individualisierung" und „Pluralisierung der Lebenswelten" kennzeichnet in ähnlicher Weise auch Wolfgang Rösch im Jahr 1997 die gesellschaftlichen Voraussetzungen mystagogischer Seelsorge.

[106] KNOBLOCH, Mystagogie und Subjektwerdung, 150.

[107] KNOBLOCH, Mystagogie und Subjektwerdung, 150.

[108] Vgl. KOCHANEK, Mystagogie, 113.

[109] KOCHANEK, Mystagogie, 113.

[110] HENKE, THOMAS, Seelsorge und Lebenswelt. Auf dem Weg zu einer Seelsorgetheorie in Auseinandersetzung mit soziologischen und sozialphilosophischen Lebensweltkonzeptionen (Studien zur Theologie und Praxis der Seelsorge; 14), Würzburg 1994, 28.

Bewusstsein komme nicht den bestehenden Großkirchen zugute, sondern entwickle sich zum größten Teil an diesen vorbei[111].

Die herkömmliche Gestalt der Seelsorge könne nach der Einschätzung Stefan Knoblochs auf die oben benannten gesellschaftlichen Herausforderungen nicht angemessen reagieren, sei sie doch durch eine „unglaubliche Subjektvergessenheit“ und „Normenpriorität“ gekennzeichnet[112]. Lieber verwende man in der Gemeindeseelsorge Zeit und Energie für organisierbare und messbare Großereignisse wie Pfarrfeste oder Kirchenrenovationen als für die stille, unbemerkte Zuwendung zu einzelnen Menschen.[113] Die Zusammenkünfte in den Gemeinden erinnerten in der Regel eher an „Aufsichtsratssitzungen von Industrieunternehmen als an kommunikative Erzählgemeinschaften“[114]. Die „subjektlose Reproduktion pfarrgemeindlicher Vorgänge“[115] müsse um des Subjektseins des/der einzelnen willen durchbrochen und überwunden werden.

### 3.2.3 Seelsorge und SeelsorgerInnen im Verständnis des Mystagogischen Seelsorge

In den Publikationen, die dem mystagogischen Ansatz zugeordnet werden können, ist von „Seelsorge“ zumeist im Zusammenhang mit dem näher qualifizierenden Adjektiv „mystagogisch“ die Rede; auch werden die Begriffe „Mystagogie“ und „Mystagogische Seelsorge“ über weite Strecken synonym verwendet, tendenziell auch die Begriffe „Mystagogie“ und „Seelsorge“.[116] Seelsorge im Verständnis des mystagogischen Ansatzes will und soll also den einzelnen Menschen zum bewussten Innewerden des Geheimnisses seines Lebens und in die lebendige Erfahrung Gottes führen.

Seelsorge wird vor allem als Einzelseelsorge oder Individualseelsorge gedacht,[117] da nur eine „auf den einzelnen und seine gefährdete Individualität

---

[111] Vgl. HENKE, Seelsorge und Lebenswelt, 28-29.

[112] KNOBLOCH, Seelsorge als Mystagogie, 262-263. – Hier nimmt Stefan Knobloch auf die Einschätzung Gert Schneiders Bezug. Vgl. SCHNEIDER, GERT, Einsamkeit als pastorales Tabu, in: Diakonia 21 (1990) 381-385.

[113] Vgl. KNOBLOCH, Seelsorge als Mystagogie, 263.

[114] KNOBLOCH, Mensch, 17-18.

[115] KNOBLOCH, Mensch, 18.

[116] So betitelt z.B. Stefan Knobloch seine Ausführungen über eine(n) zeitgemäße(n) „pastor bonus“ / „pastor bona“ mit: „Seelsorge als Mystagogie“.

[117] Vgl. dazu beispielsweise die Publikation KNOBLOCH, STEFAN, Wieviel ist der Mensch wert? Einzelseelsorge – Grundlagen und Skizzen, Regensburg 1993.

eingehende Seelsorge“[118] adäquat auf die gegenwärtigen gesellschaftlichen Herausforderungen reagieren könne. Einzelseelsorge sei „jenes pastorale Unterfangen, das die Existenzerfahrung des Menschen thematisiert und darin auf seine Verwiesenheit auf Gott stößt“[119].

Stefan Knobloch erhebt den Anspruch, „daß für die mystagogische Seelsorge alle Begegnungen mit Menschen in Frage kommen, die heute (noch) zum pastoralen Alltag zählen“[120], benennt dann aber auch als exemplarische Topoi der mystagogischen Einzelseelsorge seelsorgliche Begegnungen im Kontext der Sakramentenvorbereitung (Ehe, Taufe, Firmung) und im Kontext von Alter, Krankheit und Sterben;[121] Wolfgang Rösch berichtet exemplarisch vom „Praxisfeld der Kommunionvorbereitung“[122]; Andreas Wollbold weist darauf hin, dass seelsorgliches Handeln im gemeindlichen Kontext ein „Handeln in gemischten Situationen“[123] sei, für das die Vielfalt der Gesprächssituationen, die Beiläufigkeit und Nicht-Intendiertheit vieler seelsorglicher Begegnungen, die nicht genau definierten Gesprächssituationen, die Überlagerung der Rollenerwartungen charakteristisch ist.[124]

Dem/der SeelsorgerIn kommt in der seelsorglichen Begegnung die Rolle des/der „MystagogIn“, des/der BegleiterIn ins Geheimnis Gottes und des eigenen Lebens zu. Voraussetzung ist, dass SeelsorgerInnen selbst Gotterfahrene, MystagogInnen ihres eigenen Lebens sind:

> „Zweckrational orientierte Experten und Expertinnen für die Sache der Kirche braucht es keine. Aber es braucht Mystagogen und Mystagoginnen des eigenen Lebens, die in diesem Sinn als ‚Erfahrene', also als Experten und Expertinnen, auch andere in das Geheimnis einführen können, das das Leben vor Gott immer schon ist.“[125]

---

118 KNOBLOCH, Mensch, 13.

119 KNOBLOCH, Mensch, 87.

120 KNOBLOCH, Mystagogie und Subjektwerdung, 154.

121 KNOBLOCH, Mensch, 103-195.

122 RÖSCH, Mystagogie als Seelsorge, 253.

123 WOLLBOLD, ANDREAS, Behutsamkeit und Tiefe. Seelsorge als Hinführung zur persönlichen Erfahrung Gottes, in: GARHAMMER, ERICH / SCHEUCHENPFLUG, PETER / WINDISCH, HUBERT (Hg.), Provokation Seelsorge. Wegmarkierungen heutiger Pastoraltheologie. Festschrift für Konrad Baumgartner, Freiburg-Basel-Wien 2000, 56. – Sein 2004 erschienenes „Handbuch der Gemeindepastoral“ versteht Andreas Wollbold zwar als „Vorschlag einer *spirituell geprägten Pastoral*“ (15), doch scheint der Ansatz der Mystagogische Seelsorge bei diesem Autor keine dezidierte Fortentwicklung genommen haben. Das Stichwort „Mystagogie“ erscheint zwar im Register, aber nicht im Inhaltsverzeichnis des Handbuchs. Zudem ist auffällig, dass die Koinonia-Dimension in diesem Handbuch der Gemeindepastoral nicht im Blick ist (!).

124 Vgl. WOLLBOLD, Behutsamkeit und Tiefe, 55.

125 KNOBLOCH, Seelsorge als Mystagogie, 275.

Doch wen haben die Autoren im Blick, wenn sie von dem/der SeelsorgerIn sprechen? – Den Priester oder Gemeindepfarrer,[126] alle hauptamtlichen MitarbeiterInnen in der Gemeindepastoral, also auch GemeindereferentInnen und PastoralreferentInnen,[127] Männer und Frauen[128]? Offensichtlich aber doch tendenziell „Profis“, „ExpertInnen“ und nicht alle Mitglieder einer christlichen Gemeinde, nicht alle Glieder des Volkes Gottes.

Die seelsorgliche Beziehung zwischen BegleiterIn und Begleiteter/m wird von den Vertretern der Mystagogischen Seelsorge als partnerschaftliches Miteinander apostrophiert. Mystagogische Seelsorge sei „kommunikatives Handeln in Begegnungen und Beziehungen, deren Partner sich gegenseitig als gleichberechtigte Subjekte des Handelns akzeptieren“[129], sei „ein behutsamer Weg in die Erfahrung mit Gott, den Begleiter/in und Begleitete/r gemeinsam gehen“[130]. Diese grundsätzlich partnerschaftliche Charakterisierung der Seelsorgebeziehung scheint auf dem Hintergrund der Annahme einer ursprünglichen Gottesbeziehung und Gottesverwiesenheit eines jedes Menschen und der Annahme der „wesenskonstitutiven Gleichheit aller Menschen“[131] nur konsequent. Und doch kann man sich bei der einen oder anderen Formulierung des Eindruckes nicht erwehren, dass das Verhältnis von BegleiterIn und Begleitetem/r doch nicht so egalitär zu sein scheint, wie eigentlich behauptet wird.[132]

Als wesentliche seelsorgliche Grundhaltungen in der mystagogischen Seelsorgekonzeption benennt Herbert Haslinger folgende Prinzipien der Mystagogie:[133]

(1) Wertschätzung und Ernstnahme: SeelsorgerInnen sollen sich die „ursprüngliche und persönliche Beziehung aller Beteiligten zu Gott bewußt [...]

---

[126] Dies scheint beim Artikel von Andreas Wollbold mit dem Titel „Behutsamkeit und Tiefe. Seelsorge als Hinführung zur persönlichen Erfahrung Gottes“ der Fall zu sein.

[127] Wolfgang Röschs Ausführungen zu „Mystagogie unter den Herausforderungen der Gemeindepraxis“ reflektieren seine Erfahrungen als Pastoralreferent in Nordschwarzwald.

[128] Vgl. KNOBLOCH, Seelsorge als Mystagogie, 260. – Stefan Knobloch spricht nicht nur vom männlichen „pastor bonus“, sondern auch von der „pastor bona“, „welche uns Gott sein Dank das 2. Vatikanische Konzil – wenn auch etwas halbherzig und zögerlich – geschenkt hat“.

[129] HASLINGER, Mystagogie, 64.

[130] RÖSCH, Mystagogie, 257.

[131] NAUER, Seelsorgekonzepte, 98.

[132] Vgl. WOLLBOLD, Behutsamkeit, 63-64. – Wollbold spricht in einer aufhorchen lassenden Formulierung davon, dass Mystagogische Seelsorge (und da ist eigentlich der mystagogische Seelsorger gemeint!) dem Menschen sein Geheimnis wiedergäbe (!), was im Grunde doch wesentlich mehr ist als ein äußerer Beistand beim „In-die-Wahrheit-Gottes-Kommen“!

[133] Vgl. HASLINGER, Mystagogie, 64-71.

machen“ und jeden Menschen „nicht als Objekt, sondern als Subjekt seines Glaubens und damit auch als Subjekt des Seelsorgeaktes [...] begreifen“.[134]

(2) Selbstkongruenz: SeelsorgerInnen sollen in der seelsorglichen Beziehung authentisch agieren, sie sollen sich „mit dem eigenen Denken und Fühlen, mit den eigenen Intentionen und Anliegen und auch den eigenen Grenzen offen [...] zeigen“[135].

(3) Empathie: SeelsorgerInnen sollen ein Gespür entwickeln für Gefühle, Lebenswirklichkeit und Vorstellungswelt ihres Gegenübers und dies auch zum Ausdruck bringen.[136]

(4) „All-täglichkeit“: „Der All-tag [...] ist der Ort der menschlichen Selbsterfahrung und somit auch der vornehmliche Ort authentischer Gotteserfahrung.“[137] Deshalb ist dieser Alltag auch Raum der Seelsorge.

(5) Transzendenztransparenz: Das Leben des/der SeelsorgerIn ist unauffällig und diskret so zu gestalten, „dass es für den jeweiligen Partner in der pastoralen Begegnung transparent auf die Beziehung zu Gott hin ist“[138].

(6) Befreiung: Mystagogie wohnt ein „kritisches, systemveränderndes Potential“ inne, sie will „Befreiung zum Subjektsein“ sein.[139]

(7) Universale Solidarität: Mystagogie versucht lebensfeindliche Strukturen gesellschaftlicher Systeme zu überwinden, mystagogische Seelsorge „impliziert Solidarität“[140].

### 3.2.4 Ekklesiologische und gemeindetheologische Implikationen

Mystagogische Seelsorge hat ihren Schwerpunkt und ihren Ausgangspunkt in der Zuwendung zum einzelnen Menschen, in der Einzelseelsorge. Die Subjektwerdung des einzelnen vor den Augen Gottes ist der eigentliche Dreh- und Angelpunkt, wobei eine solchermaßen subjektorientierte Seelsorge den/die einzelne(n) nicht „zum isolierten Individuum im Sinne des Einzelgängers“[141] mache, sondern „auf die Öffnung seines Lebens auf Gott, auf die Mitmenschen und auf die Schöpfung“[142] hinzielt. Von wirklicher Ge-

---

[134] HASLINGER, Mystagogie, 65.

[135] HASLINGER, Mystagogie, 66.

[136] Vgl. HASLINGER, Mystagogie, 66-67.

[137] HASLINGER, Mystagogie, 67-68.

[138] HASLINGER, Mystagogie, 69.

[139] HASLINGER, Mystagogie, 70.

[140] HASLINGER, Mystagogie, 71.

[141] KNOBLOCH, Seelsorge als Mystagogie, 264-265.

[142] KNOBLOCH, Seelsorge als Mystagogie, 265.

meinschaft, theologisch von „communio", könne aber nur da geredet werden, wenn in ihr der einzelne sein Subjektsein gewinnen und entfalten könne.[143] In einer subjektorientierten mystagogischen Seelsorge müsse es in Zukunft keineswegs nur mehr Einzelseelsorge geben, selbstverständlich seien Gemeindearbeit, Gemeindeleben, Versammlung in der Gemeinde in der sonntäglichen Eucharistie wichtig,[144] so bemüht sich Stefan Knobloch zu betonen, doch bilde sich Gemeinde nur dann und werde nur dann Subjekt ihres Subjektseins, „wenn die einzelnen Gemeindeglieder ihrem je eigenen Subjektsein vor den Augen Gottes begegnet sind"[145]. Auch Wolfgang Rösch, der von der Gemeinde als „Ort mystagogischer Begegnungen"[146] spricht, denkt und argumentiert in ähnlicher Weise von der Gotteserfahrung des/der einzelnen her: Die Geschichte Gottes mit den Menschen beschränke sich nicht auf den Raum der Gemeinde – ganz im Gegenteil; es gäbe gerade neben der Gemeinde verborgene Christusbegegnungen und Gotteserfahrungen, die nicht von der Gemeinde hervorgebracht(!) seien.[147] Die Gemeinde selbst sei – und hier nimmt er eine Formulierung Isidor Baumgartners auf – eine „Vernetzung von Gotterfahrenen"[148].

Stefan Knobloch plädiert zudem für eine Umdeutung des Begriffes „Kerngemeinde": „Kerngemeinde" sei nicht die immer kleiner werdende Zahl von „Kirchentreuen", deren Anliegen es sei, „auf den Papst, auf die Bischöfe, die Priester zu hören, [...] weit davon entfernt [...], ihr Subjektsein vor den Augen Gottes je zu entdecken" [149], „Kerngemeinde seien jene, „die dem ‚Kern ihrer Person' begegnet sind, [...] die sich zutrauen, Akte zu setzen, die aus dem Bereich der personalen Verantwortung kommen"[150].

Im 1991 von Herbert Haslinger und Stefan Knobloch herausgegebenen Sammelband „Mystagogische Seelsorge" findet sich auch ein Artikel von Gundelinde Stoltenberg mit ausgesprochen ekklesiologischer Perspektive mit dem Titel „Ekklesiogenese. Bausteine für eine mystagogische Praxis der Kirche"[151]. Kirche als „Gemeinschaft derer, die alle ursprünglich mit einem

---

143 KNOBLOCH, Mystagogie und Subjektwerdung, 151.

144 Vgl. KNOBLOCH, Seelsorge als Mystagogie, 264.

145 KNOBLOCH, Seelsorge als Mystagogie, 264.

146 RÖSCH, Mystagogie, 258.

147 Vgl. RÖSCH, Mystagogie, 258.

148 RÖSCH, Mystagogie, 258.

149 KNOBLOCH, Seelsorge als Mystagogie, 274.

150 KNOBLOCH, Seelsorge als Mystagogie, 274.

151 STOLTENBERG, GUNDELINDE, Ekklesiogenese. Bausteine für eine mystagogische Praxis der Kirche, in: KNOBLOCH, STEFAN / HASLINGER, HERBERT (Hg.), Mystagogische Seelsorge. Eine lebensgeschichtlich orientierte Pastoral, Mainz 1991, 76-105.

menschenliebenden Gott und deshalb auch miteinander zu tun haben"[152], ist – nach der Darstellung Gundelinde Stoltenbergs – keine statische Größe, Kirche ist immer im Werden; den ständigen Prozess des Kirche-Werdens nennt sie „Ekklesiogenese". Die Mystagogie sei das „Prinzip der Ekklesiogenese"[153]. Auftrag der Kirche sei es nicht, „Heil in eine gottlose Welt zu importieren, sondern Gott in der Nähe jedes Menschen zu erschließen"[154]. Kirche betrachtet sie – im Rückgriff auf die Kirchenkonstitution des 2. Vatikanums – als „Zeichen des Heils in der Welt", als „Gottesort", als „sichtbares Zeichen der Nähe Gottes bei den Menschen".[155] Allen Menschen solle Kirche davon so Zeugnis geben, „daß sie diese Nähe im Handeln der Gemeinde – als der sich konkretisierenden Kirche – erleben"[156]. Zwar sei die Zielrichtung mystagogischer Seelsorge personal, habe den individuellen Menschen mit seiner ganz konkreten Lebensgeschichte im Blick,[157] doch müsse eine ursprüngliche Gottesbeziehung für einen jeden Menschen angenommen und davon ausgegangen werden, dass sich „Gottes Heilsplan auf die ganze Menschheit erstreckt und so gleichzeitig Gemeinschaftswille ist"[158]. Die Antwort des Menschen auf Gottes Anruf solle deshalb einen gemeinschaftlichen Ausdruck finden, in der Gemeinschaft der Herausgerufenen, der Ekklesia, der Kirche.[159]

### 3.2.5 Von der Möglichkeit der Gotteserfahrung

Die Vertreter der mystagogischen Seelsorge gehen – im Rückgriff auf Karl Rahner – davon aus, dass der Mensch als „Wesen der Transzendenz"[160] schon immer eine „transzendentale unthematische Erfahrung Gottes"[161] hat, die es „in eine angenommene, thematische zu transformieren"[162] gilt. Es geht darum, das „namenlose, aber wirkliche Vorkommen Gottes für den einzelnen namentlich zu machen, [...] was soviel heißt, wie dem unbegreiflichen

---

152 STOLTENBERG, Ekklesiogenese, 80.
153 STOLTENBERG, Ekklesiogenese, 77.
154 STOLTENBERG, Ekklesiogenese, 79.
155 STOLTENBERG, Ekklesiogenese, 78.
156 STOLTENBERG, Ekklesiogenese, 78.
157 Vgl. STOLTENBERG, Ekklesiogenese, 79.
158 STOLTENBERG, Ekklesiogenese, 79.
159 Vgl. STOLTENBERG, Ekklesiogenese, 79.
160 KNOBLOCH, Seelsorge als Mystagogie, 268.
161 KNOBLOCH, Seelsorge als Mystagogie, 272.
162 KNOBLOCH, Seelsorge als Mystagogie, 272.

Gott in seiner Unbegreiflichkeit zu begegnen“[163]. Es gilt, in der persönlichen Lebensgeschichte des einzelnen Menschen „behutsam jene ‚Raum-Zeit-Punkte’ auszumachen, in denen seine transzendentale Erfahrung der Nähe Gottes deutlicher wird als anderswo“[164]. Die Gotteserfahrung hat dabei keinen elitären, exklusiven, außergewöhnlichen Charakter, sondern ist alltäglich und gewöhnlich: Ganz im Sinne des ignatianischen Grundsatzes „Gott-finden-in-allen-Dingen“ ereignet sie sich als „sehr konkrete, wenn auch als das Unsagbare der konkreten Alltagserfahrung“[165] – gerade auch angesichts der voranschreitenden Entmythologisierung der Welt und der damit verbundenen Säkularisierung der Gesellschaft, angesichts einer „Situation der Weltlichkeit der Welt und ihrer erlebnismäßigen Gottlosigkeit“[166]. Gotteserfahrung ist nur in der Einheit von Gotteserfahrung und Selbsterfahrung zu denken.[167]

Gleichwohl warnt Stefan Knobloch vor „falschen und zu platten Erwartungen an den mystagogischen Aufweis der Erfahrungen Gottes“[168] und betont, dass es um einen Aufweis der Erfahrungen von Gott und nicht um einen Aufweis Gottes selbst gehe, denn „Gott selbst ist uns niemals zur Verfügung“[169], Gott ist uns Menschen immer nur „in einer *vermittelten* Unmittelbarkeit“[170] zugänglich. Der mystagogische Weg als ein Weg der Erfahrung sei deshalb ein „behutsamer Weg“, der „nur vom Menschen projizierte ‚Erfahrungen’“ Gottes vermeiden wolle.[171]

### 3.2.6 Kritische Würdigung des Seelsorgekonzepts der Mystagogischen Seelsorge

Den Menschen in der Kernstruktur seines Wesens als eine „auf Gott hin und darin auch auf andere offene Existenz“[172] zu begreifen und davon auszugehen, dass es in der Seelsorge nicht darum geht, Unwissende über Gott zu belehren, sondern darum, die „transzendentale unthematische Erfahrung Gottes

---

[163] KNOBLOCH, Seelsorge als Mystagogie, 272.
[164] KNOBLOCH, Mensch, 87.
[165] HASLINGER, Mystagogie, 53.
[166] RAHNER, Imperative, 269.
[167] HASLINGER, Mystagogie, 52-53.
[168] KNOBLOCH, Mystagogie und Subjektwerdung, 153.
[169] KNOBLOCH, Mystagogie und Subjektwerdung, 153.
[170] KNOBLOCH, Mensch, 90.
[171] KNOBLOCH, Mystagogie und Subjektwerdung, 153.
[172] KNOBLOCH, Mystagogie und Subjektwerdung, 153.

[...] in eine angenommene, thematische zu transformieren"[173], ist wohl das Hauptmerkmal der Mystagogischen Seelsorge. Mit dieser deutlichen Fokussierung der Seelsorge auf das Moment der Gotteserfahrung konzentriert sich dieser Ansatz – meiner Einschätzung nach – auf einen der wesentlichen Kernbereiche kirchlichen Lebens und Handelns, reagiert damit zudem adäquat auf die existenzielle Suche vielen ZeitgenossInnen nach religiöser Erfahrbarkeit und nimmt das Bedürfnis moderner Menschen nach Freiheit und Selbstbestimmung – auch im religiös-weltanschaulichen Bereich – ernst. Eine Gefahr dieses Ansatzes scheint jedoch – trotz gegenteiliger Beteuerungen der Autoren – darin gegeben zu sein, der Illusion der Machbarkeit von Gotteserfahrungen zu erliegen. Eine weitere Gefahr sehe ich in einer möglichen „Versuchung zur Indiskretion", die aus einer seelsorglichen Praxis resultieren könnte, die das Geheimnis Gottes und das Geheimnis des Menschen nicht in gebührendem Maße beachtet und schützt.

Ein weitere Stärke dieses Ansatzes (und eine Schwäche zugleich!) liegt in der starken Fokussierung auf den einzelnen Menschen, auf das Individuum. Damit stellt der Ansatz zwar ein wichtiges Korrektiv zu einer – auch in der heutigen Pastoral beobachtbaren – Missachtung des einzelnen Menschen und dessen einmaliger Lebensgeschichte dar und erweist sich – im Blick auf die gesellschaftliche Grundtendenz der Individualisierung – auch als gesellschaftlich anschlussfähig. Dennoch mag man sich des Eindruckes nicht erwehren, dass durch diese starke Fokussierung auf den einzelnen Menschen die Dimension des Gemeinschaftlichen in der Seelsorge ins Hintertreffen gerät und die ekklesiologische Dimension seelsorglichen Handelns als etwas Nachgeordnetes erscheint.

### 3.3 „Perspektiven im Neuland" – Feministische Seelsorge

„Feministische Seelsorge – Perspektiven im Neuland"[174], so lautet der Untertitel eines Artikels der evangelischen Theologin und Pastorin Julia Strecker, den sie Mitte der 90er Jahre des 20. Jahrhunderts in der Zeitschrift „Schlangenbrut" veröffentlicht hat. Sie stellt zu diesem Zeitpunkt fest, dass es im deutschsprachigen Raum nur wenige Veröffentlichungen zur Feministischen Seelsorge gibt.[175] Seit diesem Zeitpunkt sind etliche Veröffentlichungen zu

---

[173] KNOBLOCH, Seelsorge als Mystagogie, 272.

[174] STRECKER, JULIA, Die Frage hinter der Frage. Feministische Seelsorge – Perspektiven im Neuland, in: Schlangenbrut 12 (1994) 5-8.

[175] Vgl. STRECKER, Frage, 5.

dieser Thematik erschienen,[176] doch ist wohl auch noch heute Neuland zu erkunden.

Eine der zentralen gegenwärtigen Herausforderungen für die kirchliche Seelsorge sieht Christiane Burbach in der Frage der „Frauengerechtigkeit der theologischen und poimenischen Anthropologie"[177]. Kirche müsse sich dieser Frage aussetzen und an diesem Themenkomplex arbeiten, wenn sie gesellschaftlich ihre Zuständigkeit für Religion behalten, der christlich-jüdischen Idee von der Gottesebenbildlichkeit von Mann und Frau und dem Befreiungsimpuls der christlich-jüdischen Tradition treu bleiben wolle.[178] – In dieser Einschätzung sind sich die Vertreterinnen der feministischen Seelsorge einig. Einige ihrer „Erkundungen im Neuland" einer Seelsorge in feministischer Ausrichtung sollen im Folgenden vorgestellt werden.

### 3.3.1 Grundanliegen Feministischer Seelsorge

*Die* Feministische Seelsorge als geschlossene Seelsorgetheorie gibt es nicht, hier wird man sich der Einschätzung Julia Streckers anschließen können.[179] Wohl aber gibt es vielfältige Affinitäten und Berührungspunkte im Grundanliegen, das die Vertreterinnen der Feministischen Seelsorge verfolgen, in ihrer Situationsanalyse und im persönlich-biographischen Hintergrund, wie

---

[176] Vgl. KLEIN, STEPHANIE, Hören als Ermächtigung zum Sprechen (Hearing to Speech). Zur Entdeckung einer theologischen Kategorie, in: Pastoraltheologische Informationen 17 (1997) 283-297; RIEDEL-PFÄFFLIN, URSULA / STRECKER, JULIA, Flügel trotz allem. Feministische Seelsorge und Beratung. Gütersloh 1998; RIEDEL-PFÄFFLIN, URSULA, Feministische Seelsorge. Kunst der Begegnung in transformativen Zeit/Räumen, in: POHL-PATALONG, UTA / MUCHLINSKY, FRANK (Hg.), Seelsorge im Plural. Perspektiven für ein neues Jahrhundert. Hamburg 1999, 51-62; BURBACH, CHRISTIANE, Seelsorge, 51-68; RIEDEL-PFÄFFLIN, URSULA, Die Würde des Ortes. Frauenräume und Wertschätzung, in: VON KELLENBACH, KATHARINA / SCHOLZ, SUSANNE (Hg.), Zwischenräume. Deutsche feministische Theologinnen im Ausland (Theologische Frauenforschung in Europa; 1), Münster 2000, 149-160.

[177] BURBACH, Seelsorge, 63.

[178] Vgl. BURBACH, Seelsorge, 63. – Daneben benennt Christiane Burbach als zweite wesentliche Herausforderung für die Seelsorge den spezifisch religiösen Charakter seelsorglichen Handelns.

[179] Vgl. STRECKER, Frage, 5.

Vgl. RIEDEL-PFÄFFLIN, URSULA, „Dass sie flöge an ihren Ort". Feministische Seelsorgelehre als Kunst der Begegnung in transformativen Zeit/Räumen: interdisziplinär, *intergender*, interkulturell, interreligiös, in: SCHNEIDER-HARPRECHT, CHRISTOPH (Hg.), Zukunftsperspektiven für Seelsorge und Beratung. Neukirchen-Vluyn 2000, 25. – Ursula Riedel-Pfäfflin weist darauf hin, dass in den ersten Jahren der Frauenbewegung noch undifferenziert von der Feministischen Theologie gesprochen worden sei. In den letzten Jahrzehnten hätten Feministinnen aus Nordamerika und Nordamerika jedoch gelernt, die je eigenen Erfahrungen von Frauen und Männern aus anderen kulturellen, ethnischen und religiösen Kontexten zu achten.

zum Beispiel die Tatsache, dass die meisten Autorinnen über persönliche Praxiserfahrungen als evangelische Pastorinnen verfügen.

Eine engagierte feministische Grundperspektive ist für alle Autorinnen charakteristisch, die bei der einen mehr im Vordergrund ihrer Ausführungen steht, bei der anderen mehr im Hintergrund. Ursula Riedel beschreibt 1994 diese engagierte feministische Grundperspektive als „Rahmen oder Weltanschauung [...], welche die Erlebnisweisen und das Denken von Frauen in alle Formulierungen menschlicher Erfahrungen einschließen will und die Dominanz männlicher Anschauungen überwindet“[180]. Als wichtigste Innovationen durch Frauen in Praxis und Forschung in den Bereichen Politik, Wissenschaft und Theologie benennt sie unter anderem (1) „eine Erweiterung des Verständnisses von Erkenntnis und Wahrheit, welche in der Anerkennung von Relativität, Verschiedenheit und Verbindung aller Lebewesen eine neue Grundlage für Einheit und Ganzheit ermöglicht“[181], (2) „die Anerkennung der Prozeßhaftigkeit allen Denkens, Glaubens und Seins“[182], (3) eine „umfassende Analyse und grundsätzliche Zurückweisung von Gewalt und einseitigen hierarchischen Strukturen in Politik und Ökonomie, Bildung und Kultur“[183], (4) ein „Aufruf zu Gegenseitigkeit, Wechselseitigkeit und Gemeinschaftlichkeit, zur Bildung gleicher Chancen“[184], (5) die „Entwicklung neuer Ansätze im Umgang mit Macht als Macht von innen und geteilte Macht“[185], (6) die „Feier von Verbundenheit und Solidarität, in welcher gleichwohl Verschiedenheit und Auseinandersetzung anerkannt werden“[186], (7) „neue Interpretationen von Liebe, Erotik, Freundschaft und Geschwisterlichkeit, in denen die Kluft zwischen Persönlichem und Politischem überwunden wird“[187].

Was kann als Grundanliegen feministischer Seelsorge benannt werden? – In der ersten Auflage des Wörterbuchs der Feministischen Theologie formuliert es Martina Blasberg-Kuhnke so: „Feministische Seelsorge sucht, angesichts oft deformierender Erziehung und Sozialisation, Frauen zur Identitätsbildung und zu ihrem Subjektsein zu helfen, auch und gerade zu einem selbstbewuß-

---

[180] PFÄFFLIN, URSULA, Wie Pech und Schwefel zusammenhalten. Feministische Seelsorge als Raum der Transformation, in: Schlangenbrut 12 (1994) 10.

[181] RIEDEL-PFÄFFLIN, Feministische Seelsorge, 51.

[182] RIEDEL-PFÄFFLIN, Feministische Seelsorge, 51.

[183] RIEDEL-PFÄFFLIN, Feministische Seelsorge, 51.

[184] RIEDEL-PFÄFFLIN, Feministische Seelsorge, 51.

[185] RIEDEL-PFÄFFLIN, Feministische Seelsorge, 52.

[186] RIEDEL-PFÄFFLIN, Feministische Seelsorge, 52.

[187] RIEDEL-PFÄFFLIN, Feministische Seelsorge, 52.

ten, identitätsnahen Glauben."[188] Seelsorge beziehe sich dabei auf der personalen Ebene auf die Identität als Frau, auf sozialer Ebene auf die Situation von Frauen in Kirche und Gesellschaft und auf kultureller Ebene auf einen integrierten Glauben.[189]

### 3.3.2 (Religions-)soziologische Grundannahmen Feministischer Seelsorge

In den Publikationen zur feministischen Seelsorge finden sich keine umfänglich angelegten Analysen zu den religionssoziologischen Herausforderungen der gegenwärtigen Gesellschaft, wohl aber pointierte, scharfsichtige Ausführungen zur gesellschaftlichen Situation von Frauen, zu Rollenerwartungen und Rollenzuschreibungen und zur patriarchalen Grundausrichtung von Praxis und Theorie kirchlichen und seelsorglichen Handelns.

„Frauen und Männer leben auf dieser Erde nicht als gleichberechtigte Geschlechter, sondern unser Leben ist geprägt von Macht und Strukturen, in denen nach wie vor meist Männer die Mächtigeren sind"[190], beschreibt Julia Strecker die grundsätzlich patriarchale Ausrichtung von Gesellschaft und Kirche. Sie kritisiert näherhin die traditionelle gesellschaftliche Arbeitsteilung, die Frauen dazu zwinge, oft lange Zeit aus dem Erwerbsleben auszusteigen, traditionelle Rollenzuschreibungen in Ehe und Familie und die allgegenwärtige Gewalt gegen Frauen in den vielfältigsten Formen (sexuelle Belästigung und Gewalt, körperliche Misshandlung, emotionale und psychische Demütigungen), die auch im kirchlichen Bereich existiere.[191] Seelsorgliches oder therapeutisches Geschehen sei allzu oft von männlichen Maßstäben dominiert. Ganz bestimmte patriarchal geprägte Bilder von Frauen und von Weiblichkeit würden in therapeutischen und seelsorglichen Beratungssituationen transportiert, die vorgebliche Geschlechtsneutralität klassischer Therapie- und Seelsorgekonzepte sei äußerst kritisch zu hinterfragen, so Almuth Voss.[192]

Die Abwertung von Frauen sei in der christlichen Tradition tief verwurzelt, formuliert Ulrike Wagner-Rau im Hinblick auf die Debatten rund um die Frage der Frauenordination in der evangelischen Kirche und die Geschichte des evangelischen Pastorinnenamtes. Auch wenn seit geraumer Zeit die volle

---

188 BLASBERG-KUHNKE, MARTINA, Art. Seelsorge, in: GÖSSMANN, ELISABETH u.a. (Hg.), Wörterbuch der Feministischen Theologie. Gütersloh 1991, 366.

189 Vgl. BLASBERG-KUHNKE, Seelsorge, 366.

190 STRECKER, Frage, 6.

191 Vgl. STRECKER, Frage, 6.

192 Vgl. VOSS, ALMUTH, Beraten und begleiten. Feministische Seelsorge und Therapie, in: Schlangenbrut 12 (1994) 4.

Gleichberechtigung im Amt erreicht sei, bedeute doch formale Gleichberechtigung in der Praxis bei Weitem nicht auch schon tatsächliche Gleichbehandlung.[193]

Im Bereich wissenschaftlicher Theologie (in der Anthropologie, aber auch in der Praktischen Theologie) würden Frauen weitgehend „entweder subsumiert, marginalisiert und damit als besondere Randgruppe stigmatisiert oder nicht erwähnt und so quasi für überflüssig erklärt“[194], so Ursula Pfäfflin im Jahr 1987. Dies zeige sich auch im weitgehenden Ignorieren der Bemühungen um eine nichtsexistische, inklusive Sprache in wissenschaftlichen Publikationen oder universitären Lehrveranstaltungen.[195]

Stefanie Klein verweist ebenfalls auf den Zusammenhang von Sprache/Sprechen und Gewalterfahrung, nicht nur im universitären Bereich, sondern in allen Bereichen gesellschaftlichen Lebens: Viele Frauen würden sich als Schweigende, zum Schweigen Gebrachte erfahren. „Wenn Frauen sprechen, wird ihnen nicht so aufmerksam zugehört wie Männern, sie werden häufiger unterbrochen, ihnen wird weniger Redezeit zugestanden, ihre Beiträge werden häufiger ignoriert oder lächerlich gemacht.“[196]

### 3.3.3 Seelsorge und SeelsorgerInnen im Verständnis Feministischer Seelsorge

In der Definition dessen, was unter Seelsorge verstanden wird, setzen die feministischen Theologinnen durchaus unterschiedliche Akzente. Allein ein Blick in die zweite Auflage des Wörterbuchs der Feministischen Theologie ist da bereits aufschlussreich: Unter den Stichworten „Seelsorgerin/Seelsorge“ findet sich aus katholischer Perspektive ein Artikel von Mar-

---

[193] Vgl. WAGNER-RAU, ULRIKE, Die Arbeit am eigenen Gewand. Aspekte feministischer Pastoraltheologie, in: Schlangenbrut 12 (1994) 15.

[194] PFÄFFLIN, URSULA, Pastoralpsychologische Aspekte feministischer Seelsorge und Beratung, in: Wege zum Menschen 39 (1987) 227.

[195] Vgl. PFÄFFLIN, Pastoralpsychologische Aspekte, 227. – „Wissenschaftliche Literatur (wie auch die meisten Universitätsseminare) verzichten großzügig auf international anerkannte Bemühungen um eine nichtsexistische, Frauen einschließende (inklusive) Sprache. Die Problematisierung solcher Vorgänge wird als irrelevant oder als von selbst verschwindende Modeerscheinung hingestellt.“

[196] KLEIN, Hören, 286. – Zudem bestünde für Frauen das besondere Problem darin, dass ihnen zum Ausdruck der eigenen Erfahrung keine angemessene Sprache und Symbolwelt zur Verfügung stehe. (287) In weiteren Verlauf ihrer Ausführungen referiert sie den Ansatz der amerikanischen Theologin Nelle Morton, die in ihrer Arbeit mit Frauengruppen eine bestimmte Art des Hörens, das ‚hearing to speech' entdeckt habe, das Frauen eine Möglichkeit der authentischen Artikulation von persönlichen Erfahrungen ermögliche. (288)

tina Blasberg-Kuhnke,[197] aus evangelischer Perspektive ein Artikel von Ursula Riedel-Pfäfflin.[198] Während Martina Blasberg-Kuhnke sehr das Moment des Individualseelsorglichen in den Vordergrund stellt und seelsorgliches Handeln als Handeln in individuellen Krisensituationen fokussiert,[199] versteht Ursula Riedel-Pfäfflin seelsorgliches Handeln als Schaffen eines Begegnungsraumes (mit sich selbst, untereinander und mit Gott) und stellt somit das Gemeinschaftliche mehr in den Vordergrund[200].

Auf zwei Autorinnen, Christiane Burbach und Ursula Riedel-Pfäfflin, und deren Verständnis von Seelsorge möchte ich im Folgenden näher eingehen: Gegenwärtige Herausforderungen für die Seelsorge sieht Christiane Burbach darin, dass die religiöse Dimension der Seelsorge stärker in den Blick genommen werde und ebenso die gesellschaftliche Situation von Frauen und die Frage der Frauengerechtigkeit mehr in den Blickpunkt des Interesses rücken müsse.[201] Seelsorge solle sich – stärker als in der Vergangenheit, in der Seelsorgekonzeptionen oftmals stark humanwissenschaftlich, psychologisch oder psychotherapeutisch ausgerichtet gewesen seien – als religiöses Handeln profilieren, dabei aber nicht das Gegenüber von Alltag und Kontakt zum Heiligen betonen, sondern über diese Alternative hinauskommen.[202] Im Rückgriff auf Karlfried Graf Dürkheim und die von ihm begründete initiatische Therapie[203] spricht Christiane Burbach vom inneren und äußeren Sanctum in der Seelsorge: „Es ist außen als das Transzendente, dem sich der Mensch in Gottesdienst, Meditation und Gespräch öffnen kann, und es ist innen, wenn einem Menschen die Gnade zuteil wird, der Kraft des Heiligen inne zu werden."[204] Seelsorge ist dann „Arbeit in der Präsenz des äußeren

---

[197] Vgl. BLASBERG-KUHNKE, MARTINA, Art. Seelsorgerin/Seelsorge. Katholisch, in: *Gössmann, Elisabeth* u.a. *(Hg.)*, Wörterbuch der Feministischen Theologie, 2., vollständig überarbeitete und grundlegend erweiterte Auflage, Gütersloh 2002, 495-497.

[198] Vgl. RIEDEL-PFÄFFLIN, URSULA, Seelsorgerin/Seelsorge. Evangelisch, in: GÖSSMANN, ELISABETH u.a. (Hg.), Wörterbuch der Feministischen Theologie, 2., vollständig überarbeitete und grundlegend erweiterte Auflage, Gütersloh 2002, 497-498.

[199] Vgl. BLASBERG-KUHNKE, Seelsorgerin, 495. – „Wer einer/einem Anderen in einer Krise, einem kritischen Lebensereignis oder einer Lebensphase aus dem Glauben beisteht und ihm/ihr sie verstehen hilft, durchstehen, bestehen hilft durch Begleiten, Beraten, Zuhören, Trösten oder Beten, ist Seelsorgerin."

[200] Vgl. RIEDEL-PFÄFFLIN, Seelsorgerin, 497.

[201] Vgl. BURBACH, Seelsorge, 51.

[202] Vgl. BURBACH, Seelsorge, 56.

[203] Vgl. BURBACH, Seelsorge, 57-59. – Initatische Therapie orientiert sich am inneren Wachstum des inneren, geistlichen Menschen, am „Durchbruch zum Leben im Dienste des ‚großen Dritten'" (58).

[204] BURBACH, Seelsorge, 59.

Sanctums“ und „Arbeit am inneren Sanctum“[205]. In der alttestamentlichen theologischen Denkfigur der personifizierten Weisheit und in der Vorstellung von „Seelsorge in der Kraft der Weisheit“[206], in der Idee der Weisheit als geistlichem Raum der Seelsorge, entdeckt Christiane Burbach richtungweisende Inspirationen für die zukünftige Poimenik: Eine solche Vorstellung von Seelsorge überwinde „die Subjekt-Objekt-Beziehung zwischen Gott und Mensch, in der SeelsorgerInnen die Funktion von Mittlern zwischen Gott und ihren GesprächspartnerInnen einnehmen, zugunsten der Vorstellung von göttlicher Präsenz im intermediären Raum, an dem SeelsorgerInnen und PartnerInnen partizipieren“[207].

Für Ursula Riedel-Pfäfflin ist die Raummetaphorik entscheidender Dreh- und Angelpunkt ihres Seelsorgeverständnisses – eine vielschichtige Denkfigur, die in ihren Publikationen im Laufe der letzten zehn Jahre zusehends an Komplexität gewinnt.[208] 1994 beschreibt sie feministische Seelsorge – in Anlehnung an die alttestamentliche Schilderung der Geschehnisse um die Geburt Moses – als die Schaffung eines Schutzraumes, „in welchem das noch Ungeborene, das kaum Geborene oder das Verletzbare und Verletzte einen Raum bekommen, der [...] Platz zum Wachsen und zur Transformation schafft“[209]. Die Veränderung der Geschlechterbeziehungen habe „zentral mit dem Thema Raum zu tun“, meint Riedel-Pfäfflin einige Jahre später, nämlich damit, dass Frauen in allen Kontinenten Raumveränderungen vornehmen, während sie selbst schon immer neuem Leben Raum geben und Raum leben“.[210] Diese „Raum-Nahme“ umfasse viele Dimensionen, „nämlich psychische, soziale, geographische und physische, politische, ökonomische Dimensionen des Raumes und auch geistigen, spirituellen Raum“[211]. Bis heute seien Frauen vielerorts „auf der Suche nach ihrem Ort, ihrem Raum bedroht schon vor, während und nach der Geburt ihrer geistigen und sozialen Projek-

---

205 BURBACH, Seelsorge, 59.

206 BURBACH, Seelsorge, 67. – Zur Gestalt der personifizierten Weisheit aus feministisch-theologischer Perspektive vgl. auch SCHROER, SILVIA, Die Gerechtigkeit der Sophia. Biblische Weisheitstraditionen und feministische Diskurse, in: Concilium 36 (2000) 539-548.

207 BURBACH, Seelsorge, 67.

208 Vgl. RIEDEL-PFÄFFLIN, Würde, 148. – „Raum hat mich immer schon fasziniert: Raum zum Fühlen; Denkraum; Raum, der durch Erzählen entsteht; politischer Raum; Raum, der gebaut wird; Bewegungsraum; sozialer Raum; Sprachraum; Sinnesraum; Raum der Stille; Seelenraum; ritueller Raum; Raum des Geistes.“

209 PFÄFFLIN, Pech, 11.

210 RIEDEL-PFÄFFLIN, Ort, 20.

211 RIEDEL-PFÄFFLIN, Ort, 20.

te“[212]. Dabei seien Frauen – nicht nur im biologistischen Sinn – „Raum und Ort neuen Lebens“[213]: „Wir geben Raum in uns selbst [...] für neue Modelle des Kooperierens, der Leitung, der Ökonomie, der geteilten Macht, des Denkens und der Spiritualität“[214]. Frauen seien dabei auch immer wieder selbst auf Räume der Neugeburt angewiesen.

Seelsorge im Verständnis von Ursula Riedel-Pfäfflin hat die Aufgabe, Räume zu schaffen und zu eröffnen, in denen „Frauen und Männer Begegnungen in Beziehung zu sich, zu andern und zur heilenden, gerechtmachenden göttlichen Präsenz finden“[215], so formuliert sie im Jahr 2002 im neu bearbeiteten „Wörterbuch der Feministischen Theologie“. Dabei müssten in besonderer Weise diejenigen Zeit und Raum bekommen, „denen üblicherweise nicht zugehört wird, die nicht für beachtenswert gehalten werden, denen nicht geglaubt und deren Geschichte nicht für entscheidend gehalten wird“[216]. Als seelsorgliche Grundhaltungen benennt die Autorin die „Einübung von Verantwortlichkeit, Fürsorglichkeit, Gegenseitigkeit, Nachhaltigkeit, Barmherzigkeit“[217], als Prinzipien feministischer Seelsorge führt sie an:

> „das Achten auf die konkrete Situation, den jeweiligen Kontext und die Prozesse der Beteiligten mit allen Sinnen; das respektvolle Hören auf das bisher nicht Gehörte; die Wertschätzung des Wissens, der Erinnerungen, der Wahrnehmungen und der Ressourcen der Betroffenen; das Schaffen eines Raumes, in dem schöpferische Kräfte und Macht zu gewünschten Veränderungen geweckt und in einer Ethik der Fürsorge gestärkt werden“[218].

In einer frühen Veröffentlichung aus dem Jahr 1987 beschreibt Ursula Pfäfflin das Rollenprofil einer Seelsorgerin in metaphorischer Sprache: Sie ist (1) „Seherin“, sie sieht die Lebenssituation von Frauen und durchschaut Unrechtssituationen; sie unterstützt als (2) „Hebamme“ „die Wiedergeburt der Lebenskraft von Frauen“; sie ist (3) „Anstifterin“ zur nichtentfremdeten Lebenserfahrung; sie ist (4) „Anwältin“ für die Rechte der Frau und ihre

---

212 RIEDEL-PFÄFFLIN, Ort, 24. – In diesem Artikel ist der biblische Leittext, an den sie während ihrer Ausführungen immer wieder anspielt, die Schilderung der gebärenden Frau, die vom Drachen gedroht wird, aus dem 12. Kapitel der Johannesapokalypse.

213 RIEDEL-PFÄFFLIN, Ort, 24.

214 RIEDEL-PFÄFFLIN, Ort, 24.

215 RIEDEL-PFÄFFLIN, Seelsorgerin, 497.

216 RIEDEL-PFÄFFLIN, Feministische Seelsorge, 61. – Näherhin charakterisiert sie diesen Raum, den SeelsorgerInnen gerade für die eröffnen sollen, die sonst keinen Raum haben, folgendermaßen: „Dieser Zeit/Raum ist zugleich Schutzraum und Raum für Veränderung, privater und öffentlicher Raum, Raum der täglichen Praxis des Hörens von Geschichten und Denkraum, Raum der Geburt, des Wachsens und Raum des Abschiednehmens, Raum der Stille und Raum des Schreitens, des Protestes, Raum zum Feiern und Überschreiten unnötiger Grenzen.“ (61)

217 RIEDEL-PFÄFFLIN, Feministische Seelsorge, 62.

218 RIEDEL-PFÄFFLIN, Ort, 33.

„Einbürgerung in die öffentliche Wirklichkeit"; sie ist (5) „Raum(instand)besetzerin", ermutigt Frauen, die verlassenen Innen- und Außenräume neu in Besitz zu nehmen; als (6) „Torhüterin" hilft sie beim Überqueren von Schwellen, „behütet Eingang und Ausgang"; sie ist (7) „Schöpferin", „reicht erfrischendes Wasser und ermutigt zum Eintauchen in den erneuernden Brunnen der Tiefe".[219]

Wenn Frauen als Seelsorgerinnen tätig werden, stellen sich Veränderungen ein: Evangelische Pastorinnen machen die Erfahrung, dass sich das über Jahrhunderte männlich geprägte Pfarramt verändert, wenn Frauen sich das Pfarramt aneignen und es nach ihren Vorstellungen, Ideen und Schwerpunkten umgestalten, wenn sie „den Talar zum eigenen Gewand machen"[220]. Nach Ansicht von Ulrike Wagner-Rau zeigen sich insbesondere Verschiebungen und Akzentveränderungen in der Art des gottesdienstlichen Feierns, in einem anderen Umgang mit Macht und Leitung und in einer kritischeren Haltung zum Ideal der grenzenlosen Verfügbarkeit des/der PastorIn.[221]

### 3.3.4 Ekklesiologische und gemeindetheologische Implikationen

Explizite ekklesiologische oder gemeindetheologische Überlegungen finden sich in den Publikationen zur feministischen Seelsorge kaum. Kirche wird jedoch im Hinblick auf die Rolle und den Stellenwert von Frauen reflektiert: Die patriarchale Ausrichtung der Kirche und die Dominanz männlich geprägter Vorstellungen in der Seelsorge werden kritisiert.[222]

Gegenseitige Bestärkung, Ermutigung und Begleitung von Frauen durch Frauen in Gruppen – und damit Erfahrungen gemeinschaftlichen Glaubens – spielen in der feministischen Seelsorge jedoch eine große Rolle; ihnen wird auch theologische Dignität zugesprochen.[223]

### 3.3.5 Von der Möglichkeit der Gotteserfahrung

Die deutlichsten Aussagen zur Möglichkeit der Gottesfahrung in seelsorglichen Begegnungen finden sich bei Ursula Riedel-Pfäfflin und bei Christiane Burbach. Bei beiden Autorinnen spielt in diesem Zusammenhang die Raummetaphorik eine wesentliche Rolle.

---

[219] PFÄFFLIN, Aspekte, 235.

[220] WAGNER-RAU, Arbeit, 16.

[221] Vgl. WAGNER-RAU, Arbeit, 16-18.

[222] Vgl. VOSS, Seelsorge, 4.

[223] Vgl. RIEDEL-PFÄFFLIN, Ort, 32-34; KLEIN, Hören, 288-290.

Christiane Burbach, die die religiöse Dimension seelsorglichen Handelns mehr in den Mittelpunkt rücken möchte, beschreibt Seelsorge als „Arbeit in der Präsenz des äußeren Sanctums und Arbeit am äußeren Sanctum“[224]; für sie geschieht Seelsorge „in dem klaren Bewußtsein der Gegenwärtigkeit Gottes“[225]. „Sophia“, die personifizierte Weisheit, ist Christiane Burbach inspirierende theologische Denkfigur, wie Gottesgegenwärtigkeit gedacht werden kann: Sophia ist die „Atmosphäre des Heiligen in der Welt“[226], „eine Gestalt dynamischer Präsenz, die die Aspekte der göttlichen und irdischen Welt im jeweiligen Hier und Jetzt zusammenfließen läßt“[227]. Seelsorge geschieht somit „in der Kraft der Weisheit“[228]. Konkret bedeutet das für Christiane Burbach,

> „daß SeelsorgerInnen die göttliche Weisheit meditieren und ihre Gespräche in und aus der Versenkung in die göttliche Weisheit führen. Die göttliche Weisheit ist dann ein geistlicher Raum, der das innere Sanctum der GesprächspartnerInnen und SeelsorgerInnen umfasst und zum Schwingen bringt“[229].

Ursula Riedel-Pfäfflin weist darauf hin, dass in der hellenistischen Philosophie und auch im mathematisch-naturwissenschaftlichen Denken der Neuzeit „Raum“ – parallel zu „Natur“ und „Frauen“ – entwertet, entleert und lediglich als benutzbares Objekt angesehen wurde.[230] Anders jedoch im hebräischen Denken: Sowohl im ersten als auch im zweiten Testament sind bestimmte konkrete Orte mit bestimmten religiös qualifizierten Ereignissen untrennbar verknüpft. Außerdem entwickelt sich im Judentum eine theologische Denkfigur für die räumliche Erscheinung Gottes, die dann in der Mystik große Bedeutung erlangt: „die *Schechinah*, Gottes Gegenwart auf Erden, die mit dem Volk Israel ins Exil zieht“[231]. Der Würde unterschiedlicher Orte – und Riedel-Pfäfflin führt hier ungewöhnliche „Orte“ auf (Kinder, Männer, Frauen, Körper, Sinne, Natur)[232] – gelte es „in allen Dimensionen des Lebens

---

[224] Burbach, Seelsorge, 59.

[225] Burbach, Seelsorge, 59.

[226] Burbach, Seelsorge, 64.

[227] Burbach, Seelsorge, 64.

[228] Burbach, Seelsorge, 67.

[229] Burbach, Seelsorge, 68.

[230] Vgl. Riedel-Pfäfflin, Würde, 152.

[231] Riedel-Pfäfflin, Würde, 151. – Vgl. zur „Schechina“ aus der Perspektive jüdischer Feministinnen: Starr Sered, Susan, Jüdische Frauen und die Schechina, in: Concilium 36 (2000) 548-560. – Susan Starr Sered beschreibt in folgender Weise die Schechina: „Schechina: die Verweilende, die uns nahe ist, die Einwohnung Gottes, seine Gegenwart, die weibliche Seite Gottes. Schechina ist eine grammatikalische Variante der hebräischen Wurzel ŠKN (schin-kaf-nun) – mit der Bedeutung innewohnen, leben (treu) bleiben, gegenwärtig sein.“ (548)

[232] Vgl. Riedel-Pfäfflin, Würde, 149.

mit unverwechselbaren Handlungen Raum zu verschaffen“[233]; dies sei die Kunst der Theologie.

### 3.3.6 Kritische Würdigung des Seelsorgekonzepts der Feministischen Seelsorge

Die Frage der Frauengerechtigkeit in Gesellschaft und Kirche als genuin theologisches Thema zu entwickeln und aufzuzeigen, dass es sich dabei nicht um ein marginales Randthema handelt, sondern um einen Themenbereich, an dem sich die gesellschaftliche Glaubwürdigkeit der Kirche und ihre theologische Redlichkeit entscheiden werden, ist eines der großen Verdienste feministisch-theologischen Denkens und praktisch-theologisch feministischen Handelns. Seelsorgliches Handeln aus feministisch-theologischer Perspektive zu reflektieren und neu zu entwerfen und das Konzept einer Feministischen Seelsorge zu entwickeln, ist deshalb eine dringliche Herausforderung unserer Zeit. Feministische Theologinnen entwickeln dabei kein abgeschlossenes und ausgewogenes Konzept, ihre Überlegungen wirken bisweilen tastend und fragmentarisch, da sie tatsächlich „Neuland“ betreten. Erfrischend und horizonteröffnend wirkt dabei die Unkonventionalität und Unverbrauchtheit ihrer theologischen Sprache. Christiane Burbachs und Ursula Riedel-Pfäfflins Überlegungen zur Präsenz des Göttlichen in dieser Welt erscheinen mir für die Fragestellung der vorliegenden Untersuchung von großem Interesse.

## 3.4 Bündelung und Fokussierung auf das Forschungsinteresse der Arbeit

In Auseinandersetzung mit den Seelsorgekonzepten der Begegnenden Seelsorge, der Mystagogischen Seelsorge und der Feministischen Seelsorge und in der Betrachtung dieser Seelsorgekonzepte unter ausgewählten Aspekten (Grundanliegen, (religions-)soziologische Grundannahmen, Seelsorge und SeelsorgerInnen, gemeindetheologische und ekklesiologische Implikationen, Möglichkeit der Gotteserfahrung) ergeben sich für die vorliegende Untersuchung folgende Ergebnisse:

- Unter „Seelsorge“ möchte ich – in Anlehnung an Peter F. Schmid – zunächst und grundsätzlich eine „Kunst der gesamten Gemeinde“[234] verstehen und nicht nur ein Tun einiger weniger Experten und Expertinnen. Seelsorge ist als dialogisch-personales Geschehen zwischen Menschen zu

[233] RIEDEL-PFÄFFLIN, Würde, 149.

[234] Vgl. SCHMID, Gruppe, 277.

begreifen, als „wechselseitige Begegnung [...], als Kunst (und niemals als Technik) einander beim Christsein zu begleiten, zu fördern und dazu herauszufordern“[235].

- Aufruhend auf diesem weiten Verständnis von Seelsorge möchte ich die spezifischen Charakteristika seelsorglichen Handelns von hauptamtlich in der Seelsorge tätigen Frauen näher beleuchten und damit einen Themenbereich bearbeiten, der in der pastoraltheologischen und in der pastoralpraktischen Reflexion bislang noch zu wenig Beachtung gefunden hat.
- Dazu sollen Ursula Riedel-Pfäfflins Ausführungen zu seelsorglichen Grundhaltungen Feministischer Seelsorge („Einübung von Verantwortlichkeit, Fürsorglichkeit, Gegenseitigkeit, Nachhaltigkeit, Barmherzigkeit“[236]) und die von ihr benannten Prinzipien Feministischer Seelsorge („das Achten auf die konkrete Situation, den jeweiligen Kontext und die Prozesse der Beteiligten mit allen Sinnen; das respektvolle Hören auf das bisher nicht Gehörte; die Wertschätzung des Wissens, der Erinnerungen, der Wahrnehmungen und der Ressourcen der Betroffenen; das Schaffen eines Raumes, in dem schöpferische Kräfte und Macht zu gewünschten Veränderungen geweckt und in einer Ethik der Fürsorge gestärkt werden“[237]) auf ihre „Anschlussfähigkeit“ hinsichtlich der konkreten Seelsorgeerfahrungen von Frauen in der Gemeindepastoral untersucht werden.
- Im Anschluss an die Vertreter des Mystagogischen Seelsorge und an Christiane Burbach gehe ich davon aus, dass es ein Gebot der Stunde ist, die religiöse Dimension seelsorglichen Handelns stärker zu profilieren.
- Der Voraussetzung, dass eine solche stärkere religiöse Profilierung seelsorglichen Handelns gelingen kann, nämlich der Umstand, dass SeelsorgerInnen selbst Gotterfahrene, MystagogInnen ihres eigenen Lebens sind,[238] muss deshalb mehr Beachtung geschenkt werden. Aus diesem Grund ist es hilfreich und notwendig, dass die Gotteserfahrungen von SeelsorgerInnen in den Blick genommen werden.
- Im Hinblick auf die Erfahrungen der Gottespräsenz scheint mir die Frage aufschlussreich, ob sich die Ausführungen zur räumlichen Dimension der Gottesgegenwart von Christiane Burbach (inneres Sanctum, äußeres

---

[235] SCHMID, Gruppe, 278.

[236] RIEDEL-PFÄFFLIN, Feministische Seelsorge, 62.

[237] RIEDEL-PFÄFFLIN, Ort, 33.

[238] Vgl. KNOBLOCH, Seelsorge, 275. – „Zweckrational orientierte Experten und Expertinnen für die Sache der Kirche braucht es keine. Aber es braucht Mystagogen und Mystagoginnen des eigenen Lebens, die in diesem Sinn als ‚Erfahrene', also als Experten und Expertinnen, auch andere in das Geheimnis einführen können, das das Leben vor Gott immer schon ist.“[238]

Sanctum) und von Ursula Riedel-Pfäfflin (Raummetaphorik, Schechinah Gottes) für Gemeindeseelsorgerinnen als „anschlussfähig“ erweisen.

- Schließlich möchte ich dieser Untersuchung einen Seelsorgebegriff zugrunde legen, der die Individualität des einzelnen Menschen achtet, jedoch nicht individualistisch verengt ist, und so auch gemeinschaftliche seelsorgliche Handlungsformen nicht aus dem Blick verliert.

# 4 Methodologische und methodische Überlegungen in der Hinführung zur konkreten empirisch-theologischen Forschungsarbeit

Im folgenden Kapitel sollen einige wichtige methodologische und methodische Überlegungen und Klärungen in der Hinführung zum empirisch-praktischen Teil meiner Forschungsarbeit unternommen werden.

In einem ersten Schritt möchte ich zentrale Anliegen und Grundannahmen qualitativer Sozialforschung benennen (4.1), in einem zweiten Schritt soll das Zueinander von qualitativer Sozialforschung und feministischer Forschung bedacht werden (4.2). Im Anschluss daran wird das Verhältnis von Praktischer Theologie und empirischer (Sozial-)Forschung beleuchtet werden (4.3). In einem vierten und letzten Schritt soll schließlich das Forschungsdesign der vorliegenden Untersuchung zu den „Erfahrungen von Gottespräsenz im Seelsorgealltag von (Gemeinde-)Seelsorgerinnen" dargestellt werden (4.4).

## 4.1 Qualitative Sozialforschung

Qualitative Forschung gewinnt in den Sozialwissenschaften zusehends an Bedeutung. Auch wenn Kritik und Vorbehalte gegenüber qualitativer Forschung nicht gänzlich verstummt sind, so ist doch festzustellen, dass sich qualitative Forschung etabliert und konsolidiert hat.[1] Im Folgenden sollen Voraussetzungen und Rahmenbedingungen für die „qualitative Wende" in der empirischen Sozialforschung benannt (4.1.1), Anliegen, Grundannahmen und Grundkennzeichen qualitativer Sozialforschung skizziert (4.1.2) und schließlich der Frage nachgegangen werden, welchen Gütekriterien qualitative Sozialforschung genügen muss (4.1.3).

### 4.1.1 „Wenn das quantitative Denken brüchig wird..." – Voraussetzungen und Rahmenbedingungen für das Aufblühen qualitativer Sozialforschung

Für den deutschsprachigen Raum datiert Philipp Mayring die (Wieder-) Entdeckung qualitativen Denkens in der Sozialforschung in die 1970er Jah-

---

[1] Vgl. FLICK, UWE / VON KARDOFF, ERNST / STEINKE, INES, Qualitative Forschung, 13.

re;[2] er spricht in diesem Zusammenhang sogar von einer qualitativen Wende[3]. Ausgangspunkt dieses neuen qualitativen Denkens in der Sozialforschung waren die Grenzen der an den modernen Naturwissenschaften und ihrem Forschungsparadigma orientierten quantitativen Sozialforschung:

> „Das rein quantitative Denken ist brüchig geworden; ein Denken, das sich den Menschen und Dingen annähert, indem es sie testet und vermisst, mit ihnen experimentiert und ihre statistische Repräsentanz überprüft, ohne vorher den Gegenstand verstanden zu haben, seine Qualität erfasst zu haben.“[4]

Siegfried Lamnek benennt u.a. folgende Kritikpunkte an der etablierten quantitativen Sozialforschung:

- das den quantitativen Forschungsansätzen inhärente „Konzept einer restringierten Erfahrung“[5], das das wissenschaftliche Forschungsinteresse auf das tatsächlich Gegebene einschränkt und somit nicht unmittelbar ersichtliche Phänomene prinzipiell als Gegenstand wissenschaftlicher Erkenntnis ausgrenzt, sowie mit einem äußerst eingeschränkten, intersubjektiv nachvollziehbaren und quantifizierbaren Erfahrungsbegriff operiert und dabei den Common Sense und den lebensweltlichen Erfahrungsschatz der untersuchten Personen außer Acht lässt. Qualitative Sozialforschung ist somit in Abgrenzung dazu „ein Versuch, den restringierten Erfahrungsbegriff der quantitativen Sozialforschung zu überwinden“[6].
- den „Primat der Methode“[7], wobei das einmal entwickelte methodische Instrumentarium zur Bearbeitung verschiedenster Fragestellungen immer wieder herangezogen wird, ohne auf die Eigenart der spezifischen Fragestellungen und Forschungsgegenstände ausreichend Rücksicht zu nehmen;

---

[2] Zur Geschichte des qualitativen Denkens in der Sozialforschung und zu den Entwicklungsphasen im deutschsprachigen und US-amerikanischen Raum vgl.: FLICK, UWE, Qualitative Sozialforschung. Eine Einführung, Reinbek b. Hamburg ³2005, 20-26.

[3] Vgl. MAYRING, PHILIPP, Einführung in die qualitative Sozialforschung. Eine Anleitung zu qualitativem Denken, Weinheim-Basel, 5., überarbeitete und neu ausgestattete Auflage 2002, 9.

[4] Vgl. MAYRING, Einführung, 9. – Diese eindeutige und pointierte Bewertung der quantitativen Sozialforschung steht am Anfang von Philipp Mayrings „Einführung in die qualitative Sozialforschung“ und lässt etwas davon erahnen, mit welcher Vehemenz die Auseinandersetzung um wissenschaftliche Dignität zwischen den VertreterInnen des quantitativ und des qualitativ orientierten Forschungsparadigma geführt worden sein muss.

[5] LAMNEK, SIEGFRIED, Qualitative Sozialforschung. Lehrbuch, Weinheim-Basel 4., vollständig überarbeitete Auflage 2005, 8.

[6] LAMNEK, Qualitative Sozialforschung, 9.

[7] LAMNEK, Qualitative Sozialforschung, 11.

- den „Messfetischismus“[8] der quantitativen Sozialforschung;
- eine unangemessene Orientierung am naturwissenschaftlichen Erkenntnisideal, die dem Gegenstand sozialwissenschaftlicher Forschung, dem Menschen, nicht gerecht wird;[9]
- ein Wissenschaftsideal, das übersieht, dass die im Forschungsprozess interagierenden Personen – ForscherInnen und Untersuchte – als Subjekte ernst genommen werden müssen;[10]
- das „Korsett der Forscherperspektive“: Mit der im Vorhinein formulierten Arbeitshypothese wird im Prozess der Untersuchung tatsächlich nur das erhoben, was der/die ForscherIn für relevant und sinnvoll erachtet. Dies kann sich ungünstig auf die Motivation der Befragten auswirken.[11]

Uwe Flick kritisiert die mangelnde Alltagsrelevanz und weist darauf hin, dass Forschungsergebnisse quantitativer Sozialforschung im konkreten Alltag kaum wahrgenommen und rezipiert würden, da die bearbeiteten Fragestellungen und Untersuchungsergebnisse – gerade wegen der Beachtung der methodischen Standards – oftmals zu weit entfernt seien von Alltagsfragen und Alltagsproblemen.[12] Einige KritikerInnen des quantitativen Forschungsparadigmas äußern zudem auf der politisch-gesellschaftlichen Ebene grundsätzliche Kritik an der „experimentellen Zurichtung des Menschen nach meßbaren Imperativen gesellschaftlichen Funktionierens“[13]. Zudem wird der Versuch kritisiert, „die Wünsche, Bedürfnisse und den Eigensinn der Subjekte entweder auszuklammern oder zu Objekten sozialtechnisch gestützter Formierungsprozesse zu machen“[14].

Doch nicht nur auf dem Hintergrund der erkennbaren Schwachstellen der etablierten quantitativ ausgerichteten Sozialforschung gewinnen qualitative

---

[8] LAMNEK, Qualitative Sozialforschung, 12.

[9] Vg. LAMNEK, Qualitative Sozialforschung, 13-14. – Vgl. auch STURM, GABRIELE, Wie forschen Frauen? Überlegungen zur Entscheidung für qualitatives oder quantifizierendes Vorgehen, in: DIEZINGER, ANGELIKA u.a. (Hg.), Erfahrung mit Methode. Wege sozialwissenschaftlicher Frauenforschung, Freiburg i.Br. 1994, 89-90. – Gabriele Sturm widerspricht dieser gängigen Einschätzung und spricht davon, dass quantifizierend arbeitende Forschung nicht unbedingt auf einem naturwissenschaftlich-positivistischen Wissenschaftsverständnis fußen würde, dass „eine ganze Reihe der Grundlagen quantifizierend arbeitender Wissenschaft weder auf positivistische noch auf naturwissenschaftliche Praxis rekurrieren“ (89).

[10] Vgl. LAMNEK, Qualitative Sozialforschung, 14-15.

[11] Vgl. LAMNEK, Qualitative Sozialforschung, 15-16.

[12] Vgl. FLICK, Qualitative Sozialforschung, 15.

[13] VON KARDOFF, Qualitative Sozialforschung – eine Standortbestimmung, in: FLICK, UWE u.a. (Hg.) Handbuch Qualitativer Sozialforschung, Weinheim 1995, 7.

[14] VON KARDOFF, Qualitative Sozialforschung, 7.

Forschungsansätze an Bedeutung. In einer Zeit und Gesellschaft, die durch die zunehmende Segmentierung der Gesellschaft, die Pluralisierung der Lebenswelten, durch fortschreitende Individualisierung, eine Vielfalt von Milieus, Lebensstilen und Lebensentwürfen gekennzeichnet ist, sind Forschungsstrategien gefragt, die „zunächst genaue und dichte Beschreibungen liefern", die dabei „die Sichtweisen der beteiligten Subjekte, die subjektiven und sozialen Konstruktionen ihrer Welt berücksichtigen" und dabei offen sind „für das Neue im Untersuchten, das Unbekannte im scheinbar Bekannten"[15]. Eine Aussage Herbert Blumers gewinnt da nach der Einschätzung von Uwe Flick ganz neue Aktualität: „Die Ausgangsposition des Sozialwissenschaftlers und des Psychologen ist praktisch immer durch das Fehlen des Vertrautseins mit dem, was tatsächlich in dem für die Studie ausgesuchten Bereich des Lebens geschieht, gekennzeichnet."[16] In einer Zeit, in der die großen Erzählungen und allumfassenden Weltdeutungen an ein Ende gekommen sind, sind nun eher „eher lokal, zeitlich und situativ begrenzte Erzählungen zeitgemäß"[17].

### 4.1.2 „Lebenswelten ‚von innen heraus' beschreiben" – Anliegen, Grundannahmen und Kennzeichen qualitativer Sozialforschung

Es sind vielfältige, heterogene Forschungsansätze, die unter dem Begriff „Qualitative Forschung" zusammengefasst werden. Dennoch ist es möglich, Grundannahmen und Kennzeichen zu benennen, die allen gemeinsam sind. „Qualitative Forschung hat den Anspruch, Lebenswelten ‚von innen heraus' aus der Sicht der handelnden Menschen zu beschreiben" und will damit „zu einem besseren Verständnis sozialer Wirklichkeit(en) beitragen"[18], so umschreiben Uwe Flick, Ernst von Kardoff und Ines Steinke Anspruch und Zielsetzung qualitativer Sozialforschung.

Als wesentliche Grundannahmen des qualitativen Denkens, aus denen jeweils auch methodologische Folgerungen gezogen werden müssen, benennen Uwe Flick, Ernst von Kardoff, Ines Steinke, Siegfried Lamnek und Rudolf Egger:

---

[15] FLICK / VON KARDOFF / STEINKE, Qualitative Forschung, 17.

[16] Zitiert nach FLICK, Qualitative Sozialforschung, 12.

[17] FLICK, Qualitative Sozialforschung, 12. – Vgl. auch: BONß, WOLFGANG / HARTMANN, HEINZ, Konstruierte Gesellschaft, rationale Deutung. Zum Wirklichkeitscharakter soziologischer Diskurse, in: BONß, WOLFGANG / HARTMANN, HEINZ (Hg.), Entzauberte Wissenschaft. Zur Relativität und Geltung soziologischer Forschung, Göttingen 1985, 21. – „Was bleibt, ist die Möglichkeit subjekt- und situationsbezogen angemessener Aussagen, die zu begründen Aufgabe einer soziologisch akzentuierten Konzeption von Erkenntnis wäre."

[18] FLICK / VON KARDOFF / STEINKE, Qualitative Forschung, 14.

- Soziale Wirklichkeit wird als „Ergebnis gemeinsam in sozialer Interaktion hergestellter Bedeutungen und Zusammenhänge“[19] verstanden, d.h. die soziale Wirklichkeit wird beständig in der alltäglichen Interaktion zwischen Menschen ausgehandelt und hergestellt.
- Aus dieser Annahme folgt die Vorstellung vom Prozesscharakter, der Reflexivität und Rekursivität sozialer Wirklichkeit.[20] Prozessualität ist aber auch ein wesentliches Kennzeichen des Forschungsaktes selbst.[21]
- Lebensbedingungen von Menschen sind zwar „objektiv“ bestimmbar (durch Indikatoren wie Alter, Bildung, Einkommen, Beruf...), doch erst durch die subjektive Bedeutung, die die Betroffenen diesen Lebensbedingungen zumessen, werden sie relevant.[22]
- Da soziale Wirklichkeit interaktiv hergestellt und erst durch die subjektive Deutung bedeutsam wird, da dabei individuelle und kollektive Interpretationsvorgänge eine zentrale Rolle spielen, kommt der Kommunikation in qualitativen Forschungsansätzen eine wichtige Bedeutung zu.[23] Forschung selbst ist als Kommunikation zu denken; die Kommunikation zwischen ForscherIn und Beforschten ist konstitutiver Bestandteil des Forschungsprozesses.[24]
- Qualitative Forschung legt großen Wert auf die Prozesse der Kommunikation und Prozesse des Sinnverstehens – mit der Problematik, ob denn ein solches Fremdverstehen grundsätzlich möglich sei. Philosophische Voraussetzungen dazu sind Traditionen der Hermeneutik und der Phänomenologie (Friedrich Schleiermacher, Wilhelm Dilthey, Edmund Husserl, Martin Heidegger, Hans-Georg Gadamer) und kontextbezogene

---

[19] FLICK / VON KARDOFF / STEINKE, Qualitative Forschung, 20.

[20] Vgl. FLICK / VON KARDOFF / STEINKE, Qualitative Forschung, 20. – Ähnlich auch: LAMNEK, Qualitative Sozialforschung, 23. – „Qualitative Sozialforschung betrachtet die Verhaltensweisen und Aussagen der Untersuchten als prozesshafte Ausschnitte der Reproduktion und Konstruktion sozialer Realität. Sie sind keine statischen Repräsentationen eines unveränderlichen Wirkungszusammenhangs.“

[21] Vgl. LAMNEK, Qualitative Sozialforschung, 23.

[22] Vgl. FLICK / VON KARDOFF / STEINKE, Qualitative Forschung, 21. – Die AutorInnen verweisen in diesem Zusammenhang auf das Konzept der Lebenswelt: „Darin werden subjektive und kollektive Deutungsmuster [...], soziale Beziehungen und begrenzende wie Chancen eröffnende Lebensumstände mit den eigenen biographischen Entwürfen, der vergangenen Lebensgeschichte und mit wahrgenommenen Handlungsmöglichkeiten in der Zukunft verknüpft.“ (21)

[23] Vgl. FLICK / VON KARDOFF / STEINKE, Qualitative Forschung, 21.

[24] Vgl. LAMNEK, Qualitative Sozialforschung, 22.

soziologische Theoriekonzeptionen (Verstehende Soziologie, Symbolischer Interaktionismus, Ethnomethodologie und Wissenssoziologie).[25]

Neben diesen wesentlichen Grundannahmen bzw. Grundhaltungen sind die folgenden Kennzeichen qualitativer Forschung zu benennen:

- die „Gegenstandsangemessenheit von Methoden und Theorien"[26], verknüpft mit der Tatsache, dass es nicht *die* eine Methode qualitativer Sozialforschung gibt, sondern ein ganzes methodisches Spektrum verschiedenster Ansätze, die situationsangemessen und gegenstandsadäquat zum Einsatz gebracht werden;[27]
- die „starke Orientierung am Alltagsgeschehen und/oder Alltagswissen der Untersuchten"[28], verbunden damit, dass qualitative Sozialforschung „dem Gedanken der Kontextualität"[29] verpflichtet ist und erhobene Daten immer innerhalb des natürlichen Kontextes interpretiert werden;
- Berücksichtigung der Unterschiedlichkeit der Perspektiven der Beteiligten und deren Vielschichtigkeit;[30]
- gewichtiger Stellenwert der Reflexion des/der ForscherIn über sein/ihr Handeln und seine/ihre Wahrnehmungen; die Reflexion des/der ForscherIn, z.B. in Forschungstagebüchern oder Kontextprotokollen; die Reflexion des/der ForscherIn ist substantieller Teil der Erkenntnis[31] und nicht „eine zu kontrollierende bzw. auszuschaltende Störquelle"[32];
- der Forschungsprozess ist vom „Prinzip der Offenheit"[33] geprägt;
- qualitative Sozialforschung ist eine „Textwissenschaft"[34], weil sie im Wesentlichen bei der Auswertung und Interpretation auf verschriftete Daten angewiesen ist;

---

[25] Vgl. EGGER, RUDOLF, Qualitative Sozialforschung in der Erziehungswissenschaft – Ein systematischer Überblick, in: STIGLER, HUBERT / REICHER, HANNELORE (Hg.), Praxisbuch Empirische Sozialforschung in den Erziehungs- und Bildungswissenschaften, Innsbruck-Wien-Bozen 2005, 106.

[26] FLICK, Qualitative Sozialforschung, 16.

[27] Vgl. FLICK / VON KARDOFF / STEINKE, Qualitative Forschung, 22.

[28] FLICK / VON KARDOFF / STEINKE, Qualitative Forschung, 23.

[29] FLICK / VON KARDOFF / STEINKE, Qualitative Forschung, 23.

[30] Vgl. FLICK, Qualitative Sozialforschung, 18-19.

[31] Vgl. FLICK, Qualitative Sozialforschung, 19.

[32] FLICK / VON KARDOFF / STEINKE, Qualitative Forschung, 23.

[33] FLICK / VON KARDOFF / STEINKE, Qualitative Forschung, 23. – Vgl. auch: LAMNEK, Qualitative Sozialforschung, 21.

[34] FLICK / VON KARDOFF / STEINKE, Qualitative Forschung, 24. – Vgl. auch: FLICK, Qualitative Sozialforschung, 53. – „Texte haben […] drei Funktionen: Sie sind nicht nur wesentliche Da-

- und schließlich: Qualitative Sozialforschung versteht sich als „entdeckende Wissenschaft“[35].

### 4.1.3 Gütekriterien qualitativer Sozialforschung

In der aktuellen Diskussion um die Frage der Gütekriterien qualitativer Sozialforschung setzt sich immer mehr die Meinung durch, dass es unzureichend und nicht angemessen wäre, bei der Bewertung von Ergebnissen qualitativer Sozialforschung die Maßstäbe quantitativer Forschung einfach zu übernehmen.[36] Verschiedene ForscherInnen unternehmen deshalb den Versuch, adäquate Gütekriterien für die qualitative Sozialforschung zu entwickeln.

Philipp Mayring führt sechs allgemeine Gütekriterien qualitativer Forschung an: Er nennt (1) die präzise und transparente Verfahrensdokumentation, die sowohl die Explikation des Vorverständnisses, die Zusammenstellung des Analyseinstrumentariums als auch den Prozess der Durchführung und der Auswertung der Datenerhebung umfasst.[37] Daneben führt er (2) die solide „argumentative Interpretationsabsicherung“[38] an, (3) die „Regelgeleitetheit“[39] der Forschung, die dennoch Spielraum lässt für ein flexibles Vorgehen, (4) die „Gegenstandsangemessenheit“ bzw. die „Nähe zum Gegenstand“[40], (5) die „kommunikative Validierung“[41] (Überprüfung der Forschungsergebnisse, indem man diese den Beforschten vorlegt und sie mit ihnen diskutiert) und schließlich die „Triangulation“[42] (Verbindung verschiedener Analysegänge, Datenquellen ,Theorieansätze, Methoden etc.). Gabriele Sturm betont, dass die Kontrolle des Forschungsprozesses und Forschungsergebnisses bei der qualitativen Sozialforschung – im Gegensatz zur

---

ten, auf die Erkenntnis gegründet wird, sie sind auch die Basis von Interpretationen und das zentrale Medium der Darstellung und Vermittlung solcher Erkenntnisse.“

35 FLICK / VON KARDOFF / STEINKE, Qualitative Forschung, 24. – In diesem Zusammenhang spielt die „Abduktion“ als wichtiges erkenntnistheoretisches Konzept zur Entdeckung „neuen“ Wissens innerhalb der Sozialforschung in den letzten Jahren eine immer gewichtigere Rolle. Vgl. REICHERTZ, JO, Abduktion, Deduktion und Induktion in der qualitativen Forschung, in: FLICK / VON KARDOFF / STEINKE (Hg.), Qualitative Forschung. Ein Handbuch, Reinbek b. Hamburg $^{4}$2005, 276-286.

36 Vgl. MAYRING, Qualitative Sozialforschung, 140.

37 Vgl. MAYRING, Qualitative Sozialforschung, 144-145.

38 MAYRING, Qualitative Sozialforschung, 145.

39 MAYRING, Qualitative Sozialforschung, 145.

40 MAYRING, Qualitative Sozialforschung, 146.

41 MAYRING, Qualitative Sozialforschung, 147.

42 MAYRING, Qualitative Sozialforschung, 147.

quantitativen Sozialforschung – in erster Linie „von innen" erfolgt.[43] Dabei spielt vor allem die „Selbstreflexion der/s Forschenden"[44] eine wesentliche Rolle.

## 4.2 Qualitative Sozialforschung in feministischer Perspektive

Qualitativen Verfahren kommt in der Frauen- und Geschlechterforschung ein hoher Stellenwert zu;[45] gerne wird eine größere Nähe der Frauenforschung zu qualitativen, denn zu quantitativen Forschungsmethoden postuliert. – Was hat es mit dem Zusammenhang zwischen Frauenforschung und qualitativer Sozialforschung auf sich? Welchen Beitrag leistet die Frauenforschung zur soziologischen Theoriediskussion und zur Weiterentwicklung qualitativer Forschungsmethoden? Was sind schließlich wesentliche Kennzeichen feministischer (Sozial-)Forschung und welche Entwicklung hat die feministische Sozialforschung seit ihren Anfängen genommen?

Unter diesen Rücksichten soll im Folgenden das Zueinander von qualitativen Forschungsansätzen und feministischer Sozialforschung skizziert werden. Dabei ist festzuhalten, dass das Themenfeld unzureichend dargestellt wäre, wenn das Gebiet der sich seit den 1990er Jahren auch im deutschen Sprachraum etablierenden Geschlechterforschung (gender studies) keine Beachtung fände.[46]

---

[43] Vgl. STURM, Frauen, 93.

[44] STURM, Frauen, 93. – Daneben nennt Gabriele Sturm die Kontrolle „mittels diskursiver Auseinandersetzung anhand einer transparenten Darstellung", die „Intaktheit des Materials" und die „Plausibilität" der (materialimmanenten) Interpretation.

[45] Vgl. BEHNKE, CORNELIA / MEUSER, MICHAEL, Geschlechterforschung und qualitative Methoden (Qualitative Sozialforschung; 1) Opladen 1999, 8.

[46] Dabei ist festzuhalten, dass Frauenforschung und Geschlechterforschung zwar häufig in einem Atemzug genannt werden, sich dahinter aber eine heterogene Vielfalt von Forschungsansätzen verbergen, die auf z.T. kontroversen philosophischen Grundannahmen fußen. Vgl. GILDEMEISTER, REGINE, Geschlechterforschung (gender studies), in: FLICK, UWE / VON KARDOFF, ERNST / STEINKE, INES (Hg.), Qualitative Forschung. Ein Handbuch, Reinbek b. Hamburg $^{4}$2005, 214. – „Die Geschlechterforschung entwickelte sich zum Teil parallel, zum Teil aber auch in deutlich kritischer Abgrenzung zu den identitätspolitischen Konzepten" des (Differenz-)Feminismus und der dort beobachtbaren „Tendenz zur Positivierung und Essenzialisierung der Geschlechterdifferenz".

### 4.2.1 „Androzentrismus-Kritik“ und „Forschung als Interaktion“ – Wesentliche Grundannahmen feministischer (Sozial-)Forschung

Der zentrale Ausgangspunkt feministischer (Sozial-)Forschung[47] ist – vor allem in den Anfängen – die Erfahrung von Frauen, in vielen Bereichen ihres Lebens und ihres Alltags auf vielfältige Weise unterdrückt zu werden.[48] Der Beginn feministischer Sozialforschung in den 70er Jahren ist auf das Engste mit der Frauenbewegung und deren Kampf für die Rechte von Frauen verknüpft. Im Kampf um die gesellschaftliche Gleichberechtigung von Frauen wurde auch der jahrhundertelange Ausschluss von Frauen aus dem universitären Bereich, aus Forschung und Wissenschaft angeklagt.[49]

Die bewusste und engagierte Parteilichkeit für die Sache der Frauen scheint ein wichtiges und allgemein geteiltes Prinzip der feministischen (Sozial-) Forschung zu sein, wenn auch diese Parteilichkeit bei den einzelnen ForscherInnen vielfältig interpretiert und ausgedeutet wird.[50] Betont wird, dass jede Forschungstätigkeit eine „wertgeladene Aktivität“[51] sei. Der eigene Standpunkt, die persönliche Betroffenheit und Involviertheit der Forscherin / des Forschers dürfe nicht übersehen oder gar geleugnet werden. Damit ist ein wesentlicher Kernpunkt feministischer Wissenschaftskritik die grundsätzliche Kritik am bislang vorherrschenden Wissenschaftsverständnis,[52] das auf den Postulaten einer (eben bloß vermeintlichen) Neutralität, Wertfreiheit und Objektivität fußt. Unter dem Deckmantel vermeintlicher Objektivität verberge das gängige Wissenschaftsverständnis geschickt seine androzentrische Prägung.

Da die herkömmliche Wissenschaft – so wird immer wieder betont – in hohem Maße „geschlechtsblind“ sei bzw. männliche Sichtweisen der Wirklichkeit als „allgemein-menschliche“ deklariere, will feministische Forschung Frauen und ihre Sichtweisen der Wirklichkeit zum Ausgangspunkt wissenschaftlicher Erkenntnis machen.[53]

---

[47] Die folgenden Aussagen lassen sich in großen Teilen wohl nicht auf die feministische Sozialforschung beschränken, sondern sind Common Sense jeder feministischen Forschungspraxis in den vielen Fächern des modernen Wissenschaftsbetriebs.

[48] Vgl. ABELS, GISELA, Zur Methodologie-Debatte in der feministischen Forschung, in: FRIEBERTSHÄUSER, BARBARA / PRENGEL, ANNEDORE (Hg.), Handbuch Qualitative Methoden in der Erziehungswissenschaft. Weinheim-München 1997, 132.

[49] Vgl. GILDEMEISTER, Geschlechterforschung, 213-214.

[50] Vgl. BEHNKE / MEUSER, Geschlechterforschung, 17.

[51] BEHNKE / MEUSER, Geschlechterforschung, 17.

[52] Vgl. BEHNKE / MEUSER, Geschlechterforschung, 15.

[53] Vgl. ABELS, Methodologie-Debatte, 132.

Eine weitere wesentliche Grundannahme feministischer Sozialforschung besteht darin, den Forschungsprozess als „Interaktion zwischen geschlechtlichen Subjekten“[54] zu begreifen. Wesentlich ist dabei die Betonung des interaktionalen Elements, die große Skepsis gegenüber einem starken hierarchischen Gefälle zwischen ForscherIn und Beforschten und die Betonung der Subjektivität aller im Forschungsfeld interagierender Personen (also auch der ForscherInnen selbst!), wobei Subjektivität nicht als Störfaktor, sondern als notwendiges und unumgängliches Instrument der Erkenntnis begriffen wird.[55]

### 4.2.2 Von engagierter Parteilichkeit zu konstruktivistischen Perspektiven – Entwicklungslinien in der Frauen- und Geschlechterforschung

Grundsätzliche methodologische Fragen der feministischen Sozialforschung sowie das Zueinander von feministischer Sozialforschung und empirischen Forschungsmethoden werden im deutschsprachigen Raum seit den 1970er Jahren diskutiert.

In einer ersten Phase der Methodologiedebatte innerhalb der deutschsprachigen feministischen Sozialforschung, die Gabi Abels für den deutschsprachigen Raum Ende der 70er bis Anfang der 80er Jahre situiert,[56] spielen die 1978 veröffentlichen „methodischen Postulate“ von Maria Mies eine herausragende Rolle.[57] Maria Mies fordert darin u.a., dass sich die Forscherinnen als selbst von Unterdrückung Betroffene mit den Untersuchten identifizieren sollten, wobei diese Identifikation keine Störquelle im Forschungsprozess, sondern Weg zu vertiefter Erkenntnis sei. Maria Mies fordert außerdem, dass akademische Frauenforschung sich gegen das Ideal (vermeintlicher) Wertfreiheit der Forschung stellen und sich bewusst parteilich – im Sinne der Frauenbefreiung – verstehen solle, dass sich dadurch Forschung von einem Herrschafts- und Unterdrückungsinstrument zu einem Mittel zur Befreiung unterdrückter gesellschaftlichen Gruppen wandeln solle, und dass sich akademische Frauenforschung nicht in den akademischen Elfenbeinturm zurückziehen solle, sondern sich mit der Frauenbewegung und deren gesellschaftspolitischem Engagement für die Rechte von Frauen verbinden

---

[54] ABELS, Methodologie-Debatte, 133.

[55] Vgl. ABELS, Methodologie-Debatte, 133.

[56] Vgl. ABELS, Methodologie-Debatte, 131.

[57] Vgl. MIES, MARIA, Methodische Postulate zur Frauenforschung – dargestellt am Beispiel der Gewalt gegen Frauen, in: Beiträge zur feministischen Theorie und Praxis (1978) Heft 1, 41-63.

müsse.[58] Methodenfragen spielen bei den Postulaten von Maria Mies keine wesentliche Rolle, wobei die Autorin allerdings annimmt, dass sich qualitative Forschungsverfahren mit ihren Postulaten besser vereinbaren ließen als quantitative Verfahren.[59] Das Anliegen von Maria Mies, wissenschaftliche Forschung und (alltägliche und politische) Praxis wechselseitig zu entgrenzen, findet sich in dieser Zeit auch in der Handlungs- oder Aktionsforschung, die vor allem in den Erziehungswissenschaften verbreitet war.[60]

Die „methodischen Postulate“ von Maria Mies haben große Wirksamkeit entfaltet, natürlich aber auch zahlreiche KritikerInnen auf den Plan gerufen.[61] Die von Maria Mies formulierten Postulate, insbesondere die Prinzipien der Parteilichkeit und Betroffenheit, wurden im weiteren Fortgang der Diskussion problematisiert und relativiert, wobei dafür vor allem eine Entwicklung maßgeblich sein dürfte, die Ursula Müller als „Pragmatisierung durch Forschungserfahrung“[62] bezeichnet. Dabei spielte vor allem eine Rolle, dass „die Idee eines einheitlichen Subjekts Frau“ in Frage gestellt und stärker „ethnisch, klassen- und milieubedingte Besonderheiten des weiblichen Lebenszusammenhanges“ ins Blickfeld rückten, die Situation der Frau in der Gesellschaft nicht mehr nur in „Opfer-Kategorien“ beschrieben wurde und sich der Blick „auf die andere Seite des Geschlechterverhältnisses, auf die Männer“ ausweitete.[63]

Exemplarisch soll Monika Wohlrab-Sahrs dezidierte Kritik an den methodischen Postulaten skizziert werden, weil diese Autorin in ihrer Kritik die Frauenforschung und ihre Forschungspraxis mit den Ansprüchen der qualitativen Methodologie konfrontiert:[64] Nach Monika Wohlrab-Sahrs Einschätzung sind mit gewissen Prämissen der Postulate von Maria Mies

> „tendenziell Formen der Entdifferenzierung – der Vernachlässigung der rollenförmigen Seite der Forschungsbeziehung, des Verschwimmens der Grenzen zwischen Forscherin

---

[58] Vgl. dazu die ausführliche Darstellung der Position von Maria Mies bei Cornelia Behnke und Michael Meuser: BEHNKE / MEUSER, Geschlechterforschung, 19-21.

[59] Vgl. BEHNKE / MEUSER, Geschlechterforschung, 21.

[60] Vgl. BEHNKE / MEUSER, Geschlechterforschung, 21.

[61] Vgl. dazu die ausführliche und pointierte Darstellung bei Cornelia Behnke und Michael Meuser: BEHNKE / MEUSER, Geschlechterforschung, 30-36.

[62] MÜLLER, URSULA, Feminismus in der empirischen Forschung. Eine methodologische Bestandsaufnahme, in: DIEZINGER, ANGELIKA u.a. (Hg.), Erfahrung mit Methode. Wege sozialwissenschaftlicher Frauenforschung, Freiburg i.Br. 1994, 37.

[63] BEHNKE / MEUSER, Geschlechterforschung, 29.

[64] Vgl. zu dieser Einschätzung: BEHNKE / MEUSER, Geschlechterforschung, 35.

und Untersuchungsgegenstand sowie zwischen wissenschaftlicher Erkenntnis und politischem Handeln – verbunden"[65].

Anhand von drei analytischen Unterscheidungen (der Spannung zwischen Wissenschaft und Lebenspraxis, der Spannung zwischen wissenschaftlicher Erkenntnis und politischem Handeln und der Spannung zwischen Normativität und Offenheit) formuliert Monika Wohlrab-Sahr ihre Kritik an den Mies'schen Postulaten.[66] Sie kritisiert dabei insbesondere die „Konstruktion vorgängiger Gemeinsamkeit in der Forschungsbeziehung"[67], die bis hin zur Stilisierung der Beziehung zwischen Forscherin und Untersuchten als quasi-freundschaftlicher Beziehung gehen kann, die aktionistische Wendung des unauflöslichen Zusammenhangs von Wissenschaft und Politik, Frauenforschung und Frauenbewegung[68] sowie den unkritischen Umgang mit einem normativ bewerteten Vorwissen über die Lage und die Lebensbedingungen von Frauen[69].

Nach der ersten großen Methodologie-Debatte rund um die Mies'schen Postulate und die sich daran anschließende Phase intensiver Forschungsarbeit situiert Gabi Abels seit Mitte der 1990er Jahre eine zweite große Phase der Methodologie-Debatte in der feministischen Sozialforschung. Diese zweite Phase sei auf der einen Seite durch das „Nebeneinander verschiedener Ansätze" und durch „Gelassenheit und Selbstbewusstsein" geprägt, auf der anderen Seite aber auch gekennzeichnet durch „tiefgreifende Verunsicherungen aufgrund der Verflüssigung zentraler Begriffe wie Frau und Mann, Subjekt und Identität in postmodernen und dekonstruktivistischen feministischen Theorien"[70].

Ausgelöst wird diese zweite große Methodologie-Debatte im deutschsprachigen Raum durch Judith Butlers „Das Unbehagen der Geschlechter"[71] und die Rezeption des angloamerikanischen und französischen Diskurses. Kern dieses Denkens ist die Annahme, dass „jegliche Bezugnahme auf Geschlecht immer diskursiv und damit sozial konstruiert sei (‚doing gender')"[72]. Ein Wechsel der Leitbegrifflichkeit – von „Patriarchat" zu „gender" – signali-

---

[65] WOHLRAB-SAHR, MONIKA, Empathie als methodisches Prinzip? Entdifferenzierung und Reflexivitätsverlust als problematisches Erbe der „methodischen Postulate zur Frauenforschung", in: Feministische Studien 11 (1993) Heft 2, 128.

[66] Vgl. WOHLRAB-SAHR, Empathie als methodisches Prinzip, 129.

[67] WOHLRAB-SAHR, Empathie als methodisches Prinzip, 129.

[68] Vgl. WOHLRAB-SAHR, Empathie als methodisches Prinzip, 135.

[69] Vgl. WOHLRAB-SAHR, Empathie als methodisches Prinzip, 136-138.

[70] ABELS, Methodologie-Debatte, 131.

[71] BUTLER, JUDITH, Das Unbehagen der Geschlechter, Frankfurt a. M. 1991.

[72] ABELS, Methodologie-Debatte, 137.

siert die Erweiterung bzw. Fortentwicklung der Frauenforschung zur Geschlechterforschung.[73] Die Gender-Perspektive nimmt Frauen und Männer in den Blick und begreift sie als kompetente KonstrukteurInnen von Wirklichkeit.[74] Am radikalsten ist die Gender-Perspektive in der konstruktivistischen Geschlechtersoziologie durchgeführt, die Geschlecht als „soziale Konstruktion"[75] begreift, als eine in sozialer Interaktion immer wieder herzustellende Wirklichkeit. Geschlecht „hat" man nicht, man muss es „machen" bzw. „tun" (doing gender). Mittlerweile konkurrieren im Bereich der konstruktivistischen Geschlechtersoziologie eine Vielfalt verschiedener Ansätze mit z. T. recht verschiedenen philosophischen Voraussetzungen;[76] der Begriff „Konstruktion" wird in der populärwissenschaftlichen Diskussion inzwischen inflationär verwendet.[77]

Die Debatte um die (De-)Konstruktion von Geschlecht ist im deutschsprachigen Raum bislang meist als eine theoretische und nicht eine konkretmethodische bestritten worden.[78] Michael Meuser und Cornelia Behnke kommen zu der Ansicht, dass sich die konstruktivistische Perspektive kaum mit einem erfahrungsbezogenen Forschungsansatz vereinbaren läßt,[79] Carol Hagemann-White schlägt eine komplexe, „zweigleisige Forschungsstrategie"[80] vor, die beständig zwischen zwei Perspektiven hin- und herpendelt, die Differenzperspektive zugleich ernst nimmt und im nächsten Augenblick wieder außer Kraft setzt, um sich so auf die Perspektive der Erforschten angemessen einlassen zu können.[81]

---

[73] Vgl. BEHNKE / MEUSER, Geschlechterforschung, 40.

[74] Vgl. BEHNKE / MEUSER, Geschlechterforschung, 40.

[75] BEHNKE / MEUSER, Geschlechterforschung, 40.

[76] Vgl. BEHNKE / MEUSER, Geschlechterforschung, 41.

[77] Vgl. BEHNKE / MEUSER, Geschlechterforschung, 41.

[78] Vgl. ABELS, Methodologie-Debatte, 139.

[79] Vgl. BEHNKE / MEUSER, Geschlechterforschung, 44. – „Das Problem besteht darin, daß Geschlecht im alltäglichen doing gender immer wieder aufs Neue hergestellt wird, man es aber in der Forschungspraxis mit Menschen zu tun hat, die sich und andere in fundamentaler Weise als Männer oder als Frauen erleben."

[80] BEHNKE / MEUSER, Geschlechterforschung, 43. – Mit dieser Formulierung beschreiben Behnke / Meuser den Ansatz von Carol Hagemann-White.

[81] Vgl. HAGEMANN-WHITE, CAROL, Die Konstrukteure des Geschlechts auf frischer Tat ertappen? Methodische Konsequenzen einer theoretischen Einsicht, in: Feministische Studien 11 (1993) Heft 2, 74.

### 4.2.3 Forschen Frauen anders? – Die Diskussion um adäquate Forschungsmethoden für die feministische Sozialforschung

Forschen Frauen anders als Männer? Sind Forschungsmethoden geschlechtsneutral? Oder gibt es spezifische feministische Methoden empirischer Sozialforschung, aber auch „männliche“, patriarchale Herrschaftsstrukturen stützende und reproduzierende Methoden? – Diese Fragestellungen beschäftigten die feministischen Sozialforscherinnen besonders in der Frühphase der Frauenforschung. Maria Mies und mit ihr viele andere waren sich einig in ihrem Urteil, dass quantitative Methoden in der Sozialforschung (wie z. B. die Datenerhebung durch Fragebögen) patriarchale Herrschaftsstrukturen stabilisieren und in der Forschungssituation selbst reproduzieren würden. „In ihrer extremen Ausprägung fordert diese Position, quantitative Verfahren als prinzipiell objektivierend, hierarchisch und herrschaftsstabilisierend ad acta zu legen.“[82] Im Gegensatz dazu wurde qualitativen Methoden in der Sozialforschung ein politisch-emanzipatorisches Potential im Sinne der Frauenbefreiung zugesprochen.[83]

Auch wenn sich dieses weit reichende und pauschalisierende Urteil in der gegenwärtigen Diskussion wohl kaum mehr finden wird, so gibt es bis heute in der feministischen Sozialforschung eine „höhere Affinität zu qualitativer Forschung [...] als generell in den Sozialwissenschaften“[84] bzw. sogar eine „grundlegende Präferenz für qualitative Verfahren“[85]. Ein wesentlicher Grund dafür dürfte sein, dass qualitative Methoden auch heute noch geeigneter für die „Exploration des Unbekannten“ erscheinen und dass sie hilfreicher zu sein scheinen bei der „Erfassung der in der dominanten Männerkultur nicht zu Wort kommenden Stimme der Frauen“.[86]

Auch wenn inzwischen in der Frauen- und Geschlechterforschung ein breites Spektrum qualitativer und quantitativer empirischer Methoden zum Einsatz kommt, so scheinen qualitative Forschungsmethoden immer dann besonders angebracht, wenn ein Forschungsgegenstand komplex und differenziert ist:

> „Je weniger ein/e Forscher/in über den interessierenden Gegenstandsbereich weiß bzw. je mehr die vorhandenen Erklärungsmuster als einzig mögliche angezweifelt werden, um so eher muß sie/er sich qualitativer, also unstandardisierter Methoden bedienen.“[87]

---

[82] ABELS, Methodologie-Debatte, 134.

[83] Vgl. BEHNKE / MEUSER, Geschlechterforschung, 13.

[84] BEHNKE / MEUSER, Geschlechterforschung, 11.

[85] MÜLLER, Feminismus, 32.

[86] BEHNKE / MEUSER, Geschlechterforschung, 8.

[87] STURM, Frauen, 91.

Qualitatives Forschen ist für Frauen unverzichtbar, so die Einschätzung von Gisela Sturm, da es „um die Aufdeckung noch unsichtbarer Strukturen und die Analyse höchst komplexer Deutungsmuster neuen Inhalts geht“[88]. Gleichzeitig hätten quantifizierende Methoden in der sozialwissenschaftlichen Frauenforschung überall ihren Platz, wo schon klarere Erkenntnisse über das Geschlechterverhältnis vorliegen.[89]

Das Spezifikum einer feministisch geleiteten Methodenwahl liege „in der Suche nach einem Vorgehen, das am ehesten zu unerwarteten und neuen Sichtweisen und nicht ausschließlich zu größerer Varianz bisheriger Interpretationen führt, um so der verfestigten Geschlechterhierarchie entgegenzuwirken.“[90]

### 4.2.4 Der Beitrag der Frauen- und Geschlechterforschung zur Weiterentwicklung qualitativer Methoden in der Sozialforschung

Qualitative Verfahren haben bis heute in der Frauen- und Geschlechterforschung einen hohen Stellenwert. Auf dem Hintergrund dieses Befundes legt sich die Frage nahe, ob Frauen- und Geschlechterforschung einen spezifischen Beitrag zur Weiterentwicklung qualitativer Methoden geleistet hat bzw. noch leistet.

Nach der Einschätzung von Shulamit Reinharz hat die feministische Sozialforschung einigen weniger gebräuchlichen, z. T. in Vergessenheit geratenen qualitativen Forschungsverfahren, z. B. der „oral history“, der Inhaltsanalyse und der Fallstudie, zur weiteren Verbreitung verholfen.[91] Cornelia Behnke und Michael Meuser sehen den entscheidenden Einfluss der Frauen- und Geschlechterforschung auf die qualitative Sozialforschung in der Weiterentwicklung bereits vorhandener Forschungsmethoden und benennen hier insbesondere Biographieforschung und Konversationsanalyse.[92] Zudem ist die beständige kritische Reflexion der Rolle der ForscherIn im Forschungsprozess ein gewichtiger Impuls der Frauenforschung für jede qualitative Forschungstätigkeit.[93] Schließlich hat Frauen- und Geschlechterforschung einen

---

[88] STURM, Frauen, 94.

[89] Vgl. STURM, Frauen, 94.

[90] STURM, Frauen, 104.

[91] Vgl. zu Shulamit Reinharzs Position die Darstellung bei BEHNKE / MEUSER, Geschlechterforschung, 45.

[92] Vgl. BEHNKE / MEUSER, Geschlechterforschung, 49-50.

[93] Vgl. BEHNKE / MEUSER, Geschlechterforschung, 46-47.

wesentlichen Beitrag zum „generellen Bedeutungszuwachs“[94] qualitativer Verfahren in der empirischen Sozialforschung geleistet.

## 4.3 Empirische Sozialforschung und Praktische Theologie

In welchem Verhältnis stehen (Praktische) Theologie und (Empirische) Sozialforschung? Erweist sich gegenwärtig qualitativ-empirische Sozialforschung angesichts der tief greifenden Veränderungen in Kirche und Gesellschaft für die Praktische Theologie nicht als dringliche Notwendigkeit? Welche Chancen bietet ein „Dialog auf Augenhöhe“? – Diesen und damit verwandten Fragestellungen geht das folgende Unterkapitel nach.

### 4.3.1 „Wenn Ausdrucksform und Gestalt des Religiösen in Veränderung begriffen sind…“ – Von der Notwendigkeit (Qualitativer) Empirischer Sozialforschung in der Praktischen Theologie

„Theologie wird gelehrt, Religion wird gelebt.“[95] – Doch wie und in welcher Weise wird Religion in unserer gegenwärtigen Gesellschaft gelebt? Welche Ausdrucksformen und Inhalte hat gelebte Religion heute?

Individualisierung und der Zwang zur individuellen Biographiegestaltung, kulturelle Pluralisierung und verschärfte funktionale Differenzierung kennzeichnen die gegenwärtige Gesellschaft, die sich in einem schnellen und tief greifenden Umbruch befindet.[96] Auch der ehemals geschlossene religiös-kulturelle Sinnkosmos hat sich aufgelöst;[97] nun kann (und muss) der / die einzelne aus einer Vielfalt von religiösen Deutungsmustern unterschiedlichster Provenienz wählen.[98]

---

[94] BEHNKE / MEUSER, Geschlechterforschung, 45.

[95] FRANKE, EDITH / MATTHIAE, GISELA / SOMMER, REGINA, Einleitung, in: FRANKE, EDITH / MATTHIAE, GISELA / SOMMER, REGINA (Hg.), Frauen, Leben, Religion. Ein Handbuch empirischer Forschungsmethoden, Stuttgart-Berlin-Köln 2002, 7. – Diese pointierte und provokante Aussage stellen die Herausgeberinnen ihrem Handbuch empirischer Forschungsmethoden voran.

[96] Vgl. GABRIEL, KARL, Christentum zwischen Tradition und Postmoderne (Quaestiones disputatae; 141), Freiburg / Basel / Wien 1992.

[97] Vgl. KLEIN, STEPHANIE, Erkenntnis und Methode in der Praktischen Theologie, Stuttgart 2005, 27.

[98] Vgl. WIEDERKEHR, DIETRICH, Individualisierung und Pluralisierung des Glaubens: Not und Chance der Kirchen, in: KRÜGGELER, MICHAEL / STOLZ, FRITZ (Hg.), Ein jedes Herz in seiner Sprache … . Religiöse Individualisierung als Herausforderung für die Kirchen. Kommentare zur Studie „Jeder(r) ein Sonderfall? Religion in der Schweiz“ I, Zürich -Basel 1996, 107. – „Mit dem Glauben an einen persönlichen Gott können einhergehen Praktiken einer vagen all-

Die Ausdrucksform und Gestalt des Religiösen sind in unserer Gesellschaft in tief greifender Veränderung begriffen – und davon ist das kirchlich repräsentierte Christentum nicht ausgeschlossen.[99] Die Situation des christlichen Glaubens ist durch die „innere Differenzierung und Pluralisierung des Christentums"[100] und eine „Vielfalt gelebter Formen der Religiosität"[101] gekennzeichnet. Kirchenverantwortliche und TheologInnen können keineswegs mehr davon ausgehen, über Inhalte und Ausdrucksformen gelebten Glaubens „Bescheid zu wissen". Das bringt Stephanie Klein in pointierter Art und Weise zum Ausdruck:

> „Wer sind die ‚Menschen', die ‚Subjekte', die ‚Armen und Bedrückten', von denen Theologinnen und Theologen sprechen? Was wissen wir von ihrem Leben, ihrem Glauben, ihren Fragen, Zweifeln, Ängsten und Hoffnungen? Wir können unser Wissen darüber weder aus abstrakten Wesenheiten noch aus vielleicht ehemals erfahrungsgesättigten und inhaltsgefüllten Kategorien und Begriffen ableiten, die uns überliefert sind, denn in der heutigen hochgradig individualisierten, differenzierten und globalisierten Gesellschaft wandeln sich die Bedingungen des Lebens und Glaubens so schnell, dass die alten Kategorien sie nicht mehr zu fassen vermögen und brüchig werden."[102]

Empirische Forschung innerhalb der Praktischen Theologie kann in dieser Situation einen wichtigen Beitrag dazu leisten, die tatsächliche Ausdrucksform und die Inhalte des Glaubens heutiger Menschen wahrzunehmen. Ein zentrales Interesse und Anliegen empirischer Forschung innerhalb der Praktischen Theologie ist eine „wissenschaftliche, d. h. methodisch begründete und intersubjektiv nachvollziehbare praktisch-theologische Theoriebildung über die Lebenswirklichkeit der Menschen"[103], die zum einen wissenschaftlichen Ansprüchen genügt, zum anderen aber auch der „Subjektivität, Einmaligkeit und Lebendigkeit der Menschen"[104] gerecht wird. Ein anderes wesent-

---

gemeinen Naturreligion oder esoterische Rituale, die Pflege archaischer Religionen; ähnlich koexistieren bezüglich der Todesbewältigung einerseits der Glaube an die Auferstehung Christi und die Auferstehung der Toten, aber ebenso teilen viele damit die Überzeugung einer Reinkarnation."

[99] Vgl. ZIEBERTZ, HANS-GEORG, Methodologische Multiperspektivität angesichts religiöser Umbrüche. Herausforderungen für die empirische Forschung in der Praktischen Theologie, in: PORZELT, BURKARD / GÜTH, RALPH (Hg.), Empirische Religionspädagogik. Grundlagen – Zugänge – aktuelle Projekte (Empirische Theologie; 7), Münster 2000, 42. – „Wir nehmen Teil an einer Entwicklung, in der sich Inhalte und Formen von Religion, das kirchlich repräsentierte Christentum eingeschlossen, verändern. Wir müssen diese Veränderungen wahrnehmen und verstehen lernen."

[100] KLEIN, Erkenntnis, 29.

[101] KLEIN, Erkenntnis, 29.

[102] KLEIN, Erkenntnis, 14.

[103] KLEIN, Erkenntnis, 14.

[104] KLEIN, Erkenntnis, 14.

liches Interesse ist es, „die Menschen gegenüber einer menschenvergessenen Theologie zur Geltung und in ihr zur Sprache zu bringen“[105].

Dabei ist klar zu benennen, was Gegenstand der empirischen Untersuchung ist:

> „Nicht das Dasein Gottes oder das Wirken des Heiligen Geistes kann empirisch aufgewiesen werden. Hingegen können die subjektiven Glaubenserfahrungen und Deutungen, die ein Mensch zum Ausdruck bringen kann, seine Symbolisierungen und Ausdrucksformen und die Praxis, die diesen Glaubenserfahrungen und -überzeugungen entspringt, erhoben werden.“[106]

Oder anders gewendet: „Nicht die Wirklichkeit Gottes selbst, sondern der Ausdruck der erlebten und geglaubten Wirklichkeit Gottes im Erzählen, Deuten und Handeln der Gläubigen kann aufgezeigt werden.“[107]

Methodische Zugänge zur Lebenswirklichkeit der Menschen, die aus dem Bereich der Human- und Sozialwissenschaften stammen, erweisen sich als hilfreich, um methodisch gesicherte Erkenntnisse über menschliche Glaubenserfahrungen und Glaubensüberzeugungen zu erhalten. Im Laufe der Entwicklung der Disziplin „Praktische Theologie“ bzw. „Pastoraltheologie“ lassen sich dabei verschiedene Modelle der Kooperation zwischen (Praktischer) Theologie und den (empirisch arbeitenden) Human- und Sozialwissenschaften unterscheiden. In der Reflexion dieses Verhältnisses wird vor allem auf die Kooperationsmodelle von Johannes A. van der Ven und von Norbert Mette / Hermann Steinkamp rekurriert:

Johannes A. van der Ven unterscheidet vier Modelle des Zueinanders von Praktischer Theologie und Human- bzw. Sozialwissenschaften: (1) die „Monodisziplinarität“[108], (2) die „Multidisziplinarität“[109], (3) die „Interdisziplina-

---

[105] KLEIN, Erkenntnis, 14.

[106] KLEIN, Theologie und empirische Biographieforschung, 70.

[107] KLEIN, Theologie und empirische Biographieforschung, 70.

[108] VAN DER VEN, Modus, 267. – In ihren Anfängen wurde die Praktische Theologie als praktische Anwendung der in den verschiedenen theologischen Disziplinen erarbeiteten Erkenntnisse verstanden; andere Wissenschaften sind in dieser Phase nicht im Blick.

[109] VAN DER VEN, Modus, 269. – Bei diesem zweiten Modell können zwei Phasen unterschieden werden: In einer ersten Phase sammeln TheologInnen Forschungsergebnisse aus dem Bereich der empirischen Sozialwissenschaften, die ihnen für ihre eigene Forschungsfrage relevant erscheinen; in einer zweiten Phase werden diese Forschungsergebnisse mit theologischen Theorien verknüpft und theologisch ausgewertet und gedeutet. Dieses Vorgehen birgt eine Reihe von Schwierigkeiten in sich: Zu vielen theologisch relevanten Fragestellungen gibt es keine sozialwissenschaftlichen Untersuchungen. Zum anderen stellt sich die Frage, nach welchen Verfahrensweisen die Theologie die sozialwissenschaftlichen Forschungsergebnisse bearbeiten und analysieren soll; die aus den anderen theologischen Disziplinen geläufigen Methoden erweisen sich als unzureichend. Zum dritten ist die Beziehung zwischen den beiden Forschungsphasen ungeklärt.

rität“[110] und (4) die „Intradisziplinarität“[111]. Das Modell der Interdisziplinarität, das nach Johannes A. van der Ven in der interpersonellen oder der intrapersonellen Variante existiert und ein hohes Maß an fachlicher Kompetenz und Bereitschaft zum kritisch-konstruktiven Dialog erfordert, zeichnet sich durch die Reziprozität des Verhältnisses zwischen Theologie und Sozialwissenschaften aus. Das Modell der Intradisziplinarität geht davon aus, dass „die Praktische Theologie selbst empirisch werden muß“[112] und dass „das traditionelle Instrumentarium der Theologie, bestehend aus literarhistorischen und systematischen Methoden und Techniken, durch die empirische Methodologie erweitert werden muß“[113].

Norbert Mette und Hermann Steinkamp entwickelten das folgende Kooperationsmodell: Die beiden Autoren unterscheiden vier Paradigmen im Verhältnis von Praktischer Theologie und Sozialwissenschaften: (1) das „’ancilla’-Paradigma“[114] und (2) das „’Fremdprophetie’-Paradigma“[115]; beides defizitäre Modelle, die durch einen Mangel an wissenschaftstheoretischer (Selbst-) Reflexion gekennzeichnet sind. Im Gegensatz dazu werden (3) das „Paradigma der konvergierenden Optionen“[116] und das Paradigma „Praktische Theologie als Sozialwissenschaft“[117] (als „praktische“ Variation des dritten Paradigmas) wesentlichen wissenschaftstheoretischen Grundsätzen gerecht. Das „Paradigma der konvergierenden Optionen“ geht von der Annahme aus, dass jeder Erkenntnisprozess von Erkenntnisinteressen bzw. von Optionen geleitet wird. Im Verhältnis der Theologie zu den anderen (Human-) Wissenschaften sei es für eine gedeihliche interdisziplinäre Zusammenarbeit un-

---

[110] VAN DER VEN, Modus, 271.

[111] VAN DER VEN, Modus, 273.

[112] VAN DER VEN, Modus, 273.

[113] VAN DER VEN, Modus, 273.

[114] METTE, NORBERT / STEINKAMP, HERMANN, Sozialwissenschaften und Praktische Theologie (Leitfaden Theologie; 11), Düsseldorf 1983, 166. – Ursprünglich als Denkmodell für das Verhältnis von Philosophie zur Theologie gedacht, findet sich das „ancilla“-Modell gegenwärtig auch in einer modernen Variante und zwar immer da, wo humanwissenschaftliche Methoden verschiedener Provenienz für kirchliche und theologische Zwecke instrumentalisiert bzw. dienstbar gemacht werden.

[115] METTE / STEINKAMP, Sozialwissenschaften und Praktische Theologie, 168. – Unter dem „Fremdprophetie“-Paradigma subsumieren Norbert Mette und Hermann Steinkamp all jene Bemühungen von TheologInnen, ganze Theoriegebäude oder Handlungsmethoden (inklusive deren weltanschaulichen Voraussetzungen) aus anderen (Human-)Wissenschaften fasziniert zu rezipieren, ohne auf die impliziten Werte, Grundannahmen und das Menschenbild ausreichend zu reflektieren.

[116] METTE / STEINKAMP, Sozialwissenschaften und Praktische Theologie, 170.

[117] METTE / STEINKAMP, Sozialwissenschaften und Praktische Theologie, 172.

erlässlich, wenn die Forschungstätigkeit auf gleichen bzw. kompatiblen Optionen fuße.

Schließlich stellt sich die Frage, ob es eine theologische Kriteriologie für die empirische Forschung innerhalb der Praktischen Theologie braucht. Stephanie Klein ortet in dieser Hinsicht Diskussionsbedarf und führt u. a. die folgenden Forderungen an:

- „Praktisch-theologische Forschung muß bei der konkreten Erfahrung der Frauen und Männer ansetzen und die Kontexte des gelebten Lebens und Glaubens mit benennen und reflektieren.“[118]
- Empirische Forschung innerhalb der Praktischen Theologie „muß der Unterstützung des Lebens und Glaubens der unterprivilegierten und marginalisierten Frauen und Männer dienen“[119].
- Schließlich darf empirische Forschung innerhalb der Praktischen Theologie die Befragten nicht instrumentalisieren,[120] sondern muss sie als gleichberechtigte, urteilsfähige und autonome GesprächspartnerInnen betrachten.[121]

### 4.3.2 Beweggründe für die qualitativ-empirische Forschungstätigkeit im Forschungsprojekt „Erfahrungen von Gottespräsenz im Seelsorgealltag von (Gemeinde-)Seelsorgerinnen“

Von Gott und von seinem Gegenwärtigsein ist in der kirchlichen Verkündigung, in Predigten, in Gottesdiensten, in religiöser Erbauungsliteratur gern und häufig die Rede. – Welche Resonanz haben diese solchermaßen fast inflationären Behauptungen der Gottesnähe bei den AdressatInnen und RezipientInnen, wo es doch die eigentliche religiöse Grunderfahrung vieler ZeitgenossInnen ist, eben „keine Erfahrung des Unbedingten, der Transzendenz mehr zu machen“[122]? Und ist eine solche Gott-Rede tatsächlich „erfahrungsgesättigt“ oder stehen Männer und Frauen in der kirchlichen Verkündigung

---

[118] KLEIN, Theologie, 75.

[119] KLEIN, Theologie, 75.

[120] Vgl. dazu auch BÄUMLER, CHRISTOF, Zum Verhältnis von Theologie und empirischer Sozialforschung, in: BÄUMLER, CHRISTOF u. a. (Hg.), Methoden der empirischen Sozialforschung in der Praktischen Theologie. Eine Einführung (studium theologie; 4), München-Mainz 1976, 253. – Christof Bäumler warnt vor eine Degradierung von Menschen zu „Objekten von Forschungszwecken“.

[121] Vgl. KLEIN, Theologie, 75.

[122] HÖHN, HANS-JOACHIM, Im Zeichen des Verschwindens? Thesen zum Reden von Gott am Ende der Moderne, in: Lebendige Katechese 16 (1994) 69.

nicht oft in der Gefahr, wirklichkeitsleere Worthülsen zu produzieren?[123] Welche tatsächlichen Erfahrungen göttlicher Nähe und Gegenwart machen Seelsorgerinnen und Seelsorger? – Um im hier skizzierten Problemkomplex zu einer seriösen Einschätzung und in Folge zu konstruktiven Anregungen für eine veränderte Praxis zu gelangen, erscheint es mir unerlässlich, empirisch, und zwar qualitativ-empirisch, zu arbeiten.

Der gelebte Glaube auch von kirchlich engagierten ChristInnen unterscheidet sich in Ausdrucksform und Inhalt bisweilen beträchtlich von der „offiziellen" Gestalt christlichen Glaubens. „Faktisch ist der Lebensalltag auch der kirchlich engagierten Christinnen und Christen durch eine vielfältige Vermischung und Kombination verschiedener Deutungsmuster und alltagspraktischer Handlungsmuster durchzogen",[124] so die Einschätzung Stephanie Kleins. Zeitgenossinnen und Zeitgenossen suchen neue weltanschaulich-religiöse Deutungen und (Problem-)Lösungen, da die alten angesichts der sich verändernden Lebensbedingungen nicht mehr oder nur bedingt durchtragen, und entwickeln so Formen „innovatorischer Glaubenspraxis"[125]. Doch wie verhält sich das bei offiziellen kirchlichen RepräsentantInnen, bei kirchlichen Mitarbeiterinnen und Mitarbeitern? Sind auch bei ihnen die Formen des gelebten Glaubens in Veränderung begriffen? Mittels welcher Deutungsmuster qualifizieren sie eine Erfahrung als religiöse Erfahrung, als Erfahrung der Gottespräsenz? – Die empirische Forschungstätigkeit innerhalb dieser Arbeit soll Aufschluss darüber geben, auf welche Deutungsmuster aus der überlieferten christlichen Tradition Seelsorgerinnen zurückgreifen, welche ihnen nicht (mehr) „anschlussfähig" zu sein scheinen, welche neuen Deutungsmuster bei Seelsorgerinnen produktiv werden und woher diese neuen Deutungsmuster stammen.

Noch ein weiterer Beweggrund für die qualitativ-empirische Forschungstätigkeit im Rahmen meines Forschungsprojekts ist anzuführen: Mit Hilfe eines qualitativ-empirischen Vorgehens im Rahmen meines Forschungspro-

---

[123] Vgl. FUCHS, Zug ins Detail, 78. – Ottmar Fuchs konstatiert die „fehlende oder schwindende Inkulturation des Evangeliums" hierzulande, was auch in unserem Sprechen von Gott deutlich werde. Im Bereich der kirchlichen Verkündigung begnüge man sich vielfach mit der Behauptungsebene und setze voraus, dass diese behauptende Gottesrede mit individuellen Gotteserfahrungen korrespondiere. Doch gerade die persönlich-individuellen, in ihrer Unterschiedlichkeit vielleicht irritierenden Gotteserfahrungen „werden nicht oder viel zu wenig in der ihnen eigenen authentischen und ursprünglichen Sprache zu Gehör gebracht. So täuscht ein reiches Sprachgefüge des Glaubens darüber hinweg, daß es dennoch nicht verfügbar ist für die suchenden, ansatzhaften und manchmal ursprünglich-evidenten Erfahrungen Gottes im Auf und Ab des Lebens". (87)

[124] KLEIN, Erkenntnis, 28.

[125] KLEIN, Erkenntnis, 30.

jekts kann es gelingen, Glaubenserfahrungen von Frauen, näherhin Erfahrungen der Gottespräsenz im seelsorglichen Alltag von Seelsorgerinnen, zu heben und „ins Wort zu bringen“ und damit denen eine Stimme zu verleihen, die in Kirche und Theologie (immer noch) wenig Raum und Stimme haben.

## 4.4 Das Forschungsdesign

Im Folgenden soll das Forschungsdesign[126] der vorliegenden qualitativ-empirischen Studie skizziert werden: Welche Zielsetzung verfolgt die Studie, was ist die zentrale Forschungsfrage und das leitende Forschungsinteresse (4.4.1)? Nach welchen Kriterien gestaltet sich die Auswahl des empirischen Materials? (4.4.2) Wie sind Datenerhebung und Datenanalyse konzikonzipiert (4.4.3 und 4.4.4)?

### 4.4.1 Zielsetzung der Studie und zentrale Forschungsfrage

Die vorliegende praktisch-theologische Untersuchung weiß sich wesentlichen Grundannahmen qualitativ-empirischer Forschung in feministischer Perspektive verpflichtet: Zielsetzung der Studie ist es, die Lebenswelt von (Gemeinde-)Seelsorgerinnen „von innen heraus“ zu beschreiben, und zwar unter der spezifischen Rücksicht, welche Erfahrungen von Gottespräsenz diese Seelsorgerinnen machen: Wo und wie wird ihnen Gott in ihrem Seelsorgealltag erfahrbar? Dabei soll zum einem erhoben werden, welche Erfahrungen die befragten Seelsorgerinnen als „gottvoll“ qualifizieren, zum anderen soll in einem nächsten Schritt der Versuch unternommen werden, welches inkorporierte, habitualisierte Handlungswissen die Seelsorgerinnen in der Deutung ihrer Erfahrungen leitet.[127] Die Untersuchung ist damit stark am Alltagswissen der Befragten orientiert und dem Gedanken der Kontextualität verpflichtet. Von seiner Grundgestalt stellt die vorliegende Untersuchung eine Vergleichsstudie dar.[128] Der Forschungsprozess wird als kommu-

---

[126] Vgl. FLICK, UWE, Design und Prozess qualitativer Forschung, in: FLICK, UWE / VON KARDOFF, ERNST / STEINKE, INES (Hg.), Qualitative Forschung. Ein Handbuch, Reinbek b. Hamburg $^4$2005, 253. – Uwe Flick nennt folgende Komponenten, die bei der Konstruktion eines Forschungsdesigns eine Rolle spielen können bzw. berücksichtigt werden sollten: die Zielsetzung der Studie, den theoretischen Rahmen, die konkrete Fragestellung, die Auswahl des empirischen Materials, die methodischen Herangehensweisen, der Grad an Standardisierung und Kontrolle, die Generalisierungsziele und die zeitlichen, materiellen und personellen Ressourcen, die für die Untersuchung zur Verfügung stehen.

[127] Vgl. dazu ausführlicher die Ausführungen im Kapitel 4.4.4.

[128] Vgl. FLICK, Design, 253-254. – Uwe Flick unterscheidet grundsätzlich fünf verschiedene Basisdesigns in der qualitativen Forschung: Fallstudien, Vergleichsstudien, retrospektive Studien, Momentaufnahmen (Zustands- und Prozessanalysen zum Zeitpunkt der Forschungstä-

nikatives Geschehen zwischen gleichwertigen Partnerinnen begriffen und die im Forschungsprozess interagierenden Personen sollen als Subjekte ernst genommen werden. Die befragten Seelsorgerinnen werden dabei als kompetente Gesprächspartnerinnen betrachtet und damit das hierarchische Gefälle zwischen Forscherin und Befragten betont niedrig gehalten, ohne dabei die rollenförmige Seite der Forschungsbeziehung außer Acht zu lassen.[129]

Dieses Verständnis von Forschung als kommunikativem Prozess von Subjekten korrespondiert mit einem prozessualen Verständnis von sozialer Wirklichkeit, die nicht „an sich" existiert, sondern beständig neu in der sozialen Interaktion von Menschen ausgehandelt, hergestellt und neu gedeutet wird (Konstruktion und Reproduktion sozialer Realität). Die vorliegende Untersuchung fühlt sich zudem einem Forschungsverständnis verpflichtet, das Forschung als „entdeckendes Tun" begreift,[130] die Prozessualität des Forschungsaktes betont[131] und den Daten und dem untersuchten Feld Priorität gegenüber theoretischen Annahmen einräumt (Prinzip der Offenheit)[132]. Der beständigen Reflexion der Forschungstätigkeit, die eine wertvolle Erkenntnisquelle darstellt, wird durch das Führen eines Forschungstagebuchs Rechnung getragen.

### 4.4.2 Der Zugang zum Forschungsfeld und die Fallauswahl

Der Feldzugang in der qualitativ-empirischen Sozialforschung ist grundsätzlich als ein Geschehen mit „Tätigkeits- und Prozesscharakter"[133] zu betrachten und zu gestalten als eine „nie ganz abgeschlossene Arbeitsaufgabe […], die kooperativ, d.h. gemeinsam mit den vermeintlichen ‚Objekten' der Forschung"[134] bewältigt werden muss. Wie kann es gelingen, mit dem ins Auge

---

tigkeit), Längsschnittstudien. „Bei vergleichenden Studien wird […] der Fall nicht in seiner Komplexität und Ganzheit betrachtet, sondern eine Vielzahl von Fällen im Hinblick auf bestimmte Ausschnitte: Spezifische Inhalte des Expertenwissens mehrerer Personen oder Biographien im Hinblick auf eine konkrete Krankheitserfahrung und den weiteren Lebensverlauf werden einander vergleichend gegenübergestellt." (254)

[129] Vgl. Kapitel 4.2.2.

[130] Vgl. FLICK / VON KARDOFF / STEINKE, Qualitative Forschung, 24.

[131] Vgl. LAMNEK, Qualitative Sozialforschung, 23.

[132] Vgl. FLICK, Qualitative Sozialforschung, 69. – Die Problematisierung der Vorabformulierung von Hypothesen ist nicht gleichzusetzen mit der Notwendigkeit der Formulierung einer präzisen Forschungsfragestellung.

[133] WOLFF, STEPHAN, Wege ins Feld und ihre Varianten, in: FLICK, UWE / VON KARDOFF, ERNST / STEINKE, INES (Hg.), Qualitative Forschung. Ein Handbuch, Reinbek b. Hamburg [4]2005, 335.

[134] WOLFF, Wege ins Feld, 336.

gefassten Forschungsfeld in Kontakt zu treten und RepräsentantInnen dieses Feldes zur Mitarbeit zu bewegen? – Ein Forschungsvorhaben stellt für die Betroffenen zunächst einmal eine „Zumutung" dar und hat wenig oder keinen vordergründigen Nutzen für die zu befragenden Personen oder zu untersuchenden Institutionen, so meint Stephan Wolff, der sich ausführlich mit den Wegen ins bzw. Zugängen zum Feld beschäftigt hat.[135] Oder noch pointierter: „Der Forscher kann dem Feld nichts bieten."[136]

Was ermöglicht nun einen erfolgreichen Zugang zum Forschungsfeld? Stephan Wolff behauptet, dass dafür nicht in erster Linie objektive Faktoren wie die Gewichtigkeit des Forschungsanliegens oder die Seriosität der Methodik ausschlaggebend sind, sondern eine angemessene Form der Präsentation des Forschungsanliegens.[137] Im Rahmen der Kontaktnahme mit dem Feld und potentiellen InformantInnen spielt die Person der Forscherin/des Forschers und ihr Verhalten eine entscheidende Rolle. Gelingt es ihm/ihr, im Erstkontakt mit dem/der potentiellen InformantIn Interesse am Forschungsvorhaben zu wecken? Immer steht der/die Forscherin dabei vor dem „Problem der Aushandlung von Nähe und Distanz im Verhältnis zu dem/n Untersuchten, der Offenlegung, Transparenz und Aushandlung der wechselseitigen Erwartungen, Ziele und Interessen"[138]. Immer müssen dabei auch Fragen des „Ver-

---

[135] Vgl. FLICK, Qualitative Sozialforschung, 89-91; WOLFF, Wege ins Feld, 335. – Stephan Wolff benennt im Hinblick auf die Feldforschung als sozialwissenschaftliche Methodik folgende „Zumutungen", die in abgewandelter Form wohl für jedes qualitativ-empirische Forschungsvorhaben zutreffen: „Zeit für Gespräche zu erübrigen, die Raumsouveränität teilweise aufzugeben, Peinlichkeiten auszuhalten, sich kommunikativen Zugzwängen auszusetzen (wie sie durch narrative Interviews entstehen), die eigenen Kommunikationsbedürfnisse einzuschränken (wenn sie sich einem Leitfaden-Regime unterwerfen), Infragestellungen bislang geltender Selbstverständlichkeiten zu akzeptieren." Außerdem weist er darauf hin, dass die angesprochenen Personen zudem angehalten sind, vielfältige eigene Aktivitäten zu entfalten: „sich in den Forscher hineinversetzen (um für diesen interessante Daten liefern zu können); ihn über situative Relevanzen zu belehren; ihm Wege ebnen und auf kompetente Gesprächspartner hinweisen; Antwort auf Fragen zu geben, die sie sich selbst noch nie gestellt haben und deren Sinn zunächst dunkel bliebt; ihm ohne Sicherheiten Vertrauen schenken; sich und anderen erklären, was es mit dem Forscher und seinem Projekt auf sich hat; die eigene Ungestörtheit zu signalisieren, obwohl man sich unter Beobachtung weiß u.a.m."

[136] WOLFF, Wege ins Feld, 348.

[137] Vgl. WOLFF, Wege ins Feld, 345-346.

[138] FLICK, Qualitative Sozialforschung, 95. – Vgl. EGGER, RUDOLF, Qualitative Sozialforschung in der Erziehungswissenschaft – Ein systematischer Überblick, in: STIGLER, HUBERT / REICHER, HANNELORE (Hg.), Praxisbuch Empirische Sozialforschung in den Erziehungs- und Bildungswissenschaften, Innsbruck-Wien-Bozen 2005, 113. – Rudolf Egger spricht im Hinblick auf die Datenerhebung durch Interviews davon, dass in der Anfangsphase „eine Art von ‚Gefühlsmanagement' gefragt sein" (113) kann, wobei der/die ForscherIn folgende Fragen für sich klären sollte: „Was gebe ich? Was nehme ich? Bin ich AusbeuterIn oder TauschpartnerIn?" (113)

trauens-, Interessens- und Datenschutzes“[139] für die Betroffenen geklärt werden.

Der/die ForscherIn muss damit rechnen, mit unterschiedlichsten „Immunreaktionen“[140] auf Zugangsbemühungen konfrontiert zu sein (z.B. immer neues Nachfragen nach detaillierteren Darstellungen von Forschungsziel und konkretem Vorgehen; Alternativangebote zu den Methoden der Datengewinnung machen, die ursprünglich nicht vorgesehen waren; Forschungsfrage und Rahmenbedingungen der Forschungstätigkeit mitgestalten wollen; Nichtreagieren auf Anfragen). Wenn die Beforschten sozialwissenschaftlich vorgebildet bzw. ausgebildet sind, kann das von Vorteil sein und zu größerem Verständnis oder Entgegenkommen der InformantInnen beitragen oder aber ein Hindernis darstellen, indem die Beforschten sozialwissenschaftliche Kenntnisse zur Abwehr von Zugangsversuchen verwenden.[141] Diesen Immunreaktionen des Feldes korrespondiert eine „notorische Ambivalenz“[142] auf Seiten des/der ForscherIn: Der/die ForscherIn ist hin- und hergerissen zwischen „aggressiv getönten Allmachts- und/oder Minderwertigkeitsphantasien dem Feld gegenüber“[143].

Der Feldzugang bei der vorliegenden Studie gestaltete sich in folgender Weise: Vierzehn Seelsorgerinnen wurden von mir per Mail angefragt. Darauf habe ich sieben positive Rückmeldungen mit der Bereitschaft zur Mitarbeit erhalten. Die Zusage zur Mitarbeit wurde z. T. nach einem erläuternden Telefonat oder nach der Beantwortung von Rückfragen per Mail erteilt. Drei Seelsorgerinnen sagten aus diversen Gründen ab (Zeitmangel, Mutterschutz, gesundheitliche Probleme), vier angefragte Seelsorgerinnen gaben keine Rückmeldung. Die angefragten Seelsorgerinnen waren mir nur flüchtig oder überhaupt nicht persönlich bekannt. Einige Seelsorgerinnen habe ich auf Empfehlung einer als Frauenreferentin arbeitenden Theologin angefragt.[144] Der Suchprozess erstreckte sich über einen Zeitraum von vier Wochen. Die Seelsorgerinnen wurden in zwei Phasen angefragt. Für mich als Forscherin war es emotional nicht ganz leicht, in „bittender“ oder „werben-

---

[139] FLICK, Qualitative Sozialforschung, 95.

[140] WOLFF, Wege ins Feld, 343.

[141] Vgl. WOLFF, Wege ins Feld, 339.

[142] WOLFF, Wege ins Feld, 343.

[143] WOLFF,, Wege ins Feld, 343-344.

[144] Diese Theologin fungierte in gewissem Sinn als „gatekeeper“. Vgl. zur Rolle der gatekeepers: MERKENS, HANS, Auswahlverfahren, Sampling, Fallkonstruktion, in: FLICK, UWE / VON KARDOFF, ERNST / STEINKE, INES (Hg.), Qualitative Forschung. Ein Handbuch, Reinbek b. Hamburg $^{4}$2005, 288.

der“ Position mit den mir großteils unbekannten Personen in Kontakt zu treten.

Die konkrete Fallauswahl war einem wichtigen Grundprinzip des theoretischen Samplings verpflichtet: der “Auswahl von Fällen bzw. Fallgruppen nach konkret-inhaltlichen statt abstrakt-methodologischen Prinzipien, nach ihrer Relevanz statt nach ihrer Repräsentativität“[145]. Zudem orientierte sich die Fallauswahl an der Strategie des „'gezielten' (purposive) Samplings“[146] nach Michael Quinn Patton, insbesondere nach der Strategie der „maximale[n] Variation im Sample“[147], ein Vorgehen, bei dem zwar wenige, dafür aber möglichst unterschiedliche Fälle einbezogen werden, um so die Variationsbreite und Unterschiedlichkeit, die im Feld enthalten ist, erschließen zu können.

Folgende konkrete Kriterien haben mich in der Wahl der angefragten Seelsorgerinnen für die vorliegende Studie geleitet:

- Beide Berufsgruppen, Gemeindereferentinnen und Pastoralreferentinnen, sollten vertreten sein.
- Es sollten Seelsorgerinnen unterschiedlichen Alters, Familienstandes und mit unterschiedlich langer Berufserfahrung vertreten sein.
- Die Seelsorgerinnen sollten in klassischen gemeindlichen Berufsfeldern und darüber hinaus tätig sein.

Daneben haben folgenden Kriterien die Auswahl der befragten Seelsorgerinnen geleitet: Die für die Untersuchung angefragten und ausgewählten Seelsorgerinnen sollten

- über das notwendige Wissen, die Sensibilität und die notwendige Erfahrung mit dem Thema verfügen, sowie über Interesse daran,
- die Fähigkeit und Bereitschaft zur Reflexion und (schriftlichen) Artikulation haben,
- genügend Zeit haben, um an der Untersuchung teilzunehmen und schließlich
- die Bereitschaft aufbringen, an der Untersuchung teilzunehmen.[148]

---

145 FLICK, Qualitative Sozialforschung, 107.

146 PATTON, MICHAEL QUINN, Qualitative Evaluation and Research Methods, London-Thousand Oaks-New Delhi ²1990, 169-181. Vgl. die Darstellung der Position von Michael Quinn Patton bei FLICK, Qualitative Sozialforschung, 108-110.

147 FLICK, Qualitative Sozialforschung, 109.

148 Vgl. das die allgemeinen Kriterien eines guten Informanten nach J.M. Morse in der Darstellung von Uwe Flick: FLICK, Qualitative Sozialforschung, 110.

Angesichts begrenzter Ressourcen war es mir ein Anliegen, durch Konzentration auf einzelne Fallbeispiele tiefer in die Struktur des von mir zu erforschenden Feldes vordringen.[149]

### 4.4.3 Das Erhebungsdesign

Als Erhebungsmethode wurde für die vorliegende Untersuchung das Führen von Tagebuchaufzeichnungen durch die an der Studie teilnehmenden Seelsorgerinnen gewählt. Im Folgenden soll zunächst das Tagebuch als Forschungsinstrument dargestellt werden (4.4.3.1). Im Anschluss daran werden die Gründe dargelegt, die ausschlaggebend für Wahl dieser Erhebungsmethode waren (4.4.3.2).

#### *4.4.3.1 Das Tagebuch als Forschungsinstrument – Erkenntnispotentiale und Grenzen dieser Erhebungsmethode*

Tagebücher haben Tradition: Sie wurden und werden mit literarischem Anspruch, mit philosophischem Hintergrund oder lediglich zur persönlichen Reflexion geschrieben. Ihre AutorInnen sind berühmte Persönlichkeiten und zahllose anonyme Männer und Frauen. In Jugendjahren können Tagebücher eine Hilfe im Prozess der Identitätsfindung sein, manche Menschen behalten sich diese Methode des reflektierenden und bilanzierenden Rückblicks über viele Jahre ihres Lebens bei.

In den verschiedensten wissenschaftlichen Disziplinen dienen Tagebücher als bewährtes Arbeitsinstrumentarium, so z. B. in der zoologischen Feldforschung, in der ethnologischen Forschung und schließlich auch in der qualitativ-soziologischen Feldforschung.[150] Insbesondere in der Aktionsforschung, einer Forschungsmethodik, in der Lehrerinnen und Lehrer, aber auch Mitglieder anderer Berufsgruppen, sich selbst als ForscherInnen begreifen und angeleitet werden, ihre eigene berufliche Situation systematisch zu untersuchen, spielt das Tagebuch eine zentrale Rolle.[151] Seit den 1970er Jahren sind zahlreiche PädagogInnen-Tagebücher mit z. T. sehr unterschiedlichen Ziel-

---

[149] Vgl. FLICK, Qualitative Sozialforschung, 111. – Nach Uwe Flick bewegen sich die Auswahlentscheidungen im Forschungsprozess immer zwischen zwei Zielen: „ein Feld möglichst breit zu erfassen oder möglichst tiefgründige Analysen durchzuführen“. Doch „angesichts begrenzter Ressourcen (Arbeitskraft, Geld, Zeit etc.) sind diese beiden Ziele häufig eher Alternativen als vereinbare Vorhaben“ (112).

[150] Vgl. ALTRICHTER, HERBERT / POSCH, PETER, Lehrer erforschen ihren Unterricht. Eine Einführung in die Methoden der Aktionsforschung, Bad Heilbrunn/Obb. 1990, 19.

[151] Vgl. ALTRICHTER / POSCH, Lehrer erforschen, 19. – „Das Tagebuch ist eines der wichtigsten Werkzeuge von forschenden Lehrern.“

setzungen (Rekonstruktion der Sozialbiographien von SchülerInnen, Entwicklung von pädagogischen Konzepten, Entwicklung von Strategien der Konfliktbewältigung u. a .m.) erschienen.[152] Von gewissem methodischem Interesse für das Forschungsvorhaben der vorliegenden Arbeit scheint mir das PädagogInnen-Tagebuch von Frauke Stübig zu sein, da die Autorin ihre Tagebuchaufzeichnungen, die sie als „Dokumentation von Lehrerbewußtsein"[153] versteht, als Ausgangsmaterial für Reflexionsgespräche mit einer befreundeten Psychotherapeutin verwendet und somit der Deutung aus einer Fremdperspektive zugänglich macht. Als Begleiter des eigenen wissenschaftlichen Forschungsprozesses wird in verschiedenen sozial- und geisteswissenschaftlichen Disziplinen das Führen eines sog. „Forschungstagebuchs" empfohlen.[154]

Dietlind Fischer definiert Tagebücher als „alltägliche Schriftstücke, die in chronologischer Datierung das persönliche Erleben der Autorin bzw. des Autors über einen kürzeren oder längeren Zeitraum festhalten".[155] Persönliche Beobachtungen werden dabei durch das Aufschreiben „fixiert, auf den Begriff gebracht, sortiert, gegliedert, strukturiert, auch selektiv ausgespart und verworfen"[156]. Das Tagebuch kann als „Gedächtnisstütze" und als „Erinnerungshilfe" fungieren, aber als „Ventil für die Auseinandersetzung mit der eigenen Befindlichkeit, mit kritischen Ereignissen, mit Störungen und Krisen" dienen.[157] Als weitere Merkmale dieses Forschungsinstruments benennt Dietlind Fischer in Anlehnung an Herbert Altrichter / Peter Posch:

---

152 Vgl. FISCHER, DIETLIND, Das Tagebuch als Lern- und Forschungsinstrument, in: FRIEBERTSHÄUSER, BARBARA / PRENGEL, ANNEDORE (Hg.), Handbuch Qualitative Forschungsmethoden in der Erziehungswissenschaft, Weinheim-München 1997, 696.

153 STÜBIG, FRAUKE, Schulalltag und Lehrerinnenbewußtsein. Das Tagebuch einer Lehrerin und seine Reflexion im Gespräch mit Birke Mersmann, Weinheim-Basel 1995, 210.

154 Vgl. ANASTASIADIS, MARIA / BACHMANN, GERHILD, Das Forschungstagebuch, in: STIGLER, HUBERT / REICHER, HANNELORE (Hg.), Praxisbuch Empirische Sozialforschung in den Erziehungs- und Bildungswissenschaften, Innsbruck u. a. 2005, 161-165. – Die beiden Autorinnen skizzieren Aufgabe und Funktion des Forschungstagebuches folgendermaßen: „Der Fokus liegt dabei auf der Selbstreflexion der ForscherInnen, es dient gleichsam der Analyse des Forschungsprozesses wie der Einschätzung der Ergebnisse. Es beinhaltet im Wesentlichen eine Dokumentation der Forschungsgeschichte, die Offenlegung der Untersuchungssituation wie auch die Darstellung der eigenen Lage, Befindlichkeit und Rolle im Forschungsgefüge. Persönliche Wertvorstellungen, Sichtweisen, Interessen, aber auch Konflikte innerhalb des Forschungsfeldes, wie bei einem Wechsel der Forschungsphasen können so dokumentiert und einer Reflexion zugänglich gemacht werden."

155 FISCHER, Tagebuch, 693.

156 FISCHER, Tagebuch, 693.

157 FISCHER, Tagebuch, 694.

- die Praktikabilität dieses Forschungsinstruments,[158]
- die Offenheit der Form,[159]
- die Kontinuität des Prozesses der Datensammlung,[160]
- den persönlichen und privaten Charakter dieses Forschungsinstruments: „Die persönliche Vertrautheit mit einem Handlungsfeld, die Nähe zu dem zu Beobachtenden, das Beteiligtsein an Ereignissen und Prozessen stellt eine einzigartige Quelle für dichte und vielfältige Informationen dar, die von keinem Unbeteiligten oder Dritten zu beschaffen wären."[161]

Eben dieser persönliche und private Charakter des Tagebuchs als Forschungsinstruments birgt aber auch Gefahren für die Erkenntnisgewinnung: Die persönliche Vertrautheit mit dem Handlungsfeld kann auch mit „Befangenheit, Betriebsblindheit oder ideologischer Verhaftung"[162] einhergehen und bedeuten, dass eben diese eingeschränkte Sichtweise schriftlich festgehalten und perpetuiert wird.

#### *4.4.3.2 Tagebuchaufzeichnungen aus dem Seelsorgealltag von Gemeindeseelsorgerinnen – Beweggründe für die Wahl dieser Erhebungsmethode für die vorliegende Untersuchung*

Drei wesentliche Gründe sind es, die meines Erachtens dafür sprechen, für die vorliegende Untersuchung Tagebuchaufzeichnungen als Erhebungsmethode zu wählen und Frauen in der Gemeindeseelsorge dazu zu ermutigen, ihren seelsorglichen Alltag unter der Rücksicht einer für sie erfahrbar gewordenen Gottespräsenz in Tagebuchaufzeichnungen zu dokumentieren: Zum einen ist davon auszugehen, dass diese Form der Datengewinnung der Intimität des Themas gerecht wird. Zum anderen ist damit zu rechnen, dass die längere zeitliche Ausdehnung der Datenerhebung bei den Befragten die Sensibilität für das Thema „Erfahrungen der Gottespräsenz im pastoralen Alltag von (Gemeinde-)Seelsorgerinnen" erhöht und damit diese Zugangs-

---

158 Vgl. FISCHER, Tagebuch, 694. – „Es knüpft an die alltägliche Fertigkeiten des Erzählens und Aufschreibens an, kann jederzeit und spontan erfolgen, wann immer Zeit und Papier vorhanden ist, bedarf keiner besonderen Vorbereitung und keiner Ausbildung, allenfalls der Einübung."

159 Vgl. FISCHER, Tagebuch, 694.

160 Vgl. FISCHER, Tagebuch, 694. – „Das Tagebuch hält Ereignisse und Abläufe über einen längeren Zeitraum fest. Die *Kontinuität* des Aufschreibens ermöglicht die Begleitung eines veränderlichen Prozesses bzw. einer Entwicklung von Wahrnehmungen und Erkenntnissen."

161 FISCHER, Tagebuch, 694.

162 FISCHER, Tagebuch, 694.

weise der Qualität und Relevanz des erhobenen Materials förderlich ist.[163] Zum dritten scheint das Tagebuch mit dem ihm inhärenten reflexiven Charakter als Instrumentarium der Datengewinnung dem Thema „Erfahrungen der Gottespräsenz im pastoralen Alltag von (Gemeinde-)Seelsorgerinnen“ gerecht zu werden, da ja auch dem Thema selbst ein starkes reflexives Moment innewohnt.

Einschränkend ist allerdings zu sagen, dass die gewählte Form der Datengewinnung den Auskunftspersonen „liegen“ muss und eine solche Art der Reflexion des beruflichen Alltags wohl nicht für alle in Frage kommenden Auskunftspersonen in gleichem Maß geeignet ist. Außerdem wird von den Auskunftspersonen ein relativ hohes Ausmaß an zeitlichem und persönlichem Einsatz erwartet.

Folgende Orientierungen zum Tagebuchschreiben von Herbert Altrichter / Peter Posch erschienen mir auch für das vorliegende Forschungsprojekt geeignet und sollten meinen Auskunftsgeberinnen als Handreichung dienen:[164]

- die Ermutigung, den eigenen Stil zu entwickeln,
- das Bemühen um Regelmäßigkeit der Aufzeichnungen (mit dem Hinweis, evt. einen bestimmten Zeitraum dafür freihalten),
- die Ermutigung, literarische und orthographische Maßstäbe hintan zu stellen,
- die Unterscheidung von „beschreibenden Passagen“ und „interpretierenden Passagen“,
- der Hinweis, die entstehenden Tagebuchaufzeichnungen als ein persönliches und privates Produkt zu betrachten (verbunden mit der Bitte, sich beim Schreiben möglichst keine innere Zensur auferlegen, und dem Hinweis, dass nach Abschluss der Datenerhebung die Möglichkeit besteht, Passagen nicht für die weitere Forschungstätigkeit freizugeben),
- die Anregung, das Tagebuch handschriftlich zu führen und sich u. U. ein kleines Heft dafür anzulegen.[165]

---

[163] Die Datenerhebung mittels qualitativer Interviews hätte den Nachteil, dass lediglich punktuell Erfahrungen abgefragt werden könnten. Zudem ist zu vermuten, dass die dialogische Situation des Interviews (Face-to-Face-Kommunikation mit einer unbekannten / nur flüchtig bekannten Forscherin) der Intimität des Themas nicht in ausreichendem Maß gerecht werden würde.

[164] Vgl. ALTRICHTER / POSCH, Lehrer erfoschen, 20-21.

[165] Die Handschriftlichkeit der Aufzeichnungen kann u. U. dem Zugang zum persönlichen Erleben förderlich sein und ist deshalb wohl den Aufzeichnungen am Computer vorzuziehen.

Was die Strukturiertheit der Tagebuchaufzeichungen angeht, schien mir für das Thema ein geringes Maß an Strukturiertheit (Angabe des Datums, evt. wesentliche Eckdaten der beschriebenen Situation) förderlich zu sein.[166]

### 4.4.4 Das Auswertungsdesign

Als Methode für die Auswertung der Tagebuchaufzeichungen wurde die dokumentarische Methode nach Ralf Bohnsack gewählt. Im Folgenden soll zunächst das Profil dieses Auswertungsverfahrens skizziert werden (4.4.4.1). Im Anschluss daran wird dargelegt, warum für die vorliegende Untersuchung dieses Auswertungsverfahren gewählt wurde (4.4.4.2).

#### *4.4.4.1 Die dokumentarische Methode nach Ralf Bohnsack – Zum Profil dieses Auswertungsverfahrens*

Die dokumentarische Methode hat in den Sozial- und Erziehungswissenschaften mittlerweile weite Verbreitung gefunden.[167] Sie steht in der Tradition der Wissenschaftssoziologie von Karl Mannheim und der Ethnomethodologie[168] und wurde von Ralf Bohnsack im Rückgriff auf die Wissenssoziologie von Karl Mannheim und in kritischer Auseinandersetzung mit Harold Garfinkel entwickelt.[169]

Anspruch und Grundanliegen der dokumentarischen Methode ist es, einen „Zugang nicht nur zum reflexiven, sondern auch zum handlungsleitenden Wissen der Akteure und damit zur Handlungspraxis"[170] zu eröffnen. Das „habitualisierte und z. T. inkorporierte Orientierungswissen, welches dieses Handeln relativ unabhängig vom subjektiv gemeinten Sinn strukturiert"[171], soll erschlossen werden. Dabei wird zugleich der Anspruch formuliert, „die empirische Basis des Akteurswissen"[172] nicht zu verlassen.

---

166 In diesem Punkt scheint es mir sinnvoll zu sein, von den hilfreichen methodischen Vorgaben von Herbert Altrichter und Peter Posch abzuweichen.

167 Vgl. Bohnsack, Ralf / Nentwig-Gesemann, Iris / Nohl, Arnd- Michael, Einleitung: Die dokumentarische Methode und ihre Forschungspraxis, in: Bohnsack, Ralf / Nentwig-Gesemann, Iris / Nohl, Arnd- Michael (Hg.), Die dokumentarische Methode und ihre Forschungspraxis. Grundlagen qualitativer Sozialforschung, Opladen 2001, 9.

168 Vgl. Bohnsack / Nentwig-Gesemann / Nohl, Einleitung, 9.

169 Vgl. Nohl, Arnd-Michael, Interview und dokumentarische Methode. Anleitungen für die Forschungspraxis (Qualitative Sozialforschung; 16), Wiesbaden 2006, 9.

170 Bohnsack / Nentwig-Gesemann / Nohl, Einleitung, 9.

171 Bohnsack / Nentwig-Gesemann / Nohl, Einleitung, 9.

172 Bohnsack / Nentwig-Gesemann / Nohl, Einleitung, 9.

Bereits Karl Mannheim unterscheidet das reflexive oder theoretische Wissen der AkteurInnen einerseits und andererseits das handlungspraktische und handlungsleitende, inkorporierte, atheoretische Wissen[173]. Das atheoretische Wissen bildet einen „Strukturzusammenhang, der als kollektiver Wissenszusammenhang das Handeln relativ unabhängig vom subjektiv gemeinten Sinn orientiert"[174] und den AkteurInnen dennoch nicht „fremd" ist. Dieses atheoretische Wissen gehört zum routinierten oder habituellen Handeln.[175] Aufgabe des/der sozialwissenschaftlichen Beobachters/in ist es, das „implizite oder atheoretische Wissen zur begrifflich-theoretischen Explikation"[176] zu führen und somit „ein den Erforschten bekanntes, von ihnen aber selbst nicht expliziertes handlungsleitendes (Regel-)Wissen (abduktiv) zur Explikation zu bringen"[177].

In ähnlicher Weise unterscheiden die VertreterInnen der dokumentarischen Methode zwischen „kommunikativem" bzw. „kommunikativ-generalisiertem" Wissen, zu dem der Zugang unproblematisch ist und das offen abgefragt werden kann, und „konjunktivem" (milieuspezifischem oder individuell-spezifischem) Wissen, das sich nicht auf den ersten Blick erschließt.[178] „Die dokumentarische Methode ist darauf ausgerichtet, einen Zugang zum konjunktiven Wissen als dem je milieuspezifischen Orientierungswissen zu erschließen."[179]

Die dokumentarische Methode zeichnet sich durch einen Wechsel der Analyseeinstellung aus: weg von der Frage, „*was* die gesellschaftliche Realität in der Perspektive der Akteure *ist*", hin zur Frage, „*wie* diese in der Praxis *hergestellt* wird"[180]. Damit ist sie einem konstruktivistischen Forschungsparadigma zuzurechnen.[181] Aus der „methodische[n] (Leit-)Differenz von kommunikativ-generalisierendem, wörtlichen oder ‚immanenten' Sinngehalt [...] und dem konjunktiven, metaphorischen oder eben dokumentarischen Sinngehalt"[182] folgt für die konkrete Analysetätigkeit die Unterscheidung von „Beobachtungen erster Ordnung" (Frage: Was?) und „Beobachtungen zweiter Ordnung" (Frage: wie?) sowie die Unterscheidung zwischen „formulie-

---

173 Vgl. BOHNSACK / NENTWIG-GESEMANN / NOHL, Einleitung, 11.

174 BOHNSACK / NENTWIG-GESEMANN / NOHL, Einleitung, 11.

175 NOHL, Interview, 10.

176 BOHNSACK / NENTWIG-GESEMANN / NOHL, Einleitung, 12.

177 BOHNSACK / NENTWIG-GESEMANN / NOHL, Einleitung, 12.

178 Vgl. BOHNSACK / NENTWIG-GESEMANN / NOHL, Einleitung, 14.

179 BOHNSACK / NENTWIG-GESEMANN / NOHL, Einleitung, 14.

180 BOHNSACK / NENTWIG-GESEMANN / NOHL, Einleitung, 14.

181 Vgl. BOHNSACK / NENTWIG-GESEMANN / NOHL, Einleitung, 14.

182 BOHNSACK / NENTWIG-GESEMANN / NOHL, Einleitung, 14.

render Interpretation“[183] als erstem Arbeitsschritt und „reflektierender Interpretation“[184] als zweitem Arbeitsschritt. Dabei geht es darum, „das, *was* (wörtlich) gesagt wird, also das, was *thematisch* wird, von dem zu unterscheiden, *wie* ein Thema, d.h. in welchem *Rahmen* es behandelt wird. Dieser Orientierungsrahmen (den wir auch Habitus nennen) ist der zentrale Gegenstand dokumentarischer Interpretation.“[185]

Konkret bedeutet das: In der formulierenden Interpretation eines Textes bleibt der/die InterpretIn innerhalb des (Orientierungs-)Rahmens des Textes und macht diesen noch nicht zum Gegenstand der expliziten Reflexion. Stattdessen werden lediglich die im Text angesprochenen Themen herausgearbeitet, indem Überschriften, Ober- und Unterthemen gesucht und der Text auf diese Weise gegliedert wird.[186] Der nächste Interpretationsschritt, die „reflektierenden Interpretation“, zielt darauf, den Rahmen zu rekonstruieren und explizit zu machen, innerhalb dessen ein Thema behandelt wird.

Ralf Bohnsack prägt in diesem Zusammenhang den Begriff des „Orientierungsmusters“, der ihm als Oberbegriff dient, und differenziert dann noch einmal zwischen „Orientierungsschema“ und „Orientierungsrahmen“, wobei er nicht immer präzise zwischen „Orientierungsmuster“ und „Orientierungsrahmen“ unterscheidet und diese gelegentlich auch synonym verwendet.[187] Diese beiden Unterbegriffe stehen bei Ralf Bohnsack für unterschiedliche Ebenen des Wissens: „Orientierungsschemata umfassen institutionalisierte und in diesem Sinne normierte Ablaufmuster oder Erwartungsfahrpläne“[188] und sind durch „Exteriorität und […] Zwang dem einzelnen gegenüber“[189]

---

[183] Vgl. NOHL, Interview, 46-47.

[184] Vgl. NOHL, Interview, 47-53.

[185] BOHNSACK / NENTWIG-GESEMANN / NOHL, Einleitung, 14.

[186] Vgl. zur konkreten Durchführung der einzelnen Interpretationsschritte: BOHNSACK, RALF, Rekonstruktive Sozialforschung. Einführung in qualitative Methoden, Opladen, 6., durchgesehene und aktualisierte Auflage 2007, 134-144; BOHNSACK, RALF, Generation, Milieu und Geschlecht. Ergebnisse aus Gruppendiskussionen mit Jugendlichen (Biographie und Gesellschaft; 8), Opladen 1989, 343-375.

[187] Vgl. BOHNSACK, RALF, „Orientierungsmuster“: Ein Grundbegriff qualitativer Sozialforschung, in: SCHMIDT, FOLKER (Hg.), Methodische Probleme der empirischen Erziehungswissenschaft, Baltmannsweiler 1997, 49-61; BOHNSACK, RALF, Rekonstruktive Sozialforschung und der Grundbegriff des Orientierungsmusters, in: SIEFKES, DIRK / EULENHÖFER, PETER / STACH, HEIKE / STÄDLER, KLAUS (Hg.), Sozialgeschichte der Informatik. Kulturelle Praktiken und Orientierungen (Studien zur Wissenschafts- und Technikforschung), Wiesbaden 1998, 105-121; BOHNSACK, RALF, Art. Orientierungsmuster, in: BOHNSACK, RALF / MAROTZKI, WINFRIED / MEUSER, MICHAEL (Hg.), Hauptbegriffe Qualitativer Sozialforschung, Opladen 2003, 132-133.

[188] BOHNSACK, Orientierungsmuster, 132.

[189] BOHNSACK, Orientierungsmuster, 132.

charakterisiert. Sie sind der Ebene des kommunikativen Wissens zugeordnet. Orientierungsschemata gewinnen handlungspraktische Relevanz aber erst innerhalb der Orientierungsrahmen, die aus der milieuspezifischen Sozialisationsgeschichte der AkteurInnen, „aus der Bindung an die ‚konjunktiven Erfahrungsräume' des Milieus, der Generation und des Geschlechts etc."[190] resultieren. Weitgehend synonym zum Begriff „Orientierungsrahmen" wird hier der Begriff „Habitus" verwendet.[191] Im Interpretationsprozess wird der Orientierungsrahmen, innerhalb dessen ein Thema behandelt wird, identifizierbar durch den (negativen und positiven) „Gegenhorizont", auf dessen Hintergrund das Thema entwickelt wird.[192]

Das konjunktive Erfahrungswissen wird dem/der sozialwissenschaftlichen Beobachter/in nur dann zugänglich, wenn er/sie sich den individuellen und/oder kollektiven Erfahrungsraum erschließen kann. Das Individuum bzw. die konkrete Gruppe haben dabei immer schon teil an verschiedenen Erfahrungsräumen, z.B. bildungs-, geschlechts-, generationenspezifischer oder auch lebenszyklischer Art.[193]

Die fallinterne und fallvergleichende „komparative Sequenzanalyse"[194] ist innerhalb der reflektierenden Interpretation, aber auch innerhalb des ganzen Interpretionsprozesses eine Hilfe dabei, die „Standortgebundenheit"[195] der InterpretInnen zu relativieren; der Rückgriff auf das eigene Vorwissen bzw. die Neigung, die zu deutenden Daten vor dem Hintergrund des eigenen Alltagswissens zu deuten, wird dadurch minimiert.

Als Ergebnis der ersten beiden Interpretationsschritte (formulierende und reflektierende Interpretation) wird eine „Fallbeschreibung"[196] eines jeden einzelnen Falls unternommen, die vor allem der „vermittelnden Darstellung, Zusammenfassung und Verdichtung der Ergebnisse im Zuge ihrer Veröffentlichung"[197] dient. Inhalte der Fallbeschreibung sind die Darstellung der zentralen Orientierungen und Rahmenkomponenten, sowie der „dramaturgischen Entwicklung"[198] der jeweils interpretierten Passagen.

---

[190] BOHNSACK, Orientierungsmuster, 132.

[191] Vgl. BOHNSACK, Orientierungsmuster, 132.

[192] Vgl. BOHNSACK, Generation, 345; BOHNSACK, Rekonstruktive Sozialforschung, 135-137.

[193] Vgl. BOHNSACK / NENTWIG-GESEMANN / NOHL, Einleitung, 15-16.

[194] Vgl. NOHL, Interview, 11-12.

[195] NOHL, Interview, 13.

[196] Vgl. BOHNSACK, Rekonstruktive Sozialforschung, 139-141.

[197] BOHNSACK, Rekonstruktive Sozialforschung, 139.

[198] BOHNSACK, Rekonstruktive Sozialforschung, 139.

In einem nächsten Interpretationsschritt kann und soll sich die „sinn- und soziogenetische Typenbildung“ anschließen: In der sinngenetischen Typenbildung werden unterschiedliche Orientierungsrahmen der Bearbeitung einer Problemstellung in unterschiedlichen Fällen herausgearbeitet und dann typisiert,[199] in der soziogenetischen Typenbildung schließlich wird der Versuch unternommen, die „spezifischen Erfahrungshintergründe und die Soziogenese der Orientierungsrahmen systematisch zu analysieren“[200].

Anwendungsbereiche der dokumentarischen Methode sind Jugendforschung, Migrationsforschung, Geschlechterforschung, Organisationskultur- und Politikforschung, Religionssoziologie und Religionspädagogik, Erziehungswissenschaft, Schulpädagogik, Sozialpädagogik, Video-, Medien- und Bildforschung, Wissenschaftssoziologie[201]. Im Bereich der Religionspädagogik scheinen mir für mein Forschungsprojekt die Arbeiten von Georg Hilger und Martin Rothgangel von Interesse zu sein, die zur Erforschung der Religiosität von SchülerInnen in der Datensammlung auf eine schriftliche Form (Clustering nach Gabriele Rico) und in der Auswertung – neben der Grounded Theory – auf die Dokumentarische Methode zurückgreifen.[202]

#### 4.4.4.2 *Beweggründe für die Wahl dieses Auswertungsverfahrens für die vorliegende Untersuchung*

Die dokumentarische Methode nach Ralf Bohnsack scheint mir aus folgenden Gründen für das Forschungsprojekt „Erfahrungen der Gottespräsenz im pastoralen Alltag von (Gemeinde-)Seelsorgerinnen“ geeignet zu sein: Mit diesem Auswertungsverfahren kann in einem ersten Analyseschritt das bewusste und reflexive Wissen der an der Untersuchung teilnehmenden Seelsorgerinnen über ihre Erfahrungen von Gottespräsenz dokumentiert werden. Im zweiten und entscheidenden Analyseschritt bietet das gewählte Auswertungsverfahren die Möglichkeit, auszuleuchten, in welchem Orientierungsrahmen und unter welchen nicht explizit thematisierten Voraussetzungen die Seelsorgerinnen die von ihnen gemachten Erfahrungen als Erfahrungen der Gottespräsenz qualifizieren, und so einen Zugang zu ihren Erfahrungsräumen zu erschließen. Dabei ist davon auszugehen, dass die Seelsorgerinnen

---

[199] Vgl. NOHL, Interview, 13.

[200] NOHL, Interview, 13.

[201] Zum gegenwärtigen Forschungsstand vgl. den Überblick über empirische Analysen in diversen Forschungsfeldern: BOHNSACK / NENTWIG-GESEMANN / NOHL, Einleitung, 16-19.

[202] Vgl. HILGER, GEORG / ROTHGANGEL, MARTIN, Wahrnehmungskompetenz für die Religiosität von SchülerInnen. Ein Beitrag zum religionspädagogischen Perspektivenwechsel, in: Katechetische Blätter 122 (1997) 276-282.

an verschiedenen Erfahrungsräumen (als Frau, als kirchliche Mitarbeiterin, als Theologin oder Religionspädagogin, als Mitteleuropäerin...) partizipieren.

# 5 Suchbewegungen, Entdeckungen und Ergebnisse der empirisch-theologischen Forschungsarbeit

Monatelange, intensive Beschäftigung mit den Textdokumenten der Seelsorgerinnen, mit ihrer Wahrnehmung des pastoralen Alltags und ihren Erfahrungen von Gottespräsenz bildete das „Herzstück“ des Forschungsprojektes „Erfahrungen der Gottespräsenz im pastoralen Alltag von (Gemeinde-) Seelsorgerinnen“. Absicht des vorliegenden fünften Kapitels ist es, die Suchbewegungen dieser wichtigen Phase des Forschungsprozesses nachzuzeichnen (5.1), Entdeckungen und Ergebnisse der empirisch-theologischen Forschungsarbeit in Form von ausführlichen Fallbeschreibungen und in einer weiterführenden komparativen Analyse wesentlicher Grundorientierungen der Tagebücher und ausgewählter Einzelperspektiven darzustellen (5.2, 5.3.1, 5.3.2 und 5.3.3) und die Ergebnisse der empirisch-theologischen Forschungsarbeit abschließend einer Systematisierung in kommunikativ-theologischer Perspektive zu unterziehen (5.3.4).

## 5.1 Der Prozess der Datengewinnung und die Erfahrungen in der Auswertungspraxis

Im Folgenden soll zunächst skizziert werden, wie das dieser Untersuchung zu Grunde liegende Textmaterial gewonnen wurde (5.1.1). Der Fokus der Darstellung liegt hier bei der Aufgabenstellung, mit der die Teilnehmerinnen der Studie betraut waren; die für die Fallauswahl ausschlaggebenden Kriterien (Strategie des „gezielten“ (purposive) Samplings) und Erfahrungen im Feldzugang wurden bereits dargestellt.[1] In einem nächsten Schritt werden Erfahrungen im Prozess der Auswertungspraxis – insbesondere im Umgang mit der gewählten Auswertungsmethode (dokumentarische Methode nach Ralf Bohnsack) – dokumentiert (5.1.2). Zur Reflexion der Erfahrungen im Prozess der Auswertungspraxis war mir dabei in besonderer Weise die Durchsicht des eigenen Forschungstagebuchs von Nutzen, das von mir während der gesamten konkret-empirischen Forschungsarbeit geführt wurde und an Hand dessen sich im Rückblick zentrale Suchbewegungen und wesentliche Erkenntnisfortschritte des Forschungsprozesses erkennen ließen.[2]

---

[1] Vgl. Kapitel 4.4.2.

[2] Die Reflexion meiner „Standortgebundenheit“ als Interpretin der Pastoraltagebücher — insbesondere die Aufmerksamkeit auf mögliche Übertragungsmechanismen – findet dort ebenfalls Raum.

### 5.1.1 Zu Textmaterial kommen – Der Prozess der Datengewinnung

Nachdem sieben Seelsorgerinnen ihre Bereitschaft zur Mitarbeit am Forschungsprojekt „Erfahrungen der Gottespräsenz im pastoralen Alltag von (Gemeinde-)Seelsorgerinnen" erklärt hatten und bereit waren, im Zeitraum zwischen Ostern 2007 und Pfingsten 2007 drei Wochen lang ein pastorales Tagebuch zu schreiben, ging diesen Seelsorgerinnen schriftlich ein Leitfaden mit näheren Informationen zur Aufgabenstellung zu. Zum einen enthielt dieser Leitfaden Hintergründe zur gewählten Datenerhebungsmethode, zum anderen konkrete Hilfestellungen und Empfehlungen zur Praxis eines Pastoral-Tagebuchs, zum dritten die Leitmetapher bzw. die konkrete Fragestellung, unter deren Fokus die Seelsorgerinnen ihren pastoralen Alltag betrachten sollten.[3] Der Wortlaut der Fragestellung soll im Folgenden wiedergegeben werden:

> „Ist Gott drin?!" – Die Leitmetapher
> In Dorothee Sölles autobiographischen Erinnerungen findet sich die folgende Passage: „Eins von Euch, ich glaube, es war Caroline, hat mal beim Besuch einer scheußlichen Kirche, in die wir Euch bei Reisen schleppten, trocken gesagt: ‚Ist kein Gott drin.' Genau das soll in Eurem Leben nicht so sein, es soll ‚Gott drin sein', am Meer und in den Wolken, in der Kerze, in der Musik und, natürlich, in der Liebe." (*Sölle, Dorothee*, Gegenwind. Erinnerungen, Hamburg 1995, 312)
> „Ist Gott drin?" – Diese prägnante Formulierung Dorothee Sölles soll als leitende Metapher die Reflexion deines/Ihres seelsorglichen Alltags fokussieren. Du bist/Sie sind gebeten, deinen/Ihren seelsorglichen Alltag in seinen vielfältigen Facetten (Gespräche mit einzelnen, Gruppengespräche, Gottesdienste, Sitzungen, Unterrichtssituationen, Bürotätigkeiten…) unter der Rücksicht zu betrachten, wo dort in deinem/Ihrem Erleben „Gott drin ist": Wo und wie wird dir/Ihnen Gott in deinem/Ihrem seelsorglichen Alltag erfahrbar?

Sechs der sieben Seelsorgerinnen konnten ihre Zusage einhalten, im vereinbarten Zeitraum das pastorale Tagebuch zu führen. Einer Seelsorgerin war das aus persönlichen Gründen nicht möglich; sie schrieb zu einem späteren Zeitpunkt Tagebuch.[4] In ihrer konkreten Textgestalt (Länge, Ausführlichkeit, sprachliche Ausgestaltung) weisen die Tagebücher eine große Variationsbreite auf und bringen das je persönlich-individuelle Profil einer jeden Seelsorgerin deutlich zum Vorschein. Dies steht sicherlich auch im Zusammenhang mit der bewusst offenen und wenig festlegenden Aufgabenstellung für

---

[3] Der Leitfaden für die Tagebuchaufzeichnungen findet sich zusammen mit den von mir für die Auswertung in nummerierte Abschnitte gegliederten Tagebuchaufzeichnungen der Seelsorgerinnen im Anhang.

[4] Dieses siebte Tagebuch wurde ebenfalls einer formulierenden und reflektierenden Interpretation unterzogen. Danach wurde entschieden, es nicht in einer Fallbeschreibung zur Darstellung zu bringen, da das Textmaterial – im Vergleich mit den anderen pastoralen Tagebüchern – einen deutlich geringeren Umfang aufwies und inhaltlich keine substanziell neuen Einsichten in sich barg.

die Tagebuchaufzeichnungen. In einem zusätzlichen Fragebogen, der den Seelsorgerinnen zu einem späteren Zeitpunkt zuging, wurden statistische Daten zur Person der Seelsorgerin, zu ihren derzeitigen Arbeitsfeldern und zur Charakterisierung der Gemeinden abgefragt, die als Rahmendaten in die Fallbeschreibungen Eingang gefunden haben.

### 5.1.2 Texte interpretieren – Reflexionen über die Erfahrungen in der Auswertungspraxis

Die Auswertung der pastoralen Tagebücher mit Hilfe der dokumentarischen Methode nach Ralf Bohnsack stellte in mehrerlei Hinsicht „Neuland" dar:

- Das galt zunächst für mich als Forschende, die ich zwar durch mein Germanistikstudium im Umgang und in der Interpretation mit Texten geschult, aber im Umgang mit einer aus den Sozialwissenschaften stammenden Auswertungsmethode unerfahren war.
- Das galt allerdings auch im Hinblick auf das der Untersuchung zu Grunde liegende Datenmaterial: Ursprünglich war die dokumentarische Methode zur Auswertung von Gruppendiskussionen entwickelt worden;[5] dies macht sich in den methodologischen Grundlegungen zur dokumentarischen Methode deutlich bemerkbar. In den letzten Jahren haben Forscherinnen und Forscher die dokumentarische Methode zur Auswertung verschiedensten Datenmaterials (Interpretation von Bildern, Videos, teilnehmender Beobachtung) verwendet[6] und dadurch Pionierarbeit in der weiterführenden Modifikation der dokumentarischen Methode geleistet. Eine Auswertung von Tagebüchern (als reinen Textdokumenten) mit der dokumentarischen Methode stellt – meines Wissens – ein Novum dar.[7]

---

[5] Vgl. NOHL, Interview, 14.

[6] Vgl. NOHL, Interview, 14.

[7] Einen interessanten Referenzpunkt für die Auswertung von Tagebuchaufzeichnungen mit Hilfe der dokumentarischen Methode bietet SABISCH, ANDREA, Inszenierung der Suche. Vom Sichtbarwerden ästhetischer Erfahrung im Tagebuch. Entwurf einer wissenschaftskritischen Graphieforschung, Bielefeld 2007. – Die Erziehungswissenschaftlerin Andrea Sabisch (Forschungsschwerpunkte: Kunstpädagogik und Bildungstheorie) untersucht Portfolios Studierender, die im Rahmen eines kunstpädagogischen Seminars zum Thema „Ästhetische Erfahrung" entstanden sind und in denen die Studierenden – auf methodisch vielfältige Weise – Suchprozesse im Bereich des ästhetischen Ausdruck dokumentierten.

- Das galt schließlich – in eingeschränkter Weise – im Hinblick darauf, dass im Bereich der praktischen Theologie noch kaum Erfahrungen im Umgang mit der dokumentarischen Methode bestanden.[8]

Wie aus den Aufzeichnungen im Forschungstagebuch hervorgeht, entwickelte und bewährte sich im Lauf der Interpretationsarbeit die folgende Herangehensweise: Zunächst wurde eine Abschrift der handschriftlichen Tagebuchaufzeichnungen angefertigt; dabei wurden keine Korrekturen im Bereich der Orthographie unternommen und die Textgestalt des Tagebuchs (Zeilenumbrüche, Streichungen und Korrekturen im Original, u. a. m.) so detailgetreu wie möglich in das Transkript übernommen.[9] Sofern es nicht bereits durch die Seelsorgerinnen selbst geschehen war, wurde der gesamte Text konsequent maskiert und anonymisiert. In einem nächsten Schritt erfolgten eine thematische Gliederung des Gesamttextes und die Auswahl näher zu interpretierender Passagen. Kriterien bei der Auswahl der näher zu interpretierenden Passagen waren zum einen die explizite Benennung von Transzendenzerfahrungen und zum anderen besondere Ausführlichkeit und emotionale Engagiertheit des Erzählens (Fokussierungsmetaphern). Die sich daran anschließende formulierende und reflektierende Interpretation der ausgewählten Passagen begann mit der Eingangspassage, die in den meisten Fällen programmatischen Charakter hatte, und wurde dann – nach dem Prinzip des minimalen Kontrasts fortschreitend – weitergeführt. Zum Schluss wurden jene Passagen interpretiert, die große explizit reflexive Anteile aufwiesen. Am Ende stand immer die vergewissernde Durchsicht des gesamten Textkorpus mit der Frage, ob – nach der Interpretation der zunächst für relevant erachteten Passagen – noch weitere Passagen berücksichtigt werden sollten. Dies war auch in wenigen Fällen nötig. Aus Gründen der besseren Erfassung der den Tagebüchern innewohnenden Dynamik wurde bei drei Tagebüchern (Tagebuch E, F, G) eine lineare Komplettauswertung des gesamten Tagebuchs vorgenommen.

---

[8] Relevant für die vorliegende Untersuchung erschien mir lediglich Hilger / Rothgangel, Wahrnehmungskompetenz, 276-282. – Georg Hilger und Martin Rothgangel greifen bei der Erforschung der Religiosität von SchülerInnen in der Datensammlung auf eine schriftliche Form (Clustering nach Gabriele Rico) und in der Auswertung – neben der Grounded Theory – auf die Dokumentarische Methode zurück, bieten allerdings keinen detaillierteren Einblick in ihr methodisches Vorgehen.
Im Versuch, mit Hilfe des Instrumentariums der dokumentarischen Methode empirisch-theologisch zu forschen, war mir der Austausch mit meinem Kollegen im DoktorandInnen-Forschungsseminar, Alexander Notdurfter, der ebenfalls mit der dokumentarischen Methode arbeitete, hilfreich.

[9] Eine Legende der dabei verwendeten Signaturen findet sich im Anhang.

Die Interpretationsarbeit erfolgte über weite Strecken durch mich alleine, und es stellt sicher eine der Grenzen der vorliegenden Untersuchung dar, dass mir für die Diskussion meiner Textinterpretationen keine kontinuierliche, mit der dokumentarischen Methode vertraute Interpretationsgruppe zur Verfügung stand. Wertvolle Impulse, Hinweise auf die Standortgebundenheit meiner Interpretationen, Korrekturen und Bestätigungen meiner Interpretationsarbeit erhielt ich jedoch in drei unterschiedlichen „Resonanzgruppen", mit denen ich ausgewählte Textinterpretationen diskutierte: Dies waren (1) eine kleine Gruppe von Theologinnen und Seelsorgerinnen unterschiedlichen Alters, mit denen ich mehrfach an einzelnen Fallbeschreibungen arbeitete, (2) eine kleine Gruppe von ehrenamtlich in der Frauenarbeit engagierten Frauen und (3) der Kreis der Doktorandinnen und Doktoranden im Forschungsseminar.

Im Laufe der Interpretationsarbeit zeigte sich an mehreren Stellen die Notwendigkeit einer Adaption und Modifikation des methodischen „Handwerkszeugs". Dies betraf zunächst die für die dokumentarische Methode grundlegende Unterscheidung von beschreibenden, erzählenden und argumentativen Textpassagen.[10] Den erzählenden Passagen wird in der dokumentarischen Methode der größte dokumentarische Gehalt zugesprochen, die reflexiven Passagen sind von geringerem Interesse und werden als weniger produktiv angesehen. Im Hinblick auf meinen Forschungsgegenstand – Erfahrungen der Gottespräsenz im pastoralen Alltag von (Gemeinde-) Seelsorgerinnen – erschien es mir jedoch notwendig und unumgänglich, auch die reflexiven Passagen mit in die Interpretation einzubeziehen, da sowohl der Aufgabenstellung für die Pastoraltagebücher als auch dem Gegenstand selbst, der Gotteserfahrung,[11] ein reflexives Moment inhärent ist. Allerdings habe ich die reflexiven Passagen bei der Interpretation – immer wieder – in Beziehung zu den erzählenden, beschreibenden Passagen gesetzt und meine Aufmerksamkeit darauf gelenkt, in welchem Verhältnis reflexive und erzählende Passagen stehen: Gibt es Übereinstimmungen/ Brüche/Unstimmigkeiten? Dominiert die Reflexion und treten die konkreten Erfahrungen zurück?

Die sprachliche Feinanalyse und das Beachten sprachlicher Nuancen mit Hilfe eines germanistisch-linguistischen Analyseinstrumentariums haben sich für die Interpretationsarbeit an den pastoralen Tagebüchern als sehr hilf-

---

[10] Dem Begriff „Argumentation" habe ich schon früh im Verlauf der Interpretationsarbeit den Begriff „Reflexion" an die Seite gestellt bzw. ihn durch diesen ersetzt, da er mir für meinen Untersuchungsgegenstand adäquater erschien.

[11] Vgl. zum reflexiven Gehalt von „Erfahrung" und „Gotteserfahrung" Kapitel 2.1.3.

reich und aufschlussreich erwiesen und stellen wohl auch eine gewisse methodische Modifikation der dokumentarischen Methode dar.

Die größte methodische Modifikation wurde zu einem relativ späten Zeitpunkt der empirisch-theologischen Forschungsarbeit vorgenommen: Nach formulierender und reflektierender Interpretation, nach der Ausarbeitung der Fallbeschreibung und nach der komparativen Analyse der den Tagebüchern zu Grunde liegenden Grundorientierungen und ausgewählter Einzelperspektiven wurde die Entscheidung getroffen, eine Methodentriangulation[12] vorzunehmen und die Ergebnisse der empirisch-theologischen Forschungsarbeit mit dem Instrumentarium der kommunikativen Theologie weiter zu systematisieren statt bis zur sinn- und soziogenetischen Typenbildung der dokumentarischen Methode fortzuschreiten. Im Anbetracht des dadurch gewonnenen evidenten Erkenntnisfortschrittes[13] erscheint mir die Entscheidung zu dieser Methodentriangulation in hohem Maße gerechtfertigt. Damit wird auch dem Anliegen der kommunikativen Theologie Rechnung getragen, „ein vernetztes Methodenrepertoire zu entwickeln, das vor allem auch sozialwissenschaftliche Methoden in einen kritischen Diskurs mit theologischen Erkenntnismöglichkeiten bringt“[14].

## 5.2 Erfahrungen der Gottespräsenz im seelsorglichen Alltag – Sechs Fallbeschreibungen

Alle Pastoraltagebücher wurden einer ausführlichen formulierenden und reflektierenden Interpretation unterzogen; die Ergebnisse dieser Interpretationsarbeit werden im Folgenden in Fallbeschreibungen zur Darstellung gebracht.[15] Den Fallbeschreibungen wird im Gesamt der Untersuchung ein bedeutsamer Stellenwert zugewiesen, da es mir ein Anliegen war, die Erfahrungen der Seelsorgerinnen in angemessener Weise zu würdigen und sie so „zu Wort kommen“ zu lassen. Denn für eine praktische Theologie in kommunikativ-theologischer Ausrichtung ist „die je eigene und damit auch un-

---

[12] Vgl. FLICK, UWE, Triangulation in der qualitativen Forschung, in: FLICK, UWE / VON KARDOFF, ERNST / STEINKE, INES (Hg.), Qualitative Forschung. Ein Handbuch, Reinbek b. Hamburg $^{4}$2005, 309-318.

[13] Vgl. Kapitel 5.3.4.2.

[14] FORSCHUNGSKREIS KOMMUNIKATIVE THEOLOGIE, Kommunikative Theologie, 116.

[15] Der Arbeit sind die Transkriptionen der Pastoraltagebücher im Anhang beigefügt. Die Texte wurden von mir für die Interpretation gegliedert. Auf einen Abdruck aller Interpretationsschritte wurde aus Platzgründen verzichtet. Die Transparenz im Hinblick auf die Forschungsergebnisse ist durch die ausführliche Darstellung der Suchbewegungen der empirischen Forschungsarbeit sowie durch die detaillierten Fallbeschreibungen in diesem Kapitel gewährleistet.

terschiedliche Lebens- und Glaubenserfahrung von Menschen ein theologierelevanter und theologiegenerativer Ort, an dem sich im Leben von einzelnen Menschen Gott offenbart und persönliche Heilsgeschichte vollzieht."[16] Jeder Fallbeschreibung ist eine prägnante und typische Textpassage vorangestellt, die den Charakter einer Fokussierungsmetapher hat.[17] Danach folgen einige Angaben zur Person (Alter, Familienstand, Schwerpunkte der derzeitigen pastoralen Tätigkeit, Dauer der Berufstätigkeit, Kurzcharakterisierung der Gemeindesituation hinsichtlich der Anzahl und Größe der Gemeinden, der Lage, der hauptamtlichen MitarbeiterInnen und der Besonderheiten bzw. aktueller Fragestellungen). Diese Daten resultieren aus einem zusätzlichen Fragebogen, der von den Seelsorgerinnen ausgefüllt wurde.[18]

Daraufhin werden die sechs Tagebücher unter folgenden Rücksichten dargestellt:

- Textgestalt des Tagebuchs und Umgang mit der Aufgabenstellung
- Seelsorgerin sein: Beruf, Berufung, biographische Perspektiven
- Suchbewegungen im Hinblick auf Erfahrungen der Gottespräsenz (Gottesbild und Gottesverhältnis, Gottes-Orte und Gottes-Zeiten, Gegenwartsweisen Gottes, Wirkungen und Qualifizierung des Erlebens).

Am Schluss einer jeden Fallbeschreibung wird der Versuch unternommen, das spezifische Profil des jeweiligen Tagebuchs – im Hinblick auf die dort zum Ausdruck kommende Grundgestalt der Gotteserfahrung – herauszuarbeiten.

Die Tagebücher weisen in ihrer konkreten Textgestalt (Ausführlichkeit, Sprachgestalt, „Ertrag" für die Forschungsfrage) große Unterschiede auf. Dies findet notwendigerweise seinen Niederschlag in der Darstellungsform der Fallbeschreibungen: Alle sechs Fallbeschreibungen sind nach denselben Gesichtspunkten gegliedert, um die Vergleichbarkeit zu gewährleisten. In der konkreten Darstellung kommen jedoch auch die individuellen Charakteristika der einzelnen Tagebücher (z.B. besondere Schwerpunktsetzungen)

---

[16] FORSCHUNGSKREIS KOMMUNIKATIVE THEOLOGIE, Kommunikative Theologie, 60.

[17] Vgl. zum Begriff der Fokussierungsmetapher: BOHNSACK, Rekonstruktive Sozialforschung, 137. – In der dokumentarischen Methode, die sich zunächst schwerpunktmäßig mit der Interpretation von Gruppeninterviews auseinandergesetzt hatte, werden darunter jene Passagen verstanden, die sich „durch besondere interaktive und metaphorische Dichte auszeichnen". (137)

[18] Der Fragebogen wurde von den Seelsorgerinnen in unterschiedlicher Ausführlichkeit und mit unterschiedlichen Schwerpunktsetzungen ausgefüllt. Diese wurde bei der Darstellung nicht geglättet oder angeglichen, sondern in der tatsächlichen Uneinheitlichkeit belassen. Gelegentlich sind geringfügige Unstimmigkeiten zwischen den Angaben im Fragebogen und den Ausführungen in den Tagebüchern zu beobachten. Auch diese wurden nicht harmonisiert.

zum Tragen. Ein Hinweis auf die besonderen Charakteristika des jeweiligen Tagebuchs ist einer jeden Fallbeschreibung vorangestellt.

### 5.2.1 In den „Zu-mut-ungen“ Gottes „stellvertretend“ beten und hoffen – Die Tagebuchaufzeichnungen der Seelsorgerin A

Die Tagebuchaufzeichnungen der Seelsorgerin A weisen im Vergleich mit den anderen Tagebuchaufzeichnungen die geringsten Besonderheiten auf. In der Sprachgestalt knapp und gelegentlich lyrisch verdichtet, bieten sie ausreichendes Textmaterial für die Forschungsfrage nach den Erfahrungen von Gottespräsenz im seelsorglichen Alltag.

#### *5.2.1.1 Einblick erhalten – Die Tagebuchschreiberin hat das erste Wort*

> „Am Montag abend ein Anruf eines jüngeren Vaters von drei Kindern:
> seine Frau wurde zum zweiten Mal in die Psychiatrie eingewiesen, weil sich ihre Gesamtverfassung sehr verschlechtert hat.
> Seit der Geburt der ältesten Tochter vor 10 Jahren sind Depressionen immer wieder Thema.
> Die Familie ist oft bis an ihre Grenzen belastet.
> „Ist Gott drin?“
> Ich bin froh, dass die Familie den Kontakt mit mir, der Seelsorgerin, sucht, hält, pflegt;
> Ich kann oft nur
> dasein
> Interesse zeigen
> aushalten
> besuchen
> zuhören und reden …
> Verständnis zeigen
> beten
> stellvertretend beten“ (A 9)[19]

#### *5.2.1.2 Zur Person*

Zum Zeitpunkt der Aufzeichnungen ist die Seelsorgerin A 46 Jahre alt. Sie ist seit 20 Jahren im pastoralen Dienst. A ist ledig.

Seelsorgerin A arbeitet als Pastoralreferentin in einer Gemeinde mit ca. 14.000 EinwohnerInnen in einem süddeutschen Ballungsraum; rund die Hälfte davon ist katholisch (ca. 6.500). Die Gemeinde ist ländlich geprägt.

---

[19] Wird im Folgenden auf Textpassagen aus den Tagebüchern verwiesen oder werden sie zitiert, so weist der Großbuchstabe auf das entsprechende Tagebuch, die Zahl auf die betreffende Passage hin. Die Einteilung der Passagen wurde von mir unternommen und kann in den Textdokumenten im Anhang eingesehen werden.

Landwirtschaft spielt lediglich im Nebenerwerb noch eine gewisse Rolle; es gibt einige mittelständische Unternehmen. Das Vereinsleben ist vielfältig; jedoch haben die Vereine Nachwuchssorgen. Die Fluktuation in der Wohnbevölkerung ist groß: Es sind viele Zu- und Wegzüge zu beobachten aufgrund der räumlichen Nähe zu großen (Industrie-)Städten und der dort gegebenen Arbeitsmöglichkeiten.

Zur Seelsorgeeinheit, die schon länger besteht, gehört noch eine weitere Pfarrgemeinde. Allerdings gibt es auf dem Gebiet der Seelsorgeeinheit insgesamt drei Kirchen. Seit Sommer 2007 gibt es nur mehr einen Pfarrer. Das Seelsorgeteam in der Seelsorgeeinheit besteht aus dem Pfarrer, der Pastoralreferentin A, einem weiteren Pastoralreferenten, einer Gemeindereferentin (mit halber Stelle) und zwei Diakonen im Zivilberuf. Fragen der Kooperation und des Miteinanders in der Seelsorgeeinheit sind zum Zeitpunkt der Tagebuchaufzeichnungen ein wichtiges Thema. Das besondere Profil der Seelsorgeeinheit sind die vielen Angebote im diakonisch-caritativen Bereich.

Schwerpunkte ihrer derzeitigen Tätigkeit als Pastoralreferentin sind für Seelsorgerin A Caritasarbeit, Seniorenarbeit, die Vorbereitung und Durchführung verschiedener Gottesdienste für Kinder und Familien in Zusammenarbeit mit Ehrenamtlichenteams, religiöse Arbeit in Kindergärten, Schulunterricht und Ökumene.

#### *5.2.1.3 Tagebuch schreiben – Textgestalt und Umgang mit der Aufgabenstellung*

Die Tagebuchaufzeichnungen setzen – nach einer Titelseite, die die zentrale Fragestellung („Ist Gott drin?“) und knappe Angaben zur Autorin enthält – unvermittelt ein. Reflexive Passagen über die Aufgabenstellung, den Umgang damit und ihre Erfahrungen beim Tagebuchschreiben finden sich nicht. Unvermittelt, wie die Tagebuchaufzeichnungen einsetzen, enden sie.

Auffällig ist, dass es in der zweiten Hälfte des Tagebuchs eine größere Pause in den Aufzeichnungen gibt. A kommentiert diese Schreibunterbrechung mit den folgenden Worten: „... die nächsten Tage / viele Kleinigkeiten, / Alltäglichkeiten, / Konferenzen, / Besprechungen, / Vorbereitungen, / Telefonate, / Schule, / Gottesdienste ... / ‚Ist Gott drin?‘ / die Frage ist mir ‚entglitten’ – keine Tagebuchaufzeichnungen“. (A 17)[20]

[20] Die Notation mit dem Schrägstrich deutet die Zeilenumbrüche an, der doppelte Schrägstrich zeigt Absätze bzw. Strophen an; d.h. dieser Text hat – wie viele andere Textpassagen in diesem Tagebuch – lyrischen Charakter.

Im Stil sind die Aufzeichnungen knapp und prägnant gehalten, mit Auslassungen und Andeutungen; an vielen Stellen im Satzbau elliptisch verknappt[21] oder lyrisch verdichtet.[22] Die Leitmetapher – „Ist Gott drin?!" – findet sich häufig, entweder im Wortlaut oder in geringfügiger Abwandlung (A 1, A 8, A 9, A 15, A 17). Der Text enthält kaum Korrekturen oder Ergänzungen, er scheint flüssig geschrieben zu sein. Zu Anfang sind jene Sätze, die reflexive Überlegungen hinsichtlich der Erfahrung von Gottespräsenz enthalten, in einer anderen Farbe als der restliche Text gehalten.

#### *5.2.1.4 Seelsorgerin sein – Beruf, Berufung, biographische Perspektiven*

Ein Schwerpunkt der Tagebucheinträge der Seelsorgerin A liegt in der Schilderung von seelsorglichen Begegnungen mit Menschen in Belastungs- und Krisensituationen (Krankheit, Tod, Trauer). Zumeist handelt es sich dabei um Individualkontakte. In diesen Begegnungen sind ihr Präsenz, Nähe und Zuwendung wichtig. So schildert sie die Begegnung mit einer Schlaganfallpatientin, der sie im Seniorenheim begegnet: „Letzte Woche habe ich mich ihr nach dem Gottesdienst zugewandt und ihr zugehört, dabei ein Stoßgebet zum Himmel geschickt ‚Herr hilf'." (A 2) – Empathische Nähe und Zuwendung und ein aufmerksames, aktives Zuhören erachtet sie hier als geeignete seelsorgliche Intervention. Im Umgang mit einer durch die psychische Erkrankung der Mutter sehr belasteten Familie erscheint der Seelsorgerin ebenfalls eine wachsame Präsenz, die das Leid mit aushält und nicht

---

[21] Vgl. diese Schilderung eines Jugendgottesdienstes: „Jugendgottesdienst / Jugendchor – Lieder gehen ‚unter die Haut' / – Gott mit allen Sinnen erfahren / Frage an alle GottesdienstbesucherInnen und Aufruf und gemeinsame Feier zugleich: „Was tue ich, damit die ‚alte Welt' vergeht und die ‚neue Welt' anbrechen kann?" (A 6)

[22] Vgl. diese Naturschilderung:
„Wiese neben dem Friedhof –
üppig blühender Mohn –
Lob der Schöpfung –
Laudato si
der Anblick zwingt
geradezu innezuhalten –
zu staunen –
mit allen Sinnen zu
erfassen, welche Schönheit,
sich vor mir ausbreitet,
die unverdient
geschenkt
sich vor mir ausbreitet" (A 16)

flüchtet, angemessen: „ich kann oft nur / dasein / Interesse zeigen / aushalten / […] / Verständnis zeigen“[23] (A 9)

Ihre seelsorgerische Fürsorge beschränkt sich nicht auf empathische Nähe, Zuwendung und wachsame Präsenz. Wiederholt notiert Seelsorgerin A, dass sie in der Begegnung mit Menschen in Belastungssituationen betet (A 2, A 7) bzw. für diese Menschen „stellvertretend“ (A 9, A 18) betet.[24] Stellvertretend für die (ihr anvertrauten) Menschen ist sie im Kontakt mit Gott. Das Motiv der Stellvertretung ist aber auch hinsichtlich der Präsenz Gottes in Leidsituationen ausgestaltet: Wenn die Seelsorgerin Menschen im Leid nahe ist, dann ist sie – in ihrem Verständnis, ihrer Wahrnehmung – stellvertretend für Gott den Menschen nahe und hält so dort die Dimension des Göttlichen wach. In ihrem Beten nimmt sie so eine BrückenbauerInnenfunktion zwischen den Menschen in Krisen- und Belastungssituationen und Gott ein (A 9, A 18).

Im Kontext eines Gottesdienstes für Trauernde, dem A entweder vorsteht oder aber in einer anderen Weise aktiv beteiligt zu sein scheint, benennt sie noch eine andere ihr offensichtlich wichtige seelsorgliche Aufgabe, die ihr im Kontakt mit Menschen in Krisen-, Belastungs- und Trauersituationen zukommt: Neben dem Raumgeben für Trauer und Klage ist es die Zeugenschaft vom „Licht der Auferstehung“[25], die eine Hoffnungsdimension eröffnet.

Seelsorgerin A scheint über eine hohe Sensibilität für Menschen in Krisen- und Belastungssituationen zu verfügen. Sie spricht Menschen aktiv an (A 2), wird als Seelsorgerin angefragt und bietet langfristige, verlässliche seelsorgliche Begleitung an (A 9, A 18). Sie schätzt aber auch die spontane, unge-

---

[23] Diese Formulierung hat beschreibenden Charakter – A benennt hier nicht eine singuläre Erfahrung, sondern sie beschreibt eine sich wiederholende Erfahrung und benennt damit eine seelsorgerliche Intervention, die sich für sie zu bewähren scheint.

[24] A schildert eine meditative Abendveranstaltung mit Musik und vermerkt, dass dort auch viele Gemeindemitglieder anwesend sind, von denen sie weiß, dass sie „'ihr Päckchen' – leichter oder schwerer – zu tragen haben“. Zum Abschluss der Veranstaltung wird das Lied „Bewahre uns Gott, behüte uns Gott“ gesungen. A klebt den Liedtext in das Tagebuch ein mit dem Kommentar: „für mich ein großartiges (Fürbitt-)Gebet für all diese Menschen, um deren Sorge ich wusste, die hier um mich herum saßen“ (A 7)

[25] „die richtigen Worte, Gesten, Symbole gefunden, / um Menschen, die trauern, zu berühren; / Trauer zulassen können / sich ein wenig getröstet fühlen, / gestärkt in den Alltag gehen können / Fragen zulassen / klagen können – // einer ist da // Licht der Auferstehung / be-zeugen – Leben geht weiter.“ (A 20)

plante seelsorgerliche Begegnung (A 3), das Gespräch „zwischen Tür und Angel“[26].

### 5.2.1.5 *„Ist Gott drin?“ – Suchbewegungen im Hinblick auf Erfahrungen der Gottespräsenz*

In der Zumutung, im „Zufälligen“, zufällig Glückenden und unvermutet gnadenhaft Zufallenden sind die Erfahrungen von Gottespräsenz im Pastoraltagebuch der Seelsorgerin A situiert.

#### 5.2.1.5.1 Gottesbild und Gottesverhältnis

Bereits in der zweiten Passage wird Gott eingeführt als der „Zumutende“. Gott steht in einem (ursächlichen) Zusammenhang mit den Leiderfahrungen von Menschen.[27] Ähnlich spricht Seelsorgerin A in einem anderen Zusammenhang – es geht ebenfalls um eine Konfrontation mit Menschen in akuten Krisen- und Belastungssituationen – von den „Zu-mut-ungen Gottes“[28]. Gott wird als einer konturiert, der Menschen die Auseinandersetzung mit Leid und Krankheit zumutet, ihnen damit aber auch eine Wachstumschance eröffnet.[29]

Zugleich ist Gott einer, der angerufen und um Hilfe gebeten wird,[30] der für Verlässlichkeit, Hilfe und Schutz steht. Nicht fern, verborgen, unerreichbar erscheint Gott, sondern als der Gegenwärtige, Nahe und Mitgehende: „Einer ist da“ (A 20) – in Trauer und Klage. Er begleitet Menschen auf ihrem Lebensweg – im Rückblick werden „unzählige Spuren und Erfahrungen von

---

[26] Vgl. die Schilderung einer spontanen, ungeplanten Begegnung im Krankenhaus: „im Gang Herrn H. getroffen, der auf dem Weg zu seiner Chemotherapie war; [...] Herr H. öffnete sich in dieser Begegnung, die fast ‚zwischen Tür und Angel’ stattfand [...] Ein Geschenk für mich, ihn genau zu diesem Zeitpunkt an diesem Ort getroffen zu haben.“ (A 3)

[27] In der reflektierende Rückschau auf zwei Begegnungen mit einer Schlaganfallpatientin schreibt A: „Frage: wie viel Leid mutet Gott den Menschen zu?“ (A 2)

[28] Vgl. „Besuch einer jungen Mutter in einer psychiatrischen Klinik / – / welche Zu-mut-ungen Gottes mir hier begegnen!“ (A 18)

[29] Die ungewöhnliche Schreibweise des Wortes – „Zu-mut-ungen“ – „bricht“ das Wortgefüge auf und betont damit den Wortbestandteil „Mut“. Das Wort erfährt so als Ganzes eine Bedeutungsaufhellung.

[30] So bemerkt Seelsorgerin A in der Schilderung der ersten Begegnung mit einer verzweifelten Schlaganfallpatientin – eine seelsorgliche Begegnung, die die Seelsorgerin offensichtlich sehr herausgefordert hat: „dabei ein Stoßgebet zum Himmel geschickt ‚Herr hilf‘“ (A 2). – Offen bleibt in dieser Formulierung, wem geholfen werden soll: der verzweifelten Frau, der Seelsorgerin, dass sie das Richtige tut, oder aber beiden Frauen?

Gottes Gegenwart, Nähe und Mit-Gehen" (A 8) erkennbar. Die Seelsorgerin selbst spürt „Gottes Kraft, Nähe und Inspiration" (A 22) in einer anspruchsvollen seelsorgerlichen Tätigkeit.[31] Die Vorstellung eines nahen und gegenwärtigen Gottes korrespondiert mit den für Seelsorgerin A zentralen seelsorglichen Grundhaltungen (Präsenz – Nähe – Zuwendung).

Das in den Tagebuchaufzeichnungen sichtbar werdende Gottesverhältnis ist von einer Haltung des Vertrauens gekennzeichnet: A rechnet mit Gott und zählt auf ihn, hofft auf seinen Beistand in schwierigen Situationen (A 2). A spürt Gottes Unterstützung, seine inspirierende Nähe (A 22).

Im Tagebuch finden sich alle Dimensionen eines trinitarischen Gottesbildes – Vater, Sohn und Heiliger Geist – in etwa gleicher Gewichtung: In christologischer Perspektive rekurriert A auf den Auferstandenen (A 20) und ruft Gott als den Kyrios, den „Herr" (A 2) an. Gottes Geistwirken situiert sie „im Zwischenraum" (A 2), in der unverhofft offenen und ehrlichen Begegnung „zwischen Tür und Angel" (A 2). Der Gott der Schöpfung ist in der überwältigenden Schönheit einer Frühlingswiese präsent, deren Schönheit zum ehrfürchtigen Staunen und zum Lob der Schöpfung beinahe zwangsläufig zu führen scheint (A 16).

#### 5.2.1.5.2 Orte und Zeiten

Vorrangiger Gottes-Ort in den Tagebuchaufzeichungen von A ist das Leben anderer Menschen. Gott beheimatet und manifestiert sich in Menschenleben: Gott manifestiert sich im Leben der Schlaganfallpatientin, in deren Erfahrung von Leid und Krankheit, und näherhin in der Erfahrung des Getröstetwerdens (A 2). Gott manifestiert sich im Leben des alten Mannes, „der viel Schweres und viele Verluste im Leben erlitt" (A 22) und dennoch nicht an Gott irre wurde, am Glauben festhielt und sein Leben bestand. Gott hinterlässt seine Spuren im Leben einer 97-jährigen Frau: „im Leben dieser Frau [...] gibt es unzählige Spuren und Erfahrungen von Gottes Gegenwart [...] / ‚Gott war drin' – in diesem Leben" (A 8). Und A benennt – diese Gottespräsenz im Leben der Frau näher ausführen wollend – ihren selbstverständlichen, unaufdringlichen Glauben und ihr zupackendes, helfendes Engagement. In der Frau und ihrem Leben spiegelt sich Gott: „sie war ein liebenswertes freundliches Abbild Gottes in dieser Welt" (A 8). – Dass Gott sich in Menschenleben manifestiert, dass er dort seine Spuren hinterlässt, wird von Seelsorgerin A zweimal im Rückblick – im Rahmen einer Rück-

[31] A schildert die Beerdigung eines 77-jährigen Mannes, die sie leitet. Sie skizziert zunächst in Kürze wesentliche Lebensthemen des Mannes, dann schreibt sie: „Ich spüre Gottes Kraft, Nähe und Inspiration beim Trauergespräch, Vorbereiten und Leiten der Trauerfeier" (A 22).

schau auf das Leben des betreffenden Menschen und im erinnernden Erzählen der Lebensgeschichte – festgestellt. Gott manifestiert sich auch in der Seelsorgerin selbst: In ihrem Dasein und Nahsein, in ihrer verlässlichen Präsenz hält sie die Dimension des Göttlichen für Menschen in Krisensituationen wach (A 8).

Ob Leiderfahrung ein Gottes-Ort ist, ein Ort, an dem Gott anwesend ist, erscheint für Seelsorgerin A zum einen fraglich,[32] zum anderen betet sie in einer solchen Situation selbstverständlich zu Gott, ruft ihn um seine Hilfe an und setzt damit seine Nähe und Gegenwart voraus.

Neben der Lebensgeschichte von Menschen als zentralem Gottes-Ort zeigen sich im Tagebuch der Seelsorgerin A noch andere Gottes-Orte: der Zwischenraum – der Ort des Ungefähren und Zufälligen – als Ort des Heiligen Geistes (A 3) und die Natur, in der sich Spuren des Schöpfergottes manifestieren (A 16). Ob der gewöhnliche Alltag mit seiner „Büroarbeit / Vorbereitungen am Computer / Organisation am Telefon" ein Gottes-Ort ist, das erscheint A fraglich. Gerne würde sie einen Zusammenhang herstellen, aber es ist „irgendwie schwierig heute" (A 15).

Im Hinblick auf besondere Gotteszeiten gibt es im Tagebuch von A zwei Belegstellen. Zum einen findet sich die Vorstellung vom Kairos, die Vorstellung, zur rechten Zeit am rechten Ort gewesen zu sein: Seelsorgerin A trifft im Krankenhaus zufällig ein Gemeindemitglied. Der Mann ist auf dem Weg zur Chemotherapie und in dieser „Tür- und Angelbegegnung" entwickelt sich ein Gespräch, in dem sich der Mann – für A unerwartet und nicht mit den bisherigen Erfahrungen mit ihm übereinstimmend – in hohem Maße öffnet und seine Gefühle zeigen kann. Diese Begegnung kommentiert sie abschließend: „Ein Geschenk für mich, ihn genau zu diesem Zeitpunkt an diesem Ort getroffen zu haben." (A 3) Zum anderen stellt Seelsorgerin A einen Zusammenhang zwischen Transzendenz-Erfahrung und der Unterbrechung des Alltags her: A beschreibt das Anfangsritual, das sie im Religionsunterricht in der Grundschule immer an den Anfang der Unterrichtsstunde stellt. Abschließend reflektiert sie die Wirkung dieses Rituals auf ihre eigene Person: „Es ist für mich eine kurze ‚heilige' Zeit, in der der sonstige Schulalltag geradezu still steht." (A 5)

---

[32] A schildert den Anruf eines Familienvaters, dessen Frau sich zum zweiten Mal einer stationären psychiatrischen Behandlung unterziehen muss, blendet darauf hin kurz in die Vorgeschichte zurück. „Die Familie ist oft bis an ihre Grenzen belastet. / ‚Ist Gott drin?'" (A 9)

### 5.2.1.5.3 Gegenwartsweisen, Wirkung und Qualifizierung des Erlebens

Gotteserfahrung erscheint im Tagebuch von A als etwas Widerständiges, als eine Erfahrung, die mit ‚Zu-mut-ung' zu tun hat, aber auch als etwas Unverfügbares und gnadenhaft Zufallendes. Gott ereignet sich unverhofft und nicht berechenbar. An zwei Belegstellen im Tagebuch verwendet Seelsorgerin A die Chiffre „Geschenk", die für eben dieses unvermutet, unverdient gnadenhaft Zufallende steht und religiös konnotiert ist: Zum einen findet diese Chiffre im Kontext einer überwältigenden, religiös grundierten Naturerfahrung Verwendung – „welche Schönheit, / sich vor mir ausbreitet, / die unverdient / geschenkt / sich vor mir ausbreitet." (A 16) Zum anderen ist es das Glück einer spontanen seelsorglichen Begegnung, in der sich das Gegenüber der Seelsorgerin in ergreifender Weise öffnet und die von ihr als „Geschenk" (A 3) bezeichnet wird.[33]

In der Schilderung von Menschen in Belastungs- und Krisensituationen, denen A begegnet, verbindet sich die Erfahrung von Gottes Nähe und Gegenwart mit der Beobachtung von inneren Prozessen bei den Menschen, denen sie begegnet: Von der Trostlosigkeit zum Trost (A 2), von der Hoffnungslosigkeit zu einer Stärkung der Hoffnung und zu Zuversicht (A 18), von der Trauer zum Trost und zu neuem Lebensmut (A 20). Im persönlichen Erleben der Seelsorgerin verbindet sich die Erfahrung der Nähe Gottes mit einer Erfahrung der Bestärkung und der Inspiration (A 22).

Beachtenswert erscheint auch die Lichtmetaphorik, die an zwei Stellen im Zusammenhang mit der Erfahrung der Gottesnähe und der erneuerten Hoffnung Verwendung findet: Im einen Fall schreibt Seelsorgerin A vom „Licht der Auferstehung", das bezeugt werden soll und die Kraft zum Weiterleben schenkt, im anderen Fall beschreibt sie die Wende von der Trostlosigkeit zur erneuerten Hoffnung, die sie bei der Schlaganfallpatientin erlebt mit den folgenden Worten: „Das Licht der Hoffnung ist dieser Frau wieder aufgegangen und scheint ihr neu auf"[34] (A 2).

### *5.2.1.6 Das spezifische Profil: „Unverhofft und unvermutet" – Gotteserfahrung in Zumutung und zufällig Glückendem*

Seelsorgerin A situiert Gotteserfahrungen nicht in erste Linie im eigenen Gefühl, sondern ist in ihrer Aufmerksamkeit auf andere hin orientiert und

---

[33] Hier wird die religiöse Konnotation des Wortes durch die Kombination mit der Kairos-Vorstellung (vgl. 5.2.1.5.2) noch verstärkt.

[34] Die hier verwendete Metaphorik und Wortwahl weckt Assoziationen an die christologisch grundierte Lichtsymbolik der Advents- und Weihnachtszeit.

macht Gotteserfahrungen in der Beobachtung und im Kontakt mit anderen Menschen – insbesondere in Belastungssituationen – fest.

Grundkonturen der beschriebenen Gotteserfahrung sind das Widerständige eines Zu-mut-enden oder aber das geschenkhaft Zufallende, an anderer Stelle auch das den Alltag Unterbrechende – immer etwas, was den persönlichen Plänen und der menschlichen Verfügbarkeit und Machbarkeit entzogen ist. Auffällig oft ist die Erfahrung von Gottes Nähe und Gegenwart im Kontext von Begegnungen mit Menschen situiert, die in Belastungssituationen (lebensbedrohliche Krankheit, Trauer…) stehen.

Deutlich konturiert ist ihre seelsorgliche Grundhaltung: Wichtig ist ihr, nahe zu sein, zu trösten, stellvertretend zu beten und zu hoffen. Der Gedanke der Stellvertretung (der Anliegen der Menschen bei Gott, aber auch der Gegenwärtigkeit Gottes bei den leidenden Menschen) und auch die Vorstellung der Fürsprecherin treten deutlich zu Tage. – Artikuliert sich auch ein latenter Widerstand gegen die „Zu-mut-ungen Gottes“ (A 18)?

Wenn A vom Glauben spricht, den sie evozieren will oder den sie bei anderen Menschen wahrnimmt, dann ist es oft ein Glaube, der sich in den Widrigkeiten des Lebens bewährt. Als erstrebenswerte Lebenshaltung sieht A einen Glauben an, der sich in den Schwierigkeiten, Mühen und Widerfahrnissen des Lebens bewährt und erstarkt. Das Festhalten am Glauben – auch in den schweren Zeiten, ein Nicht-an-Gott-Irrewerden ist für A positiv konnotiert.[35] – Die Seelsorgerin A steht für eine „Glaubenshoffnung in/trotz Widrigkeiten“.[36]

### 5.2.2 „Finde ich dich, Gott, in meinen tiefsten Gefühlen?“ – Die Tagebuchaufzeichnungen der Seelsorgerin B

Im Vergleich mit den anderen Textdokumenten sind die Tagebuchaufzeichnungen der Seelsorgerin B die mit Abstand ausführlichsten. Seelsorgerin B ist sehr erzählfreudig, sprachlich versiert und gibt bereitwillig Anteil an ihren Eindrücken, Gefühlen und inneren Bewegungen. Für die vorliegende Forschungsfrage nach den Erfahrungen von Gottespräsenz fand sich in den Tagebuchaufzeichnungen der Seelsorgerin B umfangreiches Material, was auch die Ausführlichkeit in der nun folgenden Darstellung bedingte.

---

[35] Vgl. Passage 8: Eben diese Eigenschaft hebt sie in der Charakterisierung eines alten Mannes, den sie beerdigt, positiv hervor.

[36] Vergleicht man den Umgang mit Leid, wie er bei Seelsorgerin A sichtbar wird, mit den Tagebuchaufzeichnungen der Seelsorgerin C, dann wird deutlich, dass C von der Theodizeefrage viel unmittelbarer betroffen zu sein scheint.

### *5.2.2.1 Einblick erhalten – Die Tagebuchschreiberin hat das erste Wort*

> „Ich sah reihum in die Gesichter: ältere und jüngere Frauen, einige Männer, auch Kinder, in all' ihrer Verschiedenheit rührte mich ihr Schweigen und aufmerksames Zuhören, ihre offene Suche nach dem, was ihr Leben ausmacht.
> Ich sah auch das frohe Gesicht von Sr. A. und hörte das engagierte Reden von Sr. V., die auf ein Franziskusbild hinwies, und ich entdeckte plötzlich Ähnlichkeit zwischen ihren und seinen Zügen.
> Die Atmosphäre in diesem Raum, das Gesammeltsein auf eine Mitte hin, hatte für mich etwas ‚Geheiligtes', und es bewegte mich sehr, als die 3 kleinen Mädchen zu unseren Strophen des Sonnengesangs von der Mitte aus eifrig bunte Sonnenstrahlen auslegten.
> Auch draußen war Gott. Der Wind war sehr zärtlich und die Wiesen trugen Schafe, Ziegen, Kühe und sattes Grün.
> Ich blieb ein wenig hinter der Gruppe zurück, hatte das Bedürfnis nach Einsamkeit und Schweigen. In der Stille konnte ich Gott sprechen hören, er war einfach da – in allem.
> Hab mein Herz aufgefüllt – bis zum Rand, mit ihm." (B 19)

### *5.2.2.2 Zur Person*

Zum Zeitpunkt der Tagebuchaufzeichnungen ist Seelsorgerin B 51 Jahre alt. Sie ist verheiratet und Mutter von drei Kindern. Nach ihrem Theologiestudium hatte sie 5 Jahre als Pastoralreferentin gearbeitet. Danach pausierte B für längere Zeit (Familienphase, ehrenamtliche Tätigkeiten, Tätigkeit als Religionslehrerin an Grund- und Hauptschulen). Seit 2004 ist sie – im Rahmen einer 50%-Anstellung – wieder als Pastoralreferentin tätig.

Seelsorgerin B arbeitet im Süden Deutschlands in einer Seelsorgeeinheit im ländlichen Raum mit ca. 5.500 KatholikInnen, bestehend aus 4 Pfarreien, die sich über 10 Ortschaften erstrecken. B arbeitet in einem Seelsorgeteam, das aus einem Pfarrer, einem Subsidiar, ihr und einem weiteren Pastoralreferenten sowie einer Pfarrsekretärin besteht.

Schwerpunkte ihrer Arbeit sind zum Zeitpunkt der Tagebuchaufzeichnungen Frauenseelsorge, Taufkatechese, Firmvorbereitung, Gottesdienste, Beerdigungsdienst, Eine-Welt-Arbeit, Ökumene, Krankenkommunion.

### *5.2.2.3 Tagebuch schreiben – Textgestalt und Umgang mit der Aufgabenstellung*

Das Pastoraltagebuch von B ist von großer Ausführlichkeit und Sorgfalt gekennzeichnet. B wählt als Zeitpunkt für die Aufzeichnungen den späten Abend. Sie schreibt mit wenigen Ausnahmen täglich, auch an Sonn- und Feiertagen.

Ihre Aufzeichnungen sind sehr ausführlich, sprachlich gekonnt und sorgfältig ausgestaltet. Bisweilen finden sich sogar lyrische Passagen (B 27, B 44).

Die Tagebuchschreiberin B reflektiert explizit über die Sprachgestalt ihrer Aufzeichnungen: Zu Beginn der Aufzeichnungen teilt sie ihre Befürchtung mit, dass ihr die „Erwachsenensprache“ und der „Kopf“ (B 2) im Wege stehen könnten. Im ausführlichen Reflexionsteil im Zusammenhang mit dem (vorläufigen) Abschluss ihres Tagebuchs spricht sie davon, dass sie „gerne noch ganz viele Korrekturen“ (B 46) an ihrem Schreibstil vornehmen würde, und äußert das Bedürfnis, „herum[zu]feilen, damit es wenigstens etwas vollkommener würde“ (B 46).[37]

Seelsorgerin B führt länger als die in meiner Anfrage erbetenen drei Wochen Tagebuch. Zunächst schreibt sie im Zeitraum vom 15.04.07 (2. Ostersonntag) bis zum 6.05.07 (5. Ostersonntag); danach fügt sie noch einen ausführlichen Nachtrag an, den sie am 17.05.07 (Christi Himmelfahrt) verfasst, und der sich auf die vergangenen zehn Tage bezieht. Als Begründung für diesen Nachtrag führt sie an, sie habe „das Bedürfnis einige Notizen zu der vergangenen Woche dranzuhängen“ (B 51).

B führt das Tagebuch mit einem hohen Pflicht- und Verantwortungsgefühl. Sie formuliert ausdrücklich, dass sie sich „mit der Zusage, 3 Wochen Tagebuch zu schreiben, doch sehr in die Pflicht genommen fühlte“ (B 48).[38] Die eingegangene „Verpflichtung“ (B 48) des täglichen Tagebuchschreibens erscheint ihr „fast wie eine Klosterregel“ (B 48).[39] Dieser Beinahe-Vergleich lässt die Assoziation einer gewissen, vielleicht unangenehmen „Strenge“ und „Verbindlichkeit“ zu, wobei sie diesen Eindruck sogleich relativiert, da diese Klosterregel doch „auch ihr Gutes hat“ (B 48). B wählt hier einen Vergleich aus dem Bereich des geistlichen Intensivlebens; die monastische Lebensform übt auf Seelsorgerin B offensichtlich eine gewisse Anziehungskraft aus.[40] Das Tagebuchschreiben wird ihr zur geistlichen Übung: Ihrer Einschätzung nach erhöht das regelmäßige Tagebuchschreiben ihre persönliche Aufmerksamkeit für die Präsenz Gottes in ihrem beruflichen Alltag und in ihrem Pri-

[37] Dieses Bedürfnis, ihre Aufzeichnungen zu korrigieren und zu vervollkommnen, begründet sie mit dem Gegenstand, über den sie geschrieben hat: Gott, der für sie „ja doch auch alles Vollkommene verkörpert“ (B 46).

[38] Ihr Pflichtgefühl beim Tagebuchschreiben korrespondiert mit ihrem pastoralen Arbeitsstil: Auch ihre pastorale Arbeit erledigt sie mit einem hohen Maß an Pflicht- und Verantwortungsgefühl. (vgl. Passage 46 und 48).

[39] Im Zusammenhang mit der Verpflichtung des Tagebuchschreibens spricht B auch von „Vereinbarung“ und „Auftrag“ (B 48).

[40] An anderer Stelle berichtet sie von einer jährlichen Klosterfahrt, die sie für Gemeindemitglieder organisiert, um „den Schatz den unsere Klöster bergen, […] den anderen in unserer Gemeinde ebenfalls zugänglich zu machen.“ (B 19) Ihr eigener Tagesrhythmus scheint Elemente einer monastischen Gebetskultur (Morgen- und Abendritual vor der Ikone) aufzugreifen. (B 32)

vatleben. Diese Einschätzung korrespondiert mit ihrer auch sonst spürbaren Wertschätzung von Regelmäßigkeit und Ritualisierung in der persönlichen Frömmigkeitspraxis.

Auffällig sind die großen reflexiven Passagen (programmatische Eingangspassage, Passage 45-49 als vorläufiger Abschluss des Tagebuchs), in denen sie auch die Tätigkeit des Tagebuchschreibens selbst und die Aufgabenstellung des Tagebuchs reflektiert.

#### *5.2.2.4 Seelsorgerin sein – Beruf, Berufung, biographische Perspektiven*

In den Tagebuchaufzeichnungen der Seelsorgerin B werden Grundzüge ihres beruflichen Selbstverständnisses sichtbar. Ähnlich wie bei der Realisierung der Zusage, Tagebuchaufzeichnungen über ihre Erfahrungen von Gottespräsenz im Seelsorgealltag zu führen, scheint B auch in ihrer beruflichen Tätigkeit von hohem Pflichtgefühl und ausgeprägtem sozialen Verantwortungsbewusstsein geleitet zu werden: So arbeitet sie z. B. ein Protokoll für eine Kurswoche innerhalb ihrer Supervisionsausbildung am Abend eines (staatlichen) Feiertages aus und will dies – in Hinblick auf die Verpflichtung, die sie gegenüber ihren KurskollegInnen eingegangen ist – besonders gut und gründlich machen (B 36).[41] Überdurchschnittliches Engagement in ihrer pastoralen Tätigkeit und die Fähigkeit, andere Menschen zu begeistern und zur Mitarbeit zu motivieren, ist Seelsorgerin B wichtig und sie schätzt dies auch an anderen (B 55).[42] Ihr ausgesprochen ausgeprägtes Pflicht- und Verantwortungsgefühl steht in einer gewissen Spannung zu der stellenweise rauschhaft-entgrenzten Grundorientierung ihres religiösen Erlebens.[43]

Das „wichtigste ‚Instrument'" (B 49) für ihre Tätigkeit in der Seelsorge sei sie selbst, sei ihre eigene Person mit ihren Stärken, Fähigkeiten, Eigenarten und Schwächen, davon ist Seelsorgerin B überzeugt.

Großen Raum in der Schilderung ihrer pastoralen Arbeit nehmen seelsorgliche Einzelkontakte ein, so z. B. Begegnungen im Rahmen der Krankenkommunion, geistliche Einzelgespräche mit verschiedenen Personen, Kri-

---

[41] B erklärt den großen Zeitaufwand für die Erstellung des Protokolls folgendermaßen: „Dabei sah ich mich schon in die Pflicht genommen und wollte es sorgfältig tun, da ich es ja an einem Tag für alle anderen mitübernommen hatte." (B 36)

[42] Vgl. die Schilderung einer überdurchschnittlich engagierten Eine-Welt-Arbeitskreis-Leiterin: Die Reflexion der Seelsorgerin B über deren Engagement und der implizite Vergleich mit sich selbst und ihrem eigenen Engagement lässt diesen Schluss zu (B 55).

[43] Deutlich sichtbar wird dies z. B. in Passage 36: Zunächst erzählt sie von der Notwendigkeit, ein Protokoll sorgfältig und diszipliniert zu verfassen, dann schildert sie die sich daran anschließende Radtour mit Elementen rauschhaften Naturerlebens und religiösen Erlebens.

sengespräche und ein Trauergespräch (B 7, B 8, B 17, B 24, B 42, B 53, B 57, B 58, B 60). Der Bereich der seelsorglichen Einzelbegleitung scheint B ein Herzensanliegen zu sein.[44] Daneben scheinen B auch das geistliche Gespräch und die thematische Arbeit in Gruppen (Frauenbibelgesprächskreis, Supervisionstätigkeit) wichtig zu sein (B 5, B 19, B 21, B 40). Gremienarbeit und Bürotätigkeiten treten dagegen in der Schilderung der pastoralen Arbeit in den Hintergrund.

Seelsorgerin B orientiert ihre pastorale Tätigkeit an einem ganzheitlichen Verständnis von Seelsorge. Das wird z. B. in ihrer Schilderung eines Bibelgesprächs in der Frauenbundgruppe deutlich, in der sie betont, dass innerhalb dieses Gesprächs, insbesondere in der Ankommrunde, nichts zensuriert, sondern „einfach alles vorkommen darf", was die Gesprächsteilnehmerinnen augenblicklich bewegt, und indem sie die Lebensthemen der Frauen auch ausführlich anführt (B 5). Als Seelsorgerin pflegt B in der Begegnung mit anderen Menschen einen Umgangsstil, in der Nähe und Präsenz eine wichtige Rolle spielen. Dies zeigt sich auch darin, dass sie in seelsorglichen Begegnungen den direkten Körperkontakt nicht scheut, wo ihr das (intuitiv) angemessen erscheint (B 24).[45]

In ihrer seelsorglichen Tätigkeit greift B nicht nur auf theologische Theoriebildung zurück; sie scheint auch seit ihrer Ausbildung zur Pastoralreferentin mit psychologischer und psychotherapeutischer Theoriebildung (themenzentrierte Interaktion nach Ruth Cohn, personzentrierter Ansatz von Carl Rogers) vertraut zu sein. Elemente dieses Theorieinstrumentariums hat Seelsorgerin B intensiv rezipiert, so dass sie diese sogar mit ihrer Intuition und „inneren Stimme" in Verbindung bringt (B 40).[46]

B thematisiert ihr Erleben des Arbeitsklimas im Seelsorgeteam ihrer Seelsorgeeinheit. Dies wird insbesondere in der Reflexion von Dienstgesprächen

---

[44] In Passage 5 reflektiert Seelsorgerin B über die Bedeutung geistlicher Einzelbegleitung: Sie geht davon aus, dass sich „die meisten" eine seelsorgliche Begleitung wünschen, aber nicht wissen, wo sie diese bekommen könnten. Ein wesentlicher Grund dafür sei die arbeitsmäßige Überlastung der Priester, die nur mehr als „Manager" erlebt werden würden. Auffällig ist, dass B nicht davon spricht, dass dies auch ein Dienst ist, den Nicht-Priester verrichten (können), obgleich dies eines ihrer Arbeitsgebiete zu sein scheint und sie diesen Dienst offensichtlich mit großem Engagement versieht.

[45] In der Schilderung eines Gesprächs mit einer Kurskollegin, die ihr von der Alkoholabhängigkeit ihres Vaters erzählt, und das sie deutlich als seelsorgliche Begegnung qualifiziert, schreibt B: „Weinend und zitternd vor Angst stand sie vor mir. Was konnte ich anderes tun, als sie lange u. fest zu umarmen?" (B 24)

[46] Den TZI-Grundsatz „Störungen haben Vorrang" bringt sie in der Schilderung einer Supervisionssituation in Zusammenhang mit ihrer „inneren Stimme", die Grundvariablen Carl Rogers (Empathie, Wertschätzung, Transparenz) mit ihrer „Intuition" (B 40).

deutlich (B 16, B 41). B betont die Teamorientierung innerhalb des Seelsorgeteams (B 41) und spricht von der „gemeinsamen Arbeit in der Pastoral“ (B 41). Statt Unterschiede persönlicher Art oder Unterschiede des beruflichen Status (z. B. geweiht / nicht geweiht) zu betonen, streicht sie die Kollegialität im Umgang miteinander hervor. Das Seelsorgeteam sieht sie auch als Gebetsgemeinschaft (B 41). Persönliches Erleben und subjektive Befindlichkeiten scheinen einen selbstverständlichen Platz im Dienstgespräch zu haben (B 16, B 41).[47] Die in den Passagen 16 und 41 sichtbar werdende Leitvorstellung von Teamarbeit ist von Harmonie, gegenseitigem Verständnis und Transparenz geprägt.[48]

Als Seelsorgerin sieht sich B auch „außer Dienst“ gefordert: Sie berichtet in ihrem Tagebuch von seelsorglichen Begegnungen im verwandtschaftlichen Bereich und unter KollegInnen (B 24). Zudem erzählt sie in ihrem Tagebuch von Ereignissen, die klar der Privatsphäre zuzuordnen sind (z.B. die Gestaltung des Muttertags in ihrer eigenen Familie (B 61)). B formuliert explizit, dass sie Beruf und Privatleben nicht voneinander trennen könne (B 49). Dies sei eine Folge davon, dass sie ihren Beruf „nie nur als Beruf“ (B 49) verstanden habe, sondern als Berufung.

Zum Themenkreis „Berufung“ finden sich in den Tagebuchaufzeichnungen von B mannigfaltige Hinweise. So scheint für Seelsorgerin B die Vorstellung, dass Gott eine „große Verheißung“ auch für ihr Leben bereithält, anschlussfähig zu sein, wenn sie sich während des Besuchs einer Kirche bei der Betrachtung eines Deckengemäldes und in Bezugnahme auf die biblische Abrahamserzählung die Frage stellt: „Welche große Verheißung gibt Gott meinem Leben?“ (B 36)

An anderer Stelle schreibt B davon, dass es für sie ein lohnender Auftrag und eine (Lebens-) Aufgabe wäre, in der eigenen Person, im eigenen Wirken und Sein „etwas von der Gegenwart Gottes aufscheinen lassen“ (B 39). Auch diesen Gedanken entwickelt sie in Bezugnahme auf biblisches Gedankengut;[49] sie scheut sich dabei nicht, die Vorstellung von der Gottesebenbildlichkeit Jesu auf sich selbst zu übertragen.

---

[47] Dies korrespondiert mit der auch sonst in den Tagebuchaufzeichnungen von B festzustellenden Tendenz, dass Berufliches und Privates nicht strikt getrennt werden.

[48] Im Rückblick beschreibt sie die Anfänge ihrer Zusammenarbeit im Seelsorgeteam als „konfliktgeladen und angespannt“. Die Entwicklung der vergangenen zwei Jahre sei ein fortschreitender Prozess des „gegenseitigen Sich Öffnens und Aufeinanderhörens“ gewesen. Für B ist diese Entwicklung so außergewöhnlich, dass sie „als eine Art Gottesbeweis gelten könnte“. (B 16)

[49] Sie formuliert das im Rückgriff auf eine Aussage Jesu im Johannes-Evangelium: „Wer mich sieht, sieht den Vater.“ (nach Joh 12,45)

Seelsorgerin B fühlt eine Berufung zur Priesterin, sie sieht ihre Tätigkeit als Pastoralreferentin als Wegbereitung für Frauen im priesterlichen Dienst: Bei einer Begegnung im Rahmen der Krankenkommunion meinen zwei Frauen, dass sie sich Frauen im Allgemeinen und Seelsorgerin B im Besonderen gut im Priesteramt vorstellen können. Die Seelsorgerin kommentiert diese Begebenheit in ihrem Tagebuch: „Es bestärkt mich immer, wenn Menschen mir ein solches feed-back geben. Ich sage dann offen, dass ich mit meinem Beruf den Weg bereiten will, dass es für Gemeinden denkbarer wird, Frauen im Priesteramt zu haben." (B 42) Als „Ereignis, das mich für mein Leben prägte" (B 9), als persönliches Berufungserlebnis, erzählt B von ihrer Teilnahme an der Eröffnung des Konzils der Jugend in Taizé, die sie als junge Frau zusammen mit einer Freundin erlebt hat.[50]. Die Zentralmetapher in der Beschreibung ist der „Frühling der Kirche", somit steht das Berufungserlebnis der Seelsorgerin B in enger Verbindung mit dem Erleben von Aufbruchstimmung, Lebensbejahung und Lebenszugewandtheit. Ihr Berufungserlebnis hat zudem eine wesentlich ekklesiologische Prägung. Konstitutiv für ihr Berufungserlebnis sind zudem die ökumenische Ausrichtung (Überwindung der konfessionellen Grenzen, umfassende Verständigung, Bewusstheit der eigenen konfessionellen Prägung) sowie die Hinordnung der Berufung auf die Kirchengemeinde vor Ort als die am unmittelbarsten erfahrbare Wirklichkeit von Kirche. Die Erinnerung an das zentrale Berufungserlebnis weckt in B „Liebeskräfte" (B 9), die Erinnerung an dieses bereits Jahrzehnte zurückliegende Ereignis beflügelt B sichtlich – das wird in ihrem „jugendlich-stürmischen" Erzählen deutlich. Seelsorgerin B bezeichnet die Erinnerung an dieses zentrale Ereignis ihres Lebens als „Gottesgeschenk" (B 9).

#### 5.2.2.5 *„Ist Gott drin?" – Suchbewegungen im Hinblick auf Erfahrungen der Gottespräsenz*

Im Schönen und Auserlesenen, im starken positiven Gefühl, in Rauschhaftigkeit und Entgrenzung sind die Erfahrungen von Gottespräsenz im Pastoraltagebuch der Seelsorgerin B situiert.

---

[50] B berichtet von diesem für sie persönlich einschneidenden Erlebnis in ihrem Tagebuch im Zusammenhang mit der Schilderung einer ökumenischen PGR-Sitzung, in der eine Erzählrunde stattfand, in der die Anwesenden über das Ereignis berichten sollten, das ihr Engagement in der Kirche grundgelegt hat. B's Schilderung ihres Berufungserlebnisses ist von großer emotionaler Engagiertheit und Dichte und hat innerhalb der Tagebuchaufzeichnungen eine herausgehobene Stellung.

### 5.2.2.5.1 Gottesbild und Gottesverhältnis

Das Gottesbild, das sich in den Aufzeichnungen der Seelsorgerin B konturiert, lässt – gerade in den reflexiven Passagen des Pastoraltagebuchs – die Mühe der Seelsorgerin um philosophisch-theologische Angemessenheit erahnen. An anderer Stelle zeigen sich Konturen eines Gottesverhältnisses, das intime Züge trägt und bisweilen sogar latent erotisch konnotiert ist.

In den großen reflexiven Passagen – in der programmatischen Eingangspassage und im ausführlichen Reflexionsteil des vorläufigen Abschlusses des Tagebuchs in den Passagen 45-49 – zeigt sich deutlich das Ringen um einen philosophisch-theologisch angemessenen Zugang zu und Umgang mit der Themenstellung „Erfahrungen der Gottespräsenz im seelsorglichen Alltag". So stellt die Seelsorgerin in der Eingangspassage biographische Erfahrungen der Gottferne dem Namen Gottes, der beständige Gegenwärtigkeit und Nähe bezeichnet, gegenüber: „[…] und gerne würde ich jene Erfahrungen wegstreichen aus meinem Leben, die meine Zweifel schürten und mein Vertrauen auf die Probe stellten: Wo war Gott da? Kann ein Gott, der sich den Namen ‚Ich bin da' gibt überhaupt ‚nicht drin' sein?" (B 2) Mögliche Zweifel an der Anwesenheit Gottes neutralisiert sie umgehend mit der Grundidee der negativen Theologie: „Oder muss ich meine Vorstellungen von ihm ausdehnen auf den Fernen, den ganz Anderen, die ganz Andere?" (B 2)[51] B führt den Gedankengang assoziativ sogleich weiter, um über die Voraussetzungen der persönlichen Disponiertheit nachzudenken, die gegeben sein müssen, um Gottespräsenz wahrzunehmen:

> „Welche Aufmerksamkeit braucht es meinerseits, um Gott sogar noch im Nichts zu finden? Liegt es im Wesentlichen doch an mir und meiner Durchlässigkeit für das Leben, dass ‚Gott drin' sein kann? Wie transparent muß ich werden, damit er durchscheinen kann? Kann ich den Unbegreiflichen herbeiglauben, herbeisehnen, herbeilieben? Ist sein Gegenwärtig-Sein bei den Menschen vielleicht sogar von uns, von mir abhängig und dem Maß, wie ich ihn gegenwärtig habe?" (B 2)

Für die Seelsorgerin scheint es plausibel zu sein, dass Innigkeit und Dringlichkeit des Glaubens, Sehnens und Liebens einen Einfluss auf die Präsenz Gottes ausüben, eine Vorstellung, die meines Erachtens an die Grenzen des Manipulativen reicht.

Im ausführlichen Reflexionsteil des vorläufigen Abschlusses des Pastoraltagebuchs, in den Passagen 45-49, entwickelt Tagebuchschreiberin B die Vorstellung von der Vollkommenheit Gottes: „der für mich ja doch auch alles Vollkommene verkörpert" (B 46). Sie kontrastiert ihr eigenes Unvermögen und die Grenzen der eigenen Gottesrede – „ganz klein, hilflos und unvoll-

[51] Das Gedankengut der negativen Theologie hinterlässt im weiteren Verlauf der Tagebuchaufzeichnungen allerdings keine sichtbaren Spuren.

ständig erscheint mir mein Reden von ihm“ (B 46) – mit der Idee von der Größe, Erhabenheit und Vollkommenheit Gottes, um im weiteren Verlauf der Reflexion doch zu der durchaus selbstbewussten Einschätzung zu kommen, dass es ihr – trotz ihrer menschlichen Schwachheit – möglich sei, Gott zu erkennen, dass Gott sich in ihrer Schwachheit und Unvollkommenheit „zeigen und abbilden“ (B 46) wolle. Den Kontrast zwischen dem Motiv der Vollkommenheit Gottes und der Unvollkommenheit und Begrenztheit menschlicher Erkenntnis löst sie auf, indem sie mit einer stark inkarnationstheologisch inspirierten Argumentation operiert. Sie führt den Inkarnationsgedanken weiter bis hin zum Motiv der Gottesgeburt im gläubigen Menschen: „Das ist wohl das Geheimnis seiner Menschwerdung und mein persönlichstes Geheimnis, dass er auch in mir Mensch werden will.“ (B 46)

Dem feministisch-theologischen Diskurs ist der Hinweis der Seelsorgerin geschuldet, ob nicht besser mit dem grammatikalisch weiblichen Geschlecht von Gott zu sprechen sei: „[…] oder müßte ich ‚von ihr' schreiben?“ (46). – Im Gesamt des Tagebuchs, insbesondere in den erzählenden Passagen, spielt ein weiblich konturiertes Gottesbild allerdings keine Rolle. Im Gesamt der Tagebuchaufzeichungen sind Grundzüge eines trinitarisch ausgefalteten Gottesbildes erkennbar.[52]

In den Passagen mit mehr erzählendem Charakter konturiert sich ein Gottesverhältnis, das sich durch große Intimität mit bisweilen latent erotischer Konnotation auszeichnet. Von einer Radtour am Sonntagmorgen schreibt sie und meint: „Ich habe auch den Eindruck, dass Gott mir bei diesen Ausflügen näher kommt. Es ist ‚unsere' Zeit, wenn ich draußen allein unterwegs bin […]“ (B 3). Ein vertrautes, inniges Miteinander zwischen der Tagebuchschreiberin und ‚ihrem' Gott wird hier betont, wenn sie von einer gemeinsamen Zeit spricht. Es scheint dies für B keine singuläre Erfahrung zu sein, sondern eine Erfahrung, die sie immer wieder macht, denn die Textpassage ist im Modus der Beschreibung gehalten. In Passage 6 erzählt die Seelsorgerin von einem Nachhauseweg von der Arbeit in großer Müdigkeit: „Es geht gegen Mitternacht und ich bin nur noch müde. ‚Will nichts anderes, als mich in Dein Schweigen betten, Gott' dachte ich auf den 20 km einsamer, dunkler Landstraße von meinem Dienstort nach Hause.“ (B 6) Ein profaner Ort – das Auto und die dunkle Fahrt über Land – wird zum Ort des Gebets und der Ausrichtung auf Gott. Das Gebet selbst zeichnet sich durch eine gewählte,

[52] Pneumatologisch ausgerichtet ist z.B. Passage 5, christologisch akzentuiert Passage 24. Das Bild eines omnipräsenten Gottes der Schöpfung zeichnet Passage 19.

wohlgesetzte Wortwahl aus und betont ein intimes, vertrautes Verhältnis zwischen der Seelsorgerin und Gott.[53]

Ausführlich erzählt die Seelsorgerin von einer Klosterfahrt mit Pfarrangehörigen, die sie leitet. In ihrer Erzählung macht sie Gottes Präsenz und Momente des Heiligen zunächst in der Gruppe und auf dem Antlitz einzelner Personen fest,[54] dann auch im persönlichen Naturerleben:

> „Auch draußen war Gott. Der Wind war sehr zärtlich und die Wiesen trugen Schafe, Ziegen, Kühe und sattes Grün. Ich blieb ein wenig hinter der Gruppe zurück, hatte das Bedürfnis nach Einsamkeit und Schweigen. In der Stille konnte ich Gott sprechen hören, er war einfach da – in allem. Hab mein Herz aufgefüllt – bis zum Rand, mit ihm." (B 19)

Die Naturschilderung trägt ausgesprochen idyllische und poetische Züge. Natur wird zum Ort der Gotteserfahrung. Gott erscheint omnipräsent. Er ist „in allem" (B 19). Auch wenn die Tagebuchschreiberin die Situation mit den Begriffen „Einsamkeit", „Schweigen" und „Stille" charakterisiert, so ist Stimmung als Ganzes nicht verhalten oder zurückhaltend. Aus dem Gesamt der Erzählung spricht eine Atmosphäre der Rauschhaftigkeit und der Entgrenzung. Auch ihr Gotterleben ist dergestalt satt und rauschhaftig: „hab mein Herz aufgefüllt – bis zum Rand, mit ihm" (B 19).

In Passage 28, in der sie ausführlich von der Begegnung mit einer Blumenfrau auf dem Markt erzählt, von der sie schließlich eine Rose geschenkt bekommt, erscheint Gott in Gestalt eines Kavaliers. Gott ist es, der ihr durch die Blumenfrau eine Rose zukommen lässt: „'So bist du Gott' mußte ich denken. ‚Schenkst mir zu Beginn des Tages eine Rose – einfach so.'" (B 28)

Ausdrückliche Hinwendung zu Gott in Zeiten des Gebets, der Stille und des Gottesdienstes spielen für die Seelsorgerin B erklärtermaßen eine bedeutsame Rolle. B erzählt von der guten Gewohnheit eines morgendlichen Rituals, während einer Fortbildungswoche in der Früh täglich die Eucharistiefeier zu besuchen (B 22); auch im beruflichen Alltag besucht sie werktags den Frühgottesdienst (B 13). Ihren Tag beginnt und beendet sie im Gebet vor der Ikone (B 22); Ritualisierung und Regelmäßigkeit prägen ihr Gebetsleben. Daneben finden sich zahlreiche Belegstellen, in denen eine spontane Hinwendung zu Gott im Gebet im Tagesverlauf benannt wird. Während einer Radtour besucht sie eine Abteikirche und nimmt sich Zeit für das stille Gebet: „'Zeig dich mir!' bat ich Gott und mir fiel dazu ein, dass die Schwes-

---

[53] Möglicherweise nimmt die Seelsorgerin bei diesem Gebet auf ein Zitat, das Edith Stein zugeschrieben wird, Bezug: „ Ohne Vorbehalt und ohne Sorgen / leg ich meinen Tag in Deine Hand. [...] Deinen Händen bette ich mich ein."

[54] „Ich sah auch das frohe Gesicht von Sr. A. und hörte das engagierte Reden von Sr. V., die auf ein Franziskusbild hinwies, und ich entdeckte plötzlich Ähnlichkeit zwischen ihren und seinen Zügen. Die Atmosphäre in diesem Raum, das Gesammeltsein auf eine Mitte hin, hatte für mich etwas ‚Geheiligtes' [...]". (B 19)

tern im Karmel dafür mindestens 1 Stunde täglich reservieren. Also galt es, sich Zeit zu nehmen … Die große Erleuchtung ist mir nicht gekommen, aber eine große Ruhe und stille Freude." (B 36) Am Abend eines ihrer Fortbildungstage betritt sie spontan die Hauskapelle:

> „Ich bemerkte, dass der Eingang der Kapelle offen war, drinnen völlige Dunkelheit und mein Erstaunen darüber, dass dort ein Ewiges Licht brannte: ‚Ach du bist ja auch noch da – und so ganz allein. Wieviele werden dich heute besucht haben und wie viele werden unachtsam an Dir vorbeigegangen sein … wie oft bin auch ich an diesem offenen Raum vorbeigelaufen und habe nicht an dein offenes Herz gedacht und dass du für mich da bist – immer. DANKE! und verzeih meine Unachtsamkeit!" (B 27)

Das immerwährende Gebet, die beständige, unablässige Ausrichtung auf Gott, scheint für die Seelsorgerin eine positiv konnotierte, erstrebenswerte Vorstellung zu sein.[55] In ihrem Gebetsleben zeigt die Seelsorgerin eine Affinität zu klösterlichen Lebensentwürfen: Deutlich wird das in der Regelmäßigkeit und Ritualisierung der Gebetszeiten, in ihrer deutlich vermerkten Nähe zu klösterlichen Orten und klösterlichen Menschen (B 4, B 19), aber auch in dem Hinweis, dass sie das tägliche Tagebuchschreiben „fast wie eine Klosterregel" (B 48) empfindet, eine geistliche Übung, der sie sich unterwirft. Das gemeinsame Gebet und der geistliche, persönliche Austausch sind – in den Augen der Seelsorgerin – auch im Seelsorgeteam, in dem sie arbeitet, ein wichtiger Beitrag zu einer guten pastoraler Zusammenarbeit.[56]

Ausdrückliche Gebetspassagen – von kurzen Gebetssätzen (B 6, B 8, B 10, B 21, B 24, B 25, B 27, B 28, B 36, B 42, B 49) bis hin zum Gebetsgedicht (B 27)[57] – prägten das Gesamt der Tagebuchaufzeichungen.

---

[55] Ausführlich schildert die Seelsorgerin eine alte Beterin, die als „Hüterin des Heiligen" erscheint und täglich viele Stunden im Gebet in der Kirche verbringt: „Mehr als 1000 Gebete sprach die alte Frau mit verknittertem Gesicht und Kopftuch. Ich schätzte sie über 80 Jahre und vor ihr lag ein braunes, abgegriffenes Buch mit dem Titel ‚Gebetsschatz'. Sie müsse doch die Priester bei ihrer Arbeit unterstützen. […] Ich war sehr berührt, als ich diese kleine alte Frau zum ersten Mal singen und beten hörte. Wo nimmt sie bloß die Kraft her und den langen Atem Tag für Tag. Viele Segenswünsche gab sie mir heute mit auf den Weg, und ich ging irgendwie getröstet von dort, als würde sie nun auch für mich weiterbeten." (14) - Die Gegenwart Gottes wird hier nicht explizit thematisiert; aber die alte Frau erscheint in ihrer beständigen Gebetsanstrengung wie eine Garantin der Möglichkeit der Gottesbeziehung.

[56] Im Modus der Beschreibung vermerkt sie: Wenn wir in unserem kleine Team so reihum beten, dann empfinde ich das manchmal als ganz ‚dicht', und es öffnet uns für die anschließende ‚Ankommrunde', in der wir uns auch Persönliches mitteilen – öffnet uns für unsere gemeinsame Arbeit in der Pastoral." (B 41)

[57] „Die Theologen
werden sprachlos vor dir
viele fliehen ins Gott-lose
das es nicht wirklich gibt
die wenigsten beginnen

Im Vergleich mit den Tagebuchaufzeichnungen der anderen Seelsorgerinnen treten bei der Seelsorgerin B die deutlichsten Hinweise zum Zusammenhang „Biographie und Gotteserfahrung“ zu Tage. Im ausführlichen Reflexionsteil des vorläufigen Tagebuchabschlusses reflektiert sie über die „Krise“ (B 49) ihrer Lebensmitte. Die Krisenerfahrung ihrer letzten Lebensjahre bringt die Seelsorgerin in Verbindung mit ihrem beruflichen Wiedereinstieg und der fortschreitenden Entfremdung und Trennung von ihrem Ehemann und deutet die Krisenerfahrung als geistliche, ja sogar mystische Erfahrung, als „das, was die Mystiker ‚die Geburt des göttlichen Kindes in mir’ nennen“ (B 49). Sie gibt zu verstehen, dass sie diese Wende ihres Lebens als „gottgewollt“ ansieht. Sie fühle sich seit dieser Zeit „noch mehr auf Gott hin ‚geworfen’“ (B 49). Die Seelsorgerin beschreibt damit eine Intensivierung und Radikalisierung ihrer Gottesbeziehung durch die durchlebte Lebenskrise.[58]

### 5.2.2.5.2 Orte und Zeiten

In den ausführlichen Tagebuchaufzeichnungen der Seelsorgerin B wird eine Vielzahl von Gottesorten benannt: die Natur (B 3, B 15, B 19, B 36), der Sakralraum (B 22, B 36), der Alltag (B 34), die Gruppe (B 5, B 16, B 19, B 40, B 41), andere Menschen (B 14, B 19, B 24, B 27, B 28, B 55, B 63), die eigene Person (B 39, B 47), die eigene Biographie (B 49) und das Gefühl (B 21).

Die Naturschilderungen des Tagebuchs haben allesamt idyllischen Charakter. Die Natur ist schön, üppig, freundlich-heiter, belebt und der Tagebuchschreiberin zugewandt und auf sie bezogen: In den „jungen Tag“ (B 3) fährt

---

zu singen und zu fühlen
mit einem ungeteilten Ich-Du-Herzen
wie die alte Blumenfrau
auf dem Markt vor dem Münster
die mit gütigem Gesicht und Lachfalten
in der Früh des Morgens
eine rosa Rose
verschenkt
einfach so.“ (B 27)

[58] „[…] durch die Krise meiner Lebensmitte, durch das, was die Mystiker ‚die Geburt des göttlichen Kindes in mir’ nennen. Ich konnte im Voraus nicht ahnen, dass das, was sich für mich Schritt für Schritt als mein Weg herauskristallisierte, auch eine bittere Trennung mit sich brachte.

Mein Mann konnte und wollte auf diesem Weg nicht an meiner Seite bleiben. Unsere Entfremdung wurde mit meinem Wiedereinstieg in den Beruf der Pastoralreferentin vor 3 Jahren immer deutlicher. Mein Glaube half mir diese beschwerliche, bedrückende Zeit durchzustehen. Ich fühle mich seither noch mehr auf Gott hin ‚geworfen’.“ (B 49)

sie mit dem Fahrrad hinein, „blauer Himmel und strahlender Sonnenschein über einem Blütenmeer in den Gärten“ (B 3), der Weg führt sie „am Bach entlang, Geplätscher, Vogelgezwitscher aus den Bäumen, der benachbarte Waldsaum und eine Graslandschaft in unbeschreiblichem, satten Grün“ (B 3). Bei einer morgendlichen Autofahrt fällt ihr Blick auf die „einfachen Grashalme am Straßenrand, die sich im Morgenwind wiegten“ (B 15). Damit verknüpft sich eine Sehnsucht: „So ein Grashalm sein und sich vom Windhauch, vom Geist Gottes, bewegen lassen – einfach so – ohne Verkrampfung – ohne Anstrengung [...]“ (B 15). Während des Klosterbesuchs tritt ihr eine zärtliche Natur entgegen, in der Gott anwesend ist: „Auch draußen war Gott. Der Wind war sehr zärtlich und die Wiesen trugen Schafe, Ziegen, Kühe und sattes Grün.“ (B 19) Und auf einer Radtour am ersten Mai mit „viel Sonnenschein, einem leichten Wind, schattigen Baumalleen“ (B 36) lassen Kastanienbäume ihre Blüten auf die Fahrradfahrerin schneien.

Neben der Natur als Gottes-Ort sind auch Sakralräume in den Tagebuchaufzeichnungen der Seelsorgerin B erklärte Gottes-Orte. Zumeist sind es kunstgeschichtlich bedeutsame Kirchen (B 22, B 36), einmal auch die Kapelle eines Tagungshauses (B 27), ein anderes Mal einer der Kirchen, in denen sie arbeitet, in der sie vor dem Tabernakel niederkniet (B 42).[59] Der Sakralraum wird in Passage 22 als „Haus des Herrn“ (B 22), als „Gotteshaus“ (B 22), als „uralt-heiliger Raum“ (B 22) bezeichnet. Insbesondere durch das Morgenlicht, durch den „besonderen Lichteinfall“ (B 22), wird er im Erleben der Tagebuchschreiberin zu einem „mystischen Ort“ (B 22). Seelsorgerin B beschreibt die Wirkung des Sakralraums in der Art und Weise, dass sie „verweilen und innehalten“ (B 22) kann. Das religiöse Raumerleben wird mit Stille, Ruhe, Konzentration und Gegenwärtigkeit in Verbindung gebracht. Ähnlich auch in Passage 36, in der Seelsorgerin B ihren Eindruck vom Blick durch die Tür ins Innere der Kirche schildert: „welch kostbare Gegenwart, die ich durch die offen stehende Eingangstür und die brennende Kerze im Altarraum sehr stark empfand“ (B 36). Im Erleben vielfältiger Schönheit, insbesondere in der Natur, entdeckt Tagebuchschreiberin B eine besondere Kostbarkeit, eine „kostbare Gegenwart“ (B 36), die ihr aus dem Inneren der Kirche entgegenkommt und von ihr als „sehr stark“ (B 36) empfunden wird.

Der Natur und dem Sakralraum als Gottes-Orten gemeinsam ist die klare ästhetische Orientierung: In nahezu allen Belegstellen ist ein deutlicher Zusammenhang zwischen Erleben von Schönheit und Kostbarkeit und Erfahrung der Gottesgegenwart auszumachen. Die Gottes-Orte Natur und

[59] „Als ich um 10.30 h vor dem geöffneten Tabernakel in der Kirche von E. kniete, um die Hostien für die Krankenkommunion aus dem goldenen Kelch zu nehmen ,sagte ich mir ,Da bist du nun, mein Gott! Habe ich deine Nähe bisher überhaupt schon wahrgenommen.“ (B 42)

Sakralraum zeichnen sich durch ihre Ästhetik und Auserlesenheit. Alltäglich-Gewöhnliches, Widerständiges oder gar Hässliches findet in den Tagebuchaufzeichungen von B kaum Eingang. Den gewöhnlichen Arbeitsalltag mit Büro- und Ablagetätigkeiten kennzeichnet sie jedoch in einer Belegstelle als Gottes-Ort: Wenn die Seelsorgerin dort jeden Handgriff bewusst erledigt, dann ist selbst banale Büroarbeit „geheiligt", ist „wie eine Meditation" (34).[60]

In ihrer pastoralen Arbeit sind es Menschen als einzelne und in Gruppen, die für die Seelsorgerin zu Gottes-Orten werden. Die Bibelgruppe des Frauenbundes qualifiziert B – im Modus der Beschreibung – als einen Ort der Gotteserfahrung und der Gottsuche (B 5),[61] wobei sich diese Gruppe durch ihre Vertrautheit und das über Jahre eingeübte geistliche Gespräch auszeichnet. Auch im aktuell geschilderten Gespräch gibt es für die Seelsorgerin Momente der religiösen Ergriffenheit, die sie veranlassen, diese Gesprächsituation mit der Gegenwart Gottes in Verbindung zu bringen:

> „Nach 2 ½ Stunden hätten wir immer noch weiterreden können, und ich spürte bei mir und auch den anderen eine große Wärme und Begeisterung, wie etwas Feuriges, das in uns zum Leben erwacht war … es hatte etwas Ansteckendes … Glaube entsteht für mich durch lebendigen Austausch. Ja, Gott ist für mich vor allem auch lebendiger Austausch." (B 5)

Beim geistlichen Austausch im Seelsorgeteam stellt die Seelsorgerin „so etwas von Gott zwischen uns" (B 16) fest:[62] „In unserer Wahrhaftigkeit, in unserer Schwäche, unseren Dunkelheiten und unserer Suche, die wir uns mitteilten – da war er plötzlich da." (B 16) Dass Gott spürbar wird, geschieht „plötzlich" (B 16), die Unberechenbarkeit und Unverfügbarkeit Gottes werden betont. Gott wird gegenwärtig zwischen den GesprächspartnerInnen, und zwar während eines Gesprächs, das wahrhaftig ist und in dem sich die Beteiligten unverstellt in ihrer Schwäche und in ihrer Gottsuche einander

---

[60] „Ansonsten habe ich heute Ordnung geschaffen und Unterlagen einsortiert, was hin und wieder auch sein muß, damit mir nicht alles über den Kopf wächst. Ich bin ganz froh um meine 50% Stelle, die mir viel Zwischenräume lässt. Es tut mir gut, wenn ich meine Arbeit bedächtig angehen kann und wenn ich Zeit genug habe, um ausklingen zu lassen was war. Ich erlebe dann jeden Schritt sehr bewußt – so wie heute – und mein Tun ist dann wie eine Meditation." (B 34) – In ihrer Qualifizierung von Alltagstätigkeiten ist Seelsorgerin B anders orientiert als Seelsorgerin D und F, die in ihren Tagebuchaufzeichungen mit der Banalität des pastoralen Alltags ringen.

[61] „Ich habe von meinem Tagebuch erzählt und Thekla sagte spontan, dann wirst Du von uns hier schreiben können, denn hier findest du ja Gott. Was wir in unserer Gruppe im Laufe der Jahre an Gotteserfahrungen und Gottessuche zusammentrugen und austauschten, ist für mich eine ganz wunderbare und wertvolle Erfahrung." (B 5)

[62] In ähnlicher Weise wird auch in Passage 41 das Gebet und der geistliche Austausch im Seelsorgeteam als ein „heiliges Geschehen" qualifiziert. B spricht davon, dass sie das „manchmal als ganz ‚dicht'" (B 41) empfinde.

zeigen. Das Eingeständnis von Schwäche und Gottferne ermöglicht gerade eben die Gotteserfahrung.

Auch das geistliche Gespräch in einer Großgruppe – im Rahmen einer Pilgerfahrt in ein Kloster – wird zum Ort der Gotteserfahrung: „die Atmosphäre in diesem Raum, das Gesammeltsein auf eine Mitte hin, hatte für mich etwas ‚Geheiligtes'" (B 19). Die Haltung der GesprächsteilnehmerInnen kennzeichnet die Seelsorgerin als schweigend und aufmerksam zuhörend, sich offen haltend für die Sinnfrage und als engagiert sich ins Wort bringend.[63] Im Anschluss an die Schilderung einer Supervisionssitzung, die sie geleitet hat, reflektiert sie über ihren eigenen Einfluss auf die Gestaltung von Gruppenprozessen:

> „Es macht mich fast demütig, wenn ich erlebe, welches Wunder an Gruppen- und Gemeinschaftsprozessen ich damit anstoßen kann. Ich habe große Ehrfurcht vor dem, was unter und zwischen Menschen an Selbstentfaltung und Gemeinschaftsprozessen in Gang kommen kann." (B 40)

Signifikant ist hier die religiös konnotierte Wortwahl:[64] Das, was sich „unter und zwischen Menschen" (B 40) ereignet, hat für die Seelsorgerin eine religiöse Qualität, ist ein heiliges Geschehen.

Doch nicht nur Gruppen und Gruppenprozesse sind für Seelsorgerin B Orte der Gotteserfahrung. Auch einzelne Menschen zeigen eine besondere Nähe zum Heiligen, lassen Gott aufscheinen und sichtbar werden, werden zu „Gott-Menschen": Die alte Beterin, die sich fortwährend in der Kirche aufhält, erscheint als „Hüterin" des Heiligen (B 14). Die franziskanischen Schwestern, die der Pilgergruppe im Kloster gegenübertreten, offenbaren plötzlich Gesichtszüge des heiligen Franziskus (B 19). In der alten, demenzkranken Tante, die die Seelsorgerin besucht, und in einer Kollegin, die in einer großen persönlichen Belastungssituation steht und sich ihr im Gespräch öffnet, offenbart sich für die Seelsorgerin Christus (B 24).[65] Die Leiterin eines Eine-Welt-Arbeitskreises – „überzeugt und überzeugend engagiert" (B 55) – vermag andere anzustecken und zu begeistern. Ihr Engagement und ih-

---

[63] „Ich sah reihum in die Gesichter: ältere und jüngere Frauen, einige Männer, auch Kinder, in all' ihrer Verschiedenheit rührte mich ihr Schweigen und aufmerksames Zuhören, ihre offene Suche nach dem, was ihr Leben ausmacht. Ich sah auch das frohe Gesicht von Sr. A. und hörte das engagierte Reden von Sr. V., die auf ein Franziskusbild hinwies, und ich entdeckte plötzlich Ähnlichkeit zwischen ihren und seinen Zügen." (B 19)

[64] Folgende Begriffe in Passage 40 entstammen der religiösen Sprachsphäre: „demütig", „Wunder", „Ehrfurcht".

[65] Mit einem deutlichen Verweis auf die Gerichtsreden bei Matthäus macht Seelsorgerin B deutlich, dass sie die geschilderten diakonalen Begegnungen für Christusbegegnungen halten möchte. „Wo warst du, Herr? Ich war krank und alt und Ihr habt mich besucht. Ich war traurig und Ihr habt mich getröstet." (B 24)

re Bewegtheit korrespondieren für die Seelsorgerin mit dem Wirken des Gottes Geistes; in der engagierten Frau ist Gottes Geist wirksam und wirkmächtig.[66] Zum Abbild des gütigen und liebevoll zugewandten Gottes wird eine Blumenfrau auf dem Markt:

> „'Jetzt nehmen Sie wenigstens eine mit' sagte das gütig lächelnde Gesicht der einfachen Bauersfrau und schenkte mir die schönste Rose aus ihrem Angebot. Ich war gerührt, sah ihr liebes Gesicht, die roten Wangen, die Lachfältchen an den Augen. ‚So bist du Gott' mußte ich denken. ‚Schenkst mir zu Beginn des Tages eine Rose – einfach so.'" (28)

Aber nicht nur andere Menschen werden zu Gott-Menschen, auch sie selbst in ihrer Person und in ihrer Rolle als Seelsorgerin wird von B als möglicher Ort der Gottesgegenwart und der Epiphanie Gottes angesehen. „Etwas von der Gegenwart Gottes aufscheinen" (B 39) zu lassen, ist für die Seelsorgerin eine Sehnsucht, ein „Auftrag" (B 39), eine „Aufgabe" (B 39) für ihr Leben.[67] In der sprachlichen Formulierung fällt eine gewisse Zurückgenommenheit und Verhaltenheit auf: Gottesgegenwart wird verknüpft mit dem passivischen Moment des Zulassens. Nicht selbstverständlich ist es, dass eine Frau, eine „Laientheologin", in so selbstverständlicher Weise mit Selbstdeutungsmustern umgeht, die klassischerweise Klerikern und Ordensleuten vorbehalten waren: Das Sprechen von einem (Lebens-)Auftrag und einer (Lebens-) Aufgabe impliziert, dass dem eigenen Leben eine besondere Dignität zukommt, impliziert auch, kein namenloses Etwas zu sein. An anderer Stelle wendet die Tagebuchschreiberin B die inkarnationstheologischen Gedanken ins Persönliche:

> „Es scheint ein Widerspruch und für mich das größte aller Wunder, dass Gott sich in meiner Schwachheit, meiner Unvollkommenheit, meinen Grenzen zeigen und abbilden will. Das ist wohl das Geheimnis seiner Menschwerdung und mein persönlichstes Geheimnis, dass er auch in mir Mensch werden will." (B 46)

Ein zentrales christliches Glaubensgeheimnis erfährt eine höchst persönliche Aneignung und wird zur persönlichen spirituellen Erfahrung, wird so „persönlichstes Geheimnis" (B 46).

Spuren von Gottes Gegenwart kann die Seelsorgerin auch im Rückblick auf die eigene Biographie, insbesondere im Hinblick auf krisenhafte Erfahrun-

---

[66] „[…] ich frage mich, wie sie das durchhält, oft auch als Einzelkämpferin, sich so radikal für die Umsetzung ihrer Ideale zu engagieren …aber einige kann sie damit immer anstecken, und mir kommt der Hl. Geist in den Sinn, wenn ich von ‚bewegen', ‚antreiben' und ‚andere anstecken' schreibe." (B 55)

[67] „Ich war müde, als ich mich schlafen legte, aber ein Gedanke war da: Die Einheit mit dem Vater, die Jesus betont, wenn er sagt ‚Wer mich sieht, sieht den Vater'. Ob das nicht auch ein Auftrag an mich sein kann? Und dass es mich sehr glücklich machen würde und dass es eine große Aufgabe für mein Leben wäre, wenn ich da, wo ich bin – unausgesprochen oder ausgesprochen – etwas von der Gegenwart Gottes aufscheinen lassen könnte." (B 39)

gen in der Lebensmitte, machen (B 49).[68] Und auch ihre Gefühle werden zum Ort der Gottes-Gegenwart. Sie sinnt über die Macht der Gefühle nach und meint: „[…] überhaupt stoße ich immer wieder auf die Gefühle, die ich wecken kann oder die mich wecken – ohne sie geht das Leben nicht und auch der Glauben nicht … Finde ich Dich, Gott, in meinen tiefsten Gefühlen?“ (B 21)

Im Hinblick auf besondere Gottes-Zeiten sind es die Randzeiten des Tages, der (frühe) Morgen und der (späte) Abend, die im Tagebuch der Seelsorgerin B zu erklärten Gottes-Zeiten werden: Die ausdrückliche Hinwendung zu Gott im Gebet und Erfahrungen göttlicher Gegenwart schildert sie z. B. beim frühmorgendlichen Fahrradfahren (B 3), beim Besuch des Frühgottesdienstes im Münster (B 22), bei der nächtlichen Autofahrt in großer Müdigkeit (B 6) oder beim betenden Tagesabschluss vor der Ikone (B 32). Es sind dies stets Zeiten, in denen sie allein ist bzw. in denen die gemeinschaftliche Dimension für sie keine Rolle spielt.[69]

#### 5.2.2.5.3 Gegenwartsweisen, Wirkung und Qualifizierung des Erlebens

In der Benennung von Erfahrungen der Gottesgegenwart lassen sich in den Tagebuchaufzeichnungen der Seelsorgerin B Gottes-Gefühle und Gottes-Gedanken unterscheiden.

Gottes-Gefühle sind dort, wo sie inhaltlich qualifiziert sind, stets positiv konnotierte Gefühle: Beim morgendlichen Radfahren – der Zeit, die die Seelsorgerin als Zeit bezeichnet, die ihr und Gott gemeinsam ist – empfindet sie ein „Gefühl von Freiheit, Tief-Durchatmen-können und Getragen-sein“ (B 3) und beschreibt damit ein Wohlgefühl, das Gegensätzliches (Freiheit und Geborgenheit) vereint.[70] An anderer Stelle ist die Vorstellung vom Wirken des Gottesgeistes in ihr mit einem angenehmen Gefühl verbunden: B beschreibt einen Zustand der Leichtigkeit und Mühelosigkeit, ein Leben „ohne

---

[68] In ähnlicher Weise sucht sie auch in den Lebenswegen anderer Menschen nach Spuren göttlicher Gegenwart. Im Anschluss an die Schilderung einer Beerdigung, die sie gehalten hat, meint sie: „Es ist mir bei jeder Beerdigung ein Anliegen, das ‚einmalige' Leben des Verstorbenen sehr persönlich zu würdigen und die Spuren von Gottes Gegenwart in seinem und ihren Leben aufzuzeigen, gerade auch im Leiden und im Schmerzlichen.“ (B 63)

[69] In ihrer Schilderung des Erlebens beim Frühgottesdienst im Münster (B 22) scheint es so, als wäre sie allein im Kirchenraum. Weder die anderen Mitfeiernden noch liturgisch tätige Personen werden in ihrer Schilderung auch nur erwähnt.

[70] Ähnlich auch in Passage 36, in der sie denselben Gefühlsgegensatz beschreibt („aufgehoben und frei“), der dort latent religiös konnotiert ist.

Anstrengung“ (B 16).[71] Im Bibelgespräch der Frauenbundgruppe spürt die Seelsorgerin bei sich selbst, aber auch bei den anderen „eine große Wärme und Begeisterung“ (B 5). In Passage 41 erzählt sie im Modus der Beschreibung von der Gebetsatmosphäre im Seelsorgeteam, die sie „manchmal als ganz ‚dicht'“ (B 41) empfindet, vom Gebet, das sie berührt: „[…] immer gibt es Worte, die mich besonders berühren und in mir nachklingen …“ (B 41) Die Wirkung einer persönlichen Gebetszeit in einer Kirche während ihrer Fahrradtour am ersten Mai ist für die Seelsorgerin „große Ruhe und stille Freude“ (B 36).

Auch ein kirchliches Hochfest kann im Erleben von B zu einem Gefühl oder inneren Zustand werden: „Jetzt kommt Ostern doch wieder durch“ (B 3) – mit dieser Aussage setzt ihr Erzählen von einer sonntagmorgendlichen Radtour ein. An anderer Stelle spricht sie von „Ostergefühlen“ (B 16) und Karfreitagsgefühlen.[72] Diese Gefühle kommen zur Unzeit. Tagebuchschreiberin B ordnet ihr Empfinden dem Ritual und der fest gefügten Liturgie der Kirche vor: „Gott lässt sich nicht auf die gängigen Festzeiten festlegen.“ (B 16) Ihre persönlichen Gefühle scheinen der authentischere Ort der Gotteserfahrung zu sein als die offizielle Feier der Heilsgeheimnisse im Laufe des Jahreskreises.

Im Gesamt des Tagebuchs finden sich häufig Formulierungen, die auf emotionale Involviertheit schließen lassen. Häufig ist die Seelsorgerin selbst oder sind andere „bewegt“ (B 5, B 9, B 18, B 20, B 21, B 42, B 60), „berührt“ (B 7, B 14, B 16, B 41) und „gerührt“ (B 28, B 35), ist sie „beeindruckt“ (B 19), „geht ihr etwas sehr nahe“ (B 42), ist sie „mit allen Sinnen […] angesprochen“ (B 19) oder mit etwas „beschäftigt“ (B 21). Die starke Betonung der persönlichen emotionalen Berührtheit scheint die Dignität des Erlebten zu unterstreichen. In Passage 21 schildert sie eine Lehrsupervisionssituation, in der sie selbst maßgeblich involviert und emotional sehr engagiert war und schließt daran eine weiterreichende Reflexion über Gefühle an: „Überhaupt stoße ich immer wieder auf Gefühle, die ich wecken kann oder die mich wecken – ohne sie geht das Leben nicht und auch das Glauben nicht…“ (B 21) Gefühlen wird hier herausragende Bedeutung zugesprochen, Gefühle er-

---

[71] Beim Anblick sich im Wind wiegender Grashalme steigt in der Seelsorgerin die Sehnsucht auf, gleich wie diese Grashalme sanft vom Geist Gottes bewegt zu werden: „Eine Sehnsucht stieg in mir auf: So ein Grashalm sein und sich vom Windhauch, vom Geist Gottes, bewegen lassen – einfach so – ohne Verkrampfung – ohne Anstrengung, müsste wunderbar sein, wo mir momentan alles mühsam und kräftezehrend schien.“ (B 15)

[72] „Ich machte den Anfang bei unserer Einstiegsrunde ins Dienstgespräch, erzählte von meinem Kranksein seit Ostern, und dass ich am Karfreitag eher Ostergefühle hatte, als momentan in dieser österlichen Zeit. Gott lasse sich wohl nicht auf die gängigen Festzeiten festlegen … “ (B 16)

scheinen als etwas Gestaltbares, beinahe Machbares; sie werden geradezu personifiziert. Ein enger Zusammenhang zwischen Gefühlsleben und Glauben wird behauptet.

Bei der Durchsicht der eigenen Tagebuchaufzeichnungen fällt der Seelsorgerin B selbst auf, dass sie häufig Formulierungen emotionaler Involviertheit verwendet hat. Und sie reflektiert das folgendermaßen:

> „Tatsächlich ist es so, dass wenn ich auf die Suche nach Gott in meinem Leben gehe, ich da besonders aufmerksam werde, wo mich etwas ganz und gar ergreift, das heißt nicht nur meinen Verstand, sondern auch meine Gefühle anspricht. Da, wo mich etwas wirklich ‚packt', verfolge ich es als Spur, die mich zu Gott führen will." (B 47)

Verstand und Gefühl will die Seelsorgerin nicht als Gegensätze bei der Gottsuche begreifen; sie priorisiert aber dennoch deutlich den emotionalen Zugangsweg – so der Befund auf der Ebene des reflexiven Wissens. Ein anderes Bild zeigt sich, wenn man die Ebene des handlungsleitenden, atheoretischen Wissens in den Blick nimmt: Tatsächlich ist es – im Hinblick auf die Wortwahl in den Tagebuchaufzeichnungen – nicht selten so, dass die Benennung einer Erfahrung der Nähe und Gegenwart des Göttlichen nicht mit der Benennung eines Gefühls, sondern mit einem Ausdruck der kognitiven Anstrengung verbunden wird. Vor dem Tabernakel knieend „denkt" sie und sagt es sich vor: „Da bist du nun, mein Gott! Habe ich deine Nähe bisher überhaupt schon wahrgenommen." (B 42)[73] Die Freundlichkeit der Blumenfrau deutet sie als Freundlichkeit und Zugewandtheit Gottes: „'So bist du Gott' mußte ich denken.'" (B 28) – Entgegen der von ihr artikulierten Selbsteinschätzung in Passage 47 scheint das kognitive Moment in der Benennung von Erfahrungen der Gottespräsenz bei der Seelsorgerin B tatsächlich eine nicht unbedeutende Rolle zu spielen.

Wirkungen, die die Gottesgegenwart zeitigt, werden von der Seelsorgerin B in vielfältiger Weise beschrieben. Zumeist sind es emotionale Bewegungen, die sich im Inneren der Seelsorgerin selbst vollziehen. Dabei ist die emotionale Bewegung oftmals mit dem Moment des Geschehenlassens und Sich-Ereignens verknüpft: Die Erinnerung an eine prägende religiöse Erfahrung in ihrer Jugendzeit (Besuch des Konzils der Jugend in Taizé) genügt, um in ihr „die Liebe zu wecken" (B 9). An anderer Stelle steigt eine „Sehnsucht" (B 15) in ihr auf, sich dem Wirken des Gottesgeistes zu überlassen. Gottes Gegenwart evoziert gesungenes Gotteslob, jenseits des willentlichen Zutuns der Seelsorgerin: „Und noch tiefer in mir singt es. Ich habe es zunächst garnicht bemerkt und beeinflusse das auch nicht, es ist ein Lied, das aus meinem Innersten aufsteigt […]" (B 3).

[73] Ähnlich auch in Passage 27: Im Anblick der Kapelle und des durch die offene Eingangstür sichtbaren ewigen Lichts ‚denkt' sie: „Ach du bist ja auch noch da" (B 27).

Neben den Gotteswirkungen, die im Inneren der Seelsorgerin selbst angesiedelt sind, beschreibt B auch Gotteswirkungen, die sie im Kontakt mit anderen Menschen erlebt. Auch ihnen ist das Moment des Unvorhergesehenen und Überraschenden und des Belebenden inhärent: Gott ereignet sich plötzlich und unvorhergesehen zwischen Menschen (B 16).[74] Die Seelsorgerin kann die Wirkung Gottes in Zusammenhang bringen mit der positiven Entwicklung innerhalb einer Gruppe (ihres Seelsorgeteams): „Wenn ich bedenke, wie konfliktbeladen und angespannt die Atmosphäre vor etwa 2 Jahren bei meinem Einstieg in diesen Kreis war, so könnte diese Entwicklung des gegenseitigen Sich Öffnens und Aufeinanderhörens als eine Art Gottesbeweis gelten." (B 16) Und das Wirken göttlicher Gegenwart im Bibelgespräch der Frauenbund-Gruppe charakterisiert sie – in pneumatologischer Akzentuierung – mit den folgenden Worten: „eine große Wärme und Begeisterung, wie etwas Feuriges, das in uns zum Leben erwacht war ... es hatte etwas Ansteckendes" (B 5).

Deutlich tritt in den Tagebuchaufzeichungen der Seelsorgerin B zu Tage, dass sie sich immer wieder bemüht, sich in eine bestimmte Disposition zu bringen, um Erfahrungen göttlicher Gegenwart machen zu können. Während eines Frühgottesdienstes versetzt sie sich in einen Zustand erhöhter Aufmerksamkeit und Gegenwärtigkeit (bewusstes Schreiten statt unbewusstes Gehen, bewusstes Betrachten statt zufälliges Sehen), sie macht sich offen und empfänglich.[75] Bei einem Aufenthalt in einer Abteikirche bittet sie Gott darum, sich ihr zu zeigen, sie weiß jedoch zugleich, dass es gilt, „sich Zeit zu nehmen" (B 36). Auch die Übung des Tagebuchschreibens erfährt sie als eine Art und Weise der Aufmerksamkeitsschulung:

> „Durch den Auftrag 3 Wochen in meinem Arbeitsfeld Ausschau zu halten, habe ich auch genauer und aufmerksamer hingeschaut ... und wer offen ist und sucht, der kann bekanntlich finden. Nun, als Automatismus läuft das nicht ab, aber dennoch habe ich gemerkt,

---

[74] So schildert sie das im Zusammenhang mit einer Einstiegsrunde während des Dienstgesprächs des Seelsorgeteams: „Da war plötzlich so etwas von Gott zwischen uns. In unserer Wahrhaftigkeit, in unserer Schwäche, unseren Dunkelheiten und unserer Suche, die wir uns mitteilten – da war er plötzlich da." (B 16)

[75] „Es klingt vielleicht übertrieben oder erhaben, aber ich gehe nicht, ich schreite sehr bedächtig durch die Gänge beim Betreten der Kirche oder beim langen Weg über die verschiedenfarbigen Steinfliesen hin zum Kommunionempfang. Ich versuche in diesen für mich uralt-heiligen Raum hineinzugehen, ihn aufzunehmen mit allen Sinnen. Auch meine Augen wandern umher, bleiben an einem der schönen bunten Glasfenster hängen, nehmen eine Heiligengestalt wahr oder den besonderen Lichteinfall, der dieses Gotteshaus heute Morgen zu einem mystischen Ort für mich werden ließ, an dem ich verweilen und innehalten konnte." (B 22) – Das Ideal einer Haltung der Gegenwärtigkeit und Achtsamkeit tritt auch in Passage 34 zu Tage. Dort erzählt sie davon, jeden Schritt und Handgriff bei der Arbeit im Büro bewusst zu tun und dies als „Meditation" (B 34) zu begreifen.

dass ich durch das Tagebuch sensibler wurde für Gottes Präsenz in meinem Arbeitsalltag, ja überhaupt in meinem Leben.“ (B 48)

Eine Erfahrung von Gottes Gegenwart zeigt sich der Seelsorgerin letztendlich als etwas Unverfügbares, als Widerfahrnis. Dennoch vertraut sie darauf, dass sie das Ihrige dazu tun kann. Dazu gehören wesentlich die gezielte und geschulte Aufmerksamkeit und die Bereitschaft dazu, sich innerlich in Bewegung zu setzen.[76]

### 5.2.2.6 *Das spezifische Profil: „Hab mein Herz aufgefüllt – bis zum Rand, mit ihm.“ – Gotteserfahrung im Schönen und Auserlesenen, in Rauschhaftigkeit und Entgrenzung*

Als entscheidender Indikator für die Erfahrung von Gottespräsenz erscheint in den Tagebuchaufzeichnungen der Seelsorgerin B das starke, persönliche, innere Erleben. Gekennzeichnet ist dieses Erleben durch eine stets positiv konnotierte, zumeist auch ästhetisch-rauschhafte Orientierung. Natur und Sakralraum, die eigene Person, andere Menschen und Gruppen werden zu Gottes-Orten.

Im Tagebuch deutet sich eine Spannung an zwischen dem Charakter der Unverfügbarkeit und des Widerfahrnisses von Gotteserfahrung und dem Bemühen der Seelsorgerin, sich in eine günstige und geeignete Disposition für die Wahrnehmung von Gottesgegenwart zu bringen. Dies wird bereits in der programmatischen Eingangspassage sichtbar: „Kann ich den Unbegreiflichen herbeiglauben, herbeisehnen, herbeilieben? Ist sein Gegenwärtig-Sein bei den Menschen vielleicht sogar von uns, von mir abhängig und dem Maß, wie ich ihn gegenwärtig habe?“ (B 2)

Ihre Tätigkeit in der Pastoral ist für die Seelsorgerin B mehr als nur Beruf, sie ist „Berufung“ (B 49). Gott hat für ihr Leben eine „große Verheißung“ (B 36). Explizit artikuliert sie, eine priesterliche Berufung für sich zu spüren. Sie selbst als Person und als Seelsorgerin begreift sich als möglichen Ort der Gottesgegenwart und der Epiphanie Gottes. „Etwas von der Gegenwart Gottes aufscheinen“ (B 39) zu lassen, ist für die Seelsorgerin tiefe Sehnsucht, göttliche Zusage und Lebensaufgabe, der sie sich mit all ihrer Kraft widmet.

---

[76] Vgl. Passage 47: Hier beschreibt die Seelsorgerin das komplexe Zueinander von Widerfahrnis der Gottesgegenwart und menschlicher Anstrengung um die rechte Disposition und Mitwirkung: „Tatsächlich ist es so, dass wenn ich auf die Suche nach Gott in meinem Leben gehe, ich da besonders aufmerksam werde, wo mich etwas ganz und gar ergreift, das heißt nicht nur meinen Verstand, sondern auch meine Gefühle anspricht. Da, wo mich etwas wirklich ‚packt', verfolge ich es als Spur, die mich zu Gott führen will.“ (B 47)

### 5.2.3 „Wenn ich in der Ewigkeit ankomme, werde ich mich in die Schlange derer einreihen, die Gott ‚warum' fragen..." – Die Tagebuchaufzeichnungen der Seelsorgerin C

Obgleich es sich von den Arbeitsfeldern der Seelsorgerin C nicht nahe legt, ist die Theodizee-Thematik der Dreh- und Angelpunkt ihrer Tagebuchaufzeichungen. Die Frage nach den Erfahrungen von Gottespräsenz im seelsorglichen Alltag fokussiert sich auf Situationen, in denen die Seelsorgerin mit Menschen in Leid- und Krisensituationen konfrontiert ist.

#### *5.2.3.1 Einblick erhalten – Die Tagebuchschreiberin hat das erste Wort*

> Schule: Gespräch mit Ines, einer Kollegin. Ihr Lebenspartner ist sterbenskrank (Hirntumor) „Gibt es einen Gott? Mein Mann sagt „nein". Sonst hätte er mir doch den Tumor nicht geschickt." Ich bin ratlos, denn Ines hat schon so viele Schicksalsschläge hinnehmen müssen. Ich kann nur sagen: „Wenn ich in der Ewigkeit ankomme, werde ich mich in die Schlange derer einreihen, die Gott ‚warum' fragen." Ich nehme Ines in den Arm – was soll ich sonst tun? (C 13)

#### *5.2.3.2 Zur Person*

Zum Zeitpunkt der Tagebuchaufzeichnungen ist Seelsorgerin C 56 Jahre alt. Sie ist seit 31 Jahren als Pastoralreferentin tätig, 16 Jahre davon in der Pfarrgemeinde und 15 Jahre auf Dekanatsebene. Daneben arbeitet sie seit 19 Jahren auf Honorarbasis als Ehe-, Familien- und Lebensberaterin. C ist verheiratet.

Seelsorgerin C arbeitet in einem ländlich geprägten Dekanat, das aus 5 Seelsorgeeinheiten besteht und zu dem 55.000 KatholikInnen gehören. In den Talschaften des Dekanats ist die Bevölkerung überwiegend katholisch und traditionell geprägt, die Situation in den Städten des Dekanats beschreibt C als Diasporasituation. C gibt an, dass es in der Kreisstadt „Probleme mit Gruppen mit Migrationshintergrund" gibt.

Schwerpunkte ihrer derzeitigen Berufstätigkeit sind in ihrer Funktion als Dekanatsreferentin Erwachsenenbildung, Begleitung der Seelsorgeteams und Seelsorgeeinheiten, Glaubenskurse, spirituelle Angebote, Schulung Ehrenamtlicher, Vorbereitung und Leitung von Arbeitskreisen und Sitzungen. Zudem unterrichtet C am Kreisgymnasium Religion in den Klassen 6, 7, und 11.

### *5.2.3.3 Tagebuch schreiben – Textgestalt und Umgang mit der Aufgabenstellung*

Mit Neugierde und Offenheit nähert sich Seelsorgerin C der Aufgabe, Tagebuchaufzeichnungen über ihren seelsorglichen Alltag im Hinblick auf Erfahrungen der Gottespräsenz zu führen.[77] Die Fähigkeit, sich mit Freude und Elan auf Neues einzulassen, scheint C in ihrer langjährigen Berufstätigkeit nicht abhanden gekommen zu sein. Für die Aufgabe braucht es nach ihrer Einschätzung „Gespür". Emotionale Bewusstseinschichten scheinen gefragt zu sein oder wollen geweckt werden.[78]

Nach drei Wochen des Tagebuchschreibens artikuliert C in einer Zwischenreflexion folgende Wahrnehmung: „Es fiel mir leichter als ich dachte, und – es war mehr Gott drin, als ich für möglich hielt." (C 30) Damit korrigiert sie implizit ihre eingangs formulierte Einschätzung: „Manchmal habe ich das Gefühl bei all unserem Tun in der Pastoral haarscharf an Gott vorbeizusegeln." (C 2) Seelsorgerin C schreibt noch eine weitere vierte Woche Tagebuch, „damit die geschätzte Kollegin mehr Material hat" (C 30). Am Ende der Aufzeichnungen finden sich keine reflexiven Schlussbemerkungen mehr.

In der Textgestalt ist das Tagebuch von C knapp gehalten; der Schreibstil ist unprätentiös und unaufgeregt. Gelegentlich verwendet Tagebuchschreiberin C umgangssprachlich-legere Wendungen. Der Umstand, dass sich im Text mehrmals Korrekturen, Ergänzungen und Hinzufügungen finden lassen, könnte darauf hinweisen, dass die Tagebuchschreiberin C ihre Aufzeichnungen rasch und flüssig zu Papier gebracht hat.

### *5.2.3.4 Seelsorgerin sein – Beruf, Berufung, biographische Perspektiven*

C begreift sich in ihrer Arbeit als Seelsorgerin als Teil eines großen Wirs, als Teil der Gemeinschaft der Kirche in ihren verschiedenen Dimensionen: im Nahbereich des unmittelbaren Arbeitsumfeldes als Mitglied des Dekanatsteams[79] oder innerhalb einer Schulklasse[80], im Kreis der KollegInnen[81],

---

[77] In der Eingangspassage, die reflexive Vorbemerkungen im Hinblick auf die von ihr übernommene Aufgabe enthält, finden sich Signalwörter wie „sehr spannend" und „sehr gespannt" (C 2).

[78] „Nach 31 Jahren im Dienst als Pastoralreferentin finde ich es sehr spannend, täglich kurz innezuhalten und nachzuspüren, wo mir Gott in irgendeiner Weise ‚begegnet' ist, wo Gott ‚drin ist'." (C 2)

[79] Es finden sich zahlreichen Formulierungen mit einem besitzanzeigenden Pronomen, wie etwa „unser Dekanstellvertreter" (C 10), „einer unserer Priester" (C 11), „mein Dekan" (C 14). Ihre Charakterisierung des Verhältnisses und Klimas innerhalb des Dekanatsteams und des Dekanats zeigt ein freundschaftlich-familiales Orientierungsmuster. Sie ist „zu Besuch" in

in der Diözese und darüber hinaus. „Wir“ ist eines der Grundworte ihres Tagebuchs, etliche von ihr geschilderte Arbeitssituationen weisen ein familial-freundschaftliches Orientierungsmuster auf (z. B. C 14, C 20). Seelsorgerin C scheint eine kritisch-loyale Verbundenheit mit der Kirche zu leben[82] und Kirche als selbstverständlichen Heimatort zu erfahren.

Solidarische Nähe verbindet Seelsorgerin C mit zahlreichen Menschen, insbesondere dann, wenn sich diese in Krisen- oder Belastungssituationen befinden: Sie solidarisiert sich mit einer sich in einer beruflichen Neuorientierung befindlichen und um Rat fragenden Kollegin, stellt sich an ihre Seite, teilt ihre Ratlosigkeit und Unwissenheit. (C 7)[83] Sie solidarisiert sich mit einem ihrer Schüler, der „immer die drängende Frage nach Gottes Gerechtigkeit“ hat, indem sie ihm – angesichts der Auseinandersetzung mit der örtlichen Judenverfolgung in der NS-Zeit – anbietet, zusammen mit ihm „Gott in der Ewigkeit nach dem ‚Warum?‘ zu fragen“ (C 8). Sie nimmt bei einem Treffen des Berufsverbandes der PastoralreferentInnen die persönliche Lebenssituation der Anwesenden in den Blick; viele der Anwesenden hätten „ein persönliches Kreuz zu tragen“ (C 12). Ihre Haltung ist dabei getragen von Empathie und Mitgefühl. In emotionaler Nähe zu den KollegInnen lebt sie eine Haltung der Solidarität, erfährt aber auch selbst Solidarität. Konfrontiert mit dem Leid einer Kollegin an der Schule (schwere Krebserkrankung des Lebenspartners) lässt sie zunächst ihre eigene Ratlosigkeit zu, bietet dann an, Gott im Jenseits zur Rede zu stellen und nimmt die Kollegin schließlich in den Arm: „Ich nehme Ines in den Arm – was soll ich sonst tun?“ (C 13) In der Begegnung mit Menschen in Belastungssituationen ist es Seelsorgerin C wichtig, auszuhalten, nicht auszuweichen, da zu bleiben und

---

einem Seelsorgeteam des Dekanats (C 20), der Dekan bereitet sich in seiner Pfarrei auf die Aufnahme der Reliquien der Therese von Lisieux vor „als erwarte eine Familie einen lieben Gast“ (C 14).

80 Als erfahrene Lehrerin hat sich C im Laufe ihrer Lehrtätigkeit offenbar die Nähe zur Lebenswelt von Kindern und Jugendlichen und die Freude am Umgang mit SchülerInnen bewahrt. Ihr Nahverhältnis zeigt sich in der Übernahme von Begrifflichkeiten aus der Sprachwelt der Jugendlichen, aber auch darin, dass sie in der Darstellung eines Rollenspiels davon spricht, dass „wir“ eine Veränderung der Rahmenbedingungen des Rollenspiels veranlassen. (C 33)

81 Im Kreis der KollegInnen lebt und erfährt C Nähe und Solidarität: „Der gemeinsame Gesang zum Beginn der Sitzung tut mir in der Seele gut. Ich bin nicht alleine […]. Die Gemeinschaft der Kollegen innen lässt mich die Kraft des Geistes Gottes spüren.“ (C 12)

82 Vgl. dazu ihre Einschätzung des gegenwärtigen pastoralen Handelns, aus dem sie sich nicht ausnimmt, und die sprachlich zwischen den Polen „ich“ und „wir“ oszilliert: „Manchmal habe ich das Gefühl bei all unserem Tun in der Pastoral haarscharf an Gott vorbeizusegeln.“ (C 2)

83 Dies findet seinen sprachlichen Ausdruck darin, dass C davon spricht, dass „wir“ den Heiligen Geist wirken lassen.

mit zu sein.[84] „Mut machen, den Menschen aufbauen, Hilfe zur Selbsthilfe geben, Eigenkräfte stärken, Zeit haben“ (C 33), das sind für C zentrale Grundhaltungen für einen guten, heilsamen Umgang mit Menschen.[85]

Als Seelsorgerin nimmt C gelegentlich eine vermittelnde Position zwischen den Menschen, die ihr begegnen, und Gott ein: Sie ergreift Partei für die Suchenden, Zweifelnden und Fragenden, macht sich zu deren Anwältin und will deren Sache vor Gott vertreten: So stellt sie sich vor, – stellvertretend für ihre Kollegin und deren todkranken Mann – Gott zur Rede stellen und nach dem „Warum“ fragen. (C 13) Aber auch zwischen Gott und den Menschen kommt ihr eine vermittelnde Position zu: So erfährt sie sich bei der Vorbereitung von Rundfunkpredigten als Werkzeug Gottes: „Irgendwer schreibt durch mich führt mir die Hand.“ (C 15)

#### 5.2.3.5 *„Ist Gott drin?“ – Suchbewegungen im Hinblick auf Erfahrungen der Gottespräsenz*

Im Widerständigen, in Auseinandersetzung und Konfrontation mit menschlichen Leid- und Unrechtserfahrungen sind die Erfahrungen von Gottespräsenz im Pastoraltagebuch der Seelsorgerin C situiert.

##### 5.2.3.5.1 Gottesbild und Gottesverhältnis

In Erzählungen von Menschen, die mit Leiderfahrungen konfrontiert sind, werden im Tagebuch der Seelsorgerin C Konturen ihres Gottesbildes sichtbar. Deutlich wird insbesondere ihr persönlichen Ringen um ein Gottesbild, das den starken Eindrücken in der Begegnung mit diesen leidenden Menschen standhalten kann: Ein Priester ihres Dekanats, der unter einer schweren Krebserkrankung leidet, predigt über sein persönliches Einwilligen in die Krankheit, das ihm dann möglich sei, wenn er sich der Liebe Gottes bewusst sei. (C 11) – Das Bild eines gütigen, liebenden Gottes mit den dunklen und dramatischen Seiten des Lebens in Einklang zu bringen, macht C „Mühe“. Sie spricht von einem „Mühen“, dem sie sich ein Leben lang stellen müsse,

---

[84] Im Gespräch mit einer Witwe, die mit Gott und ihrem Schicksal hadert, hat eine erste Intervention der Seelsorgerin scheinbar keinen Erfolg: Die Frau bleibt hartnäckig und stellt weiterhin die Frage nach Gottes Verantwortlichkeit. Daraufhin schließt C die Schilderung des Gesprächs mit den Worten: „Ich halte ihre Frage mit aus.“ (C 16)

[85] Obgleich C diese Grundhaltungen im Hinblick auf die Beratungsarbeit einer Drogenberatungsstelle hin formuliert und sie im Religionsunterricht gemeinsam mit den SchülerInnen erarbeitet, scheint sie damit doch auch Grundhaltungen zu benennen, die ihr selbst – für ihre Arbeit mit Menschen – wichtig und unverzichtbar erscheinen. Dies erscheint im Hinblick auf die anderen angeführten Vergleichsstellen im Tagebuch plausibel.

also von einer Lebensaufgabe. Ihre Schwierigkeiten bringt sie in Verbindung mit einer Bitte aus dem Vaterunser, dem elementarsten christlichen Grundgebet. Sie könne die Bitte, dass Gottes Wille geschehe, oft nur „zähneknirschend“ beten. Für C gibt es keinen einfachen Zusammenhang zwischen den „Querschlägen des Lebens und der Liebe Gottes“ (C 11). Seelsorgerin C berichtet an anderer Stelle davon, dass eine Kollegin an der Schule angesichts der lebensbedrohlichen Erkrankung ihres Lebenspartners die Frage nach der Existenz Gottes stellt. Während für die Kollegin diese Frage noch offen zu sein scheint, verneint ihr Partner die Existenz Gottes. Allerdings findet sich in der Wiedergabe der Aussage der Kollegin eine höchst widersprüchliche Formulierung: „Gibt es einen Gott? Mein Mann sagt ‚nein’. Sonst hätte er mir doch den Tumor nicht geschickt.“ (C 13) – Ein Gott, den es nicht gibt, ist dennoch verantwortlich für bzw. schuld an einer lebensbedrohlichen Erkrankung. Möglicherweise sind die innere Zerrissenheit des Kranken, dessen Lebenspartnerin oder aber der Seelsorgerin selbst Auslöser für die widersprüchliche Formulierung. Möglicherweise ist die Formulierung aber auch ein Ausdruck dessen, dass die Seelsorgerin – trotz der sich aufdrängenden massiven Theodizee-Thematik – am Glauben an Gott festhält oder festhalten will.

Einem strafenden Gott, der „nur noch Kummer“ schickt, begegnet sie im Gespräch mit einer verwitweten Frau zunächst mit einer Intervention, die das Gegenüber auf seine kognitiv-aufgeklärten Kräfte verweist.[86] Als diese Intervention erfolglos bleibt, meint Seelsorgerin C: „Ich halte ihre Frage mit aus.“ (C 16) Die Nachricht von der schweren Krebserkrankung einer jungen Frau erschüttert Tagebuchschreiberin C:

> „Am Rande der Tagung erfahre ich, dass eine Praktikantin, deren Praktische Übung ich letztes Jahr abgenommen habe, an einer aggressiven Leukämie erkrankt ist. Die junge Frau hatte mich sehr beeindruckt durch ihre tiefe Spiritualität und Ausstrahlung. Die Heilungschancen sind gut – aber dennoch meine Frage: „Warum – Warum „wütet“ Gott dergestalt in seinem Weinberg herum?“ Im Gespräch mit ihrem damaligen Mentor wird uns deutlich, dass gerade dies ihr Weg ist.
> Warum kann nur Gott nicht auch einmal durch Freude wachsen lassen? Es geht meist nur durch steinige Pfade, dass wir reifen. Blöd – oder?“ (C 25)

C ist sichtlich erschüttert – dies wird auch in der Sprachgestalt ihrer Aufzeichnungen deutlich: Dreimal taucht in der kurzen Passage das Grundwort der Theodizee-Frage, „Warum?“ auf. Ihre Frage/Anklage ist – im Kontext der Sprachgestalt ihrer Aufzeichnungen – ausnehmend kraftvoll formuliert: „Warum – Warum ‚wütet’ Gott dergestalt in seinem Weinberg herum?“ (C 25) – Seelsorgerin C konturiert hier das Bild eines blind wütenden Gottes,

---

86 „’Entspricht das wirklich Ihrem Bild von Gott?’ frage ich. Sie antwortet: ‚Eigentlich nicht. Aber […]’“. (C 16)

der Unverständliches tut, dunkel und unzugänglich ist, vor dem man sich in Acht nehmen und schützen muss. Gott wirkt destruktiv – in der Art einer ungebändigten Naturgewalt. Im weiteren Verlauf der Erzählung wird das Ringen der Seelsorgerin um eine Integration dieses verstörenden Gottesbildes und um eine Bewältigung der verstörenden Nachricht deutlich.[87] Doch auch die Vorstellung von einem menschlichen Reifen als mögliches Deutungsangebot von Leiderfahrungen lässt sie letztlich nicht ganz befriedigt zurück.[88]

Korrespondierend mit dem in diesen Passagen sichtbar werdenden Gottesbild sind zwei einander z. T. ergänzende, z. T. im Widerstreit liegende Grundorientierungen zu beobachten, die dem Themenkreis Gottesverhältnis zuzurechnen sind: Erkennbar sind die Grundorientierung „gläubiges Gottvertrauen“ und die Grundorientierung „“Widerstand gegen Gott, Widerspruch und Auseinandersetzung“.

In Situationen, in denen Seelsorgerin C an die Grenzen ihrer Gestaltungsmacht kommt,[89] scheint es ein ihr vertrautes und bewährtes Verhaltensschema zu sein, sich dem Göttlichen anzuvertrauen: Im Gespräch mit der Kollegin im pastoralen Dienst über eine mögliche berufliche Neuorientierung, geht es nach ihrer Einschätzung darum, „den Hl. Geist wirken lassen“ und sich an einem Wort von Adolf Kolping zu orientieren, das die Umsichtigkeit göttlichen Wirkens betont: „Wo Gott mich braucht, ist es mir recht.“ (C 7). Hingabe, Gottvertrauen, Anerkennung der Grenzen der eigenen Gestaltungsmacht, Einwilligung in den Willen Gottes erscheinen Seelsorgerin C in Krisen- und Entscheidungssituationen angemessen. Dennoch ist es ihr selbstverständlich, immer auch das in der eigenen Macht Stehende zu tun und gestaltend tätig zu werden.[90] Jenseits des menschlichen Bemühens, die menschlichen Anstrengungen gleichsam unterfangend, gibt es im Erleben

---

87 „Im Gespräch mit ihrem damaligen Mentor wird uns deutlich, dass gerade dies ihr Weg ist.“ (C 25)

88 Deutlich wird das in der umgangssprachlich gefärbten Wendung zum Abschluss der Passage: „Warum kann Gott nicht auch einmal durch Freude wachsen lassen? Es geht meist nur durch steinige Pfade, dass wir reifen. Blöd – oder?“ (C 25)

89 Vgl. Passage 7: Im Gespräch mit einer Kollegin im pastoralen Dienst, die sich mit der Frage eines möglichen Stellenwechsels beschäftigt, kommen sie gemeinsam an die Grenzen ihres Urteilsvermögens („die Lösung nicht wissen“).

90 Die Grundorientierung des gläubigen Gottesvertrauens findet sich auch in Passage 9: In einer Situation der Unsicherheit – bei der Vorbereitung einer Wallfahrt kommen C und die anderen Mitglieder der Vorbereitungsgruppe an die Grenzen ihrer Gestaltungsmacht – erscheint C eine Empfehlung des Dekans sinnstiftend: im gläubigen Vertrauen die Sorge um eine ausreichende TeilnehmerInnenzahl dem Wirken des Gottesgeistes und dem Gebet einer Heiligen anzuvertrauen und dennoch das In-der-eigenen-Macht-Stehende zu tun, dass das geplante Projekt gelingen kann („getrost weiterplanen“).

und in der Vorstellung von C dabei eine stützende und tragende Gegenwart Gottes.[91]

Leid- und Unrechtserfahrungen sind für C nicht gottergeben hinzunehmen, sondern fordern sie heraus, Gott die Stirn zu bieten und ihm zu „trotzen" (C 32). Oft nur „zähneknirschend" kann sie „Dein Wille geschehe" beten. (C 11) In der Schilderung von Erlebnissen, die um die Theodizee-Thematik kreisen, findet sich zweimal der Vorsatz, Gott in der Ewigkeit zur Rede zu stellen (C 8) und nach dem „Warum" zu fragen (C 13). – Als erwachsenes, selbstbewusstes Gegenüber Gottes stellt sich Tagebuchschreiberin C hier da.

Zumeist dominiert in den einzelnen Passagen entweder das Motiv „gläubiges Gottvertrauen" oder das Motiv „Widerstand gegen Gott, Widerspruch und Auseinandersetzung". In einer der letzten Passagen findet sich jedoch eine gewisse Synthese dieser beiden Motive: Trotz herber Schicksalsschläge „voll Vertrauen in Gottes Wege" (C 32) – so charakterisiert Seelsorgerin C eine zukünftige Teilnehmerin eines Pastoralkurses, mit deren Lebensgeschichte sie bereits vertraut ist.

> „Heidrun hat 4 Kinder bald nach der Geburt verloren, einen Sohn verlor sie nach 5 Jahren und ‚unseren Max habe ich endlich Gott abgetrotzt'. Obwohl ihr Mann krebskrank ist, will sie den Pastoralkurs auf sich nehmen. Sie ist voller Vertrauen in Gottes Wege und ihr Frohsinn ist echt + ansteckend." (C 32)

Die Frau scheint C eine authentische Orientierungsfigur für eine gelungene Integration von Leiderfahrungen zu sein: Leiderfahrungen sind nicht widerspruchslos und ergeben hinzunehmen. Es gilt mit Gott zu ringen und Gott zu trotzen und zugleich bzw. dennoch das Gottvertrauen zu bewahren bzw. wieder zu erringen und dabei die Lebensfreude nicht zu verlieren.

#### 5.2.3.5.2 Orte und Zeiten

Vorrangiger Ort der Gotteserfahrung ist die Begegnung mit Menschen, die in Krisen-, Leid- und Unrechtserfahrungen mit Gott ringen und / oder im gläubigen Gottvertrauen feststehen: Ungewissheit einer Kollegin angesichts eines bevorstehenden Stellenwechsels (C 7), die Frage nach Gottes Gerechtigkeit, die ein Schüler stellt, als er mit der Judenverfolgung während des Dritten Reiches konfrontiert ist (C 8), der Umgang eines Priesters mit seinem Krebsleiden (C 11), das Gespräch mit einer Lehrerkollegin über deren

---

[91] Tagebuchschreiberin C erzählt davon, dass der Dekanstellvertreter verzweifelt seinen Rosenkranz sucht und ihn schließlich unter dem Fahrersitz seines neuen Autos findet: „Und Michael sagte strahlend: ‚Da habe ich nun gesucht und war nervös, dabei hat ER mich die ganze Zeit getragen.' Diese Erzählung begleitet mich. Wie oft bin ich nervös und ER trägt mich derweil?!!" (C 10)

sterbenskranken Lebenspartner (C 13), das Hadern einer Witwe mit ihrem Schicksal (C 16), die Nachricht von der Krebserkrankung einer ehemaligen Praktikantin (C 25), eine Pastoralkursteilnehmerin, die ihr Leben trotz größter Widrigkeiten meistert (C 32).

Daneben benennt Seelsorgerin C die Erfahrung solidarischer Gemeinschaft (C 12) und konstruktiven Miteinanders (C 20) als Orte der Gottesgegenwart, beide Male in pneumatologischer Fokussierung: Vom Miteinander in der Berufsgemeinschaft der PastoralreferentInnen sagt C, dass die Gemeinschaft der KollegInnen sie „die Kraft des Geistes Gottes spüren" (C 12) lässt. Im Erzählen von einem Besuch bei dem Seelsorgeteam einer Seelsorgeeinheit ihres Dekanats formuliert sie, dass im Umgang der Teammitglieder, in ihrem Eingehen aufeinander (Anteilnahme, Empathie), im heilvollen Zwischen sich „etwas Pfingstliches" (C 20) manifestiere.

Im Hinblick auf besondere Gottes-Zeiten gibt es im Tagebuch von C zwei Belegstellen: Zum einen ist es die Nachtzeit, die eine besondere Zeit darstellt und in der sich ein Einbruch göttlicher Wirklichkeit in die Lebenswirklichkeit der Seelsorgerin ereignet.[92] Zum anderen gibt es bei ihr eine Vorstellung von richtigen oder besonderen Zeitpunkt für Gott: C schreibt in der reflektierenden Eingangspassage ihres Tagebuchs von den „Momenten eines Tages, in denen ‚Gott dran/drin ist`" (C 2). Sie greift damit die Zentralformulierung der Aufgabenstellung auf („Ist Gott drin?!) und ergänzt sie. Damit wird ein weiteres Assoziationsfeld eröffnet: Es gibt einen „richtigen Zeitpunkt" für Gott, eine Zeit, in der Gott „am Zug" ist und handelt, eine Zeit, in der Gott getan werden muss.

#### 5.2.3.5.3 Gegenwartsweisen, Wirkung und Qualifizierung des Erlebens

In der Beschreibung des „Wie?" der Erfahrung der Gottesgegenwart ist Seelsorgerin C sehr zurückhaltend. In den wenigen Belegstellen, in denen sich Hinweise zur Gegenwartsweise und Wirkung der göttlichen Gegenwart und zur Qualifizierung ihres Erlebens finden, ist jedoch eine verbindende Grundorientierung festzustellen: Die Erfahrung göttlicher Nähe und Gegenwart steht für Seelsorgerin C in Zusammenhang mit der Erfahrung von Bestärkung, Bekräftigung und Hilfestellung. C beschreibt eine Bestärkungserfah-

---

[92] „Nachts entwerfe ich noch zwei Predigten für den Funk. […] Manchmal habe ich das Gefühl der großen Hilfe von oben – wenn die Texte sich wie von selbst in den Computer finden. Irgendwer schreibt durch mich führt mir die Hand. (Ich bin eigentlich doch ein nüchterner Mensch – aber manchmal……) (C 15) – Diese erzählende Passage weist reflektierende und beschreibende Anteile auf. Es scheint für C offensichtlich keine singuläre Erfahrung zu sein, dass das konzentrierte, nächtliche Arbeiten an den Predigtmanuskripten in einer besonderen, gottvollen Atmosphäre passiert.

rung in Angefochtenheit, die aus der Erfahrung stärkenden Gemeinschaft, in der der Geist Gottes wirkt, resultiert (C 12). C erzählt von „Ruhe und Kraft" (C 14) als Wirkung des Gebets, der bewussten Ausrichtung auf Gott. „Das Gefühl der großen Hilfe von oben" (C 15) steht bei der nächtlichen Arbeit an den Predigtmanuskripten als Chiffre für den Einbruch der göttlichen Wirklichkeit (C 15).

Im Erzählen von der Arbeit an den Predigtmanuskripten, also bei einer Tätigkeit, bei der sich die Seelsorgerin um eine verantwortete Gott-Rede bemüht, findet sich im Tagebuch der Seelsorgerin C der deutlichste Hinweis auf ein quasi direktes, unmittelbares göttliches Eingreifen in ihre Lebenswirklichkeit: Sie erscheint als Werkzeug Gottes, irgendwer führt ihr beim Schreiben die Hand, schreibt durch sie.[93] – Eine Vorstellung, die an die Idee der Verbalinspiration der biblischen Schriften erinnert. Um diese deutliche Vorstellung eines Einbruchs des Übernatürlichen in ihre Lebenswirklichkeit zugleich zu relativieren und zu unterstreichen fügt sie in Klammern an: „Ich bin eigentlich doch ein nüchterner Mensch – aber manchmal ......."[94] (C 15).

### *5.2.3.6 Das spezifische Profil: „Gott glauben angesichts des Leides" – Gotteserfahrung und Theodizee-Thematik*

Die Auseinandersetzung mit der Theodizee-Thematik in ihren verschiedenen Spielarten – Gott angesichts von Leid-, Unrechts- und Krisenerfahrungen – dominiert die Tagebuchaufzeichnungen der Seelsorgerin C. Dies ist umso auffälliger, als dass C in Bereichen seelsorglich tätig ist, in denen diese Thematik nicht automatisch eine zentrale Stellung einnimmt, wie z.B. im Bereich der Krankenhausseelsorge. Wichtige Momente dieser zentralen Orientierung sind das Motiv der engagierten Solidarisierung mit den leidenden Menschen, der Wille zum Widerspruch, zur Auseinandersetzung und zum Widerstand gegen Gott, das Ringen um ein gläubiges Gottvertrauen, das diesen Leid- und Unrechtserfahrungen standhält.

Dass die Theodizee-Thematik einen solch zentralen Stellenwert in den Tagebuchaufzeichnungen von C hat, könnte in Zusammenhang damit stehen, dass die Theodizee-Thematik auch für die Seelsorgerin persönlich von Be-

---

[93] „Irgendwer schreibt durch mich führt mir die Hand." (C 15) – Auffällig ist hier die betonte Leerstelle des Subjekts: Obgleich aus dem Kontext klar ist, dass Gott es ist, der C die Hand führt und durch sie schreibt, wird es doch nicht in dieser Deutlichkeit benannt.

[94] Ihre Selbsteinschätzung, religiös ein nüchterner Mensch zu sein, findet meines Erachtens eine Bestätigung in der nüchternen Grundtönung ihres Tagebuchs. Dennoch gibt es wenige Belegstellen, in der eine spirituelle „Kindlichkeit" im Sinne einer „zweiten Naivität" (Paul Ricoeur) durchscheint (C 10, C 14).

deutsamkeit ist und sie als ganze Person fordert. Zwei Belegstellen scheinen in diese Richtung zu verweisen: Im Zusammenhang mit der Erfahrung bestärkender Solidarität unter KollegInnen reflektiert C über ihre Doppelbeanspruchung: „hier Seelsorgerin da Mensch in Zweifel, Wut, Trauer und Sorge" (C 12). C benennt damit ein von ihr offensichtlich als Spannungsverhältnis erfahrenes Zueinander von Professionalität und Privatheit, das sich auf den Umgang mit „Zweifel, Wut, Trauer und Sorge" (C 12) bezieht. Auf der Seite des Privaten nehmen diese Gefühle ihren Platz ein, in der Sphäre des Professionellen müssen sie zurückgenommen werden. – Ein solches berufliches Selbstverständnis, in der ein(e) SeelsorgerIn von negativen emotionalen Befindlichkeiten frei zu sein hat und ausschließlich Hoffnung und Zuversicht ausstrahlen muss, erscheint aber im Vergleich mit vielen anderen Textpassagen als nicht stringent. So lässt die Rede von der Doppelbeanspruchung („hier Seelsorgerin da Mensch in Zweifel, Wut, Trauer und Sorge") auf eine auch persönliche Betroffenheit von der Theodizee-Thematik schließen. In einer anderen Passage erzählt Seelsorgerin C von ihrem Erleben eines Gottesdienstes anlässlich der Ausstellung des Schreins der Hl. Theresa von Lisieux in einer Kirche des Dekanats:

> „Ich nehme den Weg nach Wiesen als Wallfahrt und frage mich, ‚Was wird mir die kleine Ordensfrau sagen?' Ich höre in der Predigt, wie Theresas Pläne immer wieder durchkreuzt wurden und sie dennoch guten Mutes blieb. Die Macht des Gebetes war für sie wichtig. Das hat mich verwandt berührt. Vielleicht sind unsere (meine durchkreuzten Pläne) auch für etwas gut? Jedenfalls bin ich in einer solchen Situation in bester Gesellschaft." (C 14)

Ein Gedankengang aus der Predigt stößt bei C auf Resonanz: Dass sich die Heilige immer wieder mit der Durchkreuzung ihrer Pläne auseinandersetzen musste und dass sie dennoch nicht resignierte oder verbittert wurde. C spricht davon, dass sie das „verwandt berührt" (C 14) – eine ungewöhnliche Wortkombination, die das Moment der Verwandtschaft und das Moment der emotionalen Bewegtheit verbindet. Die Vorstellung der „durchkreuzten Pläne" lässt die Möglichkeit und den Wert planvollen, selbst bestimmten Handelns eher in den Hintergrund treten. Doch die angebotene Deutungsmöglichkeit, dass in der Durchkreuzung der menschlichen Pläne ein positiver Sinn verborgen sein könnte – „vielleicht [...] für etwas gut" (C 14) – , scheint für C wenigstens bedenkenswert zu sein. Als ein mit der Durchkreuzung seines planvollen Handelns auch persönlich ringender Mensch fühlt sie sich „in bester Gesellschaft mit einer Heiligen".[95]

---

[95] Aus dieser Formulierung spricht das selbstverständliche Selbstbewusstsein von Seelsorgerin C, das auch in einigen anderen Passagen des Tagebuchs deutlich wird (vgl. 5.2.3.5.1).

### 5.2.4 „Momente, wo ich meinen Beruf richtig liebe“ – Die Tagebuchaufzeichnungen der Seelsorgerin D

Charakteristisch für die Tagebuchaufzeichnungen der Seelsorgerin D ist die dominierende Auseinandersetzung mit der Frage nach ihrer persönlichen Berufszufriedenheit. „Lust und Frust im pastoralen Alltag“ stellen das Grundthema des Textdokuments dar und nehmen großen Raum ein; die Frage nach den Erfahrungen von Gottespräsenz tritt demgegenüber – gerade in der zweiten Hälfte des Tagebuchs – in den Hintergrund. In der Fallbeschreibung nimmt aus diesem Grund die Darstellung des seelsorglichen Selbstverständnisses größeren Raum ein.

#### *5.2.4.1 Einblick erhalten – Die Tagebuchschreiberin hat das erste Wort*

> „Nachm:
> Besprechung zur Vorbereitung des nächsten Gesprächsabends in der Klinik zu dritt: Kathrin (ehrenamtl. Mitarb.) und die Past. Ass.
> Thema: Auf die Stimme meines Herzens hören.
> Wir haben völlig unterschiedliche Zugänge beim jeweils persönlichen Vor-denken gefunden, die aber nicht unter einen Hut passen, aber das Gespräch zwischen uns ist hochinteressant, spannend, anregend, dicht, persönlich, geistlich, lustig/fröhlich, beflügelnd. Das sind die Momente, wo ich meinen Beruf richtig liebe.
> Ich habe die Möglichkeit durch ihn, wo ich nicht nur für irgendeinen Anlass etw. bespreche und vorbereite, sondern selbst ganz drin u. ganz dabei sein kann.“ (D 45)

#### *5.2.4.2 Zur Person*

Zum Zeitpunkt der Tagebuchaufzeichnungen ist die Seelsorgerin D 45 Jahre alt. Sie ist seit 17 Jahren im pastoralen Dienst. D ist verheiratet.

Seelsorgerin D arbeitet in einer süddeutschen Kleinstadt mit rund 20.000 EinwohnerInnen, die von dort angesiedelten Kur- und Reha-Kliniken geprägt ist. Im Hinblick auf die wirtschaftliche Infrastruktur erwähnt D, dass es einige kleinere mittelständische Betriebe gibt, und dass viele PendlerInnen im Ort wohnen. Umgeben ist die Kleinstadt von Dörfern, die teilweise noch eine sehr ländliche Prägung aufweisen. Die Mentalität der Bevölkerung bezeichnet D als „traditionell und bodenständig“. Die Mehrheit der Bevölkerung ist evangelisch. D arbeitet in einer Seelsorgeeinheit mit drei Gemeinden. Die größte Gemeinde hat 3.600 KatholikInnen, die beiden kleineren Gemeinden 1.100 und 600 KatholikInnen.

Einen zentralen Schwerpunkt ihrer derzeitigen Tätigkeit als Pastoralreferentin stellt die Kur- und Klinikseelsorge dar (50% ihrer Beschäftigung). Ihre Aufgaben im Kur- und Klinikseelsorgebereich beinhalten Gesprächs- und Vortragsabende, Gottesdienste, Meditationsangebote, persönliche Seelsorgegespräche, Kontakt mit den Kliniken. Alle seelsorglichen Angebote finden in ökumenischer Kooperation statt. Hinzu kommen weitere Arbeitsschwerpunkte: Taufpastoral, Erstkommunionvorbereitung, Mitarbeit im ökumenischen Team, das die kirchliche Präsenz auf einer Gartenschau vorbereitet und organisiert, Begleitung ehrenamtlicher MitarbeiterInnen, ökumenische Aktivitäten, Religionsunterricht.

Das Seelsorgeteam besteht aus einem Priester, der als Leiter der Seelsorgeeinheit tätig ist, der Pastoralreferentin, einem nebenberuflichen Diakon und einer Pastoralassistentin.

#### *5.2.4.3 Tagebuch schreiben – Textgestalt und Umgang mit der Aufgabenstellung*

Die Tagebuchaufzeichnungen setzen – nach einer Überschrift, die lediglich den Verweis enthält, dass es sich bei den folgenden Aufzeichnungen um ein „Tagebuch" (D 1) handelt – unvermittelt ein. Reflexive Passagen über die Aufgabenstellung und über die Erfahrungen, die D mit dem Tagebuchschreiben macht, finden sich nicht – mit möglicherweise einer Ausnahme: In Passage 15 wird von D ein Ereignis (Anruf aus der geriatrischen Klinik, dass es einem Patienten sehr schlecht geht) als „relevant" (D 15) qualifiziert.[96] Die hier explizit werdende Unterscheidung in relevante bzw. nicht relevante Ereignisse, Erfahrungen und Widerfahrnisse könnte von Seelsorgerin D im Hinblick auf die Aufgabenstellung des Tagebuchschreibens vorgenommen worden sein. Unvermittelt, wie die Tagebuchaufzeichnungen einsetzen, enden sie.

Im Unterschied zu den anderen Tagebuchschreiberinnen stellt D meist ihren gesamten Arbeitstag dar[97] und notiert nicht bloß jene Ereignisse und Erfahrungen, die sie für die Fragestellung bedeutsam hält. Am Anfang ist diese Darstellung vollständiger, im Laufe des Schreibens wird manches nur mehr angedeutet, was zur Alltagsroutine gehört und ohne besondere Vorkommnisse erscheint.[98] Durch diese Gesamtdarstellungen werden die Chronologie und Dynamik ihrer Arbeitstage sichtbar. Die Darstellung ist lückenlos, es gibt keine Schreibpausen oder Schreibunterbrechungen.

---

[96] „Relevant nur der Anruf von Sr. Karin, später Vormittag, Geriatrische Reha-Klinik: Einem Patienten geht es sehr schlecht. / Herr Stumm wird vermutlich bald sterben […]." (D 15)

[97] So beispielsweise am 26. April 2007, dem ersten Tag der Aufzeichnungen: „Erste Arbeitsrunde am Schreibtisch daheim […]" (D 2); „Weiter geht es im Büro[…]" (D 3); „Nachmittag: Dienstgespräch […] (D 4); „Nach dem Abarbeiten einiger notwendiger Dinge am Schreibtisch komme ich auf Carina zurück […]" (D 5).

[98] z.B.: „Schule vorbereiten / RU / Büro / das war der Vormittag […]" (D 16)

Der Text enthält kaum Korrekturen oder Ergänzungen, er scheint flüssig geschrieben zu sein. Im Aufbau sind die Aufzeichnungen deutlich gegliedert und enthalten klare Zäsuren. Im Schreibstil sind die Tagebuchaufzeichnungen von D flüssig und ohne bedeutsame stilistische Auffälligkeiten. Wenn D Routinearbeiten beschreibt, werden ihre Aufzeichnungen stichwortartig.

#### *5.2.4.4 Seelsorgerin sein – Beruf, Berufung, biographische Perspektiven*

Ein Schwerpunkt der Tagebuchaufzeichnungen von Seelsorgerin D liegt in der Selbstreflexion ihrer seelsorglichen Tätigkeit. Näherhin lassen sich drei Themenfelder unterscheiden: (1) emotionale Berührtheiten im Seelsorgealltag, (2) seelsorgliche Grundhaltungen und seelsorgliches Selbstverständnis, (3) Berufszufriedenheit – Berufsunzufriedenheit.

Emotionale Berührtheiten und emotionale Berührbarkeit scheinen für D im Seelsorgealltag eine große Rolle zu spielen: Die Äußerungen über die belastende familiäre Situation einer Schülerin (drohende Scheidung der Eltern), die sie in deren Religionsheft findet,[99] „berühren" Seelsorgerin D „sehr" (D 2). Dass sie sich zum Handeln herausgefordert fühlt, unterstreicht D damit, dass sie sich „gerufen" (D 2) fühle zu reagieren.[100] Möglicherweise drückt sie damit aus, dass sie die Aufzeichnungen als den bewusst-unbewussten Hilferuf der Schülerin an sie als Vertrauensperson deutet, möglicherweise ist die Formulierung aber auch latent religiös konnotiert.[101] Obgleich D offensichtlich einen starken inneren Impuls spürt, auf die Äußerung der Schülerin zu reagieren, schreibt sie doch gleichzeitig davon, „unsicher" (D 2) zu sein und deutet damit einen inneren Entscheidungsprozess an. Nach einem kurzen, aber intensiven Begleitungsprozess eines schwerst krebskranken Patienten stattet Seelsorgerin D dem Verstorbenen einen kurzen Besuch ab: „Sein Bild noch lebend und zugedeckt als Toter gehen noch eine ganze Weile mit" (D 21), so beschreibt D den Nachhall dieser seelsorglichen Begegnungen.

---

[99] „In Carinas Heft lese ich ihr Blatt zur Stillung des Seesturms. Unter der Überschrift ‚Stürme in meinem Leben' schreibt sie in die Wellen, daß sie der häufige Streit der Eltern, die vielleicht bevorstehende Scheidung wie Sturm u. Wellen, die über ihr zusammenschlagen, empfindet." (D 2)

[100] Als Grund für ihre Berührtheit und für ihre empathische Einfühlungskraft benennt D „eigene Erfahrung" (D 2). Was sie näherhin damit meint, bleibt unbestimmt. Unter Umständen könnten es persönliche biographische Erfahrungen mit familiären Trennungssituationen sein. D scheint diese persönlich-biographische Betroffenheit als legitimes Motivationsmoment ihres pastoralen Handelns zu begreifen.

[101] D setzt das Wort „gerufen" in Anführungszeichen; möglicherweise erscheint ihr die Formulierung doch zu stark und sie möchte sie damit etwas abschwächen.

Die Eindrücke haben Spuren hinterlassen, „begleiten" sie weiterhin, bleiben an ihr „haften".[102] Die Erinnerungen an den Verstorbenen wirken in den Arbeitsalltag hinein.

Emotionale Berührtheit spielt für die Seelsorgerin D aber nicht nur in seelsorglichen Krisensituationen eine Rolle, wenngleich Freud und Leid für sie manches Mal sehr eng beieinander zu liegen scheinen und sie im seelsorglichen Alltag einem Wechselbad der Gefühle ausgesetzt ist: Unmittelbar im Anschluss an die Verabschiedung von dem verstorbenen Patienten folgen Dankmesse und Ausflug mit den Kommunionkindern.[103] „Ich wundere und freue mich immer wieder über das Vertrauen [...], wenn sie von ihren Erlebnissen, ihren Familien, Gedanken, Wünschen ... erzählen, das sind Geschenke" (D 22), so beschreibt D ihr Empfinden in dieser seelsorglichen Situation. Beschenkt vom Vertrauen der Kinder empfindet sie sich hier, beschenkt vom Vertrauen eines alten Mannes fühlt sie sich in einer anderen Situation: Im Rahmen einer Krankenkommunion bringt ein älterer Mann der Seelsorgerin – entgegen sonst gültiger Kommunikationsnormen und üblicher Umgangsformen – inniges Vertrauen entgegen. Seelsorgerin D empfindet das als „erstaunlich und schön" (D 40) und ist keineswegs irritiert über dieses etwas aus dem Rahmen fallende Sozialverhalten. Das Vertrauen, das ihr der Mann und andere Menschen in ähnlichen Situationen entgegenbringen, ist ihr „Geschenk".[104] Der Patient wird so zum Gebenden, sie als Seelsorgerin zur Empfangenden. Die Chiffre „Geschenk", die D hier zweimal verwendet, steht dabei für das gnadenhaft und unvermutet Zufallende.

Berührt vom indirekten Hilfeschrei der Schülerin, bewegt vom Tod des Krebspatienten und von seinem Bild begleitet, erfreut und beschenkt vom Vertrauen, das ihr Kinder und alte Leute entgegenbringen – hinter all diesen Tagebuchpassagen konturiert sich ein Verständnis von seelsorglicher Professionalität, bei dem emotionale Berührbarkeit integrativer Bestandteil ist.

Deutliche Hinweise finden sich in den Tagebuchaufzeichnungen auf das seelsorgliche Selbstverständnis und auf unterschiedliche seelsorgliche Grundhaltungen, die Seelsorgerin D in ihrer pastoralen Arbeit bestimmen: In

---

[102] Auch in einem anderen pastoralen Kontext schreibt D davon, welche Wirkungen Erlebtes in ihr im Nachklang entfaltet: D schildert die Feier einer Eucharistie zum Abschluss eines Fortbildungstages für Ehrenamtliche im Rahmen des Liturgiekurses. D benennt, dass vieles in der inhaltlichen Gestaltung nicht entspricht. Dennoch ist sie berührt vom Engagement der Ehrenamtlichen und dieser Eindruck „hallt" nach: „Was in mir bleibt, sind nicht Worte oder Texte sondern die Atmosphäre." (D 33)

[103] „Der Kontrast ist groß" (D 22) – kommentiert sie dieses Wechselbad der Gefühle.

[104] „Erstaunlich und schön, wie viel Vertrauen manche Menschen haben (bes. ältere), wenn jemand von der Kirche kommt – oder es ist immer so bei ihnen – egal; ich fühle mich dann immer beschenkt." (D 40) – formuliert D im Modus der Beschreibung.

Krisensituationen – und nicht nur da – ist es D ein Herzensanliegen, in einer Haltung der Ernsthaftigkeit, Verbindlichkeit und Verlässlichkeit zu arbeiten und ihrem Gegenüber zu begegnen: D erhält den Anruf einer Krankenschwester, dass es einem krebskranken Patienten in der geriatrischen Reha-Klinik sehr schlecht geht. In der Schilderung der Kontaktaufnahme mit dem Patienten, die mit Hindernissen verbunden ist, findet sich zweimal der Hinweis, dass D etwas „verspricht“: verlässlich zu kommen bzw. wieder zu kommen. (D 15) Seelsorgerin D arbeitet überlegt und reflektiert, legt großen Wert auf die Angemessenheit und „innere Richtigkeit“ ihres pastoralen Handelns. Dies zeigt sich darin, dass D um richtige Entscheidungen ringt, sich intensiv mit der Frage auseinandersetzt, was in bestimmten Situationen eine angemessene und heilvolle seelsorgliche Intervention ist: Im Tagebuch findet das seinen Niederschlag in Textpassagen, die den Charakter eines inneren Monologs oder eines Gebets haben. So ringt sie mit der Fragestellung, was die angemessene Reaktion ist auf den versteckten Hilferuf der Schülerin, den sie in deren Heft entdeckt hat. Schließlich entschließt sie sich, der Schülerin einen Brief zu schreiben: „Willst Du, daß ich das tue? Ist es richtig? Hilf mir, die richtigen Worte zu finden! Was ist zuviel? Was ist zu wenig? Ich will sie nicht bedrängen, oder daß es ihr anschließend peinlich wird, wenn sie mich sieht.“ (D 5) In ähnlicher Weise bittet sie vor dem Erstkontakt mit dem sterbenden Krebspatienten um Beistand und ringt um die richtigen Worten und Gesten: „Gib mir die Worte, Gesten … die ich brauche für ihn. Wenn du mich hier hingestellt hast, steh mir bei, das Richtige, Nötige zu tun.“ (D 15) Wachsam bleibt sie auch in der seelsorglichen Begegnung selbst, stellt sich auch dort die Frage, ob ihr Verhalten angemessen und hilfreich ist. Dabei lässt sie auch Ratlosigkeiten und Selbstzweifel zu und unterzieht ihr Handeln einer sehr selbstkritischen Prüfung: In einem weiteren Besuch bei dem sterbenden Krebspatienten kommen ihr Zweifel, ob sie dem Patienten gerecht geworden ist; ein „schlechtes Gewissen“ (D 17) bleibt an ihr haften und begleitet sie.[105]

Im Kontakt mit Menschen in Belastungssituationen, aber auch in scheinbar beiläufigen seelsorglichen Spontankontakten müht sich die Seelsorgerin D um wache Präsenz: Am Krankenbett des sterbenden Krebspatienten hört D (der ausführlichen Erzählung der Ehefrau des Patienten) zu, will da sein und

---

[105] „Besuch bei Herrn Stumm, der meistens schläft, sonst unruhig ist, sich nicht verständlich machen kann, auf Dinge zeigt, ich aber nicht verstehe, was er meint. Es ist frustrierend.
Ob das Gebet hilfreich ist angesichts seines Unwohlseins und seiner Unruhe – ich weiß es nicht.
Das Gefühl der Ratlosigkeit nehme ich mit und ein ‚schlechtes Gewissen‘, ob ich ihm gerecht geworden bin.
Er bleibt in meinen Gebets-Gedanken.“ (D 17)

nah sein und zeigt ihre Nähe, indem sie dem Patienten in Abwesenheit von dessen Frau stellvertretend die Hand hält (D 16). Seelsorgerin D verfügt in dieser Situation über eine differenzierte Wahrnehmung ihrer selbst und ihres Gegenübers. In einem anderen Kontext – D macht eine Runde durch eine der Kliniken, um Patienten zum abendlichen Gottesdienst einzuladen – bemüht sich die Seelsorgerin um Offenheit und wache Wahrnehmungsfähigkeit. Die Begegnungen, die sich dort ergeben, sind für D nur scheinbar beiläufig. Sie geht auf Menschen zu „mit Bereitschaft, offen zu sein, zu hören, wahrzunehmen, ob etwas in der Luft liegt" (D 36), und das „trotz Zeitdruck", den sie auf sich lasten fühlt.

Arbeiten in einer Haltung menschlicher Nähe, in empathischer Hinwendung und Vertrautheit scheint Seelsorgerin D ein wichtiger Wert zu sein. In dieser Hinsicht charakterisiert sie das Verhältnis im Seelsorgeteam – „die menschliche Nähe, daß Offenheit möglich ist, empfinde ich als Bereicherung" (D 4), und ein Gespräch mit der Pastoralassistentin – „ein kleines, ruhiges, schönes vertrautes Gespräch, in Offenheit [...] eine gute Verbundenheit ist da, Bereicherung" (D 14). Von Sympathie, Nähe und Vertrauen wird sie aber auch ganz spontan bewegt. Im Hinblick auf das spontane, unkonventionelle Verhalten des Geschäftsführers einer der Kliniken – er hat eine Patientin, die er zufällig getroffen hat, bis in den Gottesdienstraum begleitet – meint sie: „ich empfinde Sympathie und Anerkennung für ihn" (D 38). Und auch für die Patientin, die sich im Anschluss an den Gottesdienst ihr öffnet, empfindet D „Nähe und Vertrauen" (D 38).[106]

Um ihre Rolle als Seelsorgerin in der Leitung eines Gottesdienstes zu charakterisieren, verwendet D das Bild vom „Werkzeug" (D 10) und führt näher aus, was sie darunter versteht und wie sie diese Rolle wahrnimmt. Dabei konturiert sie diese Rolle hinsichtlich der Brückenfunktion zwischen den ihr anvertrauten Menschen und Gott: Seelsorgerin D spricht davon, einen „Rahmen" (D 10) zu schaffen fürs Gebet und für die Hinwendung der Gottesdienst Feiernden zu Gott. Sie spricht weiterhin davon, dass es ihre Aufgabe ist, die religiösen Artikulationen der Anwesenden zu intensivieren und zu

---

[106] Aus der Schilderung der ganzen Passage – ein abendlicher Gottesdienst in der Klinik im kleinen Kreis – spricht emotionale Bewegtheit und Angerührtheit. Der emotional bewegte und bewegende Gottesdienst ergreift auch D als Person und scheint sie so Menschen nahe zu bringen, mit denen sie zu tun hat. – In dieser Passage finden sich in den Aufzeichnungen Streichungen im Text, was nicht charakteristisch ist für das Gesamt des Tagebuchs. Auch dies könnte ein weiteres Indiz sein für die dynamische Emotionalität des Erlebten und Geschilderten.

verstärken: „[…] daß das Gebet, das Hören, das Singen ‚gebündelt' werden, ‚verdichtet' werden." (D 10).[107]

Der Themenkreis „Arbeits(un-)zufriedenheit" zieht sich wie ein roter Faden durch die gesamten Tagebuchaufzeichnungen der Seelsorgerin D. Häufig findet sich ein Hinweis darauf, ob D mit dem Verlauf oder dem Ergebnis einer Arbeit zufrieden ist oder nicht:

- Im Rahmen ihres Arbeitsschwerpunktes „Kirchliche Präsenz auf der Gartenschau" steht eine Infoveranstaltung, deren Vorbereitung sie im Tagebuch ausführlich schildert. Sie vermerkt, bei der Vorbereitungsarbeit (Aufbau des Infostandes) „mit innerer Zufriedenheit" zu „werkeln" (D 7). Zu dieser inneren Zufriedenheit trägt – neben der konkreten handwerklichen Tätigkeit – offensichtlich vor allem die unkomplizierte Übereinstimmung im Vorbereitungsteam bei.[108]
- Seelsorgerin D leitet ein Gottesdienst in der geriatrischen Reha-Klinik.[109] Die anwesenden PatientInnen „singen und beten intensiv mit" (D 10), und D meint, dass dieser Gottesdienst auf ein „echtes Bedürfnis" (D 10) treffe. Am Abschluss der Schilderung dieses Gottesdienstes steht eine kurze reflexive Schlussbemerkung: „Es ist eine befriedigende Erfahrung, es ist auch eine Aufgabe, die bescheiden und dankbar macht" (D 10).[110]
- Seelsorgerin D schildert ihre erste Arbeitseinheit an einem Mittwochmorgen: Religionsunterricht. In der rudimentären Erzählung konzentriert sie sich auf Atmosphärisches, benennt dabei die sammelnde, konzentrierende Wirkung des Gebets und die Unaufgeregtheit des Unterrichts. Und vermerkt auch ihre eigene innere Gestimmtheit: „Der Unterricht läuft zu meiner Zufriedenheit […]". (D 12)

Arbeitserfolg fördert die emotionale Zufriedenheit bei D. Die emotionale Zufriedenheit der Seelsorgerin ist abhängig vom guten Gelingen einer Arbeit

---

[107] Die Vorstellung von einer emotional intensiven und daher möglicherweise auch religiös „aufgeladenen" Atmosphäre (D spricht hier von „verdichten") findet sich auch an anderer Stelle im Tagebuch (vgl. Passage 32).

[108] „Die da sind, packen an, wir können uns gut einigen, was wo stehen soll, wie was arrangiert werden soll, wie die Plakate hängen sollen, es läuft gut und ich werkle mit innerer Zufriedenheit mit. Wenn es gut läuft, mache ich so etwas gerne und habe dann ein Gefühl von ‚im Einklang sein', das durchaus [eine] spirituelle Ebene berührt." (D 7)

[109] Der Gottesdienst ist in einen kommunikativen Zusammenhang eingebettet und ereignet sich nicht im „luftleeren" Raum. Aus dem gottesdienstlichen Feiern erwächst ein seelsorgliches Gespräch mit einer Patientin.

[110] Auffällig ist hier, dass D ihre Einschätzung, dass der Gottesdienst eine „befriedigende Erfahrung" sei, noch im selben Satz ergänzt und relativiert, mit dem Hinweis auf Bescheidenheit und Dankbarkeit. – Möglicherweise ist dies ein Indiz dafür, dass sie sich und ihre Verdienste nicht in den Vordergrund rücken möchte und deshalb ihren „Erfolg" relativiert.

und steht in Korrelation zum guten Fortschreiten ihrer Arbeit. Dies zeigt sich deutlich in der Schilderung eines Tagesablaufs, bei dem D fortlaufend Einblick in ihre emotionale Gestimmtheit bietet. Ihre Stimmung hellt sich dabei zusehends auf: Der Religionsunterricht am Morgen ist „anstrengend“ (D 6), die Kämpfe mit den SchülerInnen „laugen“ (D 6) sie aus. Eine unerfreuliche Nachricht beim Eintreffen ins Büro hat zur Folge, dass sie „genervt“ ist. Der Beginn der Arbeit an der Vorbereitung der Erstkommuniondankandacht bringt allmählich den Umschwung: Sie hat „Lust“ (D 6) auf diese Arbeit, die Arbeit macht ihr „Freude“ (D 6), auch wenn der Zeitdruck, unter dem das geschehen muss, „unerfreulich“ ist. Je weiter sie mit der Arbeit daran vorankommt, umso mehr steigt ihre Zufriedenheit. Auch der Kontakt mit den Erstkommunionkindern im Rahmen der Probe für den Erstkommuniongottesdienst ist für sie positiv, sie ist „fast gerührt“ (D 6). Als sie abends die Vorbereitung der Dankandacht abgeschlossen hat, charakterisiert sie ihre innere Gestimmtheit mit „Erleichterung und Zufriedenheit“ (D 6). Am Ende des Tages, an dem sich für D vieles zum Guten gewendet hat, kann sie den Tag „gutheißen“. Sie beschließt ihre Schilderung mit einem Bibelwort aus der Schöpfungsgeschichte: „Und siehe, es war gut.“ (D 6)[111] Die Seelsorge-

---

[111] Um diese Dynamik im Wortlaut nachverfolgen zu können, zitiere ich diese längere Passage vollständig:
„Freitag 27.4.07 //
→ Schule vorbereiten
RU:
Auseinandersetzung mit pubertierenden Jungs …
scharfe Beobachtung von einigen der Mädchen …
Es ist anstrengend …
Provokationen aushalten. – Herausforderung, gelassen zu sein, die innere Ruhe zu bewahren oder immer wieder zu suchen …
Die Kämpfe liegen mir nicht und laugen mich aus. //
→ Büro
Die Pastoralassistentin begrüßt mich mit der Neuigkeit, daß die Absprache für den freien Tag der Erstkommunionkinder für den Ausflug nicht bei allen Familien „angekommen“ ist – ich bin genervt. //
→ Die Dankandacht für die letzte Erstkommunion muss noch vorbereitet werden. Ich habe Lust, mich dranzumachen, der Zeitdruck ist unerfreulich, aber Nachdenken und Schreiben macht mir Freude. Nur komme ich nicht so weit, wie ich will … //
Nachmittag
→ Es geht weiter mit der Dankandacht, wieder ein Stückchen – sie wächst – meine Zufriedenheit auch. Auf dem Weg zur Erstkomm.-Probe noch ein paar Absprachen – gut, daß das so unkompliziert geht.
→ Die Probe geht reibungslos. Ein paar Kinder sind so lieb und begeistert, daß ich fast gerührt bin.
Das Vertrauen der Kinder, so voraussetzungslos, erstaunt und freut mich, gibt mir das Gefühl: Es lohnt sich, bei ihnen ist etwas – oder eine ganze Menge – von der Botschaft Jesu und der Nähe Gottes „angekommen“. Es sind aber auch viele mit „guten Voraussetzungen“ dabei. //

rin bringt sich selbst und ihr Tun damit in einen Zusammenhang mit dem Schöpfungswerk Gottes, was mehrere mögliche Assoziationen zulässt: Sie hat ihre Arbeit als ein schöpferisches Tun erfahren bzw. sie kann den Tag „gut heißen", an dessen Ende sich vieles zum Guten gewendet hat.

Im Verlauf des Tagebuchs gibt es auch einige Passagen, in denen D auch ihre Unzufriedenheit in diversen Arbeitssituationen schildert. So steht die Schilderung eines anderen Tagesablaufs ganz unter der Perspektive des Mühsamen und Mühseligen: Die Störung des geplanten Arbeitspensums durch einen Anruf der Kur- und Klinikverwaltung ist für D mit „Unruhe" (D 30) verknüpft, die Entscheidung, die sie dann treffen muss, mit Bedauern. Die notwendigen Erledigungen, die sich aus dem Dienstgespräch, einer Besprechung der pastoralen MitarbeiterInnen des Seelsorgeteams, ergeben und vermutlich vor allem organisatorischer Art sind, sind „viel und anstrengend und mühsam" (D 30). Auch die PGR-Sitzung am Abend ist „unendlich lang" (D 30) und die Inhalte „machen allen Mühe" (D 30). Die Seelsorgerin nimmt sich dabei nicht aus und betont, dass es ihr ebenso geht. Als „mühselig" (D 30) empfindet sie es zudem, dass mit der neu zur Seelsorgeeinheit hinzugekommenen Gemeinde noch keine Vertrautheit besteht. Aus der Schilderung des gesamten Arbeitstages spricht eine große Schwere. Unbequeme Entscheidungen, Arbeitsfülle und mangelnde „Erfolgserlebnisse" sind die von Seelsorgerin D angeführten Faktoren, die die Mühseligkeit dieses Arbeitstages ausmachen.

„Aggressiv und pampig und gereizt"[112] (D 39), in einem Strudel destruktiver Gefühle, findet sich Seelsorgerin D in einer Sitzung des Ökumene-Ausschusses. Mit dem dort mitarbeitenden evangelischen Pfarrer steht D im Konflikt. Die Frustration über diese Sitzung ist für D vorhersehbar, ereignet sich fast zwangsläufig.[113] Nach ihrer Einschätzung ist für den Konflikt mit dem evangelischen Kollegen keine konstruktive Lösung in Sicht. Ihre emotionale Reaktion hat Anteile einer beinahe kindlich wirkenden Trotzreaktion, dem Gespräch auf Augenhöhe gibt sie kaum Erfolgschancen. Doch Seelsorgerin D möchte nicht in die Auseinandersetzung gehen, ihr Grundimpuls scheint zu sein, die frustrierende Sitzung irgendwie durchzustehen und da-

---

→ Am Abend im Büro:
wird die Dankandacht fertig. Erleichterung und Zufriedenheit. Ich schaffe es sogar die Liedblätter noch fertig zu machen u. zu drucken. Und siehe, es war gut." (D 6)

[112] Stilistisch – eine Aneinanderreihung von drei Adjektiven, verbunden jeweils durch ein ‚und' – ähnelt die Beschreibung ihres emotionalen Zustands der Beschreibung eines anderen negativen emotionalen Zustands in Passage 30 („viel und anstrengend und mühsam").

[113] Die erzählende Haltung in dieser Passage ist mit beschreibenden Anteilen durchsetzt – ein Indiz dafür, dass D hier auf wiederkehrende Erfahrungen rekurriert, z.B.: „[…] macht mich aggressiv und pampig und gereizt. Wie so oft." (D 39)

nach baldmöglichst den Rückzug ins Privatleben anzutreten. In diesem Zusammenhang erwähnt sie auch ihren Ehemann und fragt: „Was habe ich heute schon von meinem Mann gesehen?“ (D 39) – Offensichtlich scheint sie damit aussagen zu wollen, dass ihr das private Leben zu kurz kommt, auf Kosten einer frustrierenden, nicht konstruktiven Arbeitssitzung.

Aus all den skizzierten Textpassagen wird deutlich: Schwierigkeiten und Konflikte im beruflichen Bereich korrespondieren bei Seelsorgerin D mit starker emotionaler Beeinträchtigung, Arbeitserfolg steht im direkten Zusammenhang mit emotionaler Zufriedenheit und Ausgeglichenheit. – Diese Grundorientierungen lassen sich im gesamten Textkorpus beobachten. Nicht zufällig scheint es deshalb zu sein, dass in der Schilderung des letzten von D aufgezeichneten Arbeitstages das Thema der „Arbeitszufriedenheit“ noch einmal breiten Raum einnimmt: „Momente, wo ich meinen Beruf richtig liebe“ (D 44) sind für D Arbeitszusammenhänge, in denen sie „selbst ganz drin u. ganz dabei sein“ (D 44). – Es ist die Leitvorstellung einer selbstbestimmten und nicht entfremdeten Arbeit, die sich hier konturiert, in Abgrenzung zu jener Arbeit, bei der sie persönlich nicht involviert ist.[114]

In den Tagebuchaufzeichnungen der Seelsorgerin D findet sich ein singulärer Hinweis auf einen Zusammenhang zwischen biographischer Erfahrung und Gotteserfahrung: Bei einer Vorveranstaltung zur Gartenschau erfährt sich D als fremd und nicht dazugehörend:

> „Es sind viele Gruppen beteiligt, jede/r gehört irgendwo dazu, viele sind schon immer da./ Ich bin irgendwie das Gegenteil dazu, manchmal neidisch auf diese selbstverständliche Zugehörigkeit, manchmal abgestoßen von der Enge u. Eingefahrenheit der immer am Ort Gebliebenen.“ (D 7)

Mit Bezugnahme auf Überlegungen ihres Mannes führt sie daraufhin das Abrahamsmotiv ein und verbindet ihre Fremdheits- und Nichtzugehörigkeitserfahrung damit.[115] Damit stellt sie ihrem Gefühl der Deplatziertheit ein explizit religiöses, biblisches Deutungsmuster zur Seite.

---

[114] Erfüllung und Glücksmomente gewährt D die Arbeit dort, wo sie „nicht nur für irgendeinen Anlass“ (D 44) etwas bespricht und vorbereitet.

[115] D akzentuiert in der Gestalt des Abrahams das Moment des Aufbruchs: Der Aufbruch schenkt „größere geistige Offenheit“ (D 7) um den Preis der Fremdheit. Es scheint offensichtlich, dass D die „größere geistige Offenheit“ dem Heimatgefühl, das mit „Enge u. Eingefahrenheit“ (D 7) verbunden ist, vorzieht.

#### 5.2.4.5 *„Ist Gott drin?" – Suchbewegungen im Hinblick auf Erfahrungen der Gottespräsenz*

Im Unscheinbaren und Unaufgeregten, in Situationen „ohne besondere Höhen und Tiefen" (D 13) sind Erfahrungen der Gottespräsenz im Pastoraltagebuch der Seelsorgerin D situiert.

##### 5.2.4.5.1 Gottesbild und Gottesverhältnis

In Anknüpfung an biblische Motive, die sich zumeist aus den aktuellen Themenstellungen des Kirchenjahres speisen, und in ihren Gebetsgedanken lassen sich in den Tagebuchaufzeichnungen der Seelsorgerin D Hinweise auf Gottesvorstellungen finden, die ihr zur Zeit der Tagebuchaufzeichnungen nahe sind.

Zweimal rekurriert sie auf die Vorstellung vom Gott als dem guten Hirten; einmal im Zusammenhang mit der Schilderung eines Gottesdienstes in der geriatrischen Reha-Klinik, ein anderes Mal im Kontext der Schilderung eines Bibelgesprächs im Rahmen der Dienstbesprechung. In der Schilderung des Gottesdienstes wird die Vorstellung von Gott/Jesus als dem guten Hirten von D als „Urbild" (D 10) und „Ursehnsucht" (D 10) bezeichnet. D verweist auch auf das Alter dieses Gottesbildes. Mit diesen Attributen betont sie die Ursprünglichkeit, das Archetypische und die Dignität dieser Gottesvorstellung. Sicherheit schenkt dabei die Vertrautheit mit der Vorstellung an sich, nicht der inhaltliche Gehalt der Vorstellung.[116] Glaube und praktische Religionsausübung müssen nach der Einschätzung von D – wenigstens für die TeilnehmerInnen des Gottesdienstes, die sich nach ihrer Einschätzung in einer Krisensituation befinden – Sicherheit und Vertrautheit vermitteln und nicht etwa Ungewissheit und Unsicherheit verstärken.

Im zweiten Fall – der Schilderung eines Bibelgesprächs zu Joh 10, 27-30 – betont Seelsorgerin D zunächst die Offenheit und menschliche Nähe der Gesprächsatmosphäre im Seelsorgeteam und stellt dann einen Zusammenhang zwischen der Vertrautheit der Teammitglieder und der Vertrautheit zwischen dem Hirten und den ihm anvertrauten Schafen her: „Die Vertrautheit untereinander berührt sich mit der Vertrautheit zw. Hirt und Schafen: ,Ich kenne die Meinen und die Meinen kennen mich." (D 4) – Die zwischenmenschliche Vertrautheit, die Seelsorgerin D als wohltuend wahrnimmt, scheint D

[116] „Die Texte sind vom 4. So. d. Osterzeit/Guter Hirte – Urbild und Ursehnsucht, es sind uralte starke Bilder, vertraut, was für die Leute in der Klinik in ihrer Fremdheit und all der Unsicherheit wohltuend sind." (D 10)

„anschlussfähig" zu sein hinsichtlich der Vertrautheit Jesu/Gottes mit den ihm Anvertrauten.

Mit dem Bild des guten Hirten verbindet sich in diesen beiden Passagen die Vorstellung von Geborgenheit, Sicherheit und Schutz. Zudem impliziert dieses Bild ein hierarchisch ausgeprägtes Fürsorgeverhältnis zwischen Gott und Mensch. In Korrespondenz und zugleich in Differenz zu dieser Vorstellung von Gott steht die Vorstellung eines Gottes, der in die Weite, ins Ungewisse und in die Heimatlosigkeit führt. Bei einer Veranstaltung im Rahmen der Vorbereitung der Gartenschau schildert Seelsorgerin D eine Erfahrung der Fremdheit und Nichtzugehörigkeit: „[…] jede/r gehört irgendwo dazu, viele sind schon immer da. Ich bin irgendwie das Gegenteil dazu […]" (D 7). Dieser Erfahrung des Anderssein und der Ausgeschlossenheit stellt sie ein biblisches Deutungsmuster zur Seite, verbindet das Abrahamsmotiv und die Exodusthematik mit ihrer Fremdheits- und Nichtzugehörigkeitserfahrung. Der Gott des Exodus mutet dem Menschen Heimatlosigkeit und Ungeborgenheit zu, verheißt zugleich aber auch seine Begleitung und seinen Schutz. Mit dem Bild vom guten Hirten hat die Vorstellung vom Gott des Exodus die Verheißung von Begleitung und Schutz gemeinsam, im Hinblick auf das Moment der existentiellen Ungesichertheit und Heimatlosigkeit unterscheidet sie sich von ihm.

In Entsprechung zu einem Gottesbild, das das Moment von Geborgenheit, Sicherheit und Schutz besonders akzentuiert, steht auf Seiten des Menschen die Haltung gläubigen Gottvertrauens: Diese Haltung gläubigen Gottvertrauens deutet sich in der Schilderung der Begleitung des sterbenden Krebspatienten an. Neben der wachsamen Präsenz am Krankenbett und im Gespräch mit der Ehefrau des Patienten scheint der Seelsorgerin D das fürbittende Gebet wichtig zu sein. In der Schilderung der Situation findet sich eine direkte Gottesanrede mit dem Charakter eines Stoßgebetes: „Gott, ich vertraue dir Hrn. Stumm u. seine Frau an, sei ihnen nahe mit deiner Liebe und Kraft." (D 16) – Es scheint der Seelsorgerin in dieser Situation angemessen zu sein, den Patienten und seine Ehefrau Gott zu „überlassen". Sie erbittet Gottes Nähe, Liebe und Kraft. Gottergebenheit und gläubiges Gottvertrauen und nicht Hadern oder Auflehnung sprechen aus diesen Gebetsworten.

Insbesondere im Kontext von Situationen, in denen D als Seelsorgerin in besonderer Weise herausgefordert ist (in der Begleitung des krebskranken Patienten, in der Konfrontation mit dem versteckten Hilferuf einer Schülerin), finden sich explizite Gebetspassagen, zumeist mit dem Charakter von Stoßgebeten. Zum Inhalt haben diese Gebete die Bitte um Beistand (für sich selbst und für andere), um Entscheidungshilfe (D 5, D 15, D 16) und das gedenkende Erinnern (D 21). So notiert sie vor der ersten direkten Begegnung mit dem sterbenden Krebspatienten: „Meine Gedanken, mein Gebet: Vater unser & Nimm ihm seine Angst, mach sie leichter. / Gib mir die Worte, Gesten ... die ich brauche für ihn. Wenn du mich hier hingestellt hast, steh mir bei, das Richtige, Nötige zu tun." (D 15)[117] Es scheint für D eine selbstverständliche Gewohnheit zu sein, in besonderen seelsorglichen Situationen zu beten und um Beistand zu bitten. Die Gegenwart Gottes setzt sie dabei und damit offensichtlich voraus.

„Gebet" und „Gedanken" stehen im Tagebuch der Seelsorgerin D in einem engen Zusammenhang: Der Übergang zwischen Gebet und innerem Monolog ist fließend (D 5), D denkt Gebete und betet in Gedanken (D 15, D 16, D 17): Während sie Sitzwache am Bett des sterbenden Krebspatienten hält, schildert sie ihre inneren Bewegungen in folgender Weise: „Meine Gedanken wandern, sind mal bei ihm, mal im Gebet, mal bei der anderen Arbeit, mal bei meinem Mann – es ist eine ruhige gute Zeit." (D 16) Und als sie am nächsten Tag den Patienten verlässt, schreibt sie davon, dass er in ihren „Gebets-Gedanken" (D 17) bleibt. – Die Hinwendung zu Gott im Gebet weist somit eine deutliche Nähe zu den kognitiven Bewusstseinsschichten auf.

Aber nicht nur in seiner individuellen, sondern auch in seiner gemeinschaftlichen Dimension spielt das Gebet in den Tagebuchaufzeichnungen der Seelsorgerin D eine Rolle: Im Hinblick auf ihre Rolle als Liturgin schreibt D davon, dass sie den Rahmen schaffe, dass das Gebet der Anwesenden „gebündelt" und „verdichtet" werde (D 10). Im Kontext eines Gebetes am Anfang einer Religionsstunde spricht D dem Gebet selbst „sammelnde" Wirkung zu (D 12).[118] Und die Komplet am Ende eines Ausbildungstages des Liturgiekurses ist ein „schöner, dichter, runder Abschluss für den Kursabend und den Tag" (D 32). – Die „Dichte" des Gebets steht als Chiffre für emotionale, unter Umständen auch für spirituelle Intensität.

#### 5.2.4.5.2 Orte und Zeiten

Orte der Gotteserfahrung im Tagebuch der Seelsorgerin D zeichnen sich in erster Linie dadurch aus, dass sie eine positive emotionale Grundierung aufweisen: D benennt den wertschätzenden, vertrauensvollen und offenen Austausch im Rahmen des Dienstgesprächs der pastoralen MitarbeiterInnen, in

---

[117] D führt das Vater unser, das elementarste christliche Grundgebet an, dem sich eine Reihe von kürzeren Stoßgebeten anschließt. Zunächst ist ihre Aufmerksamkeit auf den Patienten gerichtet, dann auf sich selbst. Die Bitte für sich selbst ist ausführlicher – möglicherweise ein Hinweis darauf, dass die Erstbegegnung mit dem Patienten eine Herausforderung für die Seelsorgerin darstellt.

[118] „Das Gebet am Anfang ‚sammelt' fast alle, auch mich, das ist nicht immer so." (D 12)

dem die menschliche Vertrautheit die Vertrautheit mit Gott berührt (D 4); das Arbeitsgespräch, das „hochinteressant, spannend, anregend, dicht, persönlich, geistlich, lustig/fröhlich, beflügelnd“ ist (D 44); die Vorbereitung und Durchführung einer Dankandacht zur Emmaus-Thematik, bei der sie innerlich gefordert und beteiligt ist (D 8);[119] die nicht entfremdete Arbeit, in der die Seelsorgerin „selbst ganz drin u. ganz dabei sein kann“ (D 44); das zufriedene „Werkeln“ in unkomplizierter Übereinstimmung mit anderen, das „durchaus eine spirituelle Ebene“ berührt (D 7), die „dichten“ Momente beim gemeinsamen Gebet und Gottesdienst (D 10, D 32, D 38), den „Paradiesgarten“ auf der Gartenschau als einen bewusst gestalteten heiligen Raum, der sich durch „Schönheit“, „Ordnung“ und „Sinn“ (D 41) auszeichnet.[120]

Gottes-Zeiten zeichnen sich im Tagebuch von D vor allem dadurch aus, dass sie sich vom gewöhnlichen Arbeitsalltag unterscheiden. In den Aufzeichnungen ist der gewöhnliche Arbeitsalltag der Seelsorgerin häufig vom fragmentierten Vielerlei gekennzeichnet: Da geht es häufig um „ein bißchen“ Dies und Das (D 40, D 43).[121] Pastoraler Alltag bedeutet für Seelsorgerin D, das „Übliche“ (D 40) zu tun oder zu erleben, „banale Erledigungen“ (D 41) zu verrichten und wahrzunehmen, pastoraler Alltag bedeutet, dass „alles wie gewohnt“ (D 43) geht. In der Unterbrechung des gewöhnlichen Arbeitsalltages, in Abhebung zu pastoraler Organisation, Planung und Terminkoordination zeigt sich anderes: das Besondere, das „Relevante“.[122] – Die ausgesparte, besondere Zeit ist Gotteszeit.

---

[119] Im Unterschied zum Erleben des Kommuniongottesdienstes am Vormittag desselben Tages, bei dem Professionalität und eingespielte Routine sowie die Konzentration auf liturgische Abläufe und nicht auf Inhalte im Vordergrund stehen. „Es ist nötig und in Ordnung so“ (D 8), kommentiert sie diese Beteiligung am gottesdienstlichen Feiern.

[120] Lediglich im ersten Teil des Tagebuchs werden Erfahrungen der Gottespräsenz explizit benannt, so in Passage 4 (anregendes Bibelgespräch im Seelsorgeteam) und Passage 7 (zufriedenes „Werkeln“ in Übereinstimmung mit anderen). Danach verliert sich die explizite Deutung; in der Beschreibung von diversen Erfahrungen wird dann eher die emotionale Intensität hervorgehoben (D 10, D 32, D 38, D 44).

[121] „Mittwoch, 16.5.07) /
RU: alles wie gewohnt [...]
Büro: ebenfalls alles wie gewohnt: Ein bißchen Briefe und E-Mails bearbeiten, telefonieren, ein bißchen vorbereiten“ (D 43)

[122] Seelsorgerin D nimmt Wertungen ihrer Tätigkeiten bzw. des Erlebten vor. Am Donnerstag, den 3. Mai bezeichnet sie lediglich die Kontaktaufnahme der Dienst habenden Schwester wegen des kritischen Gesundheitszustandes eines Patienten als „relevant“ (D 15). Die gewöhnliche Büroarbeit scheint nicht zu den „relevanten“ Ereignissen zu gehören: Es ist „nur Büroarbeit“ (D 15). Die Unterscheidung relevant / nicht relevant trifft D vermutlich im Hinblick auf die Besonderheit und Herausgehobenheit der Ereignisse. Nur im Ungewöhnlichen findet sich „Relevantes“ für die Fragestellung des Tagebuchs.

### 5.2.4.5.3 Gegenwartsweisen, Wirkung und Qualifizierung des Erlebens

In der expliziten Benennung von Erfahrungen der Gottespräsenz ist Seelsorgerin D überaus zurückhaltend. So formuliert sie im Hinblick auf ein Bibelgespräch im Seelsorgeteam äußerst vorsichtig und verhalten: „[...] für mich eine kleine Oase im Organisieren, Absprechen von Terminen, Planen [...] Die menschliche Nähe, dass Offenheit möglich ist, empfinde ich als Bereicherung, bin ich dankbar dafür, hat für mich durchaus mit ‚Gottespräsenz' zu tun." (D 4) In einem anderen Fall schreibt sie im Hinblick auf die Erfahrung konstruktiver Zusammenarbeit in einem Arbeitsteam: „Wenn es gut läuft, mache ich so etwas gerne und habe dann ein Gefühl von ‚im Einklang sein', das durchaus eine spirituelle Ebene berührt" (D 7). – In beiden Fällen benennt sie eine Erfahrung von Transzendenz, beide Male taucht das Wörtchen „durchaus" auf, das eine einschränkende Konnotation aufweist. Möglicherweise äußert sich darin ihre Vorsicht hinsichtlich allzu „vollmundiger" Behauptungen von Gottespräsenz, möglicherweise auch eine gewisse Schwierigkeit mit der Fragestellung an sich. Seelsorgerin D beschreibt die Wirkung des Erlebens der göttlichen Gegenwart nicht direkt; allerdings stehen ihre Verweise auf die Erfahrung von Gottespräsenz jeweils im Zusammenhang mit einer positiv grundierten emotionalen Gestimmtheit: Im einen Fall schwingen im Bild der „Oase" (D 4) – als fruchtbarer Insel in einer kargen Wüstenlandschaft – Ruhe, Regeneration und Kräftigung mit; im anderen Fall sind es in der Formulierung „im Einklang sein" (D 7) Zustimmung, Zugehörigkeit, Einklang.

Im Kontext der Schilderung einer Erstkommunion-Dankandacht und in Anknüpfung an die neutestamentliche Erzählung von der Begegnung des Auferstandenen mit den Emmausjüngern reflektiert Seelsorgerin D über eine grundsätzliche Dimension ihrer Gotteserfahrungen: die Unscheinbarkeit der Begegnung mit Gott und ein Erkennen, das ihr erst in der Retrospektive und der Reflexion möglich ist:

> „Die Geschichte fesselt mich selbst immer wieder, da steckt viel von meinen eigenen Erfahrungen drin, dass Begegnungen mit Gott (mit seiner Jesus-Seite) zuerst so unscheinbar sind und erst im Rückblick, im Reflektieren in ihrer wirklichen Bedeutung erkennbar werden." (D 8)[123]

Korrespondierend mit dieser „Unscheinbarkeit" der Gotteserfahrung stehen Schilderungen, in denen die Wertschätzung der Seelsorgerin für die unscheinbaren, stillen, unaufgeregten Momente in ihrem Arbeiten deutlich werden: das unaufgeregte Unterrichten ohne besondere Störungen, aber auch

[123] Explizit reflexive Passagen über Gotteserfahrung sind – auch in dieser Ausführlichkeit – in diesem Tagebuch selten.

ohne außergewöhnliche Erfolgs- oder Glückserfahrungen (D 12); die „ruhige gute Zeit“ am Bett eines Schwerkranken (D 16).

### *5.2.4.6 Das spezifische Profil: „Ohne besondere Höhen und Tiefen“ – Gotteserfahrung im Unscheinbaren und Unaufgeregten*

Zentrale Grundthematik der Tagebuchaufzeichnungen der Seelsorgerin D ist die Frage nach „Lust und Frust im Seelsorgealltag“, nach ihrer Arbeitszufriedenheit bzw. Arbeitsunzufriedenheit. Schwierigkeiten und Misserfolge korrespondieren unmittelbar mit starker emotionaler Beeinträchtigung, Arbeitserfolg korrespondiert mit emotionaler Zufriedenheit und Ausgeglichenheit. Im Hintergrund konturiert sich dabei die Leitvorstellung einer selbst bestimmten, nicht entfremdeten Arbeit. Aufschlussreich sind die Aufzeichnungen von D hinsichtlich ihres Selbstverständnisses als Seelsorgerin und hinsichtlich der seelsorglichen Grundhaltungen, die sie für unverzichtbar für die pastorale Arbeit erachtet: Verbindlichkeit und Verlässlichkeit; Wertschätzung menschlicher Nähe, empathischer Hinwendung und Vertrautheit; wache Präsenz; beständige, selbstkritische Reflexion der eigenen Arbeit.[124]

Die „offizielle“ Fragestellung des Tagebuchs – Erfahrungen der Gottespräsenz im seelsorglichen Alltag – tritt neben dem Zentralthema „Arbeits(un-)zufriedenheit“ in den Hintergrund. Explizite Hinweise auf Erfahrungen von Gottespräsenz sind spärlich, finden sich nur im ersten Teil des Tagebuchs und verlieren sich dann. Auffällig ist, dass jene Erfahrungen der Gottespräsenz, die Tagebuchschreiberin D als solche apostrophiert, eine positive emotionale Grundierung mit verhalten-introvertierter Ausrichtung aufweisen (Ruhe, Regeneration, Einklang, Wohl-Spannung). Damit korrespondiert das in den Aufzeichnungen sichtbar werdende Gottesbild, in dem – in modifizierenden Varianten (Guter-Hirte-Motiv, Exodus-Thematik, Emmaus-Motiv) – unauffälliges Nahekommen, Begleitung in Bedrohung und Gefährdung, Schutz und Fürsorge eine zentrale Rolle spielen.

### 5.2.5 „Gott, wann hält dieses Rad endlich an?“ – Die Tagebuchaufzeichnungen der Seelsorgerin E

Das spezifische Charakteristikum der Tagebuchaufzeichnungen der Seelsorgerin E besteht darin, dass diese über den Zeitraum der Aufzeichnungen eine

---

124 Deutliche Verbindungslinien sind zwischen den von D als wesentlich erachteten seelsorglichen Grundhaltungen und dem Gottesbild, das sich in den Tagebuchaufzeichnungen konturiert, auszumachen.

sich beständig steigernde Erschöpfungsspirale dokumentieren. Das „offizielle“ Thema des Tagebuchs – Erfahrungen der Gottespräsenz im Seelsorgealltag – wird davon in besonderer Weise fokussiert, stellenweise sogar in den Hintergrund gedrängt. Um die Dynamik dieser Erschöpfungsspirale besser nachzeichnen zu können, habe ich im Interpretationsprozess eine komplette chronologische Auswertung vorgenommen.

### *5.2.5.1 Einblick erhalten – Die Tagebuchschreiberin hat das erste Wort*

> „Mein Mann und ich sagen uns, dass es heute ruhiger werden muss. Wir wollen diesen Tag genießen. Es gibt Momente der Ruhe und des Entspannens. Aber er plant gleichzeitig die Busfahrt, die in dieser Nacht beginnt und ich die Wanderung mit EKO-Kindern und den Transfer der Kinder zu meiner Schwester währenddessen. Ich frage: ‚Gott, wann hält dieses Rad endlich an? Ich habe die innere Ruhe noch nicht gefunden.'“ (E 15)

### *5.2.5.2 Zur Person*

Zum Zeitpunkt der Tagebuchaufzeichnungen ist die Seelsorgerin E 39 Jahre alt. Sie ist seit 9 Jahren im pastoralen Dienst tätig. E ist verheiratet und hat drei Kinder im Alter von 8, 10 und 11 Jahren. Ihr Mann ist ebenfalls im pastoralen Dienst tätig.

Tagebuchschreiberin E arbeitet als Pastoralreferentin in einer süddeutschen Kleinstadt mit rund 20.000 EinwohnerInnen. In der in den 70er Jahren durchgeführten Gemeindereform sind dem Hauptort die umliegenden Gemeinden eingegliedert worden, so dass sich – nach der Darstellung von E – jetzt ein relativ heterogenes Bild zeigt: Der Hauptort Waldhausen ist eine lebendige und kulturell aktive Stadt, der Ortsteil Buchwald eine ländliche Winzergemeinde, der Ortsteil Seckental eine sehr kleine und stark miteinander verbundene Bauerngemeinde, der Ortsteil Siensberg ein Bauerndorf, das nie politisch und kirchlich selbstständig gewesen ist und der Ortsteil Kulmach ein Ort, der von der Textilindustrie geprägt wurde und noch heute einen starken Anteil an italienischstämmigen MitbürgerInnen aufweist, die ursprünglich als GastarbeiterInnen dorthin kamen.

Zur Seelsorgeeinheit gehören rund 11.000 KatholikInnen. Sie umfasst drei Kirchengemeinden sowie eine Teil- und eine Filialgemeinde. Der Zusammenschluss zu einer Seelsorgeeinheit war und ist für alle betroffenen Gemeinden schwierig. Teils war der Zusammenschluss mit dem Verlust eines eigenen Pfarrers verbunden, teils kamen alte Verletzungen ans Tageslicht, die bei der politischen Gemeindereform in den 70er Jahren entstanden waren. Dennoch beobachtet die Seelsorgerin, dass einzelne Personen in den unterschiedlichen Gruppierungen offen sind für Personen anderer Gemeinden, an deren Erfahrungen Interesse zeigen und so gegenseitig voneinander lernen. Den größten Diskussionsbedarf sieht sie zum Zeitpunkt der Tagebuchaufzeichungen bei Veränderungen im liturgischen Bereich (Wegfall einzelner Gottesdienstzeiten) und bei der Neueinführung des Beerdigungsdienstes durch Laien.

Zum Seelsorgeteam gehören der Pfarrer, ein Kaplan, ein nebenberuflicher Diakon (zuständig ausschließlich für die Kirchengemeinde Kulmach), ein Kooperator, zwei Gemeindereferentinnen (mit einem Beschäftigungsausmaß von jeweils 50 Prozent), zwei PastoralreferentInnen (Seelsorgerin E und ihr Ehemann, mit einem Beschäftigungsausmaß von jeweils 50 Prozent). Die Mitglieder des Seelsorgeteams arbeiten vorwiegend kategorial, wobei jede/r der hauptamtlichen MitarbeiterInnen ausdrücklich für eine der Gemeinden AnsprechpartnerIn ist.

#### *5.2.5.3 Tagebuch schreiben – Textgestalt und Umgang mit der Aufgabenstellung*

Unvermittelt, ohne reflexive Vorrede setzen die Tagebuchaufzeichnungen der Seelsorgerin E ein, unvermittelt und ohne abschließende Schlussreflexion brechen sie wieder ab. Ein einziges Mal findet sich ein Hinweis auf die Tätigkeit des Tagebuchsschreibens: E schildert einen müßigen freien Tag, den sie sehr zu genießen scheint. Sie zählt auf, wie sie ihrer freien Zeit Gestalt gibt; und unter verschiedenen anderen Tätigkeiten (spielen, reden, Brief schreiben) findet sich auch das Tagebuchschreiben.

Nahezu täglich führt E ihr Tagebuch; auch am Wochenende, an dienstfreien Feiertagen und freien Tagen macht sie sich kurze Notizen. Dabei schreibt sie selektiv, stellt ihre Tagesabläufe nicht chronologisch dar, sondern das, was ihr – im Hinblick auf die Aufgabenstellung und das im Laufe der Zeit immer bedeutsamere Thema „Arbeitsüberlastung" – wichtig zu sein scheint.

Die Aufgabenstellung des Tagebuchs, nach Erfahrungen der Gottespräsenz im seelsorglichen Alltag zu suchen, beginnt bereits nach einigen Tagen ihren Aufmerksamkeitsfokus zu beeinflussen. Dies vermerkt E in ihrem Tagebuch: „Ich mache mir Gedanken darüber, ob ich heute wohl eine Gotteserfahrung mache – klingt irgendwie komisch!" (E 5) – Diese Beobachtung ist für sie Anlass, in ein ausführlicher über die spezifischen Kennzeichen ihrer Gotteserfahrungen, die ihr reflexiv zugänglich sind, nachzudenken. Deutlich wird dabei zunächst, dass sie die Aufgabenstellung in der Art versteht, nach „besonderen", gleichsam unmittelbaren Gotteserfahrungen Ausschau zu halten.[125] Sich davon vorsichtig absetzend, gibt Tagebuchschreiberin E zu verstehen, dass die „Besonderheit" nicht zu den zentralen Charakteristika ihrer Gotteserfahrungen zählt. Grundlegend ist für sie ein nicht näher bestimmtes und ausgeführtes „Mit Gott leben" (E 5). In der Retrospektive, der nachträglichen Deutung könne sie „Entscheidungen und Erlebtes mit Gott in Verbindung bringen" (E 5). Tagebuchschreiberin E konturiert damit ihre Gotteserfahrungen als ein nicht-intuitives, mittelbares Geschehen. Zudem deutet sie eine tendenzielle Ausschließlichkeit von Gotteserfahrung und (gewöhnlichem) Arbeitsalltag an.[126] Ebenso scheint es in ihrer Erfahrung eine tendenzielle Ausschließlichkeit von Gotteserfahrung und Privatheit zu geben.[127]

Der Erzählstil von E ist lebendig und kraftvoll: Es finden sich zahlreiche umgangssprachliche Ausdrücke und Wendungen.[128] Kurze Gebetssequenzen sind wörtlich wiedergegeben,[129] Gedankenbewegungen stellt sie oft in Form eines inneren Monologs, auch mit explizit benannten inneren Stimmen dar.[130]

#### *5.2.5.4 Seelsorgerin sein – Beruf, Berufung, biographische Perspektiven*

Die Auseinandersetzung mit Arbeitsbelastung und Arbeitsüberlastung sowie das Ringen um den Schutz der gefährdeten Privatsphäre sind zentrale Themenkreise des Tagebuchs. Überdies finden sich im Tagebuch zahlreiche Hinweise zu seelsorglichen Grundhaltungen und seelsorglichem Selbstverständnis.

Bereits in der Eingangspassage deutet sich der Themenkreis „Ringen mit Arbeitsbelastung und Arbeitsüberlastung" an, der sich wie ein roter Faden

---

[125] Aus diesem Grund arbeitet sie sich an der Frage ab, ob dies nicht ein übergroßer, ja sogar „vermessener" Anspruch sei: „Aber jeden Tag mit einer besonderen Erfahrung oder Begegnung rechnen? Ist das nicht etwas viel, vielleicht vermessen?" (E 5)

[126] Im Hinblick auf ihre pastorale Tätigkeit meint sie: Die Arbeit des Tages sei „fast ausschließlich organisatorischer Art" (E 5) – da sei es fraglich, ob darin Gotteserfahrung möglich sei.

[127] Im Hinblick auf ihr Bedürfnis nach Schutz der Privatsphäre formuliert sie: „Leider gehört zu dem, was ich dann abstreifen möchte, auch Gott." (E 5)

[128] Einige Beispiele seien angeführt: „Dinge total übersehen" (E 5), „erlebte ich mich total sicher" (E 6), „war Kuchenbacken [...] angesagt" (E 10), „Natur pur drum rum" (E 11), „Mach ich den Job jetzt abgebrüht?" (E 13), „super eigentlich" (E 16), „Ich soll nur ‚Anschucker' sein" (E 16)

[129] z.B. „Gott, wann hält dieses Rad endlich an? Ich habe die innere Ruhe noch nicht gefunden." (E 15)

[130] z.B. „Ein inneres Gefühl meldet: ‚Nein, halt, nicht – deine wertvollen Gedanken.' ‚Doch!' sagt eine andere Stimme. Ich gebe sie aus der Hand." (E 3)

durch das Gesamt der Tagebuchaufzeichnungen ziehen wird. Seelsorgerin E schildert eine Episode aus dem morgendlichen Religionsunterricht (SchülerInnen singen bei einem Lied begeistert mit) und schließt die Schilderung mit einem Gebet: „Danke Gott, dass ein Tag so beginnen kann, weit weg von Streß und Sorgen." (E 1) – Der euphorische Gesang der glücklichen SchülerInnen erscheint wie eine Insel, ein ausgesparter Ort, an den „Streß und Sorgen" nicht hinreichen. Hinter diesem positiven Idealbild – den Tag ohne Stress und Sorgen zu beginnen und zu gestalten – müssen viele Erfahrungen des Alltags, die Seelsorgerin E im Tagebuch beschreibt, zurückstehen: Die Tagebuchaufzeichnungen fallen in die Zeit der Erstkommunionfeiern und danach. Es scheint für Seelsorgerin E eine vertraute Erfahrung zu sein, dass die Intensivphase der Erstkommunion, für die sie verantwortlich ist, eine Phase hoher Arbeitsbelastung ist, die Nachwirkungen zeitigt.[131]

Am Tag der erfolgreichen „Absolvierung" der letzten Erstkommunionfeier – „Kommunionfeier lief glatt, alles bestens." (E 10) – ist der Beginn einer nicht zu stoppenden Erschöpfungsspirale auszumachen. In der knappen Bemerkung „Ich merke, es wird mir zu viel." (E 10) deutet sich an, dass E ihre Arbeitsüberlastung „bemerkt", dass sie ihr ins Bewusstsein tritt.[132] In der darauf folgenden Tagebuchaufzeichnung konstatiert Seelsorgerin E, dass sich „keine Erleichterung" (E 11) einstelle, dass sie lediglich denke, aber nicht im emotionalen Empfinden nachvollziehe: „Puh, es ist geschafft!" (E 11) – Worauf sich dies bezieht, ist nicht explizit benannt. Nahe liegend scheint jedoch der Abschluss der Kommunionfeierlichkeiten zu sein. E schildert ihre erfolglosen Bemühungen, liegen gebliebene Arbeit aufzuarbeiten. Ihren inneren Zustand beschreibt sie mit einer langsam wachsenden „Unzufriedenheit" (E 11). Auf Erschöpfung und Überbeanspruchung deuten auch hin, dass sie einen geplanten privaten Hüttenaufenthalt mit der Familie gar nicht antreten will. Als unerreichbare Wunschvorstellung führt sie grenzenloses Ausschla-

---

131 Sie spricht an einer Stelle davon, dass die „seltsame Übergangsphase zw. EKO-Streß und normaler Gemeindearbeit" (E 12) noch andauere. Diese Formulierung lässt im Kontext des Gesamtduktus der Aufzeichnungen darauf schließen, dass es sich um eine wiederkehrende Erfahrung handelt.

132 Die Erwähnung der letzten Erstkommunionfeier und der Hinweis auf die gefühlte Arbeitsüberlastung finden sich in der Mitte der Tagebuchaufzeichnungen. Der Themenkreis „Arbeitsüberlastung" wird die gesamte zweite Tagebuchhälfte dominieren. Doch auch schon in der ersten Tagebuchhälfte finden sich vereinzelt Bemerkungen, die darauf hindeuten, dass Seelsorgerin E ein Bewusstsein dafür hat, an der Grenze ihre Belastbarkeit zu arbeiten. So schildert sie, dass sie ein Treffen des Glaubensgesprächskreises leitet, das unter schwierigen Vorzeichen steht: Ein Mitglied der Gruppe ist verstorben. E erlebt ihre Vorbereitung als angemessen und notiert: „Obwohl ich es ziemlich am Magen hatte, war auch der Abend erfolgreich." (E 7) – Psychosomatische Reaktionen auf Arbeitsbelastung scheinen E augenscheinlich vertraut zu sein.

fen im eigenen Bett an. Das Bett steht offensichtlich für den Rückzugsort par exellence, das Motiv des grenzenlosen Ausschlafens könnte ein Hinweis auf eine Sehnsucht nach weit reichender Entspannung sein.[133]

Das atemlose Aneinander von privaten und beruflichen Verpflichtungen und Terminen (E 10, E 12, E 13)[134] – und der wiederholte Hinweis auf die Terminflut ist immer mit dem Assoziationsfeld „im Kalender stehend / abzuarbeiten / wenig eigener Gestaltungsspielraum / dicht gedrängte Zeit" verknüpft – erfährt E als fortgesetzte „Pausenlosigkeit" (E 14), die sie von sich selbst entfremdet. Die Belastungsspirale kommt nicht zum Stillstand: Gegen den ausdrücklichen Vorsatz von Seelsorgerin E, den sie gemeinsam mit ihrem Mann gefasst hat,[135] setzt sich die pastorale Planungsarbeit und Familienorganisation durch und dominiert einen Tag, den E und ihr Mann „genießen" (E 15) wollten. Ein kräftiger Stoßseufzer steht am Abschluss der Passage: „Gott, wann hält dieses Rad endlich an?" (E 15)[136]

Was sich schon über Tage angedeutet hatte und von E augenscheinlich auch ersehnt war, tritt schließlich ein: „Am Nachmittag werde ich endlich richtig krank." (E 18) Diese Krankheit hat für Seelsorgerin E geschenkhaften Charakter und wird in Zusammenhang mit göttlichem Wirken gestellt.[137] Das Motiv des großen Schlafbedürfnisses, das bereits in Passage 11 und 14 aufgetaucht war, ist in der Schilderung des ersehnten Zusammenbruchs ganz zentral: „Ich schlafe und schlafe. Mein Mann sagt alles ab. Ich genieße es, nicht mehr selbst alles regeln zu müssen – endlich ganz abgeben!! Ich schlafe und träume. Es kommt mir vor wie ein Geschenk." (18) Schlafen und träumen steht augenscheinlich auch als Chiffre dafür, Unterbewusstes und Wünsche zuzulassen. Zudem beschreibt sie einen engen Zusammenhang

---

[133] Das Motiv des Schlafes als elementarer Regenerationsmöglichkeit findet sich auch in Passage 14 („Abends bin ich krank, Magenkrämpfe. Wie gut der Schlaf tut!") und in Passage 18.

[134] Die Atemlosigkeit schlägt sich sogar in einem elliptischen, verknappten Satzbau nieder: „Kommunionfeier lief glatt, alles bestens. Gleich im Anschluß des Vormittagsgottesdienstes war Kuchenbacken für den Geburtstagskaffee meiner Schwester angesagt. Von dort aus zur Dankandacht. Dann wieder zur Geb.Feier. Ich merke, es wird mir zu viel." (E 10) Ähnlich auch in Passage 12: „Aber jetzt wird nachgeholt – Schule vorbereiten, Schreibtischsachen – Termin mit Katecheseausschuss. Dann Markt und Kinder abholen, Mittagessen bei meiner Mutter und gleich weiter zur Beerdigung einer Frau aus dem Glaubensgesprächskreis. Danach Dienstgespräch. Wirklich vorwärts gekommen bin ich nicht." (E 12)

[135] Dass E davon schreibt, den Vorsatz gemeinsam mit ihrem Mann gefasst zu haben, unterstreicht die Gewichtigkeit des Vorsatzes.

[136] Tagebuchschreiberin E gebraucht das Bild vom nicht still stehenden Rad, um ihre innere emotionale Verfasstheit zu beschreiben: Dieses Rad zwingt sie, immer weiter aktiv zu sein. Das Rad dreht sich aber auch im Kreis – letztendlich gibt es keinen Fortschritt und keine Entwicklung.

[137] „Es kommt mir vor wie ein Geschenk. Danke, Gott." (E 18)

zwischen „loslassen", „sich überlassen" und „Verantwortung abgeben". Auffällig ist auch die Erleichterung, die E artikuliert, dass ihr Mann nun Sorge für sie trägt.

Die sich an diese Passage anschließende letzte Tagebuchaufzeichnung ist in einem versöhnlichen, helleren Ton gehalten: Nachdem sich E tagelang vergeblich nach Ruhe und Müßiggang gesehnt hatte, lebt sie nun einen Tag, an dem dieser Wunsch Realität wird:

> „Ich schlafe und mach nur das, was geht. Ich werde ruhig, habe Zeit zum Spielen und Reden, zum Geburtstagskarte schreiben und für dieses Tagebuch. Draussen regnet es, wie schön. Die Kinder haben's sich auch alle gemütlich gemacht. Es ist ein total ruhiger Tag, zum Luftholen für Mensch und Natur." (19)

Dem Erzählduktus ist zu entnehmen, dass Seelsorgerin E allmählich neue Lebensenergie und Gelassenheit zuzukommen scheint. Eine Reflexion über eine mögliche Gotteserfahrung steht am Ende der Passage und damit des gesamten Tagebuchs: „Und Gott? Vielleicht bringt er mir gerade bei, im Jetzt zu leben!" (E 19) – Der (zu erringende) Wert der Gegenwärtigkeit steht somit am Schluss des Pastoraltagebuchs der Seelsorgerin E.

Die Dynamik einer sich steigernden Erschöpfungsspirale zieht sich als Grundthema durch das gesamte Tagebuch. In der kontrastierenden Ergänzung dazu stehen Passagen, in denen das positive Idealbild zur Arbeitsüberlastung konturiert wird: ein Leben in Leichtigkeit ohne Zeit- und Pflichtgefühl. Deutlich tritt dieses Idealbild in der Schilderung des Erlebens des Hüttenaufenthalts mit der Familie zu Tage, auf den E zunächst nur widerstrebend zugegangen war. E lässt sich – auf den Rat einer inneren Stimme hin – dennoch darauf ein und macht eine für sie beglückende Erfahrung: „Wir kamen auf die Hütte und ich war draußen vor allem. Nachts mit den Kindern im Vollmond geturnt – herrlich. Aufwachen bei strahlendem Wetter [...]. Zuhause total entspannt, ohne Zeit- und Pflichtgefühl." (E 11) In der Schilderung deuten Vollmondturnen mit Kindern und Sensibilität im Naturerleben auf ein vitales Selbsterleben hin. Entspannung korrespondiert für die Seelsorgerin E mit der Abwesenheit des Gefühls, Pflichten nachzukommen und beständig mit der Uhr leben zu müssen („ohne Zeit- und Pflichtgefühl" (E 11)),[138] wobei im Gesamtduktus des Tagebuchs deutlich wird, dass E ein Mensch mit einem ausgeprägten Pflichtbewusstsein und Verantwortungsgefühl ist.[139] Beruflich erfolgreich zu sein,[140] die von ihr übernommene Arbeit

---

[138] Ähnlich tritt das Idealbild eines Lebens in Ruhe ohne Pflicht- und Zeitgefühl in den Passagen 15 und 19 zu Tage.

[139] Vgl. insbesondere Passage 4, 16 und 19.

[140] Die Erfolgsorientierung von E im seelsorglichen Arbeiten kommt meines Erachtens dort zum Ausdruck, wo sie ihre eigen pastoralen Interventionen oder Aktivitäten als „erfolgreich" qualifiziert: So schildert E eine gelungene Krisenintervention einer Gesprächsgruppe, die von

gut zu tun, ist für Seelsorgerin E ein hoher Wert. Unüblich scheint es für E zu sein, einen Tag trotz eines Misserfolgs im Arbeitsbereich zu genießen und sich Ruhe zu gönnen. Dafür braucht es wiederum die Autorität einer inneren Stimme, die die „Erlaubnis“ (E 4) erteilt.[141]

Mit dem Themenkreis Arbeitsbelastung/Arbeitsüberlastung verknüpft ist das Motiv der gefährdeten Privatsphäre. Die Seelsorgerin E gewährt in ihren Tagebuchaufzeichnungen viel Einblick in ihr Privatleben, obgleich das von der Aufgabenstellung her nicht intendiert ist. Dies häuft sich in der zweiten Tagebuchhälfte (E 10, E 11, E 14, E 15, E 17, E 18, E 19) und steht im Zusammenhang mit der Auseinandersetzung der Seelsorgerin mit der eigenen Erholungsbedürftigkeit und Erschöpfung. Privatheit erscheint in den Tagebuchaufzeichnungen der Seelsorgerin E als hoher, erstrebenswerter, aber beständig gefährdeter Wert, um den es zu kämpfen gilt und der immer wieder bedroht ist bzw. in Konkurrenz steht zum Bestreben, erfolgreiche pastorale Arbeit zu leisten:

- Der Vorsatz, einen Tag gemeinsam mit dem Mann zu genießen und zu Ruhe und Entspannung zu finden, scheitert, da sich beide der Planung anstehender pastoraler Initiativen zuwenden (E 15).
- Die Gestaltung ihres freien Tages scheint für die Seelsorgerin eine nicht immer leichte Aufgabe und Herausforderung zu sein. Im Zusammenhang mit ihrer Erkrankung schreibt sie: „Dienstag ist streng genommen sowieso mein freier Tag, ich muss nichts absagen.“ (E 19) Und reflektiert im Folgenden darüber, weshalb der freie Tag für sie unter Umständen sich besonders arbeitsintensiv und anstrengend gestaltet:
- „Ich habe mich vormittags schon gefragt, warum sonst die Dienstage so anstrengend für mich sind. Klar, ich versuche freizeit- und haushaltsmäßig alles in diesen einen Tag zu stecken und Taxi zur Musikschule bin ich dann auch noch.“ (E 19)

---

ihr geleitet wird und bezeichnet den Abend als „erfolgreich“. (E 7) In einem anderen Fall spricht sie davon, dass eine Wanderung mit den Familien von Erstkommunionkindern „erfolgreich“ verlaufen sei.

[141] In Passage 4 schildert E, dass sie mit dem Verlauf des Religionsunterrichts nicht zufrieden ist: „In meine Unzufriedenheit mischte sich eine Stimme: Nimm auch dich mit den Seiten an, die nicht so glanzvoll sind! Das war für die Erlaubnis, den Rest des Tages trotzdem frei zu machen und zu genießen. Das war neu, denn bisher habe ich als Folge solcher Mißerfolge ~~mich nicht mehr~~ das Gefühl gehabt, nicht mehr das Recht zu haben, auszuruhen sondern an der Verbesserung meiner Arbeit ~~zu~~ schaffen zu müssen.“ (E 4)

- Während einer „erfolgreichen“ Wanderung mit Erstkommunionfamilien regt sich in der Seelsorgerin der starke Wunsch nach Rückzug und Privatheit: „Es ist alles gut, aber eigentlich will ich heim.“ (E 16)[142]

Die Seelsorgerin und ihr Mann, der gleichfalls als Pastoralreferent tätig ist, scheinen die Grundannahme zu teilen, dass es notwendig ist, den Privatraum der Familie zu schützen und dazu gelegentlich eine scharfe Trennlinie zur Kirche zu ziehen. Die Seelsorgerin beobachtet, dass sie bei einem solchen Rückzug ins Private nicht nur die Kirche, sondern auch Gott hinter sich lässt. Damit deutet sich eine tendenzielle Ausschließlichkeit von Gott / Gotteserfahrung und Privatheit an:

> „Und ich wollte endlich frei haben, endlich nichts mehr zu tun haben mit Kirche, nur noch privat sein. Leider gehört zu dem, was ich dann abstreifen möchte, auch Gott. Das haben mein Mann und ich schon öfter festgestellt. […] Gut finden wir das nicht, aber es tut uns und der Familie gut!“ (5)

Neben den Schwerpunktthemen „Arbeitsbelastung/Arbeitsüberlastung“ und „gefährdete Privatsphäre“ finden sich in den Tagebuchaufzeichnungen der Seelsorgerin E zahlreiche Belegstellen, die Aufschluss geben über ihr berufliches Selbstverständnis als Seelsorgerin und hauptamtliche pastorale Mitarbeiterin sowie über seelsorgliche Grundhaltungen, die ihr wichtig sind:

Als Leitvorstellung guter pastoraler Arbeit konturiert sich eine Haltung, die die Arbeit nicht als „Job“ (E 13) begreift und innere Beteiligung als ein entscheidendes Qualitätsmerkmal guter pastoraler Arbeit begreift.[143] Eine zentrale Dimension ihres beruflichen Grundcharismas sieht sie darin, Glaubensprozesse und Prozesse der Gemeindebildung zu initiieren, dabei sich selbst als Person zurückzunehmen und Menschen nicht an sich zu binden: Im Kontext der Schilderung eines Ausflugs mit Erstkommunionkindern erzählt E, dass einige Familien länger verweilen. „Das sind auch die, die an der Kirche in den letzten Wochen Gefallen gefunden haben.“ (E 16) Die Seelsorgerin

---

142 Zweimal findet sich in dieser Passage der Wunsch, die Arbeitssituation hinter sich zu lassen und nach Hause zu kommen. Beide Male stellt die Seelsorgerin diesen Wunsch in Zusammenhang mit der Einschätzung, dass die pastorale Arbeit, die sie augenblicklich verrichtet, erfolgreich sei und es gut wäre, die pastorale Chance, die sich dabei eröffnet, nicht verstreichen zu lassen. Doch der Wunsch nach Rückzug und Privatheit ist stärker als der Impuls, eine pastorale Chance nicht verstreichen zu lassen und noch „erfolgreichere“ Arbeit zu machen.

143 E schildert eine ökumenische Dekanatskonferenz mit einem eucharistietheologischen Thema. E erfährt dabei ein Auseinanderklaffen von der dort betriebenen Art theoretischer theologischer Auseinandersetzung und dem, was sie konkret in ihren Gemeinden erfährt. Sich selbst erlebt sie als ungerührt und unberührbar und stellt sich die Frage, ob sie ihre Arbeit als Pastoralreferentin nun „abgebrüht“ erledige: „Bei so viel theoret. Gedanken finde ich Gott nicht. Und irgendetwas lässt mich auch ungerührt bei der abschließenden Wort-Gottes-Feier mit Taizéliedern. Mach ich den Job jetzt abgebrüht?“ (E 13)

lässt diese Gruppe allein zurück. In der Schilderung schließt sich daraufhin eine Passage mit reflexivem Charakter an: „Der Rest bleibt, ohne mich. Ist ja auch OK, denke ich. So ist die pastorale Arbeit eigentlich. Ich soll nur ‚Anschucker' sein, brauche nicht überall dabei zu sein. [...] ‚Danke' – wieder was gelernt." (E 16) – Auffällig ist die umgangssprachlich-dialektale Einfärbung der Begrifflichkeit.[144] Zudem scheint sie sich diese zentrale Dimension ihres beruflichen Grundcharismas als Pastoralreferentin wenigstens noch einmal ins Gedächtnis rufen zu müssen, denn sie formuliert, dass sie in der konkreten Situation „wieder was gelernt" (E 16) habe.

„Innere Pünktlichkeit" und Gegenwärtigkeit – zur rechten Zeit das Rechte zu sagen und zu tun – erscheint für die Seelsorgerin E eine wichtige seelsorgliche Grundhaltung,[145] ebenso das Vertrauen auf ihre Intuition.[146] In schwierigen seelsorglichen Situationen holt sie sich im Seelsorgeteam kollegialen Rat. Die Schilderung dieser Begebenheit lässt darauf schließen, dass E ein kollegiales, nichthierarchisches Teamverständnis hat.[147]

In ihrer pastoralen Grundausrichtung scheint die Seelsorgerin E realitätsbezogen und theorieskeptisch zu sein: Ein Referat zum Eucharistieverständnis auf einer ökumenischen Dekanatskonferenz bezeichnet sie zwar als „theologisch genial" (E 13), formuliert dann aber im Hinblick auf die Realität eucharistischer Feiern in ihrer Seelsorgeeinheit („die Fest-Gemeinden der letzten 4 Erstkommunionfeiern" (E 13)): „So eine Theologie macht zwar Spaß.

---

[144] Ein Kind wird beim Schaukeln „angeschuckt", bis es aus eigener Kraft schaukeln kann.

[145] In einer Abendveranstaltung, auf die sie nicht vorbereitet ist und bei der sie im Vorfeld unsicher ist, was von ihr gefordert ist, spürt sie im Verlauf, dass sie richtig handelt und sich dabei sicher fühlt: „Während des Abends dann erlebte ich mich total sicher und was ich sagte, hatte Hand und Fuß, kam auch immer zu rechten Zeit!" (E 6) Über einen Arbeitstag, der vor allem von organisatorischen Belangen geprägt ist, schreibt sie: „Nun ja, immerhin hat alles geklappt und ich bin Gott dankbar, dass mir so manches rechtzeitig eingefallen und gelungen ist. In den letzten Jahren habe ich immer wieder erfahren, dass ich Dinge total übersehen habe." (E 5)

[146] Bei einem Vorbereitungstreffen für die Erstkommunion in der Kirche kommt die Seelsorgerin mit einer Erstkommunionmutter ins Gespräch, die von einer Freundin erzählt, die sich in einer Krisensituation befindet. In der Schilderung bleibt unbestimmt, worin das Leid der Freundin besteht. Ausführlich wird allerdings der Umstand geschildert, dass E „zum Glück" (E 9) ihre Handtasche bei sich getragen hat, in der sich ein Olivenholzkreuz befindet, das sie der Frau mitgeben möchte. Ebenso wird detailliert geschildert, dass E noch überlegt habe, ob sie die Handtasche überhaupt in die Kirche mitnehmen solle. Damit wird unterstrichen, welch glückliche Intuition sie in dieser Angelegenheit geführt habe. – „Ein Gedanke ‚Wer weiß, vielleicht brauchst Du noch was anderes daraus' bewog mich, die ganze Tasche mitzunehmen. Zum Glück. Es war das Kreuz darin. Die Frau nahm es gerne und hielt sich daran fest." (E 9)

[147] Die anderen MitarbeiterInnen im Seelsorgeteam bezeichnet sie als ihre „Kollegen" (E 7) – und inkludiert damit offensichtlich auch den Pfarrer (Leiter der Seelsorgeeinheit).

Hat aber glaube ich wenig mit der Gemeinde zu tun.“ (E 13) Seelsorgerin E konstatiert damit ein Auseinanderklaffen von theologischer Theoriebildung und (Gemeinde-)Realität. Im weiteren Verlauf der Schilderung geht sie sogar soweit zu sagen, dass eine derartige theologische Theoriebildung für sie gottlos sei: „Bei so viel theoret. Gedanken finde ich Gott nicht.“ (E 13)

Mit dieser realitätsbezogenen pastoralen Grundausrichtung korrespondiert, dass E in seelsorglichen Krisensituationen auf ‚handfeste“ Hilfe vertraut: Der Frau, die ihr vom Leid einer Freundin erzählt, gibt sie ein Holzkreuz aus Olivenholz zum Festhalten. In dieser Situation scheint ihr dies eine geeignete Hilfe zu sein, und nicht etwa ein ausführlicheres Gespräch, eine Umarmung, ein gemeinsames oder stellvertretendes Gebet etc.

#### 5.2.5.5 *„Ist Gott drin?“ – Suchbewegungen im Hinblick auf Erfahrungen der Gottespräsenz*

Im Einwilligen in die eigene Schwäche, in der Erfahrung von Krankheit als „Gottesgeschenk“ sind Erfahrungen von Gottespräsenz im Pastoraltagebuch der Seelsorgerin E verortet.

##### 5.2.5.5.1 Gottesbild und Gottesverhältnis

Das dominierende Gottesbild, das sich in den Tagebuchaufzeichnungen der Seelsorgerin E konturiert, ist das eines mächtigen, umsichtig sorgenden (Vater-)Gottes, der weiß, was gut ist für die Seelsorgerin: Im Rückblick auf einen gelungenen Arbeitstag formuliert E, dass es ein Tag gewesen sei, durch den sie Gott getragen habe.[148] Die hier evozierte Vorstellung von Gottesgegenwart zeichnet sich durch das Moment der andauernden Präsenz („den ganzen Tag“) aus. In dieser Vorstellung kommt Gott der aktive Part zu: Gott trägt, ist stark und zuverlässig; der Mensch wird getragen, fühlt sich aufgehoben, behütet, beschützt – ähnlich wie ein Kind, das getragen wird.

Ein ähnlich strukturiertes Gott-Mensch-Verhältnis, in dem ebenfalls eine hierarchische Über- und Unterordnung mitgedacht ist, zeigt sich in der Vorstellung von Gott als dem Lehrer: E berichtet von einem Tag, an dem sie sich ausruht und regeneriert. Zum Abschluss der Schilderung stellt sie die Frage nach Gott: „Und Gott? Vielleicht bringt er mir gerade bei, im Jetzt zu leben!“ (E 19) – Gott wird die Rolle des Lehrers zugeschrieben, der Seelsorgerin kommt die Rolle der Schülerin zu. Das korrespondiert mit der Vorstellung, dass E etwas bis dahin noch nicht Gewusstes oder Gekonntes „beige-

[148] „Die Stimmung blieb den ganzen Tag gut. […] Es war ein Tag, durch den mich Gott getragen hat.“ (2)

bracht“ wird. Die Vorstellung von Gott als dem Lehrer impliziert ein asymmetrisches Verhältnis zwischen Gott und dem Menschen.

In mehreren Passagen des Tagebuchs wird das Bild eines umsichtig sorgenden Gottes gezeichnet, der weiß, was gut ist für den Menschen: Gott erscheint als der namenlose Mitlenker, der die Dinge zum Guten führt (E 8) und in seinem Mitlenken das menschliche Handeln behutsam begleitet und unterstützt,[149] der zur rechten Zeit Regen und Krankheit schickt (E 14, E 16, E 18) – auf den ersten Blick widrige Ereignisse, die sich bei näherer Betrachtung jedoch für die Seelsorgerin als segensreich erweisen: Ihre körperliche Angeschlagenheit und die daraus resultierende Krankheit deutet E nicht in erster Linie als Folge oder Konsequenz ihrer Arbeitsbelastung, sondern als Gottesgeschenk: „Und Gott schenkt mir das körperl. Stopp. Ich selbst räume mir ja doch dieses absolute Stopp nicht ein. Also Gott wieder da – ganz wo anders als oberflächlich vermutet.“ (E 14) Gottes Initiative steht dabei ihrem eigenen Agieren entgegen, wenngleich sie Gottes Intervenieren doch zu begrüßen scheint.[150] In der Schilderung einer anderen seelsorglichen Situation (Wanderung mit Erstkommunionfamilien), die E als anstrengend und belastend erlebt, begrüßt sie den pünktlich einsetzenden Regen, der der Veranstaltung ein Ende bereitet, als Gottesgabe: „Ich bin Gott dankbar, dass es punkt 14.30 Uhr anfängt, zu regnen.“ (E 16)

Gott wird vorgestellt als einer, der die Seelsorgerin zur rechten (Gott-)Rede ermächtigt. Gott zeigt sich als einer, der Menschen die richtigen Worte in den Mund legt (E 6)[151] und der in der Predigerin das Wort zum Keimen bringt.[152]

---

149 Eine Spontanentscheidung im Rahmen der Vorbereitung eines Erstkommuniongottesdienstes (Auswahl eines bestimmten Kindes, das die Begrüßungsworte im Erstkommuniongottesdienst spricht), die von der Seelsorgerin intuitiv und ohne langes Nachdenken oder Reflektieren getroffen wurde, erweist sich für E im Nachhinein als überaus passend. In der Retrospektive stellt sich E die Frage, ob da vielleicht „jemand mitgelenkt“ (E 8) habe. Mit dem namenlosen Mitlenker scheint E die göttliche Mitwirkung zu umschreiben. Die Deutung, dass bei ihrer Spontanentscheidung göttliche Mitwirkung im Spiel gewesen sein könnte, scheint für E plausibel zu sein.

150 In ähnlicher Weise vergleicht die Seelsorgerin in der vorletzten Passage ihres Tagebuchs ihr endgültiges Krankwerden mit einem „Geschenk“ und stellt es in einen (ursächlichen) Zusammenhang mit dem Wirken Gottes: „Am Nachmittag endlich richtig krank. […] Es kommt mir vor wie ein Geschenk. Danke, Gott“ (E 18)

151 E schildert den Verlauf einer Abendveranstaltung, in die sie unvorbereitet hineingegangen war. Wider Erwarten erlebt sie sich in ihrem Agieren sicher und kompetent: „[…] was ich sagte, hatte Hand und Fuß, kam auch immer zur rechten Zeit!“ (E 6). Ihre Sicherheit im Auftreten bringt sie in einen Zusammenhang mit göttlichem Wirken. Zum Abschluss der Passage findet sich eine Deutung des Erlebten. E rekurriert dort auf eine zentrale alttestamentliche Figur: Auf Moses, der unter dem Handicap leidet, nicht wortgewandt zu sein, von Gott dennoch

Eine christologische oder pneumatologische Akzentuierung des Gottesbildes ist in den Tagebuchaufzeichnungen von E nicht auszumachen. Ebenso gibt es keine deutlichen biblischen Bezüge – mit einer Ausnahme: dem Verweis auf die alttestamentliche Figur des Mose.

Betrachtet man die vorgestellten Passagen zum Gottesbild im Hinblick auf das Gottesverhältnis, das dort zum Ausdruck kommt, so lassen sich zwei Spielarten unterscheiden: In den meisten Passagen wird ein deutliche Über-/Unterordnung sichtbar: Gott erscheint als der eigentlich Handelnde, als der starke und zuverlässige Partner; der Seelsorgerin kommt der passive Part zu; sie ist diejenige, die umsorgt, behütet und beschützt wird (E 2, E 18, E 19). In einer Passage ist das Verhältnis von Gott und Mensch nicht eindeutig in einen passiven und einen aktiven Part unterschieden. Dort wird beiden Seiten ein Handlungsspielraum zugewiesen, beide Seiten handeln und wirken in ihrem Handeln zusammen. Dort erscheint Gott als „Mitlenker", der das menschliche Handeln unterstützt (E 8).

In den Tagebuchaufzeichungen der Seelsorgerin E finden sich im gesamten Textverlauf immer wieder explizite Gebetspassagen und die direkte Gottesanrede in Bitte, Dank und Frage bzw. Klage (E 1, E 4, E 11, E 15, E 18). In der sprachlichen Gestalt sind diese Gebete sehr einfach und knapp und können der Kategorie „Stoßgebete" zugeordnet werden. Es ist zu beobachten, dass sie im Verlauf der Tagebuchaufzeichnungen nochmals elementarer und knapper werden und nur mehr aus ein oder zwei Worten bestehen (E 11, E 18). Überwiegend sind es Dankgebete, die sich in den Tagebuchaufzeichungen von E finden (E 4, E 11, E 18); es findet sich aber auch eine Belegstelle mit einem Bittgebet – der Bitte um Beistand am Tagesbeginn (E 1) – und eine Belegstelle, die einen eindrücklichen Stoßseufzer bzw. eine stille Klage aufweist und im Gesamt der Tagebuchaufzeichnungen von entscheidender Bedeutung ist: „Gott, wann hält dieses Rad endlich an?" (E 15)

In den Formulierungen ist oftmals ein Zusammenhang zwischen „Gebet" und „Gedanken" auszumachen: E „denkt" ihre Gebete, so z.B. in der Eingangspassage des Tagebuchs: „Ich denke: ‚Danke Gott, dass ein Tag so be-

---

zum Anführer der Israeliten bestimmt wird und dann die Erfahrung macht, von Gott die richtigen Worte in den Mund gelegt zu bekommen. In Anlehnung daran stellt E die rhetorische Frage, ob auch ihrer Erfahrung des „richtigen" Sprechens eine Gotteserfahrung darstellen könne.

[152] E schildert den Entstehungsprozess einer Predigt mit Bildern aus dem vegetativen Bereich. Sie selbst sät das biblische Wort in sich, Gott bringt es zum Keimen: „Es war, als hätte ich die Worte der Bibel eingepflanzt, gesät. Nun musste ich warten, nun mussten sie keimen. Das kann ich nicht bewirken. Das kann nur Gott." (E 2) – Gott wird vorgestellt als der eigentlich Handelnde; von der Seelsorgerin sind vor allem Warten und Geduld gefordert, sie hat den passiven Part inne.

ginnen kann, weit weg von Streß und Sorgen.'" (E 1)[153] Die Hinwendung zu Gott im Gebet weist bei Seelsorgerin E somit eine kognitive Komponente auf.

### 5.2.5.5.2 Orte und Zeiten

Herausragender Ort der Gotteserfahrung im Tagebuch der Seelsorgerin E ist die eigene Person, näherhin ihre innere Auseinandersetzung mit Arbeitsüberlastung und Erschöpfungszuständen und eben darin die Erfahrung göttlicher Fürsorge („Und Gott schenkt mir das körperl. Stopp." (E 14)).

Daneben gibt es im Tagebuch einige Hinweise darauf, dass es Orte und Zeiten gibt, die von der Seelsorgerin tendenziell als gottlos erfahren werden. So skizziert Seelsorgerin E eine tendenzielle Ausschließlichkeit von banalem (Arbeits-)Alltag und Gott: „Meine Arbeit in der Gemeinde ist heute fast ausschließlich organisatorischer Art. [...] Ist dabei eine Gotteserfahrung möglich? Nun ja, immerhin hat alles geklappt und ich bin Gott dankbar, dass mir so manches rechtzeitig eingefallen und gelungen ist." (E 5) Im Fokus ihrer Aufmerksamkeit steht dabei die „besondere" Gotteserfahrung, die sich in der Gewöhnlichkeit des pastoralen Alltags, der von Bürotätigkeiten dominiert wird, nicht machen lässt. Auch in der Atemlosigkeit und im pausenlosen Aneinander von privaten und beruflichen Terminen scheint sich für Seelsorgerin E Gott nicht finden zu lassen.[154] Ebenso wenig in der theoretischen, praxisfernen theologischen Auseinandersetzung. „Bei so viel theoret. Gedanken finde ich Gott nicht." (E 13) – Dieses Resümee zieht die Seelsorgerin im Rückblick auf eine ökumenische Zusammenkunft hauptamtlicher MitarbeiterInnen zur Eucharistiethematik.

Der herausragendste Ort tendenzieller Gottlosigkeit ist die Privatsphäre der Seelsorgerin. E beschreibt, dass es bei dem Versuch, den beruflichen Bereich hinter sich zu lassen und in die Privatsphäre hinüberzuwechseln, geschehe, dass auch Gott zu dem gehöre, was sie bei diesem Übergang „abstreifen" (E 5) wolle: Am Abend eines gelungenen Erstkommunionsonntages habe sie nicht mehr an Gott denken wollen, obgleich es ein „erfüllter und wunder-

---

[153] Ähnlich auch in Passage 4: „Abends legte ich mich mit dem Gedanken ins Bett: ‚Danke Gott, dass dieser Tag so lief ...".

[154] E schildert in elliptischem Schreibstil einen dicht gedrängten Arbeitstag, der ihr gottlos erscheint, selbst im Erleben einer Beerdigung, der Konfrontation mit den existenziellen Fragen nach Leben und Tod: „Aber jetzt wird nachgeholt – Schule vorbereiten, Schreibtischsachen – Termin mit dem Katecheseausschuss. Dann Markt und Kinder abholen, Mittagessen bei meiner Mutter und gleich weiter zur Beerdigung einer Frau aus dem Glaubensgesprächskreis. Danach Dienstgespräch. Wirklich vorwärts gekommen bin ich nicht. [...] Gott finde ich nicht einmal bei der Beerdigung." (E 12)

schöner Tag“ gewesen sei. Als Grund dafür gibt die Seelsorgerin an: „Aber Gott war für mich viel zu sehr mit meinem Beruf verbunden. Und ich wollte endlich frei haben […].“ (E 5)

#### 5.2.5.5.3 Gegenwartsweisen, Wirkung und Qualifizierung des Erlebens

Die Seelsorgerin E rechnet mit der Möglichkeit des Eingreifens Gottes in diese Welt und in ihr persönliches Leben: Dies zeigt sich daran, dass sie konkrete Ereignisse in Zusammenhang mit göttlichem Wirken stellt: Sie dankt Gott beispielsweise für den Regen, der ihr von ihm geschickt scheint und das frühzeitige und von E ersehnte Ende einer Veranstaltung hervorruft (E 16). Sie geht von der Vorstellung aus, dass Gott ihr eine Krankheit schickt, um sie zur Ruhe zu bringen, und betrachtet die Krankheit als Gottesgeschenk (E 14).

Dass E mit der Möglichkeit des konkreten göttlichen Eingreifens rechnet, zeigt sich im Tagebuch auch in Passagen, in denen das Motiv „Zufall oder Fügung“ anklingt: Die Seelsorgerin schildert eine erfolgreiche Intervention in einer schwierigen pastoralen Situation (Leitung eines Treffens eines Glaubensgesprächskreises unmittelbar nach dem Tod eines Mitglieds dieser Gruppe).[155] Dass bei einer jeden der Teilnehmerinnen durch die Methoden- und Inhaltswahl der Seelsorgerin persönliche Betroffenheit evoziert wurde, veranlasst E zu der Überlegung, ob das „Zufall“ gewesen sein könne oder nicht. Es scheint für die Seelsorgerin eine gewisse Plausibilität zu haben, dass es sich dabei um mehr als „nur“ um Zufall handelt. Damit öffnet sich E einer Deutung, die ein göttliches Wirken annimmt oder zumindest nicht kategorisch ausschließt.

In zwei anderen pastoral geglückten Interventionen – bei der spontanen Entscheidung hinsichtlich einer Sprechrolle in einem Erstkommuniongottesdienst (E 8) und in der geglückten Krisenintervention in einem spontanen seelsorglichen Zwiegespräch (E 9) – neigt die Seelsorgerin ebenfalls dazu, eine göttliche Mitwirkung anzunehmen. Im Fall der unerwartet passenden Spontanentscheidung im Rahmen der Vorbereitung des Erstkommuniongottesdienstes erwägt sie in der Reflexion darüber explizit das Einwirken eines namenlosen göttlichen Mitlenkers (E 8).[156] Im anderen Fall wird die Mög-

---

[155] Nach der Schilderung einer kollegialen Beratung im Seelsorgeteam schreibt E über den Verlauf des Glaubensgesprächskreistreffens: „Obwohl ich es ziemlich am Magen hatte, war auch der Abend erfolgreich. Die wenigen Symbole, die ich ausgelegt hatte, trafen bei jeder der Frauen ganz persönliche Schmerzpunkte an – welch ein Zufall oder nicht??“ (E 7)

[156] „Am Samstag sprach mich eine Mutter an, ob ich mit jemanden abgesprochen habe, dass ihr Sohn die Kirchenbesucher begrüßen darf. Denn das wäre genau die Rolle gewesen, die zu ihm passe und mit der er nun überglücklich sei. Es war so eine prompte Entscheidung obwohl

lichkeit einer göttlichen Mitwirkung zwar nicht dezidiert benannt, doch kommt in diesem Fall ihrer eigenen glücklichen Intuition eine ähnliche Bedeutung zu. (E 9)

Ihre Intuition und ihre emotionalen Kräfte scheinen auch in anderen Passagen des Tagebuchs in der Vorstellung der Seelsorgerin ein Medium zu sein, in dem sich göttliches Wirken niederschlägt. In diesen Zusammenhang ist auch das Motiv der „inneren Stimme“ einzuordnen, ein Stilmittel, mit dessen Hilfe die Tagebuchschreiberin innere Bewegungen sichtbar macht. Während die innere Stimme in der Passage 4 noch keine dezidiert göttlichen Züge trägt,[157] wird in Passage 11 die innere Stimme in Zusammenhang mit göttlichem Wirken gebracht: Die Seelsorgerin schildert auch hier eine Entscheidungssituation. Zunächst beschreibt sie ihren Unwillen, sich auch in ihrer freien Zeit ein Programm auferlegt zu haben. Diesem Unwillen stellt sich die innere Stimme entgegen: „Da stellt sich schon wieder diese innere Stimme ein, die mir sagt, dass ich mich auf das einlassen soll, was kommt, dass es genau das richtige ist, dass ich alles loslassen soll .... Gott?“ (E 11)

In der ausführlichen Schilderung einer Predigtvorbereitung findet sich im Tagebuch von E der deutlichste Hinweis auf die Erfahrung eines quasi unmittelbaren göttlichen Wirkens:[158] In einer ausführlichen Rückblende mit großen reflexiven Anteilen skizziert E den Entstehungsprozess der Predigt für einen Erstkommuniongottesdienst:

> „Bewußter als sonst habe ich den Werdegang dieser Ansprache erlebt. Zu Beginn der Woche habe ich mir die Bibelstelle durchgelesen. Tage später habe ich mir Stichpunkte gemacht, die mir dazu wichtig erschienen. Dann, wusste ich, musste ich warten. Mir war klar: Ich kann die Predigt nicht machen. Es war, als hätte ich die Worte der Bibel eingepflanzt, gesät. Nun musste ich warten, nun mussten sie keimen. Das kann ich nicht bewirken. Das kann nur Gott. Immer wieder musste ich mir selber sagen: „Ganz ruhig, Gott wird dir die Worte geben. Den Zeitpunkt spürst du. Dann, schreibe alles auf.“ So war es dann auch. Meine Aufgabe war es, den Zeitpunkt zu erspüren, wann es geboten war, die Ansprache aufzuschreiben.
> Zum ersten Mal floss sie mir so aus der Feder, dass ich sie nicht ~~ein zweites Mal~~ ins Reine schreiben musste. Die Gedanken kamen so klar, dass ich das entstandene Schriftstück im Gottesdienst verwendet habe. (Es kamen noch sehr bewegende Rückmeldungen).“ (E 2)

---

so viele Kinder denselben Text auch gelesen hätten. Vielleicht hat da jemand mitgelenkt ...“ (E 8)

[157] Die Seelsorgerin schildert zunächst ihre Unzufriedenheit mit zwei nicht gelungenen Religionsstunden und ihr inneres Ringen mit diesem Misserfolg. Dann führt sie eine innere Stimme ein, die in diesem Falle nicht dezidiert eine göttliche Stimme ist, die aber ihr die ‚Erlaubnis‘ erteilt, den Tag trotz des Misserfolgs zu genießen: „In meine Unzufriedenheit mischte sich eine Stimme: Nimm auch dich mit den Seiten an, die nicht so glanzvoll sind! Das war für mich die Erlaubnis, den Rest des Tages trotzdem frei zu machen und zu genießen.“ (E 4)

[158] Eine ähnliche Vorstellung entwickelt auch die Seelsorgerin B in ihrem Tagebuch.

E beschreibt den Prozess der Predigtvorbereitung in einer Art, die Ähnlichkeiten mit der Vorstellung biblischer Verbalinspiration aufweist: Gott erscheint hier als der eigentlich Handelnde, er bewirkt, dass das biblische Wort in der Seelsorgerin zum Keimen kommt, er gibt ihr die Worte der Predigt ein. Von der Seelsorgerin sind vor allem Warten und Geduld gefordert; sie hat den passiven Part inne. Korrespondierend damit ist die Einschätzung, dass eine Predigt nicht „machbar" sei, der Gestaltungsmacht und dem Gestaltungswillen der Seelsorgerin entzogen.

Dem Predigtwort wird göttliche Urheberschaft attestiert: "Mir ist klar: Es sind nicht meine Gedanken, ich habe sie von Gott." (E 3) – Gott spricht sich durch E aus, ähnlich wie er das durch die biblischen Autoren getan hat.[159] Das Predigtwort ist nicht „Privatbesitz" der Predigerin, sondern dazu da, „aus den Hand" (E 3) gegeben zu werden. Der Verzicht auf die persönliche Verfügungsgewalt über das Predigtwort scheint für E gewichtig und bedeutsam zu sein – dreimal taucht im Text die Formulierung „aus der Hand geben" auf –, zweimal ist sie auf die Predigerin selbst bezogen, einmal auf die biblischen Autoren. Die Vorstellung, dass Gott die Seelsorgerin zur rechten Rede und Gottesrede ermächtigt, ihr die richtigen Worte in den Mund legt, findet sich auch an anderer Stelle. Und auch dort tut sie das mit deutlichem biblischen Bezug: Sie rekurriert auf die biblische Gestalt des Mose, der gleichfalls von Gott zum Reden ermächtigt worden sei. (E 6)

#### *5.2.5.6 Das spezifische Profil: „Geschenkte Krankheit" – Gotteserfahrung in der Einwilligung in die eigene Schwäche*

Dominierende Perspektive in den Tagebuchaufzeichnungen der Seelsorgerin E ist das Thema „Arbeitsbelastung – Arbeitsüberlastung", an dem sie sich insbesondere in der zweiten Hälfte des Tagebuchs abarbeitet. Von E wird eine sich beständig steigernde Erschöpfungsdynamik beschrieben, die in der von Gott „geschenkten" Krankheit mündet und dadurch beendet wird.

Auf diesem Hintergrund konturiert sich eine Gottesvorstellung, die Gott als einen mächtigen, in die Geschicke der Welt und des Lebens der Seelsorgerin eingreifenden, mit Umsicht sorgenden (Vater-)Gott zeichnet. Im Verhältnis zwischen Gott und dem Menschen dominiert die göttliche Initiative (sehr

---

[159] Seelsorgerin E vergleicht sich in diesem Zusammenhang mit den Evangelisten und mit Paulus. Als Verkündigerin der Gottesbotschaft gehe es ihr genauso wie diesen biblischen Autoren, deren Aufgabe ebenfalls darin bestanden hätte, ihre Texte aus der Hand zu geben und nicht für sich zu behalten: „Wenn die Evangelisten ihre Texte nicht aus der Hand gegeben hätten, wüssten wir heute nicht so viel von Jesus, keine ersten Glaubenszeugnisse von Paulus und und und." (E 3)

deutlich in der Beschreibung der Predigtvorbereitung in Passage 2), die menschlichen Handlungsmöglichkeiten und der menschliche Selbst-Stand sind dabei ein wenig zurückgenommen.

Auffällig ist die tendenzielle Ausschließlichkeit von Gott und Privatleben. Mit dem Wunsch, die Arbeit hinter sich zu lassen und einen familiären Privatraum einzutreten, wird auch Gott an der Wohnungstür „abgestreift“. Die Privatsphäre wird damit zu einem Ort tendenzieller Gottlosigkeit.

### 5.2.6 „Du liebe Zeit, welch Thema“ oder: „Mit dem ‚Zwischen‘ wird es erträglicher“ – Die Tagebuchaufzeichnungen der Seelsorgerin F

Die Tagebuchaufzeichnungen der Seelsorgerin F enthalten im Vergleich mit den Tagebuchaufzeichnungen der anderen Seelsorgerinnen die meisten reflexiven Passagen und zeichnen sich durch ein starkes Bemühen um intellektuelle Durchdringung der Fragestellung aus. Seelsorgerin F ist die einzige, die in ihrem Tagebuch explizite Schwierigkeiten und Widerstände im Umgang mit der Aufgabenstellung artikuliert. Seelsorgerin F ist ebenfalls die einzige, die die Anregung nicht aufgegriffen hat, handschriftlich Notizen zu machen, mit dem Hinweis, dass ihr der Computer mittlerweile das geläufigere Schreibwerkzeug sei.

#### *5.2.6.1 Einblick erhalten – Die Tagebuchschreiberin hat das erste Wort*

> Komme gerade vom Ausschuss für Caritas und Soziales. Ich leite diesen Ausschuss und ein guter Teil meiner Arbeit beschäftigt sich mit „Caritas“. Mein Herz ist in dieser Arbeit und der Ausschuss ist ein wichtiger und guter Teil davon. Nach der letzten Sitzung, die wir in der Sozialstation abgehalten haben, hatte ich den Eindruck, dass es jetzt (nach fast 2 Jahren) an der Zeit ist, nicht nur die Not in der Seelsorgeeinheit in den Blick zu nehmen, sondern uns auch von der je eigenen Not zu erzählen. Das war unsere Anfangsrunde (Abschluss mit GL 244, ganz klar der gute Halt, den diese Grundtexte unserer Religion geben) und das war gut. Schwer ist es allen gefallen und die Suche nach einer stimmigen Form, die das Private schützt und doch zeigt oder zumindest andeutet, was ist, war sehr deutlich. Da haben sich heute 7 Menschen versammelt, alle mit mehr oder weniger großen Päckchen. Das was da „zwischen“ uns war an Behutsamkeit, wachem Zuhören und geduldigem Aushalten, an Tränen und Mut – ja, das hatte etwas mit Gott (und seinem Geist) zu tun. Und auch dieser mein Impuls nach der letzten Sitzung, in dieser Richtung weiterzugehen, war sein „Ruf“, seine „Inspiration“.
>
> Es fällt mir weiterhin schwer, das so zu benennen. Aber mit diesem „Zwischen“ wird es für mich – ja: erträglicher, stimmiger. (F 10)

### *5.2.6.2 Zur Person*

Zum Zeitpunkt der Tagebuchaufzeichnungen ist die Seelsorgerin F 48 Jahre alt. Sie ist 16 Jahre als Gemeindereferentin im pastoralen Dienst tätig. F ist verheiratet und hat zwei Kinder.

Seelsorgerin F arbeitet als Gemeindereferentin in einer Kleinstadt mit rund 23.000 EinwohnerInnen, die in einem süddeutschen Ballungsraum liegt. In der in den 70er Jahren durchgeführten Gemeindereform sind vier ehemals politisch selbständige Gemeinden zu einer einzigen Gemeinde vereint worden. Zur Seelsorgeeinheit mit fünf Kirchorten gehören rund 6.300 KatholikInnen. Das Gebiet war ehemals rein protestantisch geprägt; nach dem zweiten Weltkrieg siedelten sich durch Migrationsbewegungen (sudetendeutsche und ungarndeutsche Flüchtlinge) auch KatholikInnen an. Auch heute noch leben die KatholikInnen in einer Diasporasituation. Durch ein großes Forschungszentrum, das auf dem Gemeindegebiet liegt, finden sich in den Kirchengemeinden relativ viele gut ausgebildete Menschen mit technisch-naturwissenschaftlichem Schwerpunkt, darunter auch zahlreiche Männer. Die haupt- und ehrenamtlich in der Seelsorgeeinheit Tätigen ringen zum Zeitpunkt der Tagebuchaufzeichungen um ein zukunftsfähiges Leitbild und arbeiten an der Frage, wie die Kirche vor Ort in zehn Jahren aussehen wird und gestaltet werden kann.

Zum Seelsorgeteam gehören ein Pfarrer, eine Pastoralreferentin und die Gemeindereferentin F (mit einem Beschäftigungsausmaß von 50 Prozent).

Arbeitsschwerpunkte ihrer derzeitigen Tätigkeit sind Pfarrcaritas, Besuchsdienstarbeit, Taufpastoral, Beerdigungsdienst, Gottesdienstgestaltung und Erwachsenenbildung. Freiberuflich ist die Seelsorgerin auf Diözesanebene in der Erwachsenenbildung für Ehrenamtliche und Hauptamtliche in verschiedenen Feldern der Gemeindekatechese tätig.

### *5.2.6.3 Tagebuch schreiben – Textgestalt und Umgang mit der Aufgabenstellung*

Mit dem Ausruf „Du liebe Zeit, was für ein Thema" (F 1) – eine Art Seufzer oder die Andeutung eines inneren Stirnrunzelns – setzen die Tagebuchaufzeichnungen der Seelsorgerin F ein. Damit deutet sich bereits im Eingangssatz Skepsis hinsichtlich der Aufgabenstellung an, eine Skepsis, mit der die Seelsorgerin während des ganzen Zeitraums der Tagebuchaufzeichnungen ringt und die im Tagebuch wiederholt Gegenstand reflexiver Bearbeitung –

gelegentlich auch in ironischer Brechung – ist.[160] In der Mitte des Aufzeichnungszeitraums scheinen für Seelsorgerin F die Widerstände im Umgang mit der Aufgabenstellung besonders groß geworden zu sein: So schreibt sie in Passage 8 davon, dass sie beim Spaziergehen, d.h. in einem eindeutig der Privatsphäre zuzurechnenden Kontext, über „dieses verflixte Thema“ (F 8) nachgedacht habe, und meint: „Irgendetwas daran stimmt nicht.“ (F 8) Den Grund sucht sie zunächst und zuallererst in der Aufgabenstellung. Sie sieht zwei mögliche, sich tendenziell ausschließende Zugangsweisen zum Thema: „die geglaubte Gottespräsenz“ (F 8) auf der einen Seite, auf der anderen Seite eine Zugangsweise, die Gott in der persönlichen Erfahrung situiert und bei der die positive emotionale Gestimmtheit und das Berührtsein eine entscheidende Rolle spielen.[161] Beide Zugangsweisen hält Tagebuchschreiberin F für unzureichend. Zum Schluss der Passage eröffnet sie auch die Möglichkeit, dass der Grund ihres Unbehagens in ihrer eigenen Person zu suchen sein könnte.[162] Trotz der massiven Bedenken und Widerstände entschließt sich die Seelsorgerin, sich weiterhin mit der Aufgabenstellung auseinanderzusetzen: „Ein neuer Anlauf, neue Ideen, neue Blickwinkel“ (F 9) – mit diesen Worten beginnt sie tags darauf ihre Aufzeichnungen. Sie adaptiert für sich zwei neue Perspektiven auf das Thema (Gotteserfahrung im „Zwischen“ und im Kontext von „Befreiung“); daraufhin wird für sie die weitere Beschäftigung mit der Fragestellung „erträglicher, stimmiger“ (F 10). Im kurzen Begleitschreiben, das sie ihren Tagebuchaufzeichungen beifügt, äußert F jedoch ihre deutliche Erleichterung, ihre Notizen zur Fragestellung beendet zu haben und nun nicht mehr mit dem Thema befasst zu sein.

---

160 Vgl. den ironischen Grundton in Passage 3: Hinsichtlich ihres Arbeitsalltages und ihres Anspruchs, den alltäglichen Anforderungen zu genügen, spricht F davon, dass es nicht sinnvoll sei, wenn sie sich in ihrer Arbeit „'spirituell unterbrechen' würde“ (F 3). Täte sie das, würde sie zudem auf sich selbst und ihr eigenes „trostloses Seelchen“ (F 3) geworfen, worauf sie gerne verzichten könne.

161 „Grundsätzlich sehe ich zwei Denkrichtungen für diese ‚Gottespräsenz' – und beide lösen so etwas wie Unwohlsein aus. Da ist einmal die geglaubte Gottespräsenz – erläuterbar in vielen Worten, die schnell zur Verfügung stehen, dogmatische Sätze, Sprechen von Mystagogie, Sakramenten und ‚was ihr dem Geringsten getan habt, das habt ihr mir getan', die Rede von der Gottesebenbildlichkeit jedes Menschen usw.usw. Das ist sozusagen der ideologische Überbau oder wegen mir auch das Fundament, auf dem ich leben und arbeite. Glaubensbekenntnis eben. Wenn ich von daher meinen Alltag beschreibe, dann ist das so überheblich und aufgeblasen, unnötig auch, das in Worte zu bringen.
Die andere Richtung geht in die Tiefe, verortet Gott in der Erfahrung, weiß ihn dort, wo ich persönlich angerührt bin, emotional beteiligt, benennt gelungene Beziehungsgeschichten, Ergriffensein, gute Gebets- und Gottesdiensterfahrung. Mystik im weitesten Sinne. Aber du lieber Himmel, Gott ist a) nicht nur da, wo ich fühle und b) welche Anmaßung, das so mit der Stecknadel anzupinnen.“ (F 8)

162 „Irgendetwas stimmt nicht. Mit der Fragestellung? Mit mir?“ (F 8)

Das Gesamt der Tagebuchaufzeichnungen der Seelsorgerin F ist charakterisiert durch ein stark ausgeprägtes Ringen um eine intellektuelle und reflexive Durchdringung der Aufgabenstellung.[163] Ihre Wahrnehmung der pastoralen Realitäten ist systematisch-theologisch geschult.[164] F setzt sich der Aufgabe aus, „Gott nachzudenken“[165], gibt „Kopfantworten“[166]. Sie ringt um eine produktive Zugangsweise zum Thema und eignet sich dabei im Verlauf des Aufzeichnungszeitraums verschiedene Sichtweisen an, ständig kritisch prüfend, ob sich die jeweilige Zugangsweise tatsächlich als tragfähig erweist.[167] Zugangsweisen eröffnen sich für die Seelsorgerin in der Auseinandersetzung mit Texten geistlicher Autoren verschiedener Provenienz[168] und

---

[163] Dies kommt auch darin zum Ausdruck, dass sie ausgesprochen oft Formulierungen mit „denken“ verwendet: „Gott nachzudenken“ (F 2), „denkbar Undenkbares“ (F 2), „Grundsätzlich sehe ich zwei Denkrichtungen für diese ‚Gottespräsenz‘ […]“ (F 8). Das Bemühen um reflexive Durchdringung der Aufgabenstellung ist bei der Tagebuchschreiberin F im Vergleich mit den anderen am deutlichsten ausgeprägt; das zeigt sich auch in dem hohen Ausmaß an reflexiven Passagen.

[164] Dies wird deutlich z.B. in Passage 11, in der sie vom Patrozinium in einer der Gemeinden erzählt: „Patrozinium in Spehr. Kirche – Grundsakrament? Zeichen und Werkzeug für die Vereinigung mit Gott? Nicht dieses kleine verhungerte Häuflein in Spehr. Für diese Gemeinde habe ich wirklich keine Hoffnung auf Zukunft mehr und auch kaum Motivation, da noch was zu zaubern.“ (F 11) – Knapp und präzise skizziert sie zentrale Elemente eines dogmatischen Blicks auf die Wirklichkeit Kirche und stellt diese Sichtweise ihrer eigenen Wahrnehmung dieser Pfarrgemeinde gegenüber.

[165] Diese sprachlich bewusst changierende Formulierung verwendet sie im Zusammenhang der Schilderung einer Schulstunde, in der SchülerInnen angesichts der Schöpfungsthematik und der Frage nach der Entstehen des Lebens und der Welt zur Gottesfrage vorstoßen: „Da haben sich Menschenhirne an die ungewohnte Übung gemacht, Gott nachzudenken, sind über denkbar Undenkbares gestolpert, Hauptschüler haben sich in philosophischem Denken versucht.“ (F 2)

[166] In der ersten Passage, die einleitenden und programmatischen Charakter hat, skizziert sie ihre Grundüberzeugung, dass Gott ihr zuinnerst ist als der „unzerstörbare Kern“ (F 1) ihres Selbst und deklariert diese erste Antwort auf die Frage nach der Gottespräsenz als „klare Kopfantwort“ (F 1).

[167] Vgl. Passage 6: Die Seelsorgerin müht sich im Rückblick auf einen Arbeitstag, das Erfahrene – in diesem Falle ihre Schwachheit und Kraftlosigkeit – geistlich zu deuten und ein biblisches Deutungsmuster anzulegen, nicht ohne eine gleichzeitige ironische Distanzierung: „Ich bin ungeheuer schwach, müde und erledigt. Paulinische Schwachheit, so deuten wir das jetzt mal. Er war Gott auch näher in der Schwäche und hat gespürt, dass Gott gerade dann durch ihn wirkt.“ (F 6)

[168] Die Seelsorgerin rekurriert auf klassische geistliche Autoren des 20. Jahrhunderts wie Alfred Delp (F 2) und Karl Rahner (F 12), aber auch auf zeitgenössische geistliche Autoren wie Bernhardin Schellenberger (F 9) und Autoren wie Hape Kerkeling (F 6), die der religiöses Gebrauchsliteratur zugeordnet werden können. Die Seelsorgerin ergibt zu erkennen, dass sie sich um eine regelmäßige geistliche Lektüre müht (F 3), die offensichtlich auch von den geprägten Zeiten im Jahreskreis beeinflusst ist.

in der Adaption von Gedankengängen eines theologischen Vortrags, den sie im Zusammenhang ihrer beruflichen Tätigkeit hört. Auffälligerweise entfaltet die Seelsorgerin in der Darstellung ihres Ringens um tragfähige Zugangsweisen zur Themenstellung das Assoziationsfeld „sehen“ stark: Sie spricht davon, „neue Blickwinkel“ (F 9) aufs Thema gefunden zu haben, davon, zwei neue „Brillen“ (F 9) aufsetzen zu wollen, um ihren Arbeitsalltag unter dieser spezifischen Rücksicht auf Gotteserfahrungen hin zu reflektieren.[169]

Der Schreibstil von Tagebuchschreiberin F ist reich und differenziert im Ausdruck. Sie formuliert klar und pointiert, des Öfteren auch mit kräftigem ironischen Unterton: „Schaukastengestaltung ist doch auch was Nettes“ (F 5), mit dieser Bemerkung beendet sie die Schilderung eines mühsamen und in ihrer Wahrnehmung geistlosen Arbeitstages. Über die Sitzung des Ausschusses für Öffentlichkeitsarbeit, an der sie teilnehmen wird, meint sie vorausschauend: „Das wird sicher nicht vergnügungssteuerpflichtig.“ (F 16) Und im Rückblick auf diese Sitzung, die für die Seelsorgerin tatsächlich äußerst strapaziös war: „Der Heilige Geist? Anderswo auf Reisen!“ (F 17)

#### *5.2.6.4 Seelsorgerin sein – Beruf, Berufung, biographische Perspektiven*

Die Tagebuchaufzeichnungen der Seelsorgerin F gewähren einen detaillierten Einblick in die alltägliche Arbeitspraxis der Seelsorgerin und geben Aufschluss über seelsorgerliche Grundhaltungen und Werte, die ihr in ihrer pastoralen Arbeit wichtig sind. Beachtenswert sind zudem jene Passagen, in denen ihre Wahrnehmungen der ekklesiologischen Wirklichkeit ihrer Gemeinden und des größeren kirchlichen Kontextes (Diözese) zum Ausdruck kommen.[170]

In der Eingangspassage, die programmatischen Charakter hat, deutet sich an, dass Seelsorgerin F von einem beruflichen Selbstkonzept ausgeht, in dem es keine strikte Trennung von Beruf und Privatleben gibt. Wenigstens gilt dies im Hinblick auf die Frage nach Erfahrungen der Gottespräsenz, aber wohl

---

[169] Bei einer Brille handelt es sich im ursprünglichen Wortsinn um einen Sehhilfe, die einen Sehdefekt korrigiert. Im weiteren Sinne kann sie auch als etwas verstanden werden, was den Blick in einem bestimmten Sinne prägt, beeinflusst, unter Umständen aber auch verfälscht. – Deutlich wird durch die Verwendung dieses Sprachbildes, dass bei der Seelsorgerin ein Wissen darüber vorhanden zu sein scheint, dass das Benennen einer Gotteserfahrung immer einen Deutungsakt impliziert, der stets von bestimmten inhaltlichen Voraussetzungen ausgeht.

[170] Im Vergleich mit den anderen Tagebüchern ist der ekklesiologische Bezug bei Seelsorgerin F am deutlichsten ausgeprägt.

auch darüber hinaus.[171] Die Seelsorgerin geht davon aus, dass der Auftrag für die Tagebuchaufzeichnungen, ihren Erfahrungen von Gottespräsenz im seelsorglichen Alltag nachzugehen, sie dazu verpflichte, den Berufsalltag „aus dem Lebensganzen herausschneiden“ (F 1) zu müssen – eine Formulierung, die eine beinahe gewalttätige Konnotation enthält und deutlich anzeigt, dass die Seelsorgerin sich mit einer strikten Sphärentrennung von Privaten und Beruflichem nur schwer einverstanden erklären kann, und dass dies für sie eine Provokation darstellt.

Dies steht unter Umständen im Zusammenhang damit, dass für die Seelsorgerin spirituelle Erfahrungen im Allgemeinen – und damit auch Erfahrungen der Gottespräsenz – primär im Persönlichen und Privaten situiert zu sein scheinen.[172] Mit einer strikt ausgelegten Interpretation der Aufgabenstellung rückt die Pflege eines geistlichen Lebens (mit regelmäßiger geistlicher Lektüre, Meditation, Gebet und Innehalten), die der Seelsorgerin ein großes Anliegen ist, in den Privatbereich: „[…] aber das ist ja nur *meine* Seelsorge, nicht mein Berufsalltag“ (F 1).

Mit innerer Beteiligung einer sinnerfüllten Tätigkeit nachgehen zu können, ist für die Seelsorgerin F eine positive Grundorientierung: So erzählt sie von einem fruchtbaren Treffen des Ausschusses für Caritas und Soziales, den sie leitet, und meint dann im Hinblick auf den Arbeitsbereich gemeindliche Caritas: „Mein Herz ist in dieser Arbeit und der Ausschuss ist ein wichtiger und guter Teil davon.“ (F 10) Die Caritasarbeit ist ihr ein Herzensanliegen – keine lästige Pflichterfüllung oder seelenlose Routine. Die Rede vom „Herzen“, dem Sitz des Gefühlszentrums, bringt in diesem Zusammenhang zum Ausdruck, dass ihr die emotionale Beteiligung beim Arbeiten ein wichtiger Wert ist. Eine ähnliche Erfahrung sinnerfüllter Tätigkeit macht die Seelsorgerin auch im Zusammenhang mit einem Jugendgottesdienst für Pfadfinder und mit der sich daran anschließenden Begegnung mit einer Jugendlichen. „Manchmal weiß man, wofür man arbeitet.“ (F 7) – So beschließt sie ihre Erzählung von dieser beglückenden Arbeitserfahrung.

Im Kontrast dazu steht eine andere Arbeitserfahrung: „uninspirierter Kirchendienst“ (F 5). Im Modus der Beschreibung erzählt sie von ihrer Arbeitserfahrung an Donnerstagen:

---

[171] Vgl. Passage 15: Vom Krankenbesuch bei einer Kollegin erzählend, meint sie, dass sie diese Zeit bewusst als Arbeitszeit markiere. Möglicherweise versteht sie ihr Tun in dieser Situation auch als ein seelsorgerliches. Privates und Berufliches gehen fließend ineinander über.

[172] Obgleich F in Passage 1 argumentiert, dass Gott immer mit ihr sei, ist die Grundorientierung, dass Gott primär im privat-persönlichen Bereich und in der bewussten Hinwendung zu ihm erfahren werden kann, die dominierende Grundorientierung. Sie kommt auch in anderen Passagen (z.B. in Passage 3) zum Tragen.

„Das Ergebnis der Donnerstage ist fast immer totale Erschöpfung. Viele Stunden, viel Kleinkram, Ärger mit der Schlampigkeit der Sekretärin, mit dem neuen Drucker, der ein Sensibelchen zu sein scheint. Ich bin hundemüde. Nix Spiritualität, nicht dran zu denken. Uninspirierter Kirchendienst. Gehört auch dazu, Schaukastengestaltung ist doch auch was Nettes." (F 5)

Sie schildert seelenlose und zermürbende Arbeitsroutine, von der sie sich dezidiert abgrenzen möchte und der sie sich dennoch nicht entziehen kann. Ähnlich auch die Arbeitserfahrung des darauf folgenden Freitags: Die Seelsorgerin schreibt davon, dass sie im Büro „nachsitzen" (F 6) war, um Unerledigtes aufzuarbeiten, obgleich der Freitag eigentlich ihr freier Tag ist. Ihre emotionale Gestimmtheit ähnelt der des Vortags: Es dominieren Gefühle der Verzweiflung, der Schwäche und der Müdigkeit.[173] Durch die Verwendung eines Sprachbildes aus dem Schulbereich („nachsitzen") erscheint hier ihre Arbeit als eine Art Strafe.

Viele Passagen des Tagebuchs von F geben Aufschluss darüber, welche seelsorglichen Grundhaltungen die Gemeindereferentin in ihrem pastoralen Handeln leiten und welche Werte ihr in ihrem seelsorglichen Handeln wichtig sind. Als zentrale Grundorientierung deutet sich die Leitvorstellung „Prozess und Entwicklung" an: Kirchliches Leben in seinen vielen verschiedenen Ausprägungen ist in der Wahrnehmung der Seelsorgerin F nicht statisch, sondern grundsätzlich dynamisch. Entwicklungsprozesse können von den pastoral Handelnden befördert und gestaltet werden. Die pastoral Handelnden müssen jedoch auch um die Grenzen ihrer Gestaltungsmacht wissen. Die Leitvorstellung „Prozess und Entwicklung" kommt zum Tragen, wenn F davon schreibt, dass es dem Seelsorgeteam im Dienstgespräch gelingt, „Schritte zu entwickeln, wie es im PGR weitergehen kann" (F 13), wenn deutlich wird, dass F davon ausgeht, dass es für bestimmte Interventionen in Gruppen einen Kairos gibt[174] oder wenn sie über eine ihrer Gemeinden schreibt, dass sie für diese Gemeinde „keine Hoffnung auf Zukunft" (F 11) mehr habe, dass dort eine Entwicklung an ihr Ende gekommen sei und sie als pastorale Mitarbeiterin keine Motivation fühle, an diesem Zustand etwas zu manipulieren, „noch was zu zaubern" (F 11). Zum prozess- und entwicklungsorientierten Arbeitsstil der Seelsorgerin gehören eine Haltung der Achtsamkeit und die Fähigkeit zum flexiblen Eingehen auf die Erfordernisse der jeweili-

---

[173] „Ich bin ungeheuer schwach, müde und erledigt. Paulinische Schwachheit, so deuten wir das jetzt mal." (F 6)

[174] Im Hinblick auf den Ausschuss für Caritas und Soziales, den F leitet, formuliert sie: „Nach der letzten Sitzung, die wir in der Sozialstation gehalten haben, hatte ich den Eindruck, dass es jetzt (nach fast zwei Jahren) an der Zeit ist, nicht nur die Not in der Seelsorgeeinheit in den Blick zu nehmen, sondern uns auch von der je eigenen Not zu erzählen." (F 10)

gen Situation.[175] Situationsgerechtes Handeln,[176] gelungene Kommunikationsprozesse und konstruktive Arbeit im Team stellen wichtige Werte für die pastorale Arbeit der Seelsorgerin F dar.[177]

Die Thematisierung persönlicher Betroffenheit und Involviertheit der in der Pastoral haupt- und ehrenamtlich Engagierten wird von der Seelsorgerin nicht vermieden, sondern – wenn sie es für passend und angemessen hält – sogar angezielt. Dabei scheint ihr selektive Authentizität wichtig zu sein.[178]

Ähnlich wie Seelsorgerin C geht der Blick der Seelsorgerin F in ihren Tagebuchaufzeichnungen über ihren unmittelbaren kirchlichen Nahbereich hinaus.[179] Auch die Seelsorgerin F begreift sich als Teil einer größeren kirchlichen – in diesem Falle diözesanen – Wirklichkeit. Ihre pastoraltheologischen Analysen der konkreten Gemeindewirklichkeit vor Ort sind bisweilen schonungslos,[180] aber auch ihren über ihren unmittelbaren Arbeitsbereich hinausgehenden Beobachtungen mangelt es nicht an analytischer Schärfe: Ein großes Treffen der pastoralen MitarbeiterInnen bezeichnet sie als „Familientreffen“ (F 9), als „’Kirchenfamilie’ hochdosiert“ (F 9). Unter Umständen verbindet sie damit die Assoziation, dass es sich dabei um kein frei-

---

[175] In Passage 3 grenzt sich die Seelsorgerin zwar von Ausführungen Alfred Delps zum „Dialog mit dem Heiligen Geist“ ab und ordnet die von ihm geforderten Haltungen Behutsamkeit, hellhörige Wachheit und empfindsame Offenheit der Sphäre des „heimatlichen Schreibtischs oder Sofas“ (F 3), aber nicht ihrem Arbeitsbereich zu. Im Folgenden skizziert sie allerdings im Arbeitsbereich geforderte und verwirklichte Haltungen, die durchaus Ähnlichkeiten mit den von Alfred Delp angeführten spirituellen Haltungen im Umgang mit dem Heiligen Geist aufweisen: „Das Dienstgespräch mit seinen guten Gesprächen, der fröhlichen Atmosphäre und den mitunter langatmigen Erzählungen und Überlegungen ist schlicht Ort der Verständigung und Vergewisserung über unsere pastorale Arbeit. Die Vorbereitung der Georgsfeier am Samstag ist Absprache: Wer besorgt was, woran müssen wir noch denken, welche Reihenfolge ist sinnvoll. Wir sorgen für eine gute Qualität und versuchen nichts zu übersehen, den täglichen Anforderungen zu genügen.“ (F 3)

[176] Vgl. Passage 14: In ihrer pastoralen Tätigkeit scheint es für F eine Notwendigkeit und zugleich eine Selbstverständlichkeit zu sein, situationsgerecht zu agieren, die pastorale Realität nüchtern wahrzunehmen und auf aktuelle Erfordernisse adäquat zu reagieren. Dem entgegengesetzt ist für F die diözesane Vorgabe, Pastoralkonzeptionen zu entwickeln. Dahinter verbirgt sich für sie ein pastoraler Arbeitsstil, den sie entschieden ablehnt und der ihren Vorstellungen diametral entgegensteht: zuviel an Bürokratie und ein zu hohes Maß an Strukturiertheit.

[177] Zur Bedeutsamkeit gelungener Kommunikationsprozesse und zur Teamarbeit vgl. Passage 15 und Passage 13.

[178] Vgl. Passage 10. – Im Ausschuss für Caritas und Soziales regt sie eine Austauschrunde zur „je eigenen Not“ vor, wobei sie vermerkt, dass „die Suche nach einer stimmigen Form, die das Private schützt und doch zeigt“ (F 10), im Gesprächsverlauf sehr deutlich war.

[179] Vgl. Kapitel 5.2.3.4.

[180] Vgl. Passage 11.

williges, sondern um ein zwangsläufiges Zusammenkommen handelt, dass in einer Familie die Rollenzuschreibungen klar sind und es im Zueinander wenig Überraschungen oder unvorhergesehene Wendungen gibt.

In den Tagebuchaufzeichnungen der Seelsorgerin F findet sich ein singulärer Hinweis auf einen Zusammenhang zwischen biographischer Erfahrung und Gotteserfahrung – und dies an prominenter Stelle, in der programmatischen Eingangspassage. F deutet eine elementare persönliche Verlusterfahrung, den Tod eines Sohnes, an und bringt diese Erfahrung – in der Darstellung im Modus der Argumentation/Reflexion – in Zusammenhang mit ihrer Glaubensüberzeugung: „Meine zutiefste Überzeugung: Gott ist mir zutiefst zuinnerst. Er ist der unzerstörbare Kern meines Selbst. Das ist Glaube, in tiefster Dunkelheit erprobt, letzte Gewissheit und Halt in Zeiten, als alles verloren war (mein Sohn ist vor zwei Jahren gestorben).“ (F 1)

### 5.2.6.5 *„Ist Gott drin?“ – Suchbewegungen im Hinblick auf Erfahrungen der Gottespräsenz*

Im Kontakt, in der Offenheit und Verbundenheit zwischen Menschen sind Erfahrungen der Gottespräsenz im Pastoraltagebuch der Seelsorgerin F angesiedelt.

#### 5.2.6.5.1 Gottesbild und Gottesverhältnis

Das Gottesbild, das die Tagebuchaufzeichnungen von F dominiert, ist pneumatologisch konturiert, was zum einen mit dem Zeitraum, in dem die Seelsorgerin Tagebuch geführt hat, und ihrer deutlichen Affinität zu den Abläufen der Feste im Jahreskreis zu tun haben mag,[181] zum anderen aber auch mit ihrer etwa in der Hälfte der Tagebuchaufzeichnungen einsetzenden Aufmerksamkeit auf Gotteserfahrungen im „Zwischen“. Gotteserfahrungen im „Zwischen“ als das, „was in der Ausrichtung auf den / die andere und im Dialog als kreativem Raum entsteht, was zwischen Menschen passiert, wenn sie wirklich offen und ausgerichtet auf den anderen sind“ (F 9), identifiziert sie in Anlehnung an Ausführungen von Bernhardin Schellenberger als „Bewegungen des Geistes“ (F 9).[182] Die Aufmerksamkeit auf Gotteserfahrungen

---

[181] Vgl. Passage 12: Hier referiert sie Ausführungen Karl Rahners über die Erfahrungen des Heiligen Geistes im Alltag, was augenscheinlich ihre geistliche Lektüre in der Vorbereitung auf das Pfingstfest ist.

[182] Beachtenswert erscheint gerade in dieser Passage der hohe Reflexionsgrad der Aufzeichnungen. Reflexive Anteile dominieren, erzählende Anteile spielen lediglich eine untergeordnete Rolle.

im „Zwischen“ bewährt sich – erklärtermaßen – für die Seelsorgerin und bleibt im Verlauf ebenfalls pneumatologisch konnotiert.[183] Für eine erlebte Konfliktsituation schließt F Gottesgegenwart in der pneumatologischen Ausformung dezidiert aus: Der Heilige Geist sei „anderswo auf Reisen“ (F 17) gewesen.

Neben der dominierenden pneumatologischen Akzentierung des Gottesbildes findet sich eine einzelne Belegstelle mit christologischer Akzentuierung[184] sowie weitere Belegstellen, die auf ein eher philosophisch abstraktes Gottesbild schließen lassen: Von einer „Ausrichtung auf das göttliche Du“ (F 4) schreibt F im Zusammenhang mit einer Laudes im Seelsorgeteam, von einem „Moment des Staunens und Erschreckens“ (F 2) berichtet F im Zusammenhang der Schilderung einer Religionsstunde mit HauptschülerInnen zum Themenkreis „Schöpfung und Evolutionstheorie“, in der sich die SchülerInnen an die Übung gemacht hätten, „Gott nachzudenken“ (F 2) und sich „im philosophischen Denken“ (F 2) versucht hätten. Der Horizont der Andersartigkeit und Unfassbarkeit Gottes und die Unergründlichkeit seiner Wege deuten sich an, wenn sie am Ende eines langen, ermüdenden Arbeitstages Gott Gott sein lässt und ihre Aufzeichnungen des Tages mit der Bemerkung schließt: „Er wird schon wissen, was er mit dieser Kirche vorhat. Sein Geist weht, wo er will.“ (F 14) Explizite biblische Bezüge im Hinblick auf das Gottesbild sind in den Tagebuchaufzeichnungen der Seelsorgerin F nicht zu finden.

Das Gottesverhältnis, das in den Tagebuchaufzeichnungen der Seelsorgerin F sichtbar wird, ist in erster Linie gekennzeichnet durch eine große reflexive Distanz, was – unter Umständen – auch die Funktion haben könnte, den Intimraum der persönlichen Gottesbeziehung vor Indiskretionen zu schützen. Zahlreich sind die Belegstellen, in denen F über Rahmenbedingungen und Merkmale von Gotteserfahrung reflektiert,[185] äußerst verhalten ist F darin, aktuelle, persönliche Erfahrungen der Gottesgegenwart zu beschreiben.

So postuliert sie in der programmatischen Eingangspassage, dass Gott als der „unzerstörbare Kern“ (F 1) immer in ihr ist – unabhängig von ihrem persönlichen Bewusstsein davon und auch unabhängig von Zeiten ausdrücklicher Hinwendung zu Gott: „Gott ist mir zutiefst zuinnerst. Er ist der unzerstörba-

---

[183] Vgl. Passage 10.

[184] Vgl. Passage 16: Die Seelsorgerin schildert eine Unterrichtsstunde zum Thema „Eucharistie“ in einer dritten Klasse und meint, dass die SchülerInnen so gut verstünden, „dass ‚Jesus irgendwie im Brot drin ist‘“ (F 16).

[185] Insbesondere in Passagen, in denen die Seelsorgerin Inhalte aus ihrer geistlichen Lektüre referiert und kommentiert (Passage 3, 6, 9, 12), aber auch in Passage 8, in der sie grundsätzliche Überlegungen zur Fragestellung der Tagebuchaufzeichnungen anstellt.

re Kern meines Selbst.“ (F 1) Dies ist zum Zeitpunkt der Tagebuchaufzeichnungen die „Überzeugung“ (F 1) der Seelsorgerin, es ist „Glaube“ (F 1), Glaubenswahrheit, die freilich eine biographische Grundierung im persönlichen Leben (Tod des Sohnes) hat und von ihr als solche auch explizit benannt wird.

Von einer aktuellen persönlichen Gotteserfahrung, in der auch deutlich wird, in welcher Weise sich für F das Gott-Mensch-Verhältnis gestaltet, schreibt die Seelsorgerin am deutlichsten in Passage 10, in der sie eine Sitzung des Ausschusses für Caritas und Soziales schildert und in diesem Zusammenhang ihren Entschluss, die Mitglieder zu einem persönlichen Austausch über die eigene Not anzuleiten, deutet: „[…] ja, das hatte etwas mit Gott (und seinem Geist) zu tun. Und auch dieser mein Impuls nach der letzten Sitzung, in diese Richtung weiterzugehen, war sein ‚Ruf‘, seine ‚Inspiration‘.“ (F 10) In der intuitiven Urteilskraft der Seelsorgerin ist Gott am Werk, ihre richtige pastorale Entscheidung ist „inspiriert“, ihr Impuls ist Gottes Ruf und seine Inspiration.

Zeiten des persönlichen und gemeinschaftlichen Gebets, geistliche Lektüre, Meditation und Stillezeiten gehören selbstverständlich zum Tagesablauf der Seelsorgerin.[186] Im Gegensatz zu anderen Tagebuchaufzeichnungen finden sich jedoch im Tagebuch selbst keine expliziten Gebetspassagen. Dies korrespondiert damit, dass F auch in der Schilderung aktueller, persönlicher Gotteserfahrungen sehr zurückhaltend und diskret ist.

#### 5.2.6.5.2 Orte und Zeiten

Der seelsorgliche Alltag, der für die Seelsorgerin F als „Alltagskram zwischen Computer, Organisation und Kleinkram“ (F 12) gekennzeichnet und oft mit Mühe, Widrigkeiten und Pastoralmanagement in Verbindung gebracht wird,[187] ist für die Seelsorgerin ein fragwürdiger Gottes-Ort. An verschiedenen Stellen des Tagebuchs deutet sich eine tendenzielle Ausschließlichkeit von Gotteserfahrung und alltäglicher pastoraler Arbeit an. Dies hat seinen Grund wohl darin, dass die Seelsorgerin F „Gotteserfahrung“ nicht von der bewussten Pflege der Gottesbeziehung trennt, die Pflege der Gottesbeziehung aber der Privatsphäre zuordnet. Inspiriert von einem geistlichen Text des Jesuitenpaters Alfred Delp formuliert sie im Hinblick auf den „Dialog mit dem Heiligen Geist“ (F 3): „Im täglichen Wursteln ist wenig Behutsamkeit und hellhörige Wachheit, kaum empfindsame Offenheit. Diese Eigenschaften verweisen auf die Ruhe des heimatlichen Schreibtischs oder

---

[186] Vgl. Passage 1, 3 und 4.

[187] Vgl. Passage 3, 5, 8 und 12.

Sofas.“ (F 3) Für die Pflege der Gottesbeziehung scheint F die Sphäre des Alltäglichen, die wenig heroisch oder erhebend ist, nicht geeignet zu sein. F bringt die Pflege der Gottesbeziehung mit der Unterbrechung des Alltäglichen, mit ausgesparten Mußezeiten in Verbindung.

Der Seelsorgealltag, den F erlebt, ist für sie – im Hinblick auf die Frage nach der Gottespräsenz – von provozierender Banalität:

> „Ja, und was ist dann mit zwei stinknormalen Unterrichtsstunden mit dem einzigen Highlight, dass eine Schülerin mich nach der Stunde fragt, ob ich schon mal im Kernspind war, wie das denn ist und ich ihr anmerke, dass es ihr unheimlich ist und ich mich freue, dass sie mir das anvertraut? Ja, und was ist dann mit der sich daran anschließenden Büroarbeit: wegräumen, sortieren, Büromaterial bestellen, Mails beantworten? Ja, und was ist dann mit dem Gespräch mit einem PGR-Mitglied über die mögliche Finanzierung eines Buches, das wir gerne drucken möchten und das kurze Vorbeischauen im zweiten Pfarrbüro: gibt es was Neues? Hast du meine SMS bekommen? Unterschreib noch diesen Brief? Wie hat das mit dem Beamer geklappt? Wie könnten wir das im Pfarrblatt hinkriegen, dass…“ (F 8)[188]

Als herausragender Ort der Gotteserfahrung im Seelsorgealltag kristallisiert sich für die Seelsorgerin F das „Zwischen“ – als Zwischenraum zwischen Menschen und als Zwischenraum zwischen Gott und dem Menschen – heraus. In Passage 9 erklärt sie, in der Frage nach den Erfahrungen der Gottespräsenz im Seelsorgealltag einen „neuen Anlauf“ (F 9) nehmen zu wollen, nachdem sie sich tags zuvor grundsätzlich an ihrer Skepsis und ihrem Ärger im Umgang mit der Aufgabenstellung des Tagebuchs abgearbeitet hatte.[189] Sie zeigt sich inspiriert von einem Artikel von Bernhardin Schellenberger, der von der „unfassbaren Kraft des Zwischen“ (F 9) spricht und damit sowohl das meint, „was in der Ausrichtung auf den / die andere und im Dialog als kreativer Raum entsteht, was zwischen Menschen passiert, wenn sie wirklich offen und ausgerichtet auf den anderen sind“ (F 9), als auch an das, „was ‚zwischen‘ Gott und Mensch in dieser Ausrichtung geschieht – im Gebet, im Ruf / in der Berufung Gottes“ (F 9).

---

[188] Das Motiv „Alltäglichkeit“ bzw. „Alltag“ wird von F in Passage 12 erneut aufgegriffen. Sie referiert Ausführungen Rahners zum Pfingstfest, in denen es – nach ihrer Darstellung – ebenfalls um die Frage geht: „Kann man den Heiligen Geist im Alltag erfahren?“ (F 12) In diesem Zusammenhang führt sie in ihren Alltagsbegriff eine Differenzierung ein und unterscheidet den Alltagsbegriff, den Karl Rahner in seinen Ausführungen verwendet und der besondere und herausragende Erfahrungen im Alltäglichen meint, und ihre eigenen Alltagserfahrungen, die banal und bedeutungslos sind: „Alltagskram zwischen Computer, Organisation und Kleinkram“ (F 12). Die Schwierigkeit, Gott in der Banalität ihres Arbeitsalltages zu entdecken, führt F an dieser Stelle auf eigenes Unvermögen, auf mangelnde Übung und mangelnde geistliche Erfahrung zurück: „Na, da fehlt mir halt noch Einiges.“ (F 12) Sie tut dies mit einer gewissen Leichtigkeit, gleichsam mit einem Augenzwinkern.

[189] Vgl. die Ausführungen im Kapitel 5.2.6.3.

Mit dieser neuen „Brille“ (F 9) macht sich die Seelsorgerin erneut auf die Suche. Die Aufgabenstellung des Tagebuchs, nach Erfahrungen der Gottespräsenz im Seelsorgealltag Ausschau zu halten, wird so für sie erklärtermaßen „erträglicher, stimmiger“ (F 10). Das „Zwischen“ habe mit Gott zu tun, so reflektiert sie über den gelungenen Austausch im Ausschuss für Caritas und Soziales: „Das was da ‚zwischen‘ uns war an Behutsamkeit, wachem Zuhören und geduldigem Aushalten, an Tränen und Mut […]“ (F 10) Und einige Tage später, im Rückblick auf einen „vollgestopften Tag“ (F 15), in dem ihr der Krankenbesuch bei einer Kollegin ein Lichtblick war,[190] meint sie im Hinblick auf dieses Gespräch: „Wenn die Rede von Gott sein kann, dann dort. Das mit dem ‚Zwischen‘ ist nicht so verkehrt, es passt zumindest zu meinem Gefühl.“ (F 15) – Der Suchbewegung „Zwischen“ wird eine gewisse Tragfähigkeit und Plausibilität im Hinblick auf ihren persönlichen Erfahrungshorizont attestiert. – Erfahrungen menschlicher Verbundenheit und Zugewandtheit haben für die Seelsorgerin F spirituelle Dignität – und dies bereits zu einem Zeitpunkt, zu dem sie sich die „Brille des Zwischen“ noch nicht bewusst angeeignet hat. Dies wird deutlich in Passage 7, in der Beschreibung eines Jugendgottesdienstes mit Pfadfindern: „Gottespräsenz? Ja, sicher, für mich spürbar beim Segen, den ich mit dem Diakon im Wechsel gesprochen habe. Da habe ich den Kontakt zu den Jungs und Mädels sehr gespürt – von Herzen.“ (F 7) Innere Beteiligung („von Herzen“), menschliche Zuneigung und Verbundenheit und Gotteserfahrung sind die konstitutiven Momente dieser Erfahrung.

Hinsichtlich besonderer Gottes-Zeiten findet sich in den Tagebuchaufzeichnungen von F eine Orientierung, die der Infragestellung des Alltages als Gottes-Ort verwandt ist: Gotteserfahrung wird von F häufig in Zusammenhang gebracht mit einer Haltung des „Innehaltens“, mit dem Moment der Unterbrechung des Alltäglichen: Die Gewöhnlichkeit einer Religionsstunde zum Thema „Schöpfung /Evolution“ wird durchbrochen in einem „Moment des Staunens und Erschreckens“ (F 2), ein „Schauder“ (F 2) ergreift SchülerInnen und Lehrerin, ein „kleines Erschrecken in der Luft“ (F 2) ist spürbar. Und in eben dieser Unterbrechung des Alltäglichen, in diesem Moment, in der der gewöhnliche Gang des Unterrichts ins Stocken gerät, ist „vielleicht Gott drin“ (F 2).

Zeiten des persönlichen Innehaltens ereignen sich nicht in der Arbeit selbst, sondern am Tagesrand.[191] Um gute pastorale Arbeit zu leisten und den tägli-

---

[190] „Es geht mir am besten, wenn ich im Kontakt bin mit Menschen, im Gespräch, im Austausch.“ (F 15)

[191] Vgl. Passage 1: Hier erzählt sie von Zeiten des Innehaltens und der Besinnung am Morgen, bei einem Gang durch den Garten.

chen Anforderungen des Seelsorgealltags zu genügen, ist es nach der Einschätzung von F sogar gar nicht zielführend, den Arbeitsfluss „spirituell zu unterbrechen“.[192]

#### 5.2.6.5.3 Gegenwartsweisen, Wirkung und Qualifizierung des Erlebens

In der ausdrücklichen und eindeutigen Benennung aktueller Erfahrungen der Gottespräsenz ist die Seelsorgerin F sehr zurückhaltend. Wenn sie Deutungsversuche unternimmt, dann tut sie dies zumeist vorläufig oder mit Einschränkungen. Sie setzt – bewusst und ausdrücklich benannt – neue „Brillen“ (F 10) auf, eignet sich neue Wahrnehmungsraster an, mit denen sie ihre pastoralen Erfahrungen hinsichtlich der Fragestellung der Tagebuchaufzeichnungen gleichsam „prüft“. An anderer Stelle stellt sie einer Erfahrung – probeweise – eine Deutung zur Seite: So z.B. beschreibt sie zunächst eine anstrengende und zermürbende Arbeitserfahrung und ihre persönliche Disposition: „Ich war heute nachsitzen im Büro […] Der Drucker hat immer noch nicht gemacht, was ich wollte – ich habe vor Verzweiflung geheult. Das passt gar nicht zu mir, aber so war’s.“ (F 6) An diese Schilderung schließt sich eine probeweise Deutung an, die einen Gutteil Skepsis in sich birgt: „Paulinische Schwachheit, so deuten wir das jetzt mal. Er war Gott auch näher in der Schwachheit und hat gespürt, dass Gott gerade dann durch ihn wirkt.“ (F 6)

Ähnlich stellt sie auch in Passage 15 einer Erfahrung eine versuchsweise Deutung zur Seite: Zunächst erzählt sie von einem Krankenbesuch bei einer Kollegin, bei dem sie sich wohl gefühlt hat. Eben dieser Situation attestiert sie unmittelbar im Abschluss an die Erzählung, dass man dort am ehesten von Gott sprechen könne.[193] Hatte sie noch wenige Passagen vorher den Versuch, die Gottespräsenz in der eigenen Erfahrung und in der persönlichen emotionalen Ergriffenheit zu verorten, als unzureichend abgelehnt,[194] so hat jetzt diese Deutungsmöglichkeit an Plausibilität gewonnen: „Ob man Gott am eigenen Wohl-Gefühl festmachen darf? Warum nicht?“ (F 15)

---

[192] Vgl. Passage 3: „Wir sorgen für eine gute Qualität unserer Arbeit, versuchen nichts zu übersehen, den täglichen Anforderungen zu genügen. Es wäre nicht wirklich hilfreich, wenn ich mich dabei ‚spirituell unterbrechen’ würde.“ (3)

[193] „Wenn die Rede von Gott sein kann, dann dort.“ (F 15)

[194] F unterscheidet in Passage 8 zwei grundsätzliche Zugangsweisen zum Thema „Gotteserfahrung“: Die behauptende Glaubensrede („Glaubensbekenntnis“) und eine erfahrungsbezogene Glaubensrede („Mystik im weitesten Sinne“). Die erfahrungsbezogene Glaubensrede „geht in die Tiefe, verortet Gott in der Erfahrung, weiß ihn dort, wo ich persönlich angerührt bin, emotional beteiligt […] Aber du lieber Himmel, Gott ist a) nicht nur da, wo ich fühle, und b) welche Anmaßung, das so mit der Stecknadel anzupinnen.“ (F 8)

Auffällig ist, dass sie bei Erfahrungen ganz unterschiedlicher emotionaler Qualität – an Erfahrungen des Scheiterns und der Schwachheit und an Erfahrungen des Wohlgefühls – Deutungsversuche hinsichtlich der Gottespräsenz unternimmt.

Betrachtet man jene Belegstellen, in denen die Seelsorgerin eine mögliche Präsenz Gottes postuliert, dann bewirkt Gottes Gegenwart Kontakt, Offenheit und Verbundenheit zwischen Menschen: Im Jugendgottesdienst mit den Pfadfindern spürt sie „von Herzen“ (F 7) den „Kontakt zu den Jungs und Mädels“ (F 7), im Ausschuss für Caritas und Soziales ist es das „an Behutsamkeit, wachem Zuhören und geduldigem Ausharren, an Tränen und Mut“ (F 10), was sie in besonderer Weise hervorhebt und in Zusammenhang mit dem Wirken Gottes bringt. Im Hinblick auf die eigene Biographie und auf eine existenzielle Verlusterfahrung (Tod des Sohnes) zeigt sich Gott als einer, der „letzter Halt und Gewissheit“ ist „in Zeiten, als alles verloren war“ (F 1).

Gottes Gegenwart wird von der Seelsorgerin als eine dynamische Gegenwartsweise gekennzeichnet. Einem statischen Begriff von Gottespräsenz erteilt die Seelsorgerin eine Absage: „Ich merke, dass mich dieses Wort ‚Gottespräsenz' irritiert, irritiert hat. Es ist für mich zu statisch.“ (F 9) Mit der erneuerten Suchperspektive des „Zwischen“ will sie „nach der Bewegung suchen, nicht nach dem Ort“ (F 9).

Die Seelsorgerin F verfügt über ein reflexives Bewusstsein darüber, dass es einer gewissen persönlichen Disponiertheit bedarf, um Erfahrungen der Gottespräsenz als solche qualifizieren und benennen zu können. Diese persönliche Disponiertheit wird von ihr mit den Begriffen „viel Übung“ (F 12) und „geistliche Erfahrung“ (F 12) umrissen. Außerdem reflektiert sie über das Phänomen, dass Gotteserfahrung erst im Rückblick, in der Retrospektive als solche benannt werden könne:[195] „[…] vielleicht geht es ja nur im (sehr) langen Abstand, der es ermöglicht, Überblick zu gewinnen, einen Schritt zurückzutreten.“ (F 12)

#### 5.2.6.6 *Das spezifische Profil: „Im Zwischen“ – Gotteserfahrung in Offenheit und menschlicher Verbundenheit*

Auffällig erscheint das starke, engagierte Bemühen um intellektuelle und kognitive Durchdringung der Aufgabenstellung, gerade auch in Auseinandersetzung und Anknüpfung an geistliche Autoren. Tagebuchschreiberin F setzt sich der Aufgabe aus, „Gott nachzudenken“[196]. Den Erfahrungen des

---

[195] Vgl. Passage 6 und Passage 12.

[196] Vgl. Passage 2.

pastoralen Alltags stellt F spirituelle Deutungsversuche zur Seite und prüft diese auf ihre Tragfähigkeit. Das Tagebuch verfügt deshalb auch über ein hohes Maß an reflexiven Anteilen, die erzählenden und beschreibenden Passagen treten demgegenüber zurück. Im Vergleich mit den anderen Tagebüchern ist das Bemühen um eine intellektuelle Durchdringung der Aufgabenstellung bei F am deutlichsten ausgeprägt, was auch mit dem Bedürfnis zusammenhängen mag, den Intimraum der persönlichen Gottesbeziehung vor Indiskretionen zu schützen. Während des ganzen Tagebuchs tauchen immer wieder deutlich artikulierte Widerstände gegen die Aufgabenstellung auf.

Das Gottesbild in den Tagebuchaufzeichnungen der Seelsorgerin F ist wesentlich pneumatologisch konnotiert. Als tragfähigste Vorstellung von Gottesgegenwart kristallisiert sich für F die Vorstellung von der Gotteserfahrung im „Zwischen" – heraus: als das, „was in der Ausrichtung auf den / die andere und im Dialog als kreativer Raum entsteht, was zwischen Menschen passiert, wenn sie wirklich offen und ausgerichtet auf den anderen sind" (F 9), aber auch als das, „was ‚zwischen' Gott und Mensch in dieser Ausrichtung geschieht – im Gebet, im Ruf / in der Berufung Gottes" (F 9).

Auch der Zusammenhang von Erfahrung der Gottespräsenz und Unterbrechung des Alltags ist deutlich konturiert. Die Banalität des Seelsorgealltags – gerade im Hinblick auf die Frage nach der Gottespräsenz – stellt für F eine Provokation dar.

In ihre alltägliche Arbeitspraxis, in die Haltungen und Grundorientierungen, die ihr dabei wichtig sind und die ihr pastoralen Handeln prägen, gewährt F detaillierten Einblick: Deutlich konturiert ist ihre Lust an der Gestaltung pastoraler (Entwicklungs-)Prozesse. Mit innerer Beteiligung einer sinnerfüllten Tätigkeit nachgehen zu können, ist für die Seelsorgerin eine wesentliche positive Grundorientierung in ihrem Arbeiten. Im Kontrast dazu steht die Arbeitserfahrung eines „uninspirierten Kirchendiensts" (F 5).

## 5.3 Die Pastoraltagebücher im Vergleich – Aspekte der komparativen Analyse

Nachdem die Pastoraltagebücher der sechs Seelsorgerinnen in ausführlichen Fallbeschreibungen vorgestellt worden sind, sollen in einem nächsten Schritt Aspekte der komparativen Analyse zur Darstellung kommen. Dabei werden zunächst im tabellarischen Überblick zentrale Grundorientierungen der Tagebuchaufzeichnungen skizziert und daraufhin die Grundorientierungen im Bereich „Gotteserfahrung" und „seelsorgliches Selbstverständnis" miteinander verglichen und ins Verhältnis gesetzt. In einem zweiten Schritt geht der Blick ins Detail, und ausgewählte Einzelaspekte rücken ins Blickfeld. In einem dritten Schritt sollen „Deutevorgänge“ näher beleuchtet und damit gezeigt werden, wie unterschiedlich die Seelsorgerinnen Erfahrungen als Erfahrungen von Gottespräsenz qualifizieren. Abschließend und zusammenfassend wird – auf dem Hintergrund des Forschungsansatzes der „Kommunikativen Theologie“ – der Versuch einer kommunikativ-theologischen Systematisierung der empirisch-theologischen Forschungsergebnisse unternommen.

Eine Einbettung der Forschungsergebnisse in den Forschungsansatz der „Kommunikativen Theologie“ erschien theologisch produktiver und zielführender als eine weitere Fortführung und Abstrahierung der Forschungsergebnisse mit dem methodischen Instrumentarium der Dokumentarischen Methode. Aus diesem Grund wurde auf eine sinn- und soziogenetische Typenbildung verzichtet.

### 5.3.1 Gotteserfahrung und seelsorgliches Selbstverständnis – Grundorientierungen der ausgewerteten Tagebücher im Vergleich

Sechs Tagebücher wurden einer ausführlichen formulierenden und reflektierenden Interpretation unterzogen und dargestellt.[197] Im Folgenden sollen nun zentrale Grundorientierungen der sechs Tagebücher tabellarisch einander gegenüber gestellt werden. Aufgeführt werden:

- das sich in den Aufzeichnungen konturierende Gottesbild,
- die dominierenden Merkmale und Erfahrungskontexte der Gotteserfahrung,
- Grundorientierungen des seelsorgerlichen Selbstverständnisses,
- das aus Gottesbild, Gotteserfahrung und seelsorglichem Selbstverständnis resultierende „persönliche Credo“,
- und der herausragende Gottes-Ort.

[197] Vgl. Kapitel 5.2.

## Seelsorgerin A

| | |
|---|---|
| **Gottesbild** | der „Zumutende“ (A 18), dem ich/man vertrauen kann, der hoffen lässt, der nahe ist und stützt |
| **Gotteserfahrung** | in der Zumutung, im Zufälligen, zufällig Glückenden, unvermutet-gnadenhaft Zufallenden<br>Kairosvorstellung: zur rechten Zeit an rechten Ort<br>Chiffre: „Geschenk“<br>die Erfahrung Gottes ist menschlicher Verfügbarkeit entzogen (Widerständigkeit der Erfahrung Gottes) |
| **Seelsorgerin sein** | nah sein, trösten, (stellvertretend) beten und hoffen<br>Motiv: „Stellvertretung“ (A 9, A 18)<br>Rollenprofil: Fürsprecherin, Brückenbauerin |
| **persönliches Credo** | „Glaubenshoffnung in/trotz Widrigkeiten“ |
| **herausragender Gottes-Ort** | im Leben anderer Menschen |

## Seelsorgerin B

| | |
|---|---|
| **Gottesbild** | der, mit dem ich mein Herz auffülle bis zum Rand (B 19) |
| **Gotteserfahrung** | im Schönen, im Auserlesenen, im starken, positiven Gefühl (Rauschhaftigkeit, Entgrenzung)<br>Gott ereignet sich – zuweilen plötzlich und unvorhergesehen; aber auf die Erfahrung Gottes kann der Mensch auch Einfluss nehmen: „den Unbegreiflichen herbeiglauben, herbeisehnen, herbeilieben“ (B 2) |
| **Seelsorgerin sein** | das wichtigste Instrument in der Seelsorge: die eigene Person<br>hohes Pflichtgefühl, ausgeprägtes Verantwortungsbewusstsein, überdurchschnittliches Engagement vs. rauschhaft-entgrenztes religiöses Erleben<br>Lebensaufgabe: in der eigenen Person Gottes Gegenwart aufscheinen zu lassen<br>Rollenprofil: „berufen“ zur Priesterin |
| **persönliches Credo** | „Gott hält eine große Verheißung für mein Leben bereit.“ |
| **herausragender Gottes-Ort** | in Gruppen und Gruppenprozessen, in Menschen, in der eigenen Person |

## Seelsorgerin C

| | |
|---|---|
| **Gottesbild** | der, mit dem ich ringe, dem ich „trotze“ (C 32), der aber auch stärkt, kräftigt und hilft |
| **Gotteserfahrung** | im Widerständigen<br>Kairosvorstellung: Gott ist „dran“ (C 2) |
| **Seelsorgerin sein** | Menschen – besonders in Krisensituationen – solidarisch nah sein: „Mut machen, den Menschen aufbauen, Hilfe zur Selbsthilfe geben, Eigenkräfte stärken, Zeit haben“ (C 33)<br>Motiv: „Anwaltschaft“<br>Rollenprofil: Anwältin |
| **persönliches Credo** | „Es ist geboten, Widerstand gegen Gott zu wagen, den Widerspruch und die Auseinandersetzung nicht zu scheuen und dennoch/trotzdem Gottvertrauen zu bewahren bzw. wieder zu erringen und dabei die Lebensfreude nicht zu verlieren.“ |
| **herausragender Gottes-Ort** | in Krisen-, Leid- und Unrechtserfahrungen |

## Seelsorgerin D

| | |
|---|---|
| **Gottesbild** | der gute Hirte, der Geborgenheit, Schutz und Sicherheit gewährt (hierarchisch ausgeprägtes Fürsorgeverhältnis)<br>auch: der ins Ungewisse und in die größere Offenheit führen könnte (Exodusthematik) |
| **Gotteserfahrung** | im Unscheinbaren und Unaufgeregten: „ohne besondere Höhen oder Tiefen“ (D 13) |
| **Seelsorgerin sein** | „Lust und Frust des Seelsorgealltags“: Zusammenhang von Arbeitserfolg/emotionaler Zufriedenheit und Misserfolg in der Arbeit/starker emotionaler Beeinträchtigung<br>„selbst ganz drin u. ganz dabei“ (D 44)<br>Emotionale Berührtheiten und emotionale Berührbarkeit sind integrativer Bestandteil seelsorglicher Professionalität.<br>Wert: ernsthaft, verbindlich und verlässlich arbeiten<br>Ringen um die „innere Richtigkeit“ ihres Handelns<br>Seelsorgerin schätzt Überschaubarkeit, seelsorgliche Kontexte, die von Verbundenheit, Nähe und Vertrautheit geprägt sind.<br>Rollenprofil: die Vertrautheit und Sicherheit Suchende und Gewähren-Wollende |

| | |
|---|---|
| **persönliches Credo** | „Gott schenkt Sicherheit und Vertrautheit. Ihm kann man sich – gerade auch in Krisensituationen – gläubig anvertrauen.“ |
| **herausragender Gottes-Ort** | in Kontexten, die sich durch eine positive emotionale Grundierung auszeichnen (Vertrautheit, innere Beteiligung, Inspiration) |

## Seelsorgerin E

| | |
|---|---|
| **Gottesbild** | der, der für mich umsichtig sorgt und weiß, was gut für mich ist (hierarchisch ausgeprägtes Fürsorgeverhältnis) |
| **Gotteserfahrung** | im Einwilligen in die eigene Schwäche<br>Motiv: Krankheit als „Gottes-Geschenk“ |
| **Seelsorgerin sein** | Arbeitsüberlastung<br>Ringen um Schutz der gefährdeten Privatsphäre<br>Arbeit mehr als nur „Job“, wichtig: innere Beteiligung<br>ausgeprägtes Pflicht- und Verantwortungsgefühl<br>Werte: Intuition, „innere Pünktlichkeit“ und Gegenwärtigkeit<br>realitätsbezogen und theorieskeptisch<br>Rollenprofil: „Anschucker“ (E 16) |
| **persönliches Credo** | „Gott sorgt sich um uns, er behütet und beschützt.“ |
| **herausragender Gottes-Ort** | in der eigenen Person |

## Seelsorgerin F

| | |
|---|---|
| **Gottesbild** | der sich im „Zwischen“ (F 9, F 10) ereignet (pneumatologische Akzentuierung) |
| **Gotteserfahrung** | im Kontakt, in der Offenheit und Verbundenheit zwischen Menschen |
| **Seelsorgerin sein** | Arbeiten mit „Herz“: Wert der inneren emotionalen Beteiligung, negativer Gegenhorizont: „uninspirierter Kirchendienst“ (F 5)<br>Leitvorstellung pastoraler Arbeit: „Prozess und Entwicklung“<br>Werte: Achtsamkeit, situationsgerechtes Handeln, Intuition, „Rechtzeitigkeit“<br>Rollenprofil: Pastoralarbeiterin |
| **persönliches Credo** | „In Erfahrungen menschlicher Verbundenheit und Zugewandtheit ist Gott am Werk.“ |
| **herausragender Gottes-Ort** | im Zwischen |

Aus der Fülle an möglichen Vergleichspunkten sollen im Folgenden die Grundorientierungen „Gotteserfahrung“ und die Grundorientierungen „seelsorgliches Selbstverständnis“ näher dargestellt und in Beziehung gesetzt werden. Dabei werden zunächst die Erfahrungen von Gottespräsenz unter der Rücksicht beleuchtet, in welchen Erfahrungskontexten („verstörend-widerständig“ oder „affirmativ-bestätigend“) sie von den Seelsorgerinnen situiert werden. Im Anschluss daran wird die Frage erörtert, welche Korrespondenzen sich zwischen den Grundorientierungen im Bereich „Gotteserfahrung“ und den Grundorientierungen im Bereich „seelsorgliches Selbstverständnis“ aufzeigen lassen.

#### *5.3.1.1 Wo Gott gefunden wird... – Die Grundorientierung „Gotteserfahrung“ und ihre Erfahrungskontexte*

Erfahrungen der Gottespräsenz situieren die Seelsorgerinnen in den folgenden Erfahrungskontexten:

- in der Zumutung, im Zufälligen, zufällig Glückenden und unvermutet-gnadenhaft Zufallenden (Seelsorgerin A),
- im Schönen und Auserlesenen, im starken, positiven Gefühl, in Rauschhaftigkeit und Entgrenzung (Seelsorgerin B),
- im Widerständigen (Seelsorgerin C),
- im Unscheinbaren und Unaufgeregten (Seelsorgerin D),
- im Einwilligen in die eigene Schwäche (Seelsorgerin E),
- im Kontakt, in der Offenheit und Verbundenheit zwischen Menschen (Seelsorgerin F).

Betrachtet man die zentrale Erfahrungskontexte, in denen die Seelsorgerinnen ihre Erfahrungen der Gottespräsenz ansiedeln, unter der Rücksicht, ob ihre Gotteserfahrungen die Grundorientierung „verstörend-widerständig“ oder die Grundorientierung „affirmativ-bestätigend“ aufweisen, so ergibt sich das folgende Bild: Die Seelsorgerinnen C und E situieren ihre Erfahrungen von Gottespräsenz in Kontexten, die die Grundorientierung „verstörend und widerständig“ aufweisen, die Seelsorgerinnen B, D und F in Kontexten mit der Grundorientierung „affirmativ-bestätigend“. Bei Seelsorgerin A findet sich eine Mischform.

### *5.3.1.2 Ins Verhältnis gesetzt – Korrespondenzen zwischen den Grundorientierungen im Bereich „Gotteserfahrung" und im Bereich „seelsorgliches Selbstverständnis"*

Einen guten Einblick in das seelsorgliche Selbstverständnis der Seelsorgerinnen und in Grundorientierungen und Grundüberzeugungen seelsorglichen Handelns bieten alle sechs Tagebuchaufzeichnungen. Zumeist ist auch ein deutliches seelsorgliches Rollenprofil auszumachen:

- die „Fürsprecherin" und „Brückenbauerin" zwischen Gott und den Menschen (Seelsorgerin A),
- die zur Priesterin Berufene, deren Aufgabe es ist, in der eigenen Person etwas von Gott aufscheinen zu lassen (Seelsorgerin B),
- die „Anwältin" für Menschen in Krisensituationen (Seelsorgerin C),
- die Vertrautheit und Sicherheit Suchende und Gewähren-Wollende (Seelsorgerin D),
- die „Anschuckerin" und Initiatorin individueller Glaubensprozesse und Prozesse der Gemeindebildung (Seelsorgerin E),
- die prozess- und entwicklungsorientierte „Pastoralarbeiterin" (Seelsorgerin F).

Die individualseelsorgliche Orientierung steht in den Tagebuchaufzeichnungen bei einer Mehrzahl der Seelsorgerinnen im Vordergrund (Seelsorgerin A, C, D, in eingeschränktem Maß auch Seelsorgerin B[198]), eine mehr gemeinschaftlich-gemeindliche seelsorgliche Orientierung findet sich in den Tagebuchaufzeichnungen der Seelsorgerinnen E und F.

Im Vergleich der Tagebuchaufzeichnungen können bei allen Seelsorgerinnen Korrespondenzen zwischen dem sich in den Tagebuchaufzeichnungen konturierenden Gottesbild und den Grundzügen ihres seelsorglichen Selbstverständnisses festgestellt werden. Das Verhältnis kann in drei Fällen (Tagebuchaufzeichnungen der Seelsorgerin A, E und F) mit „Abbildung", in zwei Fällen (Tagebuchaufzeichnungen der Seelsorgerin B und C) mit „Ergänzung" beschrieben werden. Bei den Tagebuchaufzeichnungen der Seelsorgerin D treffen die Kategorien „Abbildung" und „Ergänzung" zu.

---

[198] Diese individualseelsorgliche Orientierung korrespondiert mit einem seelsorglichen Rollenprofil, das der Seelsorgerin einer Mittlerfunktion zwischen Gott und den Menschen zuspricht.

### 5.3.2 Ausgewählte Einzelperspektiven im Vergleich

Neben den unter 5.3.1 dargestellten Grundorientierungen in den Bereichen „Gottesbild", „dominierende Merkmale und Erfahrungskontexte der Gotteserfahrung", „seelsorgerliches Selbstverständnis", „persönliches Credo" und „herausragender Gottes-Ort" ließen sich im Verlauf der Auswertungs- und Interpretationsarbeit ausgewählte Einzelperspektiven und einzelne Motive ausmachen, die aufschlussreiche Einblicke und Einsichten zur Forschungsfrage nach den Erfahrungen von Gottespräsenz im beruflichen Alltag von Seelsorgerinnen versprechen.

#### *5.3.2.1 (Un-)Verfügbar? – Gotteserfahrung zwischen Widerfahrnis, Geschenk und „Herbeiglauben"*

Mehrheitlich wird Gotteserfahrung in den Tagebuchaufzeichungen als etwas beschrieben, was dem persönlichen Planen und Gestalten und der menschlichen Verfügbarkeit und Machbarkeit entzogen ist. Gotteserfahrung wird als Widerfahrnis beschrieben. Gott ereignet sich plötzlich und unvermutet – auf beglückende und bedrängende Art und Weise.

Im Zusammenhang mit dem Erleben der Unverfügbarkeit des Gottesereignisses ist auch die häufige Verwendung der Chiffre „Geschenk" zu sehen. Die „Geschenk"-Chiffre findet sich im Erzählen von Erfahrungen, die direkt oder indirekt religiös konnotiert sind: im Kontext einer überwältigenden Naturerfahrung (A 16),[199] im Zusammenhang mit geglückten seelsorglichen Begegnungen (A 3, D 40),[200] in der emotional erhebenden Erinnerung an ein fundamentales, religiöses Erlebnis,[201] sogar in der Erfahrung von Erschöpfung und erlösender Krankheit.[202]

---

[199] Im Tagebuch der Seelsorgerin A findet sich die folgende Passage: „Welche Schönheit, / sich vor mir ausbreitet, / die unverdient / geschenkt / sich vor mir ausbreitet." (A 16)

[200] Über ein seelsorgliches Tür- und Angel-Gespräch im Krankenhaus schreibt die Seelsorgerin A abschließend: „Ein Geschenk für mich, ihn genau zu diesem Zeitpunkt an diesem Ort getroffen zu haben."(A 3) Ähnlich auch Seelsorgerin D in der Schilderung von zwei geglückten seelsorglichen Begegnungen: „Dann die versprochene Krankenkommunion. Der ältere Mann erzählt mir, wie wenn wir uns schon immer kennen würden und wie wenn ich alle in seinem Dorf und in seiner Familie kenne. Das passiert ab und zu. Erstaunlich und schön, wie viel Vertrauen manche Menschen haben (bes. ältere), wenn jemand von der Kirche kommt – oder es ist immer so bei ihnen – egal; ich fühle mich dann immer beschenkt." (D 40) „Ich wundere und freue mich immer wieder über das Vertrauen der Kinder, wenn sie von ihren Erlebnissen, ihren Familien, Gedanken, Wünschen … erzählen, das sind Geschenke." (D 10)

[201] Seelsorgerin B kommentiert ihr erinnerndes Erzählen an ein elementares Glaubenserlebnis ihrer Jugend mit den folgenden Worten: „Ich spürte, dass der Gedanke an Taizé, an Frère Ro-

Dass Gott sich im Leben der Seelsorgerinnen ereignet, entzieht sich menschlicher Verfügbarkeit – so der Grundduktus der Tagebuchaufzeichnungen. Vereinzelt finden sich jedoch Hinweise darauf, dass Seelsorgerinnen das auch anders einschätzen und erleben. Um die Spuren göttlicher Gegenwart entdecken zu können, bedarf es einer gewissen Schulung der Aufmerksamkeit, eine Haltung der Offenheit, ein Sich-Disponieren. Seelsorgerin F rekurriert auf Ausführungen Karl Rahners zum Pfingstfest und zur Erfahrung des Heiligen Geistes, vermerkt, dass sie es schön finde, „wie er betont, dass es viel Übung und geistliche Erfahrung braucht, um das Wirken des Geistes zu erkennen“ (F 12), meint dann aber: „Na, da fehlt mir halt noch Einiges.“ (F 12) – Seelsorgerin B erzählt in detaillierter Weise davon, wie sie sich während eines Gottesdienstes in einen bewusst erhöhten Aufmerksamkeitszustand versetzt:

> „Es klingt vielleicht übertrieben oder erhaben, aber ich gehe nicht, ich schreite sehr bedächtig durch die Gänge beim Betreten der Kirche oder beim langen Weg über die verschiedenfarbigen Steinfliesen hin zum Kommunionempfang. Ich versuche in diesen für mich uralt-heiligen Raum hineinzugehen, ihn aufzunehmen mit allen Sinnen. Auch meine Augen wandern umher, bleiben an einem der schönen bunten Glasfenster hängen, nehmen eine Heiligengestalt war oder den besonderen Lichteinfall, der dieses Gotteshaus heute Morgen zu einem mystischen Ort für mich werden ließ, an dem ich verweilen und innehalten kann.“ (B 22)

Doch nicht allein die Einschätzung, dass es möglich und erstrebenswert sei, sich für die Erfahrung göttlicher Gegenwart zu disponieren und in einen Zustand erhöhter Aufmerksamkeit zu versetzen, findet sich in den Tagebuchaufzeichungen der Seelsorgerin B. Sie neigt zudem zu der Einschätzung, dass der gläubige Mensch auf Gott und sein Erscheinen Einfluss nehmen, ihn unter Zuhilfenahme all seiner affektiven Kräfte „herbeiglauben, herbeisehnen, herbeilieben“ (B 2) könne.

#### *5.3.2.2 „Irgendwer führt mir die Hand...“ – Mittelbarkeit und Unmittelbarkeit göttlichen Wirkens*

In der Regel wird Gottes Wirken in den ausgewerteten Tagebuchaufzeichnungen als ein indirektes Wirken vorgestellt und beispielsweise in Zusammenhang mit (positiven) emotionalen Befindlichkeiten gebracht.[203] Ein ande-

---

ger und seine Communauté genügte, um in mir die Liebe zu wecken … und das ist ein Gottesgeschenk.“ (B 9)

[202] Seelsorgerin E deutet das Erleben eines körperlichen Zusammenbruchs als befreiendes Gottesgeschenk: „Und Gott schenkt mir das körperl. Stopp.“ (E 14)

[203] Seelsorgerin A erzählt von einer emotionalen Bestärkungserfahrung in einer Trauersituation: „Ich spüre Gottes Kraft, Nähe und Inspiration beim Trauergespräch, Vorbereiten und Leiten der Trauerfeier“ (A 22). Seelsorgerin B schreibt von glutvoller Inspiration, die sich im

res Bild zeigt sich in den Tagebuchaufzeichnungen der Seelsorgerin E. Sie rechnet mit der Möglichkeit eines relativ direkten Eingreifens Gottes in die Welt und in ihr eigenes Leben: Gott schickt den Regen, der das von der Seelsorgerin ersehnte Ende eines Ausflugs mit Kommunionfamilien bewirkt (E 16), Gott schickt ihr eine Krankheit, die sie zwingt, sich auszuruhen und zu neuer Kraft zu kommen (E 14). Bei pastoral geglückten Interventionen ist sie geneigt, göttliche Mitwirkung anzunehmen (E 8, E 9) oder es als „göttliche Fügung" zu interpretieren (E 12).

Auffälligerweise werden allerdings Predigt / Predigtvorbereitung und liturgische Leitungsdienste nicht nur von der Seelsorgerin E, sondern auch von anderen Seelsorgerinnen (C, D) als Geschehnisse dargestellt, in denen Gott in relativ unmittelbarer Weise eingreift und sich der Seelsorgerin „bemächtigt". Dem Predigtdienst der Seelsorgerin wird durch eine solche Darstellung besondere Dignität und Bedeutsamkeit zugewiesen. Seelsorgerin E beschreibt die Predigtvorbereitung als einen Prozess, der ihrem Gestaltungswillen und ihrer Gestaltungsmacht entzogen ist und der Ähnlichkeiten mit der Vorstellung biblischer Verbalinspiration aufweist: „Ich kann die Predigt nicht machen." (E 2) Der eigentlich Handelnde ist Gott, Gott gibt der Seelsorgerin das Predigtwort ein: „Immer wieder musste ich mir selber sagen: ‚Ganz ruhig, Gott, wird dir die Worte geben. Den Zeitpunkt spürst du. Dann, schreibe alles auf." (E 2) Ähnlich beschreibt auch Seelsorgerin C den Vorgang einer Predigtentstehung:

> „Nachts entwerfe ich noch zwei Predigten für den Funk. Wieder merke ich, dass meine Themen abgeleitet sind von dem, was ich mit Menschen erlebt habe. Manchmal habe ich das Gefühl der großen Hilfe von oben – wenn die Texte ~~sich~~ wie von selbst in den Computer finden. Irgendwer schreibt durch mich führt mir die Hand. (Ich bin eigentlich doch ein nüchterner Mensch – aber manchmal .......)" (C 15).

Die Vorstellung, „Werkzeug Gottes" zu sein, findet sich auch in den Tagebuchaufzeichnungen der Seelsorgerin D. Dort steht sie im Kontext der Ausübung einer liturgischen Leitungsfunktion:

> „Alle singen und beten intensiv mit. Der Gottesdienst trifft auf ein echtes Bedürfnis. Es berührt mich, daß ich diejenige bin, die hier und jetzt ‚Werkzeug' sein kann/darf. Ich schaffe den Rahmen, daß das Gebet, das Hören, das Singen ‚gebündelt' werden, ‚verdichtet' werden." (D 10)

Hinter diesen unterschiedlichen Vorstellungen, wie mittelbar oder unmittelbar Gottes Wirken zu begreifen ist und welche Rolle die Seelsorgerin selbst

---

Verlauf eines Bibelgesprächs in einer Frauengruppe einstellt: „Ich spürte bei mir und auch den anderen eine große Wärme und Begeisterung, wie etwas Feuriges, das in uns zum Leben erwacht war ..." (B 5). Seelsorgerin F erzählt von einer Erfahrung menschlicher Offenheit und Zugewandtheit während eines geistlichen Austauschs in der Gruppe: „Das was da ‚zwischen' uns war an Behutsamkeit, wachem Zuhören und geduldigem Aushalten, an Tränen und Mut – ja, das hatte etwas mit Gott (und seinem Geist) zu tun." (F 10)

darin spielt, verbergen sich meines Erachtens unterschiedliche Positionen hinsichtlich des Verhältnisses von Gottes Transzendenz und Immanenz.[204]

### 5.3.2.3 *„Gott nachdenken" oder ihn „in den tiefsten Gefühlen finden" – Gotteserfahrung, Emotion und Kognition*

Erfahrungen der Gottespräsenz werden in den ausgewerteten Tagebuchaufzeichnungen oft in Verbindung mit Emotionen gebracht. Starke, authentische Gefühle scheinen für einige der Seelsorgerinnen verlässliche Indikatoren für ein religiöse Erfahrung bzw. eine Erfahrung der Gottespräsenz zu sein. So taucht gerade bei der Schilderung liturgischer Feiern oder gemeinschaftlicher Gebetszeiten die Vorstellung von einer „dichten Atmosphäre" auf: „Wenn wir in unserem kleinen Team so reihum beten, dann empfinde ich das manchmal als ganz ‚dicht' [...]" (B 41), beschreibt Seelsorgerin B ihr Erleben der gemeinsamen Gebetszeiten im Seelsorgeteam. Und Seelsorgerin D schildert eine Komplet im Rahmen einer liturgischen Schulung für Ehrenamtliche: „Die Komplet ist ein schöner, dichter, runder Abschluss für den Kursabend und den Tag." (D 32) Ihr eigenes liturgisches Leitungshandeln beschreibt sie mit den folgenden Worten: „Ich schaffe den Rahmen, daß das Gebet, das Hören, das Singen ‚gebündelt' werden, ‚verdichtet' werden." (D 10)

Seelsorgerin B, in deren Tagebuchaufzeichnungen häufig Hinweise auf emotionale Berührtheiten – „bewegt", „berührt", „gerührt" – finden, reflektiert den hohen Stellenwert, den Gefühle für sie haben und behauptet einen engen Zusammenhang zwischen emotionalem Erleben und Glauben: „Überhaupt stoße ich immer wieder auf Gefühle, die ich wecken kann oder die mich wecken – ohne sie geht das Leben und auch das Glauben nicht ..." (B 21).

Ein deutlicher Zusammenhang zwischen Erfahrungen der Gottespräsenz und positivem emotionalen Erleben zeigt sich bei den Seelsorgerinnen B und D – bei der Seelsorgerin B in einer ekstatisch-extrovertierten Variante, bei der Seelsorgerin D in einer verhalten-introvertierten Variante. In den Tagebuchaufzeichnungen der Seelsorgerin C ist ein Zusammenhang zwischen Erfahrungen der Gottespräsenz und negativem emotionalem Erleben (Wut, Ärger, Unverständnis) zu beobachten.

In den Tagebuchaufzeichnungen der Seelsorgerin A, E und F ist der Zusammenhang zwischen Erfahrungen der Gottespräsenz und einem deutlichen Verweis auf das damit verknüpfte emotionale Erleben der Seelsorgerin nicht so deutlich ausgeprägt wie bei den Seelsorgerinnen B, C und D. Seelsorgerin

---

[204] Vgl. zum Verhältnis göttlicher Transzendenz und Immanenz: Kapitel 2.1.3.3.

F reflektiert allerdings den Zusammenhang zwischen Gotteserfahrung und Emotion: Zunächst problematisiert sie eine Rede von Gottesgegenwart, die Gott lediglich dort verortet, wo er „gefühlt" wird.[205] Im weiteren Verlauf der Aufzeichnungen korrigiert sie jedoch ihre erste Einschätzung und hält es nun für zulässig, Gott am „eigenen Wohl-Gefühl" (F 15) festzumachen.[206]

Wenn auch einige der Seelsorgerinnen einen deutlichen Zusammenhang zwischen Gotteserfahrung und emotionalem Erleben beschreiben, so findet sich in den Tagebuchaufzeichnungen auch ein deutlicher Zusammenhang von Gotteserfahrung und kognitiven Vorgängen. – Kein überraschender Befund, ist doch der Aufgabenstellung des Tagebuchs, den eigenen seelsorglichen Alltag unter der Rücksicht zu betrachten, ob „Gott drin" sei, wesentlich ein reflexives Moment inhärent. Die Seelsorgerinnen haben es sich also zur Aufgabe gemacht, „Gott nachzudenken" (F 2), wie dies Seelsorgerin F in Hinblick auf Erfahrungen im theologisch-philosophischen Gespräch mit SchülerInnen formuliert. Auch Seelsorgerin B, in deren Aufzeichnungen sich eine explizite Wertschätzung der Emotion im Hinblick auf den Glauben und die Möglichkeiten der Gotteserfahrung findet, „denkt" Gottes Gegenwart:

> „Als ich um 10.30 h vor dem geöffneten Tabernakel in der Kirche von E. kniete, um die Hostien für die Krankenkommunion aus dem goldenen Kelch zu nehmen, sagte ich mir ‚Da bist du nun, mein Gott! Habe ich deine Nähe bisher überhaupt schon wahrgenommen'." (B 42)

In den Tagebuchaufzeichnungen der Seelsorgerinnen D und E ist ein enger Zusammenhang zwischen „Gebet" und „Gedanken" auszumachen. Seelsorgerin E „denkt" ihre Gebete, so z. B. in der Eingangspassage ihres Tagebuchs: „Ich denke: ‚Danke Gott, dass ein Tag so beginnen kann, weit weg von Streß und Sorgen.'" (E 1) Bei Seelsorgerin D sind die Übergänge zwischen Gebet und innerem Monolog fließend.[207] Auch sie denkt Gebete und betet in Gedanken (D 15, D 16, D 17).

---

[205] „Die andere Richtung geht in die Tiefe, verortet Gott in der Erfahrung, weiß ihn dort, wo ich persönlich angerührt bin, emotional beteiligt, benennt gelungene Beziehungsgeschichten, Ergriffensein, gute Gebets- und Gottesdiensterfahrung. Mystik im weitesten Sinne. Aber du lieber Himmel, Gott ist a) nicht nur da, wo ich fühle und b) welche Anmaßung, das so mit der Stecknadel anzupinnen." (F 8)

[206] Im Hinblick auf einen Besuch bei einer kranken Kollegin schreibt die Seelsorgerin F: „Wenn die Rede von Gott sein kann, dann dort. Das mit diesem ‚Zwischen' ist nicht so verkehrt, es passt zumindest zu meinem Gefühl. Ob man Gott am eigenen Wohl-Gefühl festmachen darf? Warum nicht?" (F 15)

[207] Vgl. Passage 5 dieses Tagebuchs: Seelsorgerin D ist unentschlossen, wie sie auf einen möglichen „Hilferuf" einer Schülerin, den sie deren Religionsheft entdeckt hat, reagieren soll. Und beschreibt ihre inneren Bewegungen mit diesen Worten: „Willst Du, daß ich das tue? Ist

#### 5.3.2.4 *„Zur rechten Zeit am rechten Ort" – Von innerer Pünktlichkeit und göttlicher Gegenwart*

Gibt es günstige Gelegenheiten für Gott? – Dass dies im Erleben einiger Seelsorgerinnen so zu sein scheint, darauf verweisen verschiedene Belegstellen. In unterschiedlichen Spielarten findet sich die Vorstellung vom Kairos, vom richtigen Augenblick (für Gott). Seelsorgerin A schildert eine glückliche seelsorgliche Tür- und Angelbegegnung und schließt die Schilderung mit den folgenden Worten: „Ein Geschenk für mich, ihn genau zu diesem Zeitpunkt an diesem Ort getroffen zu haben." (A 3) – Sie glaubt, zur rechten Zeit am rechten Ort gewesen zu sein und so in einer wertvollen seelsorglichen Begegnung Spuren göttlichen Geistwirkens zu entdecken. Auch in den Tagebuchaufzeichnungen der Seelsorgerin C findet sich die Vorstellung vom Kairos Gottes: Sie schreibt davon, dass „Gott dran" sei (C 2). Und eröffnet mit dieser prägnanten Formulierung, die eine Modifikation des Leitmotivs „Ist Gott drin?" darstellt, ein weites Assoziationsfeld: Gibt es einen richtigen Zeitpunkt für Gott? Einen Zeitpunkt, an dem Gott „am Zug" ist, eine Zeit, in der Gott „getan" werden muss? Seelsorgerin E schließlich entwickelt die Vorstellung, dass es in ihrem pastoralen Arbeiten so etwas wie eine Tugend „innerer Pünktlichkeit" und Gegenwärtigkeit gäbe, zur rechten Zeit das Rechte zu sagen und zu tun.[208]

#### 5.3.2.5 *„Eine kurze ‚heilige' Zeit, in der der Alltag geradezu still steht" – Gotteserfahrung und die Unterbrechung des Alltags*

(Seelsorglicher) Alltag ist für alle Seelsorgerinnen – mit Ausnahme von Seelsorgerin C – ein Themenbereich, mit dem sie sich in ihren Tagebuchaufzeichnungen auseinandersetzen. „Alltag" zeigt sich der Seelsorgerin D als fragmentiertes Vielerlei: Oft sieht sie sich vor die Aufgabe gestellt, vielerlei Unspektakuläres zu tun und zu bearbeiten, „ein bisschen" Dies und „ein

---

es richtig? Hilf mir, die richtigen Worte zu finden! Was ist zu viel? Was ist zu wenig? Ich will sie nicht bedrängen, oder daß es ihr anschließend peinlich wird, wenn sie mich sieht." (D 5)

[208] „Während einer Abendveranstaltung, auf die sie nicht vorbereitet ist und bei der sie im Vorfeld unsicher ist, was von ihr gefordert ist, spürt sie, dass sie richtig handelt und sich dabei sicher fühlt: „Während des Abends dann erlebte ich mich total sicher und was ich sagte, hatte Hand und Fuß, kam auch immer zu rechten Zeit!" (E 6)

Über einen Arbeitstag, der vor allem von organisatorischen Belangen geprägt ist, schreibt sie: „Nun ja, immerhin hat alles geklappt und ich bin Gott dankbar, dass mir so manches rechtzeitig eingefallen und gelungen ist. In den letzten Jahren habe ich immer wieder erfahren, dass ich Dinge total übersehen habe." (E 5)

bisschen“ Das zu erledigen.[209] In Absetzung dazu ist die besondere Zeit Gottes-Zeit. Gottes-Zeit ist dann, wenn nicht „alles wie gewohnt“ (D 43) ist. Der pastorale „Alltagskram“ ist auch für Seelsorgerin F ein fraglicher Gottes-Ort, der pastorale Alltag in der Facette des „uninspirierten Kirchendienstes“ (F 5) ist für sie manches Mal von provozierender Banalität:

> „Ja, und was ist dann mit zwei stinknormalen Unterrichtsstunden mit dem einzigen Highlight, dass eine Schülerin mich nach der Stunde fragt, ob ich schon mal im Kernspind war, wie das denn ist und ich ihr anmerke, dass es ihr unheimlich ist und ich mich freue, dass sie mir das anvertraut? Ja, und was ist dann mit der sich daran anschließenden Büroarbeit: wegräumen, sortieren, Büromaterial bestellen, Mails beantworten? Ja, und was ist dann mit dem Gespräch mit einem PGR-Mitglied über die mögliche Finanzierung eines Buches, das wir gerne drucken möchten und das kurze Vorbeischauen im zweiten Pfarrbüro: gibt es was Neues? Hast du meine SMS bekommen? Unterschreib noch diesen Brief? Wie hat das mit dem Beamer geklappt? Wie könnten wir das im Pfarrblatt hinkriegen, dass... Auf diesem Hintergrund macht mich die Frage nach der Gottespräsenz irgendwie ärgerlich.“ (F 8).

Auch Seelsorgerin E skizziert eine tendenzielle Ausschließlichkeit von banalem (Arbeits-)Alltag und Gotteserfahrung.[210] Im Fokus ihrer Aufmerksamkeit in der Frage nach den Erfahrungen von Gottespräsenz steht die „besondere“ Gotteserfahrung, die sich in der Gewöhnlichkeit des pastoralen Alltags, der von Bürotätigkeiten dominiert wird, auf den ersten Blick nicht finden lässt. Lediglich bei Seelsorgerin B ist eine spirituelle Wertschätzung des Alltags zu beobachten: Sie empfindet gewöhnliche Bürotätigkeiten „wie eine Meditation“ (B 34).

Jenseits des Alltäglichen und Gewöhnlichen – in der Unterbrechung des Alltags – situieren die Seelsorgerinnen ihre Erfahrungen von Gottespräsenz. Über das Anfangsritual zu Beginn der Religionsstunde schreibt Seelsorgerin A im Modus der Beschreibung: „Es ist für mich eine kurze, ‚heilige‘ Zeit, in der der sonstige Schulalltag geradezu still steht.“ (A 5) Einen ähnlichen Zusammenhang zwischen Gotteserfahrung und der Unterbrechung des Alltags – auch im Kontext des schulischen Religionsunterrichts – schildert auch Seelsorgerin F: Zwei Schülerinnen werden in einer Religionsstunde zum Thema Schöpfung mit dem Gedanken konfrontiert, dass nicht nur die Welt, sondern auch ihre eigene Existenz mit Gott zu tun haben könnte. Ein Moment des Staunens und Erschreckens lässt SchülerInnen und Lehrerin innehalten: „[...] da war so ein kleines Erschrecken in der Luft und in der Luft,

---

209 So schildert sie einen Arbeitstag mit den folgenden Worten: „Mittwoch, 16.5.07) RU: alles wie gewohnt [...] Büro: ebenfalls alles wie gewohnt: Ein bißchen Briefe und E-Mails bearbeiten, telefonieren, ein bißchen vorbereiten“ (D 43)

210 „Meine Arbeit in der Gemeinde ist heute fast ausschließlich organisatorischer Art. [...] Ist dabei eine Gotteserfahrung möglich? Nun ja, immerhin hat alles geklappt und ich bin Gott dankbar, dass mir so manches rechtzeitig eingefallen und gelungen ist.“ (E 5)

spürbar." (F 2) – In der Unterbrechung bricht sich eine Ahnung des Göttlichen – tremendum et fascinosum – Bahn.

### 5.3.2.6 *„Gott an der Haustür abstreifen?!" – Gotteserfahrung, Beruf und Privatleben*

Eine Sphärentrennung von Beruf und Privatleben wird in drei der insgesamt sechs Tagebücher explizit thematisiert. Die Aufmerksamkeit der Seelsorgerinnen kreist darum, ob eine solche Trennung von Beruf und Privatleben erstrebenswert oder aber nicht erstrebenswert sei, ob eine solche Trennung gelingt, falls sie als erstrebenswertes Ziel angesehen wird und welcher der beiden Lebensbereiche der vorrangige Ort für eine mögliche Erfahrung von Gottespräsenz ist.

Seelsorgerin B formuliert explizit, dass sie Beruf und Privatleben nicht voneinander trennen könne,[211] dass privater und beruflicher Bereich „miteinander verwoben" (B 49) seien. Das verbindende Moment dabei ist ihre eigene Person. Tatsächlich weist das Tagebuch der Seelsorgerin B viele Passagen auf, in denen sie von Erlebnissen und Erfahrungen erzählt, die dem Privatbereich zugeordnet werden können (familiäre Ereignisse, persönliche Kontakte, private Ausflüge etc.). Gotteserfahrungen der Seelsorgerin B sind im Privatbereich und in der beruflichen Sphäre angesiedelt.

Auch Seelsorgerin F hält eine strikte Sphärentrennung von Beruf und Privatleben nicht für erstrebenswert. Sie findet die Aufgabenstellung der Tagebuchaufzeichnungen als Provokation, da sie glaubt, sie müsse dabei den „Berufsalltag aus dem Lebensganzen herausschneiden" (F 1). Der primäre Ort für die Pflege der Gottesbeziehung und für spirituelle Erfahrungen ist für Seelsorgerin F jedoch nicht ihr Beruf und der pastorale Alltag, sondern die Privatsphäre, „die Ruhe des heimatlichen Schreibtischs oder Sofas" (F 3).

Seelsorgerin E hingegen hält eine Trennung von Privatleben und Beruf für unerlässlich, doch gelingt ihr diese Trennung nicht. Privatheit erscheint in ihren Tagebuchaufzeichnungen als hoher, erstrebenswerter, aber auch stets gefährdeter Wert, um den es zu kämpfen gilt und der von dem sich Raum

---

[211] „– Und vielleicht ein letztes.
Meinen Beruf habe ich nie nur als Beruf gesehen, immer hat für mich da die Frage der Berufung mit hineingespielt.
In der Konsequenz heißt das, dass ich meinen Berufsalltag und mein persönliches Leben nicht voneinander trennen kann. Privater und beruflicher Bereich sind für mich immer miteinander verwoben. Das wichtigste ‚Instrument' für meinen Arbeitsbereich, die Seelsorge, bin ich selbst, ist meine Person mit allem, was sie mitbringt an Möglichkeiten und Grenzen, an Entwicklungen, Krisen, Lebenserfahrungen." (B 49)

nehmendem Arbeitsengagement immer wieder bedroht ist bzw. in Konkurrenz steht zum Bestreben, erfolgreiche pastorale Arbeit zu leisten. Um des Schutzes der Privatsphäre willen geschieht es, dass die Seelsorgerin auch Gott „abstreifen" möchte, wenn sie in ihren Privatbereich eintaucht.[212] Damit beschreibt Seelsorgerin E eine tendenzielle Ausschließlichkeit von Gotteserfahrung und Privatsphäre. Gott wird der beruflich-professionellen Sphäre zugeordnet.

#### 5.3.2.7 *„Was da ‚zwischen' uns war" – Der „Zwischenraum" als Gottesort*

Den „Zwischenraum", das „Zwischen" als Ort der Gotteserfahrung benennen drei der sechs Seelsorgerinnen (Seelsorgerin A, B und F) in ihren Tagebuchaufzeichnungen. Am deutlichsten ist bei Seelsorgerin F das „Zwischen" als hervorragender Ort der Gotteserfahrung konturiert. Das „Zwischen" beschreibt Seelsorgerin F – in Anlehnung an einen geistlichen Autor (Bernardin Schellenberger) – als das, „was in der Ausrichtung auf den / die andere und im Dialog als kreativer Raum entsteht, was zwischen Menschen passiert, wenn sie wirklich offen und ausgerichtet auf den anderen sind" (F 9), aber auch als das, „was ‚zwischen' Gott und Mensch in dieser Ausrichtung geschieht – im Gebet, im Ruf / in der Berufung Gottes" (F 9). Mit dieser „Brille" (F 9), d.h. einer solchermaßen fokussierten Aufmerksamkeit, beleuchtet sie im weiteren Verlauf der Tagebuchaufzeichnungen ihre pastoralen Erfahrungen und empfindet dies als angemessene Wahrnehmungsfokussierung. Im Hinblick auf ein intensives persönliches Gespräch im Sozialausschuss meint sie:

> „Das was da ‚zwischen' uns war an Behutsamkeit, wachem Zuhören und geduldigem Aushalten, an Tränen und Mut – ja, das hatte etwas mit Gott (und seinem Geist) zu tun. [...] Es fällt mir weiterhin schwer, das so zu benennen. Aber mit diesem „Zwischen" wird es für mich – ja: erträglicher, stimmiger." (F 10)

Und über ein persönliches Gespräch im Rahmen eines Krankenbesuchs bei einer Kollegin meint sie: „Wenn die Rede von Gott sein kann, dann dort. Das mit diesem ‚Zwischen" ist nicht so verkehrt, es passt zumindest zu meinem Gefühl." (F 15)

Aber auch Seelsorgerin A, C und F benennen Gotteserfahrungen, die sie im ‚Zwischen' situieren: Eine Begegnung im Krankenhaus zwischen Tür und Angel, in der sich der Patient in der Begegnung öffnen kann, sie ereignet

---

[212] „Und ich wollte endlich frei haben, endlich nichts mehr zu tun haben mit Kirche, nur noch privat sein. Leider gehört zu dem, was ich dann abstreifen möchte, auch Gott. Das haben mein Mann und ich schon öfter festgestellt. [...] Gut finden wir das nicht, aber es tut uns und der Familie gut!" (E 5)

sich für Seelsorgerin A „im Zwischenraum, in dem der Heilige Geist wirken kann“ (A 3). Und Seelsorgerin B entdeckt in einem in großer Offenheit und Wahrhaftigkeit verlaufenden Gespräch im Seelsorgeteam Gott und meint: „Da war plötzlich etwas von Gott zwischen uns.“ (B 16) In den allermeisten Fällen weist das „Zwischen“ als Gottesort eine pneumatologische Konnotation auf.

### 5.3.3 Deutevorgänge: Gotteserfahrung benennen

Für die Aufgabenstellung des Tagebuchschreibens, den eigenen seelsorglichen Arbeitsalltag unter der Rücksicht zu betrachten, ob „Gott drin“ ist, ist ein starkes Moment des Reflexiven konstitutiv. Dies gilt auch für das Sprechen von Gotteserfahrung im Allgemeinen, bei der es sich immer um eine vor dem Horizont eines bestimmten religiösen Interpretationsrahmens religiös gedeutete, weltliche Erfahrung handelt.

Deshalb erschien eine Modifikation des methodischen Zugangs im Laufe der Interpretationsarbeit immer unumgänglicher: Die reflexiven Teile des Textkorpus sollten nicht gering geachtet oder als von nachrangigem Erkenntniswert angesehen werden, wie dies prinzipiell im Verständnis der dokumentarischen Methode der Fall ist. Vielmehr fand Beachtung, in welcher Weise die Tagebuchschreiberinnen Gotteserfahrung benennen, welcher Art ihr Deuten ist: Wie werden Deutungen im Anschluss an erzählende Textpassagen vorgenommen? Stehen Erzählung und Deutung verbunden oder unverbunden nebeneinander? Ergibt sich eine Deutung organisch aus der vorangegangenen Erzählung? Ist die Tagebuchschreiberin „deutefreudig“ oder eher zurückhaltend in der expliziten Apostrophierung von Gotteserfahrungen? Werden in Verlauf der Tagebuchaufzeichnungen Erlebnisse aus dem Arbeitsalltag häufig als Gotteserfahrungen qualifiziert oder ist dies selten der Fall?

Die sechs ausgewerteten Tagebuchaufzeichnungen weisen ein weites Spektrum an Deutevorgängen auf, das hier zusammenschauend tabellarisch dargestellt werden soll.

## Seelsorgerin C

| Gotteserfahrung deuten | Signalwörter (incl. Belegstellen) |
|---|---|
| Weitgehende Deutungsabstinenz üben | Als ein in der Selbsteinschätzung „nüchterner Mensch“ (C 15) schildert Seelsorgerin C in ihren Tagebuchaufzeichungen viele Begebenheiten aus ihrem seelsorglichen Berufsalltag, in denen Gott eine Rolle zu spielen scheint; sie enthält sich jedoch weitgehend einer expliziten reflexiven Deutung des Erfahrenen. |

## Seelsorgerin D

| Gotteserfahrung deuten | Signalwörter (incl. Belegstellen) |
|---|---|
| Erfahrungen der Gottespräsenz (nur) zögerlich und zurückhaltend benennen,<br>schließlich verstummen | • „durchaus“:<br>„Die menschliche Nähe, daß Offenheit möglich ist, empfinde ich als Bereicherung, bin ich dankbar dafür, hat für mich durchaus mit „Gottespräsenz“ zu tun.“ (D 4)<br>• „durchaus eine spirituelle Ebene“:<br>„[...] und ich werkle mit innerer Zufriedenheit mit. Wenn es gut läuft, mache ich so etwas gerne und habe dann ein Gefühl von „im Einklang sein“, das durchaus eine spirituelle Ebene berührt.“ (D 7)<br>• „wieder Gott drin“ und „Eindruck noch einmal da“:<br>„Nochmal ein Blick auf die Lesung der Dankandacht, die Emmaus-Geschichte und meine Gedanken für die kl. Ansprache dazu. Die Geschichte fesselt mich selbst immer wieder, da steckt viel von meinen eigenen Erfahrungen drin, dass Begegnungen mit Gott (mit seiner Jesus-Seite) zuerst so unscheinbar sind und erst im Rückblick, im Reflektieren in ihrer wirklichen Bedeutung erkennbar werden.<br>Da war für mich wieder Gott drin.<br>In der Andacht ist dieser Eindruck noch einmal da.“ (D 8)<br><br>Im weiteren Verlauf der Tagebuchaufzeichnungen verlieren sich die dezidierten Hinweise auf Erfahrungen der Gottespräsenz. |

## Seelsorgerin A

| Gotteserfahrung deuten | Signalwörter (incl. Belegstellen) |
|---|---|
| im Verlauf der Tagebuchaufzeichnungen verstummen | Etwa in der Mitte des Aufzeichnungszeitraums findet sich eine längere Pause in den Aufzeichnungen, die Fragestellung gerät aus dem Blick.<br><br>• „die Frage ist mir ‚entglitten'":<br><br>„…<br>die nächsten Tage<br>viele Kleinigkeiten,<br>Alltäglichkeiten,<br>Konferenzen,<br>Besprechungen,<br>Vorbereitungen,<br>Telefonate,<br>Schule,<br>Gottesdienste …<br>„Ist Gott drin?"<br>die Frage ist mir „entglitten" – keine Tagebuchaufzeichnungen." (A 17) |

## Seelsorgerin F

| Gotteserfahrung deuten | Signalwörter (incl. Belegstellen) |
|---|---|
| Gottespräsenz „probehalber" postulieren<br>Gott „nachdenken" (ausgeprägtes Bemühen um intellektuelle und kognitive Durchdringung der Aufgabenstellung) | Seelsorgerin F scheint den potentiellen LeserInnen und sich selbst möglicherweise passende Theorieelemente anzubieten, sie setzt sich „neue Brillen" (F 9) auf und betrachtet Erfahrenes versuchsweise aus neuen Blickwinkeln heraus – ein konstruktivistisches Vorgehen.<br><br>• „vielleicht Gott":<br><br>„Da haben sich Menschenhirne an die ungewohnte Übung gemacht, Gott nachzudenken, sind über denkbar Undenkbares gestolpert, Hauptschüler haben sich in philosophischem Denken versucht. In diesem kleinen Moment des Staunens und Erschreckens – da war vielleicht Gott drin." (F 2)<br><br>• „so deuten wir das jetzt mal":<br><br>„Der Drucker hat immer noch nicht gemacht, was ich wollte – ich habe vor Verzweiflung geheult. Das passt gar nicht zu mir, aber so war's. Ich bin heute ungeheuer schwach, müde und erledigt. Paulinische Schwachheit, so deuten wir das jetzt mal. Er war Gott auch näher in der Schwäche und hat gespürt, dass Gott gerade dann durch ihn wirkt." (F 6)<br><br>• mit der neuen „Brille" des Zwischen:<br><br>„Das was da ‚zwischen' uns war an Behutsamkeit, wachem Zuhören und geduldigem Aushalten, an Tränen und Mut – ja, |

| | |
|---|---|
| | das hatte etwas mit Gott (und seinem Geist) zu tun. Und auch dieser mein Impuls nach der letzten Sitzung, in dieser Richtung weiterzugehen, war sein „Ruf", seine „Inspiration".<br>Es fällt mir weiterhin schwer, das so zu benennen. Aber mit diesem ‚Zwischen' wird es für mich – ja: erträglicher, stimmiger." (F 10)<br>• „Das mit diesem ‚Zwischen' ist nicht so verkehrt":<br>„Wenn die Rede von Gott sein kann, dann dort. Das mit diesem ‚Zwischen' ist nicht so verkehrt, es passt zumindest zu meinem Gefühl. Ob man Gott am eigenen Wohl-Gefühl festmachen darf? Warum nicht?" (F 15) |

## Seelsorgerin E

| **Gotteserfahrung deuten** | **Signalwörter (incl. Belegstellen)** |
|---|---|
| Erfahrungen daraufhin „prüfen", ob Gott darin eine „Rolle spielt" | • „Zufall oder nicht??":<br>„Obwohl ich es ziemlich am Magen hatte, war auch der Abend erfolgreich. Die wenigen Symbole, die ich ausgelegt hatte, trafen bei jeder der Frauen ganz persönliche Schmerzpunkte an – welch ein Zufall oder nicht??" (E 7)<br>• „Da hat jemand mitgelenkt":<br>„Am Samstag sprach mich eine Mutter an, ob ich mit jemanden abgesprochen habe, dass ihr Sohn die Kirchenbesucher begrüßen darf. Denn das wäre genau die Rolle gewesen, die zu ihm passe und mit der nun überglücklich sei. Es war so eine prompte Entscheidung obwohl so viele Kinder denselben Text auch gelesen hätten. Vielleicht hat da ja jemand mitgelenkt…" (E 8)<br>• Die innere Stimme – „Gott?":<br>„Da stellt sich schon wieder diese innere Stimme ein, die mir sagt, dass ich mich auf das einlassen soll, was kommt, dass es genau das richtige ist, das ich alles loslassen soll …. Gott?" (E 11)<br>• „Also Gott wieder da":<br>„Ich muß wieder bei mir ankommen nach dieser Pausenlosigkeit. Und Gott schenkt mir das körperl. Stopp. Ich selbst räume mir ja doch dieses absolute Stopp nicht ein. Also Gott wieder da – ganz wo anders als oberflächlich betrachtet vermutet." (E 14)<br>• „Und Gott?":<br>„Und Gott? Vielleicht bringt er mir gerade bei, im Jetzt zu leben!" (E 19) |

## Seelsorgerin B

| Gotteserfahrung deuten | Signalwörter (incl. Belegstellen) |
|---|---|
| „deutefreudig" Erfahrungen als Erfahrungen der Gottespräsenz qualifizieren | Seelsorgerin B qualifiziert häufig Erfahrungen als Erfahrungen der Gottespräsenz. Dies reicht soweit, dass sie sich Gotteserfahrung gleichsam „einredet": „[…] sagte ich mir: ‚Da bist du nun, mein Gott! Habe ich deine Nähe bisher schon wahrgenommen?" (B 42)<br><br>Belegstellen in Auswahl, in denen die Seelsorgerin unterschiedliche Erfahrungen als Gotteserfahrungen qualifiziert:<br><br>• „Glaube durch lebendigen Austausch" und „Gott ist lebendiger Austausch":<br><br>„Nach 2 ½ Stunden hätten wir immer noch weiterreden können, und ich spürte bei mir und auch den anderen eine große Wärme und Begeisterung, wie etwas Feuriges, das in uns zum Leben erwacht war … es hatte etwas Ansteckendes …<br>Glaube entsteht für mich durch lebendigen Austausch. Ja, Gott ist für mich vor allem auch lebendiger Austausch." (B 5)<br><br>• Gott „spricht" zu ihr im Gottesdienst:<br><br>„Nach dieser intensiven Gesprächszeit war ich froh um eine sich anschließende Eucharistiefeier. „Nun sag Du noch was zu mir, lieber Gott!" Und er sprach von Dingen, die unser Verstand nicht erfasst und von seinem Geist, der weht wo er will." (B 8)<br><br>• Gott heißt das Faulenzen und Ausruhen gut:<br><br>„[…] ich glaube, Du hast mir beim Faulenzen zugeblinzelt, lieber Gott, denn morgen früh muß ich ja fit sein […]" (B 10)<br><br>• Gott ereignet sich im „wahrhaftigen" Dienstgespräch:<br><br>„Da war plötzlich so etwas von Gott zwischen uns. In unserer Wahrhaftigkeit, in unserer Schwäche, unseren Dunkelheiten und unserer Suche, die wir uns mitteilten – da war er plötzlich.<br>Schon immer hat mich der Gedanke des Paulus fasziniert, das wir den Glanz unseres Gottes in irdenen Gefäßen tragen, damit das Leuchten von ihm und nicht von uns komme…" (B 16)<br><br>• Naturerfahrung wird zur Gotteserfahrung:<br><br>„Auch draußen war Gott. Der Wind war sehr zärtlich und die Wiesen trugen Schafe, Ziegen, Kühe und sattes Grün.<br>Ich blieb ein wenig hinter der Gruppe zurück, hatte das Bedürfnis nach Einsamkeit und Schweigen. In der Stille konnte ich Gott sprechen hören, er war einfach da – in allem.<br>Hab mein Herz aufgefüllt – bis zum Rand, mit ihm." (B 19)<br><br>• Gott als „Rosenkavalier":<br><br>„So bist du Gott" mußte ich denken. „Schenkst mir zu Beginn des Tages eine Rose – einfach so." (B 28) |

Vergleicht man die Tagebuchaufzeichnungen der sechs Seelsorgerinnen, so kann man feststellen, dass eine Mehrzahl der Seelsorgerinnen (C, D, A und F) sehr vorsichtig und verhalten ist, Erfahrungen als Erfahrungen der Gottespräsenz zu qualifizieren. Das Spektrum reicht hier von der weitgehenden Deutungsabstinenz (Seelsorgerin C), über das zögerliche und zurückhaltende Benennen von Gotteserfahrungen, das schließlich verstummt (Seelsorgerin D, ähnlich auch Seelsorgerin A) bis hin zu einem „probehalber“ Postulieren von Gottespräsenz, das mit einem Mühen um intellektuelle und kognitive Durchdringung der Fragestellung verbunden ist. Anders die Tagebuchaufzeichnungen der Seelsorgerinnen E und B: Beide sind nicht zurückhaltend darin, Erfahrungen als Erfahrungen der Gottespräsenz zu qualifizieren. Seelsorgerin B ist sogar ausgesprochen „deutefreudig“.

Vier der sechs Seelsorgerinnen betonen, dass Gotteserfahrung nicht unmittelbar, sondern erst „im Rückblick“, in der Retrospektive als solche zu erkennen ist: „[…] vielleicht geht es ja nur im (sehr) langen Abstand, der es ermöglicht, Überblick zu gewinnen, einen Schritt zurückzutreten.“ (F 12).[213]

### 5.3.4 „Gott teilt sich mit“ – Ergebnisse der empirisch-theologischen Forschungsarbeit im Licht der Kommunikativen Theologie

Im Folgenden soll der Versuch unternommen werden, die vorliegenden Ergebnisse der empirisch-praktischen Forschungsarbeit im Licht der Kommunikativen Theologie abschließend zu systematisieren. Dazu werden zunächst Anliegen und Grundzüge der Kommunikativen Theologie skizziert (5.3.4.1) und damit die Voraussetzungen für den Systematisierungsversuch geschaffen. In einem zweiten Schritt werden die Ergebnisse der empirisch-theologischen Forschungsarbeit einer kommunikativ-theologischen Systematisierung unterzogen (5.3.4.2). Diese kommunikativ-theologische Systematisierung der Forschungsergebnisse erfordert weiterführende Beobachtungen

[213] Vgl. zum Motiv „Gotteserfahrung in der Retrospektive“ auch die Belegstellen bei den anderen Seelsorgerinnen: Seelsorgerin A schreibt im Zusammenhang einer Beerdigungsansprache: „[…] im Leben dieser Frau, das im Rückblick gewürdigt wird, gibt es unzählige Spuren und Erfahrungen von Gottes Gegenwart, Nähe und Mit-Gehen / ‚Gott war drin‘ – in diesem Leben – […]“ (A 8) Seelsorgerin D schreibt im Hinblick auf eine Erstkommuniondankandacht zur Emmaus-Erzählung: „Die Geschichte fesselt mich selbst immer wieder, da steckt viel von meinen eigenen Erfahrungen drin, dass Begegnungen mit Gott (mit seiner Jesus-Seite) zuerst so unscheinbar sind und erst im Rückblick, im Reflektieren in ihrer wirklichen Bedeutung erkennbar werden.“ (D 8) Seelsorgerin E reflektiert über die Bedingungen von Gotteserfahrung: „Mit Gott leben – ja. Entscheidungen und Erlebtes mit Gott in Verbindung bringen, an ihn rückbinden – ja! Aber jeden Tag mit einer besonderen Erfahrung oder Begegnung rechnen? Ist das nicht etwas viel, vielleicht vermessen?“ (E 5)

und zieht kritische Anfragen nach sich. Dies soll in einem dritten Schritt geschehen (5.3.4.3).

### *5.3.4.1 Anliegen und Grundzüge der Kommunikativen Theologie*

Um für die Systematisierung der Ergebnisse der empirisch-praktischen Forschungsarbeit der vorliegenden Untersuchung die Voraussetzungen zu schaffen, sollen im Folgenden Anliegen und Grundzüge der Kommunikativen Theologie skizziert werden. Dafür mag ein konzentrierter Einblick in wesentliche Theorieelemente genügen; eine umfängliche und umfassende Darstellung und Diskussion der Kommunikativen Theologie, die – auch in ihrem eigenen Selbstverständnis – ein ausgesprochen vielgestaltiges, dynamisches „expanding universe“[214] darstellt, ist an dieser Stelle nicht zu leisten.

Nach dem Selbstverständnis des Forschungskreises Kommunikative Theologie steht die Kommunikative Theologie für eine „spezifische Kultur des Theologietreibens“[215]:

> „Theologische Erkenntnis kann niemals isoliert von den anderen, den Vertrauten und den Fremden, sondern immer nur eingebunden in die konkrete Kommunikationsgemeinschaft von Kirchen, in denen sich die ‚Gnade' von ‚Communio' ereignen kann, geschehen. TheologInnen kommen nicht in der kirchlich und gesellschaftlich isolierten Studierstube, am PC oder in der Bibliothek (allein) zu ihrem Wissen, sondern wesentlich in der Partizipation an den Freudens-, Leidens- und Konfliktgeschichten konkreter Menschen, wie sie sich in christlichen Gemeinden und Gemeinschaften in der gläubig-kritischen Auseinandersetzung mit dem Evangelium realisieren. […] Die Wahrheit der Gottrede, der sich TheologInnen immer wieder neu anzunähern suchen, liegt also nicht in einer ideologischen Behauptung bestimmter weltanschaulicher Positionen gegenüber anderen; sie lässt sich auch nicht allein aus dem kritischen Verstehen der Glaubenstexte vermitteln. Theologie als umfassendes Kommunikationsgeschehen gründet auf Kommunikation […].“[216]

Kommunikative TheologInnen verstehen Theologie selbst als „komplexen Kommunikationsprozess“[217], den sie in seiner Mehrdimensionalität und Vielschichtigkeit differenzieren und entschlüsseln wollen.

Die Rezeption der Themenzentrierten Interaktion nach Ruth C. Cohn (TZI) spielt in der Genese der Kommunikativen Theologie eine bedeutsame Rolle.[218] Die Anfänge Kommunikativer Theologie sind nicht im engen universitär-akademischen Rahmen zu situieren, sondern im Bemühen, die Themenzentrierte Interaktion für die theologische Aus- und Weiterbildung, für

---

[214] FORSCHUNGSKREIS KOMMUNIKATIVE THEOLOGIE, Kommunikative Theologie, 132.

[215] FORSCHUNGSKREIS KOMMUNIKATIVE THEOLOGIE, Kommunikative Theologie,, 18.

[216] SCHARER, MATTHIAS / HILBERATH, BERND JOCHEN, Kommunikative Theologie. Eine Grundlegung, Mainz 2002, 68-69.

[217] FORSCHUNGSKREIS KOMMUNIKATIVE THEOLOGIE, Kommunikative Theologie, 18.

[218] Vgl. FORSCHUNGSKREIS KOMMUNIKATIVE THEOLOGIE, Kommunikative Theologie, 26-43.

Pastoral und Religionsunterricht fruchtbar zu machen. Diese Bemühungen wurden in den letzten Jahren vermehrt wissenschaftlich reflektiert und einer Systematisierung unterzogen. Gottesbegriff und Kommunikationsverständnis, Dimensionen und Ebenen kommunikativen Theologisierens, Orte theologischer Erkenntnis und Optionen Kommunikativer Theologie sollen im Folgenden in den Grundzügen skizziert werden.

##### 5.3.4.1.1 „Gott – ein kommunikatives Wesen" – Gottesbegriff und Kommunikationsverständnis der Kommunikativen Theologie

Gott ist ein „kommunikatives Wesen"[219], so die wohl bewusst ein wenig provokante Formulierung von Matthias Scharer und Bernd Jochen Hilberath in ihrer Einführung „Kommunikative Theologie. Eine Grundlegung". Gott teilt sich mit, er offenbart sich: im Schöpfungshandeln, in der Geschichte, im Geschehen der Inkarnation, bis zum heutigen Tag im Leben von Menschen – auf vielfältige Art und Weise. „Gott ist ein Gott, der von sich aus auf Beziehung, auf Kommunikation, auf Ausweitung seiner Gemeinschaft ins Nichtgöttliche hinein angelegt ist."[220] Jesus von Nazareth ist „Höhepunkt der Selbstmitteilung Gottes"[221], im Heiligen Geist wird seine Selbstmitteilung bleibend unter den Menschen kommuniziert und wird in ihnen selbst lebendig. Wenn die VertreterInnen der Kommunikativen Theologie von Gott als dem „kommunikativen Wesen" sprechen, dann negieren sie dabei und damit nicht das Anderssein, das Fremdsein Gottes, sein Schweigen und seine Unbegreiflichkeit, sondern denken das in ihrer Gottesrede dezidiert mit.[222] Gott bleibt in seiner Selbstmitteilung „das unbegreifliche und nicht verfügbare Geheimnis und unbedingt frei"[223].

Die Kommunikative Theologie rekurriert auf den Offenbarungsbegriff des Zweiten Vatikanischen Konzils, den Matthias Scharer und Bernd Jochen Hilberath in Anlehnung an Max Seckler als „kommunikationstheoretisch-partizipativ"[224] bezeichnen:

> „Gott hat in seiner Güte und Weisheit beschlossen, sich selbst zu offenbaren und das Geheimnis seines Willens kundzutun […]: daß die Menschen durch Christus, das fleischgewordene Wort, im Heiligen Geist Zugang zum Vater haben und teilhaftig werden der göttlichen Natur […] In dieser Offenbarung redet der unsichtbare Gott […] aus überströmender Liebe die Menschen an wie Freunde […]." (DV 2)

---

[219] SCHARER / HILBERATH, Kommunikative Theologie, 76.
[220] SCHARER / HILBERATH, Kommunikative Theologie, 83.
[221] SCHARER / HILBERATH, Kommunikative Theologie, 83.
[222] Vgl. SCHARER / HILBERATH, Kommunikative Theologie, 77.
[223] FORSCHUNGSKREIS KOMMUNIKATIVE THEOLOGIE, Kommunikative Theologie, 46.
[224] SCHARER / HILBERATH, Kommunikative Theologie, 89.

In dieser kommunikationstheoretisch-partizipativen Sichtweise wird Offenbarung als Selbstmitteilung Gottes verstanden, die sich primär im Handeln Gottes an den Menschen zeigt, und damit viel mehr umfasst als bloße Mitteilung ewiger Ratschlüsse des göttlichen Willens. Offenbarung lässt sich als kommunikativer Vorgang beschreiben, „bei dem nicht bloß abstrakte Wahrheiten, sondern Leben mitgeteilt wird. Deshalb schließt die so verstandene Offenbarung das ganze Leben der sie hörenden und aufnehmenden Menschen ein“[225].

Kommunikation, Communio und Partizipation weisen nach Einschätzung von Scharer/Hilberath die gleiche Grundstruktur auf:

> „An erster Stelle steht die Selbstmitteilung Gottes, die Initiative, die von Gott ausgeht, der die Kommunikation eröffnet, zur Gemeinschaft einlädt und Teilhabe an seinem Leben anbietet. An zweiter Stelle steht das sich Einlassen des Menschen auf die Anrede Gottes. Der Mensch lässt sich ansprechen, er ergreift die ausgestreckte Hand zur Communio und er willigt ein in die angebotene Teilhabe. An dritter Stelle steht ein Leben, das dieser Grundstruktur des Gottesverhältnis (sic!) des Menschen bzw. des Menschenverhältnisses Gottes entspricht. Der Mensch realisiert sich als kommunikatives Wesen, er lebt in der Communio der Menschengemeinschaft und nimmt Teil an der Realisierung dieser kommunikativen Praxis der Lebensgemeinschaft des Dreieinigen Gottes (Reich Gottes).“[226]

Auf dem Hintergrund der Überlegungen zur Kommunikativität Gottes wird bereits deutlich, dass die Kommunikative Theologie von einem sehr umfassenden Verständnis von Kommunikation ausgeht. Dezidiert grenzt sich der Forschungskreis Kommunikative Theologie von einem effizienzorientierten und technologischen Kommunikationsverständnis ab und konturiert stattdessen einen spezifisch anthropologisch-theologisch geprägten Kommunikationsbegriff.[227] Das TZI-Kommunikationsmodell („Dreieck in der Kugel“) wird auf dem Hintergrund dieses umfassenden Kommunikationsbegriffes um den Gesichtspunkt der Selbstmitteilung Gottes, der unbedingten Freiheit Gottes und seiner bleibenden Geheimnishaftigkeit erweitert. Gottes Selbstmitteilung umfasst und berührt alle (vier) Dimensionen theologischer Erkenntnisgewinnung, wie es das folgende Schaubild verdeutlicht: die biblischen Zeugnisse in lebendiger Vermittlung und die Zeugnisse anderer religiöser Traditionen, die persönliche Lebens- und Glaubenserfahrung, die Erfahrung von Gemeinschaft und Kirchlichkeit und die Erfahrung von gesellschaftlichem Kontext und Welt.[228]

---

[225] SCHWAGER, RAYMUND, Berührungspunkte und erste Anfragen, in: HILBERATH, BERND-JOCHEN / KRAML, MARTINA / SCHARER, MATTHIAS (Hg.), Wahrheit in Beziehung. Der dreieine Gott als Quelle und Orientierung menschlicher Kommunikation, Mainz 2003, 27.

[226] SCHARER / HILBERATH, Kommunikative Theologie, 89.

[227] Vgl. FORSCHUNGSKREIS KOMMUNIKATIVE THEOLOGIE, Kommunikative Theologie, 46.

[228] Die folgende Skizze ist übernommen aus: FORSCHUNGSKREIS KOMMUNIKATIVE THEOLOGIE, Kommunikative Theologie, 92. Das Schaubild ist dreidimensional zu denken.

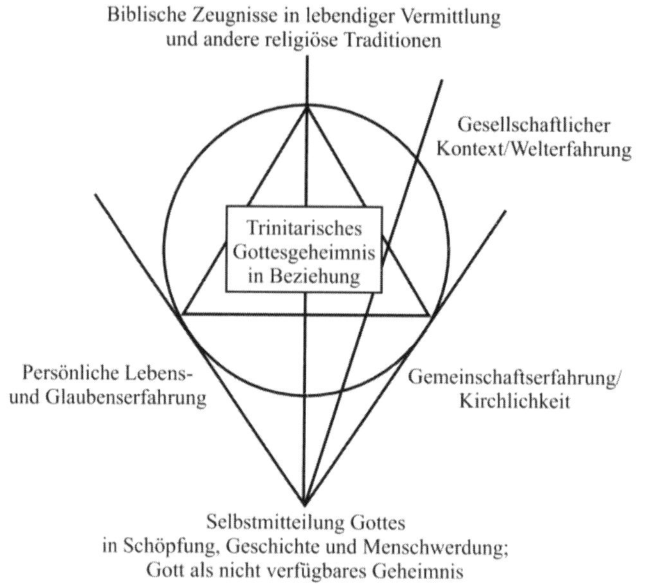


### 5.3.4.1.2 Dimensionen und Ebenen Kommunikativen Theologisierens

Um die komplexe Struktur theologischer Kommunikationsprozesse zu erschließen, unterscheidet die Kommunikative Theologie methodisch vier Dimensionen und drei Ebenen Kommunikativen Theologisierens. Die vier Dimensionen theologischer Erkenntnisgewinnung sind:[229]

- die Dimension der persönlichen Lebens- und Glaubenserfahrung (die persönlich-individuelle Lebens- und Glaubenserfahrung einzelner Menschen mit ihren Licht- und Schattenseiten als theologierelevanter und theologiegenerativer Ort),
- die Dimension der Gemeinschaftserfahrung/Kirchlichkeit (alle interaktionalen Erlebnisse und Erfahrungen mit bestärkendem, aber auch mit verstörendem Charakter als mögliche Orte der Selbstmitteilung Gottes, nicht begrenzt auf Gemeinschafts- und Kirchlichkeitserfahrungen im Rahmen institutioneller Kirchlichkeit),

---

229 Vgl. FORSCHUNGSKREIS KOMMUNIKATIVE THEOLOGIE, Kommunikative Theologie, 58-74.

- die Dimension des biblischen Zeugnisses in lebendiger Vermittlung incl. anderer religiöser Traditionen (die biblischen Schriften als Gotteswort im Menschenwort, lehramtliche und theologisch-wissenschaftliche Traditionen in (kritischer) Würdigung und Wertschätzung, Betonung der Grenzen theologischer Erkenntnis, Nähe zu apophatischen Strömungen im Christentum und in nichtchristlichen Denkschulen, Auseinandersetzung mit anderen Weltanschauungen und Traditionen),
- die Dimension des gesellschaftlichen Kontextes / der Welterfahrung (Bemühen um Lebensnähe und Kontextsensibilität des Theologietreibens, Wahrnehmen von Heils- und Unheilssituationen in einer Hermeneutik der Anerkennung und des Verdachts im Umgang mit eigenen und anderen Kulturen, Welt erscheint aus theologischer Perspektive als möglicher Ort der Gegenwart Gottes).

In kommunikativ-theologischen Prozessen werden diese vier Dimensionen dynamisch miteinander vernetzt. Dies kann sich auf drei unterschiedlichen Ebenen ereignen:[230]

- auf der unmittelbaren Beteiligungsebene, auf der auch das TZI-Instrumentarium seine Anwendung findet;
- auf der Erfahrungs- und Deutungsebene, bei der es um eine „implizite oder explizite theologische Deutung und Würdigung von Erlebnissen in Kommunikationsprozessen"[231] geht;
- auf der wissenschaftlichen Reflexionsebene, auf der methodisch geleitet Kommunikationsprozesse untersucht und als Orte der wissenschaftlich-theologischen Erkenntnisgewinnung begriffen werden.

Auch diese drei Ebenen sind im Prozess Kommunikativen Theologisierens dynamisch miteinander zu vernetzen.

#### 5.3.4.1.3 Orte theologischer Erkenntnis

Gibt es außer Schrift und Tradition auch noch andere Orte, die für die theologische Erkenntnis relevant und von Interesse sind? – In Anlehnung an die „loci-Theologie" von Melchior Cano,[232] der neben den „loci proprii" auch

---

[230] Vgl. FORSCHUNGSKREIS KOMMUNIKATIVE THEOLOGIE, Kommunikative Theologie, 74-86.

[231] FORSCHUNGSKREIS KOMMUNIKATIVE THEOLOGIE, Kommunikative Theologie, 78.

[232] Im 20. Jahrhundert wurde die „loci-Theologie" von Peter Hünermann und Max Seckler weiterentwickelt. Vgl. HÜNERMANN, PETER, Dogmatische Prinzipienlehre. Glaube – Überlieferung – Theologien als Sprach- und Wahrheitsgeschehen, Münster 2003, 207-251; SECKLER, MAX, Die schiefen Wände des Lehrhauses. Katholizität als Herausforderung, Freiburg/B. 1988, 79-84.

„loci alieni" benennt und darunter die Vernunft, Philosophie und menschliche Geschichte rechnet, geht auch die Kommunikative Theologie davon aus, dass es neben Schrift und Tradition eine Reihe von theologierelevanten und theologiegenerativen Orten gibt (vgl. die vier Dimensionen Kommunikativer Theologie):[233] Die je eigene und je unterschiedliche Lebens- und Glaubenserfahrung von Menschen ist prinzipiell ein theologierelevanter und theologiegenerativer Ort, ebenso Gemeinschafts- und Kirchlichkeitserfahrungen unterschiedlicher Art und Erfahrungen, die im gesellschaftlichen Kontext und im Welterleben situiert sind.[234] Theologische Erkenntnis wird dabei nicht in Bezugnahme auf einen einzigen theologischen Ort erwartet, sondern ereignet sich im Zueinander und in der Auseinandersetzung verschiedener Orte.[235]

#### 5.3.4.1.4 Optionen Kommunikativer Theologie

Kommunikative Theologie ist eine optionale Theologie; sie bemüht sich darum, ihre Grundannahmen, Haltungen, Standpunkte, Leidenschaften und Optionen offen zu legen. Die drei TZI-Axiome Ruth Cohns werden aufgegriffen, theologisch verortet und re-formuliert: Das anthropologische Axiom zur menschlichen Autonomie und Interdependenz[236] korrespondiert mit den theologisch-anthropologischen Überlegungen zur menschlichen Freiheit und Verfügtheit.[237] Das ethische Axiom,[238] das die Ehrfurcht vor allem Lebendigen zum Inhalt hat, wird in einer theologischen Re-Formulierung auf die zentrale Beziehungserfahrung zwischen Gott und Mensch zurückgeführt: „Schöpfung und Inkarnation begründen Ehrfurcht und Respekt."[239] Das pragmatisch-politische Axiom,[240] das auf die Begrenztheit des Menschen

---

[233] Vgl. Forschungskreis Kommunikative Theologie, Kommunikative Theologie, 80-84.

[234] Vgl. Forschungskreis Kommunikative Theologie, Kommunikative Theologie, 86.

[235] Vgl. Forschungskreis Kommunikative Theologie, Kommunikative Theologie, 84.

[236] Cohn, Ruth / Farau, Alfred, Gelebte Geschichte der Psychotherapie. Zwei Perspektiven, Stuttgart ³2001, 356. – „Der Mensch ist eine psycho-biologische Einheit und ein Teil des Universums. Er ist darum gleicherweise autonom und interdependent. Die Autonomie des einzelnen ist umso größer, je mehr er sich seiner Interdependenz mit allen und allem bewusst wird."

[237] Vgl. Forschungskreis Kommunikative Theologie, Kommunikative Theologie, 98.

[238] Vgl. Cohn / Farau, Gelebte Geschichte, 357. – „Ehrfurcht gebührt allem Lebendigen und seinem Wachstum. Respekt vor dem Wachstum bedingt bewertende Entscheidung. Das Humane ist wertvoll, Inhumanes wertbedrohend."

[239] Forschungskreis Kommunikative Theologie, Kommunikative Theologie, 98.

[240] Cohn, Ruth, Von der Psychoanalyse zur Themenzentrierten Interaktion. Von der Behandlung einzelner zu einer Pädagogik für alle, Stuttgart ¹³1997, 120. – „Freie Entscheidung geschieht innerhalb bedingender innerer und äußerer Grenzen; Erweiterung dieser Grenzen ist

hinweist und gleichzeitig die Notwendigkeit der Ausweitung der inneren und äußeren Grenzen unterstreicht, korrespondiert mit den theologischen Überlegungen zu Gebrochenheit, Sündhaftigkeit und Fragmentarität menschlichen Lebens und mit der theologischen Denkfigur des universalen Heilswillen Gottes: „Gott, der sich allen Menschen bedingungslos zuwendet, will das Heil und die Heilung aller Menschen, insbesondere aber der Marginalisierten und der Gebrochenen.“[241]

Neben der theologischen Re-Formulierung der drei TZI-Axiome sind folgende weitere theologische Optionen für die Kommunikative Theologie von Bedeutung:

- die „Option für die Gelassenheit aus Gnade angesichts aller Machbarkeitsphantasien“,[242]
- die „Option für die Armen“,[243]
- die „Option für das ‚Dableiben‘, auch wenn nichts mehr geht“,[244]
- die „Option für die Contemplatio und das Mystisch-Mystagogische“.[245]

Der Auseinandersetzung um die theologischen Optionen der Kommunikativen Theologie wird in den kommenden Jahren eine große Bedeutung zukommen, so die (nicht näher begründete) Einschätzung des Forschungskreises Kommunikative Theologie.[246] Immer müssen sich die Optionen der Kommunikativen Theologie daran messen lassen, „inwiefern sie in der Lage sind, den Weg zur Mitte, zum trinitarischen Gottesgeheimnis, zur Menschwerdung in Beziehung als Heilsgeschehen auf das Reich Gottes hin zu entfalten“[247].

---

möglich. Unser Maß an Freiheit ist, wenn wir gesund, intelligent, materiell gesichert und geistig gereift sind, größer, als wenn wir krank, beschränkt oder arm sind und unter Gewalt und mangelnder Reife leiden. Bewusstsein unserer universellen Interdependenz ist die Grundlage humaner Verantwortung.“

241 FORSCHUNGSKREIS KOMMUNIKATIVE THEOLOGIE, Kommunikative Theologie, 102.

242 FORSCHUNGSKREIS KOMMUNIKATIVE THEOLOGIE, Kommunikative Theologie, 106.

243 FORSCHUNGSKREIS KOMMUNIKATIVE THEOLOGIE, Kommunikative Theologie, 108.

244 FORSCHUNGSKREIS KOMMUNIKATIVE THEOLOGIE, Kommunikative Theologie, 110.

245 FORSCHUNGSKREIS KOMMUNIKATIVE THEOLOGIE, Kommunikative Theologie, 112.

246 Vgl. FORSCHUNGSKREIS KOMMUNIKATIVE THEOLOGIE, Kommunikative Theologie, 94.

247 FORSCHUNGSKREIS KOMMUNIKATIVE THEOLOGIE, Kommunikative Theologie, 94.

#### *5.3.4.2 Versuch einer kommunikativ-theologischen Systematisierung der empirisch-theologischen Forschungsergebnisse*

Die mittels der dokumentarischen Methode ermittelten vorläufigen Untersuchungsergebnisse der empirisch-theologischen Forschungsarbeit sollen nun einer kommunikativ-theologischen Systematisierung unterzogen werden: Können die in den Tagebuchaufzeichnungen der Seelsorgerinnen benannten Erfahrungen von Gottespräsenz vorrangig einer bestimmten Dimension (persönliche Lebens- und Glaubenserfahrung, Gemeinschaftserfahrung/Kirchlichkeit, biblische Zeugnisse in lebendiger Vermittlung und andere religiöse Traditionen, gesellschaftlicher Kontext/Welterfahrung) zugeordnet werden? Welches Gesamtbild ergibt sich daraus? Welche weiterführenden Schlussfolgerungen können daraus gezogen werden?

In einer kommunikativ-theologischen Zusammenschau der konkreten Untersuchungsergebnisse ergibt sich der folgende Befund:

- Seelsorgerin D und E situieren ihre Erfahrungen von Gottespräsenz primär in der Dimension der persönlichen Lebens- und Glaubenserfahrung, wobei diese Erfahrungen der beruflichen Sphäre und/oder der Privatsphäre zugeordnet werden können. Bei Seelsorgerin D ist zudem eine explizite Bezugnahme auf biblische Gottesvorstellungen (Dimension des biblischen Zeugnisses in lebendiger Vermittlung) zu beobachten. Seelsorgerin E integriert auch widerständige Erfahrungen und bringt sie in Zusammenhang mit der Erfahrung von Gottespräsenz.
- Seelsorgerin A, C und F situieren ihre Erfahrungen von Gottespräsenz primär in der Dimension „Gemeinschaftserfahrung/Kirchlichkeit“: im Leben anderer Menschen (Seelsorgerin A), im Kontakt mit Menschen in Krisen-, Leid- und Unrechtserfahrungen (Seelsorgerin C), im „Zwischen“, im Kontakt und in der Verbundenheit zwischen Menschen (Seelsorgerin F). Bei Seelsorgerin F ist zudem eine ausgeprägte explizite Bezugnahme auf theologische Theoriebildung verschiedener geistlicher Autoren (Dimension des biblischen Zeugnisses in lebendiger Vermittlung) zu beobachten. Bei Seelsorgerin C stehen widerständige und verstörende Erfahrungen im Zentrum ihrer Erfahrungen von Gottespräsenz.
- Seelsorgerin B beschreibt Erfahrungen von Gottespräsenz, die der Dimension „Gemeinschaftlichkeit/Kirchlichkeit“ und der Dimension „Persönliche Lebens- und Glaubenserfahrung“ zugeordnet werden können.
- Von wenigen Ausnahmen abgesehen ist für alle Tagebuchaufzeichnungen eine Konzentration auf den persönlichen Nahbereich konstitutiv. Erfahrungen von Gottespräsenz werden nicht in der Dimension „Gesellschaft-

licher Kontext/Welterfahrung“ angesiedelt.[248] Ereignisse und Entwicklungen, die kirchlich nicht im unmittelbaren persönlichen Nahbereich angesiedelt sind, finden in den Tagebuchaufzeichnungen keine Berücksichtigung und werden auch nicht als Ort der Gottespräsenz qualifiziert.

#### 5.3.4.3 *„Fragwürdigkeiten“ – Kommunikativ-theologische Beobachtungen bei der Analyse der empirisch-theologischen Forschungsergebnisse*

Die oben erfolgte Systematisierung[249] der empirisch-theologischen Forschungsergebnisse unter kommunikativ-theologischer Rücksicht lässt weiterführende Beobachtungen und kritische Anfragen zu, die sich auf die Nachrangigkeit der Dimension des gesellschaftlichen Kontextes und der Welterfahrung, auf die vorrangige Situierung der Erfahrungen von Gottespräsenz im unmittelbaren Nahbereich, auf eine mögliche Präzisierung der kommunikativ-theologischen Rede vom „geschenkten Wir“ und auf die mangelnde Dialogizität im Hinblick auf Grunddokumente des Glaubens beziehen.

##### 5.3.4.3.1 „Der Welt den Rücken?“ – Die Nachrangigkeit der Dimension des gesellschaftlichen Kontextes und der Welterfahrung

Die Dimension des gesellschaftlichen Kontextes/der Welterfahrung (GLOBE) spielt in den Tagebuchaufzeichnungen aller sechs Seelsorgerinnen eine untergeordnete Rolle. Gesellschaftspolitische Ereignisse und Entwicklungen, aktuelle Diskussionen im Bereich Kunst und Kultur, ja selbst kirchliche Entwicklungen, die außerhalb des unmittelbar persönlich Erfahrbaren liegen und in diözesanen oder weltkirchlichen Zusammenhängen situiert wären, finden in den Tagebuchaufzeichnungen der Seelsorgerinnen keinen bzw. kaum einen Niederschlag. Auch wird die Dimension des gesellschaftlichen Kontextes/der Welterfahrung in keinem der Tagebücher explizit als Ort der Gotteserfahrung qualifiziert.[250] Ereignisse und Entwicklungen des gesellschaftlichen und kirchlichen Kontextes scheinen in der Wahrnehmung der

---

[248] Eine Ausnahme bilden die Schilderungen, die um Naturerleben kreisen (z.B. A 16, B 19, E 11).

[249] Vgl. Kapitel 5.3.4.2.

[250] Allenfalls eine gewisse Ausnahme bilden die Tagebuchaufzeichnungen der Seelsorgerin C, die z. B. ein diözesanes Treffen der PastoralreferentInnen als einen Ort des Wirkens des Gottesgeistes apostrophiert (C 12).

Seelsorgerinnen auf ihre Arbeit als Seelsorgerinnen wenig bis gar keinen Einfluss zu nehmen.[251]

Woher rührt diese merkwürdige Weltvergessenheit und welche Auswirkungen zeitigt sie im konkreten pastoralen Handeln der Seelsorgerinnen? Ist die mangelnde Welthaftigkeit der Tagebuchaufzeichnungen lediglich ein Reflex auf den erklärtermaßen privaten Charakter der Textsorte Tagebuch? Oder vielleicht doch auch ein Ausdruck des fortschreitenden Prozesses der Exkulturation, in dem sich die Kirche im deutschsprachigen Raum und darüber hinaus befindet?[252]

„Wer den Globe nicht kennt, den frisst er." (Ruth Cohn)[253] – Das in den ausgewerteten Tagebuchaufzeichnungen zu Tage tretende „Absehen von der Welt" gibt tatsächlich Grund zur kritischen Reflexion gängiger gegenwärtiger Grundoptionen pastoraler Praxis: Denn in der konkreten Praxis vor Ort, aber auch in der aktuellen pastoraltheologischen Debatte ist eine hohe Aufmerksamkeit auf Struktur- und Organisationsfragen und damit im Grunde genommen eine starke Binnenorientierung zu beobachten, die aufmerksame Wahrnehmung und Mitgestaltung der Zeitläufte tritt dem gegenüber deutlich in den Hintergrund.

#### 5.3.4.3.2 „Näher als wir selbst es uns sind" – Die vorrangige Situierung der Erfahrungen von Gottespräsenz im unmittelbaren Nahbereich

Während das aktuelle Zeitgeschehen in Politik, Gesellschaft oder Kirche in den Tagebuchaufzeichnungen der Seelsorgerinnen kaum Beachtung erfährt und auch nicht als Ort der Erfahrung der Gottespräsenz qualifiziert wird, so rückt im Gegensatz dazu der unmittelbare Nahbereich der Seelsorgerinnen in den Fokus der Aufmerksamkeit. Erfahrungen von Gottespräsenz sind vorrangig hier situiert: In Erfahrungen zwischenmenschlichen Miteinanders, vor allem in Konstellationen, die durch Face-to-Face-Kommunikation charakterisiert sind, im seelsorglichen Einzelgespräch oder in kleinen Gruppen, seltener bereits in Großgruppenkonstellationen. In den Tagebuchaufzeichnungen der Seelsorgerin B und der Seelsorgerin E erscheint sogar die eigene Person – in Hinblick auf das private Leben, aber auch im Hinblick auf die berufliche

---

[251] Lediglich die Auseinandersetzung mit den sog. „Pastoralen Leitlinien", einem diözesanen Positionspapier zu gegenwärtigen pastoralen Herausforderungen, und dem damit verbundenen Arbeitsauftrag, für Seelsorgeeinheiten und alle kirchliche Institutionen Pastoralkonzeptionen zu entwickeln, findet in den Tagebuchaufzeichnungen einen gewissen Niederschlag.

[252] Zum Phänomen der fortschreitenden Exkulturation vgl. SPIELBERG, BERNHARD, Kirche noch Gemeinde, 76-78.

[253] COHN/ FARAU, Gelebte Geschichte, 355.

Existenz (Unterscheidung: Privatperson, Berufsrolle) – als herausragender Ort der Erfahrung von Gottespräsenz.

Dass Seelsorgerinnen Erfahrungen der Gottespräsenz vor allem im unmittelbaren Nahbereich bzw. sogar in der eigenen Person situieren, steht meines Erachtens in Zusammenhang mit einer spezifischen Schulung der Aufmerksamkeit und einer religiös-kirchlichen Sozialisation, die Werte wie „Innerlichkeit", „intensives emotionales Erleben" oder auch „zwischenmenschliche Nähe" in den Vordergrund rückt.[254] Gott wird primär im Eigenen gesucht und gefunden, und nicht zuerst oder zunächst im Fremden, im Anderen oder im Unbekannten. Auch darin erscheinen mir die Tagebuchaufzeichnungen durchaus repräsentativ im Hinblick auf Grundorientierungen eines Großteils der gegenwärtigen hauptamtlichen kirchlichen MitarbeiterInnen.

#### 5.3.4.3.3 „Gotteserfahrung im ‚Zwischen'" – Eine Präzisierung der kommunikativ-theologischen Rede vom „geschenkten Wir"?

„Das was da ‚zwischen' uns war an Behutsamkeit, wachem Zuhören und geduldigem Aushalten, an Tränen und Mut – ja, das hatte etwas mit Gott (und seinem Geist) zu tun." (F 10) – Das „Zwischen" wird von drei der sechs Seelsorgerinnen (A, B und F) als ein wesentlicher Ort der Gotteserfahrung benannt: Die Seelsorgerinnen beschreiben damit Begegnungen zwischen Menschen, denen in ihrem Erleben eine besondere Qualität zukommt. Aufmerksamkeit und Offenheit füreinander, Wahrhaftigkeit im Umgang mit sich selbst und den anderen kennzeichnen diese Begegnungen der besonderen Art. Das, was da zwischen Menschen entsteht, hat für die Seelsorgerinnen mit Gott zu tun: „Wenn die Rede von Gott sein kann, dann dort." (F 10) Zwischen ihnen ereignet sich Gott, wird Gott Wirklichkeit: „Da war plötzlich etwas von Gott zwischen uns." (B 16) Im Vordergrund der Erzählungen der Seelsorgerinnen stehen Erfahrungen geglückten, harmonischen zwischenmenschlichen Miteinanders. Das „bleibend Fremde in der/dem Ande-

---

[254] Vgl. SUDBRACK, JOSEF, Art. Frömmigkeit/Spiritualität, in: EICHER, PETER (Hg.), Neues Handbuch theologischer Grundbegriffe, Bd. 2, München 1984, 12. – Josef Sudbrack unterscheidet die „ekstatische" und die „enstatische" Gefahr christlicher Spiritualität. Im Hinblick auf die sich in der empirisch-praktischen Arbeit herauskristallisierenden Befund, dass die Seelsorgerinnen Erfahrung der Gottespräsenz vor allem in unmittelbaren Nahbereich bzw. in der eigenen Person und im intensiven emotionalen Erleben situieren, erscheinen mir Josef Sudbracks Ausführungen zur „enstatischen" Gefahr christlicher Spiritualität aufschlussreich: „Die enstatische Gefahr, die in der frühen Christenheit z.B. in der Nachfolge des Evagrius Ponticus sichtbar wurde, vergräbt sich hingegen in die eigene Innerlichkeit, um dort das Göttliche zu finden, das dann leicht mit der Tiefe des eigenen Selbst zusammenfällt." (12)

ren, die gebrochene Interaktions- und Beziehungsfähigkeit zwischen Menschen"[255] spielen nur eine untergeordnete Rolle.

Die Beschreibung einer Gotteserfahrung „im Zwischen" korrespondiert mit der kommunikativ-theologischen Rede vom „geschenkten Wir"; sie stellt meines Erachtens sogar eine theologische Präzisierung dieses Motivs dar.[256] Matthias Scharer situiert seine Rede vom „geschenkten Wir" im Kontext von Gemeinde- und Gemeinschaftserfahrungen in lateinamerikanischen Basisgemeinden:

> „In den langen ‚Wir-Phasen' wurde die Zusammengehörigkeit in einer Weise gelebt, die uns immer wieder erstaunt hat. Dabei ging es nicht um methodische Tricks [...]. Vielmehr wurde hier ein offener Raum für das nicht Machbare geschaffen, eine Bedingung für die Möglichkeit, das geschenkte Wir im Geist des Lebens und der Zugehörigkeit zu erfahren."[257]

Er spricht vom „Geschenk einer Wir-Erfahrung, die der individuell-subjektiven Erfahrung vorgängig oder zumindest von dieser nicht abgekoppelt ist"[258]. Damit steht mündiges Subjektsein im Glauben nicht in Konkurrenz zu Interdependenz und Gemeinschaftlichkeit.

In der Rede von der Gotteserfahrung „im Zwischen" scheint mir in sofern eine Weiterführung und theologische Präzisierung des Motivs vom „geschenkten Wir" angelegt zu sein, weil die Seelsorgerinnen explizit eine (offensichtlich eher transpersonal begriffene) Gegenwart Gottes in diesem Zwischen, in diesem „heiligen" Raum, der sich zwischen Menschen auftut, situieren.

#### 5.3.4.3.4 „Und die Auseinandersetzung mit Schrift und Tradition?" – Mangelnde Dialogizität im Hinblick auf Grunddokumente des christlichen Glaubens

Lediglich bei zwei der sechs Tagebücher findet sich eine deutlichere Bezugnahme auf biblische und andere kirchliche oder theologische Referenztexte (Dimension des biblischen Zeugnisses in lebendiger Vermittlung): In den Tagebuchaufzeichnungen der Seelsorgerin D tritt eine deutliche Bezugnahme auf biblische Gottesvorstellungen zu Tage, bei Seelsorgerin F ist eine explizite Bezugnahme auf die theologische Theoriebildung verschiedener

---

255 FORSCHUNGSKREIS KOMMUNIKATIVE THEOLOGIE, Kommunikative Theologie, 64.

256 Vgl. SCHARER, MATTHIAS, Das geschenkte Wir. Kommunikatives Lernen in der christlichen Gemeinde, in: WEBER, FRANZ (Hg.), Frischer Wind aus dem Süden. Impulse aus den Basisgemeinden, Innsbruck/Wien 1998, 84-100. SCHARER / HILBERATH, Kommunikative Theologie, 96-122.

257 SCHARER, Das geschenkte Wir, 93-94.

258 SCHARER, Das geschenkte Wir, 94.

geistlicher Autoren zu beobachten. In den anderen Tagebüchern spielt die Auseinandersetzung mit Grunddokumenten des christlichen Glaubens eine untergeordnete bis marginale Rolle. Erfahrungen der Gottespräsenz werden dort weitgehend absehend von den in Schrift und Tradition geprägten Vorstellungen von göttlicher Gegenwart und göttlichem Wirken beschrieben.

Wie lässt sich diese „mangelnde Dialogizität" im Hinblick auf Grunddokumente des christlichen Glaubens und auf die reiche Tradition theologischer Theoriebildung in Geschichte und Gegenwart erklären? Welche Ursachen hat sie? – Eine mögliche Erklärung wäre der „garstige Graben" zwischen Glauben und aktueller Lebenssituation:[259] Für die Seelsorgerinnen scheinen mehrheitlich die in Schrift und Tradition dargebotenen „Deutungsfolien" für Erfahrungen der Gottespräsenz nur mehr eingeschränkt anschlussfähig zu sein im Hinblick auf das eigene Lebensgefühl und den ihr Leben orientierenden Sinnkosmos; sie scheinen allerdings auch die kritisch-konfrontative Auseinandersetzung mit den fremden und fremd bleibenden Gotteserfahrungen in Schrift und Tradition nicht offensiv zu suchen.[260]

Die kommunikativ-theologische Systematisierung der empirisch-theologischen Forschungsergebnisse hat tatsächlich allerlei „Frag-würdiges", aber auch Bedenkenswertes ans Tageslicht gebracht:

- die tendenzielle „Weltvergessenheit" der Pastoraltagebücher, die mit der vielerorts beobachtbaren starken Binnenorientierung gegenwärtiger Pastoral korrespondiert;
- die vorrangige Situierung der Erfahrungen von Gottespräsenz im unmittelbaren Nahbereich und in der eigenen Person, die im Zusammenhang gesehen werden kann mit einer weit verbreiteten kirchlichen Aufmerksamkeitsschulung auf Werte wie „Innerlichkeit", „intensives emotionales Erleben" und „zwischenmenschliche Nähe";
- die Rede von einer Gotteserfahrung im „Zwischen" als einer möglichen theologischen Präzisierung der kommunikativ-theologischen Vorstellung vom „geschenkten Wir";
- die mangelnde Dialogizität im Hinblick auf Grunddokumente des christlichen Glaubens.

---

[259] Vgl. TILLICH, PAUL, Systematische Theologie, Bd. 1, Frankfurt a. M. $^{8}$1984, 9-80. Vgl. auch SCHARER / HILBERATH, Kommunikative Theologie, 41-45.

[260] Ich orientiere mich hier an einem erweiterten und präzisierten Korrelationsbegriff, wie ihn Matthias Scharer und Bernd Jochen Hilberath skizzieren, einem Verständnis von Korrelation bei einer gleichzeitigen „Hermeneutik der Differenz". Vgl. zu den Grenzen klassischer Korrelationstheologien und ihrer religionspädagogischen und pastoraltheologischen Adaptionen und zum Versuch eines differenzhermeneutisch erweiterten Korrelationsbegriffes: SCHARER / HILBERATH, Kommunikative Theologie, 42-45.

Was folgt daraus? Inwiefern sind diese Forschungsergebnisse generalisierbar? Und sind daraus Konsequenzen für Grundoptionen gegenwärtigen pastoralen Handelns zu ziehen? – Angesichts der Tatsache, dass ich mit meiner Forschungsfrage ein bislang kaum erforschtes Terrain betrat, und angesichts der begrenzten personellen, finanziellen und zeitlichen Ressourcen, die für diese Untersuchung zur Verfügung standen, war das erklärte Ziel dieser Untersuchung ein bescheidenes und begrenztes: durch Konzentration auf einzelne Fallbeispiele tiefer in die Struktur des von mir zu erforschenden Feldes vorzudringen.[261] – Dies ist geschehen: Strukturen und Grundorientierungen im Forschungsfeld sind erkennbar, wurden herausgearbeitet und benannt. Wenngleich auch die Datenbasis insgesamt zu schmal ist, um weiterreichende Generalisierungen vorzunehmen, und es Anliegen der Arbeit war, zunächst einmal das je eigene Profil eines jedes von mir untersuchten Pastoraltagebuchs herauszuarbeiten, so lassen sich dennoch aus den vorliegenden Forschungsergebnissen einzelne Konsequenzen für notwendige Weichenstellungen im gegenwärtigen pastoralen Handeln ziehen. Dies soll im abschließenden sechsten Kapitel dieser Arbeit geschehen.

[261] Vgl. Kapitel 4.4.2.

# 6 Rückblick – Ausblick – Konklusionen

Der kritisch-prüfenden Rückschau auf das Gesamt der Forschungsarbeit, der kreativen Zusammenschau der Forschungsergebnisse und dem Ausblick – näherhin der Frage, welcher konkrete pastoraltheologische Ertrag zu benennen ist – ist das Schlusskapitel dieser Arbeit gewidmet. Dazu soll in einem ersten Schritt eine Relecture des Forschungsdesigns der vorliegenden Arbeit in kommunikativ-theologischer Perspektivik unternommen werden (6.1). Diese bewusste Relecture erfolgt auf dem Hintergrund vielfältiger praktischer Berührungen mit der Praxis der kommunikativen Theologie während meiner Arbeit an der Fragestellung, welche Erfahrungen von Gottespräsenz Seelsorgerinnen in ihrem beruflichen Alltag machen.[1] In einem weiteren Schritt werden Ergebnisse der empirisch-theologischen Forschungsarbeit in einen wechselseitig-kritischen Dialog mit den im ersten Teil der Arbeit herausgearbeiteten polyperspektivischen Zugängen zum Forschungsgegenstand gebracht (6.2). Am Ausgang dieses Kapitels und damit auch Schluss der gesamten Arbeit werden abschließend drei pastoralpraktische Ermutigungen ausgesprochen (6.3).

## 6.1 Eine Relecture des Forschungsdesigns in kommunikativ-theologischer Perspektive

In der kommunikativ-theologischen Relecture des Forschungsdesigns erscheint mir vor allem die Unterscheidung der drei Ebenen kommunikativ-theologischer Prozesse (unmittelbare Beteiligungsebene, Erfahrungs- und Deutungsebene, wissenschaftlich-theologische Reflexionsebene) aufschlussreich zu sein. Betrachtet man unter dieser Rücksicht das Forschungsdesign dieser Arbeit, so ergibt sich folgendes Bild:

Sechs Seelsorgerinnen waren aufgefordert, über einen Zeitraum von drei Wochen ein Pastoraltagebuch zu führen und ihre pastorale Arbeit unter der Rücksicht zu betrachten und zu reflektieren, welche Erfahrungen von Gottespräsenz sie darin machen. Damit wurde unmittelbar Erlebtes und Erlittenes (unmittelbare Beteiligungsebene) von den Seelsorgerinnen in einen religiös-theologischen Deutungsrahmen gestellt und erfuhr so eine implizite bzw. explizite religiöse/theologische Deutung. Unter kommunikativ-theologischer Rücksicht spielt sich dieser Vorgang auf der Erfahrungs- und

[1] Nicht zuletzt denke ich dabei an die Teilnahme an den interfakultären und interdisziplinären Forschungsseminaren in Klingenthal/Elsaß im Herbst 2006 und 2007 unter Leitung von Bernd Jochen Hilberath und Matthias Scharer, die für den weiteren Fortgang meines Forschungsvorhabens fruchtbar und inspirierend waren.

Deutungsebene ab. Der verschriftlichte Niederschlag der Erfahrungen von Gottespräsenz, die die Seelsorgerinnen als solche qualifizierten, war Gegenstand der wissenschaftlich-theologischen Reflexion. Die hier vorliegende Arbeit bietet einen Einblick in die Forschungswerkstatt und in den Prozess empirisch-theologischer Forschungstätigkeit und bringt in ausführlichen Fallbeschreibungen und in komparativer Analyse Ergebnisse der Forschungstätigkeit zur Darstellung.[2] Die Analyse und Interpretation der Tagebuchaufzeichnungen erfolgte mit dem Instrumentarium der Dokumentarischen Methode, fortschreitend bis zur komparativen Analyse. Im Anschluss an die komparative Analyse wurde eine Systematisierung der Forschungsergebnisse in kommunikativ-theologischer Perspektivik unternommen.[3] Unter kommunikativ-theologischer Rücksicht sind die empirisch-theologische Forschungstätigkeit und deren Dokumentation demnach auf der wissenschaftlich-theologischen Reflexionsebene anzusiedeln.

Im wissenschaftlich-theologischen Umgang mit den Tagebuchaufzeichnungen der Seelsorgerinnen wurden die Glaubens- und Lebenserfahrungen der einzelnen Frauen von mir als „theologierelevanter und theologiegenerativer Ort" begriffen, „an dem sich im Leben von einzelnen Menschen Gott offenbart"[4]. In dieser Entscheidung, individuelle Lebens- und Glaubenserfahrungen als theologischen Erkenntnisort wahrzunehmen und ernst zu nehmen, zeigt sich tatsächlich eine „radikale" Subjektorientierung.[5] So galt es anzuerkennen, dass die primäre Deutungshoheit für die Erfahrungen der Gottespräsenz den Seelsorgerinnen selbst oblag. In der wissenschaftlichen Analyse und Interpretation der Tagebuchaufzeichnungen wurde der Versuch unternommen, in einer Haltung theologischer „awareness"[6] die Erfahrungen der Seelsorgerinnen zu beschreiben und deren Grundorientierungen und strukturbildende Muster sichtbar zu machen. Diese Analyse der „Texte des Lebens"[7] war getragen von einer Haltung des Respekts, der Neugier und des

---

[2] Vgl. Kapitel 5.

[3] Vgl. Kapitel 5.3.4.

[4] FORSCHUNGSKREIS KOMMUNIKATIVE THEOLOGIE, Kommunikative Theologie, 60.

[5] Vgl. FORSCHUNGSKREIS KOMMUNIKATIVE THEOLOGIE, Kommunikative Theologie, 62. – „Die auch in heutiger Zeit fortdauernde Selbstmitteilung Gottes in der persönlichen Heilsgeschichte wird damit im Hinblick auf jeden Menschen hin aufgrund seiner Geistbegabtheit radikal ernst genommen."

[6] Vgl. SCHARER, Wie wirkt Gott, 79. – Matthias Scharer konturiert die Haltung theologischer „awareness" – im Deutschen nur unzureichend mit „Aufmerksamkeit" wiedergegeben – in Absetzung zu einer in der gegenwärtigen Forschungslandschaft geläufigen Forschungshaltung, „in welcher der objektiv-distanzierende Zugriff auf alles und jedes paradigmatisch geworden ist". (80)

[7] SCHARER, Wie wirkt Gott, 81. – Gerne greife ich hier die Terminologie Matthias Scharers auf und nehme sie sozusagen „wörtlich", denn meine empirisch-theologische Forschungsar-

Interesses und bemüht um eine Haltung des Verstehens, das tief genug reichen sollte, „um zumindest ansatzweise zu verstehen, was Menschen in ihrem (Sprach-)Handeln ausdrücken und verbergen“[8]. Hilfreich für eine angemessene Analyse dieser „Texte des Lebens“ erschien mir die Vorstellung, dass ein solcher „Text des Lebens“ in mindestens ebenso hohen Maß wie die biblischen Zeugnisse ein „Mischtext“ (Raymund Schwager) ist, in dem göttliches Heilshandeln und menschliches Freiheits-/Unfreiheitshandeln auf vielfältige und letztlich nur schwer unterscheidbare Weise miteinander verwoben sind.[9] Gleichzeitig gilt wohl auch: Je „vermischter“ und uneindeutiger die „Texte des Lebens“ im Hinblick auf das komplexe Zusammenspiel von möglichem göttlichem Heilshandeln und menschlicher Freiheits-/ Unfreiheitsgeschichte sind, umso authentischer sind sie und von umso größerer Evidenz.

Im gegenwärtigen theologischen Wissenschaftsbetrieb ist – immer noch – über weite Strecken eine deutliche Trennung zwischen Erfahrungsebene und wissenschaftlicher Reflexionsebene zu beobachten, eine Trennung, die mit der Trennung zwischen PraktikerInnen und WissenschaftlerInnen, ForscherInnen und „Beforschten“ einhergeht. Diese Trennung galt lange Zeit als erstrebenswert und unumstritten; die neuere wissenschaftstheoretische Diskussion, die um Fragen der Partizipation und Distanzierung kreist, problematisiert diese strikte Trennung.[10] Kommunikativer Theologie ist es ein Anliegen, die Trennung zwischen Erfahrungsebene und wissenschaftlicher Reflexionsebene zu überwinden und Involviertheit und Erfahrung mit wissenschaftlicher Reflexion zu verknüpfen und in einen fruchtbaren Dialog zu bringen.[11]

Eine solche fruchtbare Vernetzung unterschiedlicher theologischer Ebenen, die im Verlaufe der Forschungsarbeit am Thema „Erfahrungen der Gottespräsenz im pastoralen Alltag von (Gemeinde-)Seelsorgerinnen“ fortlaufend geschehen ist, soll im Folgenden ein letztes Mal abschließend unternommen werden. Dazu werden die Ergebnisse der empirisch-theologischen Forschungsarbeit in einen wechselseitig-kritischen Dialog mit den im ersten Teil der Arbeit herausgearbeiteten polyperspektivischen Zugängen zum For-

---

beit beschäftigte sich tatsächlich mit der Exegese von „Lebenstexten“: Analog zu einer Exegese biblischer Texte galt es, in den Tagebuchaufzeichnungen der Seelsorgerinnen, in „Texten des Lebens“, nach Spuren göttlicher Selbstmitteilung zu suchen.

[8] SCHARER, Wie wirkt Gott, 81.

[9] Vgl. SCHARER, Wie wirkt Gott, 81-83.

[10] Vgl. FORSCHUNGSKREIS KOMMUNIKATIVE THEOLOGIE, Kommunikative Theologie, 88. Vgl. dazu auch meine Ausführungen zur Qualitativen Sozialforschung aus feministischer Perspektive in Kapitel 4.2.

[11] Vgl. FORSCHUNGSKREIS KOMMUNIKATIVE THEOLOGIE, Kommunikative Theologie, 88.

schungsgegenstand gestellt: Die Theologie von pastoralen Praktikerinnen, ihre Gott-Rede, ihr zumeist verhaltenes, zuweilen auch überschwängliches Erzählen von Erfahrungen der Gottespräsenz in ihrem seelsorglichen Alltag, soll der akademisch-wissenschaftlichen Gott-Rede gegenübergestellt werden – in der Hoffnung, dass sich aus dieser Gegenüberstellung fruchtbare und weiterführende Perspektiven für die seelsorgliche Praxis in den Gemeinden und die wissenschaftliche Rede von Gott ergeben. – Wo finden sich Entsprechungen, wo findet sich Widersprüchliches? Wo kann die praktisch-theologische Erkenntnis der Seelsorgerinnen die praktisch-theologische Erkenntnis der akademischen TheologInnen bereichern und umgekehrt?

## 6.2 Gegenüberstellungen: Ergebnisse der empirisch-theologischen Forschungsarbeit im wechselseitig-kritischen Dialog mit den spekulativ-theologischen Zugängen zum Forschungsgegenstand

Unter dreierlei Rücksichten sollen Ergebnisse der empirisch-theologischen Forschungsarbeit mit den spekulativ-theologischen Zugängen zum Forschungsgegenstand ins Gespräch gebracht werden: im Hinblick auf die Rede von den Erfahrungen von Gottespräsenz (6.2.1), hinsichtlich des Selbstbewusstseins und des Selbstverständnisses von Frauen als Seelsorgerinnen (6.2.2) und hinsichtlich der Wahrnehmung der gegenwärtigen fundamentalen Umwälzungen der pastoralen Landschaft und Verhältnisse (6.2.3).

### 6.2.1 „Ist Gott drin?" – Erfahrungen von Gottespräsenz

„Ist Gott drin?" – Erfahrungen von Gottespräsenz im eigenen seelsorglichen Alltag nachzugehen, das war für die an der Untersuchung teilnehmenden Seelsorgerinnen ganz offenkundig eine spannende, herausfordernde, bisweilen sogar provozierende Aufgabenstellung. Deutlich wurde dies bereits im Erstkontakt, wo ein ausgesprochenes Interesse, ein hohes Maß an Neugier und Vorfreude, mit dieser Fragestellung umzugehen, wahrzunehmen war. Deutlich wurde das aber auch in Randbemerkungen in den Tagebuchaufzeichnungen selbst und in Kommentaren in den angefügten Begleitschreiben, bei denen das Spektrum vom Erstaunen darüber, dass „mehr Gott drin" war, als für möglich gehalten, bis hin zur deutlichen Erleichterung, sich endlich nicht mehr mit dieser provozierenden Fragestellung beschäftigen zu müssen, reicht.[12]

---

[12] Bei Seelsorgerin C findet sich die folgende Bemerkung: „Nun wären meine 3 Wochen des Tagebuchschreibens zuende. Es fiel mir leichter als ich dachte, und – es war mehr Gott drin, als ich es für möglich hielt." (C 30) Seelsorgerin F artikuliert im Begleitschreiben zu ihren

In der Zusammenschau der empirisch-theologischen Forschungsergebnisse mit den spekulativ-theologischen Überlegungen zu den Möglichkeiten und Bedingungen von Gotteserfahrung sollen nun vergleichende Überlegungen zu den folgenden Themenfeldern angestellt werden:

- Fraglichkeit der Erfahrbarkeit Gottes, religiöse Erlebnisorientierung und religiöse Nachdenklichkeit,
- Mehrwert einer Rede von der Gotteserfahrung im „Zwischen“,
- Spannung zwischen göttlicher Unverfügbarkeit und der Kraft menschlicher Sehnsucht.

#### *6.2.1.1 Wenn die Erfahrbarkeit Gottes fraglich wird – Von religiöser Erlebnisorientierung und religiöser Nachdenklichkeit*

In den ausgewerteten Pastoraltagebüchern ist ein nur gelegentlich überschäumendes, zumeist aber verhaltenes Erzählen von Gottespräsenz beobachtbar, ein Erzählen, das bisweilen verstummt. Probehalber wird da Gotteserfahrung postuliert, Gottesahnungen („etwas von Gott“) werden ins Wort gebracht. In diesem vorsichtigen und verhaltenen Versuchen, den Spuren Gottes im eigenen (seelsorglichen) Alltag nachzugehen, unterscheiden sich die sechs Tagebuchschreiberinnen wenig von dem, was Hans-Joachim Höhn als kulturellen Normalfall bezeichnet: Dass Gott für heutige Menschen nicht mehr selbstverständlich zum Alltag „dazugehört“, sondern fraglich geworden ist, und dass die Erfahrung der Abwesenheit Gottes bzw. dessen Nichterfahrung die eigentliche Grunderfahrung darstellt.[13] – Ein Indiz für die bleibende, schweigende Unbegreiflichkeit Gottes? Oder vielleicht auch Ausdruck für die Notwendigkeit einer spirituellen Aufmerksamkeitsschulung für Gottes unscheinbare, mehrdeutige Spuren in Leben von Menschen und in dieser Welt?

ZeitgenossInnen sind die Seelsorgerinnen offensichtlich auch in dem, was wir in Anlehnung an Hans-Joachim Höhn „religiöse Erlebnisorientierung“ nennen können:[14] Erfahrungen der Gottespräsenz werden in den ausgewerteten Tagebuchaufzeichnungen oft in Verbindung mit starken, authentischen Gefühlen gebracht. Diese scheinen für einige der Seelsorgerinnen (insbeson-

---

Tagebuchaufzeichnungen die deutliche Erleichterung, sich nicht mehr mit der Fragestellung beschäftigen zu müssen.

[13] HÖHN, Zeichen des Verschwindens, 69-71.

[14] Vgl. HÖHN, Erlebnisgesellschaft, 11-22. - Erfahrungen der Gottespräsenz werden in den ausgewerteten Tagebuchaufzeichnungen oft in Verbindung mit Emotionen gebracht. Starke, authentische Gefühle scheinen für einige der Seelsorgerinnen verlässliche Indikatoren für ein religiöse Erfahrung bzw. eine Erfahrung der Gottespräsenz zu sein.

dere für die Seelsorgerinnen B, C und F) verlässliche Indikatoren für ein religiöse Erfahrung bzw. eine Erfahrung der Gottespräsenz zu sein. Freilich, Anzeichen „religiöser Nachdenklichkeit“[15], die Hans-Joachim Höhn einmahnt, lassen sich ebenfalls in hohem Maße ausmachen: „Gott nachzudenken“, dieses Bemühen tritt in den Tagebuchaufzeichnungen der Seelsorgerinnen B, D, E und F deutlich zu Tage.

Eine Verschränkung und wechselseitige Durchdringung von „religiöser Erlebnisorientierung“ und „religiöser Nachdenklichkeit“ erscheint auf dem Hintergrund dieses Befundes als Gebot der Stunde. Eine kirchlich-theologisches Reden von „Gotteserfahrung“ kann nicht ohne Erlebnisorientierung auskommen und muss sich verwurzeln in der authentischen Erfahrung der Präsenz des Unbegreiflichen, die zumeist wohl uneindeutig und unaufdringlich sein wird. Und umgekehrt gilt: Reflexiv errungene religiöse Einsichten – in Abgrenzung vom unüberlegten, gedankenlosen Nachplappern einer fremd bleibenden, bloß behauptenden Gottesrede – sind sicherlich nicht gering zu achten. Allerdings bedürfen sie einer Integration ins Gesamt der Lebenserfahrung und der Lebenswirklichkeit des Menschen.

#### *6.2.1.2 Vom Mehrwert einer Rede von der Gotteserfahrung im „Zwischen“*

Drei der sechs Seelsorgerinnen (A, B und F) entwickeln die Vorstellung einer Erfahrung Gottes im „Zwischen“. Am deutlichsten ist dies bei Seelsorgerin F ausgeprägt, in deren Tagebuchaufzeichnungen die Vorstellung von der Erfahrung von Gottespräsenz im „Zwischen“ sogar den herausragenden Gottes-Ort darstellt. Bei dieser Vorstellung vom heiligen Raum, der zwischen Menschen entsteht, einer Gottesvorstellung, die – zumindest latente – transpersonale Züge trägt, lassen sich deutliche Korrespondenzen zu feministisch-theologischer Theoriebildung herstellen: zur Vorstellung eines äußeren Sanctums, in dem sich unser (pastorales) Handeln und Bemühen vollzieht (Christiane Burbach)[16] und zur Idee einer räumlichen Anwesenheit Gottes, die in Zusammenhang steht mit der Adaption der jüdischen theologischen Denkfigur der Schechinah Gottes, die ebenfalls in feministisch-theologischen Seelsorgekonzeptionen fruchtbar gemacht wird (Ursula Riedel-Pfäfflin).[17] Ebenso lassen sich Verbindungslinien ziehen zum Transzendenzbegriff der feministischen Theologin Carter Heyward, die Gott begrei-

---

[15] Vgl. HÖHN, Erlebnisgesellschaft, 21.

[16] Vgl. BURBACH, Seelsorge, 59.

[17] Vgl. RIEDEL-PFÄFFLIN, Würde, 151.

fen will als „transpersonale schöpferische Macht, die unter uns und durch unser Handeln erfahrbar wird“[18].

Eine spirituelle und theologische Aufmerksamkeit auf diese spezifische Gegenwartsweise Gottes – er ereignet sich zwischen Menschen, baut Brücken, bewirkt Verständigung, Gerechtigkeit und Liebe, Gott ist die Tat, die Menschen tun, wird von Menschen verwirklicht, wenn sie lieben – erscheint mir eine ausgesprochen wichtige und hilfreiche Spur zu sein auf der Suche nach einer angemessenen Zukunftsgestalt persönlich-individueller und gemeinschaftlich-kirchlicher christlicher Existenz.

#### *6.2.1.3 Im Spannungsfeld von göttlicher Unverfügbarkeit und der Kraft menschlicher Sehnsucht*

Gott offenbart sich dem Menschen in Freiheit, er ist darin menschlicher Verfügbarkeit entzogen – so ein weithin unhinterfragtes Theologumenon. Jede Erschlossenheit Gottes für den Menschen verdankt sich göttlicher Initiative: Gott „bringt sich zur Erfahrung“, er „ereignet sich“ [19] (Dorothee Sölle), Gott bringt „sich beim Menschen zur Erfahrung“[20] und erschließt sich ihm (Matthias Zeindler). Großteils teilen die Seelsorgerinnen in ihren Tagebuchaufzeichnungen diese Einschätzung. Deutlich wird das darin, dass sie in ihren Erzählungen von Erfahrungen der Gottespräsenz häufig das Moment des Überraschenden, des plötzlich und unerwartet Einbrechenden betonen. Vereinzelt findet sich jedoch auch die Vorstellung, dass sich Gott von menschlicher Sehnsucht und menschlichem Werben „beeindrucken“ lässt, dass er sich „herbeiglauben, herbeisehnen, herbeilieben“ (B 2) lassen. Berühren diese Vorstellungen die Grenzen des Manipulativen? – Vielleicht sind sie eher ein Signal dafür, dass in einem mystischen Verständnis des Gott-Mensch-Verhältnisses die Idee von der Leidenschaftslosigkeit, Unabhängigkeit und Unberührbarkeit Gottes aufgegeben werden müsste.

---

[18] Vgl. zur Qualifizierung des Transzendenzbegriffes bei Carter Heyward die Ausführungen im Wörterbuch der feministischen Theologie: STRAHM BERNET, SILVIA, Art. Gott/Göttin. Systematische Theologie, in: GÖSSMANN, ELISABETH u.a. (Hg.), Wörterbuch der feministischen Theologie, 2., vollständig überarbeitete und grundlegend erweiterte Auflage Gütersloh 2002, 246.

[19] SÖLLE, Mehr als alles, 48.

[20] ZEINDLER, Gotteserfahrung, 24.

### 6.2.2 Selbstverständlich und selbstbewusst Seelsorgerin sein

Ein reicher Erfahrungsschatz aus z. T. jahrzehntelanger seelsorglicher Tätigkeit in der Gemeindepastoral und in kategorialen Seelsorgefeldern schlägt sich in den Tagebuchaufzeichnungen der sechs Seelsorgerinnen nieder. Mit großer Selbstverständlichkeit und mit natürlichem Selbstbewusstsein sind die sechs Pastoral- und Gemeindereferentinnen als Seelsorgerinnen tätig.

In den Tagebuchaufzeichnungen findet sich reiches Belegmaterial zu ihrem seelsorglichen Selbstverständnis und zu seelsorglichen Grundhaltungen.[21] Alle sechs Seelsorgerinnen haben ein deutlich konturiertes Rollenprofil entwickelt, das in den Tagebuchaufzeichnungen seinen Niederschlag findet. Das Spektrum weist eine relative Breite auf und reicht von der „Fürsprecherin“ und „Brückenbauerin“ zwischen Gott und den Menschen (Seelsorgerin A), der zur Priesterin Berufenen, deren Aufgabe es ist, in der eigenen Person etwas von Gott aufscheinen zu lassen (Seelsorgerin B), der „Anwältin“ für Menschen in Krisensituationen (Seelsorgerin C), der Vertrautheit und Sicherheit Suchenden und Gewähren-Wollenden (Seelsorgerin D) bis hin zur „Anschuckerin“ und Initiatorin individueller Glaubensprozesse und Prozesse der Gemeindebildung (Seelsorgerin E) und zur prozess- und entwicklungsorientierten „Pastoralarbeiterin“ (Seelsorgerin F). Auffällig ist, dass ein Teil der Seelsorgerinnen (A, B und C) ein Rollenverständnis ausgebildet hat, das hinsichtlich der Mittlerposition zwischen Gott und den Menschen Züge eines klassischen priesterlichen Selbstverständnisses in sich trägt.

Als „Seelsorgerinnen zweiter Klasse“ fühlen sich die sechs befragten Seelsorgerinnen augenscheinlich nicht behandelt; auf alle Fälle finden sich in ihren Tagebuchaufzeichnungen keine Passagen, in denen sie von Kränkungserfahrungen, von der Missachtung ihrer Tätigkeit und ihrer Kompetenzen oder von Diskriminierung auf Grund ihres Geschlechts berichten.[22] Eine Zufriedenheit mit den beruflichen Gestaltungsmöglichkeiten als Gemeinde- oder Pastoralreferentin scheint gegeben zu sein, berichten sie doch nicht von pastoralen Situationen, in denen sie in einer sinnvollen Ausführung ihrer seelsorglichen Tätigkeit durch einen „Weihemangel“ gehindert werden. In den Aufzeichnungen von Seelsorgerin B findet sich allerdings der dezidierte Hinweis darauf, dass sie eine priesterliche Berufung für sich spürt und ihre

---

[21] Vgl. dazu die Ausführungen zu „Seelsorgerin sein – Beruf, Berufung, biographische Perspektiven“ in den sechs Fallbeschreibungen im Kapitel 5.

[22] Das muss nicht bedeuten, dass die sechs Seelsorgerinnen über keine Kränkungserfahrungen im Laufe ihrer Berufsbiographie verfügen; doch möglicherweise hat die Fragestellung für die Tagebuchaufzeichnungen, nach den Erfahrungen von Gottespräsenz im beruflichen Alltag Ausschau zu halten, zur Folge, dass Erfahrungen von Kränkung, Missachtung und Diskriminierung tendenziell nicht so sehr im Fokus der Aufmerksamkeit stehen.

Tätigkeit als Pastoralreferentin als Wegbereitung für Frauen im priesterlichen Dienst sieht.[23]

Hat Seelsorge ein Geschlecht? Nehmen Frauen als Seelsorgerinnen Seelsorge in einer spezifischen Weise wahr? Gibt es vielleicht sogar so etwas wie typisch weibliche Seelsorgetugenden, einen spezifischen Beitrag von Frauen in der Seelsorge? – Der gegenwärtige praktisch-theologische Diskurs zu diesem Fragenkomplex wurde im Hinweg zur empirisch-theologischen Forschungstätigkeit gesichtet und dargestellt.[24]

In der Gegenüberstellung der Ergebnisse der empirisch-theologischen Forschungsarbeit und dem praktisch-theologischen Diskurs zur Frage nach dem spezifischen Beitrag von Frauen in der Seelsorge ergibt sich das folgende Bild: Eine deutliche Bestätigung erhält Silvia Beckers Einschätzung, dass Frauen den von ihnen begleiteten Personen häufig ein großes Maß an Nähe anbieten: „Empathie, Herzlichkeit, Zuwendung, selbstvergessenes Dasein für andere: All diese für die Seelsorge unverzichtbaren Fähigkeiten müssen Frauen häufig nicht erst lernen."[25] Silvia Becker verweist darauf, dass dies ein gängiges gesellschaftliches Verhaltensmuster für eine Mehrzahl von Frauen darstelle.[26] In seelsorglichen Kontakten Nähe und Wärme anbieten zu können, sei Chance und Falle zugleich, so ihre Einschätzung: Wo es sich auf der einen Seite um für die Seelsorge unverzichtbare Haltungen handle, drohe auf der anderen Seite Distanzlosigkeit und persönliche Überforderung.[27] Da sein und nah sein, dies stellt offensichtlich für alle sechs Seelsorgerinnen – in unterschiedlichen Spielarten – eine der ganz fundamentalen seelsorglichen Grundhaltungen dar. Seelsorgerin C ist Menschen in Krisensituationen solidarisch nah, ähnlich auch Seelsorgerin A, die sich bemüht, empathisch nah, zugewandt, wachsam und präsent zu sein und in der eigenen Präsenz etwas von der Nähe Gottes abzubilden. Nähe und Trost werden durchaus auch einmal durch direkten Körperkontakt vermittelt, wo es angemessen erscheint (Seelsorgerin B). Für Menschen und deren Bedürfnisse emotional berührbar sein und bleiben, ist Anliegen der Seelsorgerin D. Die ihr übertragene Arbeit mit einem hohen Maß an innerer emotionaler Beteiligung zu erfüllen, ist der Anspruch von Seelsorgerin E. Seelsorgerin F schließlich lässt sich von den

[23] Sie vermerkt in ihrem Tagebuch eine Begegnung mit zwei Frauen, die ihr gegenüber formulieren, dass sie sich Seelsorgerin B gut als Priesterin vorstellen könnten, und kommentiert dies wie folgt: „Es bestärkt mich immer, wenn Menschen mir ein solches feed-back geben. Ich sage dann offen, dass ich mit meinem Beruf den Weg bereiten will, dass es für Gemeinden denkbarer wird, Frauen im Priesteramt zu haben." (B 42)

[24] Vgl. Kap. 2.3.

[25] BECKER, Eine Chance für die Kirche, 173.

[26] Vgl. BECKER, Eine Chance für die Kirche, 173.

[27] Vgl. BECKER, Eine Chance für die Kirche, 173-175.

Anforderungen der pastoralen Arbeit in einem hohen Maß beanspruchen, so dass Abgrenzung schwierig wird und persönliche Überforderung droht. Insbesondere die theologisch-spirituelle Präzisierung einer Seelsorge der Nähe und Präsenz – in der eigenen Präsenz etwas von der Nähe und Präsenz Gottes abzubilden – wie sich dies in den Tagebuchaufzeichnungen von Seelsorgerin A andeutet, erscheint mir beachtenswert und zukunftsweisend.

Auch Benedikta Hintersbergers Überlegungen zu Elementen, Strukturformen, und Lebensmuster weiblicher Spiritualität erhalten eine deutliche Bestätigung.[28] In den Tagebuchaufzeichnungen der sechs Seelsorgerinnen treten die meisten der von Benedikta Hintersberger benannten Momente deutdeutlich hervor: eine Nähe zum Alltäglichen und eine daraus resultierende Erdung und Konkretion der Theologie, die Fähigkeit zur Empathie und zum Mitleiden, die Betonung von Leibhaftigkeit und Sinnenhaftigkeit, eine Bedürfnis nach Ganzheit/Ganzheitlichkeit und die Beziehungsorientierung.

Insgesamt stellen die Tagebuchaufzeichnungen der sechs Seelsorgerinnen eine bemerkenswerte Fundgrube weiblicher Seelsorgekompetenz dar. Eine vertiefte Analyse des empirischen Datenmaterials hinsichtlich der dort sichtbar werdenden weiblichen Seelsorgekompetenz, die in der erforderlichen Ausführlichkeit in der vorliegenden Arbeit – auf Grund der spezifischen Interessensfokussierung auf die Erfahrungen von Gottespräsenz – nicht möglich war und geleistet werden konnte, wäre sicherlich lohnenswert. Um nicht ungewollt einer einengenden und festlegenden Fortschreibung weiblicher Identität das Wort zu reden,[29] müsste hierbei in kritisch-unterscheidender Weise der Blick darauf gerichtet werden, in welcher Weise die Seelsorgerinnen „Geschlecht tun“, ob sie bewusst/unbewusst auf geschlechtsstereotype Verhaltensweisen zurückgreifen oder sie außer Kraft setzen u.a.m.

### 6.2.3 Angesichts der gravierenden Umwälzungen, Aufbrüche und Abbrüche in der gemeindlichen Seelsorge

Drohende gesellschaftliche Marginalisierung, um sich greifende Rat- und Perspektivlosigkeit hinsichtlich der Zukunftsgestalt und des Auftrags von Kirche, gravierende Umgestaltungsbestrebungen der bislang bestehenden Seelsorgestrukturen, Finanz- und Personalknappheit, Mitgliederschwund – die gegenwärtige pastorale Erosion, der die kirchliche Landschaft im deutschsprachigen Raum ausgesetzt ist, findet kaum einen Niederschlag in den Tagebuchaufzeichnungen der Seelsorgerinnen; eine gewisse Ausnahme bilden die Tagebuchaufzeichungen der Seelsorgerin F. Pastoral unter den

---

[28] Vgl. HINTERSBERGER, Elemente und Strukturformen weiblicher Spiritualität, 22-29.

[29] Vgl. Kapitel 1.2.1.3.

Bedingungen einer Seelsorgeeinheit – arbeitsteilig und vernetzt im Pastoralteam für und mit mehrere(n) Pfarrgemeinden zu arbeiten – scheint für die Seelsorgerinnen weithin unhinterfragte und nicht problematisierte Normalität zu sein.[30] Visionsarbeit und konzeptionelle Überlegungen zur Zukunftsgestalt der konkreten Pastoral vor Ort – eine Aufgabe, der sich die pastoral Verantwortlichen zum Zeitpunkt der Tagebuchaufzeichnungen stellen müssen, weil sie offiziell dazu aufgefordert werden – werden, wenn sie thematisiert werden, allermeist abwartend-skeptisch beurteilt.

An Grenzen ihrer Gestaltungskraft und Gestaltungsmacht stoßen die Seelsorgerinnen freilich dennoch: Deutlich ausgeprägt in den Tagebuchaufzeichnungen der Seelsorgerin E, die einen eindrücklichen Einblick geben in eine sich fortsetzende Erschöpfungsdynamik, resultierend aus einer Mehrfachbelastung und Überlastung durch Erwerbsarbeit und Familienarbeit; in anderer Weise auch in den Tagebuchaufzeichnungen der Seelsorgerin D, in denen deutlich wird, dass Arbeitszufriedenheit ein höchst fragiles und von vielen Faktoren abhängiges Gut ist.

Fraglich werden den Seelsorgerinnen die eingeschliffene Routinen und sonst wohl meist unhinterfragten Selbstverständlichkeiten des Pastoralbetriebs: Die Provokation der Banalität des pastoralen Alltags tritt bei allen Seelsorgerinnen – mit Ausnahme der Seelsorgerin C – wahrscheinlich deutlicher als sonst zu Tage, vermutlich bedingt durch den Arbeitsauftrag der Tagebuchaufzeichnungen, den eigenen seelsorglichen Alltag unter der Perspektive zu betrachten, wo „Gott drin" sein könnte.

Die aktuelle pastoraltheologische Diskussion über die Zukunftsgestalt von Kirche, die – meiner Einschätzung nach – engagiert, vielstimmig und kontrovers geführt wird, scheint bei pastoralen PraktikerInnen vor Ort auf wenig Resonanz zu stoßen, sofern wir dem in den Tagebuchaufzeichnungen zu Tage tretenden Befund eine gewisse Repräsentativität zubilligen. Oder präziser gesprochen: Unter dem Fokus der Frage nach der Präsenz Gottes scheinen Fragen nach der Zukunftsgestalt und dem Auftrag von Kirche und Pfarrgemeinden eher in den Hintergrund zu treten. Doch lässt sich dies so einfach voneinander trennen? Hat das eine mit dem anderen nichts zu tun? Handelt es sich bei der einen Frage um ein spirituelles Ansinnen, bei der anderen um eine pragmatisch-strategische Angelegenheit? – Weit gefehlt! Dass eine Aufmerksamkeitsschulung für die Gegenwart Gottes in und unter uns Menschen und das Ringen um die Zukunftsgestalt von Kirche in einem substan-

---

[30] Ein wenig ein anderer Befund zeigt sich im Hinblick auf den Fragebogen zu diversen Rahmendaten (Daten zur Person, Arbeitsschwerpunkte, Profil der Gemeinden). Dort werden sehr wohl die Schwierigkeiten und Hindernisse in der angestrebten Kooperation mehrerer Pfarrgemeinden thematisiert.

ziellen inneren Zusammenhang stehen, das soll in den folgenden abschließenden Ausführungen zur Darstellung kommen.

## 6.3 Ausblick und Ermutigungen

Was folgt? Welche Schlussfolgerungen sind zu ziehen – am Ende dieser Arbeit, angesichts der reichen, ermutigenden, bisweilen auch aufrüttelnden Forschungsergebnisse aus der empirisch-theologischen Forschungstätigkeit?

Panta rhei, alles ist im Fluss – heute mehr denn je. Die Gesellschaft – und mit ihr die Kirche als ein Teil von ihr – erlebt und erleidet gegenwärtig fundamentale kulturelle Umwälzungen. Als verstörendste Umwälzung markiert Rainer Bucher die Neuordnung der Geschlechterverhältnisse, als verführerischste die „medialer (sic!) Verflüssigung unserer Wahrnehmungs- und Symbolsysteme“[31], als weitest reichende die ökonomische Globalisierung. Angesichts der tief greifenden Transformationsprozesse, vor die die katholische Kirche im deutschsprachigen Raum dadurch gegenwärtig gestellt ist und die in ihrer Radikalität augenscheinlich nur mühsam begriffen werden können,[32] gilt es, einige Ermutigungen und Orientierungen auszusprechen.

### 6.3.1 Eine erste Ermutigung: Der fortschreitenden Exkulturation widerstehen

Statt „der Welt den Rücken“ zuzuwenden – und diese Tendenzen sind im pastoralen Alltag unserer Gemeinden zu beobachten und finden ihren Niederschlag auch in den in dieser Arbeit ausgewerteten pastoralen Tagebüchern – , ist es heute mehr denn je dringlich geboten, um die Selbstpositionierung, die die Kirche in der Pastoralkonstitution des Zweiten Vatikanischen Konzils vorgenommen hat, zu ringen: „Kirche in der Welt“ dieser Zeit zu sein und sich nach Kräften für die Realisierung dieses konziliaren, inkarnatorischen, topologischen Konzepts von Kirche einzusetzen. Dem Prozess der fortschreitenden Exkulturation, der wachsenden „(Selbst-) Distanzierung von kulturellen, ästhetischen und sozialen Erfahrungsräumen

---

[31] BUCHER, Eine alte Kirche, 397.

[32] Vgl. BUCHER, Eine alte Kirche, 396-400. – Rainer Bucher konstatiert massive Schwierigkeiten der Kirchenverantwortlichen, sich in der aktuellen „Transformationskrise“ (396) der katholischen Kirche zurechtzufinden. Kennzeichen der gegenwärtigen Situation sei es, dass die Zeiten von einer ungeheuren, schier unbegreiflichen Neuheit seien, die Zukunft nicht mehr plan- oder steuerbar: „Die Zeiten sind so neu, dass wir noch gar nicht begriffen haben, wie neu sie sind. Dieses Nichtbegreifen, genauer: die Einsicht in das Nichtbegreifen stellt das Neue dar.“ (396-397)

sowie Ausdrucksformen der Menschen dieser Zeit“[33], gilt es entgegen zu arbeiten und zu widerstehen.[34]

Mit „Gaudium et spes“ stieg

> „die Kirche vom Olymp des unbeteiligten Beobachters [...] in die Relativitäten von Welt und Geschichte, in der Hoffnung, in der Welt und für die konkreten Geschichten der Menschen Perspektiven zu eröffnen, die sie ohne die Botschaft der Kirche nicht hätten und die diese ihrerseits ohne die konkrete Konfrontation mit der Welt von heute überhaupt nicht entdecken würde.“[35]

Dieser kreative und risikoreiche Prozess der Inkulturation ist not-wendig und unerlässlich, will die Kirche nicht ihren Grundauftrag in tragischer Weise verfehlen: mittätig und dienstbar zu sein am Werden des Reiches Gottes unter den Menschen. Statt Anpassung oder Subkulturbildung bedarf es eines „Selbstevangelisierung des eigenen kirchlichen Leben im expliziten Innen der heutigen Kultur“[36]. Nur durch die konkrete Konfrontation mit der Welt wird die Strahlkraft des Evangeliums zum Leuchten gebracht, ohne diese Auseinandersetzung bleibt der Schatz im Acker begraben.

Für alle Christen und Christinnen, insbesondere aber für die hauptamtlich als Seelsorgerinnen und Seelsorger in der Kirche Tätigen gilt es, sich „auf Augenhöhe mit den Menschen ihrer Zeit“[37] zu begeben, die Neugierde auf die Lebensentwürfe anderer zu schüren, Gott zu suchen im Anderen und im Fremden. Er kommt uns mit fremdem Antlitz entgegen.

Eine Schärfung des Blicks und die Schulung der Aufmerksamkeit sind gefragt, sind unabdingbar: wach und interessiert mitzuverfolgen, was gesellschaftlich „dran“ ist. Es gilt – immer noch und immer wieder – Zeitgenossenschaft zu leben. Den fundamentalen gesellschaftlichen Umwälzungen stehen wir nicht als unbeteiligte BeobachterInnen gegenüber, sie haben uns immer schon ergriffen, ob es uns reflexiv bewusst ist oder nicht.

### 6.3.2 Eine zweite Ermutigung: Eine Kultur der Neuentdeckung der eigenen „Herkunft“ fördern

Eine zweite Ermutigung resultiert aus einer weiteren bedenkenswerten und bedenklichen Tendenz in den Pastoraltagebüchern: der mangelnden Dialogizität im Hinblick auf die Grunddokumente des Glaubens. Erfahrungen der Gottespräsenz werden weitgehend absehend von den in Schrift und Tradition

---

[33] SPIELBERG, Kirche noch Gemeinde, 76.

[34] Vgl. BUCHER, Gegenwart, 184-187.

[35] BUCHER, Eine alte Kirche, 402.

[36] WIDL, Sucht den Herrn, 83.

[37] BAUER, Gott im Milieu, 126.

geprägten Vorstellungen von göttlicher Gegenwart und göttlichem Wirken beschrieben.

Neben der kreativen Konfrontation mit der gegenwärtigen Kultur und Gesellschaft gilt es deshalb, zugleich noch eine andere Auseinandersetzung zu führen: die kreative, kritische Auseinandersetzung mit der eigenen Herkunft, mit den eigenen Wurzeln, mit dem Glauben unserer Väter und Mütter, so wie er uns in Schrift und Tradition entgegentritt. Christen und Christinnen, insbesondere aber hauptamtlich als SeelsorgerInnen Tätige sind angehalten, die eigenen Tradition neu zu lernen, sie abzuklopfen darauf, wo sie produktiv werden kann für heutige Lebenswirklichkeit. Pastoral – im Verständnis des 2. Vatikanischen Konzils – meint ja genau das: „die kreative und handlungsbezogene Konfrontation von Evangelium und Existenz“[38]

Die Auseinandersetzung mit der Herkunft eröffnet Zukunft. Es bedarf dazu allerdings einer gründlichen Kenntnis der Quellen des christlichen Glaubens, nicht nur ein oberflächliches Mutmaßen aus zweiter oder dritter Hand. Es gilt Abschied zu nehmen, von der „vermeintlichen Selbstverständlichkeit eines als Erbe verstandenen Glaubens“[39]. Der entscheidende Anfang dieser Auseinandersetzung passiert in den einzelnen Personen selbst: Wo hat sich das Evangelium für mich seine unerhörte Neuheit bewahrt? Wo ist es mir heilsame Provokation? Wo bringt meine Lebenserfahrung etwas von der Botschaft des angebrochenen Gottesreiches zum Leuchten? Ihre Fortsetzung findet diese Auseinandersetzung im „Gang über die Grenze“, dann, wenn ich mir das Evangelium von der/dem anderen neu buchstabieren lasse: „Eine missionarische Glaubensweitergabe würde auf ein kreatives Fremdwerden des Glaubens hinter der Grenze vertrauen, und darauf, dass dieser fremde Glaube auch den eigenen Glauben nicht unverändert lässt.“[40]

Eine „spirituell starke Kirche“[41] (Paul Michael Zulehner) mit spirituell kompetenten, pastoral tätigen „Gottesmännern und Gottesfrauen“[42] wird die Kirche dann, wenn sie hinsichtlich des vitalen Zugangs zu den eigenen Wurzeln und hinsichtlich wacher Zeitgenossenschaft an Profil gewinnt.

---

[38] BUCHER, Eine alte Kirche, 403.

[39] SPIELBERG, Kirche noch Gemeinde, 383.

[40] BÜNKER, ARND, Entkirchlichung als Herausforderung missionarischer Grenzüberschreitung. Vom territorialen zum universalen Missionsverständnis, in: Anzeiger für die Seelsorge 111 (2002) Heft 11, 13.

[41] POLAK / ZULEHNER, Respiritualisierung, 221.

[42] POLAK / ZULEHNER, Respiritualisierung, 226.

### 6.3.3 Eine dritte Ermutigung: Die Unbegreiflichkeit Gottes in der Theo-Praxie der Kirche „retten“

„Wie kann das Unbegreifliche und Namenlose die Tat sein, die *wir* tun?“ [43], so fragt Ottmar Fuchs in der Auseinandersetzung mit dem Theologumenon Karl Rahners von der „unverbrauchbaren Transzendenz Gottes“[44]. Er konstatiert eine drohende Trivialisierung und Banalisierung Gottes in Kirche und Gesellschaft[45]. Auch das pastorale Handeln ist in der Gefahr, „geheimnislos zu werden und mit der zugänglichen Machbarkeit zufrieden zu sein“[46]. Dieser Analyse ist auf dem Hintergrund der Ergebnisse der empirisch-theologischen Forschungsarbeit nur zuzustimmen. Die Unbegreiflichkeit Gottes gilt es nicht nur in der Theo-Logie, sondern auch in der Theo-Praxie zu „retten“. Und Seelsorge ist unter dieser Rücksicht als „Arbeit in und am Sanctum“ zu profilieren.[47]

Dazu ist eine Aufmerksamkeitsschulung vonnöten, dazu müssen sich Seelsorgerinnen und Seelsorger auf eine produktive und „heilsame“, dauerhafte Suche nach der „Nähe des bleibenden Geheimnisses“[48] begeben. Die vorsichtig tastenden, bisweilen ratlosen Suchbewegungen nach Erfahrungen der Nähe des Namenlosen und Unbegreiflichen, die sich in den Tagebuchaufzeichnungen der Seelsorgerinnen niederschlagen, zeigen diese Notwendigkeit deutlich an.

Dabei darf es nicht um eine mystische Glorifizierung, Bemäntelung oder Aufwertung der Banalität des eigenen Lebens und seelsorglichen Alltags gehen. Im Gegenteil: Die Banalität der pastoralen Geschäftigkeit wird uns manches Mal dadurch deutlicher zu Bewusstsein treten, wenn wir nach der Nähe der göttlichen Gegenwart fragen und unser Handeln und Sein darauf ausrichten, dass der Unbegreifliche und Namenlose die Tat werden soll, die wir tun. „Gott wohnt in uns, zwischen uns, Gott wird gegenwärtig darin, wie wir leben, was wir tun.“[49]

---

[43] FUCHS, OTTMAR, Die Pastoral im Horizont der „unverbrauchten Transzendenz Gottes“ (Karl Rahner), in: Tübinger Theologische Quartalschrift 185 (2005) 270.

[44] Vgl. RAHNER, KARL, Die unverbrauchbare Transzendenz Gottes und unsere Sorge um die Zukunft, in: Schriften zur Theologie, Bd. XIV, Einsiedeln 1980, 405-421.

[45] Vgl. FUCHS, Pastoral im Horizont, 284.

[46] FUCHS, Pastoral im Horizont, 269.

[47] Vgl. zu dieser von Christiane Burbach entwickelten Vorstellung von Seelsorge als „Arbeit am und im Sanctum“: Kapitel 3.3.3.

[48] FUCHS, Pastoral im Horizont, 271.

[49] ZERFAß, Volk Gottes, 45.

Auf der Suche nach einer zukunftsfähigen Gestalt ekklesialer Sozialität, die eine der größten Herausforderungen für die Kirche im deutschsprachigen Raum und darüber hinaus darstellt, könnten die Forschungsergebnisse dieser Arbeit einen kleinen Beitrag zur Orientierung leisten. PastoralpraktikerInnen vor Ort, Kirchenverantwortliche und (pastoral-)theologisch Forschende und Lehrende tun gut daran,

- die spirituelle, theologische und pastoralpraktische Aufmerksamkeit zu kultivieren auf Erfahrungen der Gottesgegenwart im „Zwischen“, im „heiligen Raum“, der sich zwischen Menschen eröffnen kann;
- die Unbegreiflichkeit Gottes in der Theo-Praxie der Kirche zu retten und Seelsorge und Pastoral als „Arbeit in und am Sanctum“ neu denken zu lernen;
- eine Kultur der Neuentdeckung der eigenen „Herkunft“ zu fördern und sich der kreativ-kritischen Auseinandersetzung mit den Glaubens- und Lebenszeugnissen unserer Väter und Mütter im Glauben zu stellen;
- die Binnenorientierung pastoralen Handelns zurückzunehmen, der fortschreitenden Exkulturation zu widerstehen und die kreative Konfrontation des Evangeliums mit der gegenwärtigen Kultur und Gesellschaft zu suchen.

# Literaturverzeichnis

ABELS, GISELA, Zur Methodologie-Debatte in der feministischen Forschung, in: FRIEBERTSHÄUSER, BARBARA / PRENGEL, ANNEDORE (Hg.), Handbuch Qualitative Methoden in der Erziehungswissenschaft, Weinheim-München 1997, 131-143.

AIGNER, MARIA ELISABETH / BUCHER, RAINER, „Nicht länger Planeten um männliche Fixsterne..." Warum verlassen die Frauen die Kirche?, in: BUCHER, RAINER (Hg.), Die Provokation der Krise. Zwölf Fragen und Antworten zur Lage der Kirche, Würzburg 2004, 63-85.

AIGNER, MARIA ELISABETH / POCK, JOHANN (Hg.), Geschlecht quer gedacht. Widerstandspotenziale und Gestaltungsmöglichkeiten in kirchlicher Praxis (Werkstatt Theologie; 13), Wien-Münster 2009.

ALTRICHTER, HERBERT / POSCH, PETER, Lehrer erforschen ihren Unterricht. Eine Einführung in die Methoden der Aktionsforschung, Bad Heilbrunn/Obb. 1990, 18-40.

ANASTASIADIS, MARIA / BACHMANN, GERHILD, Das Forschungstagebuch, in: STIGLER, HUBERT / REICHER, HANNELORE (Hg.), Praxisbuch Empirische Sozialforschung in den Erziehungs- und Bildungswissenschaften, Innsbruck u. a. 2005, 161-165.

BAUER, CHRISTIAN, Heimat in Ruinen. Praktische Theologie des Exils nach Rolf Zerfaß, in: Pastoraltheologische Informationen 26 (2006) Heft 1, 52-69.

BAUER, CHRISTIAN, Gott im Milieu? Ein zweiter Blick auf die Sinus-Milieu-Studie, in: Diakonia 39 (2008) 123-129.

BAUER, CHRISTIAN, Von der Pfarrei zum Netzwerk? Eine pastoralsoziologische Probebohrung, in: Diakonia 40 (2009) 119-125.

BAUER, CHRISTIAN, Lerne am Herd die Würde des Gastes. Für den missionarischen Ortswechsel einer Geh-hin-Kirche, in: Diakonia 41 (2010) 351-358.

BÄUMLER, CHRISTOF, Zum Verhältnis von Theologie und empirischer Sozialforschung, in: BÄUMLER, CHRISTOF u. a. (Hg.), Methoden der empirischen Sozialforschung in der Praktischen Theologie. Eine Einführung (studium theologie; 4), München-Mainz 1976, 239-255.

BECKER, SILVIA, Eine Chance für die Kirche. Der spezifische Beitrag von Frauen für die Seelsorge, in: PEMSEL-MAIER, SABINE, Zwischen Alltag und Ausnahme: Seelsorgerinnen. Geschichte, Theologie und gegenwärtige Praxis, Ostfildern 2001, 165-183.

BECKS, HELMUT, Der Gottesdienst in der Erlebnisgesellschaft. Zur Bedeutung der kultursoziologischen Untersuchung Gerhard Schulzes für Theorie und Praxis des Gottesdienstes (Wechselwirkungen: Ergänzungsreihe; 13), Waltrop 1999.

BEHNKE, CORNELIA / MEUSER, MICHAEL, Geschlechterforschung und qualitative Methoden (Qualitative Sozialforschung; 1), Opladen 1999.

BENDER, CHRISTIANE u.a., Machen Frauen Kirche? Erwerbsarbeit in der organisierten Religion, Mainz 1996.

BERNHARDT, REINHOLD, Was heißt Handeln Gottes? Eine Rekonstruktion der Lehre von der Vorsehung, Gütersloh 1999.

BIEGER, ECKHARD u.a. (Hg.), Pastoral im Sinus-Land. Impulse aus der Praxis/für die Praxis (KirchenZukunft konkret; 4), Berlin-Münster 2008.

BIEHL, PETER, An Schlüsselerfahrungen lernen. Schlüsselerfahrungen in hermeneutischer, theologischer und religionspädagogischer Perspektive, in: Jahrbuch der Religionspädagogik 16 (1999) 1-49.

BIELER, ANDREA, Konstruktionen des Weiblichen. Die Theologin Anna Paulsen im Spannungsfeld bürgerlicher Frauenbewegungen der Weimarer Republik und nationalsozialistischer Weiblichkeitsmythen, Gütersloh 1994.

BLASBERG-KUHNKE, MARTINA, Art. Seelsorge, in: GÖSSMANN, ELISABETH u.a. (Hg.), Wörterbuch der Feministischen Theologie, Gütersloh 1991, 365-366.

BLASBERG-KUHNKE, MARTINA, Art. Seelsorge/Seelsorgerin. Katholisch, in: GÖSSMANN, ELISABETH u.a. (Hg.), Wörterbuch der Feministischen Theologie, 2., vollständig überarbeitete und grundlegend erweiterte Auflage, Gütersloh 2002, 495-497.

BLUM, DOMINIK, Das Volk Gottes in der Fremde – und die Kirche im Dorf?! Die Sehnsucht nach religiöser Beheimatung als Herausforderung, in: Lebendige Seelsorge 54 (2003) 19-20.

BOFF, LEONARDO, Gott erfahren. Die Transparenz aller Dinge, Düsseldorf 2002.

BOHNSACK, RALF, Generation, Milieu und Geschlecht. Ergebnisse aus Gruppendiskussionen mit Jugendlichen (Biographie und Gesellschaft; 8), Opladen 1989.

BOHNSACK, RALF, „Orientierungsmuster“: Ein Grundbegriff qualitativer Sozialforschung, in: SCHMIDT, FOLKER (Hg.), Methodische Probleme der empirischen Erziehungswissenschaft, Baltmannsweiler 1997, 49-61.

BOHNSACK, RALF, Rekonstruktive Sozialforschung und der Grundbegriff des Orientierungsmusters, in: SIEFKES, DIRK / EULENHÖFER, PETER / STACH, HEIKE / STÄDLER, KLAUS (Hg.), Sozialgeschichte der Informatik. Kulturelle Praktiken und Orientierungen (Studien zur Wissenschafts- und Technikforschung), Wiesbaden 1998, 105-121.

BOHNSACK, RALF, Art. Orientierungsmuster, in: BOHNSACK, RALF / MAROTZKI, WINFRIED / MEUSER, MICHAEL (Hg.), Hauptbegriffe Qualitativer Sozialforschung, Opladen 2003, 132-133.

BOHNSACK, RALF, Rekonstruktive Sozialforschung. Einführung in qualitative Methoden, 6., durchgesehene und aktualisierte Auflage, Opladen 2007.

BOHNSACK, RALF / NENTWIG-GESEMANN, IRIS / NOHL, ARND- MICHAEL, Einleitung: Die dokumentarische Methode und ihre Forschungspraxis, in: BOHNSACK, RALF / NENTWIG-GESEMANN, IRIS / NOHL, ARND- MICHAEL (Hg.), Die dokumentarische Methode und ihre Forschungspraxis. Grundlagen qualitativer Sozialforschung, Opladen 2001, 9-24.

BONß, WOLFGANG / HARTMANN, HEINZ, Konstruierte Gesellschaft, rationale Deutung. Zum Wirklichkeitscharakter soziologischer Diskurse, in: BONß, WOLFGANG / HARTMANN, HEINZ (Hg.), Entzauberte Wissenschaft. Zur Relativität und Geltung soziologischer Forschung, Göttingen 1985, 9-46.

BUCHER, RAINER, Die neue Ordnung der Geschlechter und die Ohnmacht der Kirche, in: GIELEN, MARLIES / KÜGLER, JOACHIM (Hg.), Liebe, Macht und Religion. Interdisziplinäre Studien zu Grunddimensionen menschlicher Existenz. Gedenkschrift für Helmut Merklein, Stuttgart 2003, 339-356.

BUCHER, RAINER, Jenseits der Idylle. Wie weiter mit den Gemeinden? in: BUCHER, RAINER (Hg.), Die Provokation der Krise. Zwölf Fragen und Antworten zur Lage der Kirche, Würzburg 2004, 106-130.

BUCHER, RAINER, Gegenwart. Nicht Exil. Zur Wahrnehmung des Unbekannten in der katholischen Pastoraltheologie, in: Tübinger Theologische Quartalschrift 185 (2005) 182-195.

BUCHER, RAINER, Kirchenpolitik und pastoraltheologischer Diskurs. Beiläufige Beobachtungen über ihren Zusammenhang am Beispiel einer jüngeren Kontroverse zwischen M.N. Ebertz und J. Werbick zur Gemeindeproblematik, in: BUCHER, RAINER / KROCKAUER, RAINER (Hg.), Pastoral und Politik. Erkundungen eines unausweichlichen Auftrags (Werkstatt Theologie; 7), Münster-Wien 2006, 322-332.

BUCHER, RAINER, Die Provokation annehmen. Welche Konsequenzen sind aus der Sinusstudie zu ziehen?, in: Herder-Korrespondenz 60 (2006) 450-454.

BUCHER, RAINER, Die Gemeinde nach dem Scheitern der Gemeindetheologie. Perspektiven einer zentralen Sozialform der Kirche, in: Pastoraltheologische Informationen 28 (2008) Heft 1, 66-90.

BUCHER, RAINER, Eine alte Kirche in ziemlich neuen Zeiten. Zu den Reaktionsmustern der katholischen Kirche auf ihre aktuelle Transformationskrise, in: Theologisch-Praktische Quartalsschrift 156 (2008) 396-405.

BUCHER, RAINER, Kristallisationspunkt werden. Zur Zukunft der Kirche auf dem Land, unter: www.neu-land-kirche.de/bund-v4.1.1/uploads/media/Bucher-Landpastoral-Nov2003_01.pdf (22.05.2009).

BÜNKER, ARND, Entkirchlichung als Herausforderung missionarischer Grenzüberschreitung. Vom territorialen zum universalen Missionsverständnis, in: Anzeiger für die Seelsorge 111 (2002) Heft 11, 12-15.

BURBACH, CHRISTIANE, Seelsorge in der Kraft der Weisheit. Perspektiven einer Re-Vision der Konzeptualisierung von Poimenik, in: Wege zum Menschen 52 (2000) 51-68.

BURBACH, CHRISTIANE, Dimensionen des Gender Begriffes, in: Wege zum Menschen 56 (2004) 291-297.

BUTLER, JUDITH, Das Unbehagen der Geschlechter, Frankfurt a. M. 1991.

CASPER, BERNHARD, Denken im Angesicht des Anderen – Zur Einführung in das Denken von Emmanuel Levinas, in: HENRIX, HANS HERMANN (Hg.), Verantwortung für den Anderen und die Frage nach Gott. Zum Werk von Emmanuel Levinas, Aachen 1984, 17-36.

COHN, RUTH, Von der Psychoanalyse zur Themenzentrierten Interaktion. Von der Behandlung einzelner zu einer Pädagogik für alle, Stuttgart [13]1997.

COHN, RUTH / FARAU, ALFRED, Gelebte Geschichte der Psychotherapie. Zwei Perspektiven, Stuttgart [3]2001.

DUBACH, ALFRED, Die Communio-Ekklesiologie – eine zeitadäquate Konzeption von Kirche?, in: HILBERATH, BERND JOCHEN (Hg.), Communio – Ideal oder Zerrbild von Kommunikation? (Quaestiones disputatae; 176), Freiburg-Basel-Wien 1999, 54-68.

EBELING, GERHARD, Die Klage über das Erfahrungsdefizit in der Theologie als Frage nach ihrer Sache, in: EBELING, GERHARD, Wort und Glaube III, Tübingen 1977, 3-28.

EBERTZ, MICHAEL N., Neue Orte braucht die Kirche, in: Lebendige Seelsorge 55 (2004) 7-12.

EBERTZ, MICHAEL N., Wider den Wohn-Territorialismus. Michael N. Ebertz' Replik auf „Plädoyer für die Verörtlichung des Glaubens“, in: Lebendige Seelsorge 55 (2004) 16-17.

EBERTZ, MICHAEL N., Geschlossene Gesellschaften. Der Freiburger Religionssoziologe Michael N. Ebertz: Große pastorale Räume bieten neue Gestaltungschancen, in: Konradsblatt 89 (2005), Nummer 9 vom 27.02.05, 22.

EBERTZ, MICHAEL N., Anschlüsse gesucht. Ergebnisse einer neuen Milieu-Studie zu den Katholiken in Deutschland, in: Herderkorrespondenz 60 (2006) 173-177.

EBERTZ, MICHAEL N., Anmerkungen zum Scheitern der Gemeindebewegung. Plädoyer für die Entflechtung von Pastoraltheologie und Gemeindetheologie, in: Pastoraltheologische Informationen 28 (2008) Heft 1, 91-109.

EBERTZ, MICHAEL N. / HUNSTIG, HANS-GEORG (Hg.), Hinaus ins Weite. Gehversuche einer milieusensiblen Kirche, Würzburg [2]2008.

EGGER, RUDOLF, Qualitative Sozialforschung in der Erziehungswissenschaft – Ein systematischer Überblick, in: STIGLER, HUBERT / REICHER, HANNELORE (Hg.), Praxisbuch Empirische Sozialforschung in den Erziehungs- und Bildungswissenschaften, Innsbruck-Wien-Bozen 2005, 105-118.

ESSER, ANNETTE, Interkontexte feministischer Spiritualität. Eine enzyklopädische Studie zum Begriff religiöser Erfahrung in ökumenischer Perspektive (Theologische Frauenforschung in Europa; 23), Berlin 2007.

FINDL-LUDESCHER, ANNA, Hat Seelsorge ein Geschlecht? Perspektiven einer gender-sensiblen Seelsorge, in FINDL-LUDESCHER, ANNA / PANHOFER, JOHANNES / PRÜLLER-JAGENTEUFEL, VERONIKA (Hg.), Die Welt in der Nussschale. Impulse aus den Ortskirchen im Horizont der Weltkirche, Würzburg 2005, 85-99.

FISCHER, DIETLIND, Das Tagebuch als Lern- und Forschungsinstrument, in: FRIEBERTSHÄUSER, BARBARA / PRENGEL, ANNEDORE (Hg.), Handbuch Qualitative Forschungsmethoden in der Erziehungswissenschaft, Weinheim-München 1997, 693-703.

FLICK, UWE, Qualitative Sozialforschung. Eine Einführung, Reinbek b. Hamburg [3]2005.

FLICK, UWE, Design und Prozess qualitativer Forschung, in: FLICK, UWE / VON KARDOFF, ERNST / STEINKE, INES (Hg.), Qualitative Forschung. Ein Handbuch, Reinbek b. Hamburg [4]2005, 252-265.

FLICK, UWE, Triangulation in der qualitativen Forschung, in: FLICK, UWE / VON KARDOFF, ERNST / STEINKE, INES (Hg.), Qualitative Forschung. Ein Handbuch, Reinbek b. Hamburg [4]2005, 309-318.

FLICK, UWE / VON KARDOFF, ERNST / STEINKE, INES, Was ist qualitative Forschung? Einleitung und Überblick, in: FLICK, UWE / VON KARDOFF, ERNST / STEINKE, INES (Hg.), Qualitative Forschung. Ein Handbuch, Reinbek b. Hamburg [4]2005, 13-29.

FORSCHUNGSKREIS KOMMUNIKATIVE THEOLOGIE, Kommunikative Theologie. Selbstvergewisserung unserer Kultur des Theologietreibens (Kommunikative Theologie interdisziplinär; 1/1), Münster-Wien 2007.

FRANKE, EDITH / MATTHIAE, GISELA / SOMMER, REGINA (Hg.), Frauen , Leben, Religion. Ein Handbuch empirischer Forschungsmethoden, Stuttgart-Berlin-Köln 2002.

FUCHS, BRIGITTE, Der Blick nach vorne. Pastoraltheologische Überlegungen zur zweiten Sonderfallstudie, in: DUBACH, ALFRED / FUCHS, BRIGITTE (Hg.), Ein neues Modell von Religion. Zweite Schweizer Sonderfallstudie – Herausforderung für die Kirchen, Zürich 2005, 167-253.

FUCHS, BRIGITTE / HASLINGER, HERBERT, Die Perspektive der Betroffenen, in: HASLINGER, HERBERT (Hg.), Handbuch Praktische Theologie I, Grundlegungen, Mainz 1999, 220-230.

FUCHS, OTTMAR, Gotteserfahrungen und Gottesfinsternis. Herausforderungen an uns PastoraltheologInnen, in: Pastoraltheologische Informationen 16 (1996) Heft 1, 13-35.

FUCHS, OTTMAR, Gott hat einen Zug ins Detail. „Inkulturation" des Evangeliums hierzulande, in: FUCHS, OTTMAR u. a. (Hg.), Das Neue wächst. Radikale Veränderungen in der Kirche, München 1998, 55-95.

FUCHS, OTTMAR, Die Pastoral im Horizont der „unverbrauchten Transzendenz Gottes" (Karl Rahner), in: Tübinger Theologische Quartalschrift 185 (2005) 268-285.

GABRIEL, KARL, Christentum zwischen Tradition und Postmoderne (Quaestiones disputatae; 141), Freiburg-Basel-Wien 1992.

GADAMER, HANS-GEORG, Wahrheit und Methode. Grundzüge einer philosophischen Hermeneutik, Tübingen [2]1965.

GERL-FALKOVITZ, HANNA-BARBARA, Gender-Theorien in kritischer Sicht, in: ARBEITSSTELLE FÜR FRAUENSEELSORGE DER DEUTSCHEN BISCHOFSKONFERENZ (Hg.), Geschlechtergerechtigkeit in Beruf und Familie für Frauen in verantwortlichen Positionen in der Kirche. Dokumentation der Fachtagung am 17./18. März 2005 im Kardinal-Wendel-Haus, München, 9-15.

GILDEMEISTER, REGINE, Geschlechterforschung (gender studies), in: FLICK, UWE / VON KARDOFF, ERNST / STEINKE, INES (Hg.), Qualitative Forschung. Ein Handbuch, Reinbek b. Hamburg [4]2005, 213-223.

GREISCH, JEAN, Die Hermeneutik der Spur und die Spuren des lebendigen Gottes, in: KRUCK, GÜNTER (Hg.), Gottesglaube – Gotteserfahrung – Gotteserkenntnis. Begründungsformen religiöser Erfahrung in der Gegenwart. Mainz 2003, 213-243.

GREY, MARY, Geschlecht und Gotteserfahrung. Leidenschaft für Leben und Gerechtigkeit, in: Concilium 30 (2001) 8-18.

GRÜMME, BERNHARD, Vom Anderen eröffnete Erfahrung. Zur Neubestimmung des Erfahrungsbegriffs in der Religionsdidaktik, Gütersloh-Wien u.a. 2007.

HAGEMANN-WHITE, CAROL, Die Konstrukteure des Geschlechts auf frischer Tat ertappen? Methodische Konsequenzen einer theoretischen Einsicht, in: Feministische Studien 11 (1993) Heft 2, 68-79.

HAGEMANN-WHITE, CAROL, Die Konstrukteure des Geschlechts auf frischer Tat ertappen? Methodische Konsequenzen aus einer theoretischen Einsicht, in: PASERO, URSULA / BRAUN, FRIEDERIKE (Hg.), Konstruktion von Geschlecht, Pfaffenweiler 1995, 182-198.

HAIMERL, HELMUT, Die Sinus-Milieu-Studie: Chance für künftige religiöse Kommunikation, in: Communicatio socialis 39 (2006) 229-252.

HALBE, JÖRN, Die dünne Haut der Zelte. Gemeinde als transitorischer Ort – nicht nur in Diensten und Werken, in: Wege zum Menschen 55 (2003) 92-104.

HARTLIEB, ELISABETH, Zwischen Wissenschaft und Weisheit. Feministische Theologie ist konkret und überschreitet Grenzen, in: Zeitzeichen 3 (2002) Heft 12, 55-57.

HARTLIEB, ELISABETH, Nicht mehr im Gestus der Abgrenzung. Trends und Entwicklungen der Feministischen Theologie, in: Herderkorrespondenz 58 (2004) 517-520.

HARTLIEB, ELISABETH, Art. Gender, in: GRÄB, WILHELM / WEYEL, BIRGIT (Hg.), Handbuch Praktische Theologie, Gütersloh 2007, 300-309.

HASLINGER, HERBERT, Was ist Mystagogie? Praktisch-theologische Annäherung an einen strapazierten Begriff, in: KNOBLOCH, STEFAN / HASLINGER, HERBERT (Hg.), Mystagogische Seelsorge. Eine lebensgeschichtlich orientierte Pastoral, Mainz 1991, 15-75.

HASLINGER, HERBERT, Die wissenschaftstheoretische Frage nach der Praxis, in: HASLINGER, HERBERT (Hg.), Handbuch Praktische Theologie I, Grundlegungen, Mainz 1999, 102-121.

HASLINGER, HERBERT, Lebensort für alle. Gemeinde neu verstehen, Düsseldorf 2005.

HASLINGER, HERBERT / STOLTENBERG, GUNDELINDE, Ein Blick in die Zukunft der Praktischen Theologie, in: HASLINGER, HERBERT (Hg.), Handbuch Praktische Theologie II, Durchführungen, Mainz 2000, 511-530.

HASLINGER, HERBERT u.a., Ouvertüre: Zu Selbstverständnis und Konzept dieser Praktischen Theologie, HASLINGER, HERBERT (Hg.), Handbuch Praktische Theologie I, Grundlegungen, Mainz 1999, 19-36.

HASLINGER, HERBERT u.a., Praktische Theologie – eine Begriffsbestimmung in Thesen, in: HASLINGER, HERBERT (Hg.), Handbuch Praktische Theologie I, Grundlegungen, Mainz 1999, 386-397.

HAUSCHILDT, EBERHARD / KOHLER, EIKE / SCHULZ, CLAUDIA, Milieus praktisch. Analyse- und Planungshilfen für Kirche und Gemeinde, Göttingen 2008.

HAUSCHILDT, EBERHARD / KOHLER, EIKE / SCHULZ, CLAUDIA, Milieus praktisch II. Konkretionen für helfendes Handeln in Kirche und Diakonie, Göttingen 2010.

HEMPELMANN, HEINZPETER, Gott in der Erlebnisgesellschaft. Postmoderne als theologische Herausforderung (Systematische theologische Monographien; 6), Wuppertal 2001.

HENDRICKS, JAN, Gemeinde als Herberge. Kirche im 21. Jahrhundert – eine konkrete Utopie, Gütersloh 2001.

HENKE, THOMAS, Seelsorge und Lebenswelt. Auf dem Weg zu einer Seelsorgetheorie in Auseinandersetzung mit soziologischen und sozialphilosophischen Lebensweltkonzeptionen (Studien zur Theologie und Praxis der Seelsorge; 14), Würzburg 1994.

HEYWARD, CARTER, Und sie rührte sein Kleid an. Eine feministische Theologie der Beziehung. Stuttgart 1986.

HEYWARD, CARTER, Godding. Gott als Kraft in Beziehung, in: Schlangenbrut 18 (2000) 5-7.

HILBERATH, BERND-JOCHEN / SCHARER, MATTHIAS, Kommunikative Theologie. Eine Grundlegung, Mainz 2002.

HILGER, GEORG / ROTHGANGEL, MARTIN, Wahrnehmungskompetenz für die Religiosität von SchülerInnen. Ein Beitrag zum religionspädagogischen Perspektivenwechsel, in: Katechetische Blätter 122 (1997) 276-282.

HINTERSBERGER, BENEDIKTA, Elemente und Strukturformen weiblicher Spiritualität, in: SPENDEL, STEPHANIE (Hg.), Weibliche Spiritualität im Christentum, Regensburg 1996, 20-33.

HÖHN, HANS-JOACHIM, Im Zeichen des Verschwindens? Thesen zum Reden von Gott am Ende der Moderne, in: Lebendige Katechese 16 (1994) 69-71.

HÖHN, HANS-JOACHIM, Erlebnisgesellschaft! – Erlebnisreligion? Die Sehnsucht nach dem frommen Kick, in: HOFMEISTER, KLAUS / BAUERNOCHSE, LOTHAR (Hg.), Die Zukunft der Religion. Spurensicherung an der Schwelle zum 21. Jahrhundert, Würzburg 1999, 11-22.

HÖHN, HANS-JOACHIM, Auf dem Weg in eine postsäkulare Kultur? Herausforderungen einer kritischen Phänomenologie der Religion, in: ZULEHNER, PAUL. M. (Hg.), Spiritualität – mehr als ein Megatrend. Gedenkschrift für Kardinal DDr. Franz König, Ostfildern 2004, 15-28.

HOYE, WILLIAM J., Gotteserfahrung? Klärung eines Grundbegriffs der gegenwärtigen Theologie, Zürich 1993.

HUML, WILTRUD, Geschlechtergerechtigkeit in der Kirche. Der Differenzansatz der „Italienerinnen" in der Frauenseelsorge, in: Stimmen der Zeit 130 (2005) 377-388.

HÜNERMANN, PETER, Dogmatische Prinzipienlehre. Glaube – Überlieferung – Theologien als Sprach- und Wahrheitsgeschehen, Münster 2003, 207-251.

JÖRNS, KLAUS-PETER, Renaissance der Religion? Was Menschen heute glauben, in: HOFMEISTER, KLAUS / BAUERNOCHSE, LOTHAR (Hg.), Die Zukunft der Religion. Spurensicherung an der Schwelle zum 21.Jahrhundert, Würzburg 1999, 23-33.

JÜNGEL, EBERHARD, Unterwegs zur Sache. Theologische Bemerkungen, München 1972.

VON KARDOFF, ERNST, Qualitative Sozialforschung – eine Standortbestimmung, in: FLICK, UWE u.a. (Hg.), Handbuch Qualitativer Sozialforschung, Weinheim 1995, 3-8.

KARRER, LEO, Die Stunde der Laien. Von der Würde eines namenlosen Standes, Freiburg-Basel-Wien 1999.

KARRER, LEO, Erfahrung als Prinzip der Praktischen Theologie, in: HASLINGER, HERBERT (Hg.), Handbuch Praktische Theologie I. Grundlegungen, Mainz 1999,199-219.

KARRER, LEO, Orte der Kirche: die Menschen, in: Diakonia 37 (2006) 153-157.

KLEIN, STEPHANIE, Theologie und empirische Biographieforschung. Methodische Zugänge zur Lebens- und Glaubensgeschichte und ihre Bedeutung für eine erfahrungsbezogene Theologie (Praktische Theologie heute; 19), Stuttgart-Berlin-Köln 1994.

KLEIN, STEPHANIE, Erfahrungen der Spuren Gottes als Perspektive der Praktischen Theologie, in: Pastoraltheologische Informationen 16 (1996) Heft 1, 53-70.

KLEIN, STEPHANIE, Hören als Ermächtigung zum Sprechen (Hearing to Speech). Zur Entdeckung einer theologischen Kategorie, in: Pastoraltheologische Informationen 17 (1997) Heft 1, 283-297.

KLEIN, STEPHANIE, Der Alltag als theologiegenerativer Ort, in: HASLINGER, HERBERT (Hg.), Handbuch Praktische Theologie I, Grundlegungen, Mainz 1999, 60-67.

KLEIN, STEPHANIE, Erkenntnis und Methode in der Praktischen Theologie, Stuttgart 2005.

KLEIN, STEPHANIE, Die Erinnerung an Lernerfahrungen im Exil als eine Perspektive für die Pastoral heute, in: Tübinger Theologische Quartalschrift 185 (2005) 196-203.

KLEIN, STEPHANIE, Erfahrung – (auch) eine kritische Kategorie der Praktischen Theologie, in: NAUER, DORIS / BUCHER, RAINER / WEBER, FRANZ (Hg.), Praktische Theologie. Bestandsaufnahme und Zukunftsperspektiven. Ottmar Fuchs zum 60. Geburtstag, Stuttgart 2005, 128-135.

KLEYMANN, SIEGFRIED, Heilsame Nähe. Gedanken zur Spiritualität einer Ortsgemeinde, in: Diakonia 37 (2006) 158-162.

KNOBLOCH, STEFAN, Seelsorge als Mystagogie. Zur Hermeneutik des pastor bonus, der „pastor bona“ unter den heutigen Verhältnissen in Kirche und Gesellschaft, in: Trierer Theologische Zeitschrift 100 (1991) 260-275.

KNOBLOCH, STEFAN, Mystagogie und Subjektwerdung. Eine Anforderung an die Seelsorge im Kontext der modernen Gesellschaft, in: Theologisch-praktische Quartalschrift 141 (1993) 148-157.

KNOBLOCH, STEFAN, Wieviel ist der Mensch wert? Einzelseelsorge – Grundlagen und Skizzen, Regensburg 1993.

KNOBLOCH, STEFAN, Veränderte Rahmenbedingungen in der Seelsorge – was tun, was lassen? in: Praxis in der Gemeinde 27 (2005) 33-37.

KOCHANEK, HERMANN, Mystagogie – eine bleibende Herausforderung für Kirche und Theologie. Aspekte und Elemente einer mystagogischen Seelsorge und Pastoral, in: KOCHANEK, HERMANN (Hg.), Heil durch Erfahrung und Erkenntnis. Die Herausforderung der Gnosis und Esoterik für das frühe Christentum und seine Gegenwart (Veröffentlichungen des Missionspriesterseminars St. Augustin b. Bonn; 42), Nettetal 1993, 113-141.

KÖNIG, HILDEGARD, „... eine Frau zum Dienste der Weiber“. Seelsorge von Frauen an Frauen in frühchristlicher Zeit, in: PEMSEL-MAIER, SABINE (Hg.), Zwischen Alltag und Ausnahme: Seelsorgerinnen. Geschichte, Theologie und gegenwärtige Praxis, Ostfildern 2001, 40-57.

KÖRTNER, ULRICH H.J., Wiederkehr der Religion? Das Christentum zwischen neuer Spiritualität und Gottvergessenheit, Gütersloh 2006.

LAMNEK, SIEGFRIED, Qualitative Sozialforschung. Lehrbuch, 4., vollständig überarbeitete Auflage, Weinheim-Basel 2005.

LEHMANN, CHRISTINE, Wie heute von Gott sprechen? Ein Plädoyer, feministische Gottesrede für den RU fruchtbar zu machen, in: ru Ökumenische Zeitschrift für den Religionsunterricht 33 (2003) Heft 2, 42-47.

LEHMANN, KARL, Theologie und Genderfragen, in: ARBEITSSTELLE FÜR FRAUENSEELSORGE DER DEUTSCHEN BISCHOFSKONFERENZ (Hg.), Geschlechtergerechtigkeit in Beruf und Familie für Frauen in verantwortlichen Positionen in der Kirche. Dokumentation der Fachtagung am 17./18. März 2005 im Kardinal-Wendel-Haus, München, 49-60.

LENTZEN-DEIS, WOLFGANG, Art. Erfahrung, praktisch-theologisch, in: LThK III ([3]1995), 756-757.

MAAßEN, MONIKA, Biographie und Erfahrung von Frauen. Ein feministisch-theologischer Beitrag zur Relevanz der Biographieforschung für die Wiedergewinnung der Kategorie der Erfahrung (Theologische Frauenforschung in Europa; 2), Münster 1993.

MARTIN, ARIANE, Sehnsucht – der Anfang von allem. Dimensionen zeitgenössischer Spiritualität, Ostfildern 2005.

MAYRING, PHILIPP, Einführung in die qualitative Sozialforschung. Eine Anleitung zu qualitativem Denken, 5., überarbeitete und neu ausgestattete Auflage, Weinheim-Basel 2002.

MERKENS, HANS, Auswahlverfahren, Sampling, Fallkonstruktion, in: FLICK, UWE / VON KARDOFF, ERNST / STEINKE, INES (Hg.), Qualitative Forschung. Ein Handbuch, Reinbek b. Hamburg [4]2005, 286-299.

METTE, NORBERT / STEINKAMP, HERMANN, Sozialwissenschaften und Praktische Theologie (Leitfaden Theologie; 11), Düsseldorf 1983.

METZ, JOHANN BAPTIST, Glaube in Geschichte und Gesellschaft, Mainz 1977.

MEYER-WILMES, HEDWIG, Praktische Theologie als kontextuelle Theologie. Eine kritisch-feministische Selbstvergewisserung, in: Pastoraltheologische Informationen 18 (1998) Heft 1, 185-195.

MEYER-WILMES, HEDWIG, Art. Feministische Theologie. Programm Feministischer Theologie(n), in: GÖSSMANN, ELISABETH u.a. (Hg.), Wörterbuch der Feministischen Theologie, 2., vollständig überarbeitete und grundlegend erweiterte Auflage, Gütersloh 2002, 147-150.

MIES, MARIA, Methodische Postulate zur Frauenforschung – dargestellt am Beispiel der Gewalt gegen Frauen, in: Beiträge zur feministischen Theorie und Praxis (1978) Heft 1, 41-63.

MÜLLER, HADWIG, Im Übergang zu einer noch nicht gewussten Kirche, in: Theologisch-praktische Quartalschrift 149 (2001) 33-42.

MÜLLER HADWIG, Wenn Vertrauen zum Baustein einer Kirche wird. Impulse aus „Proposer la foi dans la societété actuelle“, in: BOEHME, KATJA / HERKERT, THOMAS (Hg.), Proposer la foi – Dem Glauben einen Weg bereiten, Freiburg 2006, 133-154.

MÜLLER, HADWIG, Netze des Evangeliums knüpfen. Berufung „örtlicher Gemeinden“, in: Lebendige Seelsorge 58 (2007) 162-167.

MÜLLER, HADWIG / WEBER, FRANZ, Gemeindeleben anders. Ein Blick in die Weltkirche, in: Pastoraltheologische Informationen 28 (2008) Heft 1, 110-143.

MÜLLER, PETRO, Von der Gottesfähigkeit des Menschen und ihrem vorrangigen Erfahrungsort, der christlichen Gemeinde, in: Lebendiges Zeugnis 59 (2004) 40-51.

MÜLLER, URSULA, Feminismus in der empirischen Forschung. Eine methodologische Bestandsaufnahme, in: DIEZINGER, ANGELIKA u.a. (Hg.), Erfahrung mit Methode. Wege sozialwissenschaftlicher Frauenforschung, Freiburg i. Br. 1994, 31-68.

NAUER, DORIS, Seelsorgekonzepte im Widerstreit. Ein Kompendium (Praktische Theologie heute; 55), Stuttgart u.a. 2001.

NAUER, DORIS, „Pastoral der Präsenz unter den Anderen“. Plädoyer für ein multiperspektivisches Seelsorgeverständnis, in: Tübinger Theologische Quartalschrift 185 (2005) 204-213.

NOHL, ARND-MICHAEL, Interview und dokumentarische Methode. Anleitungen für die Forschungspraxis (Qualitative Sozialforschung; 16), Wiesbaden 2006.

PATTON, MICHAEL QUINN, Qualitative Evaluation and Research Methods, London-Thousand Oaks-New Delhi ²1990, 169-181.

PEMSEL-MAIER, SABINE, Frauen in der Seelsorge – theologische Begründung und praktische Konkretion, in: Theologisch-praktische Quartalschrift 148 (2000) 70-78.

PEMSEL-MAIER, SABINE (Hg.), Zwischen Alltag und Ausnahme: Seelsorgerinnen. Geschichte, Theologie und gegenwärtige Praxis, Ostfildern 2001.

PEMSEL-MEIER, SABINE, Keine Pastoral ohne Theologinnen, in: Pastoraltheologische Informationen 25 (2005) Heft 1, 129-136.

PFÄFFLIN, URSULA, Pastoralpsychologische Aspekte feministischer Seelsorge und Beratung, in: Wege zum Menschen 39 (1987) 226-235.

PFÄFFLIN, URSULA, Wie Pech und Schwefel zusammenhalten. Feministische Seelsorge als Raum der Transformation, in: Schlangenbrut 12 (1994) 9-11.

POCK, JOHANN, Gemeinden zwischen Idealisierung und Planungszwang. Biblische Gemeindetheologien in ihrer Bedeutung für gegenwärtige Gemeindeentwicklungen. Eine kritische Analyse von Pastoralplänen und Leitlinien der Diözesen Deutschlands und Österreichs (Tübinger Perspektiven zur Pastoraltheologie und Religionspädagogik; 26), Berlin 2006.

POHL-PATALONG, UTA, Seelsorge zwischen Individuum und Gesellschaft. Elemente zu einer Neukonzeption der Seelsorgetheorie (Praktische Theologie heute; 27), Stuttgart u.a. 1996.

POHL-PATALONG, UTA, „Geschlecht" wahrnehmen. Auf dem Weg zu einer Methodologie feministischer Praktischer Theologie, in: HAUSCHILDT, EBERHARD / LAUBE, MARTIN / ROTH, URSULA (Hg.), Praktische Theologie als Topographie des Christentums. Eine phänomenologische Wissenschaft und ihre hermeneutische Dimension (Hermeneutika; 10), Rheinbach 2000, 304-322.

POHL-PATALONG, UTA, Von der Ortskirche zu kirchlichen Orten. Ein Zukunftsmodell. Göttingen 2004.

POHL-PATALONG, UTA, Die Zukunft der evangelischen Gemeinde. Einblicke in den gegenwärtigen Diskurs, in: Pastoraltheologische Informationen 28 (2008) Heft 1, 126-143.

POHL-PATALONG, UTA / MUCHLINSKY, FRANK (Hg.), Seelsorge im Plural. Perspektiven für ein neues Jahrhundert, Hamburg 1999.

POHL-PATALONG, UTA / HERMELINK, JAN, Die Genderdifferenz auf dem Weg in die Praktische Theologie. Einige Beobachtungen und Vermutungen, in: Praktische Theologie 41 (2006) 41-47.

POLAK, REGINA / ZULEHNER, PAUL M., Theologisch verantwortete Respiritualisierung: Zur spirituellen Erneuerung der christlichen Kirchen, in: ZULEHNER, PAUL. M. (Hg.), Spiritualität – mehr als ein Megatrend. Gedenkschrift für Kardinal DDr. Franz König, Ostfildern 2004, 204-227.

PRAETORIUS, INA, Theologie in der fragmentierten Zeit. Reflexionen, ausgehend vom Begriff der „Postmoderne", in: PRAETORIUS, INA, Skizzen zur Feministischen Ethik, Mainz 1995, 33-46.

PRAETORIUS, INA, Art. Beziehung, in: GÖSSMANN, ELISABETH u.a. (Hg.), Wörterbuch der Feministischen Theologie, 2., vollständig überarbeitete und grundlegend erweiterte Auflage, Gütersloh 2002, 62-63.

PRAETORIUS, INA / STRAHM, DORIS / SUTTER REHMANN, LUZIA, „Manchmal stehen wir auf...". Gespräch über Auferstehung, in: Evangelische Theologie 57 (1997) 225-241.

PRÜLLER-JAGENTEUFEL, VERONIKA, Frauen, in: HASLINGER, HERBERT (Hg.), Handbuch Praktische Theologie II, Durchführungen, Mainz 2000, 111-125.

PRÜLLER-JAGENTEUFEL, VERONIKA, In doppelter Differenz: Seelsorge als Frauenberuf. Von den Seelsorgehelferinnen zur heutigen Situation von Frauen in pastoralen Berufen, in: PEMSEL-MAIER, SABINE (Hg.), Zwischen Alltag und Ausnahme: Seelsorgerinnen. Geschichte, Theologie und gegenwärtige Praxis, Ostfildern 2001, 139-164.

PRÜLLER-JAGENTEUFEL, VERONIKA, Werkzeug und Komplizin Gottes: Hildegard Holzer und die Seelsorgehelferinnen in Österreich 1939-1968 (Tübinger Perspektiven zur Pastoraltheologie und Religionspädagogik; 17), Münster 2002.

QUELQUEJEU, BERNARD / JOSSUA, JEAN-PIERRE, Art. Erfahrung, in: Neues Handbuch theologischer Grundbegriffe II (1991), 349-359.

RAABE, THORSTEN / VELLGUTH, KLAUS, Kirche als zukunftsfähige Gemeinschaft. Missionarische Reflexionen über postmodernes Bindungsverhalten, in: Diakonia 40 (2009) 127-134.

RAHNER, KARL, Die grundlegenden Imperative für den Selbstvollzug der Kirche in der gegenwärtigen Situation, in: ARNOLD, FRANZ X. u.a. (Hg.), Handbuch der Pastoraltheologie II/1, Freiburg 1966, 256-276.

RAHNER, KARL, Die unverbrauchbare Transzendenz Gottes und unsere Sorge um die Zukunft, in: Schriften zur Theologie XIV, Einsiedeln 1980, 405-421.

RAHNER, KARL, Grundkurs des Glaubens. Einführung in den Begriff des Christentums, Freiburg $^{5}$1984.

RAHNER, KARL, Strukturwandel in der Kirche als Aufgabe und Chance. Neuausgabe mit einer Einführung von J.B. Metz, Freiburg-Basel-Wien 1989.

REICHERTZ, JO, Abduktion, Deduktion und Induktion in der qualitativen Forschung, in: FLICK, UWE / VON KARDOFF, ERNST / STEINKE, INES (Hg.), Qualitative Forschung. Ein Handbuch, Reinbek b. Hamburg $^{4}$2005, 276-286.

RIEDEL-PFÄFFLIN, URSULA / STRECKER, JULIA, Flügel trotz allem. Feministische Seelsorge und Beratung, Gütersloh 1998.

RIEDEL-PFÄFFLIN, URSULA, Feministische Seelsorge. Kunst der Begegnung in transformativen Zeit/Räumen, in: POHL-PATALONG, UTA / MUCHLINSKY, FRANK (Hg.), Seelsorge im Plural. Perspektiven für ein neues Jahrhundert, Hamburg 1999, 51-62.

RIEDEL-PFÄFFLIN, URSULA, Die Würde des Ortes. Frauenräume und Wertschätzung, in: VON KELLENBACH, KATHARINA / SCHOLZ, SUSANNE (Hg.), Zwischenräume. Deutsche feministische Theologinnen im Ausland (Theologische Frauenforschung in Europa; 1), Münster 2000, 149-160.

RIEDEL-PFÄFFLIN, URSULA, Art. Seelsorge/Seelsorgerin. Evangelisch, in: GÖSSMANN, ELISABETH u.a. (Hg.), Wörterbuch der Feministischen Theologie, 2., vollständig überarbeitete und grundlegend erweiterte Auflage, Gütersloh 2002, 497-498.

RIEDEL-PFÄFFLIN, URSULA, „Dass sie flöge an ihren Ort“. Feministische Seelsorgelehre als Kunst der Begegnung in transformativen Zeit/Räumen: interdisziplinär, intergender, interkulturell, interreligiös, in: SCHNEIDER-HARPRECHT, CHRISTOPH (Hg.), Zukunftsperspektiven für Seelsorge und Beratung. Neukirchen-Vluyn 2009, 19-34.

RÖSCH, WOLFGANG, Mystagogie unter der Herausforderung der Gemeindepraxis, in: Pastoraltheologische Informationen 17 (1997) Heft 1, 253-263.

ROSENBERGER, SIEGLINDE, Geschlechter – Gleichheiten – Differenzen. Eine Denk- und Politikbeziehung, Wien 1996.

RUMSTADT, ALMUT, Margarete Ruckmich (1894-1985): Pionierin der hauptberuflichen Seelsorge durch Frauen (Studien zur Theologie und Praxis der Seelsorge; 56), Würzburg 2003.

SABISCH, ANDREA, Inszenierung der Suche. Vom Sichtbarwerden ästhetischer Erfahrung im Tagebuch. Entwurf einer wissenschaftskritischen Graphieforschung, Bielefeld 2007.

SCHARER, MATTHIAS, Das geschenkte Wir. Kommunikatives Lernen in der christlichen Gemeinde, in: WEBER, FRANZ (Hg.), Frischer Wind aus dem Süden. Impulse aus den Basisgemeinden, Innsbruck-Wien 1998, 84-100.

SCHARER, MATTHIAS / HILBERATH, BERND-JOCHEN, Kommunikative Theologie. Eine Grundlegung, Mainz 2002, 96-122.

SCHARER, MATTHIAS, Wie „wirkt" Gott im Leben einzelner Menschen? Zu einer theologischen Kriteriologie persönlicher Lebens-/Glaubenserfahrung in kairologischer Absicht, in: BOSCHKI, REINHOLD u.a. (Hg.), Religionspädagogische Grundoptionen, Elemente einer gelingenden Glaubenskommunikation, Freiburg 2008, 78-92.

SCHAUMBERGER, CHRISTINE, Art. Erfahrung, in: GÖSSMANN, ELISABETH u.a. (Hg.), Wörterbuch der Feministischen Theologie, Gütersloh 1991, 73-78.

SCHILLEBEECKX, EDWARD, Art. Erfahrung und Glaube, in: CGG XXV (1980), 73-116.

SCHMID PETER F., Solidarität und Autonomie. Personzentrierte Gruppentherapie. Ein Handbuch I. Autonomie und Solidarität, Köln 1994.

SCHMID, PETER F., Personzentrierte Gruppentherapie. Ein Handbuch II. Die Kunst der Begegnung, Köln 1996.

SCHMID, PETER F., Der Mensch ist Beziehung. Personalität aus sozialpsychologischer und philosophisch-anthropologischer Perspektive, in Diakonia 29 (1998) 229-239.

SCHMID, PETER F., Die Gruppe als locus theologicus. Kairologische Aspekte zum Verständnis von Seelsorge und zur Konzeption der Pastoraltheologie als Praktischer Theologie, in: Pastoraltheologische Informationen 18 (1998) Heft 2, 267-303.

SCHMID, PETER F., Im Anfang ist Gemeinschaft. Personzentrierte Gruppenarbeit in Seelsorge und praktischer Theologie. Beitrag zu einer Theologie der Gruppe, Stuttgart-Berlin-Köln 1998.

SCHNEIDER, GERT, Einsamkeit als pastorales Tabu, in: Diakonia 21 (1990) 381-385.

SCHOLL, NORBERT, Art. Gotteserfahrung, in: LThK IV ($^3$1995), 907-908.

SCHROER, SILVIA, Die Gerechtigkeit der Sophia. Biblische Weisheitstraditionen und feministische Diskurse, in: Concilium 36 (2000) 539-548.

SCHULENBURG, ANDREA, Feministische Spiritualität. Exodus in eine befreiende Kirche? Stuttgart-Berlin-Köln 1993.

SCHULZE, GERHARD, Die Erlebnisgesellschaft. Kultursoziologie der Gegenwart, Frankfurt a. Main-New York 1992.

SCHWAGER, RAYMUND, Berührungspunkte und erste Anfragen, in: HILBERATH, BERND-JOCHEN / KRAML, MARTINA / SCHARER, MATTHIAS (Hg.), Wahrheit in Beziehung. Der dreieine Gott als Quelle und Orientierung menschlicher Kommunikation, Mainz 2003, 27-28.

SECKLER, MAX, Die schiefen Wände des Lehrhauses. Katholizität als Herausforderung, Freiburg i. Br. 1988, 79-84.

SEKRETARIAT DER DEUTSCHEN BISCHOFSKONFERENZ (Hg.), Zeit zur Aussaat. Missionarisch Kirche sein, Bonn 2000.

SIEBENROCK, ROMAN, Umgang mit der Wirklichkeit angesichts der Gottesfrage und Gotteserfahrungen der Gegenwart. Versuch einer fundamentaltheologischen Klärung, in: Pastoraltheologische Informationen 14 (1994) Heft 1, 223-234.

SIEBENROCK, ROMAN, Erfahrungen der Spuren Gottes als Perspektive der Fundamentaltheologie, in: Pastoraltheologische Informationen 16 (1996) Heft 1, 37-51.

SOHN-KRONTHALER, MICHAELA / SOHN, ANDREAS, Frauen im kirchlichen Leben. Vom 19. Jahrhundert bis heute, Kevelaer 2008.

SÖLLE, DOROTHEE, Gott denken. Einführung in die Theologie, München 1997.

SÖLLE, DOROTHEE, Es muss doch mehr als alles geben. Nachdenken über Gott, Freiburg im Breisgau ²2003.

SPENDEL, AURELIA, Frauen unternehmen Leben. Plädoyer für eine nomadische Pastoraltheologie, in: ECKHOLT, MARGIT / HEIMBACH-STEINS, MARIANNE (Hg.), Im Aufbruch – Frauen erforschen die Zukunft der Theologie, Ostfildern 2003, 114-128.

SPENDEL, STEFANIE, Wenn Frauen sich vergeistigen. „Neuland" christlicher Spiritualität, in: SPENDEL, STEFANIE (Hg.), Weibliche Spiritualität im Christentum, Regensburg 1996, 9-19.

SPIELBERG, BERNHARD, Kreisquadrat und Pfarrgemeinde. Zwei unlösbare Probleme, in: Lebendige Seelsorge 57 (2006) 92-100.

SPIELBERG, BERNHARD, Kann Kirche noch Gemeinde sein? Praxis, Probleme und Perspektiven der Kirche vor Ort (Studien zur Theologie und Praxis der Seelsorge; 73), Würzburg 2008.

SPLETT, JÖRG, Gotteserfahrung im Denken. Zur philosophischen Rechtfertigung des Redens von Gott. 4., überarbeitete Auflage, Freiburg-München 1995, 29-45.

STARR SERED, SUSAN, Jüdische Frauen und die Schechina, in: Concilium 36 (2000) 548-560.

STEGMAIER, WERNER, Levinas, Freiburg 2002.

STEICHELE, HANNELIESE, „Auf das Wort der Frau hin kamen sie zum Glauben" (Joh 4,39) Die Rolle der Frau in der urchristlichen Seelsorge, in: PEMSEL-MAIER, SABINE (Hg.), Zwischen Alltag und Ausnahme: Seelsorgerinnen. Geschichte, Theologie und gegenwärtige Praxis, Ostfildern 2001, 21-39.

STOLTENBERG, GUNDELINDE, Ekklesiogenese. Bausteine für eine mystagogische Praxis der Kirche, in: KNOBLOCH, STEFAN / HASLINGER, HERBERT (Hg.), Mystagogische Seelsorge. Eine lebensgeschichtlich orientierte Pastoral, Mainz 1991, 76-105.

STRAHM BERNET, SILVIA, Art. Gott/Göttin. Systematische Theologie, in: GÖSSMANN, ELISABETH u.a. (Hg.), Wörterbuch der feministischen Theologie, 2., vollständig überarbeitete und grundlegend erweiterte Auflage, Gütersloh 2002, 244-247.

STRECKER, JULIA, Die Frage hinter der Frage. Feministische Seelsorge – Perspektiven im Neuland, in: Schlangenbrut 12 (1994) 5-8.

STÜBIG, FRAUKE, Schulalltag und Lehrerinnenbewußtsein. Das Tagebuch einer Lehrerin und seine Reflexion im Gespräch mit Birke Mersmann, Weinheim-Basel 1995.

STURM, GABRIELE, Wie forschen Frauen? Überlegungen zur Entscheidung für qualitatives oder quantifizierendes Vorgehen, in: DIEZINGER, ANGELIKA u.a. (Hg.), Erfahrung mit Methode. Wege sozialwissenschaftlicher Frauenforschung, Freiburg i. Br. 1994, 85-105.

SYNEK, EVA M., Die Zweite Phöbe. Zur Frage von Frauenämtern in der Katholischen Kirche, in: Geist und Leben 70 (1997) 218-232.

TAFFERNER, ANDREA, „Wer Gott dient, wird nicht krumm." (Klara von Assisi). Aus der Praxis der Frauenseelsorge, in: SPENDEL, STEFANIE (Hg.), Weibliche Spiritualität im Christentum, Regensburg 1996, 110-118.

TEBARTZ-VAN ELST, FRANZ-PETER, Gemeinden werden sich verändern. Mobilität als pastorale Herausforderung, Würzburg 2001.

TILLICH, PAUL, Systematische Theologie I, Frankfurt a. M. 81984, 9-80.

VAN DER,VEN, JOHANNES A. Unterwegs zu einer empirischen Theologie, in: OTTMAR FUCHS (Hg.), Theologie und Handeln. Beiträge zur Fundierung der Praktischen Theologie als Handlungstheorie, Düsseldorf 1984, 102-128.

VEN, JOHANNES A. VAN DER, Entwurf einer empirischen Theologie (Serie theologie en empirie; 10), Weinheim 1990.

VEN, JOHANNES A. VAN DER, Der Modus der Kooperation, in: HASLINGER, HERBERT u.a. (Hg.), Handbuch Praktische Theologie I, Grundlegungen, Mainz 1999, 267-278.

VÖGELE, RUDOLF, Mut zum Aufbrechen. Impulse für die Zukunft der Gemeinde, Freiburg u. a. 2003.

VOSS, ALMUTH, Beraten und begleiten. Feministische Seelsorge und Therapie, in: Schlangenbrut 12 (1994) 4.

WAGNER-RAU, ULRIKE, Die Arbeit am eigenen Gewand. Aspekte feministischer Pastoraltheologie, in: Schlangenbrut 12 (1994) 15-18.

WAGNER-RAU, ULRIKE, Praktische Theologie als „Schwellenkunde". Fortschreibung einer Anregung von Henning Luther, in: HAUSCHILDT, EBERHARD / SCHWAB, ULRICH (Hg.), Praktische Theologie für das 21. Jahrhundert, Stuttgart 2002, 177-191.

WAINWRIGHT, ELAINE, „Gott" in feministischer Theologie. Ein neues Wagnis der religiösen Imagination, in: Concilium 37 (2001) 82-91.

WEBER, FRANZ, „Auf Leben und Tod". Hoffnungszeichen und Sterbeprozesse in österreichischen Pfarrgemeinden, in: Bibel und Liturgie 79 (2006) 87-93.

WEBER, FRANZ / FUCHS, OTTMAR, Gemeindetheologie interkulturell. Lateinamerika – Afrika – Asien (Kommunikative Theologie; 9), Ostfildern 2007.

WENDEL, SASKIA, Kritische Würdigung der Gender-Debatte, in: ARBEITSSTELLE FÜR FRAUENSEELSORGE DER DEUTSCHEN BISCHOFSKONFERENZ (Hg.), Geschlechtergerechtigkeit in Beruf und Familie für Frauen in verantwortlichen Positionen in der Kirche. Dokumentation der Fachtagung am 17./18. März 2005 im Kardinal-Wendel-Haus, München, 16-25.

WERBICK, JÜRGEN, Glauben lernen aus Erfahrung. Grundbegriffe einer Didaktik des Glaubens, München 1989.

WERBICK, JÜRGEN, Art. Erfahrung, systematisch-theologisch, in: LThK III (31995), 754-756.

WERBICK, JÜRGEN, Warum die Kirche vor Ort bleiben muss, Donauwörth 2002.

WERBICK, JÜRGEN, Plädoyer für die Verörtlichung des Glaubens, in: Lebendige Seelsorge 55 (2004) 2-17.

WERBICK, JÜRGEN, Wider die Virtualisierung des Glaubens. Jürgen Werbicks Antwort auf „Neue Orte braucht die Kirche", in: Lebendige Seelsorge 55 (2004) 13-15.

WERBICK, JÜRGEN, Auslaufmodell Ortsgemeinde? Rückfragen eines systematischen Theologen, in: Diakonia 37 (2006) 168-173.

WIDL, MARIA, Kleine Pastoraltheologie. Realistische Seelsorge, Graz u.a. 1997.

WIDL, MARIA, „Sucht den Herrn, dann werdet ihr leben" (Am 5,6). Die Diaspora-Chiffre als Herausforderung postmoderner Kirchenentwicklung, in: Pastoraltheologische Informationen 26 (2006) Heft 1, 71-85.

WIEDERKEHR, DIETRICH, Individualisierung und Pluralisierung des Glaubens: Not und Chance der Kirchen, in: KRÜGGELER, MICHAEL / STOLZ, FRITZ (Hg.), Ein jedes Herz in seiner Sprache ... Religiöse Individualisierung als Herausforderung für die Kirchen. Kommentare zur Studie „Jeder(r) ein Sonderfall? Religion in der Schweiz“ I, Zürich-Basel 1996, 97-125.

WINDOLPH, JOACHIM, Der Abstand zur Gemeinde wächst: Konsequenzen aus den neuen pastoralen Strukturen, in: Lebendige Seelsorge 54 (2003) 35-38.

WOHLRAB-SAHR, MONIKA, Empathie als methodisches Prinzip? Entdifferenzierung und Reflexivitätsverlust als problematisches Erbe der „methodischen Postulate zur Frauenforschung“, in: Feministische Studien 11 (1993) Heft 2, 128-139.

WOLFF, STEPHAN, Wege ins Feld und ihre Varianten, in: FLICK, UWE / VON KARDOFF, ERNST / STEINKE, INES (Hg.), Qualitative Forschung. Ein Handbuch, Reinbek b. Hamburg $^{4}$2005, 334-349.

WOLLASCH, HANS JOSEF, Prozession über Grenzen: Ein Weg nach vorne, in: Lebendige Seelsorge 54 (2003) 42-43.

WOLLBOLD, ANDREAS, Behutsamkeit und Tiefe. Seelsorge als Hinführung zur persönlichen Erfahrung Gottes, in: GARHAMMER, ERICH / SCHEUCHENPFLUG, PETER / WINDISCH, HUBERT (Hg.), Provokation Seelsorge. Wegmarkierungen heutiger Pastoraltheologie. Festschrift für Konrad Baumgartner, Freiburg-Basel-Wien 2000, 55-67.

WOLLBOLD, ANDREAS, Handbuch der Gemeindepastoral, Regensburg 2004.

ZEINDLER, MATTHIAS, Gotteserfahrung in der christlichen Gemeinde. Eine systematisch-theologische Untersuchung (Forum Systematik; 13), Stuttgart-Berlin-Köln 2001.

ZERFASS, ROLF / ROOS, KLAUS, Gemeinde, in: BITTER, GOTTFRIED / MILLER, GABRIELE (Hg.), Handbuch religionspädagogischer Grundbegriffe I, München 1986, 132-142.

ZERFAß, ROLF, Das Volk Gottes auf dem Weg in die Minderheit? Zur pastoralen Aktualität einer zentralen Erfahrung Israels, in: Katechetische Blätter 125 (2000) 42-52.

ZIEBERTZ, HANS-GEORG, Methodologische Multiperspektivität angesichts religiöser Umbrüche. Herausforderungen für die empirische Forschung in der Praktischen Theologie, in: PORZELT, BURKARD / GÜTH, RALPH (Hg.), Empirische Religionspädagogik. Grundlagen – Zugänge – aktuelle Projekte (Empirische Theologie; 7), Münster 2000, 29-44.

ZULEHNER, PAUL M., Denn du kommst unserem Tun mit deiner Gnade zuvor. Zur Theologie der Seelsorge heute, Paul M. Zulehner im Gespräch mit Karl Rahner, unter Mitarbeit von Andreas Heller, Ostfildern 2002.

ZULEHNER, PAUL M. (Hg.), Spiritualität – mehr als ein Megatrend. Gedenkschrift für Kardinal DDr. Franz König, Ostfildern 2004.

ZULEHNER, PAUL M./ BERANEK, MARKUS / KÖNIG, MARCUS, Gottvoll und erlebnisstark. Für eine neue Kultur und Qualität unserer Gottesdienste, Ostfildern 2004.

ZULEHNER, PAUL M., Volk Gottes im Exil, in: Pastoraltheologische Informationen 26 (2006) Heft 1, 87-102.

ZOLLITSCH, ROBERT, Was erwartet eine Diözese von der Einrichtung von Seelsorgeeinheiten? In: Lebendige Seelsorge 54 (2003) 4-8.

# Anhang 1: Leitfaden für die Tagebuchaufzeichnungen

Herzlichen Dank für Ihre Bereitschaft, mich in meinem Forschungsprojekt zu unterstützen!

Dieser Leitfaden soll Ihnen eine Anleitung sein und Hilfestellung bieten für Ihre Tagebuchaufzeichnungen.

## „Ist Gott drin“ – Die Leitmetapher

In Dorothee Sölles autobiographischen Erinnerungen findet sich die folgende Passage: „Eins von Euch, ich glaube, es war Caroline, hat mal beim Besuch einer scheußlichen Kirche, in die wir Euch bei Reisen schleppten, trocken gesagt: ‚Ist kein Gott drin.' Genau das soll in Eurem Leben nicht so sein, es soll ‚Gott drin sein', am Meer und in den Wolken, in der Kerze, in der Musik und, natürlich, in der Liebe.“ (*Sölle, Dorothee*, Gegenwind, Erinnerungen, Hamburg 1995, 312)

„Ist Gott drin“ – Diese prägnante Formulierung Dorothee Sölles soll als leitende Metapher die Reflexion Ihres seelsorglichen Alltags fokussieren.

Sie sind gebeten, Ihren seelsorglichen Alltag in seinen vielfältigen Facetten (Gespräche mit einzelnen, Gruppengespräche, Gottesdienste, Sitzungen, Unterrichtssituationen, Geselliges, Bürotätigkeiten…) unter der Rücksicht zu betrachten, wo dort in Ihrem Erleben „Gott drin ist“: Wo und wie wird Ihnen Gott in Ihrem seelsorglichen Alltag erfahrbar?

## Konkrete Hilfestellungen und Hinweise fürs Tagebuchschreiben:

- Die Tagebuchaufzeichnungen sollten sich über einen Zeitraum von drei Wochen (zwischen Ostern und Pfingsten 2007) erstrecken.
- Die Tagebuchaufzeichnungen sollten regelmäßig erfolgen (nach Möglichkeit an jedem Arbeitstag). Dazu kann es hilfreich sein, sich im Tagesablauf einen bestimmten Zeitraum dafür freizuhalten.
- Sie werden ermutigt, Ihren eigenen Stil zu entwickeln. Literarische und orthographische Rücksichten können getrost hintan gestellt werden.
- Möglicherweise kann es hilfreich sein, gedanklich zwischen „beschreibenden Passagen“ und „interpretierenden Passagen“ zu unterscheiden.

- Die entstehenden Tagebuchaufzeichnungen sind ein persönliches und privates Produkt. Für die nachfolgende wissenschaftliche Auswertung ist es wünschenswert, dass sich die Tagebuchschreiberinnen beim Schreiben möglichst wenig innere Zensur auferlegen. Nach Abschluss der Tagebuchaufzeichnungen besteht für Sie jedoch die Möglichkeit, Passagen des Tagebuchs nicht für die weitere Forschungstätigkeit freizugeben.
- Das Tagebuch kann und sollte nach Möglichkeit handschriftlich geführt werden. Hilfreich kann es sein, sich dafür ein kleines Heft anzulegen.
- Die einzelnen Eintragungen sollten mit der Angabe des Datums versehen werden. Auch die Skizzierung wesentlicher Eckdaten der beschriebenen Situation ist wünschenswert.
- Die spätere wissenschaftliche Auswertung Ihrer Tagebuchaufzeichnungen und die Dokumentation der Forschungsergebnisse erfolgen selbstverständlich anonymisiert.

**Tagebuchaufzeichnungen – Hintergründe zur gewählten Datenerhebungsmethode**

Viele Menschen haben Erfahrungen mit dem Schreiben von Tagebüchern. In Jugendjahren können Tagebücher eine Hilfe im Prozess der Identitätsfindung sein, manche Menschen behalten sich diese Methode des reflektierenden und bilanzierenden Rückblicks über viele Jahre ihres Lebens bei.

Doch auch in den verschiedensten wissenschaftlichen Disziplinen dienen Tagebücher als bewährtes Arbeitsinstrumentarium (z. B. in der zoologischen Feldforschung, in der ethnologischen Forschung, in der qualitativ-soziologischen Feldforschung). Seit den 1970er Jahren haben Lehrerinnen und Lehrer im Rahmen der Aktionsforschung mit Hilfe von PädagogInnen-Tagebüchern sich selbst und ihre eigene berufliche Situation reflektiert und systematisch wissenschaftlich untersucht.

Der Reflexion der beruflichen Praxis als Seelsorgerin unter dem besonderen Fokus der Erfahrungen der Gottespräsenz sollen Ihre Tagebuchaufzeichnungen im Rahmen dieses Forschungsprojektes dienen.

# Anhang 2: Die Tagebuchaufzeichnungen der sechs Seelsorgerinnen

Zur Übertragung der handschriftlichen Aufzeichnungen:

Die handschriftlichen Tagebuchaufzeichnungen wurden mit dem größtmöglichen Bemühen, den Charakter des handschriftlichen Textes wiederzugeben, übertragen. So wurden Absätze, Unterstreichungen, graphische Zeichen u. a. m. in der Abschrift übernommen. Passagen, die in einer anderen Farbe geschrieben sind, sind als solche markiert. Die Rechtschreibung, auch orthographische Fehler, wurden als solche übernommen und nicht korrigiert.

Textstreichungen und (nachträgliche) Hinzufügungen im Text wurden ebenfalls gekennzeichnet.

Personennamen und Ortsnamen wurden maskiert, sofern das nicht ohnehin schon von der Tagebuchschreiberin selbst vorgenommen worden war.

| | |
|---|---|
| der [schwerkranke] Patient | = (nachträgliche) Hinzufügung |
| Der ~~ergreifende~~ Gottesdienst | = Textstreichung |
| // | Dieses Zeichen wurde in der Bearbeitung des Tagebuchs eingefügt, um den Text in Unterthemen zu gliedern. |

## *„In den ‚Zumutungen' Gottes ‚stellvertretend' beten und hoffen"*

## **Tagebuchaufzeichnungen der Seelsorgerin A**

| | |
|---|---|
| 1 | „Ist Gott drin"?<br>Pastoralreferentin M.S. |
| 2 | Mittwoch, 2. Mai<br><br>10.$^{45}$ Gottesdienst im Seniorenheim mit überwiegend dementen Menschen; //<br>seit einigen Wochen feiert eine jüngere Frau Anfang 70 den Gottesdienst mit; ein Schlaganfall war die Ursache ihres Heimeinzuges, ihr Ziel ist, wieder nach Hause ziehen zu können. //<br>Letzten Mittwoch, 25. April, war sie sehr verzweifelt, da sie große Schmerzen hatte und ihr Antrag auf eine Kur- und Rehamaßnahme „auf Eis lag". Heute saß sie recht aufgeräumt und sogar heiter auf ihrem Platz:<br>die Schmerzen hatten nachgelassen, der Kurantrag läuft und soll genehmigt werden. //<br><br>→ Letzte Woche habe ich mich ihr nach dem Gottesdienst zugewandt und ihr zugehört, dabei ein Stoßgebet zum Himmel geschickt „Herr hilf"<br>→ Frage: wie viel Leid mutet Gott den Menschen zu?<br>→ Was tröstet in dieser Not?!<br>→ Das Licht der Hoffnung ist dieser Frau wieder aufgegangen und scheint ihr neu auf//<br>Sie ist sehr gläubig und sagte beide Male immer wieder: „Wenn ich meinen Glauben nicht hätte!" // |
| 3 | Donnerstag, 3. Mai<br><br>Krankenhausbesuchsdienst<br><br>im Gang Herrn H. getroffen, der auf dem Weg zu seiner Chemotherapie war;<br>er ist aktives Pfarrgemeinde-Mitglied, war im PGR, jetzt noch aktiv als Kommunionhelfer für Kranke;<br>er und seine Frau sind sehr religiöse, „papstverehrende" Gläubige, die auch Einkehrtage etc. besuchen.<br>Herr H. öffnete sich in dieser Begegnung, die fast „zwischen Tür und Angel" stattfand im Zwischenraum, in dem der Heilige Geist wirken kann? –<br>er als pragmatischer Mensch, der sein Leben lang funktioniert hat, rational gesteuert, pflichtbewusst ...<br>lernt in seiner Krankheit ganz neue Seiten an sich kennen und kann sie zulassen und annehmen!<br>(z.B. er weint, mitfühlender, sensibler ...)<br>er lebe jeden Tag im Bewusstsein, dass es für ihn geschenkte Zeit ist.<br>Und<br>zum ersten Mal in seinem Leben ist er bereit zu sterben,<br>er könne sich damit einverstanden erklären!<br><br>Ich habe schon oft und lange mit Herrn H. gesprochen, auch in schwierigen und problematischen Dingen und Zeiten;<br>aber noch nie hat er sich so geöffnet.<br>Ein Geschenk für mich, ihn genau zu diesem Zeitpunkt an diesem Ort getroffen zu ha- |

| | |
|---|---|
| | ben. |
| 4 | Religiöses Elterngespräch im Kindergarten<br><br>eine kleine Gruppe Mütter, die ganz interessiert dabei und im Gespräch waren, die von sich aus mehr an solchen Veranstaltungen wünschen – Mütter, die nicht zum allseits bekannten, engagierten und „engeren" Pfarrgemeindekreis bzw. Gottesdienstbesucherkreis gehören |
| 5 | Freitag 4. Mai<br><br>Religionsunterricht 3.Klasse<br><br>Thema „Maria"<br><br>ich zeige eine künstlerische Darstellung von Maria – lade die Kinder zu Betrachtung, Beschreibung, Deutung ein.<br>Ausgerechnet F. – der die 3. Klasse wiederholt, der oft ablenkt und zappelig ist, gerne den Clown spielt und sich durch entsprechende Bemerkungen in den Mittelpunkt rückt, entdeckte in diesem Bild entscheidende Passagen mit tieferem Hintergrund!<br>* * *<br>Kinder der Grundschulklassen lieben das Ritual zu Beginn, singen oder ein Gebet aussuchen und vorlesen im Stuhlkreis;<br>sie achten genau darauf, dass jede/r drankommt.<br>Es ist für mich immer eine kurze „heilige" Zeit, in der der sonstige Schulalltag geradezu still steht. |
| 6 | Sonntag 6. Mai<br><br>Jugendgottesdienst<br><br>Jugendchor – Lieder gehen „unter die Haut"<br>Gott mit allen Sinnen erfahren<br><br>Frage an alle GottesdienstbesucherInnen und Aufruf und gemeinsame Feier zugleich: „Was tue ich, damit die „alte Welt" vergeht und die „neue Welt" anbrechen kann? |
| 7 | Konzert evang. Bläserkreis<br>unter dem Motto „Fiesta"<br><br>Viele Gemeindemitglieder anwesend, die „ihr Päckchen" – leichter und schwerer – zu tragen haben!<br>Holen sich Erquickung, Kraft, Entspannung, Ablenkung, Stärkung durch die Melodien …<br>für mich bündelt sich alles im gemeinsam gesungenen Lied<br>„Bewahre uns Gott, behüte uns Gott"<br><br>*Liedtext ist eingeklebt*<br><br>– für mich ein großartiges (Fürbitt-)Gebet für all diese Menschen, um deren Sorge ich ~~im Gemein~~ wusste, die hier um mich herum saßen |
| 8 | 7. Mai<br><br>Ich leite die Beerdigung einer 97-jährigen Frau, die die letzten 4 Jahre mit fortschrei- |

| | |
|---|---|
| | tender Demenz in einem auswärtigen Heim gelebt hat;<br>im Leben dieser Frau, das im Rückblick gewürdigt wird, gibt es unzählige Spuren und Erfahrungen von Gottes Gegenwart, Nähe und Mit-Gehen<br>„Gott war drin" – in diesem Leben –<br>das war die dankbare Feststellung vieler, die sich von ihr verabschiedeten;<br>für sie war gelebter Glaube eine absolute, unaufdringliche Selbstverständlichkeit;<br>Engagement, sich einbringen, zupacken, helfen, wo man gebraucht wird,<br>wozu das eigene bescheidene Talent – Gabe Gottes – reicht;<br>sie war ein liebenswertes freundliches Abbild Gottes in dieser Welt …<br>Auch in ihrer Demenz zeigte sie sich so und war einer der „Lieblinge" im Heim … |
| 9 | Am Montag abend ein Anruf eines jüngeren Vaters von drei Kindern:<br>seine Frau wurde zum zweiten Mal in die Psychiatrie eingewiesen, weil sich ihre Gesamtverfassung sehr verschlechtert hat.<br>Seit der Geburt der ältesten Tochter vor 10 Jahren sind Depressionen immer wieder Thema.<br>Die Familie ist oft bis an ihre Grenzen belastet.<br>„Ist Gott drin?"<br>Ich bin froh, dass die Familie den Kontakt mit mir, der Seelsorgerin, sucht, hält, pflegt;<br>ich kann oft nur<br>dasein<br>Interesse zeigen<br>aushalten<br>besuchen<br>zuhören und reden …<br>Verständnis zeigen<br>beten<br>stellvertretend beten |
| 10 | 8. Mai<br><br>Besuch in der Synagoge<br>mit der 4. Klasse<br><br>SchülerInnen sind sehr beeindruckt über Anteil – geben der jüdischen Gemeinde an der Ausübung ihrer Religion –<br>grenzen-los glauben<br><br>Respekt gegenüber der anderen Religion |
| 11 | 9. Mai<br>– Informationsveranstaltung aller Gruppierungen und Institutionen, die sich um Wohl, Unterstützung und Lebensqualität von älteren + kranken Menschen hier am Ort kümmern –<br>„Netzwerk Pflege"<br>kirchliche Angebote sind dabei wichtiger Partner – selbst Konkurrenten in Form von Heimen und Pflegediensten sind in diesem Netzwerk vereint und haben Veranstaltung gemeinsam durchgeführt |
| 12 | 10. Mai<br>Anfrage nach Hilfsangeboten für ein Mensch, der sich in sehr schwierigem Trauerprozess befindet;<br>von Kirche wird Hilfe erwartet und dankbar angenommen |

| | |
|---|---|
| 13 | <u>12. Mai</u><br>Kindergarten gestaltet Familiengottesdienst<br><br>…<br>wenn ihr nicht werdet wie die Kinder …<br><br>Verkündigung der frohen Botschaft<br>eindrücklich<br>sinnenfällig<br>voller Freude<br>spontan<br>ansteckend |
| 14 | <u>13. Mai</u><br><br><u>Maiandacht</u><br><br>eine kleine Schar betet<br>„Lohnt sich das?“<br>Es „lohnt sich“! |
| 15 | <u>14. Mai</u><br><br>Der Tag ist ausgefüllt mit Büroarbeit<br>Vorbereitungen am Computer<br>Organisation am Telefon<br>…<br>„Ist Gott heute drin?“<br>irgendwie schwierig heute –<br>… fern und doch nah und inspirierend … |
| 16 | <u>15. Mai</u><br><br>Wiese neben dem Friedhof –<br>üppig blühender Mohn –<br>Lob der Schöpfung –<br>Laudato si<br><br>der Anblick zwingt<br>geradezu innezuhalten –<br>zu staunen –<br>mit allen Sinnen zu<br>erfassen, welche Schönheit,<br>sich vor mir ausbreitet,<br>die unverdient<br>geschenkt<br>sich vor mir ausbreitet |
| 17 | …<br>die nächsten Tage<br>viele Kleinigkeiten,<br>Alltäglichkeiten,<br>Konferenzen,<br>Besprechungen, |

| | |
|---|---|
| | Vorbereitungen,<br>Telefonate,<br>Schule,<br>Gottesdienste …<br>„Ist Gott drin?“<br><br>die Frage ist mir „entglitten“ – keine Tagebuchaufzeichungen |
| 18 | <u>23. Mai</u><br><br>Besuch einer jungen Mutter in einer psychiatrischen Klinik<br>–<br>welche Zu-mut-ungen Gottes mir hier begegnen! //<br><br>Hoffnungsspuren, Zuversicht im Gespräch –<br><br>Dasein,<br>Nähe schenken<br>„Du gehörst zu uns“<br>„Du bist krank, nicht verrückt“<br><br>stellvertretend hoffen//<br><br>→ die Frau ist inzwischen wieder zu Hause, es geht ihr nach eigener Aussage gut und sie kann ihren Alltag und ihr Familienleben wieder bewältigen und gestalten |
| 19 | <u>24. Mai</u><br><br><u>Treffen pflegender Angehörige</u><br><br>Familien mit behinderten und dementiell erkrankten Angehörigen tut die Gemeinschaft gut;<br>fühlen sich angenommen, freuen sich, einander zu begegnen<br>„Highlight“ im Alltag<br>--------------------<br>Gespräch mit einem trauernden Hinterbliebenen macht sensibler für das Leben –<br>trösten können |
| 20 | <u>Gottesdienst für Trauernde</u><br><br>die richtigen Worte, Gesten, Symbole gefunden,<br>um Menschen, die trauern, zu berühren; //<br>Trauer zulassen können,<br>sich ein wenig getröstet fühlen;<br>gestärkt in den Alltag gehen können<br>Fragen zulassen<br>klagen können – //<br><br>einer ist da<br><br>Licht der Auferstehung<br>be-zeugen – Leben geht weiter |

| | |
|---|---|
| 21 | <u>25. Mai</u><br><br>Begegnung im Seniorenheim;<br>Mann Anfang 50 –<br>Schlaganfall –<br>musste ins Heim übersiedeln;<br><br>ab da regelmäßiger Teilnehmer und Mitfeiernder der wöchentlichen Gottesdienste;<br>eigene Aussage:<br>„früher war der Höhepunkt der Woche der sonntägliche Gang zum Fußballplatz“<br>—<br>„heute ist der Höhepunkt der Woche der Gottesdienst im Seniorenheim“ |
| 22 | Beerdigung eines 77-jährigen Mannes,<br>der viel Schweres und viele Verluste im Leben erlitten hat<br>und dennoch unbeirrt an seinem Glauben festhielt,<br>dem seine Gottesbeziehung geholfen hat, sein Leben zu bestehen//<br><br>Ich spüre Gottes Kraft, Nähe und Inspiration beim Trauergespräch, Vorbereiten und Leiten der Trauerfeier//<br><br><u>Versöhntes</u> Abschied-Nehmen |

*„Finde ich dich, Gott, in meinen tiefsten Gefühlen?"*

## Tagebuchaufzeichnungen der Seelsorgerin B

| | |
|---|---|
| 1 | Tagebuchaufzeichnungen<br><br>2. Ostersonntag<br>– 17.05.07 Christi Himmelfahrt<br><br>B |
| 2 | „Da ist Gott drin."<br>So etwas kann doch nur ein Kind sagen<br>– so einfach und so schwerwiegend.<br>Ich bin geneigt, mir den Kopf darüber zu zerbrechen, nicht erst seit heute Morgen. Und dieser Kopf und meine Erwachsenensprache stehen mir im Weg und ich würde gerne selbstvergessener, und gerne würde ich jene Erfahrungen wegstreichen aus meinem Leben, die meine Zweifel schürten und mein Vertrauen auf die Probe stellten: Wo war Gott da?<br>Kann ein Gott, der sich den Namen „Ich bin da" gibt überhaupt „nicht drin" sein?<br>Oder muß ich meine Vorstellungen von ihm ausdehnen auf den Fernen, den ganz Anderen, die ganz Andere?<br>Welche Aufmerksamkeit braucht es meinerseits, um Gott sogar noch im Nichts zu finden?<br>Liegt es im Wesentlichen doch an mir und meiner Durchlässigkeit für das Leben, dass Gott „drin sein" kann?<br>Wie transparent muß ich werden, damit er durchscheinen kann?<br>Kann ich den Unbegreiflichen herbeiglauben, herbeisehnen, herbeilieben?<br>Ist sein Gegenwärtig-Sein bei den Menschen vielleicht sogar von uns, von mir abhängig und dem Maß, wie ich ihn gegenwärtig habe?<br><br>Um es nicht zu verkomplizieren, wünsche ich mir für die folgenden Aufzeichnungen die Haltung eines Kindes: einfach, vertrauend und gläubig. |
| 3 | 2. Ostersonntag<br>15.04.07<br>„Jetzt kommt Ostern doch wieder durch" musste ich denken, als ich am frühen Morgen auf's Fahrrad stieg, um in den jungen Tag hineinzufahren. Blauer Himmel und strahlender Sonnenschein über einem Blütenmeer in den Gärten. Ich liebe diese Strecke, die schon bald durch freie Felder, Wiesen und Weinberge führt.<br>Am liebsten ist mir der Weg am kleinen Bach entlang, Geplätscher, Vogelgezwitscher aus den Bäumen, der benachbarte Waldsaum und eine Graslandschaft in unbeschreiblichem, sattem Grün. //<br>Nach fast einer Woche, in der mich eine starke Erkältung lahmgelegt hatte, genieße ich es und bin dankbar, wieder auf dem Weg zu sein. Ich habe auch den Eindruck, dass Gott mir bei diesen Ausflügen näher kommt. Es ist „unsere" Zeit, wenn ich da draußen allein unterwegs bin, auch wenn mir alles Mögliche durch den Kopf geht. Aber tiefer als dieses Gedankenknäuel ist ein Gefühl von Freiheit, Tief-Durchatmenkönnen und Getragen-Sein…//<br>Und noch tiefer in mir singt es. Ich habe es zunächst garnicht bemerkt und beeinflusse das auch nicht, es ist ein Lied, das aus meinem Innersten aufsteigt und mich heute |

| | |
|---|---|
| | Morgen eine ganze Stunde begleitet hat: „Gloria in excelsis Deo" aus der Eucharistiefeier des Sonntages bei den Brüdern in Taizé. |
| 4 | Montag 16.04.<br>Wieder ein sonniger Fast-schon-Sommermorgen … und was ich an mail-Post vorfinde, kann auch mein Herz erwärmen.<br>– Ein Kollege reagiert auf meinen Ostertext. Er hat die Gedanken gleich tags darauf in den Auferstehungsgottesdienst eingebracht samt einer passenden Zeichenhandlung dazu. „Erfrischend" sei's gewesen. //<br>– Eine „meiner" Taufkatechetinnen schickt ein überaus positives feedback zu meinem Karfreitagsgottesdienst. Sie konnte wegen einem Familienurlaub nicht dabei sein, hat aber im Dorf viel Gutes gehört, vor allem auch zu meiner Rolle als Gottesdienstleiterin. Von ihr zu hören, dass sie das gefreut hätte, ist für mich nicht selbstverständlich. Am Anfang hatte sie große Probleme, mich als Hauptamtliche zu akzeptieren, und nun dieses Versöhnliche, Gutmeinende, ja Freundschaftliche – das mir so gut tut, was ich ihr wiederum spontan und kurz zurückmelde. //<br>– Frühe Post auch von meinem Klosterbruder und Brieffreund. – Es sei soooo menschlich, was ich ihm da gestern Abend spät noch gemailt habe.<br>Er fügte eine Bemerkung an, die gut zum 80. Geburtstag von Papst Benedikt heute passte.<br>Vor mehr als 40 Jahren hätte er als Prof. Ratzinger zu ihnen im Hörsaal gesagt:<br>„Meine Herren, wenn Sie Gott suchen, in der veritablen Menschlichkeit eines Menschen begegnet er Ihnen am ehesten." |
| 5 | Heute beim Bibelteilen in unserer kleinen „Frauenbund"-Gruppe, wir saßen zu siebt am Tisch, habe ich dieses Zitat wieder einflechten können.<br>Ich habe auch von meinem Tagebuch erzählt und Tekla sagte spontan, dann wirst Du von uns hier schreiben können, denn hier findest Du ja Gott.<br>Was wir in unserer Gruppe im Laufe der Jahre an Gotteserfahrungen und Gottessuche zusammentrugen und austauschten, ist für mich eine ganz wunderbare und wertvolle Erfahrung.<br>„Lebe das, was du vom Evangelium verstanden hast" sagt frère Roger ‚und sprich mit anderen darüber' würde ich gerne hinzufügen. //<br>Es ist für mich reizvoll, dass Sabine aus Irland und Tekla aus Polen einen ganz eigenen religiösen Hintergrund aus ihrer Heimat mitbringen.<br>Und so kam auch heute schon bei der Ankommrunde ein buntes Mosaik zusammen: ein langer Osterurlaub, Muße beim Blumen einpflanzen, Lachen und Weinen bei intensiven Gesprächen mit den Freundinnen, Stress mit 4 kleinen Kindern seit ein Aupair Mädchen fehlt, das Eingespannt sein durch die behinderte Tochter, ein Unfall und gebrochene Zehen, Abitursvorbereitungen, die eine ganze Familie in Atem halten und die sommerlichen Temperaturen – es darf einfach alles vorkommen, was uns gerade im Kopf herumgeht. //<br>Und dann haben wir unser kunterbuntes Leben in Bezug zur Bibel gebracht, dem Sonntagsevangelium von gestern, Joh 20, 19-31<br>Jesus, der Auferstandene begegnet seine Jüngern, vor allem begegnet er auch dem, der die größten Zweifel hat: Thomas.<br>Schnell waren wir beim Auftrag Jesu an seine Jünger „die Sünden zu erlassen" und bei unserer eigenen Beichtpraxis. //<br>Mich bewegt es immer, wenn die meisten sich seelsorgliche Begleitung für ihr Leben wünschen, aber nicht wissen, an wen sie sich wenden können.<br>Priester, die nicht mehr als Seelsorger erlebt werden, weil sie arbeitsmäßig überlastet oder Manager sind – wie wollen sie da noch Gott vermitteln? |

| | |
|---|---|
| | Wie kann die Struktur unserer Kirche für Gott durchlässig bleiben? … Das scheint mir eine Überlebens-Frage. //<br>Aber auch über unsere Wunden haben wir gesprochen, und dass Jesus an seinen Wunden erkannt werden will … überhaupt über Lasten, die wir mitschleppen wie die Steine im „Ostergarten". Heute war es besonders auch die Frage, wie wir unseren Kindern und Jugendlichen den Glauben weitergeben können, der uns so wertvoll ist. Teresa war nämlich entsetzt und ratlos wegen der Firmvorbereitung ihrer Tochter und dass diese nur noch gelangweilt und demotiviert sei, wo sie doch zu Beginn so viel guten Willen gehabt hätte. Ingrid fügte noch die Erfahrung der liturgischen Nacht am Gründonnerstag an, und wie gut es ihr getan hätte dort bei der Kreuzesikone alle Lasten abzulegen. //<br>Nach 2 ½ Stunden hätten wir immer noch weiterreden können, und ich spürte bei mir und auch den anderen eine große Wärme und Begeisterung, wie etwas Feuriges, das in uns zum Leben erwacht war … es hatte etwas Ansteckendes …<br>Glaube entsteht für mich durch lebendigen Austausch. Ja, Gott ist für mich vor allem auch lebendiger Austausch. |
| 6 | Die 17.04<br><br>Es geht gegen Mitternacht und ich bin nur noch müde.<br>‚Will nichts anderes, als mich in Dein Schweigen betten, Gott" dachte ich auf den 20 km einsamer, dunkler Landstraße von meinem Dienstort nach Hause. |
| 7 | Noch einmal an zwei lange Gespräche gedacht, die ich in meinem Büro hatte.<br>Wieder Frau G. vor mir gesehen, die auf der Suche nach geistlicher Begleitung ist. Sie sprach von Lebensmitte, einem Zusammenbruch und ihren Verwicklungen in der Familiengeschichte, aber auch von homöopathischen Hochpotenzen, einem schwachen Wurzelchakra, Kraftorten, Qi Gong und der Meditation eines gelben Rapsfeldes. Sie kam in mein Büro gehuscht, das gegenüber der Verwaltungsstelle liegt und ist ebenso wieder davon gehuscht, damit sie nur ja keiner sieht.<br>Ich habe mich bemüht, sie nach allen Carl-Rogers-Regeln einfühlsam zu begleiten, aber ob wir wirklich an das Familiengeheimnis, das ihr wie eine Decke über allem zu liegen scheint, gestossen sind, wage ich zu bezweifeln. Mein Bauchgefühl sagt mir, dass es da noch etwas geben könnte, aber beim 1. Treffen, ist es ja auch schon etwas, wenn Vertrauen zueinander entsteht. Es hat mich berührt, wie sehr sie am Suchen ist, eine Suche, die ich auch kenne … ich denke, dass wir uns bald einmal wiedersehn. |
| 8 | So ist es auch mit S., die seit ihrer Firmung regelmäßig bei mir vorbeischaut. Sie hat mir „gebeichtet", dass sie kifft, weil sie einfach überall Stress hat: mit den Eltern, der Schule, den Freunden. Auch heute wieder: das Schuljahr, das sie nicht bestehen wird. Eine Ausbildung, die sie beginnen muß, aber welche? Streit mit den Lehrern und einer Mitschülerin, die sie im Internet verleumdet hat. Der Vater, der ihre Tagebücher liest und von dem sie sich beschämt und gedemütigt fühlt … Und wieder versuche ich zu verstehen, lasse sie erzählen, tröste, ermuntere … sie geht immer ein wenig frohgemuter weg als beim Kommen.<br>Nach dieser intensiven Gesprächszeit war ich froh um eine sich anschließende Eucharistiefeier. „Nun sag Du noch was zu mir, lieber Gott!" Und er sprach von Dingen, die unser Verstand nicht erfasst und von seinem Geist, der weht wo er will. |
| 9 | Zum Abschluß des Tages: eine ökumenische Pfarrgemeinderatssitzung, die erste mit der neuen, jungen Pfarrerin.<br>Die Einstiegsrunde bewegte mich, in der wir uns vorstellen sollten mit einem Ereignis aus unserer Lebensgeschichte, das unseren Einsatz in der Kirche grundgelegt hat. Als Persönlichstes blieb mir, was der Vertreter des Gemeinderats mit einfachen Worten |

| | |
|---|---|
| | sagte, dass für ihn als Ministrant eine Firmung unvergesslich sei, bei der er die Ehre gehabt hätte, den Stab des Bischofs zu halten – noch heute für einen fast 40jährigen Metzgermeister „die Krönung“ oder unsere PGR-Vorsitzende, die von der Stille in der Klosterkirche sprach, in der ihre Tante als Ordensfrau lebte. // <br>Zuvor hatte ich von dem Ereignis erzählt, das mich für mein Leben prägte: „die Radtour mit einer Freundin nach dem Abitur zur Eröffnung des Jugendkonzils in Taizé. Ich erzählte von den Strapazen und von dem Erlebnis einer riesigen Zeltstadt mit Tausenden von Jugendlichen aus aller Welt, und von der Zeltkirche für alle und Frère Roger und seine Brüder mittendrin. Und dass er sagte: „Versuche alles vom anderen zu verstehen“ – und dass dies ein Glaube ist, der alle Grenzen überwindet, obwohl ich meine katholischen Wurzeln habe. Und dass für mich die Botschaft zählt, die ich damals in Taizé gehört habe und über die wir uns in Gesprächsgruppen ausgetauscht haben: <br>„Der auferstandene Christus kommt, um im Innersten des Menschen ein Fest lebendig werden zu lassen. Er bereitet uns einen Frühling der Kirche …“ Und dass ich nach diesem großen Erlebnis in den Alltag meiner Gemeinde zurückgekehrt sei, und versucht habe etwas davon zu leben und zu verwirklichen, wenn auch in ganz bescheidenem, alltäglichen Maß u. mit kleinen Gruppen: immer war es für mich eine Suche nach diesem Frühling der Kirche. <br>Es kam einfach nur so aus mir herausgesprudelt. Ich war bewegt und ich glaube die anderen auch <br>Ich spürte, dass der Gedanke an Taizé, an Frère Roger und seine Communauté genügte, um in mir die Liebe zu wecken … und das ist ein Gottesgeschenk. |
| 10 | Mittwoch 18.04. <br><br>Schon in den vergangenen Tagen habe ich gespürt, dass die Erkältung aus der Osterwoche wieder nach mir greift. <br>Als ich heute Morgen beim Kopieren der Gebetstexte für unsere Klosterfahrt spürte, wie sehr mich diese leichte Arbeit anstrengte, so dass mir sogar Schweißperlen auf die Stirn traten, beschloss ich für den Rest des Tages so wenig wie möglich zu arbeiten. Gut, J. bekam irgendwann doch Hunger, und so habe ich etwas Schnelles gekocht, danach aber gleich wieder auf's Sofa und ein Eis gegen die Halsschmerzen und Kräutertee und Orangensaft und ein Bad nehmen, ich glaube, Du hast mir beim Faulenzen zugeblinzelt, lieber Gott, denn morgen früh muß ich ja fit sein, um meine 1. Supervisionsreihe mit einem Team zu beginnen und vorher will ich Dich noch besuchen … um 7.30 h ist Gottesdienst im Nachbarort. Ich freue mich darauf, den Tag mit Dir zu beginnen. |
| 11 | Donnerstag 19.04. <br><br>Will es kurz machen, weil ich mich momentan noch am Ausruhen bin, um meine Erkältung endgültig loszuwerden …. die Ruhe und ein wenig Liegestuhl in der Sonne tun mir gut. So etwas hat sich schon der Gedanke eingeschlichen, ob ich nicht doch fit genug wäre, um heute Abend beim Eine-Welt-AK dabei zu sein. Die tapfere kleine Gruppe, die seit 1 Jahr einen neuen Laden betreibt liegt mir schon sehr am Herzen … ihnen Rückendeckung zu geben ist mir ein Anliegen, aber ich sollte doch hin und wieder auch entbehrlich sein, mich nicht so wichtig nehmen. |
| 12 | Heute Morgen hatte ich ein 1. Kontaktgespräch mit einem Team von 4 Hauptamtlichen bei der Diakon. Bezirksstelle in Besenheim. Um ihren Solidare-Laden mehr Struktur zu geben und Rollen zwischen Haupt- und Ehrenamtlichen zu klären, wünschen sie sich eine Teamsupervision, die ich im Rahmen meiner Zusatzausbildung als |

| | |
|---|---|
| | Lernsupervision durchführen könnte.<br>Ich war erstaunt, wie schnell wir einen guten Kontakt hatten und wie offen das Gespräch verlief.<br>Erstaunt war ich auch, dass ich das Ganze recht entspannt u. gelassen angehen konnte – hinhören, schauen, was die anderen wollen, wahrnehmen, was ist, keine Rezepte oder Lösungsformelnvorgeben wollen – das scheinen Zauberformeln im Umgang miteinander.<br>Ich bekam abschließend einstimmig positives feed-back und das tut auch gut ...<br>Eingestimmt auf das Treffen hatte ich mich bei der Eucharistiefeier in der Frühe und vielleicht hat auch das meine Haltung und die Atmosphäre geprägt.<br>Das Marien-Schlusslied im GL 585 hat mich erstaunt, obwohl ich es doch schon so oft mitgesungen habe, aber wohl immer nur die ersten 3 Strophen. Aber wie schön ist doch die 5., die Friedrich Spee (ein Trierer!) 1623 getextet hat:<br>„Dein Herz nun ganz in Freuden schwimmt, Halleluja ...<br>Ach nun vergiß auch unser nit, Halleluja / und teil auch uns ein Tröpflein mit. Halleluja ..."<br>Dieses Tröpflein ließ mich am Endes des Gottesdienstes schmunzeln ... ein Tröpflein Freude, das mich durch den Tag begleitet hat. |
| 13 | Freitag, 20.04.<br><br>Es war ein reicher Tag, obwohl ich mich schon seit heute Morgen angeschlagen und matt fühle ... dass eine Erkältung mich so beeinträchtigen kann ...<br>Fuhr um 7.30 Richtung Oö zum Frühgottesdienst vor unserem Dienstgespräch: 7 Frauen, 2 Männer, am Altar „unser" Subsidiar ... ich konnte mich nicht recht auf das Geschehen einlassen. Meine Gedanken sammelten sich bei dem großen, bunten Osterfrühlingsstrauß und den zarten Blütenrispen hinter dem schlichten Kreuz. Ein Gekreuzigter und Blüten, welch ein Widerspruch.<br>So widersprüchlich wie alles, was mir durch den Kopf jagte. Eigentlich wollte ich für Josefine beten.<br>Schließlich steckte sie momentan gerade im Mathe-Abitur. Als sie aus dem Haus ging, habe ich ihr ein Kreuz auf die Stirn gezeichnet und gesagt, dass ich ihr geistigen Beistand schicken will. Ich hatte den Eindruck, dass ich das nur sehr unvollkommen und wenig gesammelt zuwege brachte und war heilfroh am Ausgang die Nische mit den brennenden Kerzen vor der Statue der Gottesmutter zu entdecken ...<br>irgendwie doch beruhigend zu wissen, dass da nun für einige Stunden eine Kerze als stilles Gebet für meine Tochter brannte, beharrlicher und treuer als ich es momentan vermochte. |
| 14 | Mehr als 1000 Gebete sprach die alte Frau mit verknittertem Gesicht und Kopftuch. Ich schätzte sie über 80 Jahre und vor ihr lag ein braunes, abgegriffenes Buch mit dem Titel „Gebetsschatz".<br>Sie müsse doch die Priester in ihrer Arbeit unterstützen, sagte die Alte lächelnd. Von der Küsterin wußte ich, dass sie jeden Morgen schon beim Aufschließen der Kirche dasteht und dann eintritt und Stunden damit verbringt ein Gebet ans andere zu reihen. Sie tut das laut und mit wohlklingendem Sprechgesang, der an die Liturgie der Ostkirche erinnert. Ich war sehr berührt, als ich diese kleine alte Frau zum ersten Mal singen und beten hörte. Wo nimmt sie bloß die Kraft her und den langen Atem Tag für Tag .... Viele Segenswünsche gab sie mir heute mit auf den Weg, und ich ging irgendwie getröstet von dort, als würde sie nun auch für mich weiterbeten. |
| 15 | Das Grün, das momentan in der Natur zu explodieren scheint, fiel mir ~~heute~~ beim Weiterfahren besonders ins Auge. Die einfachen Grashalme am Straßenrand, die sich |

| | |
|---|---|
| | im Morgenwind wiegten. Eine Sehnsucht stieg in mir auf: So ein Grashalm sein und sich vom Windhauch, vom Geist Gottes, bewegen lassen – einfach so – ohne Verkrampfung – ohne Anstrengung, müsste wunderbar sein, wo mir momentan alles mühsam und kräftezehrend schien. |
| 16 | Ich machte den Anfang bei unserer Einstiegsrunde ins Dienstgespräch, erzählte von meinem Kranksein seit Ostern, und dass ich am Karfreitag eher Ostergefühle hatte, als momentan in dieser österlichen Zeit. Gott lasse sich wohl nicht auf die gängigen Festzeiten festlegen … Das wiederum hat ~~wohl~~ unseren 70jährigen Pfr. Ö. sehr bewegt, der aufgrund vieler „außergewöhnlicher" Beerdigungen in der letzten Zeit sagte, ihm falle es momentan sehr schwer von Auferstehung zu sprechen u. so manches Mal, wenn er abends im Stundengebet der Frage begegnet sei: Wie ist mir heute Gott begegnet? Hätte er nur mit den Schultern zucken können u. nichts dazu gewusst. //<br>Dieses Eingeständnis wiederum hat mich sehr berührt: Da war plötzlich so etwas von Gott zwischen uns. In unserer Wahrhaftigkeit, in unserer Schwäche, unseren Dunkelheiten und unserer Suche, die wir uns mitteilten – da war er plötzlich.<br>Schon immer hat mich der Gedanke des Paulus fasziniert, das wir den Glanz unseres Gottes in irdenen Gefäßen tragen, damit das Leuchten von ihm und nicht von uns komme… //<br>Unsere Viererrunde wurde zu einem harmonischen Austausch.<br>Wenn ich bedenke, wie konfliktbeladen und angespannt die Atmosphäre vor etwa 2 Jahren bei meinem Einstieg in diesen ~~Runde~~ Kreis war, so könnte auch diese Entwicklung des gegenseitigen Sich Öffnens und Aufeinanderhörens als eine Art Gottesbeweis gelten. |
| 17 | Bei meiner Ankunft im Büro traf ich auf Herrn Z.<br>In Abständen kommt er zu meinen Sprechzeiten. Ein Eheannullierungsverfahren, das seine Frau gegen ihn und seinen Willen angestrengt hat, lässt ihn seit 4 Jahren nicht zur Ruhe kommen und psychisch noch labiler werden.<br>Ich kann nicht viel tun: außer geduldig zuzuhören. Das scheint für ihn von seiten einer „offiziellen" Vertreterin der Kirche am wichtigsten zu sein, wo er sich von der anderen Seite so ungerecht behandelt und gedemütigt fühlt. Ich versuche ihm etwas Stärke u. Selbstbewusstsein zu vermitteln, damit er aus diesem ewigen Kreislauf eines zermürbenden Machtpokers aussteigen kann, seine Verhaltensmuster von Rache und Gegenwehr hinterfragen lernt und vielleicht eines Tages doch zu mehr Ruhe und innerem Frieden findet.<br>Ob Gott parteiisch ist? |
| 18 | Schön am Nachmittag dann der Besuch von Claudia. Wir haben uns im letzten Sommer auf einer Nordseeinsel kennengelernt. 12 Klosterjahre hat sie hinter sich und mich fasziniert ihre intensive Suche nach Gott und einer passenden Lebensform. Vor allem bewegt mich ihr „Abschiedsgeschenk". Sie nahm die Gitarre und sang extra für mich ein Lied, das sie letzte Woche in ihren Exerzitien komponiert und getextet hatte:<br>„Ruf mich beim Namen wie einst Maria von Magdala.<br>Ich suchte Dich bei den Toten,<br>Dich, den Gott meines Lebens …"<br>Es war zum Weinen schön.<br>PS: Herr R. von der Diakoniestation hat auch angerufen mit einem schönen feed-back. Ich hätte bestimmt gemerkt, dass gestern alle begeistert gewesen seien und gerne mit mir Supervision machen würden … |
| 19 | Sonntag 22.04.07<br><br>Wollte gestern Abend noch einen Eintrag machen, war aber zu müde und jetzt bin ich |

| | |
|---|---|
| | auch schon wieder so müde, aber unsere Klosterfahrt ~~nach gehort~~ sollte doch noch festgehalten werden. Mit 50 Leuten im vollbesetzten Bus ging es dieses Mal zu den Franziskanerinnen nach Gamsbach. //<br>Erinnerungen an den Abschluß einer Fußwallfahrt zum Kloster Eigental bei Biesingen und dem Diborsberg. Gerade auch die Begegnung mit Sr. Sabina hat mich so beeindruckt, dass ich beschlossen hatte, den Schatz den unsere Klöster bergen, auch den Schatz an Menschen, den anderen in unserer Gemeinde ebenfalls zugänglich zu machen.<br>Die Idee einer jährlichen Klosterfahrt war geboren, und viele verschiedene Klostergemeinschaften an den verschiedensten Orten konnten wir seither kennenlernen. //<br>Gestern das Mutterhaus der Franziskanerinnen und das Haus La Verna auf dem Albansberg.<br>Gamsbach ist ein malerisches Städtchen, mittendrin die Marienkirche ein Kleinod. Ich konnte mich an ihrer reichen Bemalung nicht sattsehen. Mit allen Sinnen war ich von diesem Ort angesprochen. Draußen knirschte der Kies unter den Füßen im Kreuzgang mit dem Pinienbrunnen, der vor sich hinplätscherte.<br>Im Kräutergarten sprießte schon einiges an Grün und dazwischen auf einfachen Tafeln hin und wieder ein Spruch zum Meditieren.<br>Einen habe ich mir aufgeschrieben: „Soviel der Mensch vor Gott ist, soviel ist er wirklich. Und mehr ist er nicht. Franziskus“<br>Was mich noch bewegt hat: die bescheidenen, alten Schwestern und ihre feinen Stickarbeiten an den Messgewändern, Stunden über Stunden, unbezahlbar. Wer sonst, würde so etwas heute noch tun – gratis, umsonst – Gott schenkt „umsonst“. //<br>Die Fahrt in das Seitental zum Albansberg – unser Gang auf dem Sonnengesang-Weg des Franziskus. Die Sonne hat geschienen und die Schwestern haben viel mit uns gesungen. Der Kreis aber unter einem ehemaligen Scheunendach war groß. Weil sich zunächst keiner zu fragen traute, hab’ ich’s getan: Was die Schwestern bewegt? Was es heißt, das Evangelium heute zu leben? Welchen Platz Gebet und Gottesdienst haben sollen? Wie wir beten können?<br>Ich sah reihum in die Gesichter: ältere und jüngere Frauen, einige Männer, auch Kinder, in all’ ihrer Verschiedenheit rührte mich ihr Schweigen und aufmerksames Zuhören, ihre offene Suche nach dem, was ihr Leben ausmacht.<br>Ich sah auch das frohe Gesicht von Sr. A. und hörte das engagierte Reden von Sr. V., die auf ein Franziskusbild hinwies, und ich entdeckte plötzlich Ähnlichkeit zwischen ihren und seinen Zügen.<br>Die Atmosphäre in diesem Raum, das ~~hatte~~ Gesammeltsein auf eine Mitte hin, hatte für mich etwas „Geheiligtes“, und es ~~rührte~~ bewegte mich sehr, als die 3 kleinen Mädchen zu unseren Strophen des Sonnengesangs von der Mitte aus eifrig bunte Sonnenstrahlen auslegten. //<br>Auch draußen war Gott. Der Wind war sehr zärtlich und die Wiesen trugen Schafe, Ziegen, Kühe und sattes Grün.<br>Ich blieb ein wenig hinter der Gruppe zurück, hatte das Bedürfnis nach Einsamkeit und Schweigen. In der Stille konnte ich Gott sprechen hören, er war einfach da – in allem.<br>Hab mein Herz aufgefüllt – bis zum Rand, mit ihm. |
| 20 | Dienstag 24.04.07<br><br>Bin seit gestern für eine Woche im Kajetan-Haus in Friedensberg.<br>Mein Ausbildungskurs in Supervision und Organisationsberatung läuft seit September 2006, mit den ~~Gro~~ meisten meiner KurskollegInnen bin ich allerdings schon seit 4 |

| | |
|---|---|
| | Jahren kontinuierlich in Weiterbildung.<br>Das ist eine lange Zeit, und ich musste gestern denken, dass es etwas sehr Schönes ist, sich mit der altvertrauten Fahrgemeinschaft auf den Weg zu begeben, sich darüber auszutauschen, wie es uns zwischenzeitlich erging und bei wunderbarem Sonnenschein im Sch.-Garten mit einer wunderbaren Aussicht auf Friedensberg zu unseren Füssen und einem leckeren Mittagessen in die Kurswoche zu starten … Ein neues Gesicht in unserer Runde: Walter als Lehrsupervisor im Leitungsteam. Seine Frau hatte ich schon in der letzten Kurswoche kennengelernt, und auch er war mir schon beim 1. Eindruck sympathisch, mit einer offenen Art, kompetent und sensibel im Begleiten…<br>dass es Menschen gibt, die spontan in mir Vertrautes und Vertrauen wecken … auch ein Gefühl von Verstanden werden und Verstehen – Eigentlich möchte ich für andere auch so ein Mensch sein oder werden. Vielleicht ist das sogar der eigentliche Grund für meine Zusatzausbildung, dass ich auf dem Weg bleiben und weiter lernen möchte, mich selbst und andere zu verstehen. Lernen, dem Zusammensein von Menschen eine ganz neue Qualität oder auch Transparenz auf Gemeinschaft hin zu geben – Transparenz (für mich auch) auf Gott hin.<br>Offenheit wagen gehört dazu.<br>Bei den 3 exemplarischen Gruppensupervisionen war dies für mich spürbar und hat mich bewegt. |
| 21 | Ich habe mich als Supervisandin gemeldet und mich mit meinem Team-Vorgespräch vom vergangenen Donnerstag eingebracht, wobei mir mein Anliegen zunächst noch garnicht so deutlich war. Bei allem Konfusen kristallisierte sich für mich letztendlich klar heraus, dass mich der Konflikt, den ich in „meinem“ Team wahrgenommen hatte doch sehr beschäftigt, und ich auf der Suche nach eine Antwort war, wann ~~und~~ wo [u. wie] ich dieser Auseinandersetzung Raum geben kann.<br>Dass die Gruppe hier wie ein Resonanzboden oder Spiegel ~~für~~ [auf] die Probleme der Gruppe „dort“ reagiert, und ich dies gefühlsmäßig so stark einbringen kann, hat mich sehr bewegt … // überhaupt stoße ich immer wieder auf die Gefühle, die ich wecken kann oder die mich wecken –<br>ohne sie geht das Leben nicht und auch das Glauben nicht …<br>Finde ich Dich, Gott, in meinen tiefsten Gefühlen? |
| 22 | ~~Dienstag~~ [Mittwoch] 25.04.07<br><br>„… und wohnen darf ich im Hause des Herrn allezeit“, Psalmworte, die mir heute in der Frühe beim Betreten des Friedensberger Münsters in den Kopf kamen. Es ist für mich ein festes Ritual jeden Morgen in einer Friedensberger Kurswoche um 7 h mit einer Eucharistiefeier im Münster zu beginnen. Mir bedeutet das viel und es gibt mir Kraft, ebenso wie die imposante alte Steinsäule unmittelbar neben meinem „Stammplatz“ im hinteren Bereich der Kirche. // Heute Morgen habe ich den Kirchenraum sehr bewußt wahrgenommen.<br>Es klingt vielleicht übertrieben oder erhaben, aber ich gehe nicht, ich schreite sehr bedächtig durch die Gänge beim Betreten der Kirche oder beim langen Weg über die verschiedenfarbigen Steinfliesen hin zum Kommunionempfang. Ich versuche in diesen für mich uralt-heiligen Raum hineinzugehen, ihn aufzunehmen mit allen Sinnen. Auch meine Augen wandern umher, bleiben an einem der schönen bunten Glasfenster hängen, nehmen eine Heiligengestalt war oder den besonderen Lichteinfall, der dieses Gotteshaus heute Morgen zu einem mystischen Ort für mich werden ließ, an dem ich verweilen und innehalten kann. // ~~Heute~~ 2 Kerzen vor der lächelnden Madonna, eine für unsere J. , die ihre letzte schriftliche Abitursarbeit in Kunst schrieb, und eine für meinen Klosterfreund, der mit dem Fest des Evangelisten Markus seinen Namenstag |

| | |
|---|---|
| | hat. Immer fühle ich mich mir selbst und den anderen Menschen näher, wenn ich das Münster verlasse. // Immer gilt auch mein Blick dem Stand mit den schönen Rosen u. Blumen in allen Farben. 2 wunderschöne Rosen habe ich ausgesucht, um sie meinen alten Tanten bei einem Besuch in der Mittagspause zu schenken. |
| 23 | Im Kursverlauf des Vormittags hatte ich wieder Protokoll zu führen.<br>Walter referierte über Schamgefühle, die schon in frühester Kindheit erlernt seien. Es war das Thema, was viele in unserer Gruppe schon länger beschäftigte, und auch mich bewegt hat, in der 1. Stabrunde ein Plädoyer für die Scham abzugeben, denn alles was schlecht sein soll, muss ja auch irgendeine gute Seite haben. Ich hätte das Bedürfnis, meine Scham zu umarmen u. mich mit ihr zu versöhnen, anstatt sie zu bekämpfen oder ausmerzen zu wollen, sagte ich.<br>Unser Prof. legte bei seinen Ausführungen Wert darauf, die traumatische Situation ~~von damals~~ aus der Kindheit in aller Wucht existieren zu lassen. Das sei der 1. Schritt zur Heilung oder Erlösung, denn Scham signalisiert mir, so wie du bist, bist du nicht in Ordnung, es sollte dich eigentlich nicht geben. Es gab lange Erklärungen zum Druck, sich in rigorosen Systemen zu tarnen, etwa auch zum Thema ‚Scheinheiligkeit' in der Kirche und die Lösung sei es letztendlich, sich vom Negativen abzuwenden und dem guten Leben zuzuwenden.<br>Ich wurde mit der Zeit immer unruhiger. War ich nicht in einem Kreis von Theologen? Kein einziger dachte oder traute sich, das Wort „Gott" in den Mund zu nehmen … also tat ich es. Mit 50 Jahren sei mein Selbstkonzept als glaubender Mensch nun doch nicht mehr ausschließlich von dem Verhalten der Menschen mir gegenüber abhängig. Nach wie vor lebe ich im Verbund mit meiner Familie und anderen und Gott begegnet mir auch in ihnen. Und trotzdem: mein Selbstkonzept, mein Selbstwert und meine Selbstsicherheit mache ich nicht mehr ausschließlich von Menschen abhängig … Gott ist für mich mehr als die Menschen. Es ist eine Erfahrung, die in den letzten Lebensjahren in mir gereift ist und die mir eine große innere Freiheit auch Gelassenheit gibt. |
| 24 | Mittagspause: 1 Stunde Zeit für meine 81jährige Tante Lisbeth im Altenheim von Waldingen. Das Schönste: Obwohl sie sehr dement und verwirrt ist, hat sie mich gleich erkannt und sich über mich und die Rose gefreut. Ein kurzer gemeinsamer Weg mit Trippelschritten, ein Abstützen und Führen, viel Hände halten und Umarmen, Tränen zum Schluss „Sag dem lieben Gott, ich will noch eine Weile hierbleiben." //<br><br>Und Beate hat mich noch sehr gerührt heute. In einer Kurspause hatte ich zum 1. mal von ihr erfahren, dass ihr Vater Alkoholiker war und was es für sie bedeutet hat, von ihrem Vater in betrunkenem Zustand beschimpft zu werden …beim schweren Unfall ihrer Mutter – es ging um Leben u. Tode – sei er rückfällig geworden, hätte wieder getrunken. Sie hat schreckliche Angst, wie sie ihn antrifft, wenn sie aus der Kurswoche zurückkommt … Angst auch, weil sämtliche Rettungsringe, die sie in Beziehungen sah, ihr momentan davonschwimmen. Weinend und zitternd vor Angst stand sie vor mir.<br>Was konnte ich anderes tun, als sie lange u. fest zu umarmen? //<br><br>Wo warst du, Herr?<br>Ich war krank und alt und Ihr habt mich besucht.<br>Ich war traurig und Ihr habt mich getröstet. |
| 25 | Donnerstag 26.04.07<br><br>Dass ich mit Dir leben will und mit Dir den Tag beginnen will, mein Gott, habe ich heute Morgen beim Aufwachen gedacht. |

| | |
|---|---|
| | Beate war einige Reihen vor mir beim Gottesdienst im Münster. Auf dem Rückweg zum Tagungshaus hatten wir einen sehr persönlichen, tiefen Austausch über Freundschaft und Liebe, gerade auch zerbrochene Liebe und unsere „Gabe der Tränen“, am Ende stand sich Umarmen und Verstehen. |
| 26 | Heute Vormittag soviel gelacht wie schon lange nicht mehr. Jens als Supervisor mit einem Gemeindeteam im Rollenspiel. Andrea und Bernd karikierten Pfarrer und Koordinator so überzogen und doch irgendwie wirklichkeitsnah, so dass es ein heilloses Durcheinander und Chaos in einem Nebeneinanderher der verschiedenen Teammitglieder gab … es war eine urkomische Situation, die im dem Bild „des guten Hirten“ gipfelte, der sich jedoch vergeblich bemühte, seine Schäfchen zusammenzuhalten. Ich habe Tränen gelacht und den anderen im Beobachter-Außenkreis ging es nicht anders. Es tut manchmal ganz gut, unsere kirchliche Hierarchie und Institution mit Abstand und viel Humor zu betrachten. |
| 27 | „Ach du bist ja auch noch da“ mußte ich heute Abend denken. Ich wartete im Eingangsbereich des Kajetanshauses auf Monika. Wir wollten noch einen kleinen Spaziergang machen. In der Wartezeit sah ich auf das Foto des begnadeten Theologen und las seinen Spruch vom Christen der Zukunft, der ein Mystiker sein wird, weil er etwas erfahren hat – oder nicht mehr sein wird.<br>Ich bemerkte, dass der Eingang zur Kapelle offen war, drinnen völlige Dunkelheit und mein Erstaunen darüber, dass dort ein Ewiges Licht brannte: „Ach du bist ja auch noch da – und so ganz allein.<br>Wieviele werden dich heute besucht haben und wie viele werden unachtsam an Dir und dem Angebot deiner Gegenwart vorbeigegangen sein … wie oft bin auch ich an diesem offenen Raum vorbeigelaufen und habe nicht an dein offenes Herz gedacht und dass du für mich da bist – immer. DANKE! und verzeih meine Unachtsamkeit.“<br><br>Die Theologen<br>werden sprachlos vor dir<br>viele fliehen ins Gott-lose<br>das es nicht wirklich gibt<br>die wenigsten beginnen<br>zu singen und zu fühlen<br>mit einem ungeteilten Ich-Du-Herzen<br>wie die alte Blumenfrau<br>auf dem Markt vor dem Münster<br>die mit ~~Lachfalten~~ gütigem Gesicht und Lachfalten<br>in der Früh des Morgens<br>eine rosa Rose<br>verschenkt<br>einfach so. |
| 28 | 29.04.07<br><br>Ich habe Zeit gebraucht, um wieder zuhause anzukommen. An meiner großen Müdigkeit konnte ich am ehesten ablesen, wie reich gefüllt die Kurswoche in Friedensberg war.<br>Nach dem Frühgottesdienst stand ich wie schon so oft vor ~~dem~~ einem Blumenstand auf dem Münsterplatz … eine bestimmte Sorte von zartrosa Rosen hatte es mir besonders angetan.<br>Die Rosenfrau bemerkte dies natürlich und laut überlegte ich mit ihr, wie so wunderschöne Blumen wohl eine lange Autofahrt mit Sommertemperaturen überstehen kön- |

| | |
|---|---|
| | nen.<br>Bedauernd nehme ich dann doch von meinem Vorhaben Abstand.<br>„Jetzt nehmen Sie wenigstens eine mit“ sagte das gütig lächelnde Gesicht der einfachen Bauersfrau und schenkte mir die schönste Rose aus ihrem Angebot. Ich war gerührt, sah ihr liebes Gesicht, die roten Wangen, die Lachfältchen an den Augen. „So bist du Gott“ mußte ich denken. „Schenkst mir zu Beginn des Tages eine Rose – einfach so.“ |
| 29 | Auch Walter, unser Prof u. Kursleiter kam beim Frühstück lächelnd auf mich zu. „B, damit Du weißt, was nachher auf Dich zukommt … wir dachten, dass Du die Anfangssituation Deiner Supervision nachher in einem Rollenspiel ausprobieren kannst.“<br>Die aufmerksame Kursleitung hatte also gemerkt, dass ich mich bei den vergangenen Rollenspielen davor gedrückt hatte, in die SupervisorInnenrolle zu gehen, um vor den Augen meiner „kritischen“ Kurskollegen zu zeigen, was ich kann.<br>Es lief dann auch ganz gut, weil ich garnicht mehr viel Zeit hatte, nervös zu werden. Ich war sehr dankbar anschließend, vor allem auch, weil ich in einem Kreis von Menschen lernen darf, der es gut mit mir meint, mir Brücken baut, wenn ich verzagt bin, und so meine Angst erste Schritte zu tun und mich zu zeigen, kleiner werden lässt. |
| 30 | Meine Rose habe ich weiterverschenkt, als wir Beate zuhause ablieferten. Sie hatte große Befürchtungen, in welchem Zustand sie ihren Vater antreffen würde.<br>Als sie die Rose sah, erhellte sich ihr Gesicht und lächelte. |
| 31 | Abends habe ich mit den Kindern noch die Talkshow von W. Backes geschaut, weil es um „mein“ Thema ging: „Brauchen wir Gott?“<br>Ich war sehr enttäuscht – schon die Zusammensetzung der Gesprächsrunde erschien mir nicht glücklich gewählt. Ein ev. Landesbischof, ein Jesus-Freak und eine junge Frau mir Nahtod-Erfahrung einerseits, andererseits eine „Gott sei Dank“ Gottlose, ein Schauspieler, der sich als Atheist bezeichnete und ein Schauspielersohn, der frei, d.h. ohne Glaubenserziehung von seiten der Eltern im frommen Bayern großgeworden ist.<br>Seltsamerweise geht ihm heute noch ein Ereignis aus seiner Kinderzeit nach. Es hat ihn damals sehr verletzt, das ihm die Rolle des Josef weggenommen wurde, nachdem er Maria sehr offenherzig als stillende Mutter gemalt hatte, weil er genau diese Situation durch die Geburt eines Geschwisterchens zuhause erlebte.<br>Die Wunden unserer Kindheit, die Leibfeindlichkeit unserer Kirche – es bestürzt mich, dass uns diese Themen scheinbar endlos verfolgen und noch immer nicht aufgearbeitet werden konnten. Sie stehen zwischen den Menschen und Gott oder dem, was sie unter ihm verstehen.<br>Ich wünschte mir bei dem Fernsehabend so sehr, dass dort ein Mann oder eine Frau Gottes dabei gewesen wären, die sowohl ein großes Verstehen gehabt hätten, zum anderen aber auch die Gabe des Mitteilens von Erfahrungen, die ihre Wunden heilen ließen im Glauben an den Unbegreiflichen und ganz Anderen, Erfahrungen von Lebenssinn, Versöhnung und tiefer Freude.<br>Nach solchen Erfahrungen suchten nämlich alle in dieser Runde, und wenn sie diese entdeckt hatten in ihrem Leben, nannten die Glaubenden sie Gotteserfahrungen und die “Gott-losen“ verzichteten auf diese Definition … Gedanken machten sich alle um das, was wir „Gottheit“ nennen und loslassen wird uns die Sehnsucht nach ihm oder ihr oder … auch nicht.<br>„Unruhig ist unser Herz – bis es ruht in dir.“ Augustinus |
| 32 | Montag 30.04.07<br><br>Es ist Mitternacht – habe mich gerade vor meiner Ikone gekniet – eine kurze Weile, abends oft sehr kurz, aber mein Ritual, den Tag zu beginnen und zu beschließen. |

| | |
|---|---|
| 33 | Nun habe ich heute Abend doch noch die Ausarbeitung für das Supervisionstreffen am Donnerstag hinbekommen. Da ich mich in diesem Arbeitsfeld wirklich als Anfängerin fühle, habe ich viel Sorgfalt darauf verwendet zumal Walter uns empfohlen hatte den Einstieg sogar wortwörtlich aufzusetzen … |
| 34 | Ansonsten habe ich heute Ordnung geschaffen und Unterlagen einsortiert, was hin und wieder auch sein muß, damit mir nicht alles über den Kopf wächst. //<br>Ich bin ganz froh um meine 50% Stelle, die mir viel Zwischenräume lässt. Es tut mir gut, wenn ich meine Arbeit bedächtig angehen kann und wenn Zeit genug da ist, um ausklingen zu lassen was war. Ich erlebe dann jeden Schritt sehr bewußt – so wie heute – und mein Tun ist dann wie eine Meditation. |
| 35 | Nachgegangen ist mir die Begegnung mit Ursula, einer jungen Frau, die unter Schizophrenie leidet. Ich war mit dem Fahrrad unterwegs und als ich in die Straße einbog, in der sie wohnt, mußte ich an ihre Mutter denken, die ich vor 2 Jahren im Sterben begleitet habe. Hatte die Familie wieder vor Augen und ihre großen Probleme miteinander, spürbar auch, wenn ich mich mit ihnen traf und die Krankenkommunion brachte. In eben diesem Moment trat Ursula aus der Haustür, ich begrüßte sie freundlich, stieg vom Rad ab, erkundigte mich, wie es ihr geht. Wie immer kam die Standard-Antwort sehr abgehackt und unbeholfen „Ach, darüber möchte ich jetzt nicht sprechen.“ Sie ging 2 Schritte weiter, blieb stehen „Ich will jetzt lieber nichts sagen.“ „Das ist für mich o.k., Ursula“, sagte ich – freundlich wie am Anfang „Ich wünsche Dir alles Gute!“<br>– Ich stieg auf's Rad, fuhr langsam an, da rief sie mir stockend hinterher und kam wieder zu mir zurück. Es war ein ungewohnter Redeschwall, ihr Vater, eine gemeinsame Bekannte, sein Haus in Bayern, der Ausflug, den sie gleich dorthin machen würden war darin. Nein freuen würde sie sich nicht darauf, und das war's dann auch.<br>Gerührt sagte ich ihr, dass ich mich gefreut hätte, das sie mir das erzählt hat … nachdenklich schaute ich ihr nach, wie sie mit gesenktem Kopf und gedankenverloren von mir fortging …<br>Was für Gedanken werden es jetzt sein, dachte ich, ob es ihr leid tut, dass sie sich geöffnet hat?<br>Ob sie ihren Worten nachgrübelt oder ob sie vielleicht überlegt, welche sie noch hätte hinzufügen können?<br>Im Anfang war das Wort … |
| 36 | Die 01.05.07<br><br>Habe den ganzen Abend an meinem Protokoll der letzten Kurswoche geschrieben. Dabei sah ich mich schon in die Pflicht genommen und wollte es sorgfältig tun, da ich es ja an einem Tag für alle anderen mitübernommen hatte.<br>Nachdem der Morgen so wunderschön war, hielt mich nichts zuhause und ich machte mich mit Fahrrad zu einer „Maitour“ auf. Meiner Freundin war das zu spontan, und so fuhr ich solo los. Es waren 50 Radkilometer mit viel Sonnenschein, einem leichten Wind, schattigen Baumalleen, Kastanienbäume, die ihre Blüten auf mich schneien ließen, einem in allen Schattierungen glitzernden Flusslauf und alten und jungen Menschen, die sich ebenso auf den Weg gemacht hatten. Der einsamere Hinweg zu meinem Zielort, dem Kloster in Bad Weißenbrunn, in der Morgenfrühe gefiel mir am besten. Ich hätte jauchzen können angesichts der grünenden und blühenden Schönheit der Natur. Erinnerungen an vergangene Frühlingszeiten, in denen ich mich aufgehoben und frei fühlte zwischen ausgedehnten Wiesen und dem Ufer des Flusses. ~~Aufgehoben~~ Ein Gefühl von zuhause auch an meinen Rastplätzen am alten Steinbrunnen vor der Abteikirche und im Inneren … Welche Kostbarkeiten, vor allem: welch kostbare Gegenwart, |

| | |
|---|---|
| | die ich durch die offenstehende Eingangstür und die brennende Kerze im Altarraum sehr stark empfand.<br>„Zeig dich mir!“ bat ich Gott und mir fiel dazu ein, dass die Schwestern im Karmel dafür mindestens 1 Stunde täglich reservieren. Also galt es, sich Zeit zu nehmen …<br>Die große Erleuchtung ist mir nicht gekommen, aber eine große Ruhe und stille Freude. Die Schönheit dieses Ortes hat mich inspiriert: der Altar der 3 heiligen Frauen, das Bildnis von St. Benedikt, eine ausdrucksstarke Marienikone, eine Pieta, die Statue der Anna Selbtritt, das blumenbekränzte Taufbecken beim Auferstandenen mit seiner Siegesfahne und einem ~~doch~~ recht ernsten Gesicht, als könnte er das schreckliche Leiden und die Wunden nun doch nicht so schnell wegstecken, die wunderschöne Kapelle mit dem Allerheiligsten und Motiven aus dem Alten Testament. Ich schaute und schaute, auch in die Höhe – direkt in den Sternenhimmel des Vaters Abraham.<br>Welch große Verheißung gibt Gott meinem Leben?<br>Nun, ich will nicht verschweigen, dass mein Weg auch andere Seiten hatte: die Hitze am Mittag, das müde werden und Schwinden der Kräfte, der Hunger, der Schweiß und das Durchhalten-Müssen. Leben ist immer das Ganze und Gott finde ich immer auch im Ganzen. |
| 37 | Do 03.05.07<br><br>Gestern gegen Mitternacht war ich einfach zu erschöpft von der Fülle des Tages … deshalb erst heute ein Tagebucheintrag.<br>Für den 2. Mai stand schon seit langem die Frühjahrskonferenz der Hauptamtlichen des Dekanates im Kalender. Zu viert hatten wir seit langer Zeit einmal wieder die Konferenz zum Thema „Konzeptionsentwicklung“ im Dekanatsleitungsteam geplant. Zu meinen letzten Vorbereitungen am Morgen gehörte auch ein Anruf bei meinem Kollegen Michael. Der hatte soeben erfahren, daß unser Dekan in der Nacht wieder einmal mit Herzproblemen ins Krankenhaus eingeliefert wurde. Pfarrer B. würde sich gerade in seiner Rolle als stellvertretender Dekan für den Nachmittag einlesen.<br>Ich spürte bei mir weniger die Aufregung, dass wir nun unsere Aufgabe zu dritt bewältigen mußten, denn es gab mir Sicherheit, dass wir gut vorbereitet waren. Aber das persönliche Schicksal des Dekans ging mir noch eine ganze Weile nach. Ich hatte erfahren, dass er auch 2008 im neuen Dekanat wieder kandidieren will, obwohl er vor einigen Monaten nach seiner 1. Herzattacke etwas ganz anderes signalisiert hatte.<br>Wie kommt es, dass die Mitarbeiter/innen der Kirche immer wieder in der Gefahr sind, in eine extreme Opferrolle hineinzugehen.<br>Warum können so viele von uns die Signale ihres Körpers nicht mehr achten?<br>Ein Spruch aus meiner Weiterbildung fällt mir immer dazu ein: „Sag’ Du’s ihm, auf mich hört er/sie ja doch nicht.“<br>Ich bin davon überzeugt, dass Gott auch durch unseren Körper sehr wahrhaftig und deutlich spricht … es ist verhängnisvoll, dies nicht wahrzunehmen.<br>Die Frühjahrskonferenz verlief für mich sehr positiv.<br>Ich hatte den Eindruck, dass die Ausnahmesituation uns drei Verantwortliche in der Leitung irgendwie zusammenschweißte. Wir gaben unser Bestes und ich finde es ein schönes Gefühl bei einer guten Teamarbeit zu spüren: Gemeinsam schaffen wir das.<br>Das hat so etwas von den verschiedenen Gaben und Charismen im Leib Christi.<br>Es macht mich zufrieden, wenn ich mich mit meinen Möglichkeiten einbringen kann, die ich schon bei der Planung und gestern dann bei der Moderation einsetzen konnte, und immer möchte ich auch anderen einen Raum eröffnen, sich zu zeigen und zu entfalten.<br>Mein Wunsch, die spirituelle Seite des Themas im Blick zu haben wurde erfüllt und |

| | |
|---|---|
| | wir sind mit einem Bibelteilen in Kleingruppen „zum Ernst der Nachfolge“ (Lk 14,25.28-30.34-45) eingestiegen. Ohne Vision, nämlich die vom Reich Gottes hier auf Erden, ohne das Bedürfnis, dem Beispiel Jesu zu folgen, wären alle unsere Konzepte und Konzeptionen sinnleer und überflüssig.<br>Und dennoch waren wir uns auch einig, dass es in unserer Kirche so wie einen Nachholbedarf in Sachen Methodik und Strukturieren besteht. Beides sollte sich ergänzen. Und weil das gestern möglich war, und wir nicht zuletzt durch den Punkt „Ergebnissicherung“ beachten konnten, und die Pünktlichkeit im Anfangen, bei den Pausen und beim Beenden eingehalten haben, war es für ~~eh~~ mich eine gelungene Frühjahrskonferenz mit zufriedenen TeilnehmerInnen. |
| 38 | Am Abend war dann hier in Schweigfurt das Sprecherinnentreffen, zu dem sich 2x im Jahr verantwortliche Frauen zu einem Rück-blick und Ausblick treffen. Alle möglichen Gruppierungen sind da vertreten, auch Krabbelgruppen, Gymnastikfrauen oder diejenigen, die Theaterbesuche oder Wallfahrten organisieren. Obwohl die Idee, die Frauenarbeit in der Gemeinde auf diese Art zu vernetzen, auf meinem „Mist“ gewachsen ist, kamen mir gestern Abend Zweifel, ob ich wohl in der richtigen Veranstaltung bin und meine knappe Zeit nicht sinnvoller einsetzen sollte. Ich hörte Erfahrungsberichte über Kindergartenplätze und fehlende Stühle in der ~~Klein~~ Krabbel- gruppe, hörte die verschiedensten Vorschläge zu einem Theaterbesuch im Sommer, auch viel Persönliches: angefangen vom alten, kranken Hund, der schließlich seit 12 Jahren zur Familie gehört über das Betroffensein bei einem Waldspaziergang aufgrund der Trockenheit in unseren Wäldern oder vom Stress des Rentnerinnendaseins, nämlich für dieses und jenes in der Familie einspringen zu müssen und sei es nur für's Kuchenbacken.<br>„Wo bist du Gott?“ schrieb ich zwischendurch, als mir die Ausführungen zu langatmig wurden, auf das Blatt vor mir.<br>„Hier bin ich“, war seine schlichte Antwort.<br>Dies half mir, den Abend gegen Ende nicht abflachen zu lassen, sondern zu vertiefen, indem ich einfach die Leitung übernahm – den anderen schien es recht zu sein – und von der Vision sprach, die all unserem Handeln zugrunde liegt und unseren Einsatz im Kleinen und Alltäglichen sinnvoll macht:<br>die Vision, dass wir als Frauen in der Gemeinde etwas von diesem Reich Gottes aufscheinen lassen können hier bei uns und durch unseren Austausch in unseren Gruppen diese ~~Austausch /O~~ „neue“ Gemeinschaft leben könnten.<br>Ich hatte den Eindruck, dass dies ein entscheidender Impuls war und dass dadurch müde Gesichter wieder lebendiger, ja sogar strahlender wurden. Das Eigentliche ist zu wissen, dass unser Einsatz Sinn macht und im Zusammenhang eines größeren Ganzen steht. So wurde gegen Ende des Treffens noch die Idee zu einem Frauentag im Januar 2008 geboren, bei dem die Gelegenheit gegeben sein soll, dass sich die verschiedenen Gruppen treffen und gegenseitig kennenlernen.<br>Zum Schluß zog ich noch das „Gebet der Seefahrer“ aus der Tasche, das ich schon bei der Frühjahrskonferenz im Wechsel mit allen vorgebetet hatte:<br>„Gott, mach uns unruhig,<br>rüttle uns auf, lass uns neu beginnen in deinem Namen, der du die Horizonte unserer Hoffnung weit hinausgeschoben und die Beherzten aufgefordert hast, dir zu folgen.<br>Gott, lass die Liebe in uns zu einem Feuer werden, das uns ergreift, das alle Feigheit verbrennt und dich aufleuchten lässt, der du das Licht bist und die Liebe.“ |
| 39 | Zuhause bin ich dann noch das Konzept für meine Supervisionssitzung heute durchgegangen. //<br>Ich war müde, als ich mich schlafen legte, aber ein Gedanke war da: Die Einheit mit |

| | |
|---|---|
| | dem Vater, die Jesus betont, wenn er sagt „Wer mich sieht, sieht den Vater". Ob das nicht auch ein Auftrag an mich sein kann? Und dass es mich sehr glücklich machen würde und dass es eine große Aufgabe für mein Leben wäre, wenn ich da, wo ich bin – unausgesprochen oder ausgesprochen – etwas von der Gegenwart Gottes aufscheinen lassen könnte. |
| 40 | Donnerstag<br><br>Mein erstes Supervisionstreffen mit dem kleinen Solidare-Team der Diakon. Bezirksstelle in Besenheim<br>Eine ganze Kurswoche in Friedensberg habe ich mich vorbereitet, in diese Teamsupervision zu starten.<br>Ich war gespannt, aber nicht aufgeregt.<br>Mein Plan war, die Ziele der einzelnen für die Supervisionsreihe in der Gruppe herauszuarbeiten. //<br>Und dann sitzen da drei und schreiben eifrig und die 4., eine neue Mitarbeiterin schreibt gar nichts.<br>~~Das kann nicht sein~~ „das darfste nicht übergehen, B" mahnte meine innere Stimme, und so ließ ich meine Pläne beiseite und folgte dem TZI-Grundsatz „Störungen haben Vorrang!"<br>Frau K. war es zwar zunächst peinlich, dass ihre neuen KollegInnen versuchen sollten, sich in sie hineinzuversetzen und ihr ein feed-back zu geben, aber im Anschluss daran war sie so froh um die Offenheit, Transparenz und Wertschätzung, die sie erleben durfte.<br>Durch einen Geistesblitz oder intuitiv war ich einer Spur gefolgt, die ich in meiner Ausbildung als die drei Grundvariablen von C.Rogers im personenzentrierten Ansatz kennengelernt hatte:<br>Empathie, Wertschätzung und Transparenz. //<br>Es macht mich fast demütig, wenn ich erlebe, welches Wunder an Gruppen- und Gemeinschaftsprozessen ich damit anstoßen kann. Ich habe große Ehrfurcht vor dem, was unter und zwischen Menschen an Selbstentfaltung und Gemeinschaftsprozessen in Gang kommen kann. //<br>„Es war ein vielversprechender Anfang" stand in einem Auswertungsbogen, und ich bin froh, dass ich und die Gruppe und der Geist, der spürbar war, Frau K. mit ins Boot nehmen konnten. |
| 41 | Freitag 04.05.07<br><br>8.30 Uhr Dienstgespräch in Landsberg.<br>Wir beginnen in unserem 3er-Team stets mit einer kurzen Gebetszeit: Psalmen, Lesung, Fürbitten, Vater unser – wir beten im Wechsel.<br>Es sind schöne Texte aus der Gemeinschaft im „Haus der Stille" und immer gibt es Worte, die mich besonders berühren und in mir nachklingen … heute Morgen war es der „Wink", den Gott mir geben will, wenn ich offen bleibe. Es ging mir nach, weil ich schon beim Aufstehen heute Gott um Hinweise für eine berufliche Entscheidung gebeten habe. //<br>Wenn wir in unserem kleinen Team so reihum beten, dann empfinde ich das manchmal als ganz „dicht", und es öffnet uns für die anschließende „Ankommrunde", in der wir uns auch Persönliches mitteilen – öffnet uns für unsere gemeinsame Arbeit in der Pastoral. |
| 42 | Als ich um 10.30 h vor dem geöffneten Tabernakel in der Kirche von E. kniete, um die Hostien für die Krankenkommunion aus dem goldenen Kelch zu nehmen, sagte |

| | |
|---|---|
| | ich mir „Da bist du nun, mein Gott! Habe ich deine Nähe bisher überhaupt schon wahrgenommen“.<br>Der Gedanke ließ mich innehalten und ich beschloß, mir mehr Zeit als vorgesehen für die 5 Menschen zu nehmen, die auf die Kommunion und auf mich warteten. //<br>Es war ein guter Entschluss.<br>Frau V., weit über 80, seufzte nach unserem kleinen Gottesdienst tief und sagte „Jetzt habe ich wieder neue Kraft für das, was kommt.“ Ich gab ihr zurück, dass auch mich ihre tiefe Andacht und ihr Versunken-sein bei den Gebeten und persönlichen Texten, die ich einbringe, sehr bewegt und auch mir Kraft gibt. Danke, sagte sie mir beim Abschied und ich sagte ebenso Danke, denn ich durfte die Tränen in ihrem Auge sehen.<br>Auch Herr L. war zu Tränen bewegt ~~und bekam Tränen in die Augen~~, als ich von den vielen Wohnungen sprach, die Gott für uns vorbereitet hat. Er hat Parkinson, und wenn er mit seinen zittrigen Händen das Kreuz auf den Tisch stellt oder mir zum Abschied noch einige Äpfel in die Tüte packt, dann geht mir das sehr nahe. //<br>Im Haus von Frau L. und ihrer 93jährigen Mutter hörte ich dann, wie gut sie sich Frauen im Priesteramt vorstellen könnte. Ich sei z.B. eine, die bestens dafür geeignet wäre, und es wäre doch ~~wirklich~~ an der Zeit, daß die katholische Kirche diesen Schritt tut.<br>Es ist wirklich so, dass ich davon überzeugt bin, eine Berufung in diese Richtung zu haben, und es bestärkt mich immer, wenn Menschen mir ein solches feed-back geben. Ich sage dann offen, dass ich mit meinem Beruf den Weg bereiten will, dass es für Gemeinden denkbarer wird, Frauen im Priesteramt zu haben. //<br>Und dann Frau M., weit über 80 und ihre durchwachte Nacht.<br>Sie stand auf mit ihren müden Knochen und ihrem schmerzenden Rücken, um das kleine Büchlein mit den Marienbildern und –texten herbeizuholen, das sie nachts am Küchentisch getröstet hat und ruhiger werden ließ.<br>Morgens hätte sie ~~dann~~ schlafen können, aber da hat sie sich dann doch geschämt: Was sollen die Nachbarn denken, wenn die Rolladen unten bleiben? |
| 43 | Nachmittags ~~dann~~ Telefonate und mails, u. a. ~~die~~ eine Geburtsanzeige, die mich überrascht hat, weil ich Frau S. nur flüchtig aus dem PGR kenne. Aber scheinbar für sie Bezug genug und ein Bedürfnis ~~für sie~~ ihr großes Glück und die Geburt ihrer ~~kleinen~~ Tochter vor erst 2 Tagen in alle Welt hineinzusagen. Selig liegt die kleine Marie Ilse an der Brust ihrer Mutter und mir steigen glückliche Erinnerungen an ein ähnliches Foto vor 21 Jahren hoch, auf dem meine Hedwig und ich zu sehen sind.<br>Es war einmal und es war schön. |
| 44 | Als am Abend die Haustür unten aufging und Georg hereinkam, ging ich hinunter.<br>Schon lange wollte ich – wieder einmal meinerseits – das Schweigen brechen.<br>„Heute Abend<br>in der Dämmerung<br>das Gespräch<br>mit dem Mann<br>den ich lange Jahre<br>den „meinen“ genannt habe.<br>Und während er so redete<br>und die Trennung<br>zwischen uns zementierte<br>wurde es immer dunkler<br>in dem Wohnraum<br>der einmal unser gemeinsames<br>Zuhause war. |

| | |
|---|---|
| | Zum Schluß sah ich nur noch<br>seine Umrisse<br>einen Schatten ohne Gesicht<br>Mich wunderte,<br>wie ruhig er davon sprach<br>dass es keine gemeinsame Zukunft<br>für uns gäbe.<br>Erstaunlich das seine Stimme<br>in meinem Ohr plötzlich wieder<br>den beruhigenden Wohlklang von<br>damals bekam<br>obwohl er seine Worte<br>verständnislos kreisen ließ.<br>Unbegreiflich für mich die Ruhe<br>die sich von meinem Innersten<br>her ausbreitete<br>und die Tränen überflüssig machte<br>als ich von meinem Sterben<br>mitten im Leben sprach<br><br>Von seinem Sterben<br>und einem Tod<br>von dem ich nicht glaube<br>dass er das Ende ist." |
| 45 | Sonntag 06.05.07<br><br>War schon mit dem Fahrrad draußen in der Morgensonne, bei allen Gedanken war es dieses Mal der Gesang „Meine Hoffnung und meine Freude", der in mir durchklang. Gleich ist noch Gottesdienst und internationales Fest in der Gemeinde.<br>Ob es mir vorher noch gelingt, einen Schlusspunkt für mein Tagebuch zu setzen – ich will's versuchen. |
| 46 | – Gestern Abend beim Durchblättern dachte ich, daß ich da gerne noch ganz viele Korrekturen, vor allem an meinem Schreibstil vornehmen würde, an so manchem würde ich gerne noch herumfeilen, damit es wenigstens etwas vollkommener würde, wenn schon das Thema „Ist Gott drin" zugrunde liegt, der für mich ja doch auch alles Vollkommene verkörpert. Ganz klein, hilflos und unvollständig erscheint mir mein Reden von ihm … oder müßte ich „von ihr" schreiben? //<br>Da fängt's dann schon an, und ich muß sehr demütig werden, wenn ich es trotzdem wage von Gott zu sprechen in dem Wissen, dass es immer nur winzige Mosaiksteine eines unendlichen Ganzen sind, das ich nie erfassen werde. Und dennoch sind diese Momentaufnahmen Augenblicke, in denen er sich zeigen kann – sogar ganz. Es scheint ein Widerspruch und ist für mich das größte aller Wunder, dass Gott sich in meiner Schwachheit, meiner Unvollkommenheit, meine Grenzen zeigen und abbilden will. Das ist wohl das Geheimnis seiner Menschwerdung und mein persönlichstes Geheimnis, dass er auch in mir Mensch werden will. |
| 47 | – Ein zweiter Gedanke zum Abschluss war, das ich im Schildern meines Berufsalltages sehr häufig die Formulierungen finde: Es hat mich berührt. Es hat mich bewegt. //<br>Tatsächlich ist es so, dass wenn ich auf die Suche nach Gott in meinem Leben gehe, ich da besonders aufmerksam werde, wo mich etwas ganz und gar ergreift, das heißt nicht nur meinen Verstand, sondern auch meine Gefühle anspricht. Da, wo mich etwas |

| | |
|---|---|
| | wirklich „packt“, verfolge ich es als Spur, die mich zu Gott führen will. |
| 48 | – Auch ist mir aufgefallen, daß ich mich mit der Zusage 3 Wochen Tagebuch zu schreiben, doch sehr in die Pflicht genommen fühlte. Als Zeitpunkt für die Aufzeichnungen wählte ich den Abschluss eines Tages. Weil das oft sehr spät war (und ich entsprechend müde), hat es mich auch Mühe gekostet, die Vereinbarung einzuhalten. //<br>Es erschien mir fast wie eine Klosterregel, die aber auch ihr Gutes hat. Durch den Auftrag 3 Wochen in meinem Arbeitsfeld Ausschau zu halten, habe ich auch genauer und aufmerksamer hingeschaut … und wer offen ist und sucht, der kann bekanntlich finden. Nun, als Automatismus läuft das nicht ab, aber dennoch habe ich gemerkt, dass ich durch das Tagebuch sensibler wurde für Gottes Präsenz in meinem Arbeitsalltag, ja überhaupt in meinem Leben. |
| 49 | – Und vielleicht ein letztes.<br>Meinen Beruf habe ich nie nur als Beruf gesehen, immer hat für mich da die Frage der Berufung mit hineingespielt.<br>In der Konsequenz heißt das, dass ich meinen Berufsalltag und mein persönliches Leben nicht voneinander trennen kann. Privater und beruflicher Bereich sind für mich immer miteinander verwoben. Das wichtigste „Instrument“ für meinen Arbeitsbereich, die Seelsorge, bin ich selbst, ist meine Person mit allem, was sie mitbringt an Möglichkeiten und Grenzen, an Entwicklungen, Krisen, Lebenserfahrungen. //<br>In meinen Aufzeichnungen habe ich den Focus auf meinen Arbeitsbereich in der Pastoral gelegt.<br>Ich möchte jedoch hinzufügen, dass dieser Einsatz „gespeist“ wurde, ja meiner Überzeugung nach erst zustande kam durch die Krise meiner Lebensmitte, durch das, was die Mystiker „die Geburt des göttlichen Kindes in mir“ nennen. Ich konnte im Voraus nicht ahnen, dass das, was sich für mich Schritt für Schritt als mein Weg herauskristallisierte, auch eine bittere Trennung mit sich brachte.<br>Mein Mann konnte oder wollte auf diesem meinem Weg nicht an meiner Seite bleiben. Unsere Entfremdung wurde mit meinem Wiedereinstieg in den Beruf der Pastoralreferentin vor 3 Jahren immer deutlicher.<br>Mein Glaube half mir diese beschwerliche, bedrückende Zeit durchzustehen. Ich fühle mich seither noch mehr auf Gott hin „geworfen“.<br>„Herr, zu wem soll ich gehen?<br>Du hast Worte ewigen Lebens“<br>Und er sagte zu mir<br>„Suche zuerst das Reich Gottes und alles andere wird dir dazu geschenkt.“ |
| 50 | – Seit einer Woche bin ich glücklich, einen kleinen Brunnen bei unserem Fleckchen Garten auf der Terrasse zu haben.<br>So oft es geht sitze ich da und schaue wie das Wasser leise plätschernd über die runde Kugel fließt.<br>Und ich staune, wie unermüdlich mein Brunnen im Geben ist, von einer unsichtbaren Quelle gespeist …<br>und ich bin dankbar |
| 51 | Christi Himmelfahrt<br>17.05.07<br><br>Ich habe das Bedürfnis einige Notizen zu der vergangenen Woche dranzuhängen. |

| | |
|---|---|
| 52 | Mo 07.05.<br><br>Regionalgruppe in Stuben.<br>Das wechselnde Wetter bereitet mir Kreislaufprobleme und ich schleppe mich unendlich müde dorthin.<br>Als ich in der Ankommrunde von meinem Belastetsein spreche, können sich die anderen mit ihren Lasten anfügen und das kleine Wunder geschieht: indem wir uns öffnen und austauschen, uns unsere Lasten mitteilen, wird es mir und den drei anderen leichter. Es ist eine tiefe Verbindung, die entsteht, wenn ich weiß was den anderen bedrückt.<br>So erleichtert beginnen wir mit unseren Arbeitsthemen und der Nachmittag wird auch im gemeinsamen Arbeiten so ergiebig wie selten zuvor. |
| 53 | Die 08.05.<br><br>Krankenkommunion bei Frau Schlager.<br>Die alte Dame – weit über 90 – ist inzwischen sehr schwach und in sich versunken. Sie kann kaum noch mitverfolgen, was ich vorlese und vorbete. Ich kürze auf's Wesentliche, spreche frei, schaue sie an. Bei altvertrauten Gebeten wie dem Vaterunser gibt sie sich einen Ruck und schafft es mitzusprechen. Im starken Kontrast dazu ihre geschäftige Umgebung: Kinder, Enkel und Urenkel, Hausaufgaben und Telefonklingeln, mehrere Hunde, Türen auf und zu.<br>Mitten in dieser Betriebsamkeit möchte Gott ankommen.<br>Es rührt mich, wenn bei meiner Ankunft und Verabschiedung doch immer ein freudiges Lächeln über das Gesicht der alten Frau huscht. |
| 54 | Mi 09.05.<br><br>Gespräch bei Pfr. E. in B.<br><br>Seit Januar ist er mein geistlicher Begleiter. Es hat lange gedauert, bis ich ihn anzusprechen wagte.<br>Nun treffen wir uns 1x monatlich, auch an diesem Morgen wieder das gute Gefühl verstanden und unterstützt zu werden bei der Suche nach meiner ganz eigenen Berufung in der Zeit meiner Lebensmitte, in der für mich so vieles im Umbruch scheint. Ich gehe froh und erfüllt aus diesem Gespräch, kniee anschließend eine ganze Stunde in der Klosterkirche, ohne das mir die Zeit zu lang wird. Wie einfach ist es, vor Gott zu sein, zu beten, zu schweigen, wenn mir bewußt wird, dass ich damit nicht allein bin. |
| 55 | Abends Eine-Welt-Arbeitskreis.<br>Die Ankomm-Runde, die ich eingeführt hatte und mit der sich einige ältere Frauen schwer taten, erweist sich als wahre Schatztruhe im Austausch. Vieles kommt auf den Tisch:<br>Enttäuschungen, Hoffnungen, Pläne.<br>Die Klage um das Fortbleiben der Bienenvölker und damit das Bedrohtsein auch der ~~eigenen~~ menschl. Existenz und die Freude über ein neues Gesetz und den Stop für den Anbau von Genmais in einer benachbarten Gemeinde. Waren- und Kuchenverkäufe für Eine-Welt-Projekte werden geplant und das Fest zum einjährigen Jubiläum des neuen Weltladens. Jede´r aus der kleinen Gruppe ist bereit, seinen Beitrag zu leisten und ich bin erstaunt, was wenige, aber sehr engagierte Menschen in relativ kurzer Zeit, auch öffentlichkeitswirksam, bewegen konnten. // Einen treibenden Motor hat der Arbeitskreis: Dorothee O., Krankenschwester, aber seit langem in Sachen Eine- |

| | |
|---|---|
| | Welt, Frauen, Ökumene überzeugt und überzeugend engagiert. Sogar mir ist das manchmal unheimlich und ich frage mich, wie sie das durchhält, oft auch als Einzelkämpferin, sich so radikal für die Umsetzung ihrer Ideale zu engagieren … aber einige kann sie damit immer anstecken, und mir kommt der Hl. Geist in den Sinn, wenn ich von „bewegen“, „antreiben“ und „andere anstecken“ schreibe. |
| 56 | Fr 11.05.<br><br>Tag des Gespräches.<br>8.30 Dienstgespräch, das sehr harmonisch verläuft. Mein Chef ist froh, dass ich am Montag eine Beerdigung ‚außer der Reihe' übernehme.<br>Es sind innerhalb kurzer Zeit viele Gemeindemitglieder gestorben.<br>Wir teilen uns den Dienst auf, und es tut auch mir gut, wenn ich zur Entlastung der anderen beitragen kann. |
| 57 | 10.00 Hausbesuch beim alten Ehepaar B.. Er, ein belesener und aufgeschlossener Mann, musste nach einem doppelten Schlaganfall erst wieder das Sprechen lernen. Mühsam, aber mit viel Disziplin hat er sich Wort für Wort beim Zeitunglesen wieder angeeignet. Ich bin gerührt, wenn ich diesem alten Mann und seinen Lebenserfahrungen zuhöre. Wenn ich auf seinen Mund schaue, der mit so großer Anstrengung bedächtig jedes Wort formuliert, dann bekomme ich eine große Achtung vor seiner Lebensleistung und sage ihm auch meine Bewunderung. Das spornt ihn an, noch mehr aus seinem Leben zu erzählen, vor allem auch von seinem Einsatz im Naturschutzbund und seiner großen Liebe zur Natur. Vor dem Gottesdienst am Sonntag sei er schon als junger Mann immer in Wald unterwegs gewesen, hätte den Bäumen und Pflanzen beim Wachsen zugeschaut und den Vögeln beim Singen zugehört.<br>Und wenn er dann auf einer Anhöhe gestanden sei und auch von weit entlegenen Dörfern her die Sonntagsglocken gehört hat, dann hätte es ihn gepackt und er hätte nicht anders können als laut zu singen: „Großer Gott wir loben dich.“ |
| 58 | 11.30 Uhr<br>Frau G. kommt zu meiner Sprechzeit ins Büro. Es wird ein langes Gespräch von 1 ½ Stunden. Sie hat sich sehr gefreut, dass ich sie angerufen hatte und ihr dieses Gespräch anbot. Der bevorstehende 50. Geburtstag setzt bei ihr innerlich viel in Bewegung, und ich erlebe sie auf einer großen Suche.<br>Das sie versucht, alles vom Kopf her zu bewältigen und ihr Gefühle stark zurückhält, bin ich froh, als es endlich soweit ist und die Tränen fließen können. Ich reiche ihr ein Taschentuch und biete ihr auch für weiterhin geistliche Begleitung an, wann immer sie diese braucht. Sie ist froh und dankbar, als sie mein Büro verlässt. |
| 59 | 15.00 h.<br>Gespräch mit dem Pfarrer in Schweigheim. Seit Februar sind hier 1,5 Stellen unbesetzt und bisher hat sich noch niemand gemeldet. Es geht schon lange mit mir um, manchmal denke ich, die Stelle ruft nach mir, aber es gibt auch große Bedenken meinerseits. Jedenfalls werde ich Pfr. K. nochmals mein Interesse an einer ganzen Stelle signalisieren. Er aber träumt weiterhin von einem Diakon, der dann mit seiner Familie in das Pfarrhaus im Nachbarort ziehen könnte.<br>Ich hänge wieder in der Luft, als ich das Pfarrhaus verlasse und versuche, es nicht zu stark als persönliche Enttäuschung zu nehmen, nachdem ich nun doch schon seit 20 Jahren in vielen Bereichen dieser Gemeinde ehrenamtlich tätig bin. |
| 60 | 19.00 h<br>Trauergespräch bei Andrea und Georg. Sein Vater ist vor 1 Tag gestorben, und auch sein Bruder Klemens kommt dazu, um mit mir über die Beerdigung am Montag zu sprechen. |

| | |
|---|---|
| | Es wird langsam dämmrig im Zimmer, auf dem Tisch brennt hell eine Kerze und in den Söhnen werden die Erinnerungen an den Vater lebendig. Die große Liebe zu seiner Frieda, ihrer Mutter, die er auf dem 10jährigen Leidensweg ihrer Krebskrankheit liebevoll gepflegt und versorgt hat. Noch ~~nach~~ 24 Jahre~~n~~ nach ihrem frühen Tod, hat er in der Ansprache zu seinem 70. Geburtstag eine Gedenkminute für sie eingelegt; und die Wallfahrt zum Bruder Klaus in Flueli, die sie gemeinsam gemacht hatten, wurde für ihren Mann nach ihrem Tod zur jährlichen Wallfahrt.<br>Und noch ein zweites hat die Kinder sehr gerührt: Wie geduldig und liebevoll ihr Vater in den letzten Wochen seiner schweren Krankheit zuhause war, ganz anders als früher, verwandelt. „Ein ganzes Leben lang hat mich mein Vater nicht so gehalten wie in den Tagen des Abschieds“ sagt der Älteste bewegt und sein jüngerer Bruder nickt. Er schaut dabei auf seine Hand, öffnet und schließt sie: „Ich kann es heute noch spüren, wie mich seine Hand hält. Seine Hand in meiner Hand.“ |
| 61 | Muttertag<br><br>Ich habe nicht mir großen Überraschungen gerechnet … Josefine hatte den ganzen SamsTag für ihre Kunstmappe gemalt und Denis kam sehr spät aus Heidelheim zurück. Gegen Mitternacht müssen sie wohl den Kuchen für mich gebacken haben, und als morgens um 5.30 die Haustür ins Schloss fiel und ich aufstand und den Rolladen hochzog, um nachzuschauen, was das war, sah ich meine zwei großen Kinder erschrocken hochschauen und lossprinten, um nicht entdeckt zu werden. Sie seien bis zum Wald gelaufen, um Wiesenblumen zu pflückten, erzählten sie mir später am festlich geschmückten Frühstückstisch, den sie vorbereitet hatten. Als Nachmittags noch überraschend Hedwig mit Blümchen in der Hand vorbeischaute, war meine Freude als Mama komplett.<br>Der Tag hat mich mit vielem versöhnt und dass in dem Familiengottesdienst des Sonntags auch an die Mütter gedacht wurde, fand ich in diesem Jahr, in dem ich mich als „Alleinerziehende“ fühlte, so garnicht „kitschig“, sondern es hat mir einfach nur gut getan. |
| 62 | Mo 14.05.<br><br>Ich komme mir zwar sehr hartnäckig vor, will aber endlich mehr wissen, was meine berufliche Zukunft anbelangt. Mail an L.S. im Ordinariat X. Darin steht mein Interesse an einer 100% Stelle und wie und bis wann ich mich bewerben muss … kurz darauf eine überraschend freundliche Antwort. Die ~~Üb~~ Entscheidung, ob ich mich bewerben kann, fällt nächste Woche, wenn Domkapitular G. aus dem Urlaub kommt. Ich kann das getrost in Gottes Hand legen. |
| 63 | – Beerdigung von Rudolf H.<br>Es war kein „tragischer“ Tod, dennoch merke ich, wie nach meiner Ansprache über den äußeren und inneren Lebensweg des Verstorbenen, das Räuspern, Husten und Schneuzen beginnt.<br>Frau P. sagt mir im Anschluss daran, dass meine Worte bei ihr nochmals die Erinnerungen an das Sterben ihres Mannes wachgerufen hätten. //<br>Es ist mir bei jeder Beerdigung ein Anliegen, das „einmalige“ Leben des Verstorbenen sehr persönlich zu würdigen und die Spuren von Gottes Gegenwart in seinem und ihren Leben aufzuzeigen, gerade auch im Leiden und im Schmerzlichen. So absurd es klingt: Für mich bewahrheitet sich bei diesen persönlichen Lebens- und Sterbensgeschichten oft das Wort, im Persönlichsten liege auch das Allgemeinste verborgen. Das heißt für mich auch, je persönlicher ich spreche, umso allgemeiner trifft es zu …<br>hab's ausprobiert, es scheint zu stimmen. |

| | |
|---|---|
| 64 | – Abends Flurprozession, allerdings in der Kirche in Oö. Mairegen bringt Segen. Eine Stunde Autofahrt hin und zurück. Knapp 20 [Leute], meist ältere Frauen, in den Bänken. Es rührt mich, dass Pfr.Ö., der am Ort lebt, auch dazukommen ist und in der Bank sitzt.<br>Ich hätte eine „schöne" Andacht gehalten, meinen drei der Frauen, als ich mich mit Handschlag von ihnen verabschiede. |
| 65 | Die 15.05<br><br>Ein langer Tag Supervision in Friedensberg.<br>Kopfweh. |
| 66 | Mi 16.05<br><br>Aspirin gegen den Kopfschmerz.<br>Ich bin dankbar, dass meine 2. Teamsupervisionssitzung dennoch recht gut läuft. Wir bekommen die „Ziele" unter Dach und Fach, und vor allem gelingt es mir, die „stille" Frau K. einzubeziehn. Sie war schon ganz schön mutig heute. |
| 67 | Do 17.05. Christi Himmelfahrt<br><br>… ich schreibe wieder mal Tagebuch, aber jetzt mache ich einfach einen . |

*„Wenn ich in der Ewigkeit ankomme, werde ich mich in die Schlange derer einreihen, die Gott ‚warum' fragen…"*

## Tagebuchaufzeichnungen der Seelsorgerin C

| | |
|---|---|
| 1 | Tagebuch vom 16.4.07 – 7.5.07/11.5.07 |
| 2 | Vorworte – Vorbemerkungen<br><br>Nach 31 Jahren im Dienst als Pastoralreferentin finde ich es sehr spannend, täglich kurz innezuhalten und nachzuspüren wo mir Gott in irgendeiner Weise „begegnet" ist, wo Gott „drin ist". // Manchmal habe ich das Gefühl bei all unserem Tun in der Pastoral haarscharf an Gott vorbeizusegeln. Das praktische Tun in unserer Pastoral scheint mir manchmal den Kern unserer Aufgabe nicht mehr zu berühren, geschweige denn zu streifen. //<br>Darum bin ich sehr gespannt auf das Tagebuchschreiben ob es mein Gespür wacher werden läßt für die Momente des Tages, „wo Gott dran/drin ist?" |
| 3 | Mo<br>16.4.07<br><br>Schule – Gymnasium: – Vieles ist im Umbruch. Gerade in dieser Zeit halten manche Kollegen besonders zusammen, indem sie einander mit Material aushelfen, Rat geben, zuhören oder Gesten der Freundschaft zeigen. Wie heute Astrid, meine evangelische Kollegin (Pfarrerin) Sie schenkt mir ein kleines Schokoladenherz, weil ich ihr ein Arbeitsblatt gegeben habe, das sie gut brauchen kann. Das Herz steht jetzt auf den Unterlagen der Kl 6 und macht die Schule süss. |
| 4 | In der 6. Klasse sind die Schüler noch ganz erfüllt von den Ferien ~~aber~~ und sehr „munter" (2. Stunde nach d. Osterferien). Sabrina hat in den Ferien in einer Großstadt in der Schweiz ein Judenviertel mit Synagoge ~~und~~ besucht und ist stolz nach Abschluss des Themas „Judentum" einiges zu wissen und im Familienkreis dies anbringen zu können. Alle freuen sich auf unsere Exkursion ins jüdische Museum. Moritz arbeitet an seinem Referat über die Römer, da es mit dem Thema: „Petrus und Paulus" weitergehen wird. Bei so viel Eifer und Freude war das Thema „Pfingsten" für mich kein blutleeres Thema – nicht schwer durch zu buchstabieren. Schüler machen Freude! |
| 5 | Di<br>17.4.07<br><br>Unterricht in der 11. Klasse: Eine Schülerin hält ein langes Referat über Entstehung, Inhalt und Aussage der Bibel. Zu jedem der biblischen Bücher hatte sie eine eigene Beschreibung verfasst. Ihr Vortrag hat mich beeindruckt vor allem ihr Schlusskommentar: „Gleich ob Mose die 10 Gebote von Gott persönlich empfangen hat oder eher sie innerlich gehört hat – ich finde die 10 Gebote wichtig und die Bibel ein lesenswertes Buch. So vielfältige Menschentypen (Hirten, Könige, Prophetinnen, Stammmütter) haben hier ihre Erfahrungen mit Gott dargelegt. Darum, glaube ich kann sich in der Bibel jede/r wieder finden." |
| 6 | In der Klasse 7 malen die Schüler nach der Behandlung des Themas: „Was Menschen Hoffnung gibt – Jesu Wunder und Gleichnisse" Hoffnungssymbole. Theodor malt eine Höhle aus der Licht strahlt (inspiriert von Ostern?) Kommentar von ihm: „ Auch wenn es dunkel ist, kann etwas wachsen wenn nur ~~etwas~~ ein bisschen Licht scheint."<br>Ein anderes Bild: ein Herz schwebt in dunklen Wolken – Kommentar von Nadine: |

| | |
|---|---|
| | „Auch wenn es düster ist, habe ich Hoffnung, dass es besser wird, weil es Menschen gibt, die mich lieben."<br>Weitere Bilder zeigen Noah und die Arche umgeben von einem Regenbogen<br>Kommentar: „Gott läßt niemanden im Stich!" |
| 7 | Gespräch mit einer Kollegin „Gemeindereferentin"<br>Es geht um den Stellenwechsel des Dekans, was einen Stellenwechsel ihrerseits zur Folge hat. Unsicherheit wie soll sie sich entscheiden? // Wir lassen den Hl. Geist wirken, weil wir die Lösung nicht wissen: „Ich halte es mit Adolf Kolping: Wo Gott mich braucht ist es mir recht." Gebe ich als Erfahrung weiter. Es macht ihr Mut. |
| 8 | Mi<br>18.4.07<br><br>Heute Exkursion der Kl 6 ins jüdische Museum. Die Führerin erzählt von der Judenverfolgung in Emmenstadt. Moritz, ein aufgeweckter Schüler hat immer die drängende Frage nach Gottes Gerechtigkeit. Auch heute läßt sie ihm keine Ruhe. Ich sage ihm, dass wir beide Gott in der Ewigkeit nach dem „Warum?" fragen werden. Bis dahin bleibt manches „warum?" unbeantwortet. |
| 9 | Do<br>19.4.07<br><br>Bei der Planung einer Wallfahrt nach Lourdes stellt sich uns die Frage, ob sich genügend Teilnehmer'innen melden werden. // Der Dekan empfängt mit seiner Gemeinde in den nächsten Tagen den Schrein der Hl. Theresa von Lisieux. Er meint, wir sollten es ihr und Gottes Geist überlassen für die Teilnehmer'innen zu sorgen und getrost weiterplanen. |
| 10 | Fr<br>20.4.07<br>Unser Dekanstellvertreter kam heute strahlend ins Büro. Auf die Frage, was ihn so fröhlich sein ließe erzählte er folgende Begebenheit: Er betet regelmäßig seinen Rosenkranz. Nun hatte er ihn vorgestern verlegt. Aufgeregt suchte er nach dem Beutel, welcher ihn enthielt. Das Auto, das Pfarrhaus und die Sakristei alles wurde auf den Kopf gestellt – nichts kein Rosenkranz. Das neue Auto wurde ausgesucht nichts. Heute früh nach einer Fahrt zur Schule, schaute Michael noch einmal besonders unter dem Fahrersitz seines neuen Autos nach, der eine besondere Kuhle aufwies. In dieser Vertiefung nun lag der Rosenkranz. // Und Michael sagte strahlend: „ Da habe ich nun gesucht und war nervös, dabei hat ER mich die ganze Zeit getragen." // Diese Erzählung begleitet mich. Wie oft bin ich nervös und ER trägt mich derweil?!! |
| 11 | Sa/So<br>21./22.4.07<br>Einer unserer Priester hat ein schweres Krebsleiden, das nächste Woche operiert wird. In seiner Predigt am Wochenende sagte er unter anderem „ zu dem was ~~uns~~ mir geschickt wird „Ja" ~~zu~~ sagen, kann ich nur, wenn ich mir der Liebe Gottes immer wieder bewußt bin." Querschläge des Lebens mit der Liebe Gottes zusammenzubringen, das wird ein Mühen sein, dem ich mich mein Leben lang stellen muß. „Dein Wille geschehe" kann ich oft nur zähneknirschend beten. |
| 12 | Mo<br>23.4.07<br>Vollversammlung der Pastoralreferenten'innen in Oggenstadt. Wie viele Kolleg'innen haben ein persönliches Kreuz zu tragen!! // Der gemeinsame Gesang zum Beginn der Sitzung tut mir in der Seele gut. Ich bin nicht alleine mit meiner Doppelbeanspruchung |

| | |
|---|---|
| | hier Seelsorgerin da Mensch in Zweifel, Wut, Trauer und Sorge. Die Gemeinschaft der Kollegen innen lässt mich die Kraft des Geistes Gottes spüren. |
| 13 | Di<br>24.4.07<br><br>Schule: Gespräch mit Ines, einer Kollegin. Ihr Lebenspartner ist sterbenskrank (Hirntumor) „Gibt es einen Gott? Mein Mann sagt „nein". Sonst hätte er mir doch den Tumor nicht geschickt." // Ich bin ratlos, denn Ines hat schon so viele Schicksalsschläge hinnehmen müssen. Ich kann nur sagen: „Wenn ich in der Ewigkeit ankomme, werde ich mich in die Schlange derer einreihen, die Gott „warum" fragen." Ich nehme Ines in den Arm – was soll ich sonst tun? |
| 14 | SE Schrein Hl. Theresa:<br>In der SE Oberes Edental ist der Schrein der Hl. Theresa von Lisieux ausgestellt. Mein Dekan schickt mir eine Mail: „Die Kirche ist mit Rosen geschmückt, nun kann sie kommen." Die Worte rühren mich. Es kommt mir vor, als erwarte eine Familie einen lieben Gast und hätte das Wohnhaus geputzt und geschmückt. // Ich nehme den Weg nach Wiesen als Wallfahrt und frage mich, „Was wird mir die kleine Ordensfrau sagen?" Ich höre in der Predigt, wie Theresas Pläne immer wieder durchkreuzt wurden und sie dennoch guten Mutes blieb. Die Macht des Gebetes war für sie wichtig. Das hat mich verwandt berührt. Vielleicht sind unsere (meinen durchkreuzten) Pläne auch für etwas gut? Jedenfalls bin ich in einer solchen Situation in bester Gesellschaft. // Die anschließende Gebetsstunde gibt mir Ruhe und Kraft. |
| 15 | Nachts entwerfe ich noch zwei Predigten für den Funk. // Wieder merke ich, dass meine Themen abgeleitet sind von dem, was ich mit Menschen erlebt habe. Manchmal habe ich das Gefühl der großen Hilfe von oben – wenn die Texte ~~sich~~ sich wie von selbst in den Computer finden. Irgendwer schreibt durch mich führt mir die Hand.<br>(Ich bin eigentlich doch ein nüchterner Mensch – aber manchmal .......) //<br><br>*Auf der leeren linken Seite notiert C:*<br>→<br>Ich wollte nämlich das Thema der Predigt „Rosenkranzgebet" nicht annehmen, aber – es musste sein<br>Etwas ließ mich nicht los |
| 16 | Mi<br>25.4.07<br><br>Gespräch mit einer Witwe, deren Sohn das Studium abgebrochen hat. Auch sie fragt sich, „Wofür will Gott mich strafen?" // „Entspricht das wirklich Ihrem Bild von Gott?" frage ich Sie antwortet: „Eigentlich nicht. Aber warum schickt er mir seit 12 Jahren nur noch Kummer?"<br>Ich halte ihre Frage mit aus. |
| 17 | Do<br>26.4.07<br><br>Im Teamgespräch äußert der Kammerer (Dekanstellvertreter) seine Betrübnis über den Weggang unseres Dekans. Es tut gut, wenn andere Gefühle äußern, die ich selber zu vertuschen suche. Wir trauern gemeinsam darüber, dass eine gute und fruchtbare Zeit zuende geht. Was gut war meine ich für mich, bleibt wie ein Edelstein im Herzen bestehen. Ich will nicht das schwarze Tuch der Trauer darüberwerfen. |

| | |
|---|---|
| 18 | *Auf der leeren linken Seite notiert E.:*<br>Im Teamgespräch erzählt unser Noch-Dekan, daß morgen ein 54jähriger Mann (Alkoholiker) ~~an der Stelle~~ beerdigt wird. An der Stelle an der der Schrein der Hl. Theresa von Lisieux stand, wird nun sein Sarg stehen. Er wird durch die noch mit Rosen geschmückte Kirche getragen werden. Irgendwie erhält der Tote hier wieder eine Würde, die er durch Hartz IV verloren zu haben schien. |
| 19 | Familienreferat – Arbeitsgruppe Handbuch Ehe+Familie<br>In einer Sitzung grübeln wir über die Veränderung eines Arbeitsauftrages. Gemeinsam stellen wir fest, dass wir diesen Auftrag * ↓ein Handbuch für die gesamte Pastoral (Frauen, Jugend ...) zu entwerfen nicht annehmen. Unser Handbuch bleibt, wie wir es verfasst haben – Wir lassen uns nicht für andere Themen instrumentalisieren. Ist das schön, wenn man sich einig ist, klare Ansichten formuliert und auch oder gerade in der Kirche einmal „Nein" sagt!! |
| 20 | Fr<br>27.4.07<br>Besuch des Teams der SE Am Glauberbach.<br>Hier herrscht ein heilbringender Geist. Wie aufeinander eingegangen und miteinander umgegangen wird – hat etwas Pfingstliches. |
| 21 | Sa/So – |
| 22 | Mo<br>30.4.07<br><br>Eine Praktische Übung ist abzunehmen.<br>Eine Jahrespraktikantin (KFH) hat eine „Sternstunde" vorbereitet. 6-10 Jugendliche zwischen 17 und 22 Jahren treffen sich seit dem Weltjugendtag regelmäßig. Sie bilden die Gruppe ck (cool katholisch). // Der Abend gliedert sich in 3 Teile Körperübung: Geht so schnell wie Ihr im Alltag geht, dann versucht langsam zu laufen.<br>Dann wurde in einem kerzenbeleuchteten Raum die Geschichte vom Seelenvogel berichtet (mit Folie). Anschließend malten die Jugendlichen ihren Seelenvogel auf – wie er sich gerade anfühlte. // Es war beeindruckend zu sehen, wie sich die Gesichter der Jugendlichen im Verlauf des Abends entspannten. Selbst großmundige Jungen fanden zu ihrem Inneren und wurden still, auf dem Weg zu ~~seiner~~ ihrer eigenen Seele.<br>Zur Stille, zum Ruhigen, Langsamen fanden die Jugendlichen sich auch als Gemeinschaft ohne Worte. Die Diskussionsrunde wurde daher von der Praktikantin ausgelassen. (mit Recht) Die „Sternstunden" sollen einen neuen Weg der Spiritualität eröffnen. Das ist der Praktikantin in vollem Maß gelungen. // Mir tat es nach dieser Stunde nicht mehr leid, wegen dieser Praktischen Übung den Tanz in den Mai drangegeben zu haben. |
| 23 | Di<br>1.5 07<br><br>Feiertag |
| 24 | Mi<br>2.5.07<br>Die Dekanatsreferenten treffen sich zu einer Tagung zum Thema „Ehevorbereitung in den Dekanaten". Es soll ein Rahmenprogramm für das ganze Bistum erstellt werden. Die Tagung ist gut vorbereitet, die Diskussion fair. Was mich am meisten bewegt ist die große Anzahl Ehrenamtlicher, die extra für diesen Tag freigenommen haben, um an einem gemeinsamen Konzept mitzuarbeiten. „Wir wollen Menschen – jungen Paaren – Mut machen, ihre Ehe mit Gott zu wagen" war ihr Motto. Mit solchen Menschen im Team kann nichts schief gehen. |

| | |
|---|---|
| 25 | Am Rande der Tagung erfahre ich, dass eine Praktikantin, deren Praktische Übung ich letztes Jahr abgenommen habe, an einer aggressiven Leukämie erkrankt ist. Die junge Frau hatte mich sehr beeindruckt durch ihre tiefe Spiritualität und Ausstrahlung. // Die Heilungschancen sind gut – aber dennoch meine Frage: „Warum – Warum „wütet“ Gott dergestalt in seinem Weinberg herum?“ Im Gespräch mit ihrem damaligen Mentor wird uns deutlich, dass gerade dies ihr Weg ist. //<br>Warum kann nur Gott nicht auch einmal durch Freude wachsen lassen? Es geht meist nur durch steinige Pfade, dass wir reifen. Blöd – oder? |
| 26 | Do<br>3.5.07<br><br>Im Teamgespräch geht es wieder um den Dekanewechsel. – Die Jugendreferentin hat ein „Gipfeltreffen“ mit den Jugendleitern aus 3 Dekanaten am Wochenende durchgeführt. Dabei gab es viel Abschiedstränen Die Jugendlichen haben sich aber gut in den unterschiedlichen zukünftigen Gruppierungen zusammengefunden und sich voll Hoffnung aufgebrochen von dem Wochenende. – Obwohl der Dekan noch vor der Dekanewahl aufbricht in seine neue Gemeinde habe ich im Teamgespräch das Gefühl, dass wir zurückbleibenden Kammerer, Sekretärin und ich es mit Gottes Hilfe schaffen werden. – Der Weggang der Jugendreferentin, deren Stelle befristet war, tut auch weh! Sie hatte eine so fröhliche, zupackende Art und ein so freundliches Wesen – sie wird mir fehlen. |
| 27 | Am Nachmittag trifft sich der oekumenische Dies. Ein Kollege spricht kompetent über das katholische Eucharistieverständnis. An den Tischen folgt angeregtes Gemurmel. Es ist schon etwas Besonderes, dass katholische und evangelische Hauptberufliche über ein kontroverses Thema sprechen zu können, ohne sich zu verletzen (wie in früheren Jahren) Nach jahrelangem Suchen und Besprechen von gemeinsamen Themen, können wir jetzt doch ans „Eingemachte“ gehen, weil ~~das~~ ein Vertrauen entstanden ist. |
| 28 | Fr<br>4.5.07<br><br>Während ich die letzten Klassenarbeiten meiner Dienstarbeit vorbereite, lasse ich noch meine Schüler'innen vor meinem geistigen Auge vorüberziehen. Es sind viele gute Erinnerungen dabei. Und – wie sagte eine ältere Dame, die wir auf der letztjährigen Diözesanwallfahrt nach Lourdes kennen lernten „Erinnerung ist das Paradies, aus dem wir nicht vertrieben werden können.“ |
| 29 | Sa/So<br>5./6.5.07<br><br>Freies WE |
| 30 | Nun wären meine 3 Wochen des Tagebuchschreibens zuende. Es fiel mir leichter als ich dachte, und – es war mehr Gott drin, als ich es für möglich hielt. // Da ich aber freie Wochenenden hatte, hänge ich noch eine Arbeitswoche an, damit die geschätzte Kollegin mehr Material hat. |
| 31 | Mo<br>7.5.07<br><br>Wieder in der Schule Kl 6: Wir besprechen Petrus+Paulus – das Apostelkonzil. Johannes gefällt es besonders, dass Petrus umlernen muß und begreift, dass ~~auch~~ Gott auch für die Heiden da ist – und vor allem, dass Jesus die vielen Gesetze nicht so wichtig fand, sondern für ihn der Mensch im Vordergrund steht. (Johannes ist ein guter Schüler, sehr nervös, und er hat stressbedingten Haarausfall!!) Möge ihm diese Erkenntnis hel- |

| | |
|---|---|
| | fen. |
| 32 | Am <u>Nachmittag planen wir in der Regionalstelle einen Pastoralkurs</u>, der im Herbst beginnen wird. Bei der Durchsicht der Teilnehmerlisten fällt uns auf, dass auffallend viele der Angemeldeten ↓ gerade den Theologischen Kurs absolviert haben. // Die angemeldeten Teilnehmerinnen aus unserem Dekanat stehen mir vor Augen: Gabriele sucht Verletzungen, die ihr das Theologiestudium der 60er (70er) Jahre ~~bei~~ zugefügt hat (als Frau) zu heilen durch diese Kurse, Heidrun hat 4 Kinder bald nach der Geburt verloren, einen Sohn verlor sie nach 5 Jahren und „unseren Max habe ich endlich Gott abgetrotzt". Obwohl ihr Mann krebskrank ist, will sie den Pastoralkurs auf sich nehmen. Sie ist voller Vertrauen in Gottes Wege und ihr Frohsinn ist echt + ansteckend. Vor diesen Frauen ziehe ich den Hut – Ich freue mich schon auf den Pastoralkurs |
| 33 | Di<br>8.5.07<br><br><u>Klasse 7</u> Ich möchte zum <u>Thema Drogen</u> – die Arbeit der Drogenberatungsstelle vorstellen. Dazu lasse ich die Schüler ' innen zwei Rollenspiele machen. // Zuvor hatten wir 2 Gespräche Mutter/Tochter (Tochter geht zur Tecnoparty – Mutter fürchtet, sie würde dort Drogen nehmen) und Sohn/Mutter (Sohn hängt in einer Clique, die kifft herum) Mutter will wissen, ob er mitmacht, um cool zu sein. //<br>Wir verlegen beide Gesprächspartner in eine Drogenberatungsstelle. Ein Schüler/eine Schülerin versetzen sich in die Rolle des Beraters / der Beraterin. Während ich Petra helfen muss, als Beraterin zu agieren, spielt Tim die Rolle derartig glaubwürdig und gut, dass mich seine „Tätigkeit" als Berater sehr berührt. Er zeigt Einfühlungsvermögen, kann verbalisieren, was er beim anderen sieht und zwischen Leon, dem aufgelösten Vater (meine ~~Sohn~~ Tochter und Drogen!!) und Elisa der genervten Tochter (muss der überall seine Nase reinhängen) hervorragend vermitteln kann. Das Wesen der Beratungsstunden und die Arbeit der Selbsthilfegruppen haben die Schüler sehr gut herausgearbeitet:<br>Mut machen, den Menschen aufbauen, Hilfe zur Selbsthilfe geben, seine Eigenkräfte stärken, Zeit für ihn haben. // – Diese Stunde hat mir gut getan – hoffentlich bewahren die Schüler' innen diese Klarsicht und empathische Fähigkeiten in den nächsten Jahren – der Pubertät. |
| 34 | Mi<br>9.5.07<br><br><u>Treffen der Teamer für ein Glaubensseminar</u> im Herbst. Thema: „Geh, wohin ich Dich sende." Die erprobte Zusammenarbeit läuft wie am Schnürle. Morgens werden wir uns mit dem Propheten Jona beschäftigen. Eine Arbeitsgruppe hat die Aufgabe, sich brieflich mit Jona auseinanderzusetzen. Am Nachmittag werden wir uns im Elisabethjahr in die Lebensvita der Hl. Elisabeth hineindenken. Auf einem Weg, der uns nach dem Mittag essen an drei Wegkreuzen auf einem Rundweg führt, werden wir stationsweise Elisabeths Leben an uns vorüber ziehen lassen. In kreativer Arbeit mit Egligfiguren, Legematerial uns Verzieren einer Elisabethkerze (Brot und Rosen?) werden die Teilnehmer' innen in Gruppen arbeiten. Das Erarbeitete wird bei der Gabenbereitung zusammengetragen. Nach dem Gottesdienst werden Brot und Rosen ver/geteilt. Die Kreativität der Vorbereitungsgruppe macht Freude*. Ich freue mich auch schon auf diesen Septembersamstag<br>* Jeder(r) bringt seine / ihre Gaben ein |

| | |
|---|---|
| 35 | Do<br>10.5.07<br><br>Das Dekanatsfamilienteam trifft sich – An einer Metaplanwand stellen wir zuerst ~~fest~~ zusammen (rote Karten): „Wen sehe ich in meinem Umfeld / meiner Pfarrgemeinde?“ In einem zweiten Schritt stellen wir auf grünen Karten fest, wen wir allen nicht sehen / wahrnehmen. Dabei wir der Runde, bestehend aus Haupt- und Ehrenamtlichen schnell das Stadt-Landgefälle in unserem Dekanat klar: in der Stadt Probleme mit Menschen mit Migrationshintergrund. *<br>*Auf der leeren linken Seite notiert E.:*<br>* Langsam ergreift dieses Problem auch die Orte auf dem Land<br><br>Wir stellen zusammen mit wem wir uns vernetzen können. Der Kreis, ~~der~~ wird das Thema, „Familie“ diagnostisch angehen ~~will~~, um später einmal in einer Pastoralkonferenz darüber zu berichten. Wir treffen uns dazu zwei Mal im Jahr. Dies war die zweite Sitzung. Mir hat gut getan, wie die Teilnehmer’ innen einander zuhörten, die Voten ernst nehmen und auch die Betroffenheit über die so anderen Verhältnisse, das Fremde ausdrückten. Der Dekanatsfamilienseelsorger meinte: Was alles noch so Familie ist …!! |
| 36 | Fr<br>11.5.07<br><br>Büro, Büro, ….. Schreibtisch …. |
| 37 | Sa/So<br><br>frei – |
| 38 | Nun hoffe ich, dass Sie mit meinen Aufzeichnungen etwas anfangen konnten.<br>Ich wünsche Ihnen für Ihre Promotion alles Gute und bin auf Ihre Ergebnisse gespannt.<br>Viele Grüße<br>C 14.5.07 |

*„Momente, wo ich meinen Beruf richtig liebe"*

## Tagebuchaufzeichnungen der Seelsorgerin D

| | |
|---|---|
| 1 | Tagebuch |
| 2 | Donnerstag, 26. April 2007<br><br>→ Erste Arbeitsrunde am Schreibtisch daheim:<br>Ich habe noch einige Schulhefte der 7. Klasse zu benoten.<br>Ich schaue sie an, ob sie vollständig und einigermaßen ordentlich sind. //<br><br>In Carinas Heft lese ich ihr Blatt zur Stillung des Seesturms. Unter der Überschrift „Stürme in meinem Leben" schreibt sie in die Wellen, daß sie der häufige Streit ihrer Eltern, die vielleicht bevorstehende Scheidung wie Sturm u. Wellen, die über ihr zusammenschlagen, empfindet. //<br><br>Ich kann ihre Probleme aus eigener Erfahrung gut nachempfinden, sie berühren mich sehr, ich fühle mich „gerufen" zu reagieren; die Sache nicht einfach auf sich beruhen zu lassen, nichts zu tun, als hätte ich es nicht besonders wahrgenommen.<br>Bin unsicher: soll ich ihr etwas schreiben; ich denke schon … |
| 3 | → Weiter geht es im Büro, E-Mails, Organisatorisches, Textblatt für die Schule erstellen, ich kann ruhig und ungestört vor mich hinarbeiten, womit ich ganz zufrieden bin. |
| 4 | → Nachmittag: Dienstgespräch. Bibelteilen Joh 10,27-30<br>der gute Hirte<br>lesen, Austausch sind für mich eine kleine Oase im Organisieren, Absprechen von Terminen, Planen … //<br>Dazu trägt bei, daß der Pfarrer sehr persönlich in den Austausch geht.<br>Die menschliche Nähe, daß Offenheit möglich ist, empfinde ich als Bereicherung, bin ich dankbar dafür, hat für mich durchaus mit „Gottespräsenz" zu tun. //<br><br>Die Vertrautheit untereinander berührt sich mit der Vertrautheit zw. Hirt und Schafen: „Ich kenne die Meinen und die Meinen kennen mich." |
| 5 | → Nach dem Abarbeiten einiger notwendiger Dinge am Schreibtisch komme ich auf Carina zurück, entschließe mich, ihr einen Brief zu schreiben. //<br><br>Willst Du, daß ich das tue? Ist es richtig?<br>Hilf mir, die richtigen Worte zu finden!<br>Was ist zu viel? Was ist zu wenig? Ich will sie nicht bedrängen, oder daß es ihr anschließend peinlich wird, wenn sie mich sieht. |
| 6 | Freitag 27.4.07<br><br>→ Schule vorbereiten<br>RU:<br>Auseinandersetzung mit pubertierenden Jungs …<br>scharfe Beobachtung von einigen der Mädchen …<br>Es ist anstrengend …<br>Provokationen aushalten. – Herausforderung, gelassen zu sein, die innere Ruhe zu bewahren oder immer wieder zu suchen …<br>Die Kämpfe liegen mir nicht und laugen mich aus. // |

| | |
|---|---|
| | → Büro<br>Die Pastoralassistentin begrüßt mich mit der Neuigkeit, daß die Absprache für den freien Tag der Erstkommunionkinder für den Ausflug nicht bei allen Familien „angekommen“ ist – ich bin genervt. //<br><br>→ Die Dankandacht für die letzte Erstkommunion muss noch vorbereitet werden. Ich habe Lust, mich dranzumachen, der Zeitdruck ist unerfreulich, aber Nachdenken und Schreiben macht mir Freude. Nur komme ich nicht so weit, wie ich will …//<br><br>Nachmittag<br>→ Es geht weiter mit der Dankandacht, wieder ein Stückchen – sie wächst – meine Zufriedenheit auch. Auf dem Weg zur Erstkomm.-Probe noch ein paar Absprachen – gut, daß das so unkompliziert geht.<br>→ Die Probe geht reibungslos. Ein paar Kinder sind so lieb und begeistert, daß ich fast gerührt bin.<br>Das Vertrauen der Kinder, so voraussetzungslos, erstaunt und freut mich, gibt mir das Gefühl: Es lohnt sich, bei ihnen ist etwas – oder eine ganze Menge – von der Botschaft Jesu und der Nähe Gottes „angekommen“. Es sind aber auch viele mit „guten Voraussetzungen“ dabei. //<br>→ Am Abend im Büro:<br>wird die Dankandacht fertig. Erleichterung und Zufriedenheit. Ich schaffe es sogar die Liedblätter noch fertig zu machen u. zu drucken. Und siehe, es war gut. |
| 7 | Samstag, 28.4.07<br><br>→ Veranstaltung vorbereiten:<br>„Gartenschau 2008 – Ein Jahr davor“<br>Mitglieder des Teams „Kirche auf der Gartenschau“ sollen/wollen dabei sein. Ich habe mich auch gemeldet, wir werden zu viert sein – //<br>Also 15.30 Uhr Treffen zum Materialtransport und Aufbau im Foyer der Vielzweckhalle, wo das Programm mit Chören, Musikgruppen … stattfindet.<br><br>Die die da sind, packen an, wir können uns gut einigen, was wo stehen soll, wie was arrangiert werden soll, wie die Plakate hängen sollen,<br>es läuft gut und ich werkle mit innerer Zufriedenheit mit. Wenn es gut läuft, mache ich so etwas gerne und habe dann ein Gefühl von „im Einklang sein“, das durchaus eine spirituelle Ebene berührt. //<br><br>→ Nach einer Umzieh- und Abendessen –Pause kommt die Präsenz am Stand.<br>Ich schwanke mit meinem Eindruck und Gefühl, ob hier fremde Welten aufeinanderstoßen und wir deplaziert sind? Aber auf der anderen Seite gibt es Offenheit, Neugier, Bestätigung („Haben wir schon gehört.“ „Wir haben den Flyer schon.“ u.ä.)<br><br>→ Es sind viele Gruppen am Programm beteiligt, jede/r gehört irgendwo dazu, viele sind schon immer da.<br>Ich bin irgendwie das Gegenteil dazu, manchmal neidisch auf diese selbstverständliche Zugehörigkeit, manchmal abgestoßen von der Enge u. Eingefahrenheit der immer am Ort Gebliebenen. //<br><br>Mein Mann beschäftigt sich z. Zt. mit Abraham und Exodus. Das Thema ist bei mir |

| | |
|---|---|
| | auch immer mal wieder da – an unerwarteten Plätzen und in überraschenden Momenten – so wie an diesem Abend. Der Gewinn des Aufbrechens ist die größere geistige Offenheit, der Preis ist die Erfahrung der Fremdheit, des nicht wirklich Dazugehörens.<br>Die Herausforderung, es zu nehmen wie es ist.<br>Es war ein guter Abend, um Eindrücke dazu zu sammeln und die Gefühle wahrzunehmen. |
| 8 | Sonntag 29.4.07<br><br>Dritte und letzte Erstkommunion. Kinder & Grulei freuen sich.<br>Der Pfarrer und ich sind gut eingespielt, es läuft alles so wie es soll. //<br>Meine innere Beteiligung ist mehr bei den Abläufen, „der Choreographie“, aber es macht nichts, es ist nötig und in Ordnung so. //<br>Nachmittag<br>Nochmal ein Blick auf die Lesung der Dankandacht, die Emmaus-Geschichte und meine Gedanken für die kl. Ansprache dazu. Die Geschichte fesselt mich selbst immer wieder, da steckt viel von meinen eigenen Erfahrungen drin, dass Begegnungen mit Gott (mit seiner Jesus-Seite) zuerst so unscheinbar sind und erst im Rückblick, im Reflektieren in ihrer wirklichen Bedeutung erkennbar werden.<br>Da war für mich wieder Gott drin.<br>In der Andacht ist dieser Eindruck noch einmal da. |
| 9 | Montag, 30.4.07<br><br>Am Vormittag: Büro und Vorbereitungsarbeiten, die nicht so flott und effektiv laufen, wie ich das gerne hätte. Never mind. Es lässt sich nicht erzwingen.<br><br>Am Nachmittag eine Runde Plakate hängen in den Kliniken. Das gute Wetter macht die Gänge zur Freude. Die Gärtner geben sich viel Mühe mit Beeten, Kübeln … |
| 10 | Später Gottesdienst in der geriatrischen Reha-Klinik.<br>Die fünf Teilnehmer/innen erzählen, bevor es losgeht:<br>Aussiedlerschicksale, wo ich immer staune, wie sie das überstanden haben, aber die Ereignisse haben ihre Spuren in der Seele hinterlassen. //<br><br>Alle singen und beten intensiv mit. Der Gottesdienst trifft auf ein echtes Bedürfnis.<br>Es berührt mich, daß ich diejenige bin, die hier und jetzt „Werkzeug“ sein kann/darf.<br>Ich schaffe den Rahmen, daß das Gebet, das Hören, das Singen „gebündelt“ werden, „verdichtet“ werden. //<br><br>Die Texte sind vom 4. So. d. Osterzeit/Guter Hirte – Urbild und Ursehnsucht, es sind uralte starke Bilder, vertraut, was für die Leute in ihrer Situation in der Klinik in ihrer Fremdheit und all der Unsicherheit wohltuend sind. //<br><br>Es ist eine befriedigende Erfahrung, es ist auch eine Aufgabe, die bescheiden und dankbar macht. |
| 11 | Dienstag, 1.5.07 Feiertag |
| 12 | Mittwoch, 2.5.07<br><br>Der erste Block ist der Religionsunterricht:<br>Das Gebet am Anfang „sammelt“ fast alle, auch mich, das ist nicht immer so. //<br>Der Unterricht läuft zu meiner Zufriedenheit und ohne bes. Vorkommnisse, das ich auch nicht immer so. |

| | |
|---|---|
| 13 | Im Büro: Organisatorisches, verschiedene Kleinigkeiten erledigen, keine bes. Höhen oder Tiefen, die Arbeit geht so vor sich hin.<br><br>Am Nachmittag wieder im Büro – genauso wie am Vormittag. |
| 14 | Um 17.00 Uhr: Meditativer Tagesabschluss in der Kurgau-Klinik (Reha nach Krebstherapie),<br>die Past.-Ass. ist dran, wir radeln zusammen hin, warten auf die Teilnehmer/innen, die heute aber nicht kommen – das Wetter ist wohl zu schön, da machen viele lieber einen Spaziergang.<br>Also sitzen wir zu zweit da und unterhalten uns über dies und das, ein kleines, ruhiges, schönes vertrautes Gespräch, in Offenheit, so wie die Gedanken und Assoziationen kommen, keine Kontrolle, keine Zensur durch mich selbst, eine gute Verbundenheit ist da, Bereicherung. |
| 15 | Donnerstag, 3.5.07<br><br>Relevant nur der Anruf von Sr. Karin, später Vormittag,<br>Geriatrische Reha-Klinik: Einem Patienten geht es sehr schlecht.<br>Herr Stumm wird wahrscheinlich bald sterben,<br>hat versch. Krebsarten, kann nicht sprechen,<br>muss isoliert liegen, kommuniziert über<br>Buchstabentafel, er hat panische Angst.<br>Ich verspreche, am Nachmittag vorbeizuschauen<br>nach dem Dienstgespräch. //<br><br>Nachmittag schaue ich in der Klinik vorbei,<br>spreche aber nur mit der Schwester, denn<br>Hr. Stumm ist stabiler & wird gerade versorgt,<br>ich verspreche morgen wieder vorbeizuschauen.<br>Erfahre noch, dass er evangelisch ist. Also keine Kommunion nötig. //<br>Meine Gedanken, mein Gebet: Vater unser & Nimm ihm seine Angst, mach sie leichter.<br>Gib mir die Worten, Gesten … die ich brauche für ihn.<br>Wenn du mich hier hingestellt hast, steh mir bei,<br>das Richtige, Nötige zu tun. //<br>Sonst nur Büroarbeit, Briefe schreiben, Telefonate … |
| 16 | Freitag, 4.5.07<br><br>Schule vorbereiten<br>RU<br>Büro<br>das war der Vormittag //<br><br>Nachmittag<br>Büro<br>Klinik: Herrn Stumm besucht.<br>~~E~~ Ich lasse mich von der Schwester anziehen.<br>Seine Frau ist bei Herrn Stumm, was die Schwester nicht gesagt oder auch nicht gewusst hat. Ich höre seine Krankheitsgeschichte, während Herr Stumm schläft, er hat Medikamente bekommen.<br>Zw.durch wird Fr. Stumm von jem. rausgerufen, ich übernehme es, seine Hand zu halten, er ist kurz wach und wirkt aufgeregt, beruhigt sich bald u. schläft wieder ein. Ich |

| | |
|---|---|
| | sitze bei ihm und halte die Hand, er will wohl immer irgendjem. bei sich spüren. Meine Gedanken wandern, sind mal bei ihm, mal im Gebet, mal bei der anderen Arbeit, mal bei meinem Mann – es ist eine ruhige gute Zeit.<br>Seine Frau kommt wieder zurück, erzählt weiter, er wacht auf, ist unruhig, will etwas „sagen“, wir verstehen seine Zeichen nicht, das muss schrecklich für ihn sein. Nach einer Weile wird er ruhiger, //<br>Bevor ich wieder gehe, frage ich Fr. Stumm, ob es ihrem Mann gut tut, wenn ich bete, sie sagt, daß es ihr nichts bedeutet, aber daß ihr Mann gläubig ist, obwohl er aus der Kirche ausgetreten.<br>Ich sage ihm, daß ich „mit“ und für ihn das Vaterunser sprechen will und beginne – und sofort faltet er die Hände – also war es richtig zu beten.<br>Gott, ich vertraue dir Hrn. Stumm u. seine Frau an,<br>sei ihnen nah mit deiner Liebe und Kraft. //<br><br>wieder Büro,<br>meine Gedanken gehen ab und zu ihm zurück und zu dem Gebet;<br>erledige noch ein paar Dinge. |
| 17 | Samstag, 5.5.07<br><br>Besuch bei Herrn Stumm, der meistens schläft,<br>sonst unruhig ist, sich nicht verständlich machen kann, auf Dinge zeigt, ich aber nicht verstehe, was er meint. Es ist frustrierend.<br>Ob das Gebet hilfreich ist angesichts seines Unwohlseins und seiner Unruhe – ich weiß es nicht. //<br>Das Gefühl der Ratlosigkeit nehme ich mit und ein „schlechtes Gewissen“, ob ich ihm gerecht geworden bin.<br>Er bleibt in meinen Gebets-Gedanken. |
| 18 | Sonntag, 6.5.07<br><br>Im Gemeindegottesdienst werden drei Kinder vom Taufgespräch am 25.4.07 getauft. Es ist schön, sie ein wenig zu kennen, es ist ein fröhlicher, heiterer Gottesdienst – Lebensfreude und Vertrauen in die Zukunft sind spürbar. |
| 19 | Nachmittags 2 Std. Dienst am Info-Stand „Kirche auf der Landesgartenschau“ auf dem Frühlingsfest in Siebelbach (organisiert vom Autohaus Alt = Sponsor der „KiGa“)<br>Insgesamt eher ruhig – ein paar nette Gespräche mit aufgeschlossenen Leuten: es gibt ein gemeinsames Interesse für die Sache. |
| 20 | Abend:<br>Dienst an der Kasse u. Präsenz zeigen bei dem Kabarett-Abend „Kicher, Kicher, Kirche“ von Dr. Paul Trönder (= Benefiz-Veranstaltung für „KiGa“)<br>Seine Verbundenheit mit der Kirche wird deutlich, wenn er sie – und sich als Arzt – humorvoll auf die Schippe nimmt: Ärzte und Pfarrer haben viel gemeinsam, auch viele Begrenztheiten. Glaube kann Lebenshilfe sein.<br><br>Der Abend ist vielleicht „effektiver“ als eine Predigt oder ein Vortrag. Lachen ist gesund, Glauben ist gesund. Im Lachen wächst Gelassenheit und vielleicht sogar Vertrauen ins Leben, das nicht alles verloren und dunkel ist, Lachen zu können ist Gnade. |
| 21 | Montag, 7.5.07<br><br>Als erstes in die Klinik zu Herrn Stumm, die Schwester sagt mir, daß er gestern abend gestorben ist. |

| | |
|---|---|
| | Ich gehe noch einmal in sein Zimmer für 10 stille Minuten mit einem Gebet. // Traurigkeit, Erleichterung, die offene Frage, was er gebraucht hätte, sein Bild noch lebend und zugedeckt als Toter gehen eine ganze Weile mit mir. |
| 22 | Der Kontrast ist groß: Es folgt die Dankmesse mit den Kommunionkindern und der Ausflug nach Spitzingen (Dom) und Monheim (Amalienpark). //<br>Lebhafte Lebensfreude, Neugier für die Kirche und die Kaisergräber, kleine Gespräche. Ich wundere und freue mich immer wieder über das Vertrauen der Kinder, wenn sie von ihren Erlebnissen, ihren Familien, Gedanken, Wünschen … erzählen, das sind Geschenke. |
| 23 | Am Abend<br>Vortragsabend in der Rosenband-Klinik. Gut, dass heute Abend eine Referentin kommt. Thema: Träume – Sprache des Herzens. Sie macht ihre Sache (wieder) gut. Ich darf zuhören. Was sie erzählt und erklärt, regt meine eigene Reflexion an.<br>Welche Bedeutung haben meine Träume, wer oder was spricht in den Träumen zu mir, sind sie ein (Um-)Weg Gottes via Unterbewußtsein in mein Bewusstsein durchzudringen? |
| 24 | Dienstag, 8. Mai 2007<br><br>Vormittag:<br>Büroarbeit am Schreibtisch: Telefonate, Briefe, E-Mails, Planen, Organisieren, Landesgartenschau-Kalender checken …<br>Am meisten innere Beteiligung: E-Mails an Dr. Trönder als Gruß und Dank für Sonntagabend – Gedanken über Lachen und Witz – freue mich, daß er antwortet.<br><br>Nachmittag:<br>Mentorengespräch mit der Past.-Ass., geistlicher Impuls u. Erfahrungsaustausch in Offenheit – Erfahrungen teilen, es ist ein bisschen ein Ruhepunkt im Organisieren und Abarbeiten der Stapel und Listen. |
| 25 | Abend:<br>PGR-Sitzung in Heimsheim:<br>Situationsanalyse für die Past. Leitsätze–<br>Ist das nötig/effektiv, alle plagen sich damit,<br>wird es wirklich größere Klarheit für die Zukunft bringen? |
| 26 | Mittwoch, 9. Mai 2007<br><br>RU am Vormittag &<br>Büro, Lesen für das nächste Kirche-in-der-Klinik-Gespräch, Thema: Auf die Stimme meines Herzens hören. Was ich lese interessiert mich selber, es macht mir Freude mich zu vertiefen. |
| 27 | Nachmittag<br>Briefe an die Ärzte: Anfragen für Workshops für die Landestagung der Kurseelsorger/innen, die im Nov. In Bad Regenau stattfindet. |
| 28 | Meditativer Tagesabschluss in der Kurgau-Klinik, Mandalas, zwei Frauen kommen und kommen auch gut mit dem Angebot klar. Ich kann einfach mitmalen, was mir gut tut – die Gedanken loslassen … bei mir sein |
| 29 | Abend:<br>Vorstandssitzung PGR Bad Regenau<br>Thema: Past. Leitsätze Situationsanalyse<br>Blick auf das Evangelium / Reich Gottes in der Gemeinde Herz Jesu in Bad Regenau |

| | |
|---|---|
| | Interessant, die Sicht der anderen zu hören, was sie sich unter Reich Gottes vorstellen. Das Gespräch ist manchmal kontrovers, aber das ist gut zum Wege-Finden für die nächste PGR-Sitzung. |
| 30 | Donnerstag, 10. Mai 2007<br><br>Büro am Vormittag:<br>Schreibtischarbeit. Unruhe und Umdisponieren wegen Anruf der Kur- und Klinik-Verwaltung: Die Freie Ev. Gem. fragt, ob sie Gottesdienste in den Kliniken anbieten dürfen. Ich erreiche meine ev. Kollegin, wir überlegen und entscheiden der Kur- und Klinik-Verwaltung zu sagen, dass wir es nicht befürworten.<br>Schade, daß diese Unterscheidungen zw. Christen so wichtig sind und Abgrenzung nötig ist, weil Art und Anliegen und Methoden zu verschieden sind. //<br><br>Nachmittag<br>Dienstgespräch, anschließend sortieren, was sofort erledigt werden muss. Es ist viel und anstrengend und mühsam. //<br><br>Abend:<br>PGR in Siebelbach – die Sitzung ist unendlich lang …<br>viel Situationsanalyse (Past. Leitsätze), die allen Mühe macht, mir auch.<br>viel zu planen: Feste vor allem, Jubiläen …<br>Ich empfinde es als mühselig, daß wir Hauptamtl. mit den Siebelbacher Gewohnheiten u. Traditionen noch nicht vertraut sind. Sie gehören erst seit Nov. 06 zur Seelsorgeeinheit, seit ihr eigener Pfarrer gestorben ist. |
| 31 | Freitag, 11. Mai 2007<br><br>Vorm.<br>RU<br>Büro<br><br>Nachm<br>Besuch in der Klinik: Gott sei Dank positive Perspektiven |
| 32 | Ab 16.30 Liturgiekurs fürs Dekanat<br>zuerst letzte Vorbesprechung,<br>dann der Kurs-Abend.<br>Das meiste bringen die Referenten „fertig“ mit. Für uns vor Ort ist es nicht mehr so viel Arbeit. //<br>So die Hintergründe, die Bedeutung von Liturgie zu ergründen macht Spaß, ist spannend für alle<br>Die Atmosphäre ist offen, freundschaftlich, produktiv. // Die Komplet ist ein schöner, dichter, runder Abschluss für den Kursabend und den Tag. |
| 33 | Samstag, 12.5.07<br><br>Den ganzen Tag Liturgiekurs.<br>Immer wieder erstaunlich, wie viele Leute Interesse haben und es schaffen, sich die Zeit für den Kurs zu nehmen. Sie saugen das Wissen auf, stürzen sich in die Gruppenarbeiten, ringen mit unverständl. Schrifttexten, finden eigene, eigenwillige Zugänge.<br><br>Es gibt noch Leute, die Glaube und Kirche, |

| | |
|---|---|
| | Bibel und Liturgie lebendig halten wollen und etw. weitergeben wollen.<br><br>In einer Gruppe zu sein; wo es darüber einen Grundkonsens gibt, scheint ihnen gut zu tun.<br><br>Eucharistiefeier zum Abschluss am Ende des Kurstages. Sie ist über den Tag gewachsen, der Referent hat viel für Struktur u. Ablauf getan. Jetzt werden die persönl. gestalteten Teile, Elemente eingebracht.<br>Obwohl vieles nicht meinen Gedanken entspricht und meiner Situation, berührt mich die Bereitschaft und der Mut, sich hinzustellen u. Persönliches, Eigenes zu zeigen, zu teilen.<br>Was in mir bleibt, sind nicht Worte oder Texte sondern die Atmosphäre. |
| 34 | Sonntag, 13.5.07 frei |
| 35 | Montag 14.5.07<br><br>Vormittag: Büro, nichts Besonderes – außer dass wieder E-Mails kommen, Freitag u. Donnerstag ging nichts. |
| 36 | Nachmittags<br>Eine Runde durch die Veitus-Klinik, um zum Godi einzuladen. Wie immer unterschiedliche Reaktionen. Ich versuche den Gang durch die Krankenzimmer mit der Bereitschaft offen zu sein, zu hören, wahrzunehmen, ob etwas in der Luft liegt, zu tun – trotz Zeitdruck, weil ich alle Stationen „schaffen" möchte. //<br>Das ist gar nicht so einfach. Die Gespräche handeln von Krämpfen und Schmerzen, vom den, was geht und nicht geht (sitzen, gehen ...), vom Besuch und Ökumene. Eine Patientin gibt mir ihre Blumen für den Gottesdienst am Abend und für die Kirche mit. ~~Zwischendurch ein paar~~ Sie kann nicht kommen, das scheint ihr Zeichen von Verbundenheit zu sein.<br>Ein Mann bittet um die Kommunion, ich werde sie ihm morgen bringen. |
| 37 | Anschließend ein paar Gedanken für die Schule am Mittwoch. |
| 38 | Am Abend: Gottesdienst. Zu meiner Überraschung sind sieben Personen da. Zu meiner Überraschung singen alle stimmgewaltig die Lieder mit.<br>Es herrscht große Aufmerksamkeit. // Einer Frau fließen zwischendurch immer wieder die Tränen. Sie ist mit einem Lauf-Wagen gekommen, der Geschäftsführer ist ihr über den Weg gelaufen und hat sie geschoben bis zur Tür des Raumes, ich empfinde Sympathie und Anerkennung für ihn, schön, daß er so etwas tut. ~~Es gibt~~//<br><br>Nach dem Gottesdienst spreche ich noch ein wenig mit ihr. Die Tränen ~~kom~~ kommen von der Anspannung und Bewegtheit durch Operation etc.<br>sie entschuldigt sich dafür, was ich verstehe und trotzdem unnötig finde. Empfinde Nähe und Vertrauen |
| 39 | Nach dem Abendessen:<br>Ökumene-Ausschuss-Sitzung:<br>Es geht um Organisatorisches (Feste),<br>Gestaltung u. Form der Bibelwoche und einer Nacht der offenen Kirchen. //<br>Wir beginnen mit dem Vater unser und bei der Bitte „Und führe uns nicht in Versuchung" denke ich schon intensiv an den ev. Pfarrer – es „nützt nichts":<br>seine destruktive Art, mit der er die Beiträge aller zuerst immer schlecht macht und ihre Unvollkommenheit vorführt, macht mich aggressiv und pampig und gereizt. Wie so oft. Ich sehe keine Lösung, um aus diesem Prozess auszusteigen. Am Ende lenkt er ein, weil er selber auch keine besseren Vorschläge hat. |

| | |
|---|---|
| | Aber so sieht es aus, als ob wir es immer nur zur zweit oder drittbesten Lösung schaffen.<br>Wie die Ehrenamtlichen wohl darüber denken und empfinden? Mich frustriert das. //<br><br>Eine Herausforderung für mich, mit der ich noch keinen Weg gefunden habe ~~um~~ bin etwas ratlos: Ansprechen bringt, glaube ich, nichts. Meine Befürchtung ist, dass es das Problem verschärfen würde.<br>Aber ich weiß es nicht …//<br><br>Ich bin froh, als die Sitzung fertig ist, und froh nach hause zu kommen.<br>Was habe ich heute von meinem Mann gesehen?<br>Er liegt schon im Bett, als ich komme.<br>Immerhin haben wir zus. zu Mittag gegessen. |
| 40 | Dienstag 15.5.07<br><br>Wieder als erstes ein bißchen Schule für morgen. //<br>Dann die versprochene Krankenkommunion.<br>Der ältere Mann erzählt mir, wie wenn wir uns schon immer kennen würden und wie wenn ich alle in seinem Dorf und in seiner Familie kenne.<br>Das passiert ab und zu. Erstaunlich und schön, wie viel Vertrauen manche Menschen haben (bes. ältere), wenn jemand von der Kirche kommt – oder es ist immer so bei ihnen – egal; ich fühle mich dann immer beschenkt. //<br><br>Dann Büro, das Übliche. |
| 41 | Nachm.<br>Besuch vom Kirchenblatt wegen der Gartenschau. Gang übers Gelände mit ein paar anderen vom Team. Es macht Spaß unsere Ideen zu zeigen, zu erläutern. //<br>Der Paradiesgarten – das Werk von Fr. Schmiederer – zeigt sich schon in schönster Pracht. Der Name passt doch und ist kein leeres Versprechen. Er regt zum Staunen und Entdecken an. Mir fallen Verse, Worte aus Ps 104 ein „… wie wunderbar sind deine Werke Herr …“ alles hat seinen Sinn und seine gute Ordnung hier.<br>Schönheit und Ordnung tun der Seele gut. //<br><br>Anschließend noch Gespräch im Pfarramt<br>und ein paar banale Erledigungen. |
| 42 | Abend:<br>Eine halbe Stunde Besuch bei einer Tauffamilie.<br>Wir hatten schon im Büro bei der Anmeldung miteinander gesprochen – alles ohne Probleme<br>Sie erzählen, daß die Tochter ein Frühchen war, jetzt aber fit und gesund ist. Viel Dankbarkeit ist herauszuhören. Ich freue mich mit, die kleine Miriam ist süß und zutraulich. |
| 43 | Mittwoch, 16.5.07<br><br>RU: alles wie gewohnt, aber ich höre, daß Markus einen zweiwöchigen Schulausschluss hat, weil er andere verprügelt hat. Oje, das wird auch nicht helfen, dass seine Schulprobleme besser werden …<br>Mich nervt er auch oft, aber irgendwie mag ich ihn trotzdem, weil er offen und klar ist.<br><br>Büro: ebenfalls alles wie gewohnt: |

| | |
|---|---|
| | Ein bißchen Briefe und E-Mails bearbeiten, telefonieren, ein bißchen vorbereiten |
| 44 | Nachm:<br>Besprechung zur Vorbereitung des nächsten Gesprächsabends in der Klinik zu dritt: Kathrin (ehrenamtl. Mitarb.) und die Past. Ass.<br>Thema: Auf die Stimme meines Herzens hören. //<br>Wir haben völlig unterschiedliche Zugänge beim jeweils persönl. Vor-denken gefunden, die aber nicht unter einen Hut passen, aber das Gespräch zwischen uns ist hochinteressant, spannend, anregend, dicht, persönlich, geistlich, lustig/fröhlich, beflügelnd. //<br>Das sind die Momente, wo ich meinen Beruf richtig liebe.<br>Ich habe die Möglichkeit durch ihn, immer wieder solche Gelegenheiten zu haben, wo ich nicht nur für irgendeinen Anlass etw. bespreche und vorbereite, sondern selbst ganz drin u. ganz dabei sein kann. |
| 45 | Anschl. Med. Tagesabschluss in der „Krebs"-Reha-Klinik, die PA ist dran, ich darf zuhören und kann das Zur-Ruhe-Kommen genießen.<br><br>letzte Runde im Büro:<br>Ich kann noch ein paar „liegen gebliebene" Sachen erledigen. Das dauert zwar eine Weile, ich bin aber zufrieden als ich fertig bin. |

*„Gott, wann hält dieses Rad endlich an?“*

## Tagebuchaufzeichnungen der Seelsorgerin E

| | |
|---|---|
| 1 | Donnerstag, der 19.04.07<br><br>Der Tag beginnt mit der Bitte an Gott: „Bitte, lass es gelingen!“ //<br>Die Schüler der 3. Klasse singen mit Begeisterung alle Strophen von „Lauda to si“. Eine euphorische Stimmung entsteht. Die Kinder klatschen zum Refrain und ihre Gesichter strahlen. // Ich denke: „Danke Gott, dass ein Tag so beginnen kann, weit weg von Streß und Sorgen.“ |
| 2 | Beim Dienstgespräch schaut mich unser Pfarrer ganz bewußt an. Seine Augen strahlen und er bedankt sich für die gute Erstkommunionfeier. Er findet Worte, kurze aber sie scheinen tief von innen zu kommen, die seine Anerkennung und Wertschätzung zeigen. „Die Predigt“ denke ich, es ist die Predigt gewesen, die ich gehalten habe.“ //<br>Bewußter als sonst habe ich den Werdegang dieser Ansprache erlebt. Zu Beginn der Woche habe ich mir die Bibelstelle durchgelesen. Tage später habe ich mir Stichpunkte gemacht, die mir dazu wichtig erschienen. Dann, wusste ich, musste ich warten. Mir war klar: Ich kann die Predigt nicht machen. Es war, als hätte ich die Worte der Bibel eingepflanzt, gesät. Nun musste ich warten, nun mussten sie keimen. Das kann ich nicht bewirken. Das kann nur Gott. Immer wieder musste ich mir selber sagen: „Ganz ruhig, Gott wird dir die Worte geben. Den Zeitpunkt spürst du. Dann, schreibe alles auf.“ So war es dann auch. Meine Aufgabe war es, den Zeitpunkt zu erspüren, wann es geboten war, die Ansprache aufzuschreiben.<br>Zum ersten Mal floss sie mir so aus der Feder, dass ich sie nicht ~~ein zweites Mal~~ ins Reine schreiben musste. Die Gedanken kamen so klar, dass ich das entstandene Schriftstück im Gottesdienst verwendet habe. (Es kamen noch sehr bewegende Rückmeldungen) //<br>Die Stimmung blieb den ganzen Tag über gut. Selbst die lange Probe in Siensberg und die schwierigen Müttergespräche änderten daran nichts, bis z. Abend.<br>Es war ein Tag, durch den mich Gott getragen hatte. |
| 3 | So, 22.04.07, Erstkommunion Buchwald //<br><br>Nach dem Gottesdienst fragt mich ein mir gut bekanntes Gemeindemitglied, ob er die Ansprache bekommen könnte. Ich willige sofort ein und unverzüglich hole ich den Text aus meiner Mappe. Ein inneres Gefühl meldet: „Nein, halt, nicht – deine wertvollen Gedanken“. „Doch!“ sagt eine andere Stimme. Ich gebe sie aus der Hand. // Mir ist klar: Es sind nicht meine Gedanken, ich habe sie von Gott. Sie sind auch nicht nur für mich, die Gedanken. Ich habe sie bekommen, um zu verkünden. Wenn die Evangelisten ihre Texte nicht aus der Hand gegeben hätten, wüssten wir heute nicht so viel von Jesus, keine ersten Glaubenszeugnisse von Paulus und und und. So gebe ich mit etwas Wehmut aus der Hand, wofür ich eben nur die Schreiberin war, obwohl es doch sehr viel mit mir zu tun hat …. |
| 4 | Montag, 23.04.07<br><br>Der Unterricht fällt aus, weil alle gestern Kommunion hatten. Nur 5. + 6. Std. in der anderen Schule. // Ich beschließe etwas frei zu machen, auch den Nachmittag. Der Unterricht in der 5. + 6. Std. lief nicht gut. In meine Unzufriedenheit mischte sich eine Stimme: Nimm auch dich mit den Seiten an, die nicht so glanzvoll sind! Das war für |

| | |
|---|---|
| | mich wie eine Erlaubnis, den Rest des Tages trotzdem frei zu machen und zu genießen. ~~Bis~~ Das war neu, denn bisher habe ich als Folge solcher Mißerfolge ~~mich nicht mehr~~ das Gefühl gehabt, nicht mehr das Recht zu haben, auszuruhen sondern an der Verbesserung meiner Arbeit ~~zu~~ schaffen zu müssen. //<br>Abends legte ich mich mit dem Gedanken ins Bett: „Danke Gott, dass dieser Tag so lief…“. |
| 5 | <u>Dienstag, 24.04.07</u><br><br>11.$^{30}$ Ich mache mir Gedanken darüber, ob ich heute wohl eine Gotteserfahrung mache – klingt irgendwie komisch! //<br>Mit Gott leben – ja. Entscheidungen und Erlebtes mit Gott in Verbindung bringen, an ihn rückbinden – ja! Aber jeden Tag mit einer besonderen Erfahrung oder Begegnung rechnen? Ist das nicht etwas viel, vielleicht vermessen? //<br>Meine Arbeit in der Gemeinde ist heute fast ausschließlich organisatorischer Art. ~~Dabei~~ Ist dabei eine Gotteserfahrung möglich? Nun ja, immerhin hat alles geklappt und ich bin Gott dankbar, dass mir so manches rechtzeitig eingefallen und gelungen ist. In den letzten Jahren habe ich immer wieder erfahren, dass ich Dinge total übersehen habe. // Mir fällt ein, dass ich am Sonntag beim Einschlafen bewusst nicht mehr an Gott denken wollte, obwohl es eigentlich so ein erfüllter und wunderschöner Tag war. Aber Gott war für mich viel zu sehr mit meinem Beruf verbunden. Und ich wollte endlich frei haben, endlich nichts mehr zu tun haben mit Kirche, nur noch privat sein. Leider gehört zu dem, was ich dann abstreifen möchte, auch Gott. Das haben mein Mann und ich schon öfter festgestellt. Deshalb kommt es bei uns auch höchst selten vor, ~~daß~~ dass wir in den Ferien einen Gottesdienst o.ä. besuchen. Gut finden wir das nicht, aber es tut uns und der ganzen Familie gut! |
| 6 | <u>Mittwoch, 25.04.07</u><br><br>Morgens Schule vorbereitet und endlich mal wieder in Ruhe Mails abgerufen. // Dann hatte ich einen Abendtermin, bei dem ich eigentlich nicht so recht wusste, was meine Aufgabe ist. Das kann ja übel ausgehen, denn dadurch bin ich auch sehr unvorbereitet. Während des Abends dann erlebte ich mich total sicher und was ich sagte, hatte Hand und Fuß, kam auch immer zur rechten Zeit! Zum Schluss erhielt ich Anerkennung, daß ich da war und Dankbarkeit. //<br>Mir kam die Geschichte mit Moses in den Sinn, dem Gott versicherte, er werde ihn die Worte in den Mund legen. Auch bei mir eine Gotteserfahrung? |
| 7 | <u>Donnerstag 26.04.07</u><br><br>Morgens Schule und Dienstgespräch. // Dort die Nachricht, dass ein Mitglied des Glaubensgesprächskreises verstorben ist. Ich fragte meine Kollegen, was ich denn da machen könnte, denn der Glaubensgesprächskreis wollte sich ausgerechnet noch am Abend treffen. // Ich setzte die Tips um. Obwohl ich es ziemlich am Magen hatte, war auch der Abend erfolgreich. Die wenigen Symbole, die ich ausgelegt hatte, trafen bei jeder der Frauen ganz persönliche Schmerzpunkte an – welch ein Zufall oder nicht??<br>Ich ging dankbar nach Hause. |
| 8 | <u>Freitag, 27.04.07</u><br><br>Am Nachmittag war von 15 $^{00}$ – 17 $^{00}$ Probe f.d. Erstkommunion. Die Texte wurden verteilt. //<br>Am Samstag sprach mich eine Mutter an, ob ich mit jemanden abgesprochen habe, dass ihr Sohn die Kirchenbesucher begrüßen darf. Denn das wäre genau die Rolle ge- |

| | |
|---|---|
| | wesen, die zu ihm passe und mit der nun überglücklich sei. // Es war so eine prompte Entscheidung obwohl so viele Kinder denselben Text auch gelesen hätten. Vielleicht hat da ja jemand mitgelenkt… |
| 9 | <u>Samstag, den 28.04.07</u><br><br>Mit drei Frauen richte ich die Kirche für die Erstkommunion. Eine Frau kommt zu mir und weint während sie von dem Leid ihrer Freundin erzählt. Eine Situation, in der man eigentlich ziemlich hilflos ist als Zuhörer. // Mir fällt das Olivenholzkreuz ein, das ich vom Seniorenreferat gekauft habe. Bevor ich zur Kirche gegangen bin, überlegte ich noch, ob ich wohl die ganze Handtasche mitnehme oder nur den Schlüssel, den ich brauche. Ein Gedanke „Wer weiß, vielleicht brauchst Du noch was anderes daraus" bewog mich, die ganze Tasche mitzunehmen. Zum Glück. Es war das Kreuz darin. // Die Frau nahm es gerne und hielt sich daran fest. |
| 10 | <u>Sonntag, 29.04.07</u><br><br>Kommunionfeier lief glatt, alles bestens. // Gleich im Anschluß des Vormittagsgottesdienstes war Kuchenbacken für den Geburtstagskaffee meiner Schwester angesagt. Von dort aus zur Dankandacht. Danach wieder zur Geb.feier. // Ich merke, es wird mir zu viel. |
| 11 | <u>Montag, 30.04.07 + Dienstag 1. Mai</u><br><br>Es stellt sich keine Erleichterung ein. Ich denke nur „Puh, es ist geschafft!" Schule, dann der Vorsatz, endlich aufzuarbeiten, was bisher zu kurz kam, klappt nicht. Habe Schwierigkeiten, mich auf e. Gespräch mit einer Schülerin über Nietzsche. Werde langsam unzufrieden. //<br>Zu Hause wird alles gerichtet für die Geburtstagsfeier auf einer Hütte mit Grillen und Übernachtung – bin gar nicht in Stimmung, hätte gerne einmal entspannt in meinem eigenen Bett gelegen und ohne Wecker (1.5.!) aufgewacht. Da stellt sich schon wieder diese innere Stimme ein, die mir sagt, dass ich mich auf das einlassen soll, was kommt, dass es genau das richtige ist, dass ich alles loslassen soll …. Gott? //<br>Es war so. Wir kamen auf die Hütte und ich war draußen von allem. Nachts mit Kindern im Vollmond geturnt – herrlich. Aufwachen bei strahlendem klaren Wetter, Natur pur drum rum. Zuhause total entspannt, ohne Zeit- und Pflichtgefühl.<br>„Danke!" sag ich und meine Gott. |
| 12 | <u>Mittwoch, 2.05.07</u><br><br>Aber jetzt wird nachgeholt – Schule vorbereiten, Schreibtischsachen – Termin mit Katecheseausschuss. Dann Markt und Kinder abholen, Mittagessen bei meiner Mutter und gleich weiter zur Beerdigung einer Frau aus dem Glaubensgesprächskreis. Danach Dienstgespräch. // Wirklich vorwärts gekommen bin ich nicht. Immer noch seltsame Übergangsphase zw. EKO-Streß und normaler Gemeindearbeit. Ich habe Magenschmerzen. Einordnen kann ich's nicht. // Gott finde ich nicht einmal bei der Beerdigung. |
| 13 | <u>Donnerstag, 3. Mai 07</u><br><br>Der Tag besteht nur aus Terminen. Am Nachmittag geht es um Eucharistiefeier zus. mit den ev. Kollegen des Dekanats. Der Vortrag ist theologisch genial. Ich denke nur: „Meine Güte, was kann man da noch hinein interpretieren. So eine Theologie macht zwar Spaß. Hat aber glaube ich wenig mit der Gemeinde zu tun. Wenn ich mir da so die ~~Gd~~ Fest-Gemeinden der letzten 4 Erstkommunionfeiern vorstelle." // Und selbst |

| | |
|---|---|
| | ich merke, wie wenig ich mich von diesen Gedanken berühren lasse. Und ich weiß, dass es Tage gibt, da ~~sagt~~ spricht mich die Euch.feier überhaupt nicht an und Tage, da schöpfe ich ganz viel daraus. Ich merke, wie das evangelische Abendsmahlverständnis des Gedenkens genügt. // Bei so viel theoret. Gedanken finde ich Gott nicht. Und irgendetwas lässt mich auch ungerührt bei der abschließenden Wort-Gottes Feier mit Taizéliedern. Mach ich den Job jetzt abgebrüht? |
| 14 | Abends bin ich krank, Magenkrämpfe. Wie gut der Schlaf tut! //<br>Ich habe das Gefühl, meine Richtung ist gerade eine andere, Ich muß wieder bei mir ankommen nach dieser Pausenlosigkeit. Und Gott schenkt mir das körperl. Stopp. Ich selbst räume mir ja doch dieses absolute Stopp nicht ein. // Also Gott wieder da – ganz wo anders als oberflächlich betrachtet vermutet. |
| 15 | <u>Freitag, 4. Mai 07</u><br><br>Mein Mann und ich sagen uns, dass es heute ruhiger werden muss. Wir wollen diesen Tag genießen. Es gibt Momente der Ruhe und des Entspannens. // Aber er plant gleichzeitig die Busfahrt, die in dieser Nacht beginnt und ich die Wanderung mit EKO-Kindern und den Transfer der Kinder zu meiner Schwester währenddessen. // Ich frage: „Gott, wann hält dieses Rad endlich an? Ich habe die innere Ruhe noch nicht gefunden.“ |
| 16 | <u>Samstag 5. Mai</u><br><br>Der Morgen ist stressig, aber die Wanderung erfolgreich und schön, mit sehr guter Stimmung.<br>Es ist alles gut, aber eigentlich will ich heim. //<br>Ich bin Gott dankbar, dass es punkt 14.[30] Uhr anfängt, ordentlich zu regnen. Die meisten gehen. Ein hoch motivierter Kreis bleibt am Feuer – super eigentlich. Das sind auch die, die an Kirche in den letzten Wochen Gefallen gefunden haben. Das könnte man ausbauen – ich will aber heim. // Zum Glück sind wir alle ein bisschen naß geworden. Ich bin mit dem Bus und dem Anhänger die einzige Möglichkeit für 2 Familien, nach Hause zu kommen. Der Rest bleibt, ohne mich. Ist ja auch OK, denke ich. So ist die pastorale Arbeit eigentlich. Ich soll nur „Anschucker“ sein, brauche nicht überall dabei zu sein. Wir gehen. „Danke“ – wieder was gelernt. |
| 17 | Sonntag – gemütlich, privat, // ich bleibe leicht reizbar, die Nerven liegen noch blank |
| 18 | <u>Montag – 7. Mai 07</u><br><br>Am Nachmittag werde ich endlich richtig krank. Ich schlafe und schlafe. Mein Mann sagt alles ab. Ich genieße es, nicht mehr selbst alles regeln zu müssen – endlich ganz abgeben!! Ich schlafe und träume. Es kommt mir vor wie ein Geschenk. Danke, Gott<br>Muß ich mir nächstes Jahr nach der EKO einfach frei nehmen oder wie kriege ich das nächste Mal ohne Krankheit hin? |
| 19 | <u>Dienstag, 8. Mai</u><br><br>Dienstag ist streng genommen sowieso mein freier Tag, ich muss nichts absagen. Ich schlafe und mach nur das, was geht. Ich werde ruhig, habe Zeit zum Spielen und Reden, zum Geburtstagskarte schreiben und für dieses Tagebuch. Draussen regnet es, wie schön. //<br>Die Kinder haben's sich auch alle gemütlich gemacht. Es ist ein total ruhiger Tag, zum Luftholen für Mensch und Natur. //<br>Ich habe mich vormittags schon gefragt, warum sonst die Dienstage so anstrengend sind für mich. Klar, ich versuche freizeit- und haushaltsmäßig alles in diesen einen |

| | |
|---|---|
| | Tag zu stecken und Taxi zur Musikschule bin ich dann auch noch. Heute bin ich krank, da klappt's mit dem Bus, trotz Regen – muss ich mir merken! //<br>Und Gott? Vielleicht bringt er mir gerade bei, im Jetzt zu leben! |

## *„Du liebe Zeit, welch Thema" oder: „Mit dem ‚Zwischen' wird es erträglicher"*

## Tagebuchaufzeichnungen der Seelsorgerin F

| | |
|---|---|
| 1 | **Gottespräsenz – im seelsorglichen Alltag!!?**<br><br>16.4.<br>Du liebe Zeit, welch Thema. Und dann soll ich auch noch meinen Berufsalltag aus dem Lebensganzen herausschneiden. // Mein seelsorgerlicher Alltag heute: Unterrichtsvorbereitung (da hätte ich ja wirklich schon in den Osterferien mal dran können) und Bürokram. Eine Anfrage von einer Erstkommunion-Mutter, ob wir das Familienfest bezuschussen können. Sie könne sich die Schuhe für ihre Tochter Melanie nicht leisten. Familie U. ist regelmäßiger Empfänger von Caritas-Geldern. Also: Anweisung schreiben, Geld in Kuvert stecken, der zuständigen Besuchsdienst-Frau vorbeifahren (auf dem Heimweg). Ein Besuch bei einer Familie mit einem Neugeborenen, die per Mail Fragen zur Taufvorbereitung hatten. Süß der Kleine, heißt Jeremias wie der große Prophet. Eine junge Familie ganz im Glück. //<br>Gott?<br>Meine zutiefste Überzeugung: Gott ist mir zuinnerst. Er ist der unzerstörbare Kern meines Selbst. Das ist Glaube, in tiefster Dunkelheit erprobt, letzte Gewissheit und Halt in Zeiten, als alles verloren war (mein Sohn ist vor zwei Jahren gestorben). Deshalb ist die erste Antwort auf diese Frage nach der Gottespräsenz eine klare Kopfantwort: Er ist immer mit mir, nicht nur dann, wenn ich mir dessen bewusst werde in Gebet, in Meditation, in Stilleinseln, im Innehalten. // Innhalten heute: Während der Arbeit keinen Moment, heute morgen, während der geistlichen Lektüre. Habe mir noch nicht mal Zeit zum Meditieren genommen, statt dessen ein Spaziergang im Garten – aber das ist ja nur *meine* Seelsorge, nicht mein Berufsalltag. |
| 2 | 17.4.<br>Mit der Klasse 8/9 Einstieg in das Thema Schöpfung. Woher dieser Baum da draußen kommt und wie das noch mal mit dem Urknall war… Irgendwann dann die Bemerkung von Romana: „Und wenn das dann von Gott kam… dann gäb's uns ja gar nicht ohne ihn." Auf meine Bestätigung dann die Reaktion von Romana und Lara: „Bo, krass." Das war eher ein Schauder, eher ein unheimlicher Gedanke, der Reaktion nach zu urteilen. Und ein Gedanke, der so von ihnen noch nie gedacht war. Das war irgendwie tatsächlich krass, da war so ein kleines Erschrecken in der Luft und in der Klasse, spürbar. //<br>Da haben sich Menschenhirne an die ungewohnte Übung gemacht, Gott nachzudenken, sind über denkbar Undenkbares gestolpert, Hauptschüler haben sich in philosophischem Denken versucht. In diesem kleinen Moment des Staunens und Erschreckens – da war vielleicht Gott drin. |
| 3 | 18.4.<br>Meine geistliche Lektüre des Tages (heute habe ich es zumindest geschafft) ist zur Zeit von Alfred Delp, Im Angesicht des Todes und dort seine Auslegung der (lateinischen Fassung der) Pfingstsequenz. Das sind wirklich große Texte, im Angesicht des Todes ohne überflüssige Schnörkel und schlicht wesentlich. Heute lese ich über den Kontakt / den Dialog mit dem Heiligen Geist: „Wenn je eine Intimität innerer Sorge und Pflege bedarf, einer ehrfürchtigen Behutsamkeit und Wachheit, dann diese… Für die ständige Führung dieses Dialogs bedarf es einer hellhörigen Wachheit und emp- |

| | |
|---|---|
| | findsamen Offenheit über sich selbst hinaus. Und die beständig unternommene Verlagerung der eigenen Lebensmitte in den Herrgott." // <br>Nun ist die Herausforderung dieses Tagebuchs ja, im Berufsalltag nach der Präsenz Gottes zu fahnden. Immer wieder die Frage: Ist Präsenz nur da, wo ich sie bewusst wahrnehme? Im täglichen Wursteln ist wenig Behutsamkeit und hellhörige Wachheit, kaum empfindsame Offenheit. Diese Eigenschaften verweisen auf die Ruhe des heimatlichen Schreibtischs oder Sofas. // Sie würden in den Alltagsanforderungen auch nicht taugen: <br>Das Dienstgespräch mit seinen guten Gesprächen, der fröhlichen Atmosphäre und den mitunter langatmigen Erzählungen und Überlegungen ist schlicht Ort der Verständigung und Vergewisserung über unsere pastorale Arbeit. Die Vorbereitung der Georgsfeier am Samstag ist Absprache: Wer besorgt was, woran müssen wir noch denken, welche Reihenfolge ist sinnvoll. Wir sorgen für eine gute Qualität unserer Arbeit, versuchen nichts zu übersehen, den täglichen Anforderungen zu genügen. Es wäre nicht wirklich hilfreich, wenn ich mich dabei „spirituell unterbrechen" würde. Außerdem wäre ich dann schnell auf mich selbst und mein trostloses Seelchen geworfen, das braucht's nicht immer. |
| 4 | Wir beginnen das Dienstgespräch (wie heute auch) oft mit der Laudes. // Gottespräsenz? Eher eine gute Art miteinander zu sein. Oder um in der Drahtkorbgeschichte zu sprechen: Durch diese Form des Gebets bleibt mir zwar nichts zurück, nichts „hängen", aber der Korb wird sauber. Die Menge der Gebetsworte verhindert bei mir eher eine Ausrichtung auf das göttliche Du. Es ist nicht meins. |
| 5 | 19.4. <br>Das Ergebnis der Donnerstage ist fast immer totale Erschöpfung. Viele Stunden, viel Kleinkram, Ärger mit der Schlampigkeit der Sekretärin, mit dem neuen Drucker, der ein Sensibelchen zu sein scheint. Ich bin hundemüde. // Nix Spiritualität, nicht dran zu denken. Uninspirierter Kirchendienst. Gehört auch dazu, Schaukastengestaltung ist doch auch was Nettes. |
| 6 | 20.4. <br>Hape Kerkeling beschließt sein Buch „Ich bin dann mal weg" mit einem Rückblick auf seinen Weg und endet mit den Worten „Ich bin ihm (Gott) jeden Tag begegnet. (Ein zugegeben recht einfach gestricktes Buch und doch beeindruckend in seiner fröhlich unbeschwerten leichgewichtigen Art von Gott, vom Glauben zu sprechen. Nicht theologisch verklausuliert, Klartext sicher für viele und mit einer ansteckenden Zugewandtheit zur Welt und den Menschen. Als Hörbuch die ideale Bügelbegleitung). <br>Jeden Tag – und das festgestellt im Rückblick. // <br>Ich war heute nachsitzen im Büro, habe einfach nicht geschafft, was zu schaffen war (mit Halbtagsstelle versuche ich, den Freitag frei zu haben). Der Drucker hat immer noch nicht gemacht, was ich wollte – ich habe vor Verzweiflung geheult. Das passt gar nicht zu mir, aber so war's. Ich bin heute ungeheuer schwach, müde und erledigt. Paulinische Schwachheit, so deuten wir das jetzt mal. Er war Gott auch näher in der Schwäche und hat gespürt, dass Gott gerade dann durch ihn wirkt. |
| 7 | 22.4. <br>Gestern Abend war ich zu kaputt zum Schreiben. Der Jubiläums-Gottesdienst der Pfadfinder war sehr schön, anstrengend auch. Solche Events fordern wahnsinnig viel Vorbereitung und Konzentration, um auch nichts zu vergessen. Ich habe dann doch ein paar Kleinigkeiten vergessen… egal. // Die Atmosphäre war schön, die Jungs und Mädels total bei der Sache und offensichtlich sehr angesprochen. Als wir am Anfang in der dunklen Kirche unsere Kerzen an der Osterkerze angezündet haben, sah das richtig schön aus und alle waren so still… Jeder hat dann sein „Wegzeichen" neben |

| | |
|---|---|
| | seine Kerze gelegt und ich habe eine Bildbetrachtung und Ansprache zu Mose am Dornbusch gemacht – Lagerfeuergedanken für Pfadfinder. // Gottespräsenz? Ja, sicher, für mich spürbar beim Segen, den ich mit dem Diakon im Wechsel gesprochen habe. Da habe ich den Kontakt zu den Jungs und Mädels sehr gespürt – von Herzen. // Danach dann Getränke im Saal und ein Mädchen, das sich sehr gerührt bei mir bedankt hat; dass sie der Gottesdienst sehr angesprochen und angerührt hat und dass sie das „Ich bin der ich bin da“ in hebräischer Schrift als Tätowierung auf dem Rücken hat. Manchmal weiß man, wofür man arbeitet. |
| 8 | 24.4.<br>Beim Spazierengehen nachgedacht über dieses verflixte Thema. Irgendetwas daran stimmt nicht. Grundsätzlich sehe ich zwei Denkrichtungen für diese „Gottespräsenz“ – und beide lösen so etwas wie Unwohlsein aus. // Da ist einmal die geglaubte Gottespräsenz – erläuterbar in vielen Worten, die schnell zur Verfügung stehen, dogmatische Sätze, Sprechen von Mystagogie, Sakramenten und „was ihr dem Geringsten getan habt, das habt ihr mir getan“, die Rede von der Gottesebenbildlichkeit jedes Menschen usw. usw. Das ist sozusagen der ideologische Überbau oder wegen mir auch das Fundament, auf dem ich leben und arbeite. Glaubensbekenntnis eben. Wenn ich von daher meinen Alltag beschreibe, dann ist das so überheblich und aufgeblasen, unnötig auch, das in Worte zu bringen. //<br>Die andere Richtung geht in die Tiefe, verortet Gott in der Erfahrung, weiß ihn dort, wo ich persönlich angerührt bin, emotional beteiligt, benennt gelungene Beziehungsgeschichten, Ergriffensein, gute Gebets- und Gottesdiensterfahrung. Mystik im weitesten Sinne. Aber du lieber Himmel, Gott ist a) nicht nur da, wo ich fühle und b) welche Anmaßung, das so mit der Stecknadel anzupinnen. //<br>Ja, und was ist dann mit zwei stinknormalen Unterrichtsstunden mit dem einzigen Highlight, dass eine Schülerin mich nach der Stunde fragt, ob ich schon mal im Kernspind war, wie das denn ist und ich ihr anmerke, dass es ihr unheimlich ist und ich mich freue, dass sie mir das anvertraut? Ja, und was ist dann mit der sich daran anschließenden Büroarbeit: wegräumen, sortieren, Büromaterial bestellen, Mails beantworten? Ja, und was ist dann mit dem Gespräch mit einem PGR-Mitglied über die mögliche Finanzierung eines Buches, das wir gerne drucken möchten und das kurze Vorbeischauen im zweiten Pfarrbüro: gibt es was Neues? Hast du meine SMS bekommen? Unterschreib noch diesen Brief? Wie hat das mit dem Beamer geklappt? Wie könnten wir das im Pfarrblatt hinkriegen, dass…//<br>Auf diesem Hintergrund macht mich die Frage nach der Gottespräsenz irgendwie ärgerlich.<br>Irgendetwas stimmt nicht. Mit der Fragestellung? Mit mir? |
| 9 | 25.4.<br>Ein neuer Anlauf, neue Ideen, neue Blickwinkel.<br>Gestern Abend stoße ich noch auf einen Artikel von B. Schellenberger im neuen Publik Forum Extra (Gott ist anders). Er spricht von der „unfassbaren Kraft des ‚Zwischen‘“, das was in der Ausrichtung auf den / die andere und im Dialog als kreativer Raum entsteht, was zwischen Menschen passiert, wenn sie wirklich offen und ausgerichtet auf den anderen sind – und was er identifiziert als die Bewegung des Geistes. Schellenberger denkt dabei auch an das was „zwischen“ Gott und Mensch in dieser Ausrichtung geschieht – im Gebet, im Ruf / der Berufung Gottes. Also vielleicht so: suchen nach der „Gottespräsenz“ im Dazwischen. //<br>Ich merke, dass mich dieses Wort „Gottespräsenz“ irritiert, irritiert hat. Es ist für mich zu statisch. Mit dieser Brille des „Zwischen“ werde ich in meinem Alltag mal auf die Suche gehen. Nach der Bewegung suchen, nicht nach dem Ort. // |

| | |
|---|---|
| | Heute nun der „Tag der Pastoralen Dienste“ in Kirbach, 8 Stunden „Kirchenfamilie“ hochdosiert, mit Bischof und allem was so Rang und Namen hat und vielen vielen zum Teil lange nicht mehr gesehenen Kolleginnen und Kollegen. Thematisch wenig ergiebig, aber was will man auch von so einem Familientreffen erwarten. Der Referent, Prof. Baumüller, sagt nichts für mich Neues, hat aber einige nette und treffende Formulierungen für dieses alt Bekannte. So spricht er z.B. davon, dass wir mehr „Befreiungsgeschichten“ erzählen sollten. // Daraus also noch eine, eine zweite Idee und Brille: Wo im Alltag geschieht „Befreiung“ (oder „Erlösung“ oder „Auferstehung“)? Wenn sich da etwas findet, dann könnte man doch mit gutem Gefühl sagen: Da ist Gott. Ganz biblisch. //<br>Also 2 Brillen: Das „Zwischen“, ganz pfingstlich und geistbewegt und die Befreiungsgeschichten. In den heutigen Begegnungen? Eher nicht, das war ein freundlich-oberflächliches Treffen und Kontakt aufnehmen. Der Gottesdienst war schön, vor allem kirchenmusikalisch. Der ganze Tag war ungeheuer anstrengend für mich, zu viele Leute, mir gegenüber so verkrampft. Was soll man ihr sagen? Sag ich man lieber nichts? Wie es ihr wohl geht? Lieber mal nicht fragen. Das alles sehe ich in den Gesichtern, Scheu und Unsicherheit. Befreiend? Nein. |
| 10 | 26.4.<br>Komme gerade vom Ausschuss für Caritas und Soziales. Ich leite diesen Ausschuss und ein guter Teil meiner Arbeit beschäftigt sich mit „Caritas“. Mein Herz ist in dieser Arbeit und der Ausschuss ist ein wichtiger und guter Teil davon. // Nach der letzten Sitzung, die wir in der Sozialstation abgehalten haben, hatte ich den Eindruck, dass es jetzt (nach fast 2 Jahren) an der Zeit ist, nicht nur die Not in der Seelsorgeeinheit in den Blick zu nehmen, sondern uns auch von der je eigenen Not zu erzählen. Das war unsere Anfangsrunde (Abschluss mit GL 244, ganz klar der gute Halt, den diese Grundtexte unserer Religion geben) und das war gut. Schwer ist es allen gefallen und die Suche nach einer stimmigen Form, die das Private schützt und doch zeigt oder zumindest andeutet, was ist, war sehr deutlich. Da haben sich heute 7 Menschen versammelt, alle mit mehr oder weniger großen Päckchen. // Das was da „zwischen“ uns war an Behutsamkeit, wachem Zuhören und geduldigem Aushalten, an Tränen und Mut – ja, das hatte etwas mit Gott (und seinem Geist) zu tun. Und auch dieser mein Impuls nach der letzten Sitzung, in dieser Richtung weiterzugehen, war sein „Ruf“, seine „Inspiration“.<br>Es fällt mir weiterhin schwer, das so zu benennen. Aber mit diesem „Zwischen“ wird es für mich – ja: erträglicher, stimmiger. |
| 11 | 29.4.<br>Patrozinium in Spehr. Kirche – Grundsakrament? Zeichen und Werkzeug für die Vereinigung mit Gott? Nicht dieses kleine verhungerte Häuflein in Spehr. // Für diese Gemeinde habe ich wirklich keine Hoffnung auf Zukunft mehr und auch kaum Motivation, da noch was zu zaubern. |
| 12 | Habe noch mal Rahners Meditationen auf Pfingsten gelesen. Im Prinzip geht es da um dieselbe Fragestellung. Kann man den Heiligen Geist im Alltag erfahren? // Interessant, dass Rahner von der via eminentiae und der via negationis schreibt – allerdings nur letztere ausführt und mit Beispielen konkretisiert (schade). Mit Beispielen erläutert er, wie eine solche Erfahrung aussehen kann, zusammengefasst in dem Satz: Da wo gestorben wird in die Unbegreiflichkeit Gottes hinein – sterben hier als Metapher. // So sind sein Konkretionen zwar „Alltag“, aber durchaus und durchweg Grenzerfahrungen, besonders und herausragend – kein Alltagskram zwischen Computer, Organisation und Kleinkram. Schön, wie er vom Ziel spricht eine „Synthese zwischen Geisterfahrung und Pflicht des Alltags“ fertig zu bringen. // Und wie er betont, dass es viel |

| | |
|---|---|
| | Übung und geistliche Erfahrung braucht, um das Wirken des Geistes zu erkennen. Na, da fehlt mir halt noch Einiges. Und vielleicht geht es ja auch nur im (sehr) langen Abstand, der es ermöglicht, Überblick zu gewinnen, einen Schritt zurückzutreten. |
| 13 | 2.5.<br>Dienstgespräch heute morgen, es gelingt uns tatsächlich sehr ehrlich und direkt zu kommunizieren und Schritte zu entwickeln, wie es im PGR weitergehen kann. // Wir sind ein gutes Team. |
| 14 | Heute Mittag dann Frühjahrskonferenz zu der Entwicklung einer pastoralen Konzeption. Das, was wir situationsgerecht und den aktuellen Erfordernissen gehorchend tun, soll jetzt in ein Schema und einen zeitlichen Ablauf gepresst werden, schriftlich festgehalten und genehmigt. // Das kommt dabei heraus, wenn man Männer so etwas entwickeln lässt. Das kann es wirklich nicht sein. Es ist so bürokratisch, in Strukturen gepresst und mit schönen Schaubildern und Schemata garniert, nee… //<br>Jetzt bin ich müde und mag über Gott in diesem Alltag nicht nachdenken und nicht schreiben. Er wird schon wissen, was er mit dieser Kirche vorhat. Sein Geist weht, wo er will. |
| 15 | 3.5.<br>Vom ganzen vollgestopften Tag mit Schule, Hausbesuchen und Sprechzeit der ganz deutliche Eindruck: Es geht mir am besten, wenn ich im Kontakt bin mit Menschen, im Gespräch, im Austausch. // Heute ein Krankenbesuch bei einer Kollegin, die Zwillinge erwartet, die viel liegen muss, der Mann arbeitet in Frankheim und sie ist einfach viel allein. Ich habe ihr ein Buch mitgebracht und wir haben zusammen Kaffee getrunken. Welch ein Luxus, dass ich das in meiner Arbeitszeit tun kann (und ich markiere diese Zeit auch bewusst als solche). // Wenn die Rede von Gott sein kann, dann dort. Das mit diesem „Zwischen“ ist nicht so verkehrt, es passt zumindest zu meinem Gefühl. Ob man Gott am eigenen Wohl-Gefühl festmachen darf? Warum nicht? |
| 16 | Heute Morgen auch eine richtig schöne Unterrichtsstunde zum Thema Eucharistie. Die 3.-Klässler haben in 10 Tagen Erstkommunion und verstehen das so gut, so direkt – dass „Jesus irgendwie im Brot drin ist“ und formulieren so schöne Gebetssätze. Es war eine Freude. //<br>Jetzt mache ich mich auf den Weg zum Ausschuss für Öffentlichkeitsarbeit. Das wird sicher nicht vergnügungssteuerpflichtig. |
| 17 | 4.5.<br>Nachwirkung des Ausschusses: Eine gute Stunde wach liegen und ärgern und grummeln und alles Mögliche neu formulieren. // Ich habe es erlebt als zwei Stunden Hauptamtlichen-Bashing. Ein richtig fieser Umgang miteinander und ein paar Menschen, die am Stück demonstrieren müssen, dass sie wissen, dass sie können und alles sowieso besser und die ankämpfen gegen diese Hauptamtliche, die das (vermeintliche?) Sagen hat. Machtspiele am Stück, mit harten Bandagen. // Und ich Depp spiele mit, werde wütend und aggressiv, versuche meine Kompetenz zu demonstrieren. Anstatt ich mich besser schütze und deutlich mache, wo und wodurch ich einfach verletzt werde und dass ich so etwas nicht hinnehmen muss. //<br>Der Heilige Geist? Anderswo auf Reisen! //<br>Heute im Gespräch mit Sekretärin und Pfarrer glätten sich die Wogen und mir ist klar: Da werde ich nicht mehr hingehen. Das sollen andere auskämpfen. So spiele ich nicht mehr mit. |